Terminologische Schriftenreihe
herausgegeben vom Auswärtigen Amt
der Bundesrepublik Deutschland
Band 7

Pubblicazioni terminologiche
del Ministero degli Affari Esteri
della Repubblica Federale di Germania
Volume 7

De Gruyter Recht · Berlin

Eckhard Römer

Italienische Mediensprache. Handbuch
Glossario del linguaggio dei mass media italiano – tedesco

2., neu bearbeitete und erweiterte Auflage

zusammengestellt von
di

Eckhard Römer

unter Mitwirkung von
con il contributo di

Natascia Gudenzi

W DE G
RECHT De Gruyter Recht · Berlin

Gedruckt auf säurefreiem Papier,
das die US-ANSI-Norm über Haltbarkeit erfüllt.

ISBN 978-3-89949-644-4

Bibliografische Information Der Deutschen Nationalbibliothek

Die Deutsche Nationalbibliothek verzeichnet diese Publikation in der Deutschen Nationabibliografie; detaillierte bibliografische Daten sind im Internet über http://dnb.d-nb.de abrufbar.

Printed in Germany

Einbandgestaltung: Christopher Schneider, Laufen
Datenkonvertierung: jürgen ullrich typosatz, nördlingen
Druck und buchbinderische Verarbeitung: AZ Druck und Datentechnik, Kempten

Introduzione
Einführung

„Mi spezzo, ma non mi spiego", soll der christdemokratische Politiker der Ersten Republik, Aldo Moro, in Anlehnung an das Sprichwort „Mi spezzo, ma non mi piego" (Lieber zerbreche ich, als dass ich mich beuge) gesagt haben und drückte damit in prägnanter Weise den in seiner Politikergeneration vorherrschenden Hang nach verschleierten Formulierungen aus. Die Politiker, die Bürokratie, die Medien überbieten sich darin, in nebelhaften Rätseln zu reden, immer neue Bilder zu erfinden, die Stilmittel der Rhetorik mitunter überzustrapazieren und sich dabei die unterschiedlichsten Fachsprachen zu Nutze zu machen: die Sprachwelt der Geometrie liefert den „Gipfel", die „Basis", die „Peripherie", aus der Medizin kommt die „Schocktherapie" und der „Kollaps", aus der Jagdsprache und der Tierwelt kommen die „Falken" und die „Tauben", plündernde „Schakale", mahnende „Grillen", zu schluckende „Kröten" sowie der „Bär" und der „Stier" für das Börsengeschehen. Es finden sich geschichtlich und literarisch geprägte Begriffe wie „Waterloo" und „Caporetto" oder „don Abbondio" und „Pinocchio", aus der Musik kommen „Crescendo" und „Leitmotiv", der Sport in all seinen Facetten bietet eine schier unerschöpfliche Quelle an bildhaften Ausdrücken. Sprechen und schreiben wir noch mit unseren eigenen Worten, oder sind es die Medien, die heimlichen Verführer und unverhohlenen Propagandisten, die für uns sprechen? Benutzen die Medien die mannigfaltigen vorgefertigten Phrasen nicht oft unreflektiert unter Verzicht auf jegliche Individualität?

Und sind wirklich jedem deutschen Zeitungsleser der „Barras", die „Schlapphüte", die „Hardthöhe" zu geläufigen Begriffen geworden und sind Abkürzungen wie AOK, TÜV oder DGB uns so vertraut, dass eine Auflösung oder Erklärung dieser Abkürzungen nicht erforderlich ist? Muss dem italienischen Leser erläutert werden, für was „Fiamme Gialle", „Botteghe Oscure", „Inps" oder „Tac" stehen, oder glauben wir Umfragen in Italien, die ergeben haben, dass 80% der Italiener mit „Consulta", dem italienischen Verfassungsgericht, keine Vorstellung verbinden, dass für 75% die Bewohner des „Palazzo Chigi" unbekannt sind, dass 20% den „Arbeitgeberverband Confindustria" für die Gewerkschaft der Industriearbeiter halten?

Mit dem vorliegenden Handbuch soll der Versuch unternommen werden, denjenigen Hilfestellung zu geben, die bereits gute Grundkenntnisse der italienischen Sprache besitzen und diese um den Wortschatz erweitern wollen, der in den italienischen Medien verwendet wird. Insbesondere für Übersetzer, Dolmetscher, Italienischlehrer, Diplomaten und Journalisten wird diese Zusammenstellung eine anregende und gewinnbringende Lektüre sein. Thematisch wird dabei, weitgehend dem Aufbau einer italienischen Tageszeitung folgend, ein weiter Bogen geschlagen von Politik über Wirtschaft, Justiz, Arbeit und Soziales bis hin zu Kultur, Umwelt, Verkehr oder Sport. Die Nutzungsmöglichkeiten sind vielfältiger Art. So kann das Handbuch als Ergänzung zu einem Wörterbuch bei der italienischen Zeitungslektüre verwendet werden. Es lassen sich aber auch vertiefend zu den bereits vorhandenen Kenntnissen die jeweiligen Sachgebiete systematisch erschließen. Ein unterhaltsamer Ansatz bietet sich durch die thematische Struktur des Handbuchs, die zu einem ziellosen Streifzug in die Sprachwelt der Mächtigen in Politik und Wirtschaft, der Eliten in Kultur und Sport, zu einem gemächlichen Spaziergang durch die Mediensprache, zu einem Durchstöbern des kompilierten Materials einlädt.

Inhaltlich wird ein breites Spektrum der in der italienischen Mediensprache verwendeten rhetorischen Mittel vorgestellt. Häufig verwendetes Stilmittel ist dabei die Metonymie, die Umbenennung oder Ersetzung eines gebräuchlichen Wortes durch ein anderes. Diese Ersatzbegriffe werden für häufig vorkommende Namen und Bezeichnungen gewählt. Wichtige Institutionen werden zumeist mit ihrer geographischen Bezeichnung benannt: „Palazzo Chigi", „Montecitorio" oder „Viminale". Andere Einrichtungen werden in der Regel nur in ihrer stark verkürzten Bezeichnung wiedergegeben: „Antitrust", „Consulta" etc. Metaphern werden den vielfältigsten Bereichen entlehnt und sind in dieser Ausarbeitung teilweise in Sonderkapiteln zusammengestellt: militärische oder kriegerische Ausdrücke wie „Blitz", „Flucht nach vorn" oder „Kriegspfad",

Seemannsausdrücke wie zu umschiffende „Klippen" oder „stürmisches Meer", Ausdrücke des religiösen Sprachgebrauchs wie „dreißig Silberlinge", „Kreuzzug" oder „verlorener Sohn", Bilder aus der Sprache der Musik wie „Klaviatur" oder „Resonanzboden", die Sprache des Sports und natürlich des italienischen Lieblingssports, des Fußballs, wie „Vorlage", „jdn. umdribbeln" oder „Tiefschlag". Die Antonomasie, als die Umbenennung oder Verwendung von Eigennamen für allgemeine Begriffe finden sich unter anderem bei „Onkel Duck – Paperone", „Aschenbrödel" oder „Vandea". Die Synekdoche, bei der ein Teil für das Ganze steht, findet sich unter anderem bei den „falschen Bärten" für die Mitarbeiter der Nachrichtendienste, den „Rotstiften" für die Lehrer oder „Bleistiften" für die Karikaturisten. Reiche Verwendung in der Sprache der italienischen Medien finden natürlich auch Allegorien („fiamme gialle"), Symbole („il sole che ride"), Diminutive („parlamentino"), Euphemismen oder Periphrasen („der Allmächtige").
Es soll außerdem der Versuch unternommen werden, in das schier undurchdringliche Dickicht der Abkürzungen und Kürzel einzudringen, die in den Medien meist nicht in ihrer Vollform wiedergegeben und häufig nicht systematisch erläutert werden. Schlaglichter werden zudem geworfen auf den bürokratischen Sprachgebrauch, die Sprache der Mafia, landeskundlich zu erklärende Ausdrücke bezüglich Orten, Personen, Geschichte und Festtagen. Ein besonderes Kapitel stellen die Anleihen aus dem Lateinischen dar, das als sprachgeschichtliche Wurzel des Italienischen noch reichhaltige Verwendung in Form von Zitaten findet. Im Kapitel zu den fremdsprachlichen Anleihen sind insbesondere diejenigen Ausdrücke aufgeführt, die in der deutschen Mediensprache weniger oder überhaupt nicht gebräuchlich sind. Schließlich wird noch auf einige besonders produktive und innovative Präfixe hingewiesen. Verschiedene hilfreiche Zusammenstellungen zu Rechtsnormen, Gewerkschaften, militärischen und Polizeidienstgraden, Internetausdrücke, Theater, Universitäten, Schulsystem, Banken, Wirtschaftsindizes und -akronyme etc. runden das Bild ab.
Der Sprachkodex der Mediensprache ist selbstverständlich besonders komplex und einem schnellen und ständigen Wandel unterzogen, so daß Vollständigkeit kaum zu erreichen ist und auch immer abzuwägen war, ob diversen publizistischen Einfällen eine längere Lebensdauer beschieden sein wird (wird „calcio-champagne" sich durchsetzen können?). Dennoch will diese Ausarbeitung mehr als nur eine Momentaufnahme sein.
Das Handbuch ist so aufgebaut, dass zu Beginn der einzelnen Kapitel die wichtigsten staatlichen Einrichtungen aufgelistet werden. Darauf folgen in den **Glossaren** die markantesten Begriffe, Neuschöpfungen und Abkürzungen der einzelnen Bereiche mit Übersetzungsvorschlägen sowie erforderlichenfalls Erläuterungen. Gekennzeichnet mit ✍ werden zu den meisten Begriffen Beispielsätze gegeben, damit der Leser erkennen kann, wie sich die aufgeführten Begriffe im Kontext verhalten. Die Zitate entstammen in der Regel aus „La Repubblica", „Corriere della Sera", „Panorama" und „Espresso", zur Abrundung wurden aber auch zahlreiche andere italienische Printmedien wie „Libero", „Il Sole 24 ore", „Foglio", „Messagero", „Gazzetta dello Sport", „Famiglia Cristiana", „Avvenire„etc. verwendet. Bei einigen Begriffen erschien es angebracht, Hintergrundinformationen oder landeskundliche Hinweise aufzuführen. Diese werden mit dem Zeichen 📖 gekennzeichnet. Auch diese Informationen sind italienischen Originalquellen entnommen. Querverweise sind mit ☞ gekennzeichnet. In kleinerem Druck werden Worterläuterung zu den Beispielsätzen angegeben. Einige Sachgebiete schließen mit phraseologischen **Wortlisten** in alphabetischer Form, die sich auch zu Übungs- und Lernzwecken eignen. Sämtliche Begriffe sind in einem **Index** am Ende des Handbuchs zusammengefasst. Der Index umfasst sowohl die vollständigen Bezeichnungen der aufgeführten Einrichtungen als auch ihre Kurzfom oder Abkürzung sowie sämtliche Begriffe, die im Hauptteil fett hervorgehoben sind. Damit ist der Index der hauptsächliche Zugang zu den hier erläuterten Begriffen und erfüllt die Funktion eines Nachschlagewerks zur Unterstützung bei der Zeitungslektüre.
„Mi spezzo, ma non mi spiego", sembra aver detto Aldo Moro, politico democristiano della Prima Repubblica, rifacendosi al modo di dire „Mi spezzo, ma non mi piego" per definire in maniera molto centrata la tendenza dominante fra i politici della sua generazione ad esprimersi in modo nebuloso. I politici, la burocrazia, i mass media fanno a gara a parlare in modo enigmatico, a creare sempre nuove metafore, addirittura a scomodare esageratamente le figure retoriche utilizzando i più disparati codici linguistici: quel-

lo della geometria fornisce per esempio il „vertice“, la „base“, la „periferia“, dalla medicina vengono la „terapia choc“ ed il „collasso“, il gergo giovanile e il mondo animale ci forniscono i „falchi“ e le „colombe“, gli „sciacalli“, i „grilli parlanti“, i „rospi“ da ingoiare nonché il „toro“ e l'„orso“ del linguaggio borsistico. Si trovano termini di matrice storica e letteraria come „Waterloo“ e „Caporetto“ oppure „Don Abbondio“ e „Pinocchio“; dal mondo della musica vengono locuzioni come „crescendo“ e „leitmotiv“; lo sport con tutte le sue sfumature è una fonte praticamente inesauribile di espressioni metaforiche. Quando parliamo usiamo ancora le nostre parole o sono i media, nascosti plagiatori e propagandisti a viso aperto, a parlare per noi? Utilizzano i media le svariate frasi prefabbricate senza riflettere e rinunciando ad ogni individualità?
Ed è proprio vero che termini come „Barras“, „Schlapphüte“ e „Hardthöhe“ e acronimi come AOK, TÜV e DGB sono diventati così noti e familiari che a un lettore tedesco non servono spiegazioni ovvero soluzioni?
È necessario spiegare al lettore italiano espressioni come „Fiamme Gialle“, „Botteghe Oscure“, „Inps“ oppure „Tac“ o crediamo ai risultati di sondaggi effettuati in Italia che dicono che l'80% degli Italiani non hanno la più pallida idea di cosa sia la „Consulta“, che il 75% non conoscono gli inquilini di „Palazzo Chigi“, che il 20% credono che la „Confindustria“ sia il sindacato dei lavoratori dell'industria?
Con il presente glossario si intende fornire un ausilio a coloro che, pur già possedendo delle buone conoscenze della lingua italiana, desiderano approfondirle addentrandosi nel linguaggio utilizzato dai mass media italiani. Soprattutto, per traduttori, interpreti, docenti di italiano, diplomatici e giornalisti questa raccolta vuole essere una lettura stimolante e proficua. Dal punto di vista tematico, viene seguita, a grandi linee, la struttura di un quotidiano italiano, coprendo un ampio ventaglio di settori: dalla politica, all'economia, alla giustizia, al lavoro e alla politica sociale per arrivare fino alla cultura, all'ambiente, ai trasporti ed allo sport. Le possibilità d'uso sono svariate: il manuale può essere, per esempio, consultato assieme al dizionario nella lettura di un giornale italiano. Esso consente, tuttavia, anche di approfondire sistematicamente le già maturate conoscenze dei diversi settori. Un approccio divertente lo offre l'impianto tematico del manuale che invita il lettore a girovagare per il mondo linguistico dei potenti della politica e dell'economia, delle élite culturali e sportive, a compiere una piacevole passeggiata attraverso il linguaggio dei media, a spulciare il materiale raccolto.
Dal punto di vista dei contenuti, viene presentata un'ampia gamma di figure retoriche ricorrenti nel linguaggio dei media italiani. Uno strumento spesso utilizzato è la metonimia, la sostituzione o il trasferimento di un concetto frequente ad un altro. Non di rado, nei giornali viene usato un termine sostitutivo per nomi o denominazioni che compaiono spesso. Importanti istituzioni vengono menzionate utilizzando la loro sede geografica, ad esempio „Palazzo Chigi“, „Montecitorio“ e via dicendo. Altri enti vengono citati solo con una parte della loro denominazione come „Antitrust“, „Consulta“ ecc. Le metafore provengono da svariatissimi settori e sono in parte raccolte in appositi capitoli: espressioni militari e belliche come „blitz“, „fuga in avanti“ o „sentiero di guerra“, espressioni marinare come„scoglio“ o „mare tempestoso“, termini religiosi come „trenta denari“, „crociata“ o „figliol prodigo“, immagini musicali come „tasto“, „cassa di risonanza“; locuzioni sportive ed ovviamente del calcio, lo sport preferito degli Italiani, come „assist“, „dribblare“ o „colpo basso“. L'antonomasia, la perifrasi o l'uso di nomi propri per concetti generici, si trova, tra l'altro, in „Paperone“, „Cenerentola“ o „Vandea“. Esempi di sineddoche, figura retorica nella quale una parte rappresenta il tutto, sono le „barbe finte“, per i collaboratori dei servizi segreti, le „matite rosse“ per gli insegnanti o le „matite“ per i vignettisti. Naturalmente, nei media italiani si fa anche ampio uso di allegorie („Fiamme Gialle“), simboli („il sole che ride“), diminutivi („Parlamentino“), eufemismi o perifrasi („l'onnipotente“).
Si intraprende, inoltre, il tentativo di penetrare nella misteriosa giungla degli acronimi e delle sigle che nella maggior parte dei casi i media non riportano nella loro forma intera e non spiegano sistematicamente. Si fa, altresì, luce sul linguaggio della burocrazia, quello della mafia, su espressioni tipicamente italiane riguardanti località, personaggi, storia e festività. Un apposito capitolo è dedicato ai latinismi, utilizzati tuttora ampiamente sotto forma di citazioni essendo il latino la radice storica della lingua italiana. Nel capitolo che raccoglie le locuzioni provenienti da altre lingue sono riportati soprattutto quei ter-

mini poco frequenti o sconosciuti nel linguaggio mediatico tedesco. Infine, si segnalano alcuni prefissi particolarmente produttivi ed innovativi. Diversi elenchi di decreti, organizzazioni sindacali, gradi militari e di polizia, espressioni riguardanti l'internet, il teatro, le università, il sistema scolastico, le banche, gli indici e gli acronimi economici completano il tutto.

Essendo il codice linguistico dei media non solo particolarmente ricco e complesso, bensì anche soggetto a continui cambiamenti, non si nutre alcuna ambizione di completezza; poi è sempre necessario chiedersi se alcune sortite pubblicistiche avranno vita lunga o meno (riuscirà „calcio-champagne" a prendere piede?). Tuttavia, questo manuale non intende essere solo una fotografia della situazione attuale.

Il glossario è strutturato in maniera tale che all'inizio dei singoli capitoli sono elencate le maggiori istituzioni dello Stato. Successivamente, nei singoli **glossari**, vengono riportate le espressioni più interessanti, i neologismi e gli acronimi dei rispettivi settori con una proposta di traduzione ed eventualmente delucidazioni. Per la maggior parte dei termini vengono forniti degli esempi di frase, contrassegnati dal simbolo 👓, in modo che il lettore possa vederne il contesto. Le citazioni sono tratte di norma da „La Repubblica", „Corriere della Sera", „Panorama" ed „L'Espresso". Per fornire un quadro più completo, si cita però anche da altre pubblicazioni italiane come „Libero", „Il Sole 24 ore", „Foglio", „Messaggero", Gazzetta dello Sport", „Famiglia Cristiana", „Avvenire" ecc. Per alcuni dei termini è stato considerato opportuno fornire ulteriori informazioni o dettagli geo-culturali contrassegnati dal simbolo 📖. Anche queste informazioni sono state tratte da fonti italiane. I rinvii sono indicati con ☞. Stampate con caratteri più piccoli sono le spiegazioni dei termini degli esempi. Alcuni capitoli chiudono con **elenchi fraseologici** riportati in ordine alfabetico, adatti anche a scopi di esercizio e studio. Tutti i termini sono raccolti alla fine del glossario in un indice che indica sia la denominazione intera delle istituzioni menzionate che la forma breve ovvero la sigla nonché ogni espressione che nella parte principale è indicata in **grassetto**. In tal modo, l'indice rappresenta l'accesso principale ai termini elencati e permette la consultazione durante la lettura del giornale.

Indice
Inhalt

Spiegazione delle abbreviazioni
Erklärung der Abkürzungen

adj.	adjektivisch, Adjektiv
allg.	allgemein
besser	besser, besserer Ausdruck
bür.	bürokratisch, Amtssprache
derb	derb, vulgär
dial.	dialektal
ehem.	ehemals, ehemalig, frühere Bezeichnung
eigtl.	eigentlich
etwa	etwa, ungefähr
Ggs.	Gegensatz
hier	hier, in dieser Bedeutung
hist.	historisch, Geschichte
lat.	lateinisch
manchm.	manchmal
offz.	offiziell, offizielle Bezeichnung
oft	oft, häufig
pej.	pejorativ, negativ, abwertend
Pol.	Politik, politisch
rar.	selten
rel.	Religion, religiös
syn.	synomym
u. a.	unter anderem
ugs.	umgangssprachlich
usw.	und so weiter
verglb.	vergleichbar
wirtsch.	Wirtschaft, wirtschaftlich
z. B.	zum Beispiel
☞	Querverweis
👓	Textbeispiel
🕮	Sacherläuterung

1. Politica
Politik

1.1. Istituzioni centrali
Zentrale Einrichtungen

Quirinale: Palazzo del Quirinale: il **Colle:** sede del capo dello Stato: Sitz des Staatsoberhaupts
Presidente della Repubblica Italiana: Präsident der Italienischen Republik
☞ *Polo diviso sul messaggio del **Colle**/si occupava proprio delle cronache dal **Colle***
☞ *nei prossimi giorni non si parlerà d'altro che di Bicamerale e di referendum elettorali, ma dietro tutto questo **affannarsi** sulle riforme si muovono già le prime mosse per la corsa al **Quirinale***
affannarsi – sich abmühen

palazzo Madama: sede del Senato: Sitz des Senats
Presidente del Senato della Repubblica: Präsident des Senats der Republik
Camera Alta: *in Anlehnung an das „House of Lords"*

Palazzo Giustiniani: beherbergt Senatorenbüros
☞ *i rapporti di forza complessivi della **Camera alta** sfavorevoli a Berlusconi*
☞ *hanno chiesto al governo di ritirare i provvedimenti presentati a **Palazzo Madama** attenendosi ad un rigoroso rispetto dei regolamenti*

Montecitorio, piazza di Montecitorio: sede della Camera dei deputati: Sitz der Abgeordnetenkammer
Camera: assemblea
Presidente della Camera dei deputati: Präsident der Abgeordnetenkammer
☞ *la **sessione di bilancio** si è aperta ieri a **Montecitorio** in un clima teso e lo scontro con le opposizioni suona come un **campanello d'allarme***
☞ *è uno degli uomini istituzionalmente più vicini al Presidente dell'**assemblea** Luciano Violante*
sessione di bilancio – Haushaltssitzung
campanello d'allarme – Alarmglocke

giunte della Camera dei deputati: „technische" Ausschüsse des Abgeordnetenhauses *(die übrigen Ausschüsse tragen die Bezeichnung **„commissione permanente"**)*
Giunta per il regolamento: Ausschuss für Geschäftsordnung
Giunta per le elezioni: Wahlausschuss
Giunta per le autorizzazioni a procedere in giudizio: Immunitätsausschuss
☞ *da domani la **Giunta** discute la richiesta d'arresto del deputato di Forza Italia*

i due **rami** del Parlamento: die beiden Kammern des Parlaments

Palazzo Chigi: sede del Presidente del Consiglio: Sitz des Ministerpräsidenten
Presidente del Consiglio dei Ministri : Ministerpräsident
☞ *la conquista di **palazzo Chigi**/**Palazzo Chigi getta acqua sul fuoco**: „Il governo è aperto al dialogo sulle modifiche ..."*
gettare acqua sul fuoco – beschwichtigen
Presidenza del Consiglio dei Ministri: Amt des Ministerpräsidenten
Cdm: Consiglio dei Ministri: Ministerrat, Kabinett

Farnesina: sede del **Ministero degli Affari Esteri** *(offz.)*: **Mae:** Ministerium für Auswärtige Angelegenheiten
☞ *esperto di politica estera di An, l'ex diplomatico che, quando nessuno aveva il coraggio di dichiararsi fascista, venne mandato dalla **Farnesina** ambasciatore d'Italia a Cuba; deve avere davvero sofferto*
☞ *alla **Farnesina** però **smorzano** i toni*
smorzare – abdämpfen
Farnesauri: die Dinosaurier des Außenministeriums: altgediente und einflussreiche Diplomaten
Casa: il palazzo sul **Lungotevere:** la Farnesina
☞ *la giusta via nei labirinti della **Casa**, come i diplomatici chiamano la Farnesina*
Unità di analisi e programmazione: UAP: Planungsstab
Unità di crisi: Krisenstab, Krisenreaktionszentrum
Dgrc: Direzione generale per le relazioni culturali: Kulturabteilung
dgcs: Direzione generale per la cooperazione allo sviluppo: Abteilung für Entwicklungszusammenarbeit
via Contarini: sede della Dgcs

1.2. Schieramenti e Partiti
Bündnisse und Parteien

Aborto? No grazie: Associazione difesa della vita. Aborto? No grazie: Vereinigung zum Schutz des Lebens. Abtreibung, nein danke *(Wahlliste von Abtreibungsgegnern, 2008 von Giuliano Ferrara gegründet)*

An: Alleanza nazionale: Nationale Allianz *(☞ Pdl)*
📖 *Nel 1995, al congresso di Fiuggi, il Msi ha una svolta democratica e diventa Alleanza nazionale*
via della Scrofa: sede di Alleanza nazionale
aennino: Anhänger/Mitglied von An
Azione giovani: alleanzini: Jugendorganisation der Nationalen Allianz (An)

As: Azione sociale: Soziale Aktion *(2003 von Alessandra Mussolini gegründet, ☞ Pdl)*
diamante: Diamant *(Parteisymbol)*
Alternativa sociale: Soziale Alternative *(Wahlbündnis aus Lda, Fn und Fsn)*

Autonomie Liberté Démocratie: Alleanza Autonomista e Progressista: Bündniss für Autonomie und Fortschritt
Alleanza del Galletto
📖 *costituita in occasione delle* elezioni politiche del 2006 *nel* collegio uninominale *della* Valle d'Aosta

Federazione **Biancofiore:** Bündnis „Weiße Blüte" *(Parteienbündnis innerhalb von Cdl, bestehend aus Cdu und Ccd, gegründet 2001; 2002 in Udc aufgegangen)*

Bsn: Blocco sociale nazionale: Nationaler Sozialer Block
📖 *corrente della Destra di Francesco Storace, fondata da Valeriano Tasca e Giovanni Palombo*

Ccd: Centro cristiano democratico: Christdemokratisches Zentrum *(gegründet 1993, in Udc aufgegangen)*
vela: biancavela: das (weiße) Segel *(Parteisymbol)*
cicidi

Cdl: Casa delle libertà *(ehem.)*: Haus der Freiheiten
📖 *coalizione del centro-destra italiano, fondata nel 2000 e guidata da Silvio Berlusconi; sono stati partiti fondatori della Casa delle Libertà: Forza Italia, Alleanza Nazionale, Lega Nord, Centro Cristiano Democratico (Ccd) e Cristiani Democratici Uniti (Cdu), successivamente riuniti nell'Udc, Nuovo Psi, Partito Repubblicano Italiano*
centro-destra: Mitte-Rechts, bürgerliches Lager
frühere Bezeichnung: **Polo:** Polo per le libertà
polista

Cdl: Cristiani democratici per le libertà *(ehem.)*: Christdemokraten für die Freiheit *(aufgegangen in Ccd)*
cidiellini: Anhänger/Mitglieder der Cdl
📖 *formazione politica nata dalla disintegrazione dei Cdu di Rocco Buttiglione*

Cdr: Cristiano-democratici per la Repubblica *(ehem.)*: Christdemokraten für die Republik *(Vorläufer von Udeur)*

Cdu: Cristiani democratici uniti *(ehem.)*: Vereinigte Christdemokraten *(gegründet 1995 ☞ Udc)*
scudo crociato: Schild mit Kreuz *(das von der Dc übernommene Parteisymbol)*

Dc: Democrazia cristiana: Christlich-Demokratische Partei *(ehem. 1943–1994 ☞ Ppi)*
scudo crociato: Schild mit Kreuz *(Parteisymbol)*
piazza del Gesù: sede storica della Dc

Diccì: Dc: Democrazia Cristiana: Christlich-Demokratische Partei *(als Fortsetzung der alten Dc)*
📖 *la sua legittimità è stata stabilita da una sentenza della Magistratura a settembre 2006, nella quale si sostiene che la Dc, in realtà, giuridicamente non sia stata mai sciolta*

De: Democrazia europea *(ehem.)*: Europäische Demokratie *(gegründet 2001)*

Democratici per l'Ulivo *(ehem.)*: **I Democratici:** die Demokraten *(gegründet 1998 ☞ Dl, Margherita)*
asinello: das Eselchen *(Parteisymbol)*
piazza Santi Apostoli: sede dei Democratici

La Destra: Die Rechte *(gegründet 2007 von Francesco Storace)*
La Destra – Fiamma Tricolore: Wahlbündnis aus *La Destra* und *Fiamma Tricolore*

DL: Democrazia è libertà *(ehem.)*: Demokratie ist Freiheit
📖 *24 marzo 2002–14 ottobre 2007, confluita nel Partito Democratico, formata da Ppi, Udeur, Ri, i Democratici*
Margherita : Margerite *(Parteisymbol)*

Ds: Democratici di sinistra *(ehem.)*: die Demokraten der Linken
📖 *il principale erede del Partito comunista italiano, trasformatosi in Pds nel 1991, poi ribattezzato Democratici di sinistra nel 1998, il 14 ottobre 2007 è confluito nel Partito Democratico; coalizione formata da Laburisti, Cristiano-sociali, Comunisti unitari, Sinistra repubblicana, Agire solidale, Nuova sinistra, Socialismo 2000, Socialisti liberali, Europa riformista, Movimento riformista*
Quercia: die Eiche *(Parteisymbol)*
diesse/diessino: Anhänger/Mitglied der Ds
Sinistra giovanile (ex **Fgci /figiciotto**): die Junge Linke: Jugendorganisation der Ds *(früher:* Kommunistische Jugend/Jungkommunist)

Fed: Federazione dell'Ulivo *(ehem.)*: Bündnis des Ölbaums *(gegründet 2005)*
📖 *Ds, Margherita, Sdi, Repubblicani europei*

Fi: Forza Italia *(gegründet 1994,☞ Pdl)*
via dell'Umiltà: sede di Forza Italia
Forza Italia Giovani: Giovani Azzurri: Jugendorganisation von Forza Italia

Fn: Forza Nuova: Neue Kraft
📖 *movimento politico che è stato definito neofascista o della destra antagonista fondato nel 1997 da Roberto Fiore e Massimo Morsello*

Die **Freiheitlichen:** Die Freiheitlichen *(radikale Südtiroler Partei, gegründet 1992)*

Fsn: Fronte Sociale Nazionale: Nationale Soziale Front *(gegründet 1997 von Adriano Tilgher)*

Gad: Grande alleanza democratica: Große Demokratische Allianz *(gegründet 2004, wird 2005 zu ☞ L'Unione)*
📖 *Democratici di sinistra, DL – La Margherita, Federazione dei verdi, Italia dei valori, Partito dei comunisti italiani, Popolari – Udeur, Repubblicani europei, Rifondazione comunista, Socialisti democratici italiani*

Girasole *(ehem.)*: „Sonnenblume", Wahlbündnis aus *Verdi, Pdci, Sdi*

Grilli Parlanti: Lista del Grillo parlante – No Euro: Liste der sprechenden Grille *(„warnende Stimme") (Bewegung der Euroskeptiker, gegründet 2003 von Renzo Rabellino)*

InM: Italiani nel Mondo: Italienier in der Welt *(gegründet im September 2006 von Sergio De Gregorio, ☞ Pdl)*

Italia dei valori: Idv: Movimento per i diritti civili „Italia dei valori": Bürgerrechtsbewegung „Italien der Werte" *(gegründet 2001)*
gabbiano: Möwe *(Parteisymbol)*
i **dipietristi: Lista Di Pietro:** *nach dem Gründer der Partei Antonio Di Pietro*

Ladins-DPS: Ladinische Partei *(Regionalpartei)*

Lega: Lega Nord Padania *(gegründet 1990)*
via Bellerio (a Milano): sede della Lega
leghista: Anhänger/Mitglied der Lega
nordista

lib-dem: Liberal Democratici. Liberaldemokraten *(von Lamberto Dini am 1. 10. 2007 gegründet, ☞ Pdl)*

Liga veneta: Liga Veneta Repubblica: Venezianische Liga/Liga der Venezianischen Republik *(Regionalpartei, gegründet 1980)*
📖 *la più importante componente della Lega Nord; abbandonò la Lega nel settembre del 1998 per correre da sola e allearsi con chi vorrà*
lighista: Anhänger/Mitglied der Liga veneta
Liga 2: *in Anlehnung an die Lega Nord*

Mfl: Movimento Fascismo e Libertà: Bewegung Faschismus und Freiheit *(gegründet am 25. 7. 1991 von Giorgio Pisanò)*

Mis: Movimento Idea Sociale: Bewegung Sozialer Gedanke *(von Pino Rauti am 7. Mai 2004 gegründet)*

Mmi: Movimento monarchico italiano : Italienische Monarchistische Bewegung *(gegründet 1984)*

MpA: Movimento per l'autonomia: Autonomiebewegung *(in Sizilien, gegründet 2005)*

Msi: Movimento sociale – Fiamma Tricolore: Italienische Sozialbewegung
📖 *si chiama così in onore della fiamma che arde sulla tomba di Mussolini; fondato il 26 dicembre 1946 da reduci della Repubblica Sociale Italiana, il partito si sciolse il 27 gennaio 1995 e diventò An*
missino: Anhänger/Mitglied der Msi
Fronte della gioventù: Jugendfront *(Jugendorganisation der Msi)*

Nuova Dca: Democrazia Cristiana per le Autonomie: Christlich-demokratische Partei für Autonomie *(gegründet 2005 von Gianfranco Rotondi als Abspaltung von der Udc, ☞ Pdl)*

Nuovo Msi: Nuovo Movimento Sociale Italiano-Destra Nazionale: Neue Italienische Sozialbewegung – Nationale Rechte *(gegründet 2000 von Gaetano Saya)*

Nuovo Psi: Nuovo Partito socialista italiano: Neue Sozialistische Partei Italiens *(gegründet 2001, ☞ Pdl)*
presidente: Bobo **Craxi**

Partito Pensionati: Partei der Rentner *(☞ Pdl)*

Partito sardo d'azione: Ps d'Az: Sardische Aktionspartei *(gegründet 1920)*
sardisti

Patt: Partito Autonomista Trentino Tirolese: Trienter Autonomie-Partei

Patto Segni: Partito dei liberaldemocratici: Partei der Liberaldemokraten *(gegründet 1993, löst sich 2005 auf)*

Pci: Partito comunista italiano: Kommunistische Partei Italiens *(ehem. 1921–1991)*
🕮 *il Partito Comunista Italiano si sciolse il 3 febbraio 1991, quando la maggioranza dei delegati ne sancì lo scioglimento al XX Congresso Nazionale e la contestuale costituzione del Partito Democratico della Sinistra (Pds). Un'area consistente della minoranza di sinistra si riunì invece nel Movimento per la Rifondazione Comunista, che costituì, con la confluenza di Democrazia Proletaria e di altri gruppi, il Partito della Rifondazione Comunista (Prc)*

Pcl: Partito Comunista dei Lavoratori: Kommunistische Arbeiterpartei *(gegründet 2006 von Marco Ferrando)*

Pcp-m: Partito Comunista Politico Militare: Politisch-militärische Kommunistische Partei

Pd: Partito Democratico: Demokratische Partei
piddino: Anhänger/Mitglied von Pd
🕮 *nato il 14 ottobre 2007 dallo scioglimento dei Ds e della Margherita; al processo costituente hanno altresì partecipato anche altre formazioni politiche: Movimento Repubblicani Europei, Italia di Mezzo, Alleanza Riformista, Repubblicani Democratici e gruppi regionali come il Partito Democratico Meridionale e Progetto Sardegna*
piombini: lingottini: Jungdemokraten, junge Garde der PD-Parteiführung

Pdci: Partito dei comunisti italiani: Partei der Italienischen Kommunisten *(entstanden durch Abspaltung von ☞ Prc, Oktober 1998)*
neocomunisti: Neukommunisten: Anhänger/Mitglieder der Pdci

Pdl: Popolo della Libertà: Volk der Freiheit *(2008 von Silvio Berlusconi gegründetes Bündnis)*
pidiellino: Anhänger/Mitglied von Pdl
🕮 *hanno aderito al progetto de Il Popolo della Libertà: Forza Italia, Alleanza Nazionale, Circoli della Libertà, Circoli del Buongoverno, Circoli de L'Opinione, Democrazia Cristiana per le Autonomie, Nuovo Partito Socialista Italiano, Popolari Liberali, Partito Pensionati, Azione Sociale, Riformatori Liberali, Liberal Democratici, Italiani nel Mondo, Decidere!, Destra Liberale Italiana, Socialisti Riformisti*

Pds: Partito democratico della sinistra: Demokratische Partei der Linken *(gegründet 1991, frühere Bezeichnung der ☞ Ds, wird zu Pd)*
pidiessino: Anhänger/Mitglied der Pds

Popolari – Udeur: Popolari – Unione democratici per l'Europa: Volksunion der Demokraten für Europa *(gegründet 1998)*
Campanile: *Parteisymbol von Popolari – Udeur*
udeurino: Anhänger/Mitglied der Udeur
largo Arenula: sede dei Popolari – Udeur

Ppi: Partito popolare italiano *(ehem.):* Italienische Volkspartei *(1993 aus der Dc hervorgegangen, löst sich 2002/2003 als Partei auf und geht in „Margherita" auf)*
sede: Palazzo **Cenci Bolognetti** in **piazza del Gesù** *(früher Sitz der Dc)*
popolari: Anhänger/Mitglieder der Ppi

Pr: Radicali italiani: Die Italienischen Radikalen *(gegründet 1955)*
pierino: Anhänger/Mitglied der Pr
nel Parlamento Europeo: Gruppo **Lista Bonino**

Prc *(üblich:* **Rc: Partito della rifondazione comunista:** Partei der kommunistischen Neugründung *(gegründet 1991)*
Rifondazione: Rifcom
rifondaroli /rifondatori /rifondaiolo: Anhänger/Mitglied der Rc

Pri: Partito repubblicano italiano: Republikanische Partei Italiens *(gegründet 1895)*
Edera: das Efeu *(Parteisymbol)*

Pour la Valleé d'Aoste: Pour la Valleé d'Aoste *(Regionalpartei)*

Ps: Partito Socialista: Sozialistische Partei *(gegründet von Enrico Boselli als Abspaltung von Sdi)*

Psi: Partito socialista italiano: Sozialistische Partei Italiens *(ehem. 1895–1992)*
ex-segretario: Bettino **Craxi**
garofano: Nelke *(Parteisymbol)*

Rete: Movimento per la democrazia – La Rete: Bewegung für Demokratie – Das Netz *(Regionalpartei, ehem. 1991–1999)*
retino: Mitglied von Rete

Ri: Rinnovamento – Lista Dini *(ehem.)*: Italienische Erneuerung ☞ *Dl, Margherita*
rinnovatore

Rnp: Rosa nel Pugno: die Rose in der Faust *(gegründet 2005, Zusammenschluss von Sdi, Radicali Italiani, Fgs, Associazione Luca Coscioni)*

Rosa Bianca: Rosa per l'Italia: Movimento Federativo Civico Popolare: Föderative Bürger- und Volksbewegung *(gegründet 2008 von Bruno Tabacci als Abspaltung von der Udc)*

Rps: Rifondazione per la Sinistra: Neugründung für die Linke *(gegründet 2009 von Nichi Vendola als Abspaltung von der Prc)*

Sd: Sinistra Democratica. Per il Socialismo Europeo: Demokratische Linke. Für den Europäischen Sozialismus *(gegründet am 5. 5. 2007 nach Abspaltung von Ds)*

Sdi: Socialisti democratici italiani: Italienische Demokratische Sozialisten *(gegründet 1994, 2007 in Ps aufgegangen)*
garofano: Nelke *(Parteisymbol)*

Sinistra Critica: Associazione nazionale per la Sinistra Alternativa: Kritische Linke: Nazionale Vereinigung für eine alternative Linke *(gebildet im Dezember 2007)*
Erre: Parteizeitung

Sinistra Arcobaleno: la Sinistra – l'Arcobaleno: die Linke – der Regenbogen *(gegründet im Dezember 2007 als Bündnis aus Rc, Sd, Verdi und Pdci)*
Cosa Rossa: Sinistra radicale
*la federazione tra i partiti della cosiddetta „**Sinistra radicale**" si chiamerà la **Sinistra – l'Arcobaleno/Cosa Rossa**, standing ovation per Ingrao*

Sinistra e Libertà: Linke und Freiheit *(Wahlbündnis aus Federazione dei Verdi, Movimento per la Sinistra, Partito Socialista, Sinistra Democratica und Unire la Sinistra; gegründet 2009)*

Stella Alpina: Edelweiß *(rechtsorientierte autonomistische Partei im Aosta-Tal)*

Svp: Südtiroler Volkspartei *(Regionalpartei, gegründet 1945)*

Ual: Unione autonomista ladina: Autonomistische ladinische Union *(Regionalpartei, gegründet 1983)*

Udc: Unione dei Democratici Cristiani e di Centro: Christlich-Demokratische Union des Zentrums
via **Due Macelli:** sede dell'Udc
📖 *coalizione fondata nel 2002 da Cdu, Ccd e De*
centristi (della maggioranza)/gli **udiccì**

Ufs: Union für Südtirol *(Regionalpartei, gegründet 1989)*
📖 *il partito di Eva Klotz che si batte per l'autodeterminazione dell'Alto Adige*

Upt: Unione per il Trentino: Union für Trient *(Regionalpartei)*

Ulivo: Gruppo sinistra democratica – L'Ulivo: Ölbaum
📖 *1995–2004, coalizione del centro-sinistra italiano da Ds und Dl, confluita nel 2004 nella nascente L'Unione (2004–2007); sulla „radice" dell'Ulivo è sorto il 14 ottobre 2007 il Partito Democratico, che ha deciso di conservare nel proprio simbolo il ramoscello d'ulivo*
centro-sinistra
ulivista: Anhänger/Mitglied von Ulivo

Union valdôtaine: Union valdôtaine *(Regionalpartei)*
📖 *partito autonomista storico valdostano*

Unitalia: Movimento per l'Alto Adige: Bewegung für Südtirol *(rechtsgerichtete Bewegung in Südtirol, Regionalpartei)*

Upr: Unione per la Repubblica *(ehem.)*: Union für die Republik
Vorläufer: **Udr:** Unione democratica per la Repubblica
udierrini

Verdi: Federazione dei verdi: Bündnis der Grünen *(gegründet 1985)*
Palazzo dei Filippini: sede del gruppo dei Verdi
il Sole che ride: die lachende Sonne *(Parteisymbol)*

Verdi Verdi: die Grüngrünen *(rechtsliberale Partei)*
Orso: Bär *(Parteisymbol)*

1.3. Glossario politico
Politisches Glossar

don **Abbondio:** ängstlicher Mensch, der gegenüber allen Stärkeren und Reicheren nachgibt
📖 *è senz'altro il personaggio più popolare dei* PROMESSI SPOSI *di Manzoni. Trovandosi a vivere in una società retta da potenti e da* ***ribaldi****, don Abbondio, accorgendosi di essere senza* ***artigli*** *e senza* ***zanne****, si è fatto prete. Ciò che governa la sua condotta è la paura, che lo rende egoista. Uomo angusto, soggiogato dal terrore e dal sospetto, vive schiavo delle minuzie della vita; privo di volontà, cede a tutti dopo breve resistenza*
ribaldo – Schurke
artiglio – Klaue
zanna – Zahn
👓 *infine, i* ***don Abbondio****: quelli che mugugnano, ma eseguono gli ordini del signorotto di turno per paura di perdere la poltrona e la rielezione nel collegio*

Akel: Achille Occhetto, fondatore del Pds: der Gründer der Pds Achille Occhetto
👓 *non è più il prode Occhetto ma il mite* ***Akel****, che è il suo nomignolo vichingo*

Statuto **albertino:** Beliebigkeitsdokument, wenig verbindliches Dokument
📖 *Carlo Alberto, re di Sardegna (1831–1849), fu chiamato* ☞ ***„re tentenna"***
👓 *e poi non esiste un ruolo autonomo del presidente in questa materia, qualcosa di svincolato dalla responsabilità politica del governo. La Costituzione non è lo* ***Statuto albertino***

allargare le braccia: resignieren, aufgeben, (bedauernd) mit den Schultern zucken
👓 *al momento, davanti al plotone di ministri riunito ieri sera a Palazzo Chigi, il Cavaliere ha* ***allargato le braccia***

allarmismo: Schwarzmalerei, Panikmache, „Alarmismus"
👓 *governare la flessibilità? Si può fare, a dispetto degli* ***allarmismi*** *dei commentatori più* ☞ *disfattisti*

alleanze politiche: Formen politischer Bündnisse

appoggio esterno: Externe Unterstützung
📖 *Avviene quando una forza politica decide unilateralmente di votare (nelle elezioni politiche, amministrative o anche in Parlamento) per un'altra formazione senza chiedere, apparentemente, nulla in cambio. Può nascondere accordi* ☞ ***„sottobanco"*** *tra partiti che non vogliono dare pubblicità ai loro accordi e in questo caso viene indicato anche come* ☞ ***„voto di scambio"***

patti di desistenza: Stillhalteabkommen, Vereinbarung über die Rücknahme des eigenen Kandidaten
📖 *Sperimentati nelle elezioni politiche del 21 aprile 1996 tra Ulivo e Rifondazione Comunista: quando due forze politiche „vicine" non raggiungono un accordo programmatico per correre insieme in tutti i* ☞ ***collegi****, una delle due decide di non presentare propri candidati nelle città dove non ha grandi possibilità di vittoria per lasciare più chances all'altra*
👓 *il leader di Forza Italia invita a* ***desistere*** *il candidato milanese di An*

apparentamento: Wahlkompromiss
📖 *Nelle elezioni a* ***doppio turno*** *è l'intesa che avviene, dopo essere stati avversari, tra un candidato ammesso al* ☞ ***ballottaggio*** *e una forza politica il cui candidato non è arrivato allo* ***spareggio****. Quest'ultimo si impegna a fare confluire i suoi voti sul primo in cambio di posti in giunta e di accordi sul programma*
spareggio – Entscheidungswahl
👓 *senatore eletto in una lista autonoma* ***apparentata*** *con l'Ulivo*

coalizione: Koalition
📖 *È il frutto del* ***maggioritario****: quando più partiti si accordano per presentare candidati comuni su un programma politico comune. È il massimo grado di alleanza tra partiti diversi*
maggioritario – Mehrheitswahlrecht

alternanza: demokratischer Wechsel zwischen Regierung und Opposition
👓 *ma una parola chiara sull'esito delle riforme vorrei dirla: deve essere la democrazia dell'****alternanza*** *in un sistema maggioritario e bipolare*

ammanicarsi: sich an jdn. ranschmeißen, auf den Zug aufspringen
👓 *rampanti mediatori d'affari, attrici più o meno famose, qualche portaborse* ***ammanicato*** *con i politici e con i grandi gruppi industriali*

amministrative: elezioni amministrative: Regional- und Kommunalwahlen

🙝 *un invito al Polo a intensificare quell'opposizione generalizzata che ha già raccolto tanti consensi alle **amministrative***

ammuina *(aus dem Neapolitanischen)*: nutzloses Gezerre, geschäftiges Nichtstun, Beschäftigungstherapie
📖 *in marina, „fare ammuina" significava „non fare niente, far finta di lavorare"*
📖 *all'ordine Facite Ammuina: tutti chilli che stanno a prora vann' a poppa e chilli che stann' a poppa vann' a prora ...(dal Regolamento della Reale Marina del Regno delle due Sicilie del 1841)*
🙝 *l'**ammuina** va avanti da mesi, in una confusione di crisi aperte e chiuse, chiarimenti offerti o negati, ricevuti o respinti/Compagni, troppa **ammuina***

anima: Strömung *(innerhalb einer Partei)*
🙝 *mi auguro che con la Moratti le diverse **anime** del Polo trovino una buona sintesi*

anticasta: gegen die herrschende Klasse/Kaste gerichtet
📖 *con riferimento al libro di Gian Antonio Stella e Sergio Rizzo „La Casta" (Die Kaste)*
🙝 *La piazza di Fini: „Siamo noi l'**anticasta** e presto governeremo"*

antipolitica: Politikverdrossenheit, Politikfeindlichkeit
🙝 *prova a fermare il vento dell'**antipolitica***

antistato: Staatsgegner, Staatsfeind, Gegenmacht zum Staat (*oft* Mafia)
🙝 *perchè è dovere di tutti combattere l'**antistato** e ci si riesce solo se lo si fa tutti insieme/un partito che sia a fianco degli imprenditori, dei giovani che cercano lavoro, dei meridionali oppressi dall'**antistato***

apertura: Verhandlungsbereitschaft, Kompromissbereitschaft, Entgegenkommen
aprire: jdm. entgegenkommen, Kompromissbereitschaft zeigen
🙝 *è una prova di arroganza dopo due settimane di finte **aperture***
🙝 *il governo **apre** sulle norme per i dirigenti, ma non trova le risorse per allineare i contratti all'inflazione*

aperturista: gesprächsbereit, offen, kompromissbereit
🙝 *è un caso se Mercedes Bresso, presidente del Piemonte, sia la più **aperturista** sul tema del federalismo fiscale tra i governatori di centrosinistra?*

appannaggio: Vorrecht, Erbhof
lasciare **appannaggio**: jdm. etwas überlassen, das Privileg von ... bleiben
🙝 *l'arte della mediazione viene lasciata **appannaggio** della sola ala post dc*

uomo-**apparato**: **uomo-macchina**: Apparatschik, Personen des Apparats
🙝 ***l'uomo-apparato** degli Enti locali/si dice che vinceranno ancora gli **uomini dell'apparato**, D'Alema e Fassino*

apparentamento: ☞ **alleanze politiche**

appiattirsi: sich anpassen, sich nach jdm. richten, sich auf die Ebene von ... (herab)begeben, sich auf etw. fokussieren/fixieren
🙝 *rimprovera la gerarchia della Chiesa di tacere, di starsene fuori, in realtà di **appiattirsi** sulla parte politica che porta la responsabilità del disastro denunciato*
🙝 *tendenza ad **appiattirsi** su una persona di riferimento, per esempio la moglie*

paesi **applianti**: paesi **candidati**: EU-Beitrittskandidaten, EU-Anwärter

appoggio esterno: ☞ **alleanze politiche**

architettura: Architektur: Gestaltung, Struktur, Aufbau
🙝 *l'**architettura** di questo provvedimento mi sembra artificiosa, mi lascia soprattutto perplesso l'obbligo di essere sottoposti a trattamenti sanitari i tossicodipendenti*

arco costituzionale: die Verfassung unterstützende und respektierende politische Kräfte
🙝 *ha buoni rapporti con tutti gli esponenti dell'**arco costituzionale***

Arcore: Wohnsitz von Berlusconi bei Mailand
🙝 *Forza Italia ha una gestione che inizia e finisce nel salotto di **Arcore**/*i savi di ***Arcore**/il clan di **Arcore** lo copre di insulti*

articolato: Wortlaut *(eines Gesetzes, einer Verordnung)*, die Artikel im Einzelnen
🙝 *ma toccherà ad un Consiglio dei Ministri dare il via libera all'**articolato**, il decreto vero e proprio/la proposta di legge di cui oggi pubblichiamo l'**articolato** è stata inviata al Presidente del Consiglio*

Assemblea costituente: Verfassungsgebende Versammlung
🙶 *una **Assemblea costituente** ci consentirebbe di rifare la casa dalle fondamenta, mentre con la Bicamerale tutto al più si ridipinge il bagno*

assistenziale: assistenzialismo: Stato assistenziale: der Fürsorgestaat/Vorsorgestaat: staatliche Rundumversorgung, *(pej.)* „Vollkasko-Mentalität"
🙶 *speriamo di non essere davanti a una misura **assistenziale**/*boccia la politica del governo, parla di ***assistenzialismo***
🙶 *non sarà che a Rifondazione hanno promesso uno stop nella battaglia delle privatizzazioni o qualche altra strada per ritornare alle vecchie politiche di **assistenzialismo**?*

Associazione Libertà Eguale: Vereinigung für Freiheit und Gleichheit *(dem Ulivo nahestehende Strömung)*
🙶 *coltivano una vocazione da pontieri. Guardano oltre al partito, all'arcipelago lib-lab: a Giuliano Amato per esempio, che figura infatti fra i soci fondatori dell'**Associazione** – spunta il ☞ „correntone" ulivista*

astensionismo: Wahlmüdigkeit, Fernbleiben von den Wahlurnen
🙶 *cercheremo di dare una casa a chi non ce l'ha, ai milioni di elettori che non votano più. Pescheremo nell'**astensionismo***
astensionisti: Nichtwähler
🙶 *che votino anche i sedicenni. E se vanno a gonfiare il numero degli **astensionisti**?*

attendismo: abwartende Haltung, Attendismus
🙶 *le reazioni dei pubblicitari sono improntate all'**attendismo***

atto dovuto: notwendiger Schritt, zwangsläufig
🙶 *è un **atto dovuto** e di rispetto verso l'assemblea*
🙶 *la convocazione delle parti sociali è quasi un **atto dovuto***

aula: Plenum, Parlament
🙶 *lascerò l'**aula**/*in ***aula** hanno sollevato una questione procedurale*

auletta: (Fraktions)Sitzungsraum
🙶 *reuniti a porte chiuse nell'**auletta** dei gruppi di Montecitorio*

autoconvocarsi /autoconvocato: Aufruf zu Demonstrationen aus eigener Initiative
📖 *riunirsi spontaneamente, senza la convocazione di organi superiori*
🙶 *il centrodestra non ha gradito le iniziative nate dagli **autoconvocati** ma alle quali hanno partecipato anche i leader dell'Ulivo*

autorevole: einflussreich, angesehen
🙶 *le testate più **autorevoli** di tutto il mondo usano sempre più spesso termini rubati alla nostra lingua*
fonti autorevoli: wohlunterrichtete Kreise

autorità politiche: politische Entscheidungsträger

Aventino: politica della sedia vuota: Politik des leeren Stuhls, Boykott
Aventini: Politiker des leeren Stuhls, Boykottierer
📖 *le origini del neologismo derivano dal nome di uno dei sette colli di Roma, l'**Aventino**, dove per almeno due volte (494 e 449 avanti Cristo) vi si sarebbe ritirata la plebe perché angariata dai patrizi prima, e dai decemviri poi; fu proprio a questi episodi della storia repubblicana romana che si richiamò l'opposizione parlamentare al governo fascista quando il 27 giugno 1924 decise di non partecipare più ai lavori del Parlamento – ritirandosi appunto „in **Aventino**"*
🙶 *il Polo si appresta a diventare **„aventiniano"**/anche la Lega minacciò di ritirare i suoi deputati „in **Aventino**"*
🙶 *dopo un lungo **Aventino** politico torna di nuovo in ☞ trincea*

avvicendamento: Rotation *(bei Parlamentsmandaten)*
🙶 *il deputato diessino è passibile di rimozione secondo la regola dell'**avvicendamento**, invocata da molte federazioni della Quercia*

ayatollah: Ajatollah: Hardliner, kompromissloser Politiker
🙶 *si lavora a una mediazione, ma intanto gli **ayatollah** dell'etnìa riaccendono uno scontro che pareva morto e sepolto*

azzurro: Mitglied/Anhänger von Forza Italia
🙶 *l'ipotesi del **leader azzurro** a capo della Commissione bicamerale divide anche il Polo*
🙶 *alleandosi con gli **azzurri** delusi da Berlusconi*

Baffino: „Schnurrbärtchen": Massimo D'Alema
Max: Spezzaferro: „Eisenbrecher"
🙶 *vuoi un consiglio? Chiedilo a **Max***

*il senatore verde „**tifa**" **baffino***
tifare – Fan sein von …

Balena Bianca: der weiße Wal: Bezeichnung für die DC
*ex ministri, ex potenti … tutti rigorosamente „a riposo", metteranno in scena l'ultimo congresso della **Balena Bianca***

esecutivo **balneare:** Regierung für das Überdauern der Sommersaison, Sommerkabinett
*non sono interessato a fare il premier, non m'interessa la guida di un esecutivo istituzionale, **balneare** o quant'altro*

balletto: Eiertanz
*non condivido il **balletto** non dichiarato sul leader che stanno facendo i Democratici/a Roma vediamo il **balletto** di posizioni sulla participazione dell'Italia alla costruzione dell'Airbus A400M*

ballottaggio: Stichwahl
*se nessuno dei candidati sindaci supera il 50%, domenica 11 maggio si fa il **ballottaggio***

banco di prova: Prüfstand
*questo è il **banco di prova** della volontà della maggioranza di **svelenire** il clima*
svelenire – entkrampfen, entgiften

candidatura di **bandiera:** symbolische Kandidatur, Kandidatur, um Flagge zu zeigen, Scheinkandidatur
*la mia è una **candidatura di bandiera**, perché come Presidente del Consiglio non potrò far parte del Parlamento europeo, ma le preferenze che avrò varranno da riconoscimento per quello che sono riuscito a realizzare*

battitore libero: Einzelkämpfer: Parteiloser
*sono un **arnese** della Prima Repubblica, ho fatto il presidente della regione Lombardia a quarant'anni, adesso mi diverto di più a fare il **battitore libero***
arnese – Werkzeug

battuta: (witzige) Aussage, flotter Spruch
*i grossi guai giudiziari in cui si dibatte non hanno fatto perdere a Giulio Andreotti il gusto per la **battuta***
*sa bene che alla stampa deve dare in pasto anche qualche **battutaccia***
battutaccia – schlacksige Bemerkung

Belzebù: Teufel, Belzebub, Buhmann
*diventato il nuovo **Belzebù** custode di tutti i mali*
Bezeichnung für Giulio **Andreotti**
*sì, era **Belzebù**, ma ora Giulio Andreotti è solo un compagno di sventura: l'ex **Belzebù**, come lo definì tanti anni fa Craxi …*

benaltrismo/ benaltrista: Ablenken vom Thema *(indem man ein anderes Thema in die Diskussion wirft)*, andere Baustelle/Nebenschauplatz aufmachen
il benaltrismo è un neologismo utilizzato nell'ambito delle scienze politiche e derivante dall'espressione „ci vuole ben altro", ovvero dall'individuare origine o soluzione di un problema in qualcos'altro rispetto all'affermazione dell'interlocutore o a quanto creduto comunemente
*in poche parole i **benaltristi** sono quelli a cui dobbiamo gli anni di immobilismo perchè, davanti a qualsiasi proposito di fare e cambiare, ti dicono sempre che c'è ben altro a cui pensare*
*a favore degli otto furbastri che frodavano si è schierata la Federconsumatori, in pura logica **benaltrista**: „Non sono questi i veri problemi delle Fs". Ce ne sono molti altri, indubbiamente, ma perché mai quello dei **pelandroni** che rubano lo stipendio non dovrebbe essere un problema?*
pelandrone – Nichstuer

Berlusconi: cav: cavaliere: Silvio Berlusconi
cavaliere del lavoro: Ehrentitel: Ritter der Arbeit *(wird an Italiener für Verdienste im Arbeitsleben verliehen)*
berluschino: junger Anhänger/junge Gefolgschaft von Berlusconi
*in Confindustria nessuna spaccatura, i simpatizzanti del premier si organizzano per l'assemblea di maggio. I **berluschini** affilano le armi ma la resa dei conti è rinviata*
berluscones: Berlusconi-Anhänger
*quando i **berluscones** gli sparano addosso risponde con ottime battute*
La Certosa /Villa Certosa: einer der Wohnsitze Berlusconis bei **Portorotondo** auf Sardinien

berlusconizzarsi: vom Berlusconi-Virus infiziert werden, besserwisserisch werden
berlusconizzazione
*la **berlusconizzazione** del movimento popolare europea è un dato di fatto*
*Lilli Gruber si è messa a fare la maestrina dalla penna rossa, d'incanto si è **berlusconizzata**. Che è quella condizione psicologica di chi vuol avere sempre ragione, di chi tratta con **supponenza**, di chi non ama fare politica*
supponenza – Herablassung, Hochnäsigkeit

Bernacca: einer der frühesten „Wetterfrösche" des italienischen Fernsehens: Prophet
☞ *i **Bernacca** della politica pronosticano, addirittura, un'equa quota di applausi per tutti oratori che saliranno alla tribuna*

da **Bertoldo laureato:** mit Bauernschläue
📖 *„Le sottilissime astuzie di Bertoldo" di Giulio Cesare Croce, poeta italiano 1550–1609; il corposo villano Bertoldo intenta a rivendicarne, di fronte ai potenti e ai ricchi, una dignità umana nascosta da millenarie umiliazioni nel ceto contadino*
☞ *più ancora per ciò che pensava e diceva, si faceva notare per una faccia stramba, da **Bertoldo laureato**, con gli occhi a biglia rotante*

bestia nera: Buhmann; *(im Sport)* Favoritenschreck
☞ *può diventare la **bestia nera** dei molti parlamentari accusati di giustizialismo che si annidano sotto l'Ulivo*

bianco: Symbolfarbe für die ☞ Dc und allgemein für die katholisch-christdemokratischen Kräfte
☞ *Fazio interviene con il **piglio** di un Cancelliere del **Partito Bianco***
il piglio – Elan, Zugriff, Zupacken
☞ *bisogna ricostruire la società civile **bianca**, farla contare di più*
☞ *e magari lui rimetterebbe assieme i petali del **biancofiore**, e rifarebbe qualcosa che somiglia molto alla vecchia, cara Dc*

Bicamerale: Commissione bicamerale: aus beiden Kammern des Parlaments zusammengesetzter Ausschuss

bipartisan: accordo bipartisan: parlamentsübergreifende Einigung, parteiübergreifender Konsens *(Ggs.: partigiano)*
☞ *niente da fare, niente **accordo bipartisan** alla Camera sulla Carta dei diritti fondamentali dell'Unione europea*

bipolarismo: Alternanz von zwei politischen Lagern, Bipolarismus
☞ *in un sistema democratico, in cui si contempla il **bipolarismo** e l'alternanza, anche il ruolo dell'opposizione implica un esercizio di responsabilità al di là degli interessi più immediati*

bis: Zugabe, Neuauflage
☞ *il governo Berlusconi **bis**/*. . . facciamone un altro di Polo, un Polo ***bis***
bissare: wiederholen
☞ *a Roma, pur senza **bissare** il grande successo del girotondo alla sede Rai, la partecipazione è massiccia*

Biscia: „Natter": Maurizio Gasparri, Politiker von AN
Aigor: Maurizio Gasparri
☞ *„Nessuno mai mi ha chiamato **Biscia**. Al limite **Aigor**. Era appena uscito il film „Frankenstein Junior" e gli amici ironizzavano sulla mia somiglianza con Marty Feldman."*

boato: Getöse: Indiskretion, Gerücht, Kolportage
☞ *i **boatos** vorrebbero il ministro della Economia candidato a traslocare agli Esteri*

bocciare: la **bocciatura:** durchfallen lassen, etw. ablehnen, etw. kippen
☞ *il ministro della Difesa **boccia** il progetto del Pds*
☞ *una **bocciatura**, una stroncatura totale e senza appello a un progetto di riduzione della leva che invece nella maggioranza sembra raccogliere molti consensi*

boiardi di Stato: Bojaren, die Mächtigen im Staat, die „Großkopferten", Bonzen
☞ *la parte migliore dei **boiardi** è formata da manager pubblici che credono profondamente nella presenza dello Stato nell'economia*
☞ *in un panorama di bocche cucite, tra quelli che vengono definiti **boiardi** di Stato, lui non solo parla, ma è molto chiaro sull'argomento*

Bolognina: ideologische Abkehr der Pci von der Sowjetunion
📖 *la svolta della Bolognina (collegio a Bologna) promossa da Occhetto (1991) dopo il crollo del muro di Berlino*
☞ *sarà la nostra **Bolognina**. Ma di sinistra: Achille Occhetto decise di chiudere con il socialismo reale. Giusto. Ma lo fece da destra.*

Bottegone: Botteghe Oscure: via delle Botteghe Oscure: sede tradizionale del Ds (*früher* Pci)
il **Botteghino** di **via Nazionale:** (nuova) sede dei Ds
☞ *a **Botteghe Oscure** hanno preso un bel po' di paura, hanno capito che, volente o nolente, la magistratura sta assumendo quel ruolo in modo stabile*

stanza dei **bottoni:** Schaltzentrale, Schalthebel der Macht
☞ *diventare prefetto di quella congregazione significa stare nella **stanza dei bottoni** dove si selezionano i nuovi vescovi*

Brancaleone: Ritter von der traurigen Gestalt
armatucce Brancaleone: buntgemischter Haufen
*il governo di cui si trova alla testa è una delle solite **armatucce Brancaleone** che da cinquant'anni si alternano nella gestione di questo Paese*

bruciare le tappe: im Schnelldurchgang erledigen
i postiglioni e i messi d'un tempo, dovendo fare un servizio rapido, saltavano spesso le poste del cambio dei cavalli
*hanno fatto una quantità di strada, **bruciando le tappe** della trasformazione economica*

bruciato: verbrannt *(Kandidaturen, Fahndungsspuren usw.)*
*possibili candidati sindaci **bruciati** o che si sono sfilati/la giostra dei nomi **bruciati***
***bruciata** la pista prima della cattura*

maggioranza **bulgara:** überwältigende Mehrheit, Mehrheit von fast 100%
*l'ultimo tentativo di far passare ☞ **l'indulto** con la **maggioranza bulgara** prevista dalla Costituzione fu nell'estate del '97*

buon governo: Good Governance
*per aprire la strada ai nuovi membri e per preparare istituzioni capaci di assicurare il „**buon governo**" di una comunità di Paesi diventata un multiplo del nucleo iniziale*

buonismo: positivistische/beschwichtigende Denkrichtung in der Politik
buonista: Politiker des Ausgleichs, „Gutmensch"
*Prodi fa il **buonista/** ora per legittimarsi ha bisogno di presentarsi come il **buonista** di destra*
*ma non doveva esser l'anno del **buonismo**, delle regole, del ritorno alla civiltà?*

burattinaio: Puppenspieler: wer die Fäden in der Hand hält, wer die Fäden spinnt, Drahtzieher, Strippenzieher
*Sharon costretto al dialogo, Arafat vuole restare il **burattinaio***

cabina di regia: Schaltzentrale
*in uno dei tanti accordi nella Cdl poi rimasti solo sulla carta, la **cabina di regia** si è tradotta in un ☞ Consiglio di gabinetto. Un organismo ristretto, già adottato da Craxi, che coinvolge nelle decisioni i ministri principali*

cachemire: Fausto cachemire: Berti il rosso: il segretario del Prc Fausto Bertinotti: Fausto Bertinotti, Vorsitzender der PRC
*„La mia giacca non è di **cachemire**", scrisse Bertinotti al quotidiano „La Stampa", colpevole di aver citato il prezioso tessuto. „Ne approfitto per aggiungere che non ho mai posseduto né un cappotto di **cachemire**, né una giacca, né un abito di **cachemire***

cacicco: Kaqchike *(Urbevölkerung in Mittelamerika und Peru)*: politischer Notabler, prominenter Abweichler, Fliehkräfte
*dietro il malessere dei **cacicchi** del PD (la Jervolino firma, Chiamparino invece diserterà la festa del partito) si agita però il fantasma della guerra interna ai democratici*

cadrega *(dial.)*: Stuhl: Posten, Sitz
*nessuno della Lega è attaccato alla **cadrega**: Non ce ne frega un c ... delle sedie*

Caf: Craxi, Andreotti, Forlani: ein Machtsystem, das unter anderem für die Aufteilung von Ämtern steht, wonach die Psi und die Strömungen der DC anteilig berücksichtigt wurden
*è la tradizione del **Caf**: uno a Craxi, uno ad Andreotti, uno a Forlani, magari uno all'opposizione*
*un capo del **Caf** (Bettino Craxi) intervistato da chi diresse il telegiornale del **Caf** (Vespa) con il commento in studio del capo supremo del **Caf** (Andreotti). Il tutto a spese della Rai dell'Ulivo*

camerati: Politiker/Anhänger der An, *manchm.* Faschisten
*Secolo d'Italia: **Camerati** in rosso*

camicie verdi: Grünhemden, Bürgerwehr der Lega Nord *(werden auch als Zeichen der Solidaritätsbezeugung für die Lega Nord auf Veranstaltungen getragen)*
*perché Formentini non utilizza le **camicie verdi** padane per spalare la neve?*

caminetto dei notabili: „Kaminzimmer der Notablen", *informelles Politbüro der PD, in dem Grundsatzentscheidungen getroffen werden*
*Veltroni spegne il **caminetto** del Pd: la cancellazione dell'informale Ufficio politico, il cosiddetto „**caminetto dei notabili**", segnerà la progressiva fuoriuscita di tutti quei big che non entreranno nello Shadow Cabinet*

campanilismo: guerra da **campanile:** lite di **campanile:** Kirchturmdenken, Lokalpatriotismus
*il trovarsi in cima alla classifica esalta infatti il suo **campanilismo**, conferma quella sua vocazione all'autosufficienza*

*chi parla di guerre da **campanile** non ha capito nulla*

campi Hobbit: Hobbitlager *(Treffen der rechtsgerichteten Jugendfront ☞ „Fronte della Gioventù" in den achtziger Jahren)*
*noi ci riuscimmo solo negli anni Ottanta, con i **campi Hobbit**, dove invece di fare marce o alzabandiera, cominciammo a cantare, suonare la chitarra e discutere di libri*

Stati **canaglia:** Schurkenstaaten
*lo scudo spaziale che dovrebbe proteggere i paesi atlantici dagli „**Stati canaglia**" che progettano di dotarsi di armi chimiche o atomiche*

cancelleria: Außenministerium, Außenamt, *auch*: „das Ausland", ausländische Regierungen
*la stampa europea all'attacco di Berlusconi: **cancellerie** guardinghe, sui giornali critiche per affari, processi e rapporti con Bush*

cancellierato: Kanzlermodell: Regierungsform, die dem Kanzler größtmögliche Befugnisse einräumt
*proposta per un **cancellierato**: si tratta di un notevole rafforzamento dei poteri del Presidente del Consiglio che non sarebbe scelto dal popolo ma da un accordo parlamentare: il cancelliere è il leader della coalizione vincente. In qualunque momento le Camere possono farlo cadere*

regola del **canguro:** „Känguruh-Verfahren", Verfahren der Zusammenlegung von Anträgen offensichtlich ähnlichen Inhalts zur Änderung von Gesetzentwürfen (☞ ostruzionismo)
*gli emendamenti al provvedimento Gasparri erano originariamente 5.800, scesi per effetto degli accorpamenti (detti in gergo „**canguro**") a 2.800*

capo coalizione: Parteichef der Koalitionspartner
*risultano più stabili i governi dei quali fanno parte tutti i **capi coalizione***

capoesteri: außenpolitischer Sprecher *(einer Partei)*
*il Bottegone ha infine nel suo **capoesteri** un mediatore abile*

capogruppo: Fraktionsvorsitzender
vicecapogruppo: stellvertretender Fraktionsvorsitzender
*la giornata si è conclusa a tarda sera con la riunione dei **capigruppi** di Montecitorio*

capolista: testa di lista: testa di serie: Nummer Eins auf der (Wahl)Liste, Spitzenkandidat
*confermate le **teste di lista** anche a* ☞ *piazza del Gesù*
*Bassanini, **capolista** del Pds, incontra studenti ed insegnanti*

carica: Amt, Posten: Regierungspersönlichkeit, Staatsmann
la **massima carica dello Stato:** Staatspräsident
la **seconda carica dello Stato:** il Presidente del Senato: das zweithöchste Staatsamt: der Präsident des Senats
*... che coinvolgeva un'alta **carica** istituzionale*
*ai buonisti del centro-sinistra che si sono affannati nella generosa offerta al Polo di **cariche** e incarichi istituzionali, politici e gestionali, suggeriamo di essere meno generosi*

Carneade: unbeschriebenes Blatt
persona sconosciuta, eventualmente citata o scelta a sproposito (dal nome del filosofo greco Carneade), divenuto, dopo l'episodio di don Abbondio nei Promessi Sposi, il prototipo dello sconosciuto
*... accolto sulle prime come un **Carneade**, si sta rivelando un uomo forte*
*era un illustre **Carneade**, potrebbe diventare famoso*

Carroccio: der Fahnenwagen *(Parteisymbol der Lega Nord)*
*allo stesso modo Formentini ha qualche problema a rappresentare contemporaneamente Milano e il popolo leghista, a essere sindaco, ma anche guerriero del **Carroccio***

casella: Funktion, Amt *(z. B. im Parlament)*
*intanto i Ds completano le **caselle** istituzionali/vanno a posto le **caselle** del Parlamento*

casta: herrschende Kaste, Führungsschicht
*la **casta** si taglia in dieci mosse. Ecco il decalogo per il contenimento dei costi della politica stilato da Walter Veltroni*

Castelporziano: (Urlaubs)Sitz des Staatspräsidenten bei Rom
*Domenica a **Castelporziano**, sullo sfondo le riforme: Nella colazione nella tenuta presidenziale di **Castelporziano** ci sarà stato modo di chiarire passagi e nodi delle ultime settimane*

caterpillar rosso: la **rossa:** die rote Planierraupe, das rote Arbeitstier ☞ MVB (Michela Vittoria Brambilla) *le donne del centrodestra fanno quadrato intorno al **caterpillar** in tacchi a spillo e autoreggenti/Michela **caterpillar** e le donne del Polo: „No, non è un burattino“*

Catilina: römischer Politiker
🕮 *(108–162) uomo politico romano: è noto soprattutto per la congiura contro Cicerone. **Catilina** enunciò un programma popolare molto radicale, con la promessa della cancellazione totale dei debiti e di una lotta a fondo allo **strapotere** oligarchico; simbolo della lotta contro le ingiustizie del potere*
strapotere – Übermacht, Gewaltmissbrauch
*non sono un **Catilina**, non sono un rivoluzionario che progetta infedeltà o **slealtà** alle leggi del suo paese*
slealtà – Illoyalität, mangelnde Loyalität

catto-: cattolico
catto-comunista: chi rappresenta le idee del mondo cattolico di sinistra: katholisch geprägte Kommunisten/Linke
coppie **catto-islamiche:** christlich-islamische Paare
*esponenti popolari, professori **catto-sinistri**, preti, monaci …*

d'area **cattolica:** den christdemokratischen Parteien nahestehend *(also: den Nachfolgeparteien der DC: Ppi, Ri, Udr, Ccd, Cdl)*

cav: cavaliere: Silvio Berlusconi
cavaliere del lavoro: Ehrentitel: Ritter der Arbeit *(wird an Italiener für Verdienste im Arbeitsleben verliehen)*
Berlusca: Silvio Berlusconi
via del Plebiscito: ufficio del leader di Forza Italia: Amtssitz von Berlusconi
via Rovani: Wohnsitz Berlusconis in Mailand
via dell'Anima: Wohnung Berlusconis in Rom
La Certosa: einer der Wohnsitze Berlusconis bei **Portorotondo** auf Sardinien
*c'è un'Italia che passa questa matta estate chiedendosi cosa accadrà se vince il **Berlusca***

cavallo di razza: Rassepferd, Streitpferd, Zugnummer, Aushängeschild
*Amintore Fanfani, il **cavallo di razza** aretino, correva per conto suo, sfidando il candidato ufficiale della Dc*

Cdl: Circoli della Libertà: Zirkel der Freiheit *(gegründet 2006 von Michela Vittoria Brambilla, als Bewegung zur Popularisierung der Politik von Forza Italia, ☞ Pdl)*
MVB: Michela Vittoria Brambilla *(Vorsitzende der Zirkel der Freiheit)*
brambillismo/ brambillizzato
*si sa che personalità di primo piano stanno vivendo con sofferenza la prospettiva di un partito **brambillizzato**, anche se al momento restano alla finestra*
*il progetto di trasformare i **circoli di Michela Brambilla** in una formazione elettorale che consente di intercettare nuovi consensi, in considerazione dell'ondata di antipolitica*

cecchino: Heckenschütze: Abweichler *(wer nicht für seine Partei abstimmt)* ☞ franco tiratore
*il governo Cossiga fu affondato dai **cecchini***

celodurismo*(derb)*: (starrsinnige) Kompromisslosigkeit, Kraftmeierei *(nach Umberto Bossi: „i leghisti ce l'hanno duro“)*
*la politica leghista del **celodurismo** e del machismo è rozza e primitiva, e non aiuta certo a centrare i problemi ed a collocarli nel posto che meritano*

manuale **Cencelli:** benannt nach Massimiliano **Cencelli**, einem Politiker der ☞ DC, der 1968 einen Algorithmus zur Verteilung von Posten und Funktionen aufstellte: ☞ lotizzazione
*la procedura è dettata dal trattato di Amsterdam e non da qualche **manuale Cencelli** di casa nostra*
*questa è gente che è più **cencelliano** di **Cencelli***

leader di **Ceppaloni:** Clemente Mastella, Politiker der Udeur

cerchiobottismo: Tendenz, es allen Recht machen zu wollen
cerchiobottista: Politiker, der auf mehreren Hochzeiten tanzt, mehreren Herren dient
🕮 *la tendenza a dare un colpo al **cerchio** e uno alla **botte***
🕮 *chi cerca di destreggiarsi tra posizioni opposte senza prendere nettamente partito per l'una o per l'altra; si riconosce soprattutto il praticone politico che sa dare il colpo al **cerchio** e alla **botte***
*il **cerchiobottismo** del governo è francamente inaccettabile*
cerchio – Fassband
botte -Fass

gioco del **cerino:** mossa del **cerino:** sich gegen-

seitig die Verantwortung zu schieben, Schwarzer Peter
*no al **gioco del cerino**. D'Alema e Veltroni possono avere un sogno, ma io non voglio avere un incubo*

in zona **Cesarini:** in letzter Minute, auf dem letzten Drücker
*si chiama **zona Cesarini** in nome dell'attaccante azzurro Renato Cesarini che, negli anni Trenta, segnò un gol proprio all'ultimo, ma poi andrebbe ribattezzata mille altre volte*
*D'Alema pensava che fosse impossibile per Berlusconi sfilarsi all'ultimo, **in zona Cesarini**, e invece l'ha fatto*

cesarismo: Caesarismus, Caesarentum, Alleinherrschaft
*l'accusa è di Gianfranco Fini: „C'è il rischio di **cesarismo** nel partito unico del centrodestra*

cespugli: Gebüsch, Gesträuch: Vertreter der kleinen Mittelinksparteien, die nicht zur Ds gehören
*dopo tanti rifiuti nasce la nuova giunta: Sei assessori ai Ds, 5 ai **cespugli**, un esterno*

Cgie: Consiglio Generale degli Italiani all'Estero: Allgemeiner Rat der Auslandsitaliener
il Cgie è l'organismo di rappresentanza delle comunità italiane all'estero presso tutti gli organismi che pongono in essere politiche che interessano le comunità all'estero

chiamata dei deputati: namentlicher Aufruf der Abgeordneten
*la **chiamata dei deputati**, che dovranno sfilare davanti al banco di presidenza per confermare o negare la propria fiducia al governo, è prevista attorno a mezzogiorno*

di **chiara fama:** allgemein anerkannt
*lo avevano chiamato, senza bando, perché era „un **professionista di chiara fama**". Gli avevano offerto la direzione dell'Unità operativa complessa di chirurgia dell'ospedale Veneziale*
direttore di **chiara fama:** Seiteneinsteiger des Außenministeriums von allgemein anerkanntem Bekanntheitsgrad
*entrambi rientrano nella categoria dei direttori di **chiara fama** istituita nel 1990 dall'allora ministro degli Esteri Gianni De Michelis e in bilico nell'era Berlusconi*

Cicciobello: Sunnyboy: Francesco Rutelli, ehemaliger Bürgermeister von Rom
altri soprannomi: **Er Piacione, Bambolo**
*il sindaco di Roma Francesco Rutelli è detto, dai fans storici, **Cicciobello***

ciecopacista: blinder Pazifist, naiver Pazifist
*che ora si trova costretta ad accodarsi all'estremismo di Bertinotti e del puerile coro dei **„ciecopacisti"** del quale si fa forte. Con tanti saluti, questa volta, alla credibilità di una sinistra seria e responsabile*

Cig: Conferenza Intergovernativa: Regierungskonferenz

circolo vizioso: Teufelskreis
circolo virtuoso: Weg der Tugend, Tugendpfad
*l'Italia si trova all'interno di un **circolo virtuoso** dove il calo dei tassi si accompagna un minore servizio del debito. Spero che ora possano essere portati avanti alcuni aggiustamenti strutturali, altrimenti il circolo tornerà ad essere **vizioso***

circoscrizione elettorale: Wahlkreis

liste **civetta:** Scheinlisten
sono liste fittizie grazie alle quali il candidato evita di far scattare lo scorporo, a vantaggio della sua coalizione e a danno dei partiti che corrono da soli
☞ **scorporo**

Cl: Comunione e Liberazione: movimento popolare **Cielle** (meeting politico-religioso):
ciellini: politische und religiöse Jugendbewegung konservativer Ausrichtung
fondatore di Cl: don Luigi Giussani: **don Gius**
*è vero che l'ateneo è stato quasi monopolizzato per decenni da **Comunione e Liberazione**, ma l'ultima consultazione apre inediti spazi anche al Polo*
*il meeting **ciellino** di Rimini, la kermesse dei seguaci di **don Luigi Giussani***
catto-boys: Anhänger von Cl

Club Pannella: *vom Politiker der Italienischen Radikalen, Marco Pannella, initiierte Aktionsgruppen, 1997 aufgelöst*
*visto che gli imprenditori restano indifferenti i **Club Pannella** sono stati costretti a tornare a chiedere contributi ai cittadini comuni sistemando in Piazza del Duomo il loro tendone*

Cn: congresso nazionale: Parteitag
*cercare una soluzione unitaria che permette un cambiamento di linea e leadership al prossimo **Cn***

coalizione: ☞ alleanze politiche

collateralismo: Schulterschluss, *(manchm.)* Gleichschaltung
✍ *ho parlato di* ***collateralismo*** *tra governo e Confindustria. Il mio è un giudizio politico, riferito a organizzazioni collettive, non a persone singole*
✍ *è stata punita la linea poco chiara di* ☞ *Magistratura indipendente, che aveva tentazioni di* ***collateralismo*** *con le politiche governative*

collegialità: Kollegialitätsprinzip, Grundsatz der Gleichberechtigung, abgestimmte Politik *(innerhalb der Koalition)*
✍ *perciò chiediamo un consiglio di gabinetto per la* ***collegialità*** *e il rafforzamento del dipartimento economico di Palazzo Chigi*

collegio: Wahlbezirk
✍ *allarme cessato: l'Ulivo ha conquistato 17* ***collegi*** *su 24*

colonnelli: (Alt)Faschisten, Mitglieder von An
✍ *per i* ***colonnelli*** *di An sarà un'estate poco tranquilla*
✍ *base contro* ***colonnelli****: in An la Destra sociale cerca spazio*

colonnello: einflussreicher Politiker einer Partei, politisches Urgestein; *oft unter Bezug auf AN:* Altfaschist

Comites: Comitati degli italiani all'estero: Komitees für Auslandsitaliener
🕮 *i Comites sono organi elettivi che rappresentano le esigenze dei cittadini italiani residenti all'estero nei rapporti con gli Uffici consolari, con i quali collaborano per individuare le necessità di natura sociale, culturale e civile della collettività italiana*
✍ *gli sforzi intrapresi dal ministero degli Esteri per pubblicizzare le elezioni per il rinnovo dei* ***Comites*** *fissate per domenica prossima si comprendono alla luce della bassissima* ***affluenza alle urne*** *registrata alle consultazioni del 1991. È per questo motivo che la Farnesina quest'anno si è mossa con anticipo, distribuendo alle sedi consolari sparse in tutto il mondo opuscoli informativi sulle elezioni*
affluenza alle urne – Wahlbeteiligung

comunitarizzazione: Vergemeinschaftung
✍ ***comunitarizzazione*** *delle politiche d'immigrazione e di asilo dell'Unione europea: a cinque anni dal Trattato di Amsterdam, quale bilancio?*

compagno: Genosse
✍ *perché non possiamo chiamarci tra noi berlusconiani anche „****compagni****"? È giusto. Perché lasciare alla sinistra una definizione che è simbolo della solidarietà e dell'avvicinamento alle classi deboli*

compromesso storico: historischer Kompromiss *(zwischen kommunistischen und katholischen Kräften, wurde von Berlinguer in den achtziger Jahren in die politische Diskussion gebracht)*

confessionale: Beichtstuhlverfahren, Beichtstuhlgespräche *(bilaterale Einzelgespräche bei multilateralen Verhandlungsrunden, z. B. bei EU-Gipfeln: Einzelgespräche der Präsidentschaft mit den einzelnen Mitgliedsländern)*
✍ *qui a Nizza però Chirac l'ha esclusa dai* ***confessionali*** *con i capi di governo. „Prodi umiliato" scrivono francesi ed inglesi*

conflitto d'interessi: Interessenkonflikt
🕮 *il corpo di norme che stabilisce le incompatibilità tra cariche pubbliche e private*

consegna: passaggio delle consegne: Übergabe der Amtsgeschäfte
✍ *Amato ha pronunciato una battuta scherzosa durante la cerimonia della* ***consegna*** *al premier entrante della famosa campanella per richiamare i ministri: „È utile, serve a richiamare i ministri, se serve."*

Consiglio di Gabinetto: Kabinettsrat, „Küchenkabinett"
🕮 *Craxi adottò il „****consiglio di Gabinetto****" il 5 agosto 1983. Quell'organismo aveva il compito di „assistere il Presidente del Consiglio e il vicepresidente nel lavoro politico, fermo restando le attribuzioni del Consiglio dei ministri".*
✍ *infatti, Berlusconi ha in pratica riunito un* ***Consiglio di Gabinetto*** *allargato per risolvere la prima grana, cioè la scelta dei sottosegretari del suo governo*

consociativismo: Konsorziumsbildung, Fusionierung: (*politisch*) das Zusammengehen von Parteien aus Opportunitätsgründen, Verfilzung, Klüngelwirtschaft
✍ *una „coesistenza pacifica" che per il leader di Botteghe Oscure non vuol „****consociativismo****"*
✍ *a Roma, la linea del polo e di Berlusconi, per quanto* ***consociativa*** *possa apparire, esiste*

consulenze di Stato: Regierungsberatung
consulenze d'oro: das einträgliche Geschäft mit der Regierungsberatung
✍ *spesi 1,3 miliardi, 400 professioni oltre 100mila euro: „Sono dati che si commentano da soli". Nell'elenco del 2006 c'è anche il ministro. Stato, ecco le **consulenze d'oro**, Brunetta le pubblica on line*

convergenze parallele: verschiedene Wege – ein Ziel
✍ *penso ad Aldo Moro quando parlava di „**convergenze parallele**". Non esiste la coalizione, solo **convergenze parallele**: il rapporto della Lega con Berlusconi, di Alleanza nazionale con Silvio Berlusconi e così via*

cordata: Seilschaft
compagni di **cordata:** Mitglieder einer Seilschaft
✍ *questa leggenda, che gli deriva anche dall'aver retto l'ufficio del personale al comando generale, ha finito senz'altro per aumentare il suo potere e prestigio anche tra gli alti ufficiali considerati far parte della sua **cordata**, come i generali Pasini e Reale*

Corea: Lobby des italienischen Parlaments *(nicht zugänglich für Journalisten)*: ☞ **Transatlantico**

corpo elettorale: Gesamtheit der Wahlberechtigten
📖 *il corpo elettorale, è un organo Costituzionale dello Stato e rappresenta l'insieme dei cittadini di uno Stato, ai quali viene riconosciuto il diritto di esercitare l'elettorato attivo, e cioè il diritto di eleggere i propri rappresentanti*

corrente: Parteiflügel, Strömung innerhalb einer Partei
correntismo: Flügelpolitik, Flügelkämpfe
correntizio: von Flügelkämpfen geprägt
✍ *mi vedo costretto a rivelare questa notizia-bomba, che certo sconvolgerà il prossimo congresso del Pds, costringendo a ridefinirne le **correnti***
✍ *il presidente di An va all'attacco: „Il **correntismo** è una metastasi che nel partito blocca tutto. D'ora in poi non riconoscerò più le **correnti**."*
✍ *accusa Veltroni di portarsi appresso il „modello di partito feudale e **correntizio**" di Fassino e Rutelli*

correntone: Hauptströmung, Mainstream, *auch:* linksgerichtete Strömung innerhalb der Ds
Aprile: associazione del Correntone: Vereinigung des „Correntone"
✍ *DS, il **Correntone** si fa partito/Giovanni Berlinguer, leader del correntone dei Ds*

Cosa 2: Vorhaben von Massimo D'Alema (Mitte der neunziger Jahre) zur Begründung einer neuen links und europäisch ausgerichteten Partei
✍ *Vi presento la **Cosa 2**. È il vice di Massimo D'Alema a Botteghe Oscure, Marco Minniti è l'uomo che sta lavorando per far nascere dal Pds un nuovo partito: la Sinistra democratica europea. Nel simbolo ci sarà una rosa e nell'organizzazione una rivoluzione*

Cosa bianca: centro neodemocristiano: *Modell eines politischen Bündnisses aus katholisch geprägten Kreisen der Politik und Unternehmern*
✍ *il no di Fini alla **Cosa bianca** non comporta nessun problema. Sapevo di questa sua posizione dai dialoghi che ho avuto con lui*

esame di **coscienza:** Gewissenserforschung, Insichgehen
✍ *tutti devono fare un serio **esame di coscienza** di fronte alla scuola, non solo i politici/ nonostante l'**esame di coscienza** collettivo ed il mutamento di rotta del leader dopo la sconfitta alle Europee …*

voto di **coscienza:** Gewissensentscheidung, nicht dem Fraktionszwang unterworfenes Abstimmungsverhalten
✍ *i parlamentari si sono espressi con un **voto di coscienza**, indipendente cioè dalle linee dei rispettivi partiti*

costi della politica: Politikfinanzierung
✍ *poi qualcosa si è inceppato e peggiorato con le tante assunzioni alla Regione e gli aumenti concessi ai suoi dipendenti, e soprattutto ai sindaci e consiglieri comunali. Proprio nell'era dell'antipolitica e dei **costi della politica***

costituenti: Verfassungsväter
✍ *non è un caso se i nostri costituenti ritennero di mantenere la pena di morte in caso di guerra*

crisi: crisi di governo: Regierungskrise
✍ *la **crisi** era comunque inevitabile*

c. s.: centrosinistra: Mitte-Links

decisionista: entscheidungsfreudiger Politiker
decisionismo: politische Entscheidungsfreude

per Craxi erano stati coniati dei neologismi come " decisionismo" e „decisionista"
è forse Fabio Mussi che ha sperimentato più recentemente sulla propria pelle il ***decisionismo*** *di Massimo D'Alema*

delfino: Delphin; Kronprinz, prädestinierter Nachfolger
il primogenito del re di Francia, in attesa di salire al trono, portava il titolo di Delfino (Dauphin), essendo il Delfinato (Dauphiné) il feudo assegnato, a partire dal XIV secolo, al principe ereditario della casa regnante
che cosa si è messo in testa l'ex ***delfino*** *di Bettino Craxi?*
ipotesi di successioni, ***delfinati*** *o* ***illazioni*** *su chi prenderà il mio posto in Forza Italia*
illazione – Mutmaßung

deliberante: vereinfachtes Gesetzgebungsverfahren *(durch Beschluss des zuständigen Parlamentarischen Ausschusses)*
anche il centrodestra è stato disposto a concedere la cosiddetta ***deliberante****, cioè il voto in commissione Giustizia senza bisogno di passare all'esame dell'aula di Palazzo Madama e quindi consentendo l'iter accelerato per un varo in ☞ corner, negli ultimi giorni della legislazione*

democraticità: Demokratieverständnis, demokratische Haltung/Auffassung
io vengo da un partito che aveva un'organizzazione pesante ma che non brillava per ***democraticità***

rimettere il **dentifricio nel tubetto:** die Zahnpasta zurück in die Tube drücken: ein Ding der Unmöglichkeit sein
Prodi difende l'euro e sostiene che riabbassare i prezzi ormai è come ***riportare il dentifricio nel tubetto***

deontologia: deontologia professionale: Berufsethos, Berufspflicht
sarà l'occasione per affrontare la questione della ***deontologia*** *professionale calpestata/le regole* ***deontologiche***

desistenza: ☞ alleanze politiche

devolution: devoluzione: Übertragung *(von Souveränitätsrechten, Zuständigkeiten)*; Dezentralisierung
devolvere: Zuständigkeiten übertragen, dezentralisieren
trasferimento di funzioni da Stato a Regioni
la promessa di ***devolvere*** *immediatamente i poteri su sanità, scuola e polizia locale dello Stato alle Regioni*
il nostro progetto che possiamo riassumere in 3 punti: ***devoluzione****, lotta all'immigrazione clandestina e sicurezza per i cittadini*

dicastero: Ministerium, Ressort
il ***dicastero*** *del Bilancio*

dieta: Parlament
come nel dibattito che era stato più serenamente avviato alla ***Dieta*** *polacca*

dietrologia: ständiges und hartnäckiges Hinterfragen, Ursachenforschung, den Geheimnissen auf den Grund gehen
ricerca di supposte motivazioni nascoste che sarebbero all'origine di un avvenimento
l'importante era cominciare ad aiutare i giovani, così un domani le agevolazioni si potranno estendere ad altre categorie. Basta con le ***dietrologie****/non siamo qui per fare* ***dietrologia***

diplomazia dal basso: Diplomatie von unten
quindi penso ai corpi di pace, alla ***diplomazia dal basso****, alla cooperazione, alla confidence building, alla costruzione del consenso. Ma tutto questo sembra politica di serie B*

dì qualcosa di sinistra: sag was Linkes: rede wie ein Linker/wie ein Sozialdemokrat
citazione dal film di Nanni Moretti „Aprile" (1998): „D'Alema, dì qualcosa di sinistra"
Schröder, per favore ***dì qualcosa di sinistra***

discesa in campo: Antritt, Kandidatur *(oft mit Bezug auf Berlusconis Kandidatur als Ministerpräsident)*
*il teatrale e fazioso patriottismo di Berlusconi nel discorso della „**discesa in campo**" (26 gennaio 1994) è motivato dal rischio che l'Italia cada in preda alle forze „illiberali" e „immature" delle „sinistre" e dei „comunisti"*

discorso: Auseinandersetzung, Diskussion, Beschäftigung mit ...
Martini proponeva più un ***discorso*** *sulla spiritualità, come una cifra di incontro dell'uomo contemporaneo*

disfattista: Miesmacher
che non sia ottimista lo si capisce subito. Che non voglia apparire un ***disfattista*** *anche*
ammonimenti verbali per l'eccessivo allarmismo e ***disfattismo***

distinguo *(prima pers. sing. di distinguere)*: (strenge) Unterscheidung, Distinktion
🕮 *nella filosofia scolastica, formula con cui veniva introdotto l'esame di un'argomentazione; distinzione acuta o pedante*
👓 *due* ***distinguo*** *su cui difficilmente Bush sarà d'accordo, e ancora meno Israele*

divorzio: Scheidung: Trennung, Bruch
👓 *non sarà un* ***divorzio facile****, visto che dal punto di vista legale* ☞ *Enav è vincolata dagli accordi sottoscritti dagli amministratori cacciati in seguito allo scandalo*

doppiogiochismo /doppiogiochista: treibt ein doppeltes Spiel
👓 ***doppiogiochisti*** *ci sono nei migliori servizi segreti, figurarsi in quelli italiani. Dentro il Sismi da un decennio c'è in corso una caccia al doppiogiochista di cui si conosce solo il nomignolo, il Verme, che lavorava per i sovietici e oggi probabilmente è passato ai russi*

doppiopesismo: doppelte Maßstäbe, (das Anwenden von) zweierlei Maß
👓 *il* ***doppiopesismo*** *di Abramovich ha suscitato le proteste indignate dei residenti*

Doppio Stato: Staat im Staat
🕮 *la teoria del* ***Doppio Stato****, secondo la quale avrebbe imperato in Italia, negli ultimi cinquant'anni, un agglomerato di potere che avrebbe fatto* ***perno*** *sugli Usa, su settori dello Stato italiano e sulla* ☞ *Dc, finalizzato a impedire in ogni modo l'accesso del* ☞ *Pci al governo e responsabile di tutte le principali* ***nefandezze*** *della nostra più recente storia nazionale*
fare perno su – sich stützen auf
nefandezza – Schandtat

doppio turno: elezioni a doppio turno: Wahlen mit zwei Wahlgängen
👓 *introducendo il doppio turno anche nella legge elettorale per le* ***politiche***

doroteo: *um Ausgleich bemühter Politiker (z. B. Flaminio* ***Piccoli****, il vecchio „****Flam****")*
doroteismo: *Denkrichtung des politischen Ausgleichs*
🕮 *appartenente a una corrente centrista in seno alla Democrazia Cristiana, dal nome delle* ***Suore Dorotee****, nel cui convento ebbe luogo la riunione dalla quale prese l'avvio la corrente*
👓 *le recenti vicende di An e Udc vengono lette come „****doroteismo*** *di ritorno"*
👓 *se Fini è un post-fascista, Letta e Urbani sono* ***post-dorotei***

avere bisogno di un **drizzone** *(berlusconese)*: etw. geradebiegen, in Ordnung bringen, in Fahrt kommen, die Kurve kriegen
👓 *a Berlusconi questa Europa non piace: „Ha bisogno di un* ***drizzone*** *e di maggiore concretezza"*

election card: la **tessera elettorale:** Wahlausweis
früher: certificato elettorale: Wahlschein

election day: Wahltag, an dem mehrere Wahlen gleichzeitig abgehalten werden sollen, um die Tendenz mangelhafter Wahlbeteiligungen zu bekämpfen

eminenza grigia: graue Eminenz
👓 *di Amato come* ***eminenza grigia*** *si è parlato per anni. Di Prodi papa, no*

entrismo/ entrista: Revolution(är) von innen
👓 *l'****entrismo*** *ha un significato quando la dirigenza è in qualche modo influenzabile*

epurazione: Säuberungsaktion
epurato: Opfer einer Säuberungsaktion, Ausgemusterter
👓 *alla Rai, nella lista dei potenziali* ***epurati****, è finito anche il cuoco di D'Alema*
epurator: Säuberer, Reinemacher, Aufräumer: Francesco Storace, Politiker der An
👓 *mi rifiuto di dare indicazioni e indossare di nuovo i panni di* ***Epurator***

equivicinanza: gleiche Nähe
👓 ***equivicinanza*** *è una brutta parola, che viene usata in senso spregiativo. Il concetto è più alto: essere equalmente amici del popolo palestinese e di quello israeliano. Si dice così*

esponente: führende Persönlichkeit, führender Politiker
👓 *rigettare la richiesta dell'****esponente*** *di Forza Italia*

esternatore: der Verlautbarer *(der zu allem seinen Kommentar abgibt; z. B. wird der frühere Staatspräsident Cossiga mit diesem und anderen Etiketten wie* ☞ *picconatore belegt)*

euroburocrati: funzionari dell'Ue: EU-Beamte
eurocrati: Eurokraten
👓 ***Euroburocrati****, riforma al via. Prodi si difende dagli attacchi: „Vado avanti"*

eurofobia: Europhobie, Euro-Feindlichkeit; Europafeindlichkeit
☞ *Berna è abituata all'**eurofobia** del Ticino, ma la può comprendere solo in parte*

eurogoverno: Europäische Kommission, Europaregierung, europäische Regierung
☞ *lo fa con una comunicazione che sarà approvata giovedì dall'**eurogoverno** e presentata dal commissario europeo alle pari opportunità*

Europarlamento: Parlamento europeo: Europäisches Parlament

sigla	*gruppo*	*Fraktion*
PPE	Partito Popolare Europeo	Europäische Volkspartei
PSE	Partito del Socialismo Europeo	Sozialdemokratische Partei Europas
ELDR	Partito Europeo dei Liberali, Democratici e Riformatori	Liberale und Demokratische Partei Europas
V / ARE	Gruppo Verde al Parlamento Europeo	DIE GRÜNEN im Europäischen Parlament
SUE	Sinistra Unitaria Europea / Sinistra Verde Nordica	Vereinigte Europäische Linke / Nordische Grüne Linke
UPE	Unione per l'Europa	Union für Europa
I-EDN	Deputati Independenti per l'Europa delle Nazioni	Unabhängige für das Europa der Nationen

Europee: elezioni europee: Wahlen zum Europäischen Parlament
☞ *i sindaci dell'Ulivo si preparano a scendere in campo alle **Europee** con liste distinte da quelle dei partit i*

euroseggio: Sitz im europäischen Parlament
☞ *Lisbona – Accordo nella notte: L'Italia ottiene un **euroseggio** in più*

eurotiepidezza: Europa-Gleichgültigkeit
☞ *un attestato di europeismo a smentire le accuse di **eurotiepidezza** dei sindacati, convinti che abbiate nostalgia per i tempi delle svalutazioni?*

falce e martello: Hammer und Sichel *(Symbol der Kommunistischen Partei)*
☞ *Cossutta punta al simbolo: **Falce e martello**, ora si prepara un'altra guerra*

fantagoverno: fiktive Regierung, Schattenkabinett
☞ *ma ora che il gioco del **fantagoverno** diventa una cosa seria, i partiti stanno tirando fuori i loro bilancini per soppesare le offerte di Prodi, anche perché i diversi ministeri hanno da sempre pesi molto diversi uno dall'altro*

fantapolitica: politische Phantastereien, Cyber-Politik
☞ *se si candidasse con il Polo? Mi sembra **fantapolitica***
fantacalcio: Fußball absurd

fantasma: Geister-, inexistent, leer
posti fantasma /seggi fantasma: unbesetzte Mandate
paese fantasma: Geisterdorf
☞ *tesserati **fantasma***
☞ *quel ☞ pasticciaccio dei **seggi fantasma**, votati ma che, a causa dell'abuso delle liste ☞ civette da parte di Forza Italia, non sono mai stati assegnati sarebbe andato avanti all'infinito*

fantoccio: Marionette, Strohmann
governo fantoccio: Marionettenregierung

fantuttismo: gängige Praxis, Pauschalurteil, „so machen es alle"
☞ *la battaglia contro i fannulloni è dunque sacrosanta ed è ipocrita prendersela con il **fantuttismo** del ministro Brunetta*

Farefuturo: *von Gianfranco Fini gegründete politische Stiftung*

fazioso: parteiisch, parteilich

faziosità: Parteilichkeit
👓 *anche per Scalfaro, alla Rai c'è un problema di* ***faziosità****/è* la conferma di un livello di ***faziosità****, o se si preferisce, di una mancanza di pluralismo e di obiettività dell'informazione del servizio pubblico*

fazionismo: Lagerdenken, Lagerkämpfe
👓 *da parte giapponese, il Primo Ministro in carica Miyazawa non se la passa meglio di Bush. Di fresca nomina, si sta rendendo conto con rapidità di come sia difficile navigare nei meandri del* ***fazionismo*** *politico del suo partito e come complessa sia la formulazione del consenso nel suo Paese*

feluche: a) zweispitziger Hut der Marineuniform, b) ägyptisches Segelboot: Diplomaten, Mitarbeiter der ☞ Farnesina
👓 *dietro il ☞ valzer di* ***feluche*** *il vuoto della politica*
👓 *le nostre* ***feluche*** *si dovranno abituare a frequentare non più solo le cancellerie ma anche le confindustrie locali, a studiare non più solo storia diplomatica ma anche marketing*
baby-feluche: giovani funzionari della Farnesina: die Jungdiplomaten
👓 *scioperano i giovani diplomatici, rivendicazioni economiche ma soprattutto professionali:* ***Baby-feluche*** *in rivolta, si blocca metà Farnesina*

Festa della Margherita: Parteifestival der Margherita

Festa dell'Udeur: festa di Telese: festa Campanile: Parteifestival der Udeur

Festa dell'Unità: festa rossa: Fest der Einheit: *von der Zeitung ☞ „Unità" organisiertes politisches und gesellschaftliches Festival*
🕮 *... ma è l'unica tradizione che, con il passare degli anni, sopravvive. Per il resto, la festa in onore del quotidiano fondato da Antonio Gramsci non ha più nulla da spartire con quelle molto popolari di una volta, quando il padrone si chiamava Pci e stava all'opposizione. Però, particolare curioso, appare diversa anche da quelle organizzate sino a qualche tempo fa, quando il Pds non era ancora al potere. Certo, un po' di sana* ***pacchianeria*** *è rimasta. Ma ora è proprio una festa da partito di governo ...*
pacchianeria – Plumpheit

Festa Democratica: Parteifestival der PD
👓 *la* ***Festa Democratica****, la prima kermesse unitaria del Pd, evento che archivia, almeno a livello nazionale, le vecchie ☞* ***Feste dell'Unità***

Festa Tricolore: Parteifestival von Alleanza Nazionale

fiaccolata: Fackelzug *(protestierender Demonstranten)*
👓 *avevano fatto vere e proprie crociate, con* ***fiaccolate*** *lungo le strade e blitz bellicosi dal sindaco della cittadina*

fiducia: questione di **fiducia:** Vertrauensfrage
voto di fiducia: Vertrauensabstimmung
👓 *niente ricorso alla* ***fiducia****/la maggioranza può rinunciare alla* ***fiducia*** *se il Polo mette da parte la valanga di emendamenti*

Findus: Gianfranco Fini, Politiker der An

svolta di **Fiuggi:** die Wende von Fiuggi: *auf dem Parteitag von Fiuggi (27. 1. 1995) vollzog die Alleanza Nazionale die Trennung von ☞ Msi und löste sich von ihrer faschistischen und antisemitischen Vergangenheit*
👓 *Berlusconi, dopo averci portato Fini, deciderà di portare al governo e nel Ppe anche i fascisti che non bevvero l'acqua di* ***Fiuggi****, pur di vincere*
acqua di Fiuggi: Mineralwasser aus den Terme di Fiuggi

il vecchio **„Flam"**: Flaminio Piccoli, Politiker der Dc

folklore politico: politische Folklore, politische Schauveranstaltung
👓 *non farei mai un libro o un'intervista su certi episodi. La categoria del* ***folklore politico*** *non mi appartiene*

forcaiolo: erzkonservativer Bremser
🕮 *chi nella lotta politica, osteggia qualsiasi innovazione facendosi* ***fautore*** *di violenti sistemi repressivi; conservatore, reazionario*
👓 *ma non bisogna essere necessariamente* ***forcaioli*** *per dichiarare che una „questione sicurezza" esiste in questo Paese*
fautore – Befürworter, Förderer

forchettone: Serviergabel: wer sich an öffentlichen Geldern bereichert
forchettonismo
👓 *i* ***forchettoni*** *rossi: La sottocasta della sinistra/****Forchettoni*** *rossi. Dissidenti in mutande*

Forcolandia: Land des Galgens: Repressionsstaat *(nach Aussagen von Umberto Bossi, Lega Nord)*
per ottenere la devolution Bossi ha ricattato il governo con una manifestazione di piazza nella quale l'Europa è passata come ***Forcolandia****, dura con chi commette reati finanziari, connivente con chi vuole minare la famiglia tradizionale*

forzitalista /forzista /italoforzuto /forzitaliota *(pej.)*: Mitglied/Anhänger von Forza Italia
presidente ***forzitalista*** *della Regione Piemonte*
il parlamentare ***italoforzuto***

fotticompagno: (politischer) Nestbeschmutzer, Kameradenschwein, Verräter an der eigenen Sache
*in questa strategia del „****fotticompagno****" continuo hanno fatto bene Cofferati e Fassino ad uscire subito allo scoperto*
D'Alema sta giocando a ***fotticompagno****. Lui ha adottato la vecchia doppiezza togliattiana*

franco tiratore: F. T.: cecchino: Heckenschütze: Abweichler *(wer nicht für seine Partei abstimmt)*
una cinquantina di ***franchi tiratori*** *hanno provocato ieri l'****affondamento*** *della legge Rebuffa*
affondamento – das Versenken (eines Schiffs): Scheitern

Frattocchie: Ausbildungszentrum der früheren KPI
il Pci organizzava i corsi di formazione per i suoi funzionari di partito nella tenuta di ***Frattocchie****, ai* ***Castelli romani****. Intere generazioni di quadri di ☞ Botteghe Oscure si sono formati a* ***Frattocchie***
Castelli romani – Ortschaften außerhalb von Rom
*il Cavaliere intenderebbe trasformare la villa nelle „****Frattocchie*** *azzurre", un centro studi e congressi di Forza Italia*

Fregoli: celebre attore di varietà (1867–1936)
fregolismo: Wetterwendigkeit, Hang zu „Däumchen-wechsle-dich-Spielen"
tendenza a clamorosi voltafaccia
... mostrò un attivismo da ***Fregoli****/ cambiando continuamente cappello come* ***Fregoli***

frenatore: Bremser
il partito è indicato come un covo di ***frenatori***

fronda: (nicht immer) versteckte Opposition, oft innerhalb einer Partei
dal fr. Fronde (fionda). Movimento antiassolutistico (armato di fionde) in Francia nella prima metà del sec. XVII, movimento coperto ma tenace di opposizione, sintomi di ribellione
non appartengo a gruppi ***frondisti*** *poiché ritengo che non occorra fare* ***fronde*** *per discutere posizioni politiche diverse*
se la sua vittoria dovesse essere di misura, all'interno del partito la ***fronda*** *è destinata a diventare molto più aggressiva*

gabbia ideologica: ideologischer Käfig: ideologische Schublade, ideologisches Korsett
esiste un'area politico-culturale che è radicalmente fuori da ogni ***gabbia ideologica***

garantista: Verteidiger des Rechtsstaats ☞ giustizialista
un uomo di sinistra, ma ***garantista****, è stato cacciato via*
chi ha l'anima comunista non può essere garantista
garantismo: Rechtsstaatlichkeit *(oft pej.)*
il ***garantismo*** *non può essere a senso unico. Se quell'uomo è colpevole dovrà scontare tutta la pena*

quattro **gatti:** Handvoll von Leuten, Anhängern, Mitgliedern; ein „paar Hansel"
i ***quattro gatti*** *che vanno alle solite conferenze/chissà che farà davvero Cossiga con i suoi* ***Quattro Gatti***

gazebo: Pavillons *(wie sie z. B. zu Parteiwerbezwecken aufgestellt werden)*
il circo politico e il folklore ***legaiolo****, fra camicie verdi, Dio Po,* ***gazebo*** *e scampagnate a Pontida*
legaiolo – adj. zu Lega Nord

gestibilità: Handhabbarkeit *(von Geräten)*, Bedienerfreundlichkeit, Praktikabilität
il touch screen, ovvero ***gestibilità*** *senza tasti*
una divisione dovuta alla necessità di accorpare materie più omogenee ed alla maggiore ***gestibilità*** *in Parlamento di quattro diversi ddl rispetto ad un unico provvedimento*

ghigliottina: „Guillotine-Verfahren", parlamentarisches Verfahren zur Verkürzung der Aussprache, um zu vorzeitiger Abstimmung zu gelangen
la possibilità concessa ad un certo numero di parlamentari di proporre la chiusura anticipata

della discussione in modo da poter passare rapidamente alla fase delle votazione. Questo strumento anti-ostruzionistico è ormai poco utilizzato

Ghino di Tacco: Pseudonym von Bettino Craxi
🕮 *brigante senese del sec. XIII, menzionato da Dante (Pur. VI) e protagonista di una novella del Decamerone di Boccaccio*
👓 *toni da **Ghino di Tacco**, quelli usati dal figlio dell'ex segretario socialista Bettino Craxi contro la coalizione di governo*

tirare per la **giacchetta:** jdn. am Ärmel ziehen: versuchen, jdn. für sich zu vereinnahmen, jdn. zu sich hinüber zu ziehen
👓 *non bisogna tirare il governatore per la **giacchetta***
👓 *comunque adesso tutti si disputano Fazio: il centrodestra e il centrosinistra gli tirano la **giacca**, da una parte e dall'altra*

giacobino: extremistisch, kompromisslos, unnachgiebig
👓 *questa legge è **giacobina** e relativista, e vuole introdurre il principio caro alla ☞ massoneria e all'illuminismo che tutte le religioni sono uguali*

giro di vite: Anziehen der Daumenschrauben, härtere Maßnahmen
👓 *molestie, **giro di vite** in Europa: l'accusato dovrà dimostrare la sua innocenza, negli uffici niente foto osé*

girotondo: Ringelreihen: Menschenkette *(von der linksdemokratischen Bevölkerung ausgehende spontane Protestbewegung gegen die Berlusconi-Regierung)*
girotondista, girotondino
👓 *lo sfogo di Nanni Moretti alla manifestazione sulla giustizia, i primi e affollati **girotondi** davanti a palazzi e ☞ palazzacci*
👓 *solo alcune centinaia i **girotondini** che si sono incontrati per difendere la democrazia e la scuola pubblica a Trieste e Venezia*

giù le mani: Hände weg von …
👓 *guai a trincerarsi nella **difesa delle conquiste sociali**, guai al motto „**giù le mani**" che ho sentito ripetuto anche ieri*
difesa delle conquiste sociali – Besitzstanddenken

Giurì d'onore: Ehrengericht der Abgeordnetenkammer
🕮 *È una commissione prevista dall'articolo 58 del regolamento della Camera dei deputati, che interviene quando i deputati si scambiano accuse che investono l'onorabilità; può avere da 5 a 15 membri. Lavora nei limiti di tempo fissati dal presidente della Camera, presenta conclusioni su cui i deputati non dibattono nè votano. Il suo giudizio è inappellabile. Il **Giurì** era già previsto nel parlamento del Regno*

giustizialismo: absolute Unabhängigkeit der Justiz von der Politik; *wenn negativ gebraucht*: Richterstaat, der außerhalb jeglicher politischer Kontrolle steht ☞ garantista
giustizialista: Befürworter der Unabhängigkeit der Justiz
👓 *… perché la dialettica politica non può essere troppo a lungo condizionata dagli interventi giudiziari e perché la giustizia non deve in alcun modo apparire come un fattore del gioco politico. Si dice spesso che gli italiani sono assetati di **giustizialismo**: penso piuttosto che avvertano una forte esigenza di autenticità, cioè di coerenza tra il dire e il fare, da parte dei politici come dei magistrati e di tutti i protagonisti della vita pubblica*

governicchio: Caretaker-Regierung, (nicht durchsetzungsfähige) Übergangsregierung
👓 *nel suo personalissimo scenario, allora, ha subito cancellato quelli che brutalmente definisce „**governicchi**"*

governissimo: grande coalizione/**Supergoverno:** Große Koalition
👓 *quindi lei propone un **governissimo** con tutti dentro da Fini a Bertinotti*
👓 *qualcuno agita lo spettro dei **governissimi***

governo istituzionale: institutionelle Regierung *(z. B. vom Präsidenten der Abgeordnetenkammer oder des Senats geführt)*
👓 *la strage interruppe i giochi di palazzo, spianò la strada alla candidatura **istituzionale** di Scalfaro e spense le residue speranze di Andreotti*

governo tecnico: governo senza bandiere: Technokraten-Regierung
👓 *un **governo senza bandiere** ci va bene, ma se ha le sue bandiere, se le tenga e amen. Noi siamo per il **governo tecnico***
bandiera del partito – Parteisymbol

Gran Ciambellano: oberster Zeremonienmeister *(der Politiker Gianni Letta)* *per stroncare sul nascere guerre di potere tra De Gennaro, Piccirillo e Branciforte Berlusconi ha salomonicamente deciso di affidare al suo* ***Gran Ciambellano*** *anche la scrittura delle regole di coesistenza tra i Servizi/Gianni Letta il* ***Gran Ciambellano*** *alla corte del Cavaliere*

grandi elettori: Wahlmänner für die Wahl des Staatspräsidenten
e poiché i ***grandi elettori*** *che eleggono il Presidente non si chiudono in un conclave che li separi dal resto del mondo, le pressioni che arrivano da fuori hanno una loro storia*

duopolio **granitico:** granitisch: starre(s), unverrückbare(s) Duopol/Zweierherrschaft
ma poi con il duopolio ***granitico*** *Rai/Mediaset sono venuti meno pluralismo e qualità delle trasmissioni*

grillini: *Anhänger des Kabarettisten Beppe Grillo (Initiator des ☞ Vaffa-Day), die sich in zahlreichen Basisgruppen zusammengeschlossen haben und bei Wahlen auf Bürgerlisten antreten*
così Beppe Grillo, dal suo blog chiama a raccolta il popolo dei ***grillini*** *per domani, il 25 aprile, giorno del secondo Vaffa-Day, stavolta dedicato ai media e con l'obiettivo di cambiare il modo di fare informazione in Italia*

grillo parlante: die sprechende Grille *(aus Pinocchio)*: warnende Stimme
Massiamo Cacciari, sindaco di Venezia e ***grillo parlante*** *della sinistra. Poco si sopporta con D'Alema, che lo considera un pericoloso rivale*

imbonimento: marktschreierisches Gehabe
☞ teleimbonitore
e ad attendersi più qualità e meno ***imbonimento*** *dalla politica on line sono le donne anziché gli uomini*

impegni assunti: eingegangene Verpflichtungen
*in gergo parlamentare si chiamano „****impegni assunti****": sono atti di indirizzo votati dalla Camera o dal Senato (mozioni, risoluzioni, ordini di giorno) a cui l'esecutivo dovrebbe dare seguito*

incarico: Position, Funktion, wichtige Aufgabe,
☞ riserva
il ***capro espiatorio*** *ha un nome e cognome e un* ***incarico*** *importante in Forza Italia: responsabile del dipartimento Lavoro*
ricerca del capro espiatorio – Suche nach dem Sündenbock

incarico: Auftrag zur Regierungsbildung *(Beauftragung erfolgt durch den Staatspräsidenten)*
questa volta non ha solo un ***preincarico****, ma un* ***incarico*** *pieno a formare il nuovo governo*
☞ preincarico, ☞ riserva

Ince: Iniziativa Centro-europea: Zentraleuropäische Initiative: ZEI

inciucio: *(aus dem Neapolitanischen: „Getratsche")*: fauler Kompromiss, Mesalliance; gemeinsame Sache *(gemeinsame Aktion von politisch einander entgegenstehenden Parteien/Politikern)*
inciucista *(adj.)*
forse la sua dote migliore è quella di saper creare nuove sinergie, ma non ***inciuci***
*ammetterà almeno che l'****inciucio*** *fra D'Alema e Berlusconi è andato a vuoto?*

incontro con l'Idv: Parteifestival von Italia dei Valori

inquilino: Mieter, Bewohner: „Hausherr"
e anche di più, se è vero quel che diceva al telefono, in perfetto stile diplomatico, come si conviene a un ***inquilino della Farnesina***

clausola di **Ioannina:** Ioannina-Kompromiss, Vereinbarung von Ioannida
🕮 *clausola/meccanismo di Ioannina per cui anche piccoli paesi dell'Ue dovrebbero poter bloccare almeno pro tempore gli accordi; in realtà è in vigore dal 1994 e mai è stata applicata*

istituzione: staatliche Einrichtung
riforma istituzionale: Staatsreform
viaggio istituzionale: Staatsbesuch, Staatsreise
nei ***viaggi istituzionali*** *è prassi che le autorità di governo siano accompagnate dai rispettivi coniugi*

Italianieuropei: Fondazione Italianieuropei: *politische Stiftung*
Massimo D'Alema e Giuliano Amato schierano fra i soci della loro ***Fondazione Italianieuropei*** *il nome più importante del capitalismo nazionale: quello di Gianni Agnelli*

italianità: italienischer Lebensstil, italienische Identität, *auch* in italienischer Hand sein *(z. B. Unternehmen)*
*la Lavazza rappresenta l'****italianità*** *nel calendario 2009. Per raccontare l'****italianità****, Lavazza ha dunque chiamato una genialità capace di fondere icone del passato e del presente e di esprimere quello che l'essere italiani rappresenta*

nell'arte, nel cinema, nella moda, nella cucina, nella bellezza e nella sensualità
*un dettaglio che ha il senso di una garanzia di **italianità** per Telecom e che permette di evitare che Telefonica possa trovarsi in maggioranza qualora uno dei partner decida di mettere in vendita la propria quota*
*Damiano: l'**italianità** di Alitalia ci è costata 4 miliardi, il Governo riferisca in Parlamento*

Lambertow: Lamberto Dini
*oggi è capo di gabinetto di **Lambertow** alla **Farnesina***

larghe intese: regierungs- und oppositionsübergreifendes Einvernehmen zu bestimmten Fragen, (breiter) Konsens
*le **larghe intese** per le riforme rischiano di tradursi in **larghe intese** contro il risanamento finanziario/il governo delle **larghe intese***

laticlavio: Senatorengewand im Alten Rom *(eigtl. Purpurstreifen an der Senatorentoga)*: *hier:* Senatorenwürde, Titel eines Senators auf Lebenszeit
*Emilio Colombo senatore a vita? La proposta arriva dal Ppi e dal Ccd della Basilicata che chiedono a Ciampi di concedere il **laticlavio** al loro conterraneo*

latitante/ latitare: unauffindbar, nicht vorhanden/nicht stattfinden
*la protezione civile è stata **latitante**, gli interventi sono arrivati quando il dramma si era consumato*
*e l'opposizione che fa, **latita**?*

leader referendari: Initiatoren von Volksentscheiden

leaderino: Jungparteiführer
*è un **leaderino** che si è ridotto ad accettare i prestiti dei neri e dei rossoneri (3 deputati di An e Fi)*

leaderismo: liderismo: Führungsgerangel, Führungsgehabe, (Streit um den) Führungsanspruch
*è ora per noi di prepararsi insieme per costruire una classe dirigente. Attualmente c'è in giro troppo **leaderismo***

leghismo: Ideologie der Lega Nord

legge-truffa: Wahlbetrugsgesetz
La legge elettorale del 1953, che i suoi oppositori definirono allora „Legge truffa", fu una modifica in senso maggioritario della legge proporzionale vigente all'epoca dal 1948, promulgata il 31 marzo 1953 (legge 148/1953). La legge introdusse un premio di maggioranza consistente nell'assegnazione del 65% dei seggi della Camera dei deputati alla lista o a un gruppo di liste apparentate in caso di raggiungimento del 50% più uno dei voti validi
*propaganda falsa e tendenziosa, **legge-truffa** (il „porcellum" ante litteram del 1953)*

lentocrazia ministeriale: langsame und bürokratische Arbeitsweise der Ministerien

lenzuolata: Leine mit aufgehängter Wäsche: Serie von Reformgesetzen im Bereich Wettbewerb und Liberalisierung *(auf Initiative des Ministers für wirtschaftliche Entwicklung Pierluigi Bersani)*
auch: **bersanate**
*riforme istituzionali, più sicurezza, meno tasse in busta paga dal 2008, una **lenzuolata** di liberalizzazioni all'anno cominciando dalla telefonia ai trasporti alla distribuzione del carburante*

LG /LeG: Libertà e Giustizia: Freiheit und Gerechtigkeit *(politische Vereinigung)*
la nuova associazione vuole essere „un pensatoio dell'élite intellettuale del Paese"; il Comitato dei garanti: Gae Aulenti, Giovanni Bachelet, Enzo Biagi, Umberto Eco, Franzo Grande Stevens, Claudio Magris, Guido Rossi, Umberto Veronesi

liberismo: Neoliberalismus
liberista: neoliberal, Neoliberaler
liberismo brado: wilder/ungezügelter Neoliberalismus
*anche sulla riforma del welfare i socialisti e i riformisti sostengono una politica opposta a quella proposta dalla destra conservatrice e **liberista***
libertario: Anhänger des anarchischen Liberalismus

lib-lab: sozialliberale Koalition, Zusammenwirken sozialdemokratischer und liberaler Parteien
in compenso Epifani era assolutamente in linea con il riformismo del Psi. Nel 1982, a Rimini, al Congresso sul tema „I meriti e i

*bisogni" era entusiasta della relazione **lib-lab** di Martelli*

lodo: Schiedsspruch, *(manchm.)* Ministererlaubnis
☞ *non esclude che la soluzione potrebbe essere un **lodo** del ministro, cioè una proposta finale di accordo del ministro che le parti dovrebbero prendere o lasciare*

lodo Maccanico: lodo Schifani: lodo Alfano: Maccanico-Initiative/Schifani-Initiative/Alfano-Iniziative: Vorhaben, den Inhabern der obersten Staatsämter (Präsident, Ministerpräsident, Parlamentspräsidenten, Präsident des Verfassungsgerichts) Immunität zuzugestehen
📖 *la norma è stata rispolverata e riproposta dall'Onorevole Schifani (per cui è noto anche come „**lodo Schifani**")*
☞ *... discussione del testo licenziato dalla Camera sull'attuazione dell'articolo 68 della Costituzione. Da giorni si discute sull'opportunità di inserire un emendamento che recepisca i principi del cosiddetto „**lodo Maccanico**", per introdurre nella nostra legislazione **l'improcedibilità** verso le alte cariche dello Stato/**Lodo Alfano**, la Camera dice sì, ora la legge passa al Senato*
improcedibilità – Prozessfreiheit

i **Lothar:** Berater des ehemaligen Ministerpräsidenten Massimo D'Alema
📖 *i Lothar erano la task force di D'Alema, il temuto e criticato „staff" che si insediò a Botteghe Oscure con Max diventato segretario*
☞ *combinazione, il suo boss è Claudio Velardi, ex **Lothar** dalemiano, editore del „Riformista"*

lottizzazione: Parzellierung: Pöstchenschieberei: *Aufteilung von Posten und Ämtern unter den Parteien und Strömungen innerhalb der Parteien*
lottizzare: Pöstchen verschieben, Ämter aufteilen
☞ *la **lottizzazione** delle Usl/**lottizzato** fra i partiti*
☞ *la mia storia personale dimostra che non sono **lottizzato** né **lottizzabile***

luogocomunismo: Platitüde, leeres Gerede, Gemeinplätze
☞ *deve guardarsi dal **luogocomunismo**, ossia dal bla bla vanitoso e vuoto*

luogotenente leghista: il **vice-Bossi:** Roberto Maroni, Politiker der Lega Nord

maccartismo: Antikommunismus, Kommunistenverfolgung, McCarthyism
📖 *dal nome del senatore americano McCarthy per la repressione delle attività antiamericane di cui erano ritenuti responsabili i comunisti*
☞ *definendo l'iniziativa del parlamentare di Forza Italia „un segno di **maccartismo** inqualificabile"*

macchinazione: Intrige
☞ *le imputazioni contro W. sono una calunniosa **macchinazione** di .../altri hanno sospettato una **macchinazione** per gettare discredito sulla loro scuola*

magistrature della Repubblica: Inhaber eines institutionellen Amts
☞ *da sempre consuetudine del* ☞ *Colle vuole che allo scambio d'auguri di fine anno non siano chiamati leader di partito ed ex capo del governo. Quel garbato rito prenatalizio riguarda solo esponenti di pubblici poteri, oltretutto da quest'anno **rietichettati** sotto l'indicazione „**magistrature della Repubblica**"*
rietichettato – neubenannt

mandarino: Mandarin: *(politische oder wirtschaftliche)* Führungspersönlichkeit; Führungsetage
☞ *da quando Angela Merkel l'ha chiamato – a sorpresa per tutti, a cominciare dai **mandarini** Cdu – nella sua „squadra delle competenze", Paul Kirchhof è entrato in campagna elettorale*

mettere le **mani avanti:** versuchen abzuwiegeln/vorzubeugen, einer Kritik/einem Vorwurf zuvorkommen
☞ *in generale, Fini si dice ottimista sul futuro di quel partito e anche della vita politica italiana però, **mani avanti***

Mariotto: Signor nessuno: Mario Segni, Begründer der Partei „**Patto per l'Italia**" und des später gescheiterten Bündnisses mit An „**Elefantino"** sowie damaliger Initiator der **Cobac** – Comitati di base per la Costituente – Komitees, die für die Einrichtung einer verfassungsgebenden Versammlung warben

Masaniello: Rebell *(Tommaso Masaniello war Hauptanführer des Aufstands von Neapel 1647)*
☞ *il parziale lieto fine non ha oscurato la mobilitazione, e tantomeno le sue ragioni. Muti, che non è solitamente un **Masaniello**, ha entusiasmato la platea riassumando la questione: „La cultura è un dovere dello Stato"*

matrice: Muster, Hintergrund, Prägung
un'offesa ☞ NBC sia apportata mediante azioni apparentemente riferite a scenari ordinari, eventualmente di ***matrice*** *vandalistica o malavitosa*

Mattarellum: das für die Wahlen zur Abgeordnetenkammer geltende und nach seinem Initiator, Sergio Mattarella, benannte Wahlrecht
l'attuale legge elettorale per la Camera, il Mattarellum, prevede due schede distinte: una per il maggioritario ed una per il proporzionale

Franco **Mauri:** Pseudonym des früheren Staatspräsidenten Francesco Cossiga
Franco Mauri, lo pseudonimo con cui Francesco Cossiga firma i suoi interventi su „Libero" di Vittorio Feltri

Mep: Movimento per l'Europa popolare: Bewegung für ein Europa der Völker *(think-tank der Udr)*
*aderendo al Movimento per l'Europa popolare (****Mep****) lanciato da Pellegrino* ***Capaldo****, Cesare Romiti, presidente della Rcs, è entrato nello schieramento cattolico-moderato che si sta formando intorno a Francesco Cossiga*

Italia **Meridionale:** Süditalien
meridionalismo: Süditalienpolitik
ma non manca troppo per accorgersi se davvero si è imboccata la strada di un nuovo ***meridionalismo****, che punti su progetti concreti di intervento e raccordi le realtà* ***meridionali*** *con quelle dell'intero Paese*
antimeridionalismo: Süditalienfeindlichkeit
siamo convinti che non ci sia più un ***antimeridionalismo*** *da parte di Bossi*
la **questione meridionale:** das Süditalienproblem

meritocrazia: Aufstiegschancen aufgrund von Verdiensten, Leistungsdenken
mentre prima la ***meritocrazia*** *aveva ancora diritto di cittadinanza nel piccolo schermo, oggi una brava professionista non interessa più*

Italia di **Mezzo**/Terra di **Mezzo:** das Italien der Gemäßgten, das bürgerliche Italien
la grande battaglia per la ***Terra di Mezzo*** *è dunque iniziata e Follini metterà oggi nella santabarbara centrista alcune munizioni pesanti*

miglorista: Reformkommunist *(Strömung innerhalb der früheren KPI)*
il leader dell'ala ***miglorista*** *del Pci*

minoranze linguistiche: ethnische Minderheiten *(mit insgesamt 5 Sitzen im Parlament vertreten)*

Miss Parlamento: die Abgeordnete Stefania Prestigiacomo
*„****Miss Parlamento****", questo è il curioso appellativo con cui, giornalisti e colleghi alla Camera, chiamano la Prestigiacomo fin dal 1994, anno della sua entrata in Parlamento*

la **monaca di Monza:** die Nonne von Monza *(die gegen ihren Willen zum klösterlichen Leben gezwungen wurde)*: nicht mehr zurückkönnen, keinen Ausweg mehr haben
ne „I promessi sposi", Alessandro Manzoni riprende la figura della „monaca di Monza", cambia i nomi ai personaggi (la monaca di Monza, suor Virginia, è chiamata nel romanzo Gertrude, il suo amante Egidio) e descrive come la giovane Gertrude venga monacata a forza, non già con la violenza, ma con una costante e sottile opera di persuasione, iniziata fin dalla sua infanzia, alla quale poco alla volta ella si piega con una frase divenuta proverbiale: quando l'uomo per la prima volta le rivolse la parola, „la sventurata rispose".
„Se il Kosovo s'infiamma": la comunità internazionale pare la ***monaca di Monza*** *che, dopo aver detto troppi „sì", è nell'impossibilità di pronunciare un clamoroso „no"*

mondialista: Internationalist, Weltbürger
sono un ***mondialista*** *convinto: per me, concetti come „nazionalità" o „cittadinanza" sono destinati a sparire nel tempo*

corrente **morotea:** *Strömung innerhalb der Dc um Aldo Moro*
moroteismo: *von Aldo Moro inspirierte Denkrichtung*

Mortadella: Romano Prodi, früherer Ministerpräsident und Präsident der EU-Kommission
il **prof:** il **professore** di Bologna
dal centrodestra un coro: solo guai se dura il ***prof***
come non ricordare la ***Mortadella*** *più famosa d'Italia, l'ex Presidente del Consiglio dell'Ulivo, Romano Prodi?*

mossa: Schritt, Maßnahme
la norma sul part time è quella che si dice una ***mossa*** *giusta*

movimentista: basisorientierter Politiker, dem radikalen Flügel einer Partei oder Bewegung angehörend

movimentismo: Basisorientierung
📖 *movimentismo: tendenza ad appoggiare, nell'ambito di un'organizzazione politica o sindacale, le iniziative spontanee della base dei militanti rispetto alle scelte decisionali degli organi direttivi*
✍ *comunque D'Antoni si conferma il più **movimentista** tra voi*
✍ *gruppi molto diversi tra loro, spesso nati all'ombra dei poteri ecclesiali, a volte espressione di un **movimentismo** che non ha mai avuto ribalta politica*

movimento: Bürgerbewegung, Bürgerinitiative
✍ *era prevedibile che i Ds avrebbero usato il successo elettorale, ottenuto grazie ai **movimenti** e alle lotte della Cgil, per **scaricare** gli stessi **movimenti** e Cofferati*
scaricare – ausbooten, loswerden

muro della vergogna: Schandmauer
📖 *alcuni muri chiamati „Muri della vergogna": il Muro di Berlino, la Barriera di separazione tra Stati Uniti e Messico, il Muro di Padova, una recinzione di 80 metri costruita il 9 agosto 2006 dal sindaco Zanonato per separare il ghetto di via Anelli dalle altre strade del quartiere*
Muro di Berlino: Berliner Mauer: starre Trennung, klare Abgrenzung
✍ *né un soldo né un cancelliere né un magistrato in più finché non sarà legge il **Muro di Berlino** tra pubblici ministeri e giudici*

politica **muscolare:** Politik der harten Hand
✍ *Immigrati e politica: i semafori e la **politica muscolare***

nanetti: einfache Parteisoldaten, Hinterbänkler
✍ *due possibili letture; ... la seconda richiama la sindrome dei **nanetti**: meglio colonnelli in un partitino che soldati semplice in un partitone*

navette: Vorlage (von Gesetzesvorhaben) vor beiden Kammern des Parlaments, ... Gesetzesvorhaben wandert von einer Kammer zur anderen ...
📖 *la funzione legislativa è esercitata collettivamente dalle due Camere; fino a quando le Camere non abbiano approvato un identico testo, la proposta di legge dovrà fare la navette fra le due Camere*

Navicella: Parlamentshandbuch (*das „Schiffchen"*)
📖 *con riferimento all'immagine che il volume ha in copertina*
✍ *Andreotti è riuscito a contenere la proprio autobiografia per la **Navicella** in 109 righe*

largo del **Nazareno:** Sitz des Pd-Vorsitzenden in Rom
✍ *la profonda divisione che si respira a **largo del Nazareno***

neocomunitari: EU-Neubürger
✍ *sui **neocomunitari** valuteremo se ridiscutere le regole con l'Ue. Non possiamo essere il **ricettacolo** di chi esce dalle galere dei Paesi dell'Est*
ricettacolo – Sammelbecken

nepotismo: Vetternwirtschaft
✍ *quanto a deviazioni e **nepotismi** che vi sono stati nelle assunzioni, si sono avuti più interventi per mettere fine a queste pratiche*
✍ *i molti talenti trascurati o addirittura dimenticati da un sistema obsoleto e **nepotista***

Nespolum: das für die Wahlen zur Abgeordnetenkammer vorgeschlagene und nach seinem Initiator, Vincenzo Nespoli (An), benannte Wahlrecht
📖 *la proposta di Nespoli, il Nespolum, introduce una sola scheda per il candidato sul maggioritario e per dare la preferenza sul proporzionale*

nì: Jein
✍ *Da Di Pietro arriva un **„nì"***

Niaf: National italian american foundation: Nationale Stiftung der Italoamerikaner
📖 *la maggiore associazione negli Usa che rappresenta i 25 milioni di italo-americani; fondazione non profit e apolitica avendo tra i suoi fini la promozione dell'Italia negli Stati Uniti*

No: il fronte del No/un coro di No: Ablehnungsfront
Signor**no:** der (ewige und ständige) Neinsager
✍ *Fini: sono scettico, dubitare è un dovere. Ma non voglio fare il **Signor No***
✍ *i sondaggi più recenti **danno in rimonta** il fronte di **No***
rimonta – Anstieg, Aufholen, hier: sprechen von einer Aufholjagd

No, il dibattito no!: Schluss mit dem ewigen Diskutieren, braucht man gar nicht drüber reden *(von Gianni Moretti geprägter Ausspruch)*
✍ *ci sono film che si prestano al dibattito e film che provocano la famosa invettiva **„no, il dibattito no!"***

no-ismo/no-no-ismo: Neinsagertum, Antihaltung
sì-sì-ismo: Jasagertum
☞ *anzi, riteniamo che il „**no-no-ismo**" sia un rischio che la politica governante, in tutte le sue coloriture dovrebbe affrontare e di fronte al quale sarebbe bene attrezzarsi con regole che non permettano a minoranze rumorose di prevalere*

No cav day: Protestveranstaltung gegen Silvio Berlusconi
☞ *toni volgari usati da alcuni intervenuti al „**No Cav day**" e attacchi rivolti al Presidente della Repubblica e al Pontefice*

nomina: Beauftragung mit der Leitung einer (staatlichen) Stelle
☞ *unica **nomina** ☞ **istituzionale** di rilievo, finora …*

numero legale: Quorum, für die Beschlussfähigkeit notwendige Anzahl der Anwesenden, beschlussfähige Stimmenzahl
☞ *ieri per due volte è mancato il **numero legale**. E l'esame è slittato a martedì*
☞ *… comporta la verifica del **numero legale***

odg: ordine del giorno: Antrag
☞ *il provvedimento ottiene l'approvazione della Camera e passa al Senato, ma l'astensione della Lega permette l'approvazione di un **odg** del Pd sul patto di stabilità*

Officina: Denkfabrik der *Casa delle Libertà*
📖 *Officina è un gruppo di intellettuali riformisti della Casa delle Libertà*

Omri: Ordine al merito della Repubblica: Verdienstorden der Republik

On.: onorevole: Abgeordneter

ondivago: auf allen Hochzeiten tanzend
📖 ***ondivagare**: essere ondivago, apparire intimamente indeciso o muoversi in varie direzioni*
☞ *Fini cerca di salvare le riforme costituzionali. Anche e soprattutto dall' **ondivago** Berlusca*

Onorevole tip tap: Carlo Scognamiglio, Parlamentarier und früherer Verteidigungsminister
☞ *ma è anche soprannominato l„**Onorevole tip tap**" per le scarpe inglesi dalla punta di metallo, con cui ha fatto parecchia strada, anzi, qualche volteggio*

ONU: Organizzazione delle Nazioni Unite: Organisation der Vereinten Nationen
ACNUR: Alto Commissariato delle Nazioni Unite per i Rifugiati: Hoher Flüchtlingskommissar der Vereinten Nationen: UNHCR
ECOSOC: Consiglio Economico e Sociale: Wirtschafts- und Sozialrat: ECOSOC
FIDA/IFAD: Fondo Internazionale per lo Sviluppo Agricolo: Internationaler Fonds für landwirtschaftliche Entwicklung: IFAD
OMS: Organizzazione Mondiale per la Sanità: Weltgesundheitsorganisation: WHO
PAM: Programma Alimentare Mondiale: Welternährungsprogramm: WEP
PSNU: Programma di Sviluppo delle Nazioni Unite: Entwicklungsprogramm der Vereinten Nationen: UNDP
UNCTAD: Conferenza delle Nazioni Unite per il Commercio e lo Sviluppo: Konferenz der Vereinten Nationen für Handel und Entwicklung: UNCTAD
UNEP: Programma delle Nazioni Unite per l'Ambiente: Umweltprogramm der Vereinten Nationen: UNEP
UNFPA: Fondo delle Nazione Unite per le Attività Demografiche: Fonds der Vereinten Nationen für Bevölkerungsprogramme: UNFPA
UNICEF: Fondo delle Nazioni Unite per l'Infanzia: Kinderhilfswerk der Vereinten Nationen: UNICEF
UPU: Unione Postale Universale: Weltpostverein: WPV

organi di garanzia: Bürgerbeauftragte *(Ombudsman, Datenschutzbeauftragter, Gleichstellungsbeauftragter usw.)*
☞ *il capo dello Stato ha anche chiesto che si proceda con una certa urgenza alle nomine per gli **organi di garanzia***

ossimoro: Oxymoron: Widersprüchlichkeit
☞ *l'**ossimoro** però è largamente presente nei programmi della sinistra*

ostruzionismo: filibustering: Obstruktion, Blockadehaltung, Blockadepolitik *(z. B. durch geschicktes Ausnutzen der Geschäftsordnung des Parlaments)*
☞ *per questo l'invito ai deputati è di resistere all'**ostruzionismo** sul decreto Iva ma anche a quello probabile sulla Finanziaria*

il Polo gioca ancora la carta del ***ostruzionismo****: il capogruppo di Forza Italia annuncia 2000 emendamenti al provvedimento ...*

politica delle **pacche sulle spalle:** Politik des Schulterklopfens

*fa un intervento in cui esalta il suo operato e quello del suo governo, a cominciare da quella che definisce la „**politica delle pacche sulle spalle**"*

pacchetto altoatesino: Südtirol-Paket, *mit dem 1992 die Streitigkeiten zwischen Österreich und Italien in der Südtirolfrage beigelegt wurden*

passa la stagione degli attentati, entra in vigore il ***pacchetto Alto-Adige*** *che fa piovere miliardi e autonomia sulla provincia di confine*

padri della patria: *z. B.* Verfassungsväter, Landesväter *(frühere Staatschefs, die als Senatoren lebenslang einen Sitz im Parlament haben)*

tolti i ***padri della patria****, di regola ostili a Berlusconi, resterà una maggioranza non così* ***risicata*** *come quella che logorò Prodi, però neppure oceanica*

risicato – knapp

Padania: Padanien

lumbard: il movimento lumbard: die lombardische Bewegung

leader lumbard: Umberto Bossi

Blocco Padano: von Umberto Bossi geplanter Zusammenschluss sämtlicher padanischer Parteien

se vince Bossi con la sua proposta del ***Blocco Padano****, alleanza forse fittizia dominata dalla Lega, non ci saranno possibilità di accordi col Polo e con Forza Italia*

Guardia Padana: Guardia Nazionale Padana: Volksmiliz

Ronde padane: die padanischen Streifen, padanische Bürgerwehr

angeli verdi: die grünen Engel, Mitglieder der padanischen Bürgerwehr

la ***Guardia Padana*** *marcia verso piazza Duomo. Verdissima e disciplinata, è la prima milizia nazionale interamente costituita da depressi*

Clp: il comitato di liberazione della Padania: Komitee zur Befreiung Padaniens

Mgp: Movimento Giovani Padani: Bewegung der jungen Padaner

PdN: Parlamento del Nord: Parlament des Nordens

il Parlamento del Nord è un organismo creato dalla Lega Nord con rappresentanza pressoché interna al proprio ambito politico. Il „Parlamento Padano" è diviso al suo interno in forze politiche concorrenti, le quali adottano, pur facendo riferimento sempre e comunque al pensiero politico della Lega Nord, denominazioni ispirate in modo variamente creativo a ideologie politiche che comunque, nell'accezione comune, nulla condividono con il pensiero leghista. Queste componenti sono: Comunisti padani, Socialisti padani – Lavoro e società padana, Leoni padani, Lombardia Nazione, Cattolici Padani, Liberal-democratici – Forza Padania e Destra padana – Alleanza europea.

Pontida: traditioneller Versammlungsort der Lega-Anhänger *(erstes Treffen: 9. 4. 1989)*

Bossi riparte dal tradizionale e fedelissimo popolo di ***Pontida****, che mai lo ha disilluso, per rilanciare l'azione politica della Lega Nord*

sole delle Alpi: la bandiera della Padania: Flagge und Symbol von Padanien

Sin. Pa: Sindacato Padano Lega Nord: Gewerkschaft Padaniens

***Partiti della Padania*:**

Forza Padania

Cattolici Padani: Padanische Katholiken

Leoni Padani: Padanische Löwen

Destra Padana – Alleanza europea: die Padanische Rechte – Europäische Alleanz

Liberal Democratici - Forza Padania: Liberaldemokraten – Forza Padania

Lombardia Nazione: Nation Lombardei

Comunisti padani: Padanische Kommunisten

Socialisti padani – Lavoro e società padana: Padanische Sozialisten – Padanische Arbeit und Gesellschaft

Radio Padania Libera / Telepadania: Radio- und Fernsehsender Padaniens

Scuola Padana, Guardia Nazionale Padana, Alpini Padani, Automobil Club Padania, Cacciatori Padani, Padania Bella, Padania Ambiente, Collezionisti Padani, Associazione medica padana, Sport Padania

padre nobile: Vaterfigur, graue Eminenz

c'è chi immagina D'Alema come una specie di ***padre nobile*** *dei Ds*

padrone: lo **Stato padrone:** der Überstaat, der übermächtige Staat, der alles beherrschende Staat

☞ *lo Stato **padrone**? Non sarà il ☞ Tesoro a farlo rinascere*

padre padrone: Übervater
☞ *Berlusconi si è convinto che non può più fare il **padre padrone** di una coalizione*

paladino: Beschützer, Fürsprecher, jemand, der sich für etwas einsetzt/für etwas kämpft
📖 *ciascuno dei dodici cavalieri che costituivano una specie di guardia nobile di **Carlo Magno***
☞ *è una storica **paladina** dei diritti delle donne*
Carlo Magno – Karl der Große

Palazzo: Palazzo del Potere: Regierungspalast, die Regierenden, die Mächtigen, das Establishment
☞ *ribellione contro il Potere, il **Palazzo**/la vera storia dei rapporti di Cuccia con il **Palazzo**/è un uomo potente e stimato fuori e dentro il **Palazzo**/è il solo che i ☞ gossip di **Palazzo** abbiano sempre indicato come sicuro ministro*

Palazzo Grazioli: römische Residenz von Berlusconi

Palazzo Margherita: Villa Taverna: sede dell'Ambasciata americana: Sitz der Botschaft der USA
☞ *sono passati appena due giorni dalla nomina di Anthony Schnabel come prossimo numero uno a **Palazzo Margherita**, ma la diffusione della notizia sta provocando qualche apprensione a Washington*

paletti: eingeschlagene Pflöcke, Vorgaben
☞ *il passaggio di eventuali agevolazioni sembra assai difficile: i **paletti** sono molto stretti*
☞ *nell'ambito di un quadro di interventi che si snoda secondo i **paletti** già fissati*

panciafichista: gutgläubiger Pazifist
📖 *pacifista per vigliaccheria*
☞ *fu Benito Mussolini a lanciare il termine „**panciafichista**". Lo fece in uno dei „discorsi del Decennale" (1932) tenuto a Torino, così esprimendosi: „Nessun nemico peggiore della pace di colui che fa di professione il **panciafichista** o il baciafondaio". Quest'ultimo vocabolo non fece presa, ma il primo sì, tant'è che ancor oggi e nonostante il padrinaggio molto politicamente scorretto, ancora va*

parlamentarizzare: im Parlament behandeln, vor das Parlament bringen
☞ *le dimissioni di Tremonti da superministro dell'Economia scatenano le opposizioni, che chiedono a Silvio Berlusconi di **parlamentarizzare** subito la crisi del Governo della Cdl*

parlite: Schwadroniersucht, „Labersucht"
☞ *si chiama „**parlite**": è una malattia cronica, difficilmente curabile, che colpisce ministri o sottosegretari e si manifesta con la spossante esternazione di interviste o dichiarazioni, di solito superflue*

Panzer Allegro: fondatore di Democrazia europea, Sergio **D'Antoni**
☞ *ma fra i **dantoniani** non si esclude di accettare eventuali patti di desistenza con il centrodestra*

parolaio rosso: der rote Schwätzer, das rote Großmaul: Fausto Bertinotti, Vorsitzender der Prc
☞ *il **parolaio rosso** ha arringato con frasi ad effetto, la claque ha applaudito con ripetuti applausi*

parrocchiale: zur Pfarrgemeinde gehörend: gutbürgerlich, hausbacken, angepasst
☞ *facevano le femministe ma sotto sotto sono **parrocchiane**/mi sembra madonale che dopo anni di femminismo abbia assunto un comportamento così **parrocchiale***

parruccone: lebendes Inventar, Fossil, alter Zopf/alte Zöpfe (abschneiden)
☞ *cambiamento significa anche una nuova classe dirigente? Via i **parrucconi**?*
☞ *così, per non smentirsi, finito il pranzo i due vanno a presentare insieme il nuovo libro di Giovanni Floris. E anche in questa occasione non mancano le punzecchiature al Cavaliere. „Non sono un **parruccone** della politica", scherza infatti Casini davanti agli studenti della Luiss, „non ho paura dei capelli bianchi, mentre qualcun altro se li tinge"*

partito-azienda: Forza Italia *(in Anspielung an Berlusconi, der Interessen seiner Partei und seiner Unternehmen vermenge und Forza Italia wie ein Unternehmen führe)*
☞ *c'è bisogno di una politica che non sia avvelenata dal conflitto di interessi di Berlusconi, che riavvii un dibattito democratico, impossibile con un **partito-azienda***

partito-contenitore: Sammlungspartei

☞ *un congresso elettorale non è affatto scandaloso per un **partito-contenitore** che ha la funzione primaria di selezionare candidature*

partitocrazia: Parteienherrschaft
☞ *possibile che sotto la crosta della vecchia **partitocrazia** non vi fosse altro che questo?*

pasdaran: Palastwächter, Hardliner *(z. B. einer Partei)*
☞ *la volontà di incorporare la possibile lista comune nell'area del Partito popolare europeo, di „democristianizzarla", si infuriano i **pasdaran** ulivisti*

passacarte: Wasserträger, Frühstücksdirektor
☞ *incompetente, braccio armato del premier, disinformato, **passacarte**, incauto, improvvido. Quelli dell'Udc fanno finta di niente. Ma il Guardasigilli si alza e attacca*

passatismo: Rückwärtsgewandtheit, Rückständigkeit
passatista: ewig Gestriger, Reaktionär
☞ *Bertinotti rispedisce al mittente le critiche di **passatismo**: „Se c'è una posizione da anni Cinquanta è proprio quella di chi sostiene l'allargamento della Nato".*

passionaria: leidenschaftliche Politikerin, Politikerin mit Herzblut *(so werden beispielsweise die frühere Gesundheitsministerin Rosi **Bindi** oder Emma **Bonino** bezeichnet)*

pastetta: Betrug, Wahlbetrugsgesetz
☞ *DTT, accuse di **pastetta** sui decoder. Secondo alcuni senatori della Repubblica molti dei decoder finanziati dallo Stato sono prodotti da una società controllata da Paolo Berlusconi. L'accusa è violazione delle norme sul conflitto di interessi*

pasticcio: Klüngel, Hudelei, Stümperei
☞ *c'è chi grida al **pasticcio**. La verità è che a qualcuno urta che si apra una fase nuova nel Paese*
compromessi pasticciati: faule Kompromisse

pateracchio: fauler Kompromiss
☞ *Rutelli rinunci al **pateracchio** di un'alleanza con la sinistra e partecipi da solo con il Pd a questa competizione*

patriarca: Gründungsvater, „Urgestein"
☞ *nipote di un **patriarca** dc*

PECO: Paesi dell'Europa centro-orientale: MOE-Staaten
☞ *l'integrazione dei **PECO** nei programmi e nelle strutture esistenti pone l'Unione di fronte a sfide sociali, politiche, istituzionali ed economiche mai affrontate prima d'ora*

peggiorista: Schlechtredner *(wer nach der Maxime „meglio peggio" handelt, wonach alles noch schlimmer kommen müsse, damit es besser werden kann)*
☞ *... definendomi dunque **peggiorista** .../È la linea **peggiorista**, mi spiegava la sera di lunedì un amico di sinistra. Peggio vanno le cose, prima Berlusconi se ne andrà a casa*

politica del **pendolo:** sindrome/filosofia del **pendolo:** Pendelpolitik
☞ *il Cavaliere è tornato alla **filosofia del pendolo**: a Napoli presenta un ddl con dentro il reato; l'altro ieri a Palazzo Chigi con Sarkozy esprime perplessità sulla proposta*

pensatoio: trust di cervelli: Think-Tank, Denkfabrik
☞ *il mio ministero è un vero e proprio **pensatoio**, lì posso produrre leggi anche per gli altri colleghi dell'esecutivo*

pensiero: Denkweise, Denkrichtung, Philosophie
☞ *la nuova versione del Bossi **pensiero***
☞ *il D'Alema **pensiero**/il Fini **pensiero**/il Pivetti **pensiero***

pentapartito: Regierungskoalition der achtziger Jahre aus den fünf Parteien DC (Christdemokraten), Psi (Sozialisten), Pdsi (Sozialdemokraten), Pli (Liberale) und Pri (Republikaner)
☞ *sento odore di **pentapartito***

peones: Hinterbänkler
☞ *i veri fan di Radio Radicale sono però i cosiddetti **peones**, i parlamentari meno noti/i mugugni dei **peones***

perdonismo: cultura **perdonista:** Geisteshaltung des ständigen und systematischen Verzeihens
☞ *no al **perdonismo**/i giudici non togati vengono considerati i portatori di una cultura **perdonista**, ma in realtà sono utilissimi per capire cosa è più utile per recuperare i ragazzi*

permissivismo: permissivo: Freizügigkeit, Duldsamkeit, Zügel schleifen lassen, antiautoritäre Haltung
☞ *e mette in testa a queste colpe il **permissivismo** sull'aborto*

👓 *non era il caso di dar vita a politiche* ***permissive*** *e a provvedimenti tipo l'indulto o l'amnistia*

Mr. **Pesc:** Segretario Generale del Consiglio e Alto Rappresentante per la politica estera e di sicurezza comune: Generalsekretär des Rates und Hoher Vertreter für die Gemeinsame Außen- und Sicherheitspolitik (GASP)
Javier **Solana**

PESD: politica europea di sicurezza e difesa: Europäische Sicherheits- und Verteidigungspolitik ESVP

pianisti: Abgeordnete, die bei Abstimmungen im Parlament für ihre abwesenden Sitznachbarn mitabstimmen
📖 *deputati impegnati a votare per sé e per il compagno di banco assente*
👓 *gli onorevoli* ***pianisti*** *intenti con una mano a inserire la tesserina magnetica nella propria casella, e l'altra a fare lo stesso per qualcun altro*

piccoletto: Knirps, Zwerg: der Pdl-Politiker Renato Brunetta
👓 *la rivoluzione del „****piccoletto****": incassati i primi successi contro l'assenteismo, il ministro annuncia: „Nella prossima Finanziaria sarà scritto che il dividendo della mia riforma sarà dato a chi merita"*

picconatore: gnadenloser Kritiker und Reformator
📖 *picconare: mit der Spitzhacke arbeiten: erstmals als Begriff für den früheren Staatspräsident Cossiga eingeführt, der mit verschiedenen Etiketten belegt wurde, so auch ☞ esternatore; wird inzwischen auch für andere Politiker verwendet*
👓 ***picconatore*** *a riposo ma bacchettatore in piena attività/ogni volta che il* ***Picconatore*** *fa finta di scendere in campo …*
👓 *Mario Draghi, il freddo* ***picconatore*** *dello Stato padrone*

piove, governo ladro: selbst am Regen ist die Regierung schuld
👓 *la pioggia ha ritardato un comizio di Berlusconi ad Ancona. „****Piove, governo ladro*** *…" ha scherzato il premier*

plotoncino: (kleines) Verfolgerfeld *(Radsport)*: (kleine) Gruppe
👓 *lievemente distanziato Girolamo Sirchia, con poco più del 51 per cento. Segue poi un* ***plotoncino*** *di tre ministri, tra loro a distanza ravvicinata*

polemica: Diskussion, Streit
fare polemiche: polemisieren
👓 *la* ***polemica*** *politica è* ***innescata****, è difficile spiegare a quali tavoli la Cgil sarà invitata e da quali sarà esclusa/ma questa è un'opinione personale e non voglio* ***fare polemiche***
innescare – (Bombe) scharfmachen, auslösen

i **Poli:** die beiden Bündnisse (Ulivo und Cdl)
👓 *il ministro delle Riforme è uomo del dialogo fra i* ***Poli****, vicino a Berlusconi e in buoni rapporti con D'Alema*

politicamente corretto /politicamente non corretto: politisch korrekt/politisch nicht korrekt
👓 *io sono* ***politicamente corretto****. Tutti noi siamo* ***politicamente corretti****. E siamo attenti all'ambiente*

politica politicante: Interessenpolitik
👓 *quando il Cavaliere si adegua in parte alle dinamiche romane della* ***politica politicante***

politiche: elezioni politiche: Parlamentswahlen
👓 *introducendo il doppio turno anche nella legge elettorale per le* ***politiche***

politichetta: kleinkarierte Politik
👓 *nausea sincera della* ***politichetta*** *e bisogno di un'altra dimensione umana/ambientalista con scarse argomentazioni scientifiche e molta* ***politichetta*** *di bassa lega/perché di mezzo c'è la* ***politichetta*** *italiana fatta di accordi sottobanco e inciuci*

polli di Renzo: die Hühner des Renzo: Hang zur Selbstzerfleischung
📖 *Racconta il Manzoni ne „I Promessi Sposi" che Renzo Tramaglino, andando a chiedere un parere al dottor Azzeccagarbugli, gli portava in omaggio quattro capponi vivi, legati per i piedi e a testa in giù; e che quelli, ignari di essere affratellati da un comune destino, la pentola, si beccavano fra loro. Da lì il modo di dire „comportarsi come i polli di Renzo".*
👓 *Montezemolo chiede ai politici di togliere „la testa dalle urne elettorali" e ai sindacati „di evitare, noi e voi, di fare la fine dei* ***polli di Renzo****, che si beccavano ferocemente mentre venivano portati ai macello"*

poltrona: Sitz, Posten, Ernennung

*ricorda che fu Dini, allora ministro del Tesoro, ad affidare a Rocco quelle **poltrone**/braccia aperte a tutti i miglioristi a caccia di **poltrone***

giro di poltrone: Stühlerücken
*può dare il via alle consultazioni per il **giro di poltrone** dei corrispondenti dall'estero*

-ponte: Übergangs-
*soluzione-**ponte**/segretario-**ponte**/congresso-**ponte***

pontiere: Brückenbauer: Vermittler
*ma dietro lo scontro in aula il partito dei **pontieri** tiene duro*

popolo: Anhängerschaft, Gefolgschaft
*„Il nemico è tornato"; al **popolo** Ds piace così*
*il **popolo** ex communista*
*l'altra novità per il **popolo** delle ☞ **due ruote** è l'abolizione della norma che prevede il divieto di circolazione in due*

Porcellum: Verhältniswahlrecht mit einem Bonus für die siegreiche Koalition und ihre blockierten Listen
ad ottobre 2005, viene approvata una riforma elettorale che reintroduce il sistema proporzionale. Viene introdotta la figura del leader della coalizione, al quale si ricollegano una serie di liste (bloccate) che si ripartiscono i seggi disponibili in maniera proporzionale, con un premio di maggioranza alla coalizione vincitrice che garantisca la governabilità. Nel marzo 2006, uno degli estensori materiali della riforma elettorale, Roberto Calderoli, ha definito la legge „una porcata" (da ciò il soprannome, dato alla legge, di „Porcellum", in opposizione alla precedente detta il „Mattarellum")
*e poi il **Porcellum** aiuta le segreterie a fare le liste a propria immagine, altri sistemi elettorali no*

porre la parola fine: etw. beendigen, einer Sache ein Ende bereiten
*il Professore salirà al Quirinale per incontrare il Capo dello Stato e **porre la parola fine** ai 23 mesi della quindicesima legislatura*

portaborse: assistente: Kofferträger, „Persönlicher"
*il segretario comunale **portaborse** del sindaco? No grazie/dicono che il **portaborse** avrà funzioni di controllo …*

portaborse: parlamentarischer Mitarbeiter
*stop ai **portaborse** in nero. In Parlamento solo quelli con regolare contratto*

post-ideologico: postideologisch; nach Überwindung der tradierten Ideologien
*la parola chiave di Letta è **post-ideologico**: „La mia generazione non ha vissuto certe illusioni e così ha evitato la fase della disillusione*

possibilista: jemand, der alle politische Varianten in Betracht zieht und sie sich offenhält
***possibilista** anche Pier Ferdinando Casini, leader del Ccd: „Credo che non vada escluso nulla, ma bisogna ragionare con la testa, non si deve partire da una disputa che, in questo momento, può contropporre aprioristicamente le forze politiche"*

Poteri Forti: die einflussreichen gesellschaftlichen Kräfte
le istituzioni economiche, giuridiche o culturali, ritenute in grado di influenzare le scelte del potere politico
*ha fronde che lo coprono dall'alto: la Curia, il cardinale Ruini, l'Opus Dei e un bel pezzo di **Poteri Forti***

preconsiglio dei ministri: Sitzung zur Vorbereitung der Ministerratssitzung/Kabinettssitzung
*il **preconsiglio dei ministri** comincerà a esaminare il testo del provvedimento che sarà poi approvato nella riunione di domani*

discorso del **predellino:** „Trittbrettrede": Geburtsstunde des Bündnisses „Volk der Freiheit"
*il 18 novembre scorso, in Piazza San Babila a Milano, è stata al fianco di Berlusconi durante il **discorso del predellino**, che ha segnato la nascita del Popolo della libertà. Per la Gelmini, la definitiva consacrazione*

preferenza: Präferenzwahlsystem, übertragbare Einzelstimmgebung
*preferisco la **preferenza**: Casini, petizione in spiaggia: „Rivogliamo le **preferenze**"*

partiti da **prefisso telefonico:** Kleinstparteien
*in gergo si chiamano i **partiti da prefisso telefonico**, zero e qualcosa. Undici liste, un milione e mezzo di voti*

preincarico: Sondierungsauftrag zur Regierungsbildung *(Beauftragung erfolgt durch den Staatspräsidenten)*
☞ riserva, ☞ incarico

premierato: Premierministermodell: *Regierungsform, die dem Ministerpräsidenten größtmögliche Befugnisse einräumt (☞ **semipresidenzialismo**)*

*se la Bicamerale avesse optato per il **premierato**, il potere di **scioglimento** sarebbe rimasto nelle mani del primo ministro*
scioglimento – Auflösung (des Parlaments)

presenzialismo: Präsenzialismus, Hang zur Allgegenwart
*tanto che le opposizioni lo accusano di **presenzialismo** a tutti i costi. Funerali compresi*
presenzialista: Hans Dampf in allen Gassen, Allgegenwärtiger
*per due giorni riempie la scena assieme ad altri che però vengono oscurati dall'imperatore dei **presenzialisti***

presidenzialismo: Präsidialrepublik: *Regierungsform, die dem Präsidenten größte Befugnisse einräumt (amerikanisches Modell)* (☞ ***premierato, semipresidenzialismo***)

presidio: Treffpunkt der jeweiligen Parteianhänger vor den einzelnen Ausgangstüren des Parlamentsgebäudes
*attraversare a piedi il **presidio** (davanti alla Camera) di un partito avversario, sostengono i forzisti, era una palese provocazione*

pressappochismo: Schludrigkeit/Hang zu Halbheiten
*almeno un terzo delle infrazioni italiane al diritto comunitario deriva da **pressappochismo** e da lentezze amministrative croniche*

previdenzialismo: kollektive Daseinsfürsorge

primarie: elezioni primarie: Vorwahlen *(Kandidatenaufstellung nach dem Muster der amerikanischen „primaries")*
*le **primarie** sono un importante metodo di democrazia diretta, che serve a coinvolgere i militanti, i simpatizzanti e gli elettori, nella selezione della leadership*

Prodinotti: *politische Denkrichtung, die die Auffassungen von Prodi und Bertinotti vereint*
*sarebbe utile che al governo dell'Italia si ritrovassero insieme quelle forze che si riconoscono nel programma di Blair più che nella linea „**Prodinotti**"*

profugo: Flüchtling, Überläufer
*così sono cominciati ad arrivare anche i **profughi**. In Rai non rinnovano il contratto ad Alan Friedman? Diventa opinionista del „TgLa7".*

progettualità: Konzeption, Perspektivplanung, planerische Vision
*se dici loro che non hanno una **progettualità**, „un pensiero forte", si offendono*

proporzionale: sistema elettorale proporzionale: Verhältniswahlrecht
*la proposta berlusconiana ridà fiato al variegato partito del **proporzionale**, nella maggioranza come nell'opposizione*

protagonismo: (übertriebene) Selbstdarstellung, Primadonna-Allüren
*eccesso di **protagonismo***
*i campioni della mia generazione erano un po' ammalati di vittimismo e **protagonismo**, difetti che impedirono il completamento di molte imprese*
protagonisti e comprimari: Haupt- und Nebendarsteller
*sono **i protagonisti o i comprimari** della sinistra: tutti personaggi che sono, o si ritengono, intoccabili*

prova del nove: Neunerprobe
*i nuovi sindaci e le nuove amministrazioni del post-Tangentopoli affrontano la **prova del nove** dei piani regolatori generali*

provincellum: das für Provinzwahlen geltende Wahlrecht (☞ Tatarellum)
*a me va bene sia il „Tatarellum", il sistema delle regionali, sia il „**provincellum**", ossia quello delle provinciali*

psiconano: Psychozwerg
*Beppe Grillo approda in Parlamento e il termine „**psiconano**", che il comico genovese ha usato in tanti spettacoli e comizi di piazza per definire il presidente del Consigio Silvio Berlusconi, è stato sdoganato nell'Aula del Senato e finisce agli atti*

Punto Italia: Think-Tank der Cdl
nasce nella Casa delle libertà (febbraio 2003) un nuovo pensatoio; nel comitato promotore sono rappresentati tutti i partiti della Cdl: Forza Italia, An, Udc, Lega

pupillo: (politisches) Ziehkind
*è il **pupillo** del superministro dell'Economia Ciampi*
*ha una nuova fiamma, l'ex **pupilla** di Renzo Arbore*

Pvs: Paesi in via di sviluppo: Entwicklungsländer

☞ *i **Pvs** potranno produrre o veder prodotti in paesi terzi farmaci salvavita a basso costo in deroga ai brevetti*

qualunquista: an Sachfragen nicht interessierte, gleichgültige Person, „Null-Bock-Mentalität", *auch*: Populist

qualunquismo: Populismus, Beliebigkeitspolitik

📖 *dal titolo del giornale „l'Uomo qualunque", fondato nel 1944 da Guglielmo Giannini*

📖 *atteggiamento di diffidenza e di ostilità nei confronti della politica e del sistema dei partiti e di agitazione generica e semplicistica sui problemi dello stato e del governo*

☞ *lo straordinario successo dei sindaci dell'Ulivo nelle recenti elezioni amministrative non presenta pericoli di plebiscitarismo, non contiene polemiche antidemocratiche, non blandisce spinte **qualunquiste***

☞ *ma bisogna evitare che si dia corpo a una campagna **qualunquistica** antipartiti*

quinta colonna: fünfte Kolonne

📖 *espressione nata durante la guerra civile spagnola (1936–1939), quando il generale Mola, puntando su Madrid con quattro colonne, dichiarò di poter contare su una quinta colonna che operava a favore dei seguaci di Franco all'interno della città*

☞ *Italgrani, lo scandalo si estende: tre indagati al Banco di Napoli. I funzionari erano le **quinte colonne** del finanziere*

quota: Anteil (einer Partei/Strömung bei der Ämterverteilung) ☞ lottizzazione

☞ *un altro vicedirettore del Tg1, Mauro Mazza, in **quota** An …*

☞ *per eleggere i rispettivi presidenti della Provincia, finora in **quota** centrosinistra*

quota rosa: Frauenquote

donne in quota: Quotenfrauen

☞ *tocca al Parlamento, dove giacciono le proposte di legge per l'introduzione delle „**quote rosa**", passare dai principi ai fatti, con provvedimenti ad hoc*

Red: associazione „Riformisti e Democratici": Vereinigung „Reformisten und Demokraten"

☞ *l'associazione **Red** battezzata oggi da Massimo D'Alema non diventerà un partito politico e soprattutto non è un'iniziativa „per rompere le scatole a Walter Veltroni"*

reggenza: Übergangsführung *(bis zum nächsten Parteitag)*

☞ *prima riunione, primi nodi. La **reggenza** dei Ds viene subito messa alla prova … deve darsi un'organizzazione interna cioè individuare il **reggente** degli undici reggenti*

regime: autoritäres Regime

☞ *non c'è il rischio-**regime** ma il clima creato dal governo di centrodestra innesca intolleranze e tensioni politiche e sociali*

regionali: elezioni regionali: Wahlen zum Regionalparlament

reinventarsi: neue Rolle übernehmen, umsatteln, sich ein neues Aussehen zulegen, neu definieren

☞ *le donne al lavoro sanno **reinventarsi**/una sinistra che deve imparare a **reinventarsi***

☞ *anche Stankovic, **reinventato** centrocampista basso, ha fatto molto bene*

Prima Repubblica: die Erste Republik, die im wesentlichen durch die langjährige Regierungszeit der Dc gekennzeichnet ist und mit Beginn des Tangentopoli-Skandals und dem Zusammenbruch des bis dahin vorherrschenden Parteiensystems ihr Ende nimmt

☞ *sono argomenti populisti: che vuol dire Di Pietro, che da una parte ci sono i corrotti, figliastri della **Prima Repubblica**, e dall'altra i buoni e gli onesti*

Seconda Repubblica: die Zweite Republik, die mit dem Untergang der Dc und dem Entstehen neuer Parteien beginnt

☞ *nella **Prima Repubblica**, quando non si voleva risolvere un problema, si nominava una commissione parlamentare. Nella **Seconda Repubblica** si crea ☞ un'Authority*

Re tentenna: König Wankelmut (☞ statuto albertino)

☞ *„Caro Sindaco Rutelli dimettiti da **Re Tentenna** e ricomincia a fare il Sindaco dei romani – ha dichiarato Maurizio Gubbiotti, Presidente di Legambiente Lazio – Da qualche tempo si ha la fondata impressione che il sindaco Rutelli abbia dimenticato il motivo per cui i romani lo hanno eletto Sindaco"*

Retromanno (Alemanno + retromarcia): der Politiker Gianni Alemanno („Meister im Zurückziehen von Entscheidungen")

☞ *la lunga estate di **Retromanno**. I rom? Un'emergenza. Macchè, la città è sicura. Aveva annunciato „decisioni forti", ma il sindaco pdl di Roma una ne dice e cento ne ripensa*

ribaltone: Umsturz, Wechsel der Mehrheitsverhältnisse *(innerhalb einer Legislaturperiode, z. B. durch neuformierte Koalitionen oder Parteiwechsel von Abgeordneten)*
☞ scivolone
☞ *indicando però come unica soluzione efficace l'approvazione al più presto della **legge anti-ribaltone***
☞ *il **ribaltone** non è un male. Anzi è vero il contrario. Il cambio di maggioranza e quindi di governo è da auspicare perché gli consente di adeguarsi ai mutati orientamenti dell'opinione pubblica*
ribaltonista: Mehrheitsbeschaffer, Umstürzler *(durch das Überlaufen zu einer anderen Partei)*
☞ *a lui va il premio di primo **ribaltonista** della nuova legislatura. Che tristezza*
maggioranza a prova di ribaltone – bruchfeste Mehrheit

riciclato: recycled
politici riciclati: reingewaschene Politiker *(die sich durch illegale Machenschaften, Wendemanöver usw. kompromittiert hatten)*
☞ *la proposta di legge anti-**riciclati** prevede un solo articolo: coloro che sono stati condannati con sentenza penale passata in giudicato per reati infamanti non possono essere candidati alle elezioni*

ricucire: wieder zusammennähen: Streit beilegen, sich versöhnen
☞ ***ricucire** con l'Ulivo non sarà facile*

ridimensionare: nach unten korrigieren, im Umfang verringern
☞ *immediata la reazione di Alitalia e delle altre compagnie aeree, che **ridimensionano** drasticamente questa cifra*

riformista: Reformpolitiker
☞ *io non vivo col problema che c'è uno che urla più di me, perché sono un **riformista** e so che per un **riformista** c'è sempre uno che urla più di te*

rimpasto: Regierungsumbildung
☞ *intorno ai posti si balla il valzer del mini-**rimpastino***
☞ *D'Alema ha portato a termine il **rimpasto-lampo***
rimpastone: „großes Stühlerücken"
☞ *il **rimpastone** di questori è invece rinviato anche se di appena un paio di settimane*

rinnovo (delle province): Neuwahlen *(des Parlaments einer Provinz)*

sciogliere la **riserva: scioglimento della riserva:** Annahme des Regierungsauftrags: den Vorbehalt zurücknehmen *(im Falle der vorbehaltlichen Beauftragung zur Regierungsbildung: Der mit der Regierungsbildung beauftragte Politiker stellt als nächsten Schritt sein Kabinett dem Parlament zur Vertrauensabstimmung vor)*
☞ *gli aveva chiesto se fosse pronto a **sciogliere la riserva**. „Qui si scioglie l'Italia" aveva tagliato corto.*
☞ incarico, ☞ preincarico

risorsa: wichtige Kraft, positiver Faktor, wertvoller Exponent, Aktivposten, ... ist nützlich
☞ *sostenere che l'ex ministro è una **risorsa** preziosa, ha tanta voglia di fare, tornerà utilissimo al gruppo parlamentare di Forza Italia*
☞ *premesso, dunque, che D'Alema si autoconsidera una **risorsa** e non un **impaccio**...*
impaccio – Hindernis, Störfaktor

riverniciatura: Neuanstrich: kosmetische Veränderung, ... im neuen Kleid, alter Wein in neuen Fässern
☞ *le opposizioni, arrabbiate per quella che sarebbe una **riverniciatura** della legge, lasciano i lavori della commissione Telecomunicazioni*

roccaforte: Festung, Hochburg
☞ *terremoto nella **roccaforte** della Quercia che ha scelto il candidato azzurro*

rosa: Auswahl von Kandidaten *(z. B. für das Amt des Staatspräsidenten)*
☞ *la sua speranza iniziale era quella di essere uno dei petali della „**rosa**" del centrosinistra*
☞ *niente „**rosa**", solo un'informale „**rosetta**" di nomi per il Colle*

salire al Quirinale: salire al Colle: sich zum Staatspräsidenten begeben *(meist bei Regierungskrisen)*
☞ *il Presidente del Consiglio, Romano Prodi, dopo aver incassato la fiducia alla Camera, è in procinto di **salire al Quirinale***

salotto: Salon *(politischer, mondäner Debattierklub, meist einer bestimmten politischen Richtung)*
salotto buono: gute Gesellschaft

salottiero: Salonlöwe
salottiero: elitär, abgehoben
*il **salotto** è qualcosa nell'immaginario del reazionario: con gente che si insulta in pubblico di giorno, ma la sera la ritrovi seduta assieme su un divano a concludere qualche affare*
*Rutelli è espressione di una sinistra **salottiera** e lontana dalle esigenze dei cittadini/chiacchiere da **salotto***
*però i **salotti** che all'inizio gli avevano aperto le porte, le hanno richiuse*
fare salotto: unverbindlich plaudern, über dieses und jenes reden
*si **fa salotto**, nel senso che due poliziotti scesi da una volante parlano con i militari*

salto di paradigma quantistico: Paradigmenwechsel: völlig neue Qualität, völlig andere Welt
*è un **salto di paradigma quantistico** questo dei bimbi che considerano i soldi come un loro diritto naturale*

salvacondotto: freies Geleit; Geleitbrief, Schutzbrief: Freibrief, grünes Licht
*Iva: per i „minimi" il **salvacondotto** di Bruxelles. Ok della Ue per contribuenti minimi, il Consiglio Ue ha approvato il regime italiano sui contribuenti minimi*
*una laurea o un diploma non sono un **salvacondotto** che ci esonera dal fare il nostro dovere*

santino (elettorale): Wahlkampfzettel *(mit den Portäts der Kandidaten)*
santino: Heiligenbild
*ci sarà in movimento una porzione enorme della città. Ai parenti stretti dei candidati, aggiungiamo i collaboratori, i portavoce, i militanti, quelli che stampano **santini** e **locandine***
locanda – Plakat

lanciare un **sasso nello stagno:** Wellen schlagen, einen Stein ins Rollen bringen
*D'Alema ha raccolto il **sasso nello stagno** lanciato da Prodi con la proposta di una lista unitaria dell'Ulivo alle elezioni europee del 2004 e ha agitato le acque del centrosinistra*

satyagraha: Hungerstreik als Mittel des passiven Widerstands
sciopero della fame utilizzato come forma di protesta non violenta; mobilitazione gandhiana
*e proprio sulla base del grande consenso ottenuto, Pannella ha deciso di lanciare un **satyagraha** senza frontiere*

Savonarola: savonarolesco, savonaroliano: in Form einer Streitpredigt
*Girolamo **Savonarola**, religioso italiano (1452–1498), famoso per la sua azione di denuncia, di predicazione politica e religiosa, che venne assumendo toni sempre più accesi, man mano che si profilava la concreta minaccia di uno sconvolgimento della vita politica italiana*
*Polo e Ulivo uniti contro i **Savonarola**/ha la sensazione che lui sia stato vittima di un qualche **Savonarola**/atteggiamenti **savonaroleschi***

sbarramento al 5%: soglia di sbarramento: Fünf-Prozent-Klausel
*la parte che verrà pubblicata è quella che prevede lo **sbarramento al 5%** per entrare all'Assemblea Regionale Siciliana*

scaricabarile: Waage
gioco dello scaricabarile: sich gegenseitig die Verantwortung zuschieben, Abwälzen der Verantwortung
*sul G8 no al **gioco dello scaricabarile**: ho notato con stupore che è in atto un tentativo arbitrario di **scaricare** eventuali difficoltà al G8 su di me*

scavalcare (a destra): (rechts) überholen
*essere **scavalcata a destra** dagli eretici di ☞ Unitalia, movimento che contesta lo stile compromissorio di Fini/sarebbe come **scavalcare** la Lega sul piano della secessione*

scavalcare: scavalcamento: aus dem Feld schlagen, über den Haufen werfen, umgehen, nicht berücksichtigen
*la maggioranza prepara una mozione che potrebbe **scavalcare** ulteriormente la proposta D'Alema*
*infatti il Cancelliere non può fare propria la proposta italiana perché **scavalcherebbe** la mediazione di Cernomyrdin*

scheda bianca: Stimmenthaltung
*l'aiuto involontario dell'Ulivo che aveva deciso di votare **scheda bianca***

schieramento: (politisches) Lager, Formation
non **schierato:** (politisch) ungebunden
*gente non **schierata**, come me, non piace*
*la stragrande maggioranza del Parlamento, e senza distinzioni di **schieramento**, ha votato*

per la cancellazione della pena capitale dalla Costituzione

patto dello **Sciacchetrà:** Versöhnungstrunk
📖 *Sciacchetrà: un vino ligure che concluse un pranzo di riconciliazione dopo vari dissidi*
👓 *e che il 3 agosto del 2004, con il cosiddetto „**patto dello Sciacchetrà**" stipulò con Fazio un patto di convenienza che non vuole e non può smentire, soprattutto davanti a una scadenza elettorale che sente impervia*

scivolone: Mehrheitsverlust, -schwund ☞ ribaltone
👓 *nello **scivolone** D'Alema non ha colpe dirette, ma per oltre due anni si è concentrato su riforme improbabili*

scorporo: Stimmensplitting *(Herausnahme eines Stimmenanteils der in der Personenwahl siegreichen Partei und Verteilung auf die nachfolgenden Parteien nach dem Verhältniswahlsystem, um somit bei der Wahl zur Abgeordnetenkammer eine Kombination aus Mehrheits- und Verhältniswahl zu erreichen)*
📖 *ha lo scopo di riequilibrare in senso proporzionale la legge elettorale per la Camera, prevalentemente maggioritaria. Al partito che vince nell'* ☞ ***uninominale** viene sottratta, nel proporzionale, una quota di voti pari o quasi alla differenza di consensi con la quale si è imposto nel maggioritario*
☞ liste **civetta**

scranno: Sessel, *auch:* Richterstuhl, Parlamentssessel
👓 *senza contare che fra gli **scranni** siederà anche il co-presidente dei Verdi Daniel Cohn-Bendit, ex leader del '68 francese*

dare una **scossa positiva:** jdn aufrütteln, einen Ruck geben, Wachrüttler
👓 *ma interessante è anche il linguaggio usato. Si parla della necessità di una „**scossa positiva**" alla situazione politica*

scrematura: Abrahmung: Entschlacken, Verschlankung, Aussonderung, Vorauswahl
👓 *gli sherpa della maggioranza hanno, pertanto, fatto un lavoro di **scrematura** utile per sveltire l'attività parlamentare / Pd, prima **scrematura**, i candidati uscenti ancora tutti in corsa*

scrutatore: Stimmenzähler, Wahlauszähler
👓 *Berlusconi non si è accorto che una settimana fa in Sicilia sono stati condannati due **scrutatori** di Forza Italia perché avevano fatto dei brogli durante le comunali di Palermo*

sede: Sitz
in **sede** ...: in, innerhalb, im Bereich von ...
👓 *per noi questo ministro è un corpo estraneo e in **sede** parlamentare ci comporteremo di conseguenza*
👓 *la proposta di legge sarà impostata su principi già scritti in sede europea*

segretario (di un partito): Vorsitzender (einer Partei)
segreteria: Präsidium, Parteizentrale
👓 *una riflessione ad alta voce, che nelle ultime ore è echeggiata nelle **segreterie** degli alleati dell'Ulivo*

semestre bianco: weißes Semester *(das Halbjahr vor der Neuwahl des Staatspräsidenten, in dem das Parlament nicht aufgelöst werden darf)*
📖 *il **semestre bianco** in cui non si possono sciogliere le Camere*
👓 *non c'è modo di essere certi che Rifondazione non **si sfili** dalla maggioranza nel **semestre bianco**, ma che ogni accordo in più rende più difficile l'operazione*
sfilarsi – sich ausfädeln: ausscheren

semipresidenzialismo: (parlamentarische) Präsidialrepublik: *Regierungsform, die dem Präsidenten große Befugnisse einräumt (französisches Modell)* (☞ ***premierato, presidenzialismo***)
👓 *abbiamo scelto la via del **semipresidenzialismo:** per essere coerenti, dobbiamo riconoscere che il potere di scioglimento ritorna pertanto al capo dello Stato*

senatore a vita: Senator auf Lebenszeit
👓 *gli hanno consegnato la medaglietta da **senatore a vita**, in quanto ex Presidente della Repubblica*

senatùr: il segretario della Lega Nord Umberto Bossi

senzabandiera: Parteiungebundener
👓 *si discute sui **senzabandiera**, sul* ☞ *trasversalismo: sono un bene o un male?*

serenità: sachliche Distanz, Abgeklärtheit, Gelassenheit, Zuversicht; *auch:* Ruhe und Ordnung, angemessenes Umfeld

👓 *anche i bambini con problemi di salute possono essere adottati, se la coppia è disponibile. In Trentino alcune coppie hanno accolto, con **serenità**, bimbi sieropositivo*
👓 *garantire a tutti i cittadini onesti la **serenità** del vivere quotidiano*
👓 *la mancanza di **serenità** influenzerebbe in modo negativo l'operato delle forze dell'ordine*
👓 *prendere decisioni in un clima di fattività e soprattutto di **serenità***

sereno: besonnen, mit kühlem Kopf
👓 *svolgimento **sereno** del vertice*
👓 *la convivenza non sempre facile e **serena** fra le due comunità*

sfottò: Zwischenruf, Schmähruf
👓 *coro di **sfottò** e brusio, qualche risata, un paio di commentacci a voce bassa*

sherpa: Sherpa: engster Mitarbeiter, Wasserträger, Gepäckträger
👓 *il **sherpa** della banca centrale nelle trattative a livello internazionale*

fronte del **sì:** Zustimmungsfront, die Befürworter
👓 *preamboli, aperture, spaccature, **fronte del sì**, fronte del no, corrente del forse, ala del magari, zoccolo del tuttavia, pattuglia del chissà ... Mancano solo le convergenze parallele (Fruttero & Lucentini)*

sigla: Abkürzung: Institution, Verband
👓 *all'incontro parteciperanno tutte le **sigle** firmatarie dell'accordo del luglio 1993*

sindacato ispettivo: parlamentarische Kontrollfunktion, Kontrollrechte des Parlaments
📖 *la funzione ispettiva è esercitata dal Parlamento in forme svariatissime, attraverso la presentazione di documenti come le interrogazioni, le interpellanze e anche le mozioni; lo strumento più importante del sindacato ispettivo è l'inchiesta parlamentare*

Sol dell'avvenire: Sonne der Zukunft *(Symbol des Sozialismus)*
👓 *in un mondo in cui non si leva più il **Sol dell'avvenire**, in cui è morta l'utopia del socialismo, in cui la pubblicità consumista ha sostituito tutti i buoni pensieri e le buone intenzioni, la cosa che conta, che tutti desiderano qual è? I soldi*

sorpasso: Überholen: *in den siebziger Jahren bestand für die Pci die Chance, bei Wahlen die Dc überholen zu können*
👓 *l'incubo del **sorpasso** comunista*

dottor **Sottile:** Giuliano Amato: früherer Ministerpräsident und Präsident des Kartellamts; altri soprannomi: **Eta Beta, Topolino, Topo Gigio** (die Weltraummaus)
👓 *Giuliani Amato pronto a entrare nel governo: Dall' **eremo** alle Riforme – ritorna il **Dottor Sottile***
eremo – Einsiedelei

accordi **sottobanco** – stillschweigende Vereinbarung, Geheimabsprachen
👓 *rifiuteremo **accordi sottobanco** ma guarderemo con molto interesse a prese di posizioni fortissime sui temi di adesso*

sottogoverno: sottopotere: Missregierung, politische Patronage
👓 *divennero strutture impermeabili alla partecipazione, impegnate solo a dividersi i bocconi del **sottogoverno/** per non dire degli staff, delle auto blu e di tutto l'armamento del **sottogoverno***
sottogoverno: subgoverno: Subregierung, Unterregierung
👓 *allora si parlava di **subgoverno** An-Udc, oggi Fini e Follini litigano come due gatti*

sottosegretario: (Parlamentarischer) Staatssekretär
👓 ***sottosegretario** ai ☞ **LLPP***
segretario generale: Generalsekretär, *(verglb.)* beamteter Staatssekretär
capo-dipartimento: Abteilungsleiter

s. p.: senza portafoglio: ministro senza portofoglio: Minister ohne Geschäftsbereich, Minister ohne Portefeuille *(direkt dem Ministerpräsidenten unterstellt, kein eigener Haushalt)*

spaccatura: Spaltung, Riss
👓 *alle prese con una **spaccatura** verticale tra i Verdi*

spacchettamento: Aufschnüren eines Pakets: Entflechtung, Neugliederung, Neuaufteilung
👓 *in termini negoziali ciò significa che i ministri di An confidano ancora nella possibilità di **spacchettare** il Ministero dell'Economia*

spirale: Spirale: Zunahme, Steigerung, Anstieg
👓 *gli avvocati penalisti proclamano lo stato di agitazione „contro una così pesante **spirale** autoritaria"*

spoils system: diritto a licenziare: *(nach engl.*

„spoils", Beute) Entlassung hochrangiger, politisch andersdenkender Mitarbeiter/Beamter nach einem politischen Machtwechsel; System, das den Zugang zu den Fleischtöpfen regelt
☞ *sui vertici di due delle maggiori istituzioni scientifiche incombe la mannaia dello **spoils system***

sponda: Schutz, Beschützer, Unterstützer, Rettungsanker, Zuflucht, Bollwerk
☞ *la rete si distingue quindi per il suo ruolo di **sponda** nella politica italiana contra la corruzione ed il malaffare*
☞ *Pannella intanto spera di trovare una **sponda** in Silvio Berlusconi*

stalliere: Stalljunge, Stallbursche: Laufbursche, Kofferträger
☞ *il defunto boss che fu **stalliere** di Berlusconi*

strabismo: Schieläugigkeit, Hinüberschielen ins andere Lager, Wankelmütigkeit
☞ *la Regione, l'Italia chiedono il progetto, non lo **strabismo** di chi guarda al centro degli schieramenti attualmente dati*

stretta: härtere Gangart, Kürzung, Verschärfung
☞ *il varo del decreto legge che contiene, tra l'altro, la **stretta** sulla spesa farmaceutica*
☞ *le nuove regole con cui il governo di centrodestra intende attuare la **stretta** anti immigrati diventeranno operative entro un mese*

strumentalizzazione: Manipulation, Missbrauch, Vereinnahmung, „Indienstnahme"
strumentalizzare: jdn. für sich benutzen, manipulieren
☞ *la risposta più semplice è che mi abbia **strumentalizzato** per farsi pubblicità*
☞ *ai colleghi confida di temere **strumentalizzazioni***

Studio alla Vetrata (Quirinale): *Empfangssaal für hohe Gäste des Staatspräsidenten*
☞ *il premier Berlusconi è stato ricevuto nello **Studio alla Vetrata**, l'ufficio delle grandi occasioni*

suppletive politiche: elezioni suppletive politiche: Nachwahlen zum Parlament

sindrome di **Tafazzi:** Hang zur Selbstzerstörung/Selbstentmannung
📖 *comportamento masochistico e autolesivo, prende il nome da Tafazzi, il personaggio satirico interpretato da Giacomo Poretti del trio comico „Aldo, Giovanni e Giacomo"*
☞ *Veltroni da Firenze: „Basta con la nostra **sindrome di Tafazzi**. Berlusconi? Pensa solo a se stesso"*

talebano: taliban: Taliban *(in Afghanistan ehemals autoritär herrschende Miliz)*: autoritärer erzkonservativer Politiker
☞ *sono arrivati i **talebani**, hanno detto le parlamentari comuniste e i Verdi ricordano che la legge sull'aborto è stata sottoposta a referendum popolare e che gli italiani hanno voluto mantenerla con il 70% di sì*

tam tam: Buschtrommeln, Gerüchteküche
☞ *secondo i **tam tam** dei corridoi del ministero degli Esteri, Dini ha effettuato negli ultimi giorni un vero e proprio forcing in favore del suo capo di gabinetto*

Tarzan: il segretario del Cdu Rocco Buttiglione

Tatarellum: das für Regionalwahlen geltende Wahlrecht
📖 *secondo il **Tatarellum** (dal nome del suo paziente tessitore, il capogruppo di An Giuseppe **Tatarella**) gli elettori esprimono, nella stessa scheda, due voti: il primo per la lista di partito, il secondo per la coalizione*
☞ *Massimo D'Alema mi ha confidato che se tutto va bene la nuova legge elettorale nazionale dovrebbe **ricalcare** il **Tatarellum**, la legge elettorale regionale*
ricalcare – nachahmen

tavolo: Verhandlungstisch: Verhandlung(en)
tavolo delle regole: Verhandlungen (zu grundsätzlichen Fragen)
tavolo tecnico: Verhandlungen (zu technischen Fragen), Arbeitstisch
☞ *non credo che ci sarà un **tavolo** speciale con Bertinotti/bisogna fare la battaglia ma non far saltare il **tavolo***

telepolitica: Telepolitik, Regieren in der Publikumsgesellschaft
☞ *c'è qualcosa di ironico nel destino di Massimo D'Alema, un tempo profeta della **telepolitica**: nel declino della sua leadership, oltre ad alcuni errori strategici e sconfitte elettorali, pesano immagini e suggestioni che la telepolitica ha messo a nudo*

tempi della politica: politische Mühlen mahlen langsam

ma chi si attende decisioni in pochi giorni resta deluso. Servono, anche qui, ***i tempi della politica****. Cioè due mesi*

tempismo: Gefühl für den rechten Zeitpunkt
ma Craxi con il suo ***tempismo*** *d'allora seppe catturare la chance che gli si offriva*

tempo tecnico: Zeitansatz, benötigte Zeit
ma convincere le nostre mamme, stritolate fra casa e ufficio con ***tempi tecnici*** *al limite della sopravvivenza, sarà un'impresa*

teodem: *christlich orientierte Politiker innerhalb von Margherita*
Dico, frenata dell'Ulivo e attacco ***teodem***

teopolitica: biblisch fundierte Politik
sicuramente non c'è questo rischio in America. Bush terminerà il suo mandato e al suo posto salirà un altro eletto democraticamente. Due aspetti però sono da tenere d'occhio: la ripresa dei nazionalismi e la diffusione di quella che chiamo la ***teopolitica****, ovvero il fare politica in nome di Dio*

terzista: Vertreter/Politiker des dritten Wegs *(außerhalb der Kategorien Rechts und Links)*
terzismo: der dritte Weg, Unparteilichkeit
terzista *è chi non si riconosce in quel processo di reciproca delegittimazione fra maggioranza e opposizione*

tesseramento: Ausstellen des Parteibuchs: Anzahl der Parteimitglieder
tesserato: Parteimitglied
i seguaci di Berlinguer hanno accusato gli avversari di aver gonfiato il ***tesseramento*** *a favore di Fassino*

testa d'uovo: „Eierkopf", Vordenker
vincono i tecnocrati, le ***teste d'uovo*** *del Tesoro, gli uomini che stanno intorno al ministro Ciampi*
si fa già il nome di Ruffolo, un tempo ***testa d'uovo*** *del Garofano*

ticket: Doppelkandidatur, Doppelspitze, Kandidaten im Doppelpack
il coordinamento dell'Ulivo ha deciso da tempo che l'opposizione sia guidata dal ***ticket*** *Rutelli-Fassino*

Tigellino: Tigellinus, Befehlshaber der Leibgarde und enger Vertrauter Neros
da ragazzo Maurizio Gasparri registrava i comizi in piazza di Giorgio Almirante, ora è il ***Tigellino*** *di Gianfranco Fini*

tirare per la giacca: am Ärmel ziehen: jdn. zu etw. drängen/bewegen
probabilmente è solo un modo per mettere pressione agli alleati, per non farsi ***tirare per la giacca***

tolleranza zero: Null-Toleranz
tolleranza sottozero: Toleranz Minus Null
tolleranza mille: Toleranz ohne Ende
tolleranza sottozero *con gli immigrati. Sia per quelli che stanno ancora per strada sia per gli altri che si trovano già in carcere*
certo, la ***tolleranza mille*** *del arbitro Ayroldi a Empoli accenderà dibattiti rusticani attorno al nuovo corso di Collina*

Tonino: Tonino nazionale: Antonio Di Pietro: Begründer der Partei „Italia dei Valori", früherer Minister für Öffentliche Arbeiten und Magistratsrichter im Pool Mani Pulite
rivela come venne a conoscenza dell'ispezione che spinse ***Tonino*** *a lasciare la toga*
Molise, la ***Ceppaloni*** *di Di Pietro: Il* ***Tonino nazionale*** *spacca il Pd locale e punta a fare della regione un feudo*
Ceppaloni – Heimat des Politikers Clemente Mastella

Torquemada: spanischer Inquisitor
dal nome dell'inquisitore generale spagnolo de Torquemada: chi si serve di metodi crudeli e spietati
Ci sono dei ***Torquemada*** *che non hanno la forza di guardarsi allo specchio, un atteggiamento che fa veramente schifo*

Totò vasa vasa*: der Politiker der Udc und frühere Präsident der Region Sizilien Salvatore Cuffaro*
è stato soprannominato da alcuni giornalisti „Totò vasa vasa" („bacia bacia" in siciliano) per la sua abitudine a salutare tutti quelli che incontra con due baci sulla guancia
Totò vasa vasa *dispone di un partito decimato da arresti di dirigenti importanti, eppure più vip che mai perché assomiglia alla Dc*

Transatlantico: mixed zone: Lobby des italienischen Parlaments *(mit freiem Zugang für Journalisten)*: ☞ **Corea**
non ho ancora individuato bene tutti i giornalisti che circolano nel ***Transatlantico***

transfuga: Überläufer *(in ein anderes politisches*

Lager), manchm. Abweichler *(innerhalb der eigenen Partei)*
☞ *sopravvive soltanto grazie all'arrivo di qualche* ***transfuga***

trasversale: durch alle Parteien gehend, übergreifend, offen gegenüber allen Parteien
☞ *un partito* ***trasversale*** *della raccomandazione dal quale era solo escluso il movimento della Rete*
☞ *una volta eravamo* ***trasversali*** *rispetto a tutti i partiti*

re **Travicello:** Fabelgestalt eines Königs ohne jegliche Bedeutung, der leere Versprechungen macht und sich einbildet, mächtig zu sein
📖 *Re Travicello credeva che fosse un re, mentre nel vero era un pavido omuncolo senza onore né corona che prometteva e non manteneva mai le promesse fatte ai suoi fantastici sudditi.*
☞ *Berlusconi attacca Rutelli: „Un* ***re Travicello*** *della sinistra, un turista, un leader per conto terzi"*

treno elettorale: Wahlkampfzug *(bereits Prodi bereiste bei seiner Wahlkampagne für den Ulivo mit einem* ***„pullman elettorale"*** *das Land)*
Rutelli Express: Wahlkampfzug von Francesco Rutelli
☞ *sul binario il* ***treno di Rutelli;*** *scatta il giro delle cento città. Il* ***Rutelli Express*** *partirà da Trieste.*

Tribunale dei ministri: Ehrengericht für Minister
☞ *L'accusa del* ***Tribunale dei ministri*** *all'ex presidente: fece sparire il documento anti-terrorismo di Cossiga. L'ipotesi che Andreotti abbia avuto un comportamento poco ortodosso per un capo di governo viene espressa dal* ***tribunale dei ministri*** *in modo molto esplicito*

triciclo: lista unitaria: lista Uniti nell'Ulivo *(ehem.)*: Dreirad *(Zusammenschluss im Jahre 2003 von Ds, Margherita, Repubblicani und Sdi)*
☞ *via ad un altro giro di incontri: in settimana parte un tavolo allargato fra* ***triciclo*** *da una parte e Di Pietro-Occhetto-girotondi dall'altra*

Trifoglio: Kleeblatt *(ehem. Parteienbündnis aus Upr, Pri, Sdi und Lega socialista)*
☞ *i tre petali del* ***Trifoglio*** *tengono fra di loro e tengono testa al pressing che arriva da Botteghe Oscure e da Palazzo Chigi*

pollo di **Trilussa:** *Hund und Katze sehen dem Herren beim Essen eines Huhnes zu. Der teilt die verbleibenden Knochen genau zur Hälfte auf beide Tiere auf. Während die Katze, nachdem sie ihre Hälfte verzehrt hat, ohne zu danken fortgeht, springt der Hund zum Dank freudig an seinem Herren hoch, weil er davon ausgeht, dass der Herr am nächsten Tag sicherlich wieder ein Huhn essen wird.*
Trilussa (Carlo Alberto Salustri), poeta prevalentemente satirico (1871–1950)
☞ *altrimenti è come fare la media del* ***pollo di Trilussa***

trinariciuto: fanatischer Parteisoldat („mit drei Nüstern"), *Bezeichnung mit der der Schriftsteller Giovanni Guareschi die militanten Mitglieder der KPI ins Lächerliche ziehen wollte*
☞ *mi limito solo a ricordare che „l'Unità" era rappresentata da Guareschi come l'organo di sanguinari* ***trinariciuti*** *...*
☞ *l'altro giorno, Oliviero Diliberto, Pdci, aveva dato del „fascista" a Storace; ieri, l'azzurro Pisanu lo ha definito* ***„trinariciuto"***

ultima spiaggia: letzte Möglichkeit, einziger Ausweg
☞ *il vertice di maggioranza non sarà l'atto finale della verifica, l'****ultima spiaggia****, il momento in cui o si fa l'accordo o si va alla ☞ crisi*

l'ultradestra – die extreme Rechte
Avanguardia nazionale
Blocco studentesco
Casa Pound
Cuore Nero
Fasci italiani del lavoro: Italienische Faschisten der Arbeit
Fn: Forza Nuova: Neue Kraft
☞ ***Forza Nuova****, movimento fondato da due ex-terroristi neri ora latitanti in Inghilterra, Massimo Morsello, ☞ Nar, e Roberto Fiore (Terza posizione)*
Fronte Nazionale: Nationale Front
Movimento sociale – Fiamma Tricolore: Italienische Sozialbewegung
Ordine Nuovo
Orion
Plp: Partito Liberal-Popolare: Liberale Volkspartei
Puro Islam
Terza Posizione
Uomo Libero
Veneto Fronte
Veneto Repubblica Federale Padania

unanimismo: Zustimmungsbedürfnis, Hang zur Einmütigkeit
*il peggiore dei vizi italiani e l'**unanimismo**, l'**accodarsi al gregge**. Ora si può pensare quel che si vuole del berlusconismo, ma non ignorare che la sua ragion d'essere è **l'unanimismo***
accordarsi al gregge – Herdentrieb

uninominale: Persönlichkeitswahl *(im Gegensatz zur Listenwahl)*

giro di **valzer:** Richtungswechsel, Kehrtwende
*detto di Stato che dimostri inattesa amicizia verso un altro Stato, non alleato; attuare un inatteso mutamento di alleanze: l'allusione del giro di valzer risale al tempo della **Triplice Alleanza**, dell'Italia con la Germania e l'Austria-Ungheria; in questo periodo, la Francia, legata all'Inghilterra dall'**Intesa** stilò un accordo segreto con Italia con cui l'Italia s'impegnava a lasciare alla Francia mano libera in Marocco, e la Francia mano libera all'Italia in Libia. Formalmente l'accordo non contravveniva agli impegni della **Triplice**, ma sostanzialmente rappresentava una scorrettezza. Austria e Germania ne ebbero tuttavia sentore, e fu allora che il Cancelliere tedesco von Bülow disse che „un marito non deve andare in smanie se per una volta sua moglie fa un giro di valzer con un altro cavaliere". Da allora la „politica del giro di valzer" entrò nel linguaggio europeo come sigla di quella italiana. (Indro Montanelli)*
*un **giro di valzer** nella tradizione italiana però forse troppo rapido*
Triplice Alleanza – Dreibund
Intesa – Entente

Vaffa-Day: V-Day: Vaffanculo-Day: „Leck-mich-Tag" *(Protestversammlungen gegen die herrschende Politikerklasse, ☞ grillini)*
V2-Day: Neuauflage des „Leck-mich-Tags"
il V2-Day è l'iniziativa popolare che segue al V-Day, organizzato da Beppe Grillo, finalizzata alla raccolta firme per esercitare il diritto di referendum. Lo slogan della manifestazione è „libera informazione in libero Stato". Il giorno della manifestazione è il 25 Aprile 2008

Vanoni: Ezio Vanoni (1903–1956), uomo politico ed economista italiano, tra i fondatori della Dc: *Synonym für einflussreiche Wirtschafts- und Sozialpolitiker*
*i risultati dell'opera da lui prestata si riassumono in due riforme che portano il suo nome: quella tributaria, che introdusse la dichiarazione annuale dei redditi e l'imposizione fiscale progressiva (1951–52) e il „**piano Vanoni**" per lo sviluppo dell'occupazione e del reddito (1955)*
*sul fisco Dini punge il ministro Visco: „Crede di essere come **Vanoni**; ha chiesto una delega per riformare il fisco come se si sentisse **Vanoni**".*

Vassallum: nach dem Verfassungsrechtler Sebastiano Vassallo benanntes Wahlrecht, das aus einer Kombination von Mehrheits- und Verhältniswahlrecht nach dem spanischen und dem deutschen System besteht
*il „**Vassallum**" prevede il 50% dei deputati eletti in collegi uninominali e l'altro 50% su base di lista a livello circoscrizionale*

Vedrò: Vedrò 08 l'Italia al futuro: *sommerliches Treffen des von Enrico Letta initiierten parteiübergreifenden Think Tanks der mittleren Politikergeneration*
*al via la quarta edizione di **Vedrò**. I quarantenni bipartisan di Letta: „Basta con il clima da guerra civile"*

velleitarismo: Kluft zwischen Anspruch und Wirklichkeit, Anwandlungen
velleitario: (zu) hochgegriffen, (zu) anspruchsvoll, anmaßend
*forse il moralismo di Enrico Berlinguer era tardivo e **velleitario**, ma il pragmatismo affaristico di Craxi era una vergogna/che non si tratti di un'iniziativa **velleitaria** è dimostrato dalle adesioni che l'idea sta raccogliendo*

Veltrusconi: *Anspielung auf die Möglichkeit einer großen Koalition zwischen Veltroni und Berlusconi bei den Wahlen 2008*
CaW: Cavaliere più Walter Veltroni
*Duopolio **Veltrusconi** è un grande bluff: Noi siamo alternativi storicamente a Veltroni e siamo alternativi politicamente a Berlusconi*
*non faccio le promesse di **Veltrusconi**, perché il problema è reale*
*tutti lo temono, nessuno lo vuole, ma il governo di larghe intese ha già un nome: il **Veltrusconi***
W.: Walter Veltroni
*Tonini, Morando, Cofferati suggeriscono invano l'ultimo ☞ colpo d'ala, gli unici a difendere **W.** sono ormai i WalterPop*

verifica di governo: Überprüfung der Regierungstätigkeit *chiedono una **verifica di governo**, con il suo naturale corollario: il rimpasto dei ministeri*

viceministro: ministro junior: Staatsminister
è una figura introdotta dalla recente riforma Bassanini. Gerarchicamente si collocano immediatamente sotto il titolare del dicastero, ma un gradino più in alto dei sottosegretari

vincolo di maggioranza: Koalitionszwang, Notwendigkeit, eine eigene Mehrheit zu erreichen
*sul voto agli immigrati non c'è **vincolo di maggioranza**, come invece esiste sulla riforma federale*

visibilità: Profil, Wahrnehmbarkeit
*sono contrario ad una **visibilità** alla Bertinotti, ottenuta sollevando conflitti **fini a se stessi***
fine a se stesso – Selbstzweck

voltagabbana: Wendehals
*in corsa c'è un po' di tutto. I soliti riciclati, figli d'arte, **voltagabbana**, ex inquisiti, più un truppone di federalisti dell'ultim'ora*
*la cosa, statene certi, non lo imbarazzerà per niente. L'ultima volta che **voltò gabbana** raccontò …*

votificio: Abstimmmaschine
*questa manovra si porta dietro un prezzo politico molto alto e un costo economico molto incerto. Il Parlamento è ridotto a un „**votificio**". La Finanziaria è ridotta a un colabrodo*

voto di scambio: *(für Gefälligkeiten z. B. gegenüber der Mafia)* gekaufte Stimmen
*due retate hanno rivelato che il **voto di scambio** è ancora molto praticato*

voto disgiunto: Stimmensplitting *(bei Regionalwahlen)*
è possibile votare un candidato presidente (e la lista regionale che egli guida) e al tempo stesso votare una lista circoscrizionale tra quelle che non lo appoggiano
*Loiero all'attacco di Abramo con l'incognita del **voto disgiunto***

voto utile: nicht verschenkte Stimme, Stimme, die bei der Auszählung zählt
*Berlusconi, appello agli elettori: „**Voto utile** o il Senato sarà a rischio"*

codice Zanardelli: Strafgesetzbuch aus dem 19. Jahrhundert
*Giuseppe **Zanardelli** (1826–1903), giurista e uomo politico, fu guardasigilli nel 1887–1891, legando il suo nome al codice penale entrato in vigore il 1° gennaio 1890 che aboliva la pena di morte e sanciva una sia pur limitata libertà di sciopero*
*L'Italia è stata fra i primi paesi al mondo, nel 1890, ad abolire la pena capitale per i reati comuni, con l'entrata in vigore del **codice Zanardelli***

1.4. Lessico Politico
Wortliste Politik

abbottonato: Schröder è rimasto molto abbottonato	Schröder blieb sehr zugeknöpft
acredine: nessuna acredine verso i giudici che hanno fatto il loro dovere	keine Bitterkeit/Groll gegenüber den Richtern, die ihre Pflicht getan haben
adozione: ha scelto l'Italia come sua terra d'adozione/**patria d'elezione**	hat Italien zu seiner Wahlheimat gemacht
affiatamento: perfezionare l'affiatamento in vista di una missione nei Balcani	das Zusammenspiel mit Blick auf einen Einsatz im Balkan üben
affossatore: non voglio passare alla storia come l'affossatore della sanità pubblica	ich möchte nicht als Totengräber des öffentlichen Gesundheitssystems in die Geschichte eingehen
ago: sta lavorando per fare da ago della bilancia al congresso della Dc	arbeitet daran, auf dem Parteitag der DC das Zünglein an der Waage zu werden
aggredire: bisogna aggredire il tema, anche per la sicurezza pubblica	man muss das Thema energisch angehen/anpacken, auch aus Gründen der öffentlichen Sicherheit
alfiere: è stato l'alfiere di una politica estera con i muscoli	war ein Vorkämpfer/Vertreter einer Außenpolitik der Härte

ali: tornare sotto le ali della Russia	unter die Fittiche Russlands zurückkehren
altolà: anche il capo dello Stato dà l'altolà alla Lega Nord	auch das Staatsoberhaupt gebietet der Lega Nord Einhalt
amaro: lasciano l'amaro in bocca	hinterlassen einen bitteren Nachgeschmack
anatra: un'anatra zoppa	lahme Ente (lame duck)
appuntamento: D'Alema ha fatto di tutto per non mancare all'appuntamento	D'Alema hat alles getan, um die gute Gelegenheit nicht zu verpassen
arenarsi: le trattative di pace con gli arabi appaiono arenate	die Friedensverhandlungen mit den Arabern scheinen ins Stocken geraten zu sein
arrabattarsi: è uno dei problemi storici intorno ai quali mi arrabatto da molti decenni	ist eine der historischen Fragen, mit der ich mich seit Jahrzehnten herumschlage
arretramento dello Stato	Rückzug des Staates
assertivo: eviteremo ogni comportamento assertivo	wir werden jedes insistierende/keinen Widerspruch duldende Verhalten vermeiden
assillare: c'è un interrogativo che assilla gli strateghi del Pds	es gibt ein Fragezeichen, das die Strategen der Pds plagt
attrito: i punti di attrito risultano fuori	die Reibungspunkte, Streitpunkte wurden deutlich
avallare: potrà né avallare né smentire questa versione	wird diese Version weder bestätigen noch widerlegen können
avente diritto: il trenta per cento degli aventi diritto	30% der Wahlberechtigten

avanti verso il passato: occorre riconoscere che non stiamo marciando „avanti verso il passato"	man muss anerkennen, dass wir nicht „vorwärts in die Vergangenheit" marschieren
avvalersi: mi avvalgo della facoltà di non rispondere	ich mache von der Möglichkeit Gebrauch, nicht zu antworten
bagno di folla: fa un bagno di folla al suo arrivo alla stazione ferroviaria	nahm nach seiner Ankunft am Bahnhof ein Bad in der Menge
barba: vendita effettuata in segreto e in barba alla Costituzione	ein insgeheim und entgegen der Verfassung durchgeführter Verkauf
barcamenarsi: è molto facile cercare di barcamenarsi dicendo una volta una cosa e una volta un'altra	es ist sehr einfach, sich durchzulavieren, indem man mal das eine, mal das andere sagt
basso profilo: ha volutamente mantenuto un basso profilo sulla questione	hat sich mit Absicht in dieser Frage gedeckt gehalten
bastian contrario: uno storico bastian contrario di Forza Italia	ein traditioneller Querdenker von Forza Italia
bastone e carota: politica del bastone e della carota	Politik von Zuckerbrot und Peitsche
batosta: subirebbe una batosta storica	würde eine historische Niederlage/Schlappe erleiden
battistrada: consapevole di essere impegnato in un ruolo di battistrada	ist sich bewusst, in die Rolle eines Wegbereiters/Pioniers eingebunden zu sein
bilico:: referendum in bilico fino all'ultimo	das Referendum ist bis zum Letzten in der Schwebe
bivio: il Paese è di fronte al bivio	das Land ist am Scheideweg

bocche cucite: prevalgono le bocche cucite e la prudenza	es herrschen Stillschweigen und Vorsicht vor
braccio di ferro: dimostra la volontà di superare il braccio di ferro tra ...	zeigt den Willen, das Kräftemessen/den Machtkampf zwischen ... zu überwinden
caldeggiare: hanno accolto l'invito al faccia a faccia che Fini caldeggiava	sie haben die Einladung zum direkten Gespräch angenommen, das Fini befürwortet hatte
cantare vittoria: il leader dei comunisti canta invece vittoria	der Führer der Kommunisten hingegen frohlockt/triumphiert
cantiere: quindi lei pensa che si debba riaprire il cantiere-pensioni?	Sie denken also, dass man in der Rentenfrage die Baustelle wieder aufmachen sollte?
caposaldo: mi sembra che sia lui l'unico caposaldo di questo paese nelle questioni della giustizia	scheint mir in diesem Land der einzige verlässliche Bezugspunkt in Fragen der Justiz zu sein
cariche apicali: chi vince deve avere almeno due cariche apicali	der Sieger muss mindestens zwei Spitzenämter bekommen
carico: se noi non sappiamo farcene carico .../il ministro si deve fare carico delle sue responsabilità	wenn wir es nicht verstehen, uns der Sache anzunehmen .../der Minister muss seine Verantwortung wahrnehmen
carreggiata: rimettere in carreggiata il disegno di legge	den Gesetzentwurf erneut auf den Weg bringen
carro: l'elettore si butta sempre sul carro dei vincitori	der Wähler springt immer auf den Karren der Sieger auf
carta straccia: un accordo fra governo e sindacati ... sarebbe solo carta straccia	eine Vereinbarung zwischen Regierung und Gewerkschaften wäre lediglich Makulatur

centralità: dalle città deve partire uno sforzo maggiore per dare centralità alla qualità dell'ambiente	von den Städten muss eine größere Anstrengung ausgehen, um der Umweltqualität Vorrang zu geben
cerimoniale: gli occhiuti **cerimonialisti** di Quirinale e Montecitorio storcono il naso	die wachsamen Protokollbeamten des Präsidialamts und der Abgeordnetenkammer rümpfen die Nase
chiave di volta: il federalismo è la chiave di volta per riconstruire la fiducia tra i cittadini e lo Stato	der Föderalismus ist die zentrale Frage, um das Vertrauen zwischen Bürgern und Staat wiederherzustellen
chiusura: nessuna chiusura da parte nostra; la Santa Sede è pronta a sedersi al tavolo con il governo	wir verschließen uns nicht; der Heilige Stuhl ist bereit, sich mit der Regierung an einen Tisch zu setzen
circolo vizioso: può innescarsi un circolo vizioso	es kann ein Teufelskreis ausgelöst werden
colpo: se poi il governo va a colpi di fiducia, si assume per intero la responsabilità dei danni che subirà il Paese	wenn die Regierung ständig mit dem Instrument der Vertrauensfrage regieren will, möge sie die volle Verantwortung für den Schaden übernehmen, den das Land nimmt
comizio elettorale: il 28 febbraio il Comune di Roma darà via in tutta la città all'affissione dei manifesti che convocano i comizi elettorali	am 28. Februar gibt die Gemeinde von Rom den Startschuss für das Anbringen von Plakaten zur Ankündigung von Wahlkampfveranstaltungen
condizionare: abbiamo dimostrato come si può, se si è malintenzionati, condizionare l'opinione pubblica	wir haben demonstriert, wie man, wenn man böswillig ist, die öffentliche Meinung manipulieren/beeinflussen kann

coniugare: la scommessa però oggi è quella di coniugare sicurezza, legalità e accoglienza	die Herausforderung besteht heute allerdings darin, Sicherheit, Recht und Ordnung sowie Aufnahmebereitschaft miteinander in Einklang zu bringen
consegna: abbiamo la consegna da parte del ministro X del più assoluto **riserbo**	wir haben die Weisung von Minister X., absolutes Stillschweigen zu bewahren
contagocce: rilasciando notizie con il contagocce	Nachrichten tröpfchenweise (scheibchenweise) verlauten lassen
coordinatrice delle donne	Frauenbeauftragte
copertura politica: gode dunque di una copertura politica blindata	er genießt also eine sichere politische Rückendeckung
corale: meno corale è il giudizio sulla fiducia che ispira il partito ...	weniger einhellig ist das Urteil über das Vertrauen, das die Partei ... einflößt
cortina fumogena: non si limita ad alzare l'abituale cortina fumogena di parole	beschränkt sich nicht darauf, die üblichen Nebelwände (Nebelkerzen) aus Worten zu errichten
crepa: creare nuove crepe nel già dissestato panorama europeo	neue Risse in einer ohnehin in Unordnung geratenen europäischen Landschaft schaffen
crisi dei valori	Verfall der Werte
datato: vuol dire che Craxi è datato ?	wollen Sie sagen, dass Craxi „out" ist?
defenestrare: defenestrati dall'incarico dopo la rivelazione su *Repubblica*	wurden ihrer Ämter enthoben nach den Enthüllungen in der *Repubblica*
demandare: la legge ha demandato tutti i poteri decisionali alle Regioni	das Gesetz hat alle Entscheidungsbefugnisse an die Regionen übertragen

denominatore: un minimo comun denominatore	kleinster gemeinsamer Nenner
dietro l'angolo: un segno che anche per i socialisti italiani la rinascita potrebbe essere dietro l'angolo	ein Zeichen, das auch für die italienischen Sozialisten die Wiedergeburt unmittelbar bevorstehen könnte
dietrofront: il ministro della Giustizia fa dietrofront a sorpresa sul progetto anticorruzione	der Justizminister macht beim Korruptionsbekämpfungsplan einen überraschenden Rückzieher
dignità: chi porta questa responsabilità dovrebbe almeno avere la dignità di tacere	wer dafür die Verantwort trägt, sollte zumindest den Anstand haben zu schweigen
diplomazia sotterranea: impegnarsi in una diplomazia sotterranea per convincere Saddam Hussein a lasciare l'Iraq	sich in eine Schattendiplomatie einbringen, um Saddam Hussein zum Verlassen des Irak zu überzeugen
disaffezione dalla politica: la disaffezione dalla politica è dovuta al deficit di democrazia	die Politikverdrossenheit rührt von Demokratiedefiziten her
dito accusatorio: ha posto il suo dito accusatorio su una specifica distorsione del nostro ordinamento	hat seinen mahnenden Zeigefinger auf eine spezifische Verzerrung unseres Ordnungssystems gerichtet
divario Nord-Sud: non c'è nessun altro Paese come l'Italia a soffrire un divario Nord-Sud tanto grave	es gibt kein Land, das wie Italien unter einem so starken Nord-Süd-Gefälle leidet
dose: ha subito dopo rincarato la dose	hat sofort danach noch „einen 'drauf gelegt"
elettoralismo: una decisione che subito	eine Entscheidung, der sofort die Ab-

è stata accusata di elettoralismo	sicht des Stimmenfangs unterstellt wurde
elettori mobili	Wechselwähler
encomiabile: svolgono in maniera encomiabile la loro delicatissima funzione	erledigen in lobenswerter Weise ihre äußerst delikate Aufgabe
equilibrismo: un capolavoro di equilibrismo politico	ein Meisterwerk politischer Gratwanderung/ein meisterlicher Drahtseilakt
espediente: hanno dovuto inventare l'espediente di considerarli invitati personali ...	mussten den Ausweg erfinden, sie als persönliche Gäste von ... zu betrachten
estraneità: provare la propria estraneità ai fatti	nachweisen, dass er mit der Sache nichts zu tun hatte
estrazione: ha la stessa estrazione politica e culturale di ...	hat dieselbe politische und kulturelle Herkunft/Heimat wie ...
estremo: non ci sono gli estremi a norma di statuto	die satzungsmäßigen Voraussetzungen fehlen
faccia a faccia: ha evitato il faccia a faccia con lo sfidante	ist dem direkten Gespräch/dem Fernsehduell mit dem Herausforderer ausgewichen
fibrillazione: l'imminenza delle elezioni ha messo in fibrillazione tutti	die unmittelbar bevorstehenden Wahlen haben alle in Aufregung versetzt
fila: a tirato le fila della diplomazia britannica	zog die Fäden der britischen Diplomatie
filo della trattativa: un mandato di 48 ore affidato al sottosegretario Enrico Letta per riallacciare i fili della trattativa	ein Mandat von 48 Stunden für Staatssekretär Enrico Letta, um die Verhandlungen wieder in Gang zu bringen
finestra di opportunità: tutto il	alle Welt spricht nun von Fenstern der

mondo adesso parla di finestre di opportunità in Medio Oriente	Möglichkeit im Nahen Osten
finestra di tempo: bisogna cogliere subito la limitata finestra di tempo per rilanciare il nostro Mezzogiorno	wir müssen sofort das begrenzte zeitliche Fenster nutzen, um unser Süditalien weiter zu bringen
fioccare: sono fioccate proteste a non finire	es hagelte Proteste ohne Ende
fiume: la Camera è riunita in seduta fiume da ieri mattina/audizione fiume	seit gestern morgen tagt die Abgeordnetenkammer in einer Marathonsitzung/Marathonanhörung
flussi elettorali	Wählerbewegungen, Wählerwanderungen
forche caudine: ci mette sotto le forche caudine tedesche	er lässt uns bei den Deutschen Spießruten laufen: Kaudinisches Joch
forno: la politica „dei due forni“	die Politik, zwei Eisen im Feuer zu halten
fumo: i generali vedono come il fumo negli occhi la possibilità ...	für die Generäle ist die Möglichkeit ... ein Dorn im Auge
fuoco di paglia	Strohfeuer
gabinetto-ombra: ha imposto al gabinetto-ombra una disciplina rigidissima	hat dem Schattenkabinett äußerste Disziplin auferlegt
giostra: la giostra delle candidature	Kandidatenkarussell
giro di parole: punta il dito sui paesi buoni e su quelli cattivi senza tanti giri di parole	zeigt ohne viele schöne Worte auf die guten und die schlechten Länder
giungla: disboscare la giungla burocratica	das Dickicht der Bürokratie lichten

graticola: l'importante è tenere il governo sulla graticola il più a lungo possibile	wichtig ist, die Regierung so lange wie möglich schmoren zu lassen
greppia: ha accettato con entusiasmo la possibilità di andare alla greppia	hat begeistert die Chance ergriffen, an die Fleischtöpfe der Macht zu gelangen
gridato: ci vuole una politica meno gridata	nötig ist eine weniger marktschreierische Politik
groviglio di competenze: Lei stesso ha fallito, intrappolato nel groviglio di competenze tra Regione e Ministero	Sie selbst sind gescheitert, gefangen im Kompetenzwirrwarr zwischen Region und Ministerium
guado: non si può stare a metà del guado	man kann nicht auf halbem Wege stehenbleiben
guado: se questo paese passerà il guado, allora si salverà	wenn dieses Land die Talsohle (die Furt) durchschreitet, dann wird es sich retten
guanto di velluto: non sarebbe un errore in certe eventualità usare il guanto di velluto?	wäre es nicht ein Fehler, in gewissen Fällen die Samthandschuhe anzuziehen?
guinzaglio: difficile tenere al guinzaglio uno come Sgarbi	es ist schwierig, einen wie Sgarbi an der kurzen Leine zu führen
ideatore: gli ideatori e programmatori di questi attentati mostrano di voler avvelenare i nostri rapporti	die Drahtzieher dieser Anschläge zeigen, dass sie unsere Beziehungen vergiften wollen
illazione: si rifiutano di fare illazioni	sie weigern sich, Schlussfolgerungen zu ziehen
immobilismo: se non lo avessi fatto mi avrebbero imputato l'immobilismo	wenn ich es nicht getan hätte, hätte man mir Untätigkeit vorgeworfen
impostazione: all'avanguadia di questa nuova impostazione dei rapporti tra ...	führend bei diesem neuen Ansatz für die Beziehungen zwischen ...
inadempiente: accusano il governo di essere inadempiente in tema di tossicodipendenze	beschuldigen die Regierung, in der Drogenfrage ihren Aufgaben nicht gerecht zu werden
incagliarsi: la conferenza si è incagliata sui medesimi temi	die Konferenz geriet bei denselben Themen ins Stocken
inchinarsi: tutti dobbiamo inchinarci di fronte al sacrificio dei partigiani	wir müssen uns alle verneigen angesichts des Opfers der Partisanen
inciampare: è subito inciampato nelle critiche degli oppositori	ist sofort auf die Kritik der Gegner gestoßen
incudine: sono tra l'incudine e il martello	befinden sich zwischen Hammer und Amboss
indirizzo: il Presidente interviene con funzioni di indirizzo	der Präsident greift mit seiner Richtlinienkompetenz ein
inedito: un inedito regime **bicefalo** islamico-militare	ein bislang nicht bekanntes januskopfiges islamisch-militärisches Regime
infondere: vuole un partito che infonda ai cittadini sicurezza	möchte eine Partei, die den Bürgern Sicherheit vermittelt
insofferenza: solo così l'Italia potrà depotenziare la crescente insofferenza dei paesi europei a valuta forte	nur so wird Italien der zunehmenden Unzufriedenheit der europäischen Hartwährungsländer entgegenwirken können
intaccare: ha intaccato la fiducia dei cittadini nella giustizia	hat das Vertrauen der Bürger in die Justiz erschüttert
intoccabile: ha dovuto fare un passo indietro per far pos-	musste zurückstehen, um einem der „Gesetzten"/Unan-

to a uno degli intoccabili di Forza Italia	tastbaren von Forza Italia Platz zu machen
intralciare il processo di pace	den Friedensprozess behindern
lacerazione: una lacerazione che sarà difficile da ricucire	ein Riss, der schwer zu kitten sein wird
lampo: una visita-lampo	Blitzbesuch
latitanza: per fare una riflessione sulla latitanza in Italia di una legge contro la violenza sessuale	um nachzudenken über ein in Italien fehlendes Gesetz über die sexuelle Gewalt
lavata di capo: sottoponendo X a un'energica lavata di capo	hat X. kräftig den Kopf gewaschen
leone: i giovani leoni	die Jungen Wilden
lettera morta: la lettera-denuncia rimase lettera morta	der Beschwerdebrief blieb unbeachtet
levatrice: è stato la levatrice della nuova maggioranza	er war der Geburtshelfer der neuen Regierungskoalition
limare: il ministro limerà molto questo passaggio del suo discorso	der Minister wird noch sehr an dieser Passage seiner Rede feilen
livello di guardia: in Italia si è sfiorato il livello di guardia con ...	in Italien ist mit ... die Schmerzgrenze erreicht worden
lizza: il solo candidato rimasto in lizza	der einzige im Rennen verbliebene Kandidat
logica: dobbiamo uscire dalla logica di emergenze	wir müssen von einem Denken in Notstandskategorien wegkommen
logorare: qualcuno dice che in queste condizioni la sua immagine si logorerà	es gibt Stimmen, die sagen, dass unter diesen Umständen sein Image verschlissen wird
macchina da voti:	der unschlagbare

l'invincible macchina da voti dell'Udc in terra di Sicilia	Stimmenmagnet/ Wählermagnet der Udc in Sizilien
macigno: ha posto un macigno difficilmente rimovibile sulla già stretta strada del dialogo	hat die bereits jetzt schon enge Straße des Dialogs mit einem schwer entfernbaren Stein versperrt
mancare: dobbiamo fare uno sforzo maggiore per non mancare all'appuntamento	wir müssen größere Anstrengungen unternehmen, um nicht den Zug zu verpassen
mezzi termini: non usa mezzi termini per manifestare la sua indignazione	nimmt kein Blatt vor den Mund, um seine Empörung auszudrücken
miele: la luna di miele del governo è finita	die Schonzeit (Flitterwochen) für die Regierung ist vorüber
minimizzare: non intendo minimizzare il problema	ich will die Frage nicht herunterspielen
monco: un'Europa solo mitteleuropea sarebbe stata monca	ein rein mitteleuropäisches Europa wäre ein Torso
muro contro muro: è muro contro muro tra governo e opposizione	verhärtete Fronten zwischen Regierung und Opposition
museruola: la Francia vuole mettere la museruola al greco	Frankreich möchte der griechischen Sprache den Maulkorb verpassen
nuocere: in qualsiasi altro Paese sarebbe stato messo in condizione di non nuocere	in jedem anderen Land wäre er kaltgestellt worden/hätte man dafür gesorgt, dass er keinen Schaden anrichten kann
operazione simpatia: la sinistra non sa capire che Berlusconi ha lanciato una operazione simpatia	die Linke begreift einfach nicht, dass Berlusconi eine Charmeoffensive gestartet hat
organico: il Pci amava gli intellettuali organici	die KPI liebte die eigenen Intellektuellen

osservanza: l'ultimo partito comunista di osservanza moscovita	die letzte moskauhörige kommunistische Partei
ovile: ora è tornato all'ovile e fa il consigliere economico di X	jetzt ist er an den heimischen Herd zurückgekehrt und ist Wirtschaftsberater von X.
ovviare: a questo dovremo ovviare con la collegialità e il contributo di tutti	dem werden wir mit der Kollegialität und dem Beitrag aller entgegentreten müssen
pacifico: è un fatto pacifico	es ist eine unbestrittene Tatsache
paletto: volevamo mettere dei paletti al diritto di sciopero	wir wollten dem Streikrecht einen Riegel vorschieben
Pandora: la minaccia di riaprire il vaso di Pandora	die Drohung, die Büchse der Pandora erneut zu öffnen
paraocchi: accusa Cofferati di portare paraocchi ideologici	beschuldigt Cofferati, ideologische Scheuklappen zu tragen
patrocinio: il timore che Andreotti tolga il suo **alto patrocinio** al movimento di D'Antoni	die Befürchtung, dass Andreotti seine schützende Hand von der Bewegung D'Antonis abzieht
pedaggio: deve pagare il pedaggio ai razzisti della Lega	muss den Rassisten der Lega Tribut zollen
pelo: capi d'accusa che hanno esposto senza peli sulla lingua	Anklagepunkte, die sie, ohne ein Blatt vor den Mund zu nehmen, dargelegt haben
perdere i pezzi: rischiamo di perdere i pezzi a Palazzo Madama	wir laufen Gefahr, im Senat die Mehrheit zu verlieren/auseinander zu brechen
peregrino: tuttavia l'idea di Bossi non è peregrina come sembra	jedenfalls ist der Gedanke von Bossi nicht so abwegig, wie er scheint
perequazione: l'esigenza che in ambito sanitario il federalismo sia solidale e preveda meccanismi di eventuali perequazioni tra le regioni	das Erfordernis, dass im Gesundheitswesen der Föderalismus solidarisch sein und Mechanismen für einen möglichen Ausgleich zwischen den Regionen vorsehen muss
persuasione: farà opera di persuasione	wird Überzeugungsarbeit leisten
pietra tombale: mette una pietra tombale sopra l'operazione ...	begräbt die Operation .../die Angelegenheit ...
Pirro: per lui sarà una vittoria di Pirro	es wird für ihn ein Pyrrhussieg sein
porta aperta: con me sfonda una porta aperta	bei mir rennen Sie offene Türen ein
porta di servizio: rientriamo al governo dalla porta di servizio	wir kehren durch den Dienstboteneingang/durch die Hintertür wieder in die Regierung zurück
potestà esclusiva delle Regioni sulla polizia locale	ausschließliche Zuständigkeit der Regionen für die örtliche Polizei
privilegiare situazioni di comodo	bequemen Situationen den Vorzug geben
privilegio: così diventa una discriminazione privilegio	auf diese Weise wird es zu einer positiven Diskriminierung
proiezione: secondo le prime proiezioni	nach den ersten Hochrechnungen
pro: ma a che pro mettere in piedi una nuova struttura se ...	aber wozu eine neue Struktur auf die Beine stellen, wenn ...
pungolare: pungolare il governo a sostenere gli obiettivi della Conferenza	die Regierung anspornen, die Ziele der Konferenz zu unterstützen
quadrare/quadratura: la capacità per far quadrare il cerchio/la quadratura	die Fähigkeit zur Quadratur des Kreises/die Quadratur

del cerchio è raggiunta	des Kreises ist vollbracht
quadrato: il regime egiziano fa quadrato intorno al leader sopravvissuto	das ägyptische Regime schließt sich eng um den am Leben gebliebenen Führer zusammen
raccolta: il partito di raccolta dell'Alto Adige	die südtiroler Sammlungsbewegung
ramo: il provvedimento dovrà essere votato da entrambi i rami del Parlamento	die Maßnahme muss in beiden Kammern des Parlaments der Abstimmung unterzogen werden
rassegnare: ci ripensò e rassegnò le dimissioni da sindaco	er überlegte es sich noch einmal und reichte den Rücktritt als Bürgermeister ein
recalcitrare: molti deputati recalcitrano	viele Abgeordnete begehren auf
redini: recuperate le forze, ha ripreso in mano le redini del potere	nachdem er wieder zu Kräften gekommen war, nahm er erneut die Zügel der Macht in die Hand
responsabile femminile	Frauenbeauftragte
ricompattare: Veltroni ricompatta il partito/sta ricompattando Bertinotti	Veltroni festigt, schließt die Partei zusammen/bindet Bertinotti erneut in die Partei ein
riconoscersi: è un obiettivo in cui il governo si riconosce perfettamente	dies ist eine Zielsetzung, in der sich die Regierung vollkommen wiederfindet
rigetto: il rigetto della politica non ha fatto che aumentare	die Politikfeindlichkeit nahm zu
rigore: lei è un avversario delle politiche del rigore/il più bravo **rigorista** in Italia è stato ...	Sie sind ein Gegner einer Politik der Härte/der mutigste Politiker der Härte in Italien war ...
rinviare: la riunione è stata rinviata a data da destinarsi	das Treffen ist auf unbestimmte Zeit verschoben worden

ritorno: bisogna fermare questo piano prima che entri nella fase del non ritorno	man muss diesen Plan stoppen, bevor es kein Zurück mehr gibt
santabarbara: il Kosovo è un'altra santabarbara	der Kosovo ist ein weiteres Pulverfass (Pulverkammer)
santuario: più vicino ai santuari del potere	näher am Inneren Zirkel der Macht
sasso: volevo lanciare un sasso politico	ich wollte einen politischen Stein ins Rollen bringen
sberla: ha preso una bella sberla dall'elettorato del Nord	hat eine kräftige Ohrfeige von den Wählern aus dem Norden erhalten
sbloccare: ma non ha del tutto sbloccata la situazione	hat die Situation allerdings nicht völlig deblockiert
scacchiere: su tutti gli scacchieri internazionali	auf allen internationalen (Kriegs)-schauplätzen
scacco: ha subito uno scacco di grande rilievo politico	hat eine Schlappe von großem politischen Ausmaß hinnehmen müssen
scadenza elettorale: presentarsi alle scadenze elettorale	bei den Wahlen antreten
scarseggiare: il suo pontificato scarseggia di successi	seinem Pontifikat mangelt es an Erfolgen
scarso sulla bilancia: loro invece hanno giudicato e pesato tutto il vertice del Partito, e lo hanno trovato scarso sulla bilancia	sie haben die gesamte Parteispitze gewogen und für zu leicht befunden
scartare: ha scartato i consigli degli repubblicani che volevano si esprimesse contro la Cina	hat die Ratschläge der Republikaner in den Wind geschlagen, die wollten, dass er sich gegen China ausspricht
scarto: lo sapeva di	er wusste, dass er

perdere, ma pensava a un minor scarto di voti	verlieren würde, aber er hatte an einen geringeren Abstand bei der Auszählung geglaubt
scatola chiusa: la nomina a scatola chiusa del sindaco, senza che venisse preso in esame nessun altro candidato, ha suscitato polemiche (comprare a scatola chiusa)	die Ernennung des Bürgermeisters hinter verschlossenen Türen, ohne dass ein anderer Kandidat in Erwägung gezogen worden wäre, hat Kritik hervorgerufen (Katze im Sack kaufen)
scheletro: è un Presidente che dà garanzie a tutti quelli che non hanno scheletri nell'armadio	er ist ein Präsident, der alljenen Garantien bietet, die keine Leiche im Kleiderschrank haben
schiacciante: il governo ha una maggioranza schiacciante	die Regierung hat eine erdrückende Mehrheit
schiarita: sul fronte sociale, almeno, X ha colto ieri sera una schiarita	an der sozialpolitischen Front gab es für X. gestern abend jedenfalls einen Silberstreif am Horizont
scivolare: non siamo scivolati a destra come qualcuno maliziosamente vuole insinuare	wir sind nicht, wie manch einer boshaft unterstellen mag, nach rechts abgedriftet
scompiglio: hanno voluto portare lo scompiglio tra le file dei partecipanti al negoziato	sie wollten Unruhe in die Reihen der Verhandlungsteilnehmer bringen
sconfitto: è riuscito ad affrancarsi dall'immagine di eterno sconfitto	hat sich vom Image des ewigen Verlierers befreien können
sesto: rimettere in sesto lo Stato	den Staat wieder in Ordnung bringen
sete di potere: è un dittatore con una insaziabile sete di potere	er ist ein Diktator mit einem unersättlichen Machthunger

sfondamento: il popolo è la forza di sfondamento	das Volk ist die durchschlagende Kraft
sfondare: l'estrema destra non ha sfondato	die extreme Rechte hat sich nicht durchgesetzt
sfracelli: una legge che avrebbe dovuto fare sfracelli	ein Gesetz, das reinen Tisch machen sollte
sindacare: no sto a sindacare l'operato del magistrato	ich kritisiere nicht die Arbeit des Magistratsrichters
sistema: quando lavoriamo insieme e facciamo sistema vinciamo	wenn wir zusammenarbeiten und geschlossen auftreten, gewinnen wir
slittamento: rende possibile lo slittamento della consultazione oltre l'autunno	lässt es möglich erscheinen, dass die Volksbefragung auf die Zeit nach dem Herbst verschoben wird
smentita: una smentita formale	ein formales Dementi
smontare: il sindaco di Roma smonta le accuse	der Bürgermeister von Rom entkräftet die Anschuldigungen
smorzare: per smorzare il clima di tensione	um das Klima der Spannung abzumildern
smussare le resistenze	die Widerstände aufweichen
smussare: ha cercato di smussare la polemica su ...	hat versucht, die Wogen der Auseinandersetzung über ... zu glätten
snello: lo Stato snello/una struttura più snella	der schlanke Staat/ eine schlankere Struktur
snobbare: il Pds snobba il candidato del centrosinistra?	„schneidet" die Pds den Mittelinks-Kandidaten?
sofferto: quella che prosciolse Priebke fu una sentenza sofferta	der Freispruch für Priebke kam nach langem Ringen zustande

soffitta: la fine della leva obbligatoria manda in soffitta anche gli obiettori di coscienza	das Ende der Wehrpflicht lässt auch das Thema Wehrdienstverweigerung gegenstandlos werden (auf den Dachboden schicken)
sonno tranquillo: fa dormire al centrodestra sonni tranquilli per chissà quante legislature	wird der Mitterechtsregierung für wer weiß wie viele Legislaturperioden kaum schlaflose Nächte bereiten
sottigliezza: non conosceva le sottigliezze protocollari	kannte die protokollarischen Feinheiten nicht
sottile: senza andare per il sottile	ohne feinfühlig vorzugehen
sottotraccia: ma è una disputa che avviene sottotraccia, con linguaggio per iniziati	aber diese Diskussion wird verklausuliert (unter Putz) geführt, in einer Sprache für Eingeweihte
sottotraccia: ma il dissenso resta sottotraccia	aber der Dissens schwelt im Verborgenen weiter
spalleggiare: i servizi segreti l'hanno subito spalleggiata	die Nachrichtendienste haben ihr sofort die Stange gehalten/haben ihr beigestanden
spappolamento: lo spappolamento dell'opposizione	Zerfall der Opposition
spiazzante: si è presentato con una posizione spiazzante	präsentierte sich mit einer Position, die Fehl am Platze war
spinta: agire soltanto sulla spinta di considerazioni di politica interna	nur auf Druck innenpolitischer Erwägungen handeln
spinto: un modello legislativo molto più spinto di quello attuale	ein noch viel weitergehendes Rechtsetzungsmodell als das gegenwärtige
sposare: X sposa il piano di pace tedesco	X. schließt sich dem deutschen Friedensvertrag an

sproposito: parole a sproposito nel merito e nella forma	in der Sache und in der Form unangemessene Worte
spudoratezza: mente con spudoratezza	er lügt schamlos
spugna: il governo apre uno **spiraglio** ad una soluzione per Mani pulite, ma non subito e senza **colpi di spugna**	die Regierung öffnet einen Hoffnungsspalt in der „Mani pulite"-Affäre, allerdings nicht sofort und nicht in der Form eines allgemeinen Reinwaschens („Schwamm drüber")
spunto: offrono interessanti spunti di riflessione	bieten interessante Denkanstöße
staterello: diventeranno due staterelli vassalli della Russia	sie werden zu zwei kleinen Vasallenstaaten von Russland
steccato: ma nessuno ha interesse a innalzare steccati	niemand hat aber ein Interesse daran, Hürden zu errichten
sterzata: la linea editoriale di Raidue col suo arrivo ha subito una brusca sterzata	bei der redaktionellen Linie von Raidue hat es mit ihrem Eintreffen ein jähes Umlenken gegeben
sterzare: Veltroni ha sterzato, linea dura nei confronti di.	Kurswechsel von Veltroni: harte Linie gegenüber …
strada maestra: la strada maestra per affrontare la questione fiscale è una sola	der Königsweg, um die Steuerfrage anzugehen, ist nur der eine …
stralcio: una sentenza deve essere letta per intero, non nei soli stralci che fanno sensazione	ein Urteil muss vollständig gelesen werden und nicht nur in den aufsehenerregenden Auszügen
strappo costituzionale: l'accusa di inaugurare la legislatura con uno strappo costituzionale	die Anschuldigung, die Legislaturperiode mit einem Verfassungsbruch zu beginnen

strappo: un clamoroso strappo a sinistra	ein aufsehenerregender Linksruck
straripamento: sembra opporsi allo straripamento di potere dell'ordine giudiziario	scheint sich dem Ausufern der Macht der Justiz zu widersetzen
straripante: la maggioranza è straripante	die Mehrheit ist überwältigend
stremato da 18 anni di potere	zermürbt von 18 Regierungsjahren
subbuglio: mettendo in subbuglio il mondo politico	die Welt der Politik in Aufruhr versetzen
suffragare: ha fatto affermazioni che, se saranno suffragate dai fatti, possono tenere aperto l'ultimo spiraglio di pace	er hat Aussagen getroffen, die, wenn sie von Tatsachen unterfüttert werden, eine letzte Hoffnung auf Frieden aufrecht erhalten können
svelenire: svelenire il clima della politica per il bene del Paese	zum Wohle des Landes das politische Klima entgiften
tanto peggio tanto meglio: spinto dal vecchio motto del „tanto peggio tanto meglio"	angetrieben von dem alten Motto „je schlimmer die Lage, desto besser für uns"
tappabuco: basta con i provvedimenti tappabuco	es reicht mit der Flickschusterei bei Maßnahmen ...
tavola rotonda	runder Tisch
tavolo: un tavolo permanente tra agricoltura, industria e commercio per decidere insieme	ein ständiger, gemeinsamer Tisch von Landwirtschaft, Industrie und Handel, um gemeinsam zu entscheiden
tela: lascia il premier libero di tessere la sua tela geopolitica	läßt dem Ministerpräsidenten freie Hand, sein geopolitisches Netz zu spinnen
terreno: potrebbe essere un terreno di confronto?	könnte dies einen Raum für Konfrontationen bieten?

teste tagliate: nell'entourage del premier assicurano che non sarà un processo nè teste tagliate, almeno non subito	aus der Umgebung des Premiers versichern sie, dass es zumindest vorläufig weder einen Prozess noch rollende Köpfe geben wird
tirare: a Mosca tira aria di scontro	in Moskau riecht es nach Konfrontation
togliersi un sassolino dalla scarpa: chi lo conosce bene non esclude che il giornalista si tolga qualche sassolino dalla scarpa	wer ihn gut kennt, schließt nicht aus, dass der Journalist endlich Tacheles redet (sich Luft machen)
tornante: non c'è dubbio che la scadenza del 1999 sia un tornante	zweifellos wird der Termin 1999 ein Wendepunkt sein
tornasole: i giornali stranieri sono una fedele **cartina di tornasole** degli umori nostrani	die ausländischen Zeitungen sind ein verlässlicher Lackmustest für unsere Stimmungslage
tramontato: è definitivamente tramontata la possibilità di una riforma-lampo	die Möglichkeit einer Blitzreform ist endgültig vom Tisch
tramonto: cancelliere sul viale del tramonto	Kanzler auf dem absteigenden Ast
trascinamento: ma un effetto trascinamento è prevedibile	eine Sogwirkung ist allerdings voraussehbar
travaso di voti: la crisi di Forza Italia è testimoniata anche dal travaso di voti all'interno della coalizione	die Krise von Forza Italia zeigt sich auch an den Wählerwanderungen innerhalb der Koalition
vaglio: il testo poi passerà al vaglio del Parlamento	der Text wird danach die Hürde (Sieb) des Parlaments nehmen
valzer: non c'è contraddizione tra	es gibt keinen Widerspruch zwischen

moneta unica e la lotta alla disoccupazione: il valzer su Maastricht	gemeinsamer Währung und Bekämpfung der Arbeitslosigkeit: der Eiertanz um Maastricht
verso: sembra fare il verso alla Lega di Bossi	scheint Bossis Lega nachzuahmen
via maestra: la via maestra per ricostruire una verità completa	der Königsweg, um die volle Wahrheit herauszufinden
via: ha dato il via libera alla partecipazione delle Forze armate tedesche	hat grünes Licht für die Beteiligung deutscher Truppen gegeben
via: i parroci di Mantova danno il via	die Pfarrer von Mantova geben das Startzeichen

vita natural durante: An, Fini e tutti gli altri sarebbero così condannati alla subalternità, vita natural durante	An, Fini und all die anderen wären zeitlebens zur Unterordnung verdammt
vittimismo: il vittimismo del ceto politico **meridionale**	das Opfergehabe der süditalienischen Politikerschicht
voltafaccia: il voltafaccia gli costò la ribellione del Ppi	der Sinneswandel brachte ihm den Aufstand der Ppi ein
voltare pagina: l'Italia democratica ha oggi la forza per voltare pagina	das demokratische Italien hat heute die Kraft, ein neues Kapitel aufzuschlagen

2. Amministrazione
Verwaltung

2.1. Istituzioni centrali
Zentrale Einrichtungen

Viminale: sede del **Ministero dell' Interno** *(offz.)*: Ministerium des Innern
☞ *rivela che una commissione del **Viminale** sta verificando come redistribuire le forze sul territorio; nessuno ha mai parlato di unificazione delle polizie*

Ministro (s. p.) delle Riforme per il Federalismo *(offz.)*: Minister für Reformen zur Förderung des Föderalismus

Ministro (s. p.) per i Rapporti con il Parlamento *(offz.)*: Minister für die Beziehungen zum Parlament

Ministro (s. p.) per i Rapporti con le Regioni *(offz.)*: Minister für die Beziehungen zu den Regionen

Ministro (s. p.) per la Pubblica Amministrazione e l'Innovazione *(offz.)*: Ministro per la **PA**: Minister für öffentliche Verwaltung und Innovation

Ministro (s. p.) per le Politiche Comunitarie *(offz.)*: Minister für Europafragen

Ministro (s. p.) per l'Attuazione del Programma di Governo *(offz.)*: Minister für die Umsetzung des Regierungsprogramms
piazza Nicosia: sede del Ministro per le Politiche Comunitarie

Authority: Autorità: Aufsichtsbehörde, Regulierungsbehörde
☞ *una vera **Authority** deve essere al di sopra delle parti, deve regolare, controllare e garantire al di fuori di qualsiasi interferenza politica e burocratica*

Autorità di controllo sui pubblici servizi: Aufsichtsbehörde für die Öffentlichen Dienste
☞ *l'**Autorità** avrà il compito di sorvegliare chi esercita un'attività in concessione dal Comune, prima di tutto le municipalizzate, ma anche le imprese nazionali come Telecom, Italgas o Enel, che quando lavorano nel territorio del Comune dipendono di una concessione dell'amministrazione*

Garante: Garante per la tutela delle persone: Datenschutzbeauftragter
Garante per la privacy
Authority per la privacy informatica : Autorità garante per la protezione dei dati personali *(offz.)*: Aufsichtsbehörde für den Datenschutz
📖 *viene istituto il **Garante per la tutela delle persone** che ha il compito di controllare e coordinare la raccolta e la diffusione dei dati personali*

Autorità per la vigilanza sui lavori pubblici e sugli appalti: Aufsichtsbehörde für Öffentliche Arbeiten und Ausschreibungen
vigilantes: Beamte/Mitarbeiter der Aufsichtsbehörde für Öffentliche Arbeiten und Ausschreibungen

2.2. Gli apparati di intelligence
Nachrichtendienste

Dis: Dipartimento delle informazioni per la sicurezza: Amt für Sicherheitsinformationen *(nach der Reform 2007)*
Cesis: Comitato Esecutivo per i Servizi di Informazione e Sicurezza *(ehem.)*: Exekutivausschuss für die Nachrichten- und Sicherheitsdienste
📖 *poteri di coordinamento, vigilanza, controllo, analisi su Aisi e Aise*
largo di Santa Susanna: sede del Dis

Aisi: Asi: Agenzia di informazione e sicurezza interna: Agentur für Informationen und Innere Sicherheit *(nach der Reform 2007)*
Sisde: Servizio per le informazioni e la sicurezza democratica *(ehem.)*: Italienischer Nachrichtendienst *(vergleichbar in BRD: Bundesamt für Verfassungsschutz)*
via Lanza: sede del Aisi
☞ *è anomalo che funzionari Sismi e **Sisde** possano aver lavorato assieme*
007/007 del Viminale: agente dell'Aisi: **barbe finte** Mitarbeiter des Italienischen Nachrichtendienstes

Ufficio affari riservati: Uar: Amt für Spezialeinsätze *(ehem.)*

Aise: Agenzia di informazione e sicurezza esterna: Agentur für Informationen und Äußere Sicherheit *(nach der Reform 2007)*
Sismi: Servizio per le informazioni e la sicurezza militare *(ehem.)*: Militärischer Nachrichtendienst *(verglb. in BRD: MAD)*
Forte Braschi: sede del Sismi
*non tollerò che il **Sismi**, di cui ho piena responsabilità, si occupi di spionaggio, ha dichiarato il ministro della Difesa ...*
007 militari: agente del Sismi: Mitarbeiter des Militärischen Nachrichtendienstes
Sid: Servizio Informazioni Difesa *(bis 1977)*
Sifar: Servizio informazione forze armate *(ehem.)*

Cisr: Comitato Interministeriale per la Sicurezza della Repubblica: Interministerieller Ausschuss für die Landessicherheit *(nach der Reform 2007)*
Ciis: Comitato Interministeriale per l'Informazione e la Sicurezza *(ehem.)*: Interministerieller Ausschuss für die Nachrichten- und Sicherheitsdienste

Copasir: Comitato Parlamentare per la Sicurezza della Repubblica: Parlamentarische Kommission für die Sicherheit der Republik *(für die Kontrolle nachrichtendienstlicher Tätigkeiten, Bezeichnung nach der Reform 2007)*
Copaco: Comitato parlamentare di controllo sui servizi *(ehem.)*: Parlamentarische Kontrollkommission
Palazzo San Macuto: sede del Copasir

Casa: Comitato analisi strategica antiterrorismo: Ausschuss für die strategische Analyse zur Terrorismusbekämpfung *(Ministerium des Innern)*
organismo di raccordo tra Polizia di Stato, Arma dei Carabinieri, Guardia di Finanza, Sismi e Sisde

garanzie funzionali: besondere Befugnisse für Nachrichtendienstmitarbeiter
Garanzie funzionali è la locuzione sotto cui si descrive una speciale causa di giustificazione applicabile al personale e/o alle operazioni condotte nell'ambito dei compiti istituzionali delle agenzie di informazione/sicurezza italiane. Secondo l'articolo 17 della legge istitutiva (3 agosto 2007 n. 124), „non è punibile il personale dei servizi per la sicurezza che ponga in essere condotte previste dalla legge come reato, legittimamente autorizzate di volta in volta in quanto indispensabili alle finalità istituzionali di tali servizi"
*il prefetto di Roma Carlo Mosca insegnerà agli iscritti (in maggioranza appartenenti alle forze dell'ordine) a maneggiare le **garanzie funzionali** (cioè la licenza di commettere reati)*

2.3. Amministrazioni locali
Lokalverwaltung

Consiglio regionale /della Regione ...: Regionalrat, Regionalparlament
organo collegiale della regione, eletto a suffragio universale dai cittadini residenti nella circoscrizione regionale, che esercita la potestà legislativa e regolamentare

Giunta regionale /della Regione ...: Regionalregierung
organo di governo della regione eletto dal consiglio regionale

Assessorato /assessore regionale: Regionaldezernat/dezernent

Consiglio provinciale /della Provincia ...: Provinzialrat, Parlament der Provinz

Giunta provinciale /della Provincia: GP: Provinzialregierung

Assessorato/assessore provinciale: Provinzialdezernat/dezernent

Consiglio comunale : Gemeinderat/Stadtrat

Giunta comunale /municipale: Exekutivausschuss des Gemeinderats/Stadtrats

Assessorato/assessore comunale: Gemeindedezernat/dezernent
(die Unterscheidung zwischen „Consiglio" und „Giunta" wird in der Presse nicht immer streng vorgenommen)

2.4. Polizia di Stato
Staatliche Polizei

stato di **alterazione:** condizioni **alterate:** (im Zustand der) Fahruntüchtigkeit
*al termine dell'esame, se è risultato positivo, la polizia denuncia l'automobilista per guida **in condizioni alterate***

anti-sommossa: Nucleo sperimentale anti-sommossa: Spezialeinsatzkommando Politisch motivierte Straßengewalt
antisommossa: Bekämpfung der politisch motivierten Straßengewalt
*i compiti dell'Unità integrata europea di polizia (Uiep) riguarderanno essenzialmente il controllo dell'ordine pubblico, l'**antisommossa** e la lotta alla criminalità organizzata*

Antiterrorismo: Dcpp: Direzione centrale polizia di prevenzione: Zentrale Polizeiabteilung zur Gefahrenabwehr
servizio antiterrorismo e antimafia della polizia di stato
Ucigos: Ufficio centrale per le investigazioni generali e le operazioni speciali *(ehem.)*: Zentralamt für allgemeine Fahndungen und Spezialeinsätze
*resta al suo posto, capo dell'**Antiterrorismo**, ma è diventato prefetto*

Buoncostume: Sittenpolizei
*un agente della **Buoncostume** travestito da operaio dell'Enel?*

sezione **Catturandi:** Kommando für Zugriffe und Festnahmen
*capo della sezione **Catturandi** della Squadra mobile di Napoli*

cecchino: tiratore scelto: Scharfschütze
***cecchini** e uomini in borghese vigilano su piazza Duomo*

Celere: Einsatzkommando der Polizei
celerino: Polizist (des Einsatzkommandos)
denominazione comune in Italia, dopo il 1948, del corpo speciale di polizia, formato da reparti autotrasportati, creato per il mantenimento dell'ordine pubblico
*si è deciso di usare le maniere forti: il prossimo assembramento di mucche e trattori lo scioglierà la **Celere***

Cncpo: Centro nazionale per il contrasto alla **pedopornografia** online: Nationales Zentrum für die Bekämpfung der Kinderpornographie im Internet

confronto all'americana: Gegenüberstellung
*in un **confronto all'americana** la giovane tedesca ha riconosciuto un ragazzo fermato dalla polizia*

Criminalpol: Kriminalpolizei
*affronta i cattivi della Rete con lo stesso piglio che aveva quando combatteva la mafia alla **Criminalpol***

Dcsa: Direzione centrale del servizio antidroga: Zentrale Polizeiabteilung für die Drogenbekämpfung

Digos: Divisione Investigazioni Generali e Operazioni Speciali: Abteilung Allgemeine Fahndungen und Spezialeinsätze
*è la cronaca di una mattinata frenetica, cominciata alle 9 con l'irruzione degli agenti della **Digos** nella villa di Gelli e che si è snodata tra rincorrersi nervoso di ordini e di contrordini*

divise bianche: Hafenpolizei
*quel che ancora manca alle **divise bianche**, rispetto a chi opera sulle strade, è una legge che stabilisca il limite del tasso alcolemico oltre il quale deve scattare la contestazione al diportista*

Doppia Vela: Polizeifunk, *auch* interne Internetseite der Polizei
*riteniamo giusto rammentare, per senso di responsabilità, che **Doppia Vela** è uno spazio per i poliziotti messo a disposizione dalla polizia di Stato*

squadra **Ert:** esperti ricerca tracce: Spurensicherung
*ieri sera una **squadra Ert** ha compiuto un sopralluogo con esito negativo/la **squadra Ert** della scientifica controlla il casolare della „primula rossa": si cercano cunicoli*

falchi: Motorradstreifen
*prima le pistolettate ai Quartieri Spagnoli contro i „**Falchi**", motociclisti in servizio antirapina. Poi il riesplodere della faida interna al clan di Lauro*

Fiamme Oro : il Gruppo sportivo Fiamme Oro: Polizeisportgruppe „Goldene Flammen"
atleti **cremisi:** die karminroten Athleten, Beamte der Polizeisportgruppe
*gli **atleti cremisi** hanno partecipato a numerosissime competizioni, a tutti i livelli, ottenendo importanti risultati*

fotosegnalare: erkennungsdienstlich behandeln
fotosegnalazione: erkennungsdienstliche Behandlung
*dopo essere stato **fotosegnalato** all'ufficio stranieri*

Gides: gruppo investigativo sui delitti seriali: Fahndungsgruppe für Seriendelikte
*☞ sono passati vent'anni, ma oggi la Procura di Perugia e il **Gides** di Firenze ritengono di poter fornire nuove conclusioni sul ☞ mostro di Firenze*

Gis: Gruppo interventi speciali: Sondereinsatzgruppe
*☞ le **teste di cuoio** dei carabinieri (**Gis**)*
teste di cuoio – Sondereinsatztruppen
uomini ragno: Froschmänner
*☞ gli **uomini ragno** del Gis si caleranno in cordata sulla scogliera per ispezionare le rocce*

gradi della Polizia di Stato	*Polizeidienstgrade*
Capo della Polizia (direttore generale della pubblica sicurezza)	Polizeichef
Dirigente Generale (di pubblica sicurezza)	Abteilungspräsident
Dirigente Superiore	Leitender Polizeidirektor
Primo Dirigente	Polizeidirektor
Commissario capo / Vice Questore aggiunto	Polizeioberrat
Commissario	Polizeirat
Vice Commissario	Erster Polizeihauptkommissar
Ispettore capo	Polizeihauptkommissar
Ispettore	Polizeioberkommissar
Vice Ispettore	Polizeikommissar
Sovrintendente capo	Polizeihauptmeister
Vice Sovrintendente / Sovrintendente	Polizeiobermeister
Assistente capo	Polizeimeister
Assistente	Polizeihauptwachtmeister
Agente scelto	Polizeioberwachtmeister
Agente	Polizeiwachtmeister
(vergleichbare Bezeichnungen des deutschen Polizeidienstes)	

Mobile: la squadra mobile: Bereitschaftspolizei
*📖 pronto intervento in operazioni di **polizia giudiziaria***
*☞ la **Squadra mobile** milanese ha fatto scattare la scorsa notte un'operazione durante la quale sono stati posti i sigilli a 79 appartamenti all'interno dei quali 49 maghi svolgevano la loro attività*

narcotester: Cozart Dds: Drogentestgerät
*☞ eppure i quattro strumenti **narcotester** (il nome tecnico e **Cozart Dds**) ottengono risultati drammaticamente sorprendenti: dal 40 a 50 per cento degli automobilisti sottoposti a test risulta positivo alle sostanze stupefacenti*

Nit: nucleo investigativo telematico: Task Force für Ermittlungen im Netz

Nocs: Nucleo Operativo Centrale di Sicurezza: Zentrales Sicherheitseinsatzkommando
📖 il reparto a cui sono demandati gli interventi ad alto rischio, quali la cattura di pericolosi latitanti o la liberazione di ostaggi
*☞ il sequestratore sardo colpito nello scontro a fuoco con i **Nocs** è secco: resterà paralizzato per il resto della sua vita*

Olaf: Ufficio europeo per la lotta antifrode *(Office européen de lutte antifraude)*: Europäisches Amt für Betrugsbekämpfung
*☞ **Olaf** trasmette al giudice informazioni su inchieste Eurostat*

Pds: Polizia di Stato: Staatspolizei

percezione dell'insicurezza: gefühlte Unsicherheit, subjektives Unsicherheitsgefühl
*☞ non sopporto chi parla di „**percezione dell'insicurezza**": la vecchietta che chiede di essere ricoverata in ospizio perché ha gli spacciatori sul portone non è percezione*

Pg: polizia giudiziaria: Kriminalpolizei

Polaria: Flughafenpolizei
*☞ La cattura del capo dell'organizzazione curda è stata eseguita dalla Digos di Roma in collaborazione con la **Polaria** dell'aeroporto di Fiumicino*

Polfer: Polizia ferroviaria: Bahnpolizei
*☞ gli agenti della **Polfer**, invece, scrivono nello stesso verbale di perquisizione che „la persona è stata informata della facoltà di farsi assistere da un legale ma ha dichiarato di voler rinunciare"*

Polposta: Poltel: Polizia Postale e delle Comunicazioni: Post- und Telekommunikationspolizei, Internet-Polizei
*lo fa arrabbiare il ministro dell'Interno perché non si preoccupa di dotare di mezzi sufficienti la **Poltel** di Catania*

Polizia Annonaria e Commerciale: Lebensmittelpolizei
vigile dell'**annonaria:** Beamter der Lebensmittelpolizei

polizie speciali: besondere Polizeidienste
*resta alla guida delle **polizie speciali** (postale, comunicazioni, immigrazione)*

poliziotto di prossimità: agente-amico: der bürgernahe Polizist, Kontaktbereichsbeamter
polizia di prossimità: bürgernahe Polizei
più conoscenza e presenza nel territorio, un legame quotidiano con i cittadini, quindi più prevenzione: divise più amiche e meno ☞ sbirre

poliziotto di quartiere: agente di quartiere: il poliziotto e il carabiniere di quartiere: Wachtmeister, Kontaktbereichsbeamter
*i **poliziotti di quartiere**, in servizio nei commissariati coordinati, dove il primo incarico è servire gli abitanti*

Polmun : Polizia Municipale: städtische Polizeibehörde

polizia penitenziaria: PP: Gefängnispolizei
fiamme azzurre: Gefängnispolizei, *im engeren Sinne*: Sportverein der Gefängnispolizei
agenti di polizia penitenziaria *(offz.)*: **agenti di custodia: operatori penitenziari: secondini: berretti azzurri:** Justizvollzugsbeamte
varta *(nel gergo dei detenuti)*: Gefängniswärter
*schiumano rabbia dalla bocca i **berretti azzurri** arrivati ieri in delegazione al Ministero della Giustizia*
*non conta nulla se in Italia, unico paese in Europa, il rapporto fra **agenti di custodia** e detenuti è quasi di uno a uno*
Gom: Gruppo operativo mobile: Mobile Einsatzgruppe (der Gefängnispolizei)
*l'arrivo dei **Gom**, reparto speciale istituito nel 1997 con a capo un ex generale del Sisde, e già protagonista di un durissimo intervento di repressione nel carcere di ☞ Opera*

polizia tributaria: Steuerfahndung

Il poliziotto: un amico in più: Der Polizist, dein Freund und Helfer

concorso per bimbi di elementari e medie organizzato da Polizia, Unicef e ministero dell'Istruzione per promuovere la legalità

Polmare: polizia marittima: Wasserschutzpolizei

Polstrada: stradale: polizia stradale: Verkehrspolizei
*sono stati accompagnati nella caserma della **stradale** di Vicenza*
*fulminato da un colpo alla nuca esploso dalla pistola di un agente per non essersi fermato all'alt della **Polstrada***
capopattuglia: Streifenführer
Asaps: Asociazione Sostenitori e Amici Polizia Stradale: Vereinigung der Förderer und Freunde der Verkehrspolizei

PPA: possibile profilo dell'aggressore: Täterprofil

Ps: Dipartimento della Pubblica Sicurezza (Ministero dell'Interno): Amt für Öffentliche Sicherheit (Polizei)
Ps: Polizia di Stato: Staatliche Polizei
Capo della Polizia: Direttore generale pubblica sicurezza: Polizeichef
*la Questura è venuta a sapere e mi hanno mandato una guardia di **P. S.**/ truffa tecnologica scoperta dalla **Ps:** cellulare clonato ruba decine di linee*
madama *(nel gergo dei detenuti)*: Polizei
*E quelli indovina un po' chi erano. – **Madame**? – Bravo*
pronto intervento: numero utile polizia: **113:** Polizeinotruf
*segnalate al **113** alcune auto sospette, negativi tutti i controlli*

Questore: capo della polizia di una provincia: Polizeipräsident einer Provinz

rilievi (foto)dattiloscopici: impronte digitali: Fingerabdrücke
*come esorcismo semantico preferiscono dire „**rilievo dattiloscopico**", perché l'impronta digitale è un'espressione legata al sospetto che fa venire in mente il pregiudicato*

rilievi segnaletici: rilievi fotosegnaletici: erkennungsdienstliche Behandlung
*dal canto suo Mosca ieri ha confermato la sua linea: „Per quanto riguarda il riconoscimento dei nomadi se si rifiutano di farsi identificare saranno necessari i **rilievi segnaletici**, ma non è necessario il rilievo dattiloscopico"*

le divise col **Sagittario Alato:** Verkehrspolizei
*poi col tempo le divise col **Sagittario Alato** sulle statali e provinciali spariranno. Così aumenteranno solo le lenzuola bianche stese sull'asfalto*

scientifica: polizia scientifica: (technische Abteilung der) Kriminalpolizei *(Erkennungsdienst, Spurensicherung etc.)*
*gli uomini della **scientifica** e della Digos*

Sco: Servizio centrale operativo della polizia: Einsatzzentrale der Polizei
struttura di coordinamento di polizia giudiziaria
*il personale dello **Sco**/appunti riassunti dallo **Sco** in una trascrizione dattiloscritta*

securitario: sicherheitspolitisch
*è legittimo temere una svolta di tipo **securitario**: ma su questo per fortuna ci sono dei limiti imposti anche dall'Europa*

segugio: Ermittler, „Spürhund"
*ottimi **segugi** sanno bloccarsi di colpo quando si accorgono che stanno per entrare in un nido di vipere*

servizi deviati: fehlgeleitete Nachrichtendienste
*omicidio Borsellino, nuovi sospetti sui **servizi deviati**: Inquietanti novità nelle indagini sulla strage di via D'Amelio. Misteri che aveva rilanciato una lettera del fratello di Borsellino, denunciando un patto „Stato – mafia"*

Servizio centrale di protezione: Zentrale für Personenschutz
ufficio che si occupa della protezione dei pentiti e dei testimoni: 14 sedi in tutta Italia, denominate
Nuclei operativi di protezione: Einsatzstäbe

settebello *(nel gergo dei detenuti)*: cellulare: Polizeiwagen, „grüne Minna"

sfollagente: Schlagstock

squadra omicidi: la **Omicidi:** Mordkommission
*il capo della **squadra omicidi** e tutta la sua struttura sono pronti a raccogliere, con la massima discrezione, qualsiasi segnalazione*

squadre tifoserie: Fanpolizei
*sono un servizio di☞ prossimità le **squadre tifoserie**, gruppi di agenti in contatto tutta la settimana con il ☞ tifo del calcio locale, parlano, mediano, prevengono, un servizio che sta già evitando un sacco di guai*

stub: Schmauch, Schmauchspur
prova dello stub: Schmauchspuranalyse
*costruirsi un alibi per eventuali **prove da stub**. Lo **stub** è ciò che ogni killer teme di più; la polvere da sparo che non viene mai via e che è la prova più schiacciante*

Uacv: Unità per l'analisi del crimine violento: Dienststelle für die Untersuchung von Gewaltverbrechen

Ucis: Ufficio centrale interforze per la sicurezza individuale: Zentrale Koordinierungsstelle für die persönliche Sicherheit
istituzione nell'ambito del dipartimento della pubblica sicurezza del Ministero dell'Interno, al quale è affidato il compito di assicurare l'adozione di misure di protezione e di vigilanza e di rafforzare le misure di protezione delle persone ritenute a rischio
*Giovanni Finazzo, promosso prefetto e destinato all'**Ucis**, il nuovo servizio centralizzato delle scorte*

Uocd: Unità operativa criminalità diffusa: Einsatzkommando Alltagskriminalität

uomo ombra: unbekannter Täter, unerkannter Mörder
indica un assassino misterioso
*chi ha ucciso la signora Antonella resta un altro **uomo ombra** nascosto tra la folla*

Vgrc: Vigilanza generica radiocollegata: Allgemeiner Funkstreifen- und Schutzdienst
servizio compiuto da pattuglie, in automobile, delle varie polizie, attorno a casa dei vip o nei pressi del loro luogo di lavoro

via Fatebenefratelli: sede della questura di Milano: Sitz des Polizeipräsidenten von Mailand

via San Vitale: sede della questura di Roma: Sitz des Polizeipräsidenten von Rom

operazione **„Vie libere":** Operation: „Saubere Straßen" *(Polizeiaktionen insbesondere zur Bekämpfung der Straßen- und Massenkriminalität)*
gli obiettivi dell'operazione „Vie libere" iniziata nell'agosto 2002 mirano ad azioni die contrasto contro la criminalità diffusa, ed in particolare riguardano i seguenti reati: prostituzione ed immigrazione clandestina, spaccio di sostanze stupefacenti, abusivismo commerciale, reati contro il patrimonio (furti, scippi etc)

Volante: vettura della **radiomobile: autoradio:** Funkstreife
*Pierluigi M., con alle spalle reati per furti e detenzione di droga, viene fermato da una **Volante***

Volanti virtuali: Polposta: Poltel: Polizia Postale e delle Comunicazioni: Post- und Telekommunikationspolizei, Internet-Polizei
*noi siamo le **Volanti virtuali**: navighiamo in Internet a caccia di reati. Una volta la **Polposta** scortava i furgoni postali, oggi vigila sulle strade più oscure della Rete*

Vu: vigili urbani: corpo dei vigili urbani: Schutzpolizei
nucleo di pronto intervento: Eingreiftruppe der Schutzpolizei
pizzardoni/ghisa *(Milano)*
*una squadra speciale di „**ghisa**" in azione nelle varie zone della città*

zona rossa: totaler Sperrbezirk *(z. B. während des G8-Gipfels in Genua)*
*il centro storico sarà „**zona rossa**": accesso garantito solo con un pass rilasciato della questura*
zona gialla: eingeschränkter Sperrbezirk *(z. B. während des G8-Gipfels in Genua)*

2.5. La Guardia di Finanza
Finanzpolizei

Fiamme Gialle: Guardia di Finanza
Gdf: Finanza: Finanzpolizei, Zollpolizei
*le **Fiamme Gialle** avrebbero controllato le **erogazioni in nero**, false fatture e spese illecite per 1.150 miliardi, dei quali dovranno rispondere 2.166 persone quasi tutte imputabili di falso in bilancio ed evasione dell'Iva*
erogazioni in nero – illegale Spenden
*il ministro ha incontrato i comandanti della **Gdf***
viale **XXI Aprile:** sede della Guardia di Finanza a Roma
*in quattro anni in **viale XXI Aprile** a Roma ha ridato spirito di corpo alle Fiamme Gialle*
finanziere: baschi verdi: Beamte der Finanzpolizei
*il **finanziere** ha appena cominciato le sue ferie di Natale. È dunque libero dal servizio, ma ha portato con sé la **pistola d'ordinanza***
pistola d'ordinanza – Dienstwaffe

117: Notruf und Hotline der Finanzpolizei
*servizio di informazione e pronto intervento fiscale istituito dalla Guardia di finanza con l'ormai famoso numero telefonico „**117**"*
*il „**117**", il nuovo numero telefonico gratuito, in funzione su tutto il territorio nazionale, 24 ore su 24, per denunciare evasori e violazioni fiscali, ma anche episodi criminale (dal riciclaggio allo spaccio di stupefacenti). Ieri le linee dell„**117**" **scottavano**: sono arrivate centinaia di segnalazioni (anche un caso di usura), **esposti**, perfino autodenunce*
scottare – heißlaufen
esposto – Memorandum

Gat: Gruppo anticrimine tecnologico: Einsatzgruppe zur Bekämpfung der technologischen Kriminalität, Internetpolizei
cyber-poliziotti: Internet-Polizisten

Goa: Gruppo operativo antidroga: Drogenbekämpfungskommando

Gico: Gruppo interprovinciale investigativo sulla criminalità organizzata: Fahndungsgruppe zur Bekämpfung der organisierten Kriminalität
ha sede nei principali capoluoghi e specializzato in particolare in indagini su mafia e riciclaggio
*ed è per questo che i finanzieri del **Gico** acquisiranno copia dei faldoni sulla materia*

polizia valutaria: Polizeieinheit für Devisenstraftaten

Scico: Servizio centrale investigativo sulla criminalità organizzata: Zentraldienst zur Bekämpfung der organisierten Kriminalität
ha sede a Roma e coordina il lavoro di tutti i Gico d'Italia. Ha perfezionato tutte le relazioni sul caso Di Pietro

Secit: Servizio centrale degli ispettori tributari del Ministero delle Finanze: Oberste Steueraufsichtsbehörde
superispettori tributari: Beamte der Obersten Steueraufsichtsbehörde
*imprese di pulizia nel mirino **Secit**. È questo il risultato delle verifiche effetuate su queste due categorie dai superispettori del **Secit** nell'ultimo rapporto annuale*

Sico: Sezione investigativo criminalità organizzata: Fahndungsabteilung Organisierte Kriminalität
la nuova unità che da Brescia coordinerà le indagini su Di Pietro

2.6. Aziende Municipalizzate
Kommunalbetriebe (Auswahl)

Azienda Municipalizzata: la **municipalizzata** : la (**multi)utility:** städtischer Betrieb, städtischer Verkehrsbetrieb, Stadtwerke

Acea: Azienda Comunale Energia ed Ambiente (Roma): Energieversorgungs- und Umweltdienste

Actv: Azienda Consorzio Trasporti Veneziano: Städtischer Verkehrsbetrieb Venedig:

Aem: Azienda energetica municipale Milano: Städtischer Energieversorgungsbetrieb
Aem elettricità/Aem gas

Aem: Azienda energetica metropolitana (Torino): Städtischer Energieversorgungsbetrieb

Ama: Azienda Municipale Ambiente (Roma): Städtische Umweltdienste

Amat: Azienda municipalizzata del trasporto pubblico per l'area palermitana: Städtischer Verkehrsbetrieb

Amav: Azienda Multiservizi Ambientali Veneziana: Städtische Umweltdienste

Ami: Azienda Mobilità e Infrastrutture (Genova): Betrieb für Verkehrsinfrastrukturen

Amia: Azienda Municipalizzata Igiene Ambientale (Palermo): Städtische Umweltdienste

Amia: Azienda Municipale di Igiene Ambientale (Verona): Städtische Umweltdienste

Amiat: Azienda Multiservizi Igiene Ambientale Torino: Städtische Umweltdienste

Amiu: Azienda Municipalizzata Igiene Urbana (Bari): Städtische Umweltdienste

Amiu: Azienda Multiservizi e d'Igiene Urbana (Genova): Städtische Umweltdienste

Amnu: Azienda Municipalizzata Nettezza Urbana (Parma): Städtische Umweltdienste

Amsa: Azienda milanese servizi ambientali (Milano): Städtische Umweltdienste

Amt: Azienda Municipalizzata Trasporti (Verona): Städtischer Verkehrsbetrieb

Amt: Azienda Mobilità e Trasporti (Genova): Städtischer Verkehrsbetrieb

Anm: Azienda Napoletana Mobilità (Neapel): Städtischer Verkehrsbetrieb

Asm: Azienda Servizi Municipalizzati (Brescia): Stadtwerke

Ast: Azienda Siciliana Trasporti: Sizilianische Verkehrsbetriebe

Atac: Azienda tramvie e autobus del comune di Roma: Städtischer Verkehrsbetrieb
autisti **ATM:** Kraftfahrer der städtischen Betriebe
*far studiare la **viabilità** nel centro da una commissione che comprenda esclusivamente taxisti, autisti **ATM** e vigili*
viabilità – Zufahrt zum Stadtzentrum

Cap: Consorzio per l'Acqua Potabile (Milano): Gesellschaft für die Trinkwasserversorgung

Co. Tra. L: Consorzio Trasporti Pubblici Lazio: Verkehrsbetriebe Lazio

Ctp: Consorzio Trasporti Pubblici Napoli: Verkehrsbetriebe Neapel

Eas: Ente acquedotti siciliani: Sizilianische Wasserwerke

GTT: Gruppo Torinese Trasporti (*ehem.:* Atm: Azienda Torinese Mobilità): Städtischer Verkehrsbetrieb

Hera: Holding energia risorse ambiente: Umwelt- und Energieholding
Hera è nata dalla fusione fra ☞ Seabo Bologna e le ex municipalizzate della Romagna

Met. Ro.: Metropolitana di Roma: U-Bahn von Rom

MM: Metropolitana Milanese: Mailänder U-Bahn

Seabo *(ehem.)*: Società energia ambiente Bologna: Städtische Umwelt- und Energiedienste

Sta: Società di trasporti comunale (Roma): Kommunale Verkehrsbetriebe

Ato: Ambienti territoriali ottimali: Regionale Zusammenschlüsse von Versorgungsunternehmen
Ato 4 Alto Valdarno; Ato 6 Ombrone, Grosseto; Ato 1 Toscana Nord

Cispel: Confederazione Italiana Servizi Pubblici Locali: Italienischer Verband der Kommunalen Dienstleistungsunternehmen

Confservizi: Verband privatisierter Kommunalbetriebe

Federgasacqua: Verband der Gas- und Wasserversorungsunternehmen
raccoglie il 95 per cento dei gestori dei sistemi idrici

2.7. Glossario dell'amministrazione Verwaltungsglossar

acquedotto: städtische Wasserversorgung
☞ *i numeri utili: **acquedotto** . . .*

addetti ai lavori: die Zuständigen, die Mitarbeiter
non addetti ai lavori: Nichtfachleute, Unbefugte
☞ *il militare è entrato nell'ufficio in un momento in cui tutti gli **addetti ai lavori** sanno di non poter trovare nessuno/renderlo comprensibile anche ai non **addetti ai lavori***
☞ *è vietato a chi non è **addetto ai lavori***

Aire: Anagrafe degli Italiani Residenti all'Estero: Melderegister der Italienischen Staatsangehörigen mit Wohnsitz im Ausland
☞ *loro il **congedo** l'hanno ottenuto in quanto iscritti all'**Aire***
congedo – Freistellung vom Wehrdienst

Albo Pretorio: Amtstafel, Aushang amtlicher Bekanntmachungen
📖 *„album" (lat): di colore bianco. Bianca era la tavola su cui venivano trascritti gli avvisi di pubblico interesse, gli atti concernenti l'attività del foro, gli editti dei pretori, affinché il pubblico ne prendesse visione: per esempio: le deliberazioni del consiglio o le pubblicazioni di matrimonio*
☞ *Il **bando di gara** integrale è stato affissato all'**Albo Pretorio** del Comune ed inviato per la pubblicazione nella Gazzetta Ufficiale della CEE*
bando di gara – öffentliche Ausschreibung

ammiraglia: (protziger) Dienstwagen
☞ *le risorse del partito non permettono più il pagamento delle **ammiraglie***
ammiraglia: Flaggschiff: größtes und teuerstes Modell einer Marke
☞ *Lancia: verso dicembre arriverà sul mercato l'**ammiraglia** Thesis*

anagrafe: Einwohnermeldeamt
☞ *i pedofili non si pentono: Fate l'**anagrafe**/* rendere pubblica e accesibile un *„**anagrafe**" di quanti siano stati condannati per aver abusato di minorenni/dopo una ricerca **anagrafica** al Comune di Roma . . .*
all'anagrafe: im bürgerlichen Leben
☞ *in arte è Massimo Ranieri, ma **all'anagrafe** fa Giovanni Calone*

Ancc: Associazione Nazionale Controllo Combustione: Nationaler Überwachungsverein für Feuerungsanlagen

Anci: Associazione Nazionale dei Comuni Italiani: Italienischer Städte- und Gemeindetag
L'Italia dei Comuni
Anpci: Associazione Nazionale dei Piccoli Comuni d'Italia: Nationale Vereinigung der kleinen Gemeinden Italiens

ordinanza **antirovistaggio:** Mülldurchwühlverbot
☞ *il sindaco di Roma annuncia l'**ordinanza antirovistaggio**, pratica diffusa tra vagabondi e nomadi. Critiche le associazioni di volontariato. „Si trovi il modo di dare cibo a chi non ne ha"*

Aran: Agenzia per la rappresentazione negoziale delle pubbliche amministrazioni: Staatsamt für den Öffentlichen Dienst
📖 *l'agenzia che gestisce i contratti del pubblico impiego, per conto del governo*
☞ *sembrerebbe che sono attualmente in corso incontri tra **Aran** e sindacati*

assenteisti: Blaumacher, Bummler
assenteismo: Blaumachen
☞ *Camera, la lista degli **assenteisti**: la renderemo pubblica*

associazionismo: Verbandswesen
☞ *per fornire approfondimento e incontri di alto profilo ad un target di **decisori** proveniente dalle imprese, dalla pubblica amministrazione, dalla politica e dall'**associazionismo***
decisore – Entscheidungsträger

ausiliari: ausiliari del traffico: Politesse/Hilfspolizist
📖 *furono istituiti nel 1997; vi sono tre tipi di **ausiliari**: i dipendenti delle società delegate alla gestione dei parcheggi, i dipendenti comunali designati (possono verbalizzare i divieti di sosta sulle strade comunali), i controllori di autobus e tram*
☞ *dal primo novembre anche gli „**ausiliari**" del traffico potranno fare multe agli automobilisti indisciplinati*

auto blu/autoblù: : automobili pubbliche/ macchine al servizio dello Stato: Dienstfahrzeuge
☞ *scatta l'immunità per le **autoblù** – autisti con licenza di **sgommare***
sgommare – rasen (mit quietschenden Reifen fahren)

autocertificazione: Meldung, Erfüllung der Meldepflicht/Anzeigepflicht, Selbstauskunft
🕮 *la Legge 15/68 permette di presentare le autocertificazioni in sostituzione delle certificazioni (dichiarazione sostitutiva di certificazioni) per dichiarare: la nascita, la residenza, la cittadinanza, il godimento dei diritti politici, lo* ***stato civile****, lo stato di famiglia, l'* ***esistenza in vita****, l'iscrizione in albi tenuti dagli uffici pubblici, la posizione militare*
stato civile – Personenstand
esistenza in vita – Lebensbescheinigung

bardature burocratiche: Dschungel der Bürokratie, ausufernde Bürokratie, bürokratische Regelungswut *(Zaumzeug von Pferden)*
con questa iniziativa, la Regione non vuole introdurre ***bardature burocratiche*** *in un contesto che è nato all'insegna dello spontaneismo e della elasticità*

bolletta: Rechnung
bolletta dell'acqua: Wasserrechnung
bolletta telefonica: Telefonrechnung
bolletta della luce/bolletta per l'elettricità/ bolletta energetica: Stromrechnung
riduzione del ***peso fiscale*** *sulle* ***bollette elettriche*** *delle imprese anche più piccole*
peso fiscale su … – Anteil der Steuer auf …
essere in bolletta: im Zahlungsverzug sein, pleite sein, in den roten Zahlen stecken
spese e debiti, i partiti in ***bolletta*** *si salvano con i rimborsi elettorali*

bollo auto: Kfz-Steuer, Steuermarke

buonuscita: Abfindung *(wird zum Beispiel an Staatsbedienstete bei vorzeitigem Ausscheiden aus dem Dienstverhältnis gezahlt)*
disincentivare l'esodo con un pagamento ritardato delle ***buonuscita***

burosauro: Amtsschimmel
ad aprire la strada è stata in realtà la compagnia aerea Gandalf che, dopo aver ***sudate*** *le cosiddette* ***sette camicie****, è riuscita a strappare al* ***burosauro*** *rumeno il permesso di atterrare a Bucarest e Timisoara*
sudare sette camicie – sich abplacken, sich abmühen

Ca' Farsetti: sede del municipio di Venezia: Sitz der Stadtverwaltung von Venedig

Campidoglio: Palazzo Senatorio in piazza del Campidoglio: sede del comune di Roma: Kapitol, Sitz der römischen Stadtverwaltung
🕮 *deformazione popolare del latino „capitoliu", con cui i romani chiamavano uno dei sette colli della città*
i partiti che rappresentano i romani, quelli che siedono in ***Campidoglio****, il 6 novembre '95 hanno votato all'unanimità un ☞* ***odg*** *di sostegno alla candidatura olimpica*

capitolino: hauptstädtisch, *also:* römisch
Lupa Capitolina *(il simbolo di Roma)*: die römische Wölfin
esperto dell'assessorato al traffico ***capitolino****/ i consiglieri* ***capitolini****/i musei* ***capitolini***

carrozzone: große Kutsche, großer Wagen: großer bürokratischer Apparat
il concetto di ***carrozzone*** *(Alitalia o RAI) non è negativo a priori perché se le persone impiegate (più o meno raccomandate) fossero competenti l'azienda …/purtroppo l'Alitalia è un* ***carrozzone*** *pubblico di cui difficilmente lo Stato riuscirà a sbarazzarsene*

domanda in **carta bollata:** gebührenpflichtiger Antrag, Antrag auf Stempelpapier
dovranno indirizzare domanda in ***carta bollata*** *a …*
a colpi di **carta bollata:** vor Gericht
di fatto lui e lei potranno risposarsi mentre, a colpi di ***carta bollata****, continua la contesa del precedente matrimonio/dagli scambi polemici alle* ***carte bollate***

centralino unico per il pronto intervento: Zentrale Einsatzstelle zur Koordinierung aller Polizeikräfte
🕮 *arriva il coordinamento delle forze di polizia (coordinamento interforze) con un* ***centralino unico*** *per il pronto intervento: collegamento telematico tra le sale operative di polizia, carabinieri, guardia di finanza e polizia municipale*
centralino unico*: due parole interpretabili in un solo modo: la morte del 112 e del 117, i numeri di pronto intervento dei carabinieri e della finanza, nonché del 113 della polizia*

centro direzionale: Verwaltungszentrum
il 20 novembre, dopo 40 anni dalla prima formulazione, lo ***Sdo*** *di Roma, da sempre chiamato* ***Centro Direzionale****, è stato approvato dal consiglio comunale di Roma*
Sdo: Sistema Direzionale Orientale: Verwaltungszentrum Ost (Rom)
🕮 *il quartiere Pietralata è uno dei quattro comparti interessati dallo Sdo, un maxi progetto*

urbanistico che porterà alla costruzione di un nuovo polo direzionale alternativo a quello del Centro Storico. L'area ospiterà edifici con funzioni „direzionali", in connessione con il nuovo polo ferroviario della Stazione Tiburtina. Nel quartiere di Pietralata sono iniziati una serie di interventi, legati e non alla realizzazione dello Sdo, che hanno un comune obiettivo: la complessiva ristrutturazione e riqualificazione dell'area. Rappresenterà un ulteriore salto di qualità il nuovo Campus Universitario che sarà fatto nello Sdo di Pietralata

Cie: carta d'identità elettronica: elektronischer Personalausweis

Cittadinanzattiva: ex-Movimento Federativo Democratico: Bürgerinitiative mit umfangreichen Beratungsangeboten
☞ Pit Salute ☞ Pit Servizi ☞ Tdm ☞ pro curatori dei cittadini
✍ ***Cittadinanzattiva** fotografa il Paese: l'Italia dei diritti negati*

Cnipa: Centro Nazionale per Informatica nella Pubblica Amministrazione: Nationales Zentrum für Informatik in der öffentlichen Verwaltung
📖 *Il Cnipa opera presso la Presidenza del Consiglio per l'attuazione delle politiche del Ministro per le riforme e le innovazioni nella PA. Il Cnipa ha l'obiettivo primario di dare supporto alla pubblica amministrazione nell'utilizzo efficace dell'informatica per migliorare la qualità dei servizi e contenere i costi dell'azione amministrativa*

commissariato: unter Zwangsverwaltung
✍ *Acquaviva delle Fonti ha vissuto momenti altalenanti di grande incertezza ed è stato **commissariato** due volte in pochi mesi*

Conferenza delle Regioni: Conferenza dei Presidenti delle Regioni e Province autonome: Konferenz der Regionen *(Zusammenschluss der Regionen)*
Presidente: Enzo **Ghigo**
Cinsedo: Centro interregionale di studi e documentazione: Interregionales Studien- und Dokumentationszentrum
📖 *il **Cinsedo** della Conferenza delle regioni italiani incaricato di gestire questo programma di ispirazione federalista*

Conferenza Stato Regioni: Kommission zwischen Staat und Regionen in Fragen der regionalen Wirtschaftsplanung
📖 *Amministrazione composta da tutti i presidenti delle regioni con a capo il Presidente del consiglio dei ministri. Si riunisce periodicamente per esprimere il suo parere sulle leggi e su altri procedimenti che riguardano le regioni*

controlli a tappeto: flächendeckende Kontrollen
✍ ***controlli a tappeto** su tutti i nati in giugno nel reparto dello scandalo*

Coreco: comitati regionali di controllo: regionale Kontrollausschüsse
📖 *organi regionali istituiti nei capoluoghi di provincia per il controllo di legittimità e di merito sugli enti infraregionali territoriali od istituzionali, quali i comuni, le province, le strutture sanitarie, le istituzioni di assistenza e di cultura, ecc.*
✍ *il **Coreco** ha concesso il visto di legittimità alla delibera comunale sul raddoppia del palco scaligero alla Bicocca*

Cosap: Canone per l'Occupazione di Spazi ed Aree Pubbliche: Gebührenordnung für die Sondernutzung von öffentlichen Plätzen und Verkehrsflächen

C. V.: Curriculum Vitae: Lebenslauf
✍ *inviare per espresso un dettagliato **C. V.** alla …*

deroga: Abweichung von Bestimmungen, Ausnahmegenehmigung
✍ *un discorso a parte va fatto per le **deroghe**: infatti, alcune Regioni italiane ormai da anni beneficiano di **deroghe** rispetto ad alcuni parametri comunitari; se non ci fossero, dovrebbero essere vietati alla balneazione complessivamente altri 162 chilometri*

dg: direzione generale: Abteilung *(z. B. in Ministerien)*
✍ *la creazione di una **dg** al ministero esclude di fatto gli altri operatori e rappresenta un ritorno all'antico e all'ordinario*

difensore civico: Bürgerbeauftragter, Ombudsmann
✍ *il **difensore civico** è una bella facciata, ma per far girare la macchina municipale più dalla parte del cittadino e meno nel verso della burocrazia, dovrebbe contare molto di più*

dossieraggio: Anlegen von Dossiers

*incontro a Palazzo Chigi tra il premier e i vertici dei servizi: „Non ci sono attività di **dossieraggio** nei confronti di politici, magistrati e giornalisti"/carcere da 3 a 10 anni per gli agenti che attuano il **dossieraggio***

Durc: Documento unico di regolarità contributiva: Unbedenklichkeitsbescheinigung *(gilt für Unternehmen im Baugewerbe als Nachweis über abgeführte Sozialbeiträge)*

ee. ll.: enti locali: kommunale Gebietskörperschaften

ente locale: Gebietskörperschaft, Kommunalbehörde
__ente locale__, ogni scherzo vale (parafrasato da „Carnavale, ogni scherzo vale")

genio civile: öffentliches Bauwesen, öffentliche Bautätigkeit
genio civile: ufficio del genio civile: Bauamt
*in Italia si sono spesi in opere del **genio civile** 163 miliardi di euro, come la Francia, poco meno dei 175 miliardi di euro della Germania*

Gect: gruppi europei di cooperazione territoriale: EVTZ: Europäische Verbände für territoriale Zusammenarbeit
*territorio, ora le p. a. si associano: nascono i **Gect**, nuovi enti pubblici per gestire aiuti allo sviluppo*

gettone di presenza: Sitzungsgeld
*gli stipendi: il presidente guadagna 1500 euro netti al mese, il direttore il doppio. Per i componenti del consiglio direttivo c'è un **gettone di presenza** per ogni riunione mensile: in genere varia da 30 a 65 euro, più rimborsi benzina*

grandi opere: große Bauvorhaben, Großprojekte *(z. B. in Rom anlässlich des Heiligen Jahres)*
*Le promesse mancate del Giubileo: Niente **grandi opere** e dodici cantieri ancora aperti*

indennità di carica: Stellenzulage
*l'aumento è automatico perché l'**indennità di carica** dei consiglieri regionali è collegato a quello dei parlamentari*

intelligence: servizio di informazione e sicurezza: Nachrichtendienst
*sono stato chiamati a rapporto i capi dell'**intelligence***

iter: Verfahren, Weg, Gang der Dinge
*a informarsi sull'**iter** della denuncia ...*
iter legislativo: Weg der Gesetzgebung

leggero: in abgespeckter Form, im „Taschenformat"
*per il momento si tratta di una devolution molto **leggera** che avrà bisogno di un supplemento di istruttoria previsto per gennaio*

LL. PP.: lavori pubblici: Öffentliche Arbeiten
*il dirigente del servizio **LL. PP.**/la domanda di partecipazione indirizzata al Settore Servizi **LL. PP.***

massimi vertici: dirigenti: Führungskräfte, die Führung
*una linea recepita dal disegno di legge governativo e ieri **corroborata** dalle audizioni in commissione antimafia dei **massimi vertici** del ☞ Dap*
corroborare – bestätigen, bekräftigen

Nos: il Nullaosta di sicurezza: Verschlusssachenermächtigung
*il **Nos**, quella forma di benestare che non solo condiziona l'accesso a fonti riservate inerenti la sicurezza militare, ma anche ad una serie di incarichi importanti*
*servono a concedere i **Nullaosta sicurezza** a persone e imprese che partecipano a lavori delicati/il rilascio del **Nos***

NU: nettezza urbana: Stadtreinigung
*è stato pubblicato l'esito di gara del pubblico incanto per la fornitura di automezzi ed attrezzatura per il servizio di **NN. UU.***

nulla-osta: Unbedenklichkeitsbescheinigung, Unbedenklichkeitserklärung
dichiarazione obbligatoria di un'autorità da presentare ad altra autorità, dalla quale risulta che non ci sono ragioni che impediscano la realizzazione di una certa richiesta da parte di una persona
*il relatore Ripamonti, preso atto di quanto precisato dal sottosegretario Covazzuti, **propone di formulare parere di nulla osta***
nulla osta all'esportazione: Ausfuhrgenehmigung
propone di formulare parere di nulla osta – Zustimmung vorschlagen

oggetti smarriti: Ufficio „Oggetti smarriti": Fundbüro
*un tassista che porta una busta piena di milioni all'ufficio **„Oggetti smarriti"***

ombra: investigatore-infiltrato: verdeckter Ermittler, V-Mann

☞ *prima era un'**ombra** che si muoveva fra i trafficanti d'eroina/deve restare un'**ombra** per sfuggire alla vendetta dei narcos che ha smascherato*

OO. PP.: opere pubbliche: öffentliche Arbeiten
☞ *Provveditorato Interregionale alle **OO. PP.***

operazione Pandora: *Kampagne der Finanzpolizei gegen Steuerhinterziehung*
☞ *circa 3 miliardi di euro i redditi non dichiarati sono stati scoperti dalla Guardia di Finanza nell'**operazione Pandora**, che ha controllato dal 2006 le ditte edili che hanno eseguito lavori di ristrutturazione*

P. A.: Pubblica Amministrazione: die Öffentliche Verwaltung
☞ *il lotto sarà telefonico, l'ecotassa e assunti nella **Pa***

Palazzo Balbi: sede della Regione Veneto: Sitz der Regionalverwaltung Venezien in Venedig

Palazzo d'Accursio: sede del comune di Bologna: Sitz der Stadtverwaltung von Bologna

Palazzo dei Normanni: sede dell'Assemblea regionale siciliana: Sitz des Sizilianischen Regionalparlaments
Ars: Assemblea Regionale Siciliana: Sizilianisches Regionalparlament
☞ *Il palazzo fa ☞ cuccagna ... anche gli ex inquilini di **palazzo dei Normanni** hanno rivelato di avere le **mani bucate**: hanno infatti speso 2 miliardi di lire*
avere le mani bucate – verschwenderisch sein

Palazzo delle Aquile: sede del comune di Palermo: Sitz der Stadtverwaltung von Palermo

Palazzo di Città: sede del municipio Taranto: Sitz der Stadtverwaltung von Taranto

Palazzo d'Orleans: sede della Regione Sicilia: Sitz der Regionalverwaltung Sizilien

Palazzo Ferro Fini: sede della regione Friuli-Venezia Giulia: Sitz der Regionalverwaltung Friuli-Venezia Giulia

Palazzo Marino: sede del comune di Milano: Sitz der Mailänder Stadtverwaltung
☞ *certo, per il piano di smaltimento-rifiuti organizzato da **Palazzo Marino**, le festività di fine anno non rappresentano il massimo*

Palazzo Nievo: sede della Provincia di Vicenza: Sitz der Provinzialverwaltung Vicenza

Palazzo San Giacomo: sede del comune di Napoli: Sitz der Stadtverwaltung von Neapel

Palazzo Santa Lucia: sede della Regione Campania: Sitz der Regionalverwaltung Kampanien

Palazzo Thun: sede del municipio Trento: Sitz der Stadtverwaltung von Trient

Palazzo Tursi: sede del comune di Genova: Sitz der Stadtverwaltung von Genua

Palazzo Valentini: sede della Provincia (e della Prefettura) di Roma: Sitz der Provinzialverwaltung (und der Präfektur) von Rom

Palazzo Vecchio: sede del comune di Firenze: Sitz der Stadtverwaltung von Florenz

parastato: enti parastatali: halbstaatliche Einrichtungen, Körperschaften
📖 *sono così denominati gli enti previdenziali ed assistenziali ed alcuni enti strumentali, in quanto chiamati a svolgere la loro azione accanto allo Stato*

Pirellone: sede della regione Lombardia: Sitz der Regionalverwaltung der Lombardei
☞ *la Lombardia sono io: il **Pirellone** emette titoli per 2 miliardi di euro*

Pit Servizi: progetto integrato di tutela Servizi di Cittadinanza Attiva: Integriertes Projekt Dienstleistungen für aktive Bürger
📖 *il Pit Servizi è una iniziativa di ☞ Cittadinanzattiva*

poltronficio: (... dienen der) Pöstchenbeschaffung, Fabrik zur Versorgung mit Pöstchen
☞ *i parchi nazionali sono diventati un **poltronficio** di 800 enti con relativi presidenti e consigli direttivi*

poltronismo: Pöstchenschieberei
☞ *un **poltronismo** familiare edificato e poi ancor meglio sviluppato sotto il governo della Lega: chi al municipio e chi in una municipalizzata. Chi al partito e chi al cda*

pompieri: VV. F.: vigili del fuoco: Feuerwehrmänner
Vdf: corpo dei vigili del fuoco: Feuerwehr
C. N. VV. F.: Corpo Nazionale dei Vigili del Fuoco: Nationales Feuerwehrkorps
VF *(targa)* „vigili del fuoco"
numero utile: **115:** Notrufnummer
☞ *Comando Provinciale **VV. F.**/caserma dei **vigili del fuoco***

prefetto: Präfekt
📖 *rappresentante del governo in ogni provincia. Ha il compito di coordinare gli uffici statali e gli enti locali nella provincia. È anche responsabile della sicurezza pubblica e, per questo, coordina le forze di polizia*

primo cittadino: sindaco: Bürgermeister
*capire meglio gli orientamenti dei **primi cittadini** ulivisti delle maggiori città*

procuratori dei cittadini: Bürgeranwälte: *kostenlose Rechtsberatung für den Bereich der öffentlichen Dienstleistungen*
📖 *i procuratori dei cittadini sono una iniziativa di ☞ Cittadinanzattiva. Forniscono informazione, consulenza, intervento ai cittadini che si rivolgono loro per la tutela dei diritti nell'ambito dei servizi pubblici e d'interesse collettivo*

Provveditorato per le Opere pubbliche: Amt für öffentliche Arbeiten

Radiobus: Kleinbustaxi
📖 *Radiobus è un nuovo servizio ATM (di Milano) che si posiziona a metà strada tra il trasporto pubblico tradizionale e il taxi: un „autobus a chiamata", accessibile solo su prenotazione, che preleva direttamente il cliente e lo porta alla destinazione scelta*
*aggredisce controllori Atm e tenta di rubare il **Radiobus***

Regione: Regionalparlament, *auch:* Regionalregierung, Regionalverwaltung
*tensione in **regione** con rissa e proteste del pubblico*

reti amiche: bürgerfreundliches Netzwerk, Partnernetzwerk
*Brunetta ha annunciato il suo progetto „**reti amiche**": ovvero, una rete di luoghi facilmente accessibili ai cittadini dove pagare, riscuotere o svolgere pratiche burocratiche*

respingimento: Zurückweisung
*e questo perché il governo ha imboccato la linea della fermezza, dei **respingimenti** in mare*

ruolo: Planstelle
*personale appartenente ai **ruoli** della amministrazioni dello Stato/in posizioni di **comando** o di fuori **ruolo***
comando – Abordnung

RUPA: rete unitaria della pubblica amministrazione: Einheitsnetz für die öffentliche Verwaltung (*ehem.* ☞ Cnipa)

sindaco **sceriffo:** Sheriff-Bürgermeister, autoritärer Bürgermeister, Bürgermeister mit Saubermann-Image
*scoppia la polemica sul „**sindaco-sceriffo**". Cofferati: „Norme precise devono garantire che siano rispettati i diritti fondamentali della persona"*

schedatura: namentliches Erfassen, namentlicher Eintrag (in die Polizeikartei)/erkennungsdienstliche Erfassung
*Qualcuno ha parlato di istituire un albo professionale. Ma da chi sarebbe composta la commissione esaminatrice? E non sarebbe, in ogni caso, un ritorno alla detestata **schedatura**?*
*secondo il Comitato l'indagine promossa è una vera e propria **schedatura** che, oltre a umiliare i bambini e i loro genitori, viola le tanto conclamate regole della riservetezza personale*

segretario generale (di un comune): *(vergl.)* Oberstadtdirektor

SIA: servizi igienici automatizzati: automatisierte Hygieneeinrichtungen: Toiletten

snellimento burocratico: Bürokratieabbau, Verschlankung der Bürokratie
*prendo atto con soddisfazione del cambiamento di mentalità, la stessa che dice no agli aiuti di Stato e sì allo **snellimento burocratico***

Spc: sistema pubblica di connettività: Netzwerk der öffentlichen Verwaltung
*tutto questo è il **Spc**, destinato a diventare la rete federale attraverso cui ministero e regioni collaboreranno scambiandosi l'accesso informatico ai servizi per la giustizia in modo integrato e partecipato con le politiche regionali*

sportello unico per le Attività Produttive: „Einheitsschalter": *zentrale Anlaufstelle innerhalb der Baugenehmigungsbehörde zur vereinfachten Abwicklung der Verwaltungsformalitäten für den gewerblichen Bereich*
📖 *l'ultima innovazione è lo **sportello unico**. L'idea è che le autorizzazioni necessarie per iniziare una nuova attività, o per ampliare lo stabilimento dell'impresa, siano richieste ad un **unico sportello**, gestito dal Comune cui viene richiesta la concessione edilizia. Le autorizzazioni necessarie pare siano quindici: dai vigili*

del fuoco a tutti gli istituti preposti a controllare

SPQR: Senatus Populusque Romanus: Senat und Volk von Rom: römische Stadtverwaltung
__S. P. Q. R.__ – Comune di Roma Istituzione Polizia Municipale
su Italia Uno dal primo marzo arriva l'Antica Roma in versione seriale. Dal film „__S. P. Q. R.__" (incassi da record nel'94, boom di videocassette vendute e due passaggi televisivi vincenti) è stata tratta una serie tv in 12 episodi preceduti da uno più lungo

statale: dipendente pubblico: Staatsbediensteter
mio padre era uno __statale__ e ha lavorato tutta la vita al servizio di __madama Italia__
madama Italia: Vater Staat

strutture: (öffentliche) Einrichtungen
caserme, camping, __strutture comunali__

Tarsu: tassa per lo smaltimento dei rifiuti urbani: **tassa rifiuti: tassa raccolta rifiuti:** Abfallbeseitigungsgebühren

tempi tecnici: Fristen
ha chiesto che la legge venisse messa subito all'ordine del giorno, ma i __tempi tecnici__ sono saltati

tetto: Festlegung einer Obergrenze
__tetto__ al numero dei dipendenti pubblici
sforamento dei tetti: Überschreiten der Obergrenzen
il Codacons chiede al ministro di stabilire precise sanzioni da applicare nel caso di __sforamento dei tetti__

Ufficio del registro: Einwohnermeldeamt *(u. a. zur Anmeldung von Geburten)*

Ufficio stranieri: Ausländeramt
quanti saranno gli immigrati che da un giorno all'altro si troveranno ufficialmente fuorilegge? E quali provvedimenti saranno presi nei loro confronti? Questioni caldissime. Alle quali già si cerca una risposta mentre da tutta Italia piovono i dati al cervellone dell'__Ufficio stranieri__ del ministero dell'Interno?

Uncem: Unione dei comuni ed enti montani: Verband der Gebirgsgemeinden und -körperschaften

U. O.: unità operativa: Arbeitseinheit
Azienda U. S. L. n. 6 di Livorno – Centro Direzionale – __U. O.__ Acquisizione beni e Servizi

Upi: Unione delle Province dell'Italia: Verband der Provinzen Italiens

URP: Ufficio per le Relazioni con il Pubblico: Auskunftsstelle in öffentlichen Verwaltungen
se hai ancora qualche dubbio, rivolgiti all'__URP__ della più vicina Amministrazione Pubblica

utenti: Verbraucher, Kunden, Benutzer
promuovono l'informazione degli __utenti__

utenza: Kundschaft, *hier:* Patientenschaft
non sarebbe male chiedere i pareri anche dei dipendenti della sanità. Sono loro quelli che quotidianamente vivono a contatto con l'__utenza__, non certo chi dirige

Utg: Uffici territoriali del Governo: Territorialämter der Regierung
gli __Utg__ sostituiranno le prefetture e i residui uffici periferici del Lavoro, della Sanità, dei Trasporti e della ☞ Motorizzazione, delle Comunicazioni e dei Lavori pubblici, riaggregandoli in un'unica struttura periferica

videosorveglianza: Videoüberwachung
si valuterà il potenziamento del concetto di __videosorveglianza__. Telecamere dislocate nei punti di crisi della città

vigilanza statica degli immobili/obiettivi: Objektschutz
l'impiego dell'Esercito per la __vigilanza statica__ degli obiettivi sensibili a rischio di attentato terroristico in ausilio alle forze dell'ordine è una misura persuasiva, ma costosa

Villa Devoto: sede della regione Sardegna: Sitz der Regionalverwaltung von Sardinien

visita fiscale: Kontrollbesuch *(der Steuerbehörde bei Verdacht von vorgetäuschten Krankmeldungen)*
le amministrazioni dovranno inoltrare obbligatoriamente la richiesta di __visita fiscale__ anche nel caso di assenza per un solo giorno

permesso **ZTL:** permesso di transito per zone a traffico limitato: Genehmigung für Bereiche mit eingeschränktem Verkehr
Zcs: zona a sosta controllata: Bereich mit eingeschränktem Halteverbot

2.8. Regioni e Province
Regionen und Provinzen

REGIONI		*SIGLA*	PROVINCE
Abruzzo	*Abruzzen*	AQ	**l'Aquila**
		PE	Pescara
		TE	Teramo
		CH	Chieti
Basilicata	*Lukanien*	PZ	**Potenza**
		MT	Matera
Calabria	*Kalabrien*	RC	Reggio Calabria
		CS	Cosenza
		CZ	**Catanzaro**
		VV	Vibo Valentia
			Crotone
Campania	*Kampanien*	NA	**Napoli**
		AV	Avellino
		BN	Benevento
		CE	Caserta
		SA	Salerno
Emilia-Romagna	*Emilia-Romagna*	BO	**Bologna**
		FE	Ferrara
		FO	Forlì
		MO	Modena
		PR	Parma
		RA	Ravenna
		RE	Reggio Emilia
		RM	Rimini
		PC	Piacenza
Friuli-Venezia Giulia Friuli V. G.	*Friaul-Julisch-Venetien*	GO	Gorizia
		PN	Pordenone
		TS	**Trieste**
		UD	Udine

Lazio	*Latium*	FR	Frosinone
		LT	Latina
		RM	**Roma**
		VT	Viterbo
		RI	Rieti
Liguria	*Ligurien*	GE	**Genova**
		IM	Imperia
		SP	La Spezia
		SV	Savona
Lombardia	*Lombardei*	BG	Bergamo
		BS	Brescia
		CO	Como
		CR	Cremona
		LC	Lecco
		LO	Lodi
		MB	Monza e Brianza
		MI	**Milano**
		MN	Mantova
		PV	Pavia
		SO	Sondrio
		VA	Varese
Marche	*Marken*	AN	**Ancona**
		AP	Ascoli Piceno
		FM	Fermo
		MC	Macerata
		PS	Pesaro e Urbino
Molise		CB	**Campobasso**
		IS	Isernia
Piemonte	*Piemont*	AL	Alessandria
		AT	Asti
		BI	Biella
		CN	Cuneo
		NO	Novara

		TO	**Torino**
		VB	Verbania Cusio Ossola
		VC	Vercelli
Puglia	*Apulien*	BA	**Bari**
		BR	Brindisi
		BT	Barletta-Andria-Trani
		FG	Foggia
		TA	Taranto
		LE	Lecce
Sardegna	*Sardinien*	CA	**Cagliari**
		NU	Nuoro
		OR	Oristano
		SS	Sassari
Sicilia	*Sizilien*	PA	**Palermo**
		TP	Trapani
		CL	Caltanissetta
		AG	Agrigento
		CT	Catania
		EN	Enna
		SR	Siracusa
		ME	Messina
		RG	Ragusa
Toscana	*Toskana*	AR	Arezzo
		FI	**Firenze**
		GR	Grosseto
		LI	Livorno
		LU	Lucca
		MS	Massa
		PI	Pisa
		PO	Prato
		PT	Pistoia
		SI	Siena
Trentino Alto Adige	*Trentino- Südtirol*	BZ	Bolzano

		TN	**Trento**
Umbria	*Umbrien*	PG	**Perugia**
		TR	Terni
Valle D'Aosta	*Aostatal*	AO	**Aosta**
Veneto	*Venetien*	BL	Belluno
		PD	Padova
		RO	Rovigo
		TV	Treviso
		VE	**Venezia**
		VI	Vicenza
		VR	Verona

📖 *Il territorio nazionale è ripartito in venti regioni, di cui cinque a statuto speciale (Valle d'Aosta, Sardegna, Sicilia, Friuli-Venezia Giulia e Trentino-Alto Adige) e le rimanenti quindici a statuto ordinario*
Regione Autonoma della Valle d'Aosta
Regione Autonoma della Sardegna
Regione Siciliana

il **Nordovest:** Valle d'Aosta, Lombardia, Piemonte, Liguria

il **Nordest:** Trentino Alto Adige, Friuli-Venezia Giulia, Veneto, Emilia-Romagna

il **Centro:** Toscana, Marche, Umbria, Lazio, Abruzzo

il **Sud:** Molise, Campania, Puglia, Calabria, Basilicata

le **Isole:** Sicilia, Sardegna

2.9. Il Burocratese
Sprache der Bürokratie

addetto ai servizi ausiliari e di anticamera: operatore dei servizi consiliari: usciere e commesso: *Pförtner und Bote*

addetto al servizio in sala: cameriere: *Kellner*

apporre la firma: firmare: *unterschreiben*

assistente bagnanti: sentinella del mare: bagnino: *Bademeister*
*va in pensione il vecchio **bagnino**: d'ora in poi lo sostituirà la „**sentinella del mare**". La nuova figura professionale non dovrà più limitarsi a sistemare gli ombrelloni*

attergare: scrivere dietro: *auf der Rückseite vermerken*
attergare all'uopo

in **attesa** di: *bis zu*
***in attesa dell'**entrata in esercizio di (bis zur Inbetriebnahme)*

avverso: *gegen*
*ha proposto ricorso per Cassazione **avverso** la sentenza della Corte di Appello di Roma*

bacino di utenza: Einzugsbereich, Einzugsgebiet, Kreis der Betroffenen
*inoltre verranno semplificate le regole relative agli intervalli minimi tra una protesta e l'altra e riviste quelle sulla concomitanza di scioperi sullo stesso **bacino di utenza***

firmare in **calce:** *unterschreiben*
*non sarà più necessaria la previa autentica della firma apposta **in calce** al modello di domanda di incentivo fiscale*

calendarizzare: *Termin veranschlagen/anberaumen, auf die Agenda bringen, auf die Tagesordnung setzen*
***calendarizzare** un incontro in VIII Commissione con la Presidente della Giunta regionale/**calendarizzare** al più presto la proposta di legge Boato per l'abrogazione della legge Fini-Giovanardi sulle droghe*

chi di competenza: *zuständig, die zuständige Stelle*
👓 *tuttavia vorrei proporre a* ***chi di competenza*** *di valutare l'ipotesi di istituire un sistema di certificazione delle competenze che affianchi il tradizionale modello a quello che si può ottenere da un classico percorso di studi*

codesto: *dieser, Ihr*
👓 *si comunica che* **codesta** Ditta (Ihre Firma) *è invitata a partecipare ad una licitazione privata indetta da ...*

fino alla **concorrenza** di: *bis zu, bis zum Erreichen von*
👓 *integrare l'****importo*** *fino alla* ***concorrenza*** *della pensione*
👓 *termine di durata dei lavori: fino alla* ***concorrenza*** *dell'****importo*** *contrattuale*
importo – Betrag

congresso carnale: *Beischlaf*
👓 *coitus interruptus: è l'interruzione, a scopo anticoncezionale, dell'amplesso, che i verbali di polizia ampollosamente definiscono* ***„congresso carnale"***

contemplare: *vorsehen*
👓 *è* ***contemplata*** *l'istituzione di una commissione*

contributo di scopo: tassa d'accesso: *Unkostenbeitrag*
👓 *se il* ***contributo di scopo*** *pro capite (cinquemila lire) può essere sostenibile, per un gruppo familiare diventa troppo oneroso*
balzello: *Obulus*
👓 *giudizi contrastanti a proposito del* ***balzello*** *per accedere ai luoghi sacri ricchi d'arte*

corredare: *belegen mit ..., beifügen*
👓 *tramite un'* ***istanza corredata*** *dalla documentazione giustificativa*
istanza – Antrag, Eingabe

corrispondere /corresponsione: *zahlen, auszahlen/Auszahlung*
👓 *modalità di* ***corresponsione***
👓 *l'imposta deve essere* ***corrisposta*** *mediante ...*

di **cui** a: indicato in ...: *nach, gemäß*
👓 *la norma* ***di cui al*** *comma precedente/le modalità* ***di cui all'****articolo 23 lettera b)/il metodo* ***di cui all'****articolo 89*

decorrere: a decorrere da: *von ... an, mit Wirkung von*
👓 *a* ***decorrere*** *dalla data di iscrizione/...* ***decorrerà*** *dal momento ...*

deliberare: *beschließen, festlegen*
👓 *L'Assemblea Costituente sarà convocata dal suo Presidente per* ***deliberare****, entro il 31 gennaio 1948, sulla legge per la elezione del Senato della Repubblica*

in **difformità** di: *abweichend*
👓 *sia perché in tal modo, e* ***in difformità con quanto previsto*** *dalla stessa Costituzione, verrebbe ad instaurarsi un duplice controllo/se vogliamo aggiungere una stanza* ***in difformità del*** *piano regolatore*

diniego: rifiuto: *Ablehnung*
👓 *opporre* ***diniego***

dirigenziale: con provvedimenti dirigenziali/con determina dirigenziale: *auf dem Erlasswege/mit Weisung ...*

diversamente giovani *(iron.)*: *Senioren*
👓 *Inizio proiezioni ore 21: 30. Ingresso 5 Euro. Ingresso ridotto a 4 Euro per i giovani fino a 25 anni e per i* ***diversamente giovani*** *oltre i 60 anni, che preferiscono l'aria aperta alla televisione*

domanda rituale /irrituale: *formgerechter/nicht formgerechter Antrag*

effetto: agli effetti di: *im Sinne von, zum Zwecke von*
👓 *agli* ***effetti*** del presente Accordo/agli ***effetti*** *di determinare la cittadinanza*

elasso: *nach Ablauf der Frist*
👓 *con espressa avvertenza che,* ***elasso*** *inutilmente il* ***termine*** *sopra indicato, si procederà ad esecuzione forzata nelle forme di legge*

emanazione: *Erlass, Verabschiedung*
👓 *proroga dei termini per l'****emanazione*** *del testo unico delle disposizioni legislative in materia di beni culturali e ambientali*

e p. c.: e per conoscenza: *zur Kenntnis, nachrichtlich*
👓 *con una lettera inviata,* ***per conoscenza****, anche alla Guardia Finanza, il sindaco ha dato il via all'operazione trasparenza*

esonerato da ...: *von der Pflicht zu ... befreit*
👓 *non sono* ***esonerati*** *dalla presentazione della dichiarazione dei redditi*

estinguere l'obbligazione: *einer Verpflichtung nachkommen*
*☞ il **trasgressore** può interrompere il procedimento ed **estinguere** l'obbligazione, con il versamento della somma ...*
trasgressore – Gesetzesübertreter

famiglie unipersonali: single: *Einpersonenhaushalte, Singlehaushalte*
*☞ al contrario è in forte crescita il numero di **famiglie unipersonali**, quelle formate cioè da un solo componente*

nella **fattispecie:** *im gegebenen Fall*

essere **fatto obbligo:** *verpflichtet sein*
*☞ è **fatto obbligo** ai titolari di concessioni di consentire il libero e gratuito accesso e transito per il raggiungimento della battigia antistante l'area compresa nella concessione, anche al fine della balneazione*

fermo: *unbeschadet, unberührt*
*☞ restano **ferme** le disposizioni/**fermo** restando quanto previsto a ...*

figlio di NN: *Kind unbekannter Eltern, elternlos*
*☞ ebbene, in campagna elettorale questo provvedimento è diventato cavallo di battaglia per sostenere il bisogno di una stretta di vite al sistema detentivo e improvvisamente lo stesso è diventato **figlio di NN***

fonte di diritti: *Rechtsquelle, rechtsverbindlich sein*
*☞ l'opuscolo intende offrire una piccola guida per ... non può costituire **fonte di diritti***

accesso ai **frontisti:** *Anlieger frei*

a proprio **insindacabile giudizio:** *im eigenen Ermessen*
*☞ è facoltà dell'Amministrazione – **a proprio insindacabile giudizio** – disporre il rinnovo del contratto per ulteriori 3 anni*

dare **luogo** a: *führen zu*
☞ non si darà luogo ad aggiudicazione in caso di un'unica offerta valida (es erfolgt kein Zuschlag)

mancato: mancato accoglimento, mancata approvazione: rifiuto: *Ablehnung*

mezzi necessari per conseguire le finalità liberamente scelte in ordine alla procreazione responsabile : preservativi: *Verhütungsmittel*

a monte: *übergeordnet, im Vorfeld*
a valle: *nachgeordnet*
*☞ raddoppia i momenti di controllo sull'attività degli 007. Non soltanto **a valle**, ma anche **a monte**/ ma la battaglia contro la prostituzione va combattuta **a monte***

nella misura in cui: *in dem Maße wie, nach Maßgabe*
*☞ le spese e gli altri componenti negativi non sono ammessi in deduzione se e **nella misura in cui** non risultano imputati al conto economico relativo all'esercizio di competenza*

non abbiente/meno abbiente: povero: *Mittelloser/weniger Vermögender*

personale **non docente:** personale amministrativo *(bidello ecc.)*: *Verwaltungspersonal an Schulen/Hochschulen (z. B. Pförtner, Bibliothekarin)*

non udente: *der Gehörlose*
*☞ se la cosa fosse avvenuta nel corso di un programma riconoscibilmente dedicato ai **non udenti**, il primo piano della traduttrice sarebbe stato funzionale*

non vedente: *der Blinde*
*☞ il politically correct per cui i ciechi diventano non vedenti, i paralitici sono **portatori di handicap** ...*

nucleo: nucleo familiare: *Familie*
assegno per il nucleo familiare: *Familienbeihilfe*
*☞ un quarto dei **nuclei** con tre o più figli si trova sotto la soglia di povertà*

obliterare il biglietto: *Fahrschein entwerten*
macchinetta di obliterazione: *Fahrscheinentwerter*

odg: ordine del giorno/punto dell'ordine del giorno: *Tagesordnung(spunkt)*

Ods: ordine di servizio: *Dienstanweisung*
*☞ le modifiche realizzate a seguito dell'**ordine di servizio** non risultano supportate da alcun elaborato progettuale*

operatore ai trasporti: autista: *Fahrer*

operatore con compiti di vigilanza: operatore servizi antincendi: vigile del fuoco: *Feuerwehrmann*

operatore di esercizio: postino: *Postbote, Postbeamter im Zustelldienst*

operatore ecologico: netturbino: *Mitarbeiter der Stadtreinigung*

operatore per l'alimentazione: cuoco: *Koch*

operatore professionale d'igiene veterinaria: accalappiacani: *Hundefänger, Abdecker*

operatore specializzato parrucchiere: parrucchiere: *Friseur*

opportuno: per opportuna notizia si comunica: *aus gegebenem Anlass wird mitgeteilt*

ordinaria amministrazione: *laufende Geschäftsführung: üblicher Gang, routinemäßige Abwicklung*
☞ *i bianconeri quindi hanno fatto solo il loro dovere: Del Piero non è apparso sfolgorante, altri se la sono cavata senza grandi acuti. Insomma,* ***ordinaria amministrazione***
☞ *nel gergo dei servizi segreti italiani, „un caso di* ***ordinaria amministrazione****" sta ad indicare l'eliminazione definitiva di un elemento scomodo per il sistema*

ossequio: in ossequio a: secondo: *gemäß, nach*

costituire elemento **ostativo/** motivo **ostativo***:* *entgegenstehen, Hinderungsgrund sein*
☞ *la mancata designazione dei rappresentanti delle regioni non* ***costituisce elemento ostativo*** *al funzionamento della Commissione stessa*

ottemperanza: in ottemperanza a: come prevede: *unter Beachtung von*
☞ *in* ***ottemperanza*** *alla legge sul trasporto dei rifiuti*

ove: *wo, falls, sollte …*
☞ ***ove*** *concorrano, in tutto o in parte, le riserve previste dalla presente delibera, esse saranno applicate secondo il seguente ordine di successione*

a **pena** di: *andernfalls*
a pena di nullità: *führt zur Nichtigkeit*
☞ *alla domanda dovrà essere allegato,* ***a pena di*** *inammissibilità*

permettendo: *falls es … zuläßt, nach Genehmigung von …*
☞ *a luglio, Unione europea* ***permettendo****, Murdoch diffonderà i programmi delle due tv, Stream e Telepiù, con il marchio Sky Italia*

personale A. T. A. (amministrativo-tecnico-ausiliario): *technisches, Verwaltungs- und Hilfspersonal*
☞ *il ministro Moratti ha assunto a tempo indeterminato 47.500 docenti e 7.500* ***ATA***

pittore specializzato: imbianchino: *Maler, Anstreicher*

porre in essere: *durchführen, tun, machen*
☞ *…* ***ponendo in essere*** *in tal modo una forma di collaborazione attiva*

portatore/portatrice di handicap: persona **diversamente abile:** *Behinderter*
diversabile
persone con disabilità *(offz.)*: *Menschen mit Behinderung*
☞ *sono un* ***diversamente abile:*** *ho la gamba destra amputata sotto il ginocchio*

p. q. m.: per questi motivi: *aus diesen Gründen, Gründe (im Gerichtsurteil)*

previo: *nach vorherigem …, vorbehaltlich vorherigem …*
☞ ***previo*** *reciproco accordo tra/****previa*** *consultazione tra le Parti*

preposto a: *zuständig für*
☞ *una commissione* ***preposta*** *alla valutazione dell'effettivo raggiungimento degli obiettivi …*

proattivo: *proaktiv*
☞ *pianificare in modo* ***proattivo*** *puntando sui canali below the line*

procedere a: procedere alla verifica: verificare: *eine Überprüfung vornehmen, überprüfen*

provvedere: *Sorge tragen, durchführen*
☞ ***provvede*** *alla verifica/si* ***provvederà*** *ad iscrivere*

p. v.: prossimo venturo: ☞ ***u. s.****: kommend*
☞ *le domande dovranno pervenire entro e non oltre il 10 gennaio* ***p. v.*** *a questo indirizzo …/si riferisce a un altro progetto* ***prossimo venturo***

qualora: se: *falls, wenn, sofern*
☞ *L'Italia e la Polonia,* ***qualora*** *si verificassero situazioni suscettibili di compromettere la pace, si impegnano ad armonizzare le loro posizioni*

recante: *enthaltend: über, betreffend*
☞ *Regolamento* ***recante*** *disposizioni per l'utilizzo della posta elettronica certificata, a norma dell'articolo 27 della legge 16 gennaio 2003, n. 3.*

recarsi: presentarsi: *gehen zu, vorstellig werden*
☞ *il cittadino straniero extracomunitario … deve* ***recarsi*** *in Questura*

reintegro: *Wiedereinführung, Wiedereinstellung (Arbeitsvertrag)*
👓 *una situazione ancora meno comprensibile se si considerano le differenze tra le stesse regioni che applicano il ticket. Attualmente – dopo il suo* ***reintegro*** *nel 2002 – sono 10*
👓 *manovra, norma „anti-precari". Cade l'obbligo del* ***reintegro***

al **ricorrere** di: *vorbehaltlich*
👓 *l'articolo 12 della legge 3 gennaio 1978, n. 1 consentiva* ***al ricorrere di*** *specifiche condizioni, l'affidamento dell'appalto*

in **sede** di: *im Rahmen von*
👓 ***in sede di*** *legge finanziaria*
👓 *... sia intervenuta* ***in sede di*** *revisione del processo*
👓 ***in sede*** *consultiva (in beratender Funktion)*

senso: ai sensi di: *nach, gemäß*
👓 *la gara verrà aggiudicata* ***ai sensi dell****'articolo 23*

soggetto: *Person*
👓 *è riconosciuto ai seguenti* ***soggetti****/ i* ***soggetti*** *interessati per poter partecipare dovranno possedere i requisiti minimi richiesti ...*

soggetto a revoca: *kann aufgehoben, zurückgenommen, entzogen werden*
👓 *la presente autorizzazione è* ***soggetta a revoca*** *da parte dell'Amministrazione ...*

sordo preverbale: sordomuto: *Taubstummer*
👓 *da oggi scompare da tutte le leggi e documenti ufficiali il termine „sordomuto" e lascia il posto al termine* ***„sordo preverbale"***

sottoporre ad analisi: analizzare: *untersuchen*

stante: *auf Grund, wegen*
👓 ***stante*** *l'assenza dell'interrogante, ex articolo 89, comma 8, del Regolamento, verrà data risposta scritta*

surrichiamato: *obengenannt*
👓 *il Tribunale, investito dalla* ***surrichiamata*** *istanza di riesame, deve innanzi tutto verificare se ...*

S. V.: la Signoria Vostra: Lei: *Sie*
👓 *qualora la* ***S. V.*** *intenda estinguere la violazione prima della notifica, potrà provvedere al pagamento nei modi seguenti.*

a titolo esemplificativo: ad esempio: *beispielsweise, zum Beispiel*

uopo: all'uopo: per questo: *zu diesem Zweck, daher*
👓 *tabelle in cui* ***all'uopo*** *è suddivisa l'attività economica*

u. s.: ultimo scorso: ☞ **p. v.:** *vergangen*

effettuare il **versamento:** pagare: *Zahlung vornehmen*
👓 *il* ***versamento*** *va effettuato dal cittadino*

per le **vie brevi:** *auf direktem Weg, auf dem „kleinen Dienstweg"*
👓 *questo Ufficio, contattato* ***per le vie brevi*** *dall'Ufficio Stampa ...*

visura catastale: *Einsicht in die Kataster, Katastereinsicht*
visura piano regolatore: *Einsicht in den Flächennutzungsplan*

3. Forze armate
Streitkräfte

3.1. Istituzioni centrali
Zentrale Einrichtungen

Ministero della Difesa *(offz.)*: **Mindifesa:** Ministerium der Verteidigung
via XX Settembre: sede del Ministero della Difesa
*erano presenti tutti i capi di Stato maggiore della Nato, fra cui l'italiano Arpino, successore di Venturoni a **via XX Settembre** a Roma*

Csd: Consiglio superiore di Difesa: Oberster Verteidigungsrat
Presidente del Consiglio dei Ministri, insieme a cinque ministri (Esteri, Interno, Difesa, Economia e Attività produttive)

SMD: Stato Maggiore della Difesa: stato maggiore interforze: Führungsstab der Streitkräfte
Palazzo Baracchini: sede dello Stato Maggiore della Difesa
capo di Stato Maggiore della Difesa: Chef des Führungsstabs der Streitkräfte, Generalinspekteur

Garante dei militari di leva: Wehrbeauftragter *(nur teilweise vergleichbar)*
Contro il nonnismo arriva il Garante dei militari di leva. È questa la principale novità introdotta dall'emendamento che prevede l'istituzione di una sorta di difensore civico, un garante per la tutela dei cittadini che prestano servizio di leva. Sarà anche attivato un numero verde per denunciare eventuali violenze o soprusi

3.2. Glossario militare
Militärisches Glossar

Alpini: fiamme verdi: penne nere: Gebirgsjäger
*un altro pezzo di storia degli **Alpini** sta per scomparire. Il 31 dicembre sarà sciolta, infatti, la Brigata „Cadore", i cui uomini passeranno **armi e bagagli in forza** alla „Julia"*
armi e bagagli in forza – Waffen und Gerät

Altare della Patria: Altar des Vaterlands *(höchste nationale Gedenkstätte mit Grab des Unbekannten Soldaten in Rom)*
ribattezzato anche:
macchina da scrivere: Schreibmaschine
torta nuziale /torta di panna: Hochzeitstorte/ Sahnetorte
pisciatoio di lusso: Edelpissoir

Amerigo Vespucci: Segelschulschiff der italienischen Marine *(vergl. Gorch Fock)*
*partiranno il 30 giugno per cento giorni nel Mediterraneo sul mitico veliero **Amerigo Vespucci***

Ana: Associazione nazionale alpini: **gli alpini:** Nationale Vereinigung der Gebirgsjäger

Anados: Associazione nazionale donne soldato: Nationale Vereinigung Frauen für die Streitkräfte

ANPI: Associazione nazionale dei partigiani d'Italia: Nationale Vereinigung der Partisanen Italiens

ANRP: Associazione Nazionale Reduci dalla Prigionia, dall'Internamento e dalla Guerra di Liberazione: Nationale Vereinigung der Heimkehrer aus der Kriegsgefangenschaft, der Internierung und dem Befreiungskrieg

Aon: Associazione obiettori non violenti: Vereinigung gewaltfreier Kriegsdienstverweigerer

Brigata Corazzata **Ariete:** Panzerbrigade Ariete
*entro dicembre lo schieramento sarà completato con unità della **Brigata Ariete** per un totale di circa 2.500*

Armaereo: Direzione Generale degli Armamenti Aeronautici: Hauptabteilung Rüstung Luft im Ministerium der Verteidigung

Aves: aviazione dell'esercito: Heeresflieger *(lat. „Vögel")*

azzurri: Arma azzurra: Luftwaffe

compagnia **BOE** (nucleo bonifica ordigni esplosivi): Minenräumkompanie

bomba a grappolo: Streubombe
*a loro gli iracheni avrebbero detto che il missile era stato disegnato come una „cluster bomb", una **bomba a grappolo**, convenzionale,*

in grado cioè di sparpagliare ordigni più piccoli al momento dell'impatto con il terreno

burbe: Rekruten vor ihrer Einkleidung
📖 *le reclute appena arrivate in caserma ma non ancora dotate della divisa*

cappellano militare: Militärseelsorger

CAR: Centro Addestramento Reclute: Ausbildungszentrum für die militärische Grundausbildung
✍ *fare il* ***CAR*** *a ...*

cartolina rosa: cartolina di precetto: Einberufungsbescheid
✍ *la* ***cartolina rosa*** *potrebbe arrivare solo in caso di guerra, o se il nostro paese fosse coinvolto in una grave crisi internazionale*

caschi blu: Blauhelme

caschi rosa: weibliche Blauhelmsoldaten, „Rosahelme"
✍ ***caschi rosa*** *brave: l'Onu in Liberia ha inviato la prima unità di sole donne*

Casd: Centro Alti Studi per la Difesa: Führungsakademie der Streitkräfte

Cecchignola: la **cittadella militare:** militärischer Komplex in Cecchignola, einem Stadtteil im Süden von Rom
📖 *hier befinden sich neben militärischen Kommando- und Verwaltungsdienststellen mehrere Heeresschulen und das* NATO Defence College
✍ *lo è ma non lo si dice: la prima vera esposizione per la vendita degli armamenti di produzione italiana che si è tenuta in gran riservatezza, a Roma, alla* ***cittadella militare*** *della* ***Cecchignola***

Cemiss: Centro militare studi strategici: Militärisches Zentrum für Strategische Studien

autoblindo **Centauro:** Radpanzer Centauro
✍ *nelle ultime settimane di settembre dovrebbe partire verso il Libano una seconda ondata, composta soprattutto da soldati della Pozzuolo del Friuli, che porterà la presenza nazionale a circa duemila uomini con* ***autoblindo Centauro***

Cocer: Consiglio centrale di rappresentanza *(quasi sindacato dei militari)*: Zentralvertretung der Soldaten
Cocer interforze: Zentralvertretung der Soldaten aller Teilstreitkräfte
📖 *Organo centrale a carattere nazionale. Si compone di 22 delegati delle varie categorie (ufficiali, sottoufficiali e volontari). Viene nominato presidente il delegato di grado più elevato Cocer dei carabinieri, Cocer della guardia di finanza, Cocer dell'esercito, Cocer della marina, Cocer dell'aeronautica*
Coir: Consiglio intermedio: Soldatenvertretung auf der mittleren Ebene
📖 *Organo intermedio, presso le divisioni. I Coir sono 7, uno per ogni divisione. Ogni divisione raggruppa più regioni. I delegati Coir sono 150 circa*
Cobar: Consiglio di base: Basisvertretung der Soldaten
📖 *Organo di base, presente in ogni caserma. I delegati Cobar sono circa 500. Per l'elezione dei rappresentanti si procede con voto diretto, nominativo e segreto. Gli eletti durano 3 anni e non sono immediatamente rieleggibili*
✍ *la sentenza della Consulta aveva detto no alla trasformazione dei* ***Cocer*** *in sindacato*
✍ *la manifestazione del* ***Cocer*** *dei carabinieri a Roma*

effetti **collaterali:** Kollateralschäden
✍ *il Pentagono sa che il problema degli* ***„effetti collaterali"*** *– i morti civili – alla lunga può influire negativamente sugli alleati*

Col Moschin: 9° Reggimento d'Assalto Paracadutisti „Col Moschin": Fallschirmjägerregiment „Col Moschin"

Comforter: Heeresführungskommando

compagnia atleti: Sportkompanie

Comsubin: Comando subacquei e incursori: **baschi verdi:** Kampfschwimmerkommando

Cotie: Comando Trasmissioni ed Informazioni dell'Esercito: Heeresfernmeldekommando

cubo: *(ordentlich gemachtes)* Bett
📖 *il letto della recluta perfettamente rifatto*

decade: Wehrsold
📖 *la paga dei soldati, consegnata ogni dieci giorni*

divisa: Uniform: Soldat
✍ *e ancora una volta fra* ***le divise*** *prorompe l'applauso*
vita in divisa: Soldatenleben

DNA: Direttore Nazionale degli Armamenti:

Staatliche Rüstungsabteilung, *(verglb.)* Hauptabteilungsleiter Rüstung im BMVg

esercito: Heer: Heerscharen, Masse, Gruppe, die Gesamtheit der ...
*adolescenti e pre-adolescenti, ovvero l'**esercito** di ragazzi che va dagli 11–12 ai 17 anni hanno ancora bisogno che qualcuno scelga per loro, ma non sono più disponibili a qualsiasi proposta*

esuberi: vom Wehrdienst befreite Jugendliche *(weil für den jeweiligen Jahrgang der Bedarf erschöpft ist)*
*io mi scandalizzerei soprattutto per i 60 mila giovani che l'anno scorso i distretti hanno esonerato da tutto. I cosiddetti **esuberi***

FA: forze aeree: **aeronautica militare:** italienische Luftwaffe

ferma: Wehrdienstzeit
*a partire dal prossimo contingente, per i giovani incorporati dell'Esercito, nella Marina e nell'Aeronautica Militare, la **ferma** avrà la durata di 10 mesi*

Fiap: Federazione Italiana Associazione Partigiani: Italienischer Verband der Partisanen-Vereinigung *(hat sich 1948 von* ☞ *Anpi losgelöst)*

Folgore: Brigata Folgore: Fallschirmjägerbrigade Folgore „Blitz"
*contemporaneamente la Divisione subì anche un riordinamento organico divenendo 185° Divisione paracadutisti ed assumendo il nome di „**Folgore**", derivato dal motto latino „Ex Alto Fulgor" coniato per il suo 1° reggimento*

Forza Paris: Militär- und Carabinieri-Einsatz in Sardinien zur Bekämpfung der Organisierten Kriminalität
*l'operazione „**Forza Paris**" doveva essere a tempo (sei mesi circa), invece dura da anni con buona pace di forze come il Partito Sardo d'Azione ed altri confusi raggruppamenti locali*

frecce tricolori: PAN: Pattuglia Acrobatica Nazionale: Flugformation/Kunstflugstaffel der italienischen Streitkräfte
*una penna dedicata alle **Frecce Tricolori**, la pattuglia acrobatica nazionale dell'Aeronautica militare italiana, famosa per le sue evoluzioni/ passaggio della **PAN „Frecce Tricolori"**; ore 13.00*

soldati **gallina: fanti piumati:** bersaglieri: Panzergrenadiere (Traditionstruppenteil) *(in Anspielung an die Helmtarnung)*

gavettone: Dusche *(als Schikanemaßnahme)*
📖 *busta di acqua lanciata, durante il sonno, su una recluta o su un soldato da punire: atto tipico di nonnismo*

gradi militari	***Dienstgrade***
generale ammiraglio	General General Admiral
generale di corpo d'armata generale di squadra aerea ammiraglio di squadra	Generalleutnant Generalleutnant Vizeadmiral
generale di divisione generale di divisione aerea ammiraglio	Generalmajor Generalmajor Konteradmiral
generale di brigata generale di brigata aerea contrammiraglio	Brigadegeneral Brigadegeneral Flotillenadmiral
colonnello colonnello capitano di vascello	Oberst Oberst Kapitän zur See
tenente colonnello tenente colonnello capitano di fregata	Oberstleutnant Oberstleutnant Fregattenkapitän
maggiore maggiore capitano do corvetta	Major Major Korvettenkapitän
capitano capitano tenente di vascello	Hauptmann Hauptmann Kapitänleutnant
tenente tenente sottotenente di vascello	Oberleutnant Oberleutnant Oberleutnant zur See
sottotenente sottotenente guardiamarina	Leutnant Leutnant Leutnant zur See
primo maresciallo luogotenente	Oberstabsfeldwebel Oberstabsfeldwebel Oberstabsbootsmann

primo maresciallo	Stabsfeldwebel Stabsfeldwebel Stabsbootsmann
maresciallo capo maresciallo di prima classe capo di prima classe	Hauptfeldwebel Hauptfeldwebel Hauptbootsmann
maresciallo ordinario maresciallo di seconda classe capo di seconda classe	Oberfeldwebel Oberfeldwebel Oberbootsmann
maresciallo maresciallo di terza classe capo di terza classe	Feldwebel Feldwebel Bootsmann
sergente maggiore capo sergente maggiore capo secondo capo scelto/ sergente maggiore sergente maggiore secondo capo	Stabsunteroffizier Stabsunteroffizier Obermaat
sergente sergente sergente	Unteroffizier Unteroffizier Maat
caporal maggiore capo scelto primo aviere capo scelto sottocapo di prima classe scelto/ caporal maggiore capo primo aviere capo sottocapo di prima classe	Oberstabsgefreiter
caporale maggiore scelto primo aviere scelto sottocapo di seconda classe	Stabsgefreiter
primo caporale maggiore aviere capo sottocapo di terza classe	Hauptgefreiter
caporale maggiore primo aviere sottocapo	Obergefreiter Obergefreiter Obergefreiter

caporale aviere scelto comune di prima classe	Gefreiter Gefreiter Gefreiter
soldato aviere comune di seconda classe	Schütze, Flieger usw.

grigio-verde: Olivgrün
👓 *addio al servizio di leva: indosseranno il „glorioso* ***grigio-verde****", come si diceva una volta, solo i volontari*

numero grigioverde: Telefondienst für Soldaten, die Opfer von Schikanen geworden sind;
☞ nonnismo
📖 *riservato ai soldati, per denunciare casi di abusi nelle caserme*

Imi: Badoglios/badogliani *(pej.)*: internati militari italiani: italienische Militärinternierte *(während des 2. Weltkriegs)*
👓 *escludere i militari internati italiani (****I. M. I.****) dall'indennizzo …*
👓 *erano chiamati* ***Badoglios****; che più o meno voleva dire traditori. Per quasi due anni subirono angherie morali e umiliazioni fisiche*

lagunari: 1° reggimento Lagunari „Serenissima": amphibische Truppe des Heeres
📖 *der Verband operiert bei Auslandseinsätzen insbesondere in binnengewässerreichen Gegenden und Küstengebieten*
👓 *ma a scendere a terra saranno soltanto 803 militari, fanti di marina del San Marco e* ***lagunari***

leva: Wehrdienst
esercito di leva: Wehrpflichtarmee
👓 *abolire la* ***leva****/la riduzione della* ***leva***
nuove leve: giovani leve: die neuen Jahrgänge, die junge Garde *(nicht nur militärisch)*
👓 *per lui scrivono anche le* ***nuove leve*** *della comicità di sinistra: da Paolo Rossi a Gino e Michele*
👓 *probabilmente è dietro al neo-terrorismo delle* ***giovani leve***

Levadife*(ehem.)*: ufficio leva del ministero della Difesa: Amt für die Einberufung von Wehrpflichtigen

Loc: Lega degli obiettori di coscienza: Liga der Wehrdienstverweigerer aus Gewissensgründen *le due associazioni di „categoria", la storica **Loc** e la giovane ☞ **Aon**, mettono insieme, a essere generosi, non più di 2.500 iscritti. Le domande di obiezione presentate del 1996 sono state 48 mila. I militari in servizio di leva obbligatorio 170 mila.*

marò: fanti: Marineinfanteristen
*protagonisti sono stati quindici **marò** del gruppo operativo del reggimento fanteria di Marina „San Marco"/la nave San Giusto verso l'Albania con 350 **fanti**: proteggeranno gli aiuti*

tomba del **Milite Ignoto:** das Grab des Unbekannten Soldaten

militesente: vom Wehrdienst befreit

Monte Cervino: i paracadutisti alpini del battaglione Monte Cervino: Fallschirmjäger des Gebirgsjägerbataillons Monte Cervino (Matterhorn)

naia: Wehrdienst, Kommiss, „Barras"
*la Procura ha chiuso il primo troncone dell'inchiesta sulle bustarelle anti-**naja/mazzette** anti-**naja**: tangenti per non fare il militare/la necessità di abolire la **naia***
mazzette -*Bestechungsgelder*

Navarm: Direzione Generale degli Armamenti Navali: Hauptabteilung Rüstung See im Ministerium der Verteidigung

nucleo di intervento **NBC** (nucleare-batteriologico-chimico): ABC-Abwehrtrupp
*i nuclei di intervento **NBC** erano già stati allertati anche per il G8 a Genova*

nonni/nonnismo: Schikanieren der frisch rekrutierten Soldaten durch Längergediente
*altro che **goliardia** il nonnismo è reato: niente più scherzi da caserma, né riti sadici d'iniziazione, né torture per giovani reclute all'alba del servizio militare*
goliardia – dummer Streich, Studentenstreich

Scuola Militare **Nunziatella:** Militärgymnasium Nunziatella in Neapel
La Scuola Militare Nunziatella di Napoli è il più antico Istituto di Formazione Militare d'Italia; consente di frequentare il triennio del Liceo Classico ovvero il triennio del Liceo Scientifico

obiezione di coscienza: Wehrdienstverweigerung aus Gewissensgründen
obiezione di coscienza: Abolizione dei limiti per essere ammessi al servizio civile in luogo del servizio militare
obiettore: obiettore di coscienza: Wehrdienstverweigerer, Zivildienstleistender
***obiettori** come ☞ vigilantes nelle scuole: è stato proposto di usare gli **obiettori di coscienza** per la vigilanza fuori e dentro le scuole per affrontare l'emergenza pedofili*

parà: i paracadutisti: Fallschirmjäger
*i **parà** hanno scritto pagine di eroismo: non distruggiamole*

paracadutare: mit dem Fallschirm abwerfen: (auf einem Posten) unterbringen, plazieren
*un uomo considerato a lui particolarmente vicino, tanto da averlo **paracadutato** per ben due elezioni da Roma nel collegio di Civitanova Marche*
circoscrizioni paracadute: sichere Wahlkreise
*richiesta di cessare la pratica delle circoscrizioni **paracadute**, ovvero la garanzia dell'elezione assicurata a chi vive e lavora in un altro collegio rispetto a quello che lo ha eletto*

pirotecnico: pyrotechnisch, explosiv: Überraschungen bergend, ... fliegen die Fetzen
*doveva tornarci per un faccia a faccia, che si annunciava **pirotecnico**, con l'esuberante ex senatore leghista Boso*
*un finale di gara **pirotecnico** ha deciso Triestina-Vicenza*

Pratica di Mare: Luftwaffenstützpunkt und Militärflughafen bei Rom
la più grande base aerea dell'Aeronautica militare italiana e la seconda in Europa dopo Ramstein

razione kappa: EPA: Einmannpackung *(für die Verpflegung)*

riconversione: Konversion
*hanno dato vita a manifestazioni di protesta e a momenti di riflessione sul commercio di armi in Italia e sulle ipotesi di **riconversione** delle industrie del settore*

RM: Regione Militare: *verglb.* Wehrbereich
Regione Militare Nord-Ovest (RMNO), Regione Militare Nord-Est (RMNE), Regione Militare Tosco-Emiliana (RMTE), Regione Militare Centrale (RMCE), Regione Militare Meridionale (RMME), Regione Militare Sicilia (RMSI), Regione Militare Sardegna (RMSA)

Rsm: Reggimento San Marco (Brindisi): Marineinfanterieregiment
📖 *i marines italiani; reparto di circa 500 uomini preparati ad azioni di contro-guerriglia per la difesa di porti e basi navali*

sbocco: Übernahme *(von ausscheidenden Soldaten durch den zivilen Bereich)*
*la legge assicura già **sbocchi** nelle Forze dell'ordine e nei Vigili del fuoco; bisogna allargare le possibilità di impiego*

scudo spaziale: difesa anti-missilistica: Raketenabwehr(schild)
*il leader americano è stato invitato dal collega per discutere la questione dello **scudo spaziale***

signore della guerra: Warlord
*il governatore di Kandahar sembrava uno dei **signori della guerra** più filo-americani*

Signorsì: Jawoll, zu Befehl: Jasager, (unterwürfiges) Beipflichten
generazione Signorsì: Generation der Jasager
*con Berlusconi era tutto un **signorsì**, fino all'altroieri*

silenzio: Zapfenstreich
*la giornata dei cadetti procede quasi senza soste dalle 6.30 del mattino fino al **silenzio** delle 22.30*

i tre **Sios:** *(ehem.)*: servizi informazioni operative e situazione (delle tre armi: esercito, marina, aeronautica): Nachrichtendienste der Teilstreitkräfte

Soc: Servizio Onori della Capitale: Ehrenformation der Streitkräfte
*è un ragazzo di 22 anni e come buona parte degli appartenenti **Soc** è alto e di bella presenza. Sono due dei requisiti richiesti per fare la guardia all'**Altare della Patria**, al Quirinale, al Senato e alla Camera*

sostituzione: servizio **senza stellette:** servizio civile sostitutivo: Ersatzdienst, Zivildienst
*avrebbero potuto chiedere di **sostituire** il servizio militare con quello civile*

spina: recluta: Rekrut
*„la naia è una ruota da lunapark: Ogni **spina** sarà ☞ nonno, ogni nonno è stato **spina**. Prima devi dare, dopo puoi prendere"*

stanza: Stationierung, stationiert
*di **stanza** nel 60° Battaglione „Col di Lana"*

stecca: *(vglb.)* Maßband
📖 *barra di legno su cui il soldato segna i giorni mancanti al congedo*

Taurinense: Brigata Alpina „Taurinense": in Turin stationierte Gebirgsjägerbrigade
*la struttura, recentemente ristrutturata e da qualche ora sorvegliata dagli alpini della **Taurinense***

teatro: teatro di operazione: Einsatzgebiet: ... spielt sich ab in ..., erleben wir in ...
*tutto ciò avviene sotto i nostri occhi, ha come **teatro di operazione** il territorio italiano, i protagonisti sono professionisti dell'islam che hanno messo le mani sulle moschee che proliferano al ritmo di una ogni quattro giorni*
teatro: teatro di guerra: Einsatzgebiet, Kriegsschauplatz
*convincere gli alleati delle nostre capacità d'impiego nel **teatro** afgano*

Teledife: Direzione Generale delle Telecomunicazioni, dell'Informatica e delle Tecnologie Avanzate: Hauptabteilung Kommunikation und Technologie im Ministerium der Verteidigung

Terrarm: Direzione Generale degli Armamenti Terrestri: Hauptabteilung Rüstung Land im Ministerium der Verteidigung

Scuola Militare **Teuliè:** Militärgymnasium Teuliè bei Mailand

top gun: pilota/aeronavigante dell'Aeronautica Militare: Luftwaffenpilot
*il „**top gun**" ribelle torna a volare*

tre giorni: visita di leva: Musterung
📖 *la chiamata al distretto militare per gli esami di idoneità*

Unuci: Unione nazionale degli ufficiali in congedo d'Italia: Nationaler Verband der Reserveoffiziere und Offiziere im Ruhestand

Vfp: volontari in ferma prefissata: volontari di truppa: Zeitsoldaten
*la legge n. 226 del 23. 8. 2004 ha stabilito la sospensione del servizio di leva e l'introduzione della figura del **volontario in ferma prefissata (Vfp)** a uno e quattro anni*

Scuola Sottufficiali dell'Esercito **Viterbo:** Heeresunteroffiziersschule in Viterbo

Vsp: volontari in servizio permanente: Berufssoldaten
☞ *il militare sarà una scelta professionale lunga un periodo prefissato o lunga una vita (Vsp, **volontari in servizio permanente**)*

3.3. Arma dei Carabinieri
Carabinieri-Truppe

Arma: Arma dei carabinieri: Carabinieri-Truppe, Innere Truppe
numero utile carabinieri: **112:** il **dodici:** Carabinieri-Notrufnummer
CC
Benemerita
carabiniere: bedy/pirenghi *(nel gergo dei detenuti):* Carabinieri-Soldat
📖 *articolata in divisioni, brigate, legioni, gruppi, compagnie, tenenze e stazioni (cui si aggiungono nuclei radiomobili, nuclei investigativi, nuclei di polizia giudiziaria, posti di polizia di frontiera e altri reparti speciali, oltre allo squadrone corazzieri del Presidente della repubblica); un'organizzazione mobile, costituita da una brigata meccanizzata, cinque reggimenti (di cui uno a cavallo) e un battaglione paracadusti; un'organizzazione di polizia militare, formata dai reparti presso le unità e i comandi militari nazionali e della NATO; un'organizzazione speciale, costituita dal centro elicotteri, il servizio navale, il centro carabinieri subacquei, il comando nuclei antisofisticazione, il comando carabinieri antridroga ecc.; un'organizzazione addestrativa.*
☞ *La polizia spara ai **carabinieri:** Latitante ammazzato sull'auto dei militari in borghese che l'avevano preso. I parenti del boss attaccano la pattuglia. Colpi in aria, fuga con il criminale. Poi i **CC** non si sono fermati all' „alt"*
☞ *l'**Arma** sottopagata*
☞ *un dossier nel quale venivano ipotizzati agganci nelle Fiamme Gialle e nella **Benemerita***
☞ *... come le barzellette italiane sulla presunta ottusità dei **carabinieri***
Comando generale dell'Arma dei Carabinieri: Kommando der Carabinieri-Truppe

auto-civetta: Polizeifahrzeug zur verdeckten Ermittlung
☞ *preso un bandito, gli altri fuggono con l'**auto-civetta** dei carabinieri*

baschi neri: Schwarze Barette: Carabinieri-Soldaten
☞ *banditi, ladri, stupratori e qualche postsessantottino di sinistra di quelli che gridavano „**Basco nero** il tuo posto è al cimitero" e „ps=ss"*

Coi: Comando Operativo di vertice Interforze: Einsatzführungskommando *(für teilstreitkraftübergreifende Auslandsoperationen)*
📖 *effettua la pianificazione operativa e dirige le operazioni ed esercitazioni interforze, fornisce il contributo alla elaborazione della dottrina NATO e di altre Organizzazioni Internazionali*

gradi dell'Arma dei Carabinieri	***Dienstgrade der Carabinieri-Truppe***
Generale di Corpo d'Armata	Generalleutnant
Generale di Divisione	Generalmajor
Generale di Brigata	Brigadegeneral
Colonnello	Oberst
Tenente Colonnello	Oberstleutnant
Maggiore	Major
Capitano	Hauptmann
Tenente	Oberleutnant
Maresciallo Capo	Hauptfeldwebel
Maresciallo Ordinario	Oberfeldwebel
Maresciallo	Feldwebel
Brigadiere Capo	Stabsunteroffizier
Brigadiere	Unteroffizier
vice Brigadiere	Unteroffizier
Appuntato scelto	Hauptgefreiter
Appuntato	Obergefreiter
Carabiniere scelto	Gefreiter
Carabiniere	Carabinieri-Soldat

Nettuno: Scuola allievi ufficiali dei carabinieri: Offiziersschule der Carabinieri-Truppe
Scuola di polizia: Polizeischule

Nad: Nuclei antidroga: Drogenpolizei

Nas: Nuclei antisofisticazione e Sanità (dei carabinieri): Lebensmittel- und gesundheitspolizei
☞ *i nuclei **Nas**/i carabinieri dei **Nas***

Noe: Nucleo operativo ecologico: Umweltpolizei
📖 *ha il compito di segnalare i reati ambientali commessi dalle industrie pubbliche e private (**discariche** abusive, impianti di lavaggio, **in-***

ceneritori, ***mattatoi***, ***cantieri edili***, *costruzioni abusive)*

discarica – (Müll)Deponie
inceneritori – Verbrennungsanlagen
mattatoi – Schlachthöfe
cantieri edili – Baustellen

Nucleo tutela del patrimonio artistico: Einsatzkommando zum Schutz von Kunstwerken

Racis: Raggruppamento Carabinieri Investigazioni Scientifiche: Abteilung für kriminaltechnische Untersuchungen
*Il servizio investigazioni scientifiche è la struttura preposta a soddisfare le richieste di indagine tecnicoscientifiche di P. G. dei Reparti dell'Arma, della Magistratura e delle altre Forze di Polizia. Attualmente, si articola su: Raggruppamento Carabinieri Investigazioni Scientifiche (Ra. C. I. S.), con sede a Roma; 4 Reparti Investigazioni Scientifiche (**RIS**), con sedi in Roma, Parma, Messina e Cagliari; collocati alle dipendenze del RaCIS e 29 Sezioni Investigazioni Scientifiche (**SIS**), collocate nell'ambito dei Reparti Operativi dei Comandi Provinciali e collegate tecnicamente con i rispettivi R. I. S., composte da personale altamente specializzato nelle analisi di sostanze stupefacenti, negli interventi sulla scena del crimine e per il disinnesco di esplosivi*

reparto operativo carabinieri/nucleo operativo dei carabinieri: Einsatzkommando der Carabinieri

Ris: reparto d'investigazione scientifica dei carabinieri: Einsatzkommando für kriminalpolizeiliche Fahndungen
*del caso se ne sta occupando anche il **Ris** di Parma, a cui sono state recapitati i reperti delle lettere*

Ros: raggruppamento operativo speciale: Sondereinsatzgruppe der Carabinieri
struttura antimafia e antiterrorismo
*un colonnello dei **Ros** non agisce a caso; c'è un disegno preciso, non può essere altrimenti*

Tuscanía: 1° Reggimento Carabinieri Paracadutisti „Tuscania" (Livorno): Fallschirmjägerregiment der Carabinieri-Truppe
*il **Tuscania** dei Carabinieri, fiore all'occhiello dei reparti mobili*

Unac: Unione nazionale arma carabinieri: Nationale Vereinigung der Carabinieri *(Interessenvertretung der Carabinieri)*

Vespri siciliani: Carabinieri-Truppe im Sondereinsatz in Sizilien
*anche perché, se l'esperienza dei **Vespri Siciliani** è stata ben accolta dalla popolazione e gratificante per chi vi partecipa, non si può pensare che i militari di leva siano sistematicamente chiamati a fare la lotta alla criminalità organizzata*
Vespri siciliani: historische Aufständischenbewegung in Sizilien
moto di ribellione scoppiato a Palermo, all'ora del vespro del 30 marzo 1282, e diretto contro la dominazione angioina

3.4. Parole di tipo guerresco
Kriegerische Ausdrücke

affilare: già stanno affilando le armi in vista di . . .: *wetzen die Waffen, schleifen die Waffen*

allegra brigata: bisogna smetterla con la nostalgia per quell'allegra brigata, l'alleanza con la sinistra radicale, che per due volte ha disinvoltamente assassinato il governo di centrosinistra: *lustige Gesellschaft*

alzo: spara pessimismo ad **alzo zero**/nel frattempo però c'è chi la pensa in modo ben diverso e **spara ad alzo zero:** *Visier*
sparare ad alzo zero – wahllos schießen auf . . .

mancare all'**appello:** tante associazioni . . . tutte del Profondo nord, divise rigorosamente per regioni, ma l'Emilia, chissà perché, mancava all'appello: *(beim Rapport) fehlen*

arma spuntata: sarebbe un'arma spuntata; l'unico strumento è il passare del tempo: *stumpfe Waffe: wirkungsloses Mittel*

Armiamoci e partite: *nach dem Film „Zwei Trottel an der Front"* (*etwa:* Täuschen, Tarnen und Verpissen/viel reden und die anderen machen lassen): *verglb.* Hannemann geh Du voran, Du hast die größten Stiefel an
*nella più classica tradizione italiana dell'**Armiamoci e partite**, l'Amministrazione Comunale non fornisce alcun tipo di patrocinio, né economico, né di tutela legale*

arroccarsi: l'esercizio eccessivo della denuncia fa arroccare su posizioni difensive: *sich verschanzen*

ascia di guerra: si sono visti arrivare una dele-

gazione del Leonka che non impugnava l'ascia di guerra: *das Kriegsbeil schwingen*
sotterrare l'ascia di guerra: *Kriegsbeil begraben*

assalto alla diligenza: secondo il consiglio dei ministri, nonostante l'assalto alla diligenza, le grandezze complessive non sono cambiate: la Finanziaria è e resta di 20 miliardi di euro, divisi in 8 miliardi di condoni, 4 miliardi di cartolarizzazioni e 8 miliardi di tagli alla spesa: *Überfall auf die Postkutsche: Angriff auf ...*

avanscoperta: gli acquirenti hanno mandato in avanscoperta i consulenti della Inner Circle, una banca d'affari statunitense specializzata in operazioni sportive: *Aufklärungstrupp: Terrain sondieren*

bacchettata: Milano, l'anno giudiziario si apre con le bacchettate di Grosso ai magistrati. Cala il numero degli indagati di Tangentopoli. „Basta con le ☞ scorribande dei procuratori" Il vicepresidente del Csm: devono saper resistere alle sirene dei media: *Schlag mit dem Stock, Prügel*

bagno di sangue: qualcuno ha fatto un bagno di sangue economico: *Blutbad, Desaster*
bagno economico: *finanzieller Aderlass, finanzielles Disaster*

baluardo: il quotidiano è importante, perché serve a crescere, a integrarsi nel mondo in cui si vive, a formarsi una solida coscienza critica, che può fare da baluardo alla democrazia: *Bollwerk*

fare una **bandiera** di: come la Cisl che del pluralismo e dell'autonomia ha sempre fatto una bandiera: *sich etw. auf die Fahnen schreiben*

bandiera bianca: alla fine Brancoli alza bandiera bianca: *weiße Fahne, Aufgabe*

battaglia: Bicamerale, ora è battaglia nel Polo. Buttiglione: se Fini fa nascere zoppa la Commissione, signifa che An va per conto suo/ battaglia all'ultimo sangue sull'articolo 18: *Schlacht*

zoppo – lahm, hinkend

tiro al **bersaglio:** qualcosa si muove nella cultura che si respira nelle aule. Il tiro al bersaglio degli insegnanti non è accettabile: *Scheibenschießen*

blindato (sotto la protezione delle forze armate): Dakar, la corsa blindata contro i figli del deserto: *gepanzert: militärisch gesichert*
alla Camera assegnano al ☞ Carroccio solo 32 seggi blindati: *sicher (Sitze im Parlament)*

blindatura: Varsavia pretendeva fin dal principio la blindatura del meccanismo di Ioannina dentro un protocollo al Trattato: *Panzerung: Absicherung, Festschreiben, etw. wasserdicht machen*

blitz: colpo di mano: blitz di Prodi, oggi i nuovi capi di servizi/tanti mugugni, ma il blitz di Prodi passa: *Blitzkrieg, Blitzangriff: Handstreich, Überraschungsschlag*

bollettino di guerra: ha tutta l'aria del bollettino di guerra affollato di sconfitte l'indagine dell'Ufficio Studi: *Kriegsbericht(erstattung)*

bomba: i rapporti con ... sono a prova di bomba: *bombenfest, bombensicher*

bomba a orologeria: una bomba a orologeria che radicalizza lo scontro e fa il gioco delle ali estreme: *Zeitbombe*

effetto di **boomerang:** le allusioni di Bagarella alle „promesse di alcuni politici" hanno avuto l'effetto di un boomerang: *Bumerangeffekt*

bordata: ha subito anche qualche bordata/bordate di critiche partono anche dai partiti dell'Ulivo: *Breitseite*

braccio armato: ha finito per diventare un obbediente „braccio armato" del ministro, eseguendo senza indugio alcuno quanto sua altezza (si fa per dire) comanda: *bewaffneter Arm, „Mann fürs Grobe"*

brandire un'arma: ma in ogni caso non possono essere brandite come un'arma contro di noi: *Waffe schwingen*

caccia: caccia a 400 conti esteri dei corrotti della Finanza: *Jagd*

cambio di guardia: l'ala dalemiana della Quercia avrebbe interesse ad accelerare il cambio della guardia a ☞ viale Mazzini: *Wachablösung*

campo: Montecitorio, le forze in campo/la prima vittima del reaprirsi dello scontro a tutto campo tra Polo e Ulivo: *Schlachtfeld: auf allen Ebenen*
scendere in campo: *antreten*
Scendere in campo per Berlusconi significa gettarsi in politica. Anche mio padre ***scendeva in campo***, ma per liberarsi lo stomaco (Roberto Benigni)*

campo minato: bisogna sapere dove si va; l'informazione rimane un campo minato: *Minenfeld*

camuffato: l'Ulivo denunciò i pericoli della „secessione camuffata" e fece ostruzionismo: *getarnt: verdeckt*

tornare alla **carica:** pensioni, il Pds torna alla carica: Contributo di solidarietà invece della stangata sulla casa: *erneut zum Angriff übergehen*

caricare: vorrei ricordare che i ☞ Cobas del latte venivano regolarmente caricati ogni volta che si avvicinavano a un binario: *attackieren, angreifen*

carne da cannone: è un altro aspetto che devo sottolineare perché sarebbe il caso di non pensare, come talvolta viene di fare, che con i volontari abbiamo inventato la carne da cannone. Sono tutti figli nostri e meritano tutti la nostra considerazione: *Kanonenfutter*

casacca e bandiera: potrebbe vedere un impreciso numero di deputati del Polo cambiare casacca e bandiera: *Soldatenrock und Fahne: mit fliegenden Fahnen überlaufen*
cambio di casacca: Überlaufen, Wechsel des Lagers
✍ *il* ***cambio di casacca*** *di 30 dei 90 deputati uscenti*

cavallo di battaglia: che dovevano essere uno dei cavalli di battaglia del governo: *Schlachtross*
📖 fra i cavalli di battaglia di cui disponevano i condottieri e i capitani d'un tempo, quello addestrato per la battaglia era il migliore e, quasi sempre, il favorito

centro: ha scelto la modestia e ha fatto centro: *ins Schwarze treffen*

clava: quando il tempo stringe la clava sostituisce il fioretto e la pressione aumenta: *Keule: Brechstange*

colpo: ha inferto un altro colpo al governo/cerca di parare il colpo: *Schlag*

colpo di grazia: la fauna nazionale rischia ora di subire il colpo di grazia dalla preapertura della caccia decisa in ben sedici regioni italiane: *Gnadenschuss, -stoß*

colpo mortale: arrecando così un colpo mortale alla traballante economia meridionale: *den Todesstoß versetzen*

coprifuoco di notte: il sindaco di Novara recentemente ha ordinato il coprifuoco di notte nei parchi pubblici a gruppetti di tre persone: *nächtliches Ausgangsverbot/Ausgangssperre*

dardo fiammeggiante: ho stima intellettuale per Parisi. Ma provo nei suoi confronti una delusione umana. Mi sarebbe molto piaciuto che estraesse il suo dardo fiammeggiante nel momento in cui Prodi dopo la vittoria del 2006 fu assediato dai partiti, che lo costrinsero a fare un governo di cento persone: *flammender Speer*

dietrofront: davanti all'Arma il Pds fa dietrofront/dietrofront, le farmacie sospendono la protesta: *Rückzug, Rückzieher*

diserzione delle urne /disertori delle urne: la cosa certa è che i disertori delle urne si conterebbero molto più numerosi tra le fila del Polo che tra quelli della sinistra: *Wahlenthaltung/Nichtwähler*

disinnescare: insieme al fido Micheli elabora le proposte che presenterà dopodomani per disinnescare Bertinotti: *entschärfen (Mine, Bombe)*

espugnare: la Germania spunta su Verona e vuole espugnare anche l'Arena: *erobern, einnehmen*

colpi di **fioretto:** tariffe basse, ma non a scapito di comfort e sicurezza, anzi una gara a colpi di fioretto d'alta qualità: *mit dem Florett fechten*

fossato: allargando il fossato tra chi è schierato con Bossi e chi pensa che occorra mettere un punto alle pretese del Senatùr/scavare un fossato incolmabile: *Graben, Befestigungsgraben: Kluft*

frecciata: una frecciata la lancia anche al medico ...: *Pfeilschuss: Giftpfeil, Bosheit*

chiudere un **fronte:** dopo il congelamento definitivo dei seggi vacanti, si chiude un altro fronte politico: *Front: Streitfrage lösen*

fuga in avanti: ma Veltroni esclude fughe in avanti: *Flucht nach vorn*

fuoco: è preso tra due fuochi: *zwischen zwei Feuer geraten*

fuoco amico: hanno già iniziato a decimarsi col fuoco amico: *freundliches Feuer*

fuoco incrociato: sottoposto al fuoco incrociato: *Kreuzfeuer*

grimaldello: Silvio Berlusconi vuole usare il grimaldello della nuova legge elettorale per portare in Europa solo due grandi gruppi parlamentari: *Dietrich: Hebel*

guardia: se qualcuno ha abbassato la guardia, rialziamola/non c'è nessuna abbassamento della guardia: *die Deckung herunternehmen, unachtsam werden*

guerra: i Verdi sono sul piede di guerra anche contro ...: *auf dem Kriegsfuß stehen*

guerra dell'uva: drammatico il bilancio di questa nuova guerra dell'uva: Un piccolo agricoltore di Canosa è morto: *Traubenkrieg*

guerra fratricida: può essere invece l'annuncio di una guerra fratricida: *Bruderkrieg*

imboscata: questo governo non cadrà per una imboscata parlamentare ma per una operazione politica: *Hinterhalt*

impallinato: Governo impallinato sulla finanziaria in commissione Difesa/Mellano: il decreto sulla caccia muore, „impallinato" dal Governo stesso e dalla maggioranza/Governo impallinato dal fuoco amico Mastella: così è crisi: *(überraschend) getroffen, abgeschossen*

lacrime e sangue: immaginiamo pure una manovra lacrime e sangue che ci permetta di abbattere il debito di 10 miliardi in un anno: *'Blut und Tränen*

lancia: spezzando una lancia a favore di .../spezza una mezza lancia per ...: *Lanze brechen*

leccarsi le ferite: possono imporsi ora, quando la sinistra si lecca le ferite: *sich die Wunden lecken*

macchina bellica: Kriegsmaschinerie

tabella di **marcia:** la tabella di marcia segna comunque un rallentamento rispetto alle previsioni originarie: *Marschtabelle, Zeitplan*

marciare divisi per colpire uniti: marciare divisi per colpire uniti: per battere il Cinese (Cofferati) serve una strategia maoista: *getrennt marschieren, vereint schlagen*

miccia: uno striscione ha acceso la miccia: *Zündschnur, Lunte*

mina vagante: l'ex mina vagante Umberto Bossi era diventata un vero pacifista: *Treibmine: Unsicherheitsfaktor*

minato: la nostra credibilità è minata: *unterminiert/untergraben*

mirino: Gemina, nel mirino le responsabilità dei **piani superiori:** *Visier*

piani superiori – Chefetagen

gettarsi nella **mischia:** abbiamo incoraggiato la corsa di Bindi e Letta, in privato ho anche consigliato al nostro editorialista Mario Adinolfi di gettarsi nella mischia: *sich ins Getümmel werfen, sich an einer Auseinandersetzung beteiligen*

mitra: mitraglia: non mi sembra che siamo andati col mitra in Parlamento: *Maschinengewehr*

mitragliata: la mitragliata di critiche sembra creare qualche dubbio all'interno dello stesso ministero della Sanità: *(Maschinengewehr)Salve: Hagel*

mitragliatrice: la mitragliatrice di Beppe Grillo è stata micidialmente precisa. Ha preso di mira il carbone, l'elettrosmog, le televisioni con la lucetta rossa sempre accesa ...: *Maschinengewehr: ... wie ein Maschinengewehr (schnell und präzise)*

morsa: Italia nella morsa del vento siberiano: *Zange, Schraubstock*

mortaretti: la campagna elettorale universalmente giudicata la più noiosa degli ultimi anni, si concluderà venerdì senza grandi annunci a sorpresa, non ci saranno neppure i mortaretti finali: *Böllerschüsse: Feuerwerk*

in **ordine sparso:** ai prossimi appuntamenti si arriverà in ordine sparso: *verstreut, aufgelöst, nicht geschlossen*

prendere in **ostaggio:** senza bisogno di farsi prendere personalmente in ostaggio dentro il governo: *in Geiselhaft nehmen*

pace blindata: pronta clausola liberatoria, per Cassano pace blindata con la Roma: *Frieden ... ist besiegelt*

sparare a **palle incatenate:** intanto Ciriaco De Mita spara a palle incatenate contro il partito ma sul futuro non scioglie la riserva: *mit Kettenkugeln auf etw. schießen, schwere Geschütze auffahren*

pattuglia: a fare gli onori di casa sono il ministro del lavoro del governo ombra del Pd e una pattuglia di intellettuali: *Trupp, Streife: Handvoll, kleiner Haufen*

portabandiera: fra i portabandiera a sinistra c'è anche il deputato regionale diessino Zago: *Bannerträger: Exponent, wichtiger Vertreter*

punta di diamante: punta di diamante della protesta: *Speerspitze*

di **punto in bianco:** non decidere di punto in bianco: *Hals über Kopf/Knall auf Fall*
📖 *tiro di punto in bianco era detto un tempo il tiro delle artiglierie che sparavano direttamente senza elevazione, con il congegno di puntamento che non segnava alcun valore in bianco*

serrare i **ranghi:** il movimento serra i ranghi: *die Reihen schließen*

battaglia di **retroguardia:** stanchi sia delle battaglie di retroguardia di An sia dell'etnocentrismo della Svp: *Rückraumgefecht, im Verborgenen operieren*

rintuzzare: ha rintuzzato con energia gli attacchi mossi ai suoi colleghi di Mani pulite: *zurückschlagen*

ritirata: dopo il gran rumore di sciabole di questa settimana il governo sembra disporsi alla ritirata: *Rückzug*

saltare il fosso: proprio ieri, è emerso che un altro degli uomini del clan Lo Piccolo ha deciso di saltare il fosso: *den (Wasser)Graben überspringen: das Lager wechseln, mit der Justiz zusammenarbeiten*

saltare in aria: il Polo sta alzando il livello dello scontro per far saltare in aria la Bicamerale/non sarà lui a far saltare il ☞ tavolo: *sprengen*

sangue: ci si aspetta una campagna elettorale all'ultimo sangue: *bis auf den letzten Blutstropfen*

sbandierare: secondo l'Aduc il governo ha sbandierato un accordo con l'associazione delle banche prevedendo un risparmio pari a circa 850 euro all'anno per 1.250.000 famiglie circa: *Fahnen schwenken: zur Schau tragen*

fuoco di **sbarramento:** ma il fuoco di sbarramento all'ingresso dei comunisti al governo, per la prima volta dal dopoguerra, è partito: *Sperrfeuer*

scelta di campo: duro il giudizio dell'Italia dei Valori: „La Lega ha fatto una scelta di campo, scendere a compromesso rispetto alla sua missione per ottenere il federalismo": *Position beziehen*

scheggia impazzita: Rizzi invece di Roma ladrona non si fida, meno che mai degli ex colleghi di partito che poi diventano schegge: *Querschläger; Person, die in ihren Reaktionen unberechenbar und unkontrollierbar ist*

schermaglia: il resto sono schermaglie tattiche: *Gefecht: taktisches Geplänkel*

schiaffo: schiaffeggiare: ma questa sentenza è uno schiaffo morale/è un'Italia schiaffeggiata da pioggia e maltempo: *Ohrfeige, Schlag ins Gesicht*

tiro di **schioppo:** la sua villa si trova a un tiro di schioppo dalla residenza agostana di S.: *einen Schuss weit entfernt, einen Steinwurf von ...*

sciabolata: a distanza di poche ore Lorin Maazel e Franco Zeffirelli hanno tirato sciabolate su quegli artefici della lirica rei di **lesa maestà** melodrammatica: *Säbelhieb: (vehementer) Angriff*
lesa maestà – Majestätsbeleidigung

rumore di **sciabole:** dopo il gran rumore di sciabole di questa settimana il governo sembra disporsi alla ritirata: *Säbelrasseln*

scoppio ritardato: la nuova tassa arriva a scoppio ritardato: *Spätzündung: mit Verspätung*

scorribanda: non mi pare che gli autori dei vandalismi abbiano compiuto delle scelte, hanno distrutto tutto ciò che trovavano, mi sembra una vera scorribanda. Però una scorribanda organizzata, preparata, coordinata: *Streifzug, Raubzug,* AUCH *Spritzfahrt, Abschweifung, Exkurs*

scudo: oggi, invece, il sindacato è sugli scudi: *der Schild: obenauf sein*
contro la richiesta di ... c'è stata una vera e proprio **levata di scudi** da parte di ...: *Aufstand gegen ..., empören sich gegen ...*

scure: la scure della Moratti si è abbattuta senza pietà sui più deboli: *Fallbeil*

sentiero di guerra: i consoli onorari scendono sul sentiero di guerra: *Kriegspfad*

sferrare: in questi giorni ha sferrato attacchi

ingiustificati e strumentali contro Berlusconi: *Angriff starten*

sfoderare: sfodera una lunga esperienza nelle amministrazioni locali: *aus der Scheide ziehen; vorweisen, aufweisen, zur Schau stellen*

silenziatore: per sovrappiù decise di mettere il silenziatore alle polemiche: *Dämpfer*

siluramento: a tre giorni dal siluramento del generale Mazzaroli per un'intervista molto critica verso l'azione di governo sul Kosovo: *Abschuss*

siluro/silurare: il siluro di Eltsin affonda Lebed/ silurato Lebed/la procura generale silura il ☞ pm: detestava Tonino perché aveva indagato sul fratello: *Torpedo, torpedieren*

smacco: rimane lo smacco subito, sul quale ironizza Fini, a Reggio Calabria per raccogliere voti: *Demütigung, Schmach, Schlappe*

smobilitazione: per Berlusconi esiste invece il problema della possibile smobilitazione dei settori più marginali del suo elettorato, in mancanza di una adeguata drammatizzazione della scadenza elettorale: *Demobilisierung: mangelnde Mobilisierung*

spada: dovrebbe consistere nella difesa a spada tratta di C.: *mit gezogenem Schwert*

sparare: continuano a sparare a zero contro: *wahllos unter Beschuss nehmen*
Brutto affare un marito presidente: „Il Giornale" **spara:** arraffa parcelle milionarie ...: *unter Beschuss nehmen*

sparata: ma il problema non si risolve con le sparate come il bonus di 2mila euro: *Schuss: Schnellschuss*

stilettata: ma non risparmia una serie di stilettate polemiche nei confronti della classe dirigente del nascituro partito del centrosinistra: *Angriff mit dem Stilett/Dolchstoß*

stoccata: le recenti stoccate che il capo di governo ha dedicato a ...: *Degenstoß: Seitenhiebe*

strale: gli strali dell'opposizione si abbattono soprattutto sul governo: *Pfeil*

tamburi di guerra: Bertinotti continua a suonare i tamburi di guerra: *Kriegstrommel*

a **tamburo battente:** a mettere sotto pressione Palazzo Chigi sono state le richieste di chiarimento che a tamburo battente, fin dalla mattinata, sono arrivate alla Farnesina: *mit Trommelwirbel: unverzüglich, umgehend*

a **tappe forzate:** procede a tappe forzate il tentativo dell'Italia di chiudere il negoziato con la Libia per superare il contenzioso sui danni del colonialismo: *in Gewaltetappen: im Eiltempo*

fare **terra bruciata:** l'apparato mi ha fatto terra bruciata intorno: *alles zerstören, verbrannte Erde*

testa di ponte: il San Paolo ha conquistato una buona testa di ponte sull'Europa dell'Est: *Brückenkopf*

tirassegno: continua il tirassegno sui più deboli: *Scheibenschießen*

alzare il **tiro:** alzano il tiro nella guerra delle parole: *schärfer schießen*

sotto **tiro:** cosa succede nell'informazione della tv pubblica? Il direttore generale è sotto tiro?: *unter Beschuss*

tiro incrociato: mi piace rispondere con prontezza al tiro incrociato dei giornalisti nelle conferenze-stampa: *Kreuzfeuer*

tregua: tregua sui decreti – Forza Italia frena/ Farmacisti, è tregua – La Bindi: si tratta/sembrano arrivare come un'offerta di tregua da parte del Polo: *Waffenstillstand*
tregua armata: *bewaffneter Waffenstillstand, vorsichtiger Waffenstillstand*
☙ ***tregua armata**, allora, in attesa che la sentenza della consulta sul referendum chiarisca i rapporti di forza fra i duellanti*

trincea: commercianti in trincea – ostruzionismo fiscale/guai a sentirsi sempre in trincea: *Schützengraben*
ministero-trincea: ... a Veltroni lasciava solo le Poste (ministero-trincea contro Berlusconi): *Ministerium, das sich in vorderster Front im Kampf gegen etw./jdn. befindet*

trincerarsi: si trincerano dietro la dichiarazione: *sich hinter etwas verschanzen*

unghie: la moneta tedesca è riuscita a sfoderare le unghie rispetto alla lira/all'occorrenza, è capace di tirare fuori le unghie: *die Krallen zeigen*

urto: *Stoß, Schlag*
terapia d'urto: *Schocktherapie*

forza d'urto: *Stoßtruppe*

venti di guerra: in una giornata in cui i venti di guerra fredda hanno ripreso a soffiare con forza: *Kriegsgefahr, heraufziehende Gefahr eines Krieges*

vessillo: vessillo del centro-sinistra: *Fahne, Banner, Aushängeschild*

lottare a **viso aperto:** lottare a viso aperto e con forze adeguate contro Berlusconi: *mit offenem Visier*

4. Giustizia
Justiz

4.1. Istituzioni centrali
Zentrale Einrichtungen

Ministero della Giustizia *(offz.)*: Ministerium der Justiz
frühere Bezeichnung: **Ministero di Grazia e Giustizia:** Ministerium für Justiz und Gnadenwesen
il **Guardasigilli: Ministro della Giustizia:** Minister der Justiz: der Siegelverwahrer
via **Arenula:** sede del Ministero della Giustizia
*Diliberto spiega che a **via Arenula** non è arrivata alcuna richiesta di estradizione*
*su questa ipotesi insiste soprattutto il **Guardasigilli***
Dap: Dipartimento dell'amministrazione penitenzaria: Abteilung für die Verwaltung des Strafvollzugs
*quella del **Dap** invece è una posizione strategica, perché si occupa della gestione delle carceri*

Ministro (s. p.) per la Semplificazione Normativa (offz.): Minister für die Vereinfachung der Gesetzgebung

Consulta/Corte: Alta Corte: Corte Costituzionale: Verfassungsgericht
Palazzo della Consulta: Sede della Corte Costituzionale
*inviano a ripetizione **eccezioni di incostituzionalità** alla **Consulta***
eccezione di incostituzionalità – Verfassungsbeschwerde

Csm: Consiglio superiore della magistratura: Oberster Justizrat
***Csm:** organo di autogoverno della magistratura, competente in materia di assunzioni, assegnazioni, trasferimenti e promozioni di magistrati; è destinato ad assicurare l'autonomia e l'independenza dei magistrati di fronte agli altri poteri dello stato e, in particolare, a sottrarne la carriera alle ingerenze dell'esecutivo. Composto per metà da laici e metà da togati; ne fa parte anche il ministro di Giustizia*
*bisogna modificare la struttura del **Csm** se si vuole veramente intervenire sulla giustizia/è vero che il **Csm** è composto per due terzi da magistrati eletti da magistrati*
parlamentino del Csm: plenum del Csm: Plenum des Obersten Justizrates *(politische Zusammensetzung ☞ Nationaler Verband der Magistratsrichter ☞ Anm)*
Palazzo dei Marescialli: sede del Csm
*i rapporti tra Quirinale e **Palazzo dei Marescialli** si guastarono e si giunse addirittura ad un punto di rottura. Scalfaro ha ricucito lo **strappo** e ha accordato la massimo fiducia ai suoi vice*
lo strappo – der Riss

Cmm: Consiglio della magistratura militare: Militärischer Justizrat

gip: Giudice per le indagini preliminari: Ermittlungsrichter
*ieri il campione di sci ha patteggiato davanti al **gip** della pretura di Fermo*

gup: Giudice dell'udienza preliminare: Untersuchungsrichter
*il **gup** deve vagliare le accuse mosse dalla Procura nei confronti di ...*

Tar: Tribunale amministrativo regionale: Regionales Verwaltungsgericht
tribunale che giudica le cause contro la pubblica amministrazione
*senza ricorrere al **Tar**/il **Tar** del Lazio ha annullato la decisione dell'**Antitrust** con la quale l'Italcementi era stata multata di 3,6 miliardi per abuso di posizione dominante sul mercato del cemento*

pg: procuratore generale: Generalstaatsanwalt/Leitender Oberstaatsanwalt

primo procuratore generale aggiunto: Erster Stellvertretender Generalstaatsanwalt

sostituto pg: sostituto procuratore generale: Stellvertretender Leitender Oberstaatsanwalt

pc: procuratore capo: Oberstaatsanwalt

pm: pubblico ministero: il/la **piemme:** Staatsanwaltschaft/Leitender Staatsanwalt
pubblico ministero: istituto previsto dalle leggi di ordinamento giudiziario il cui ufficio si articola in una procura generale della repubblica presso la corte di cassazione, la corte dei conti, il

tribunale supremo militare e presso ogni corte d'appello, e in una procura della repubblica presso i tribunali ordinari, quelli militari e quelli per i minorenni.
✍ *il* ***pm****, cioè colui che accusa, con una funzione distinta è parte essenziale della giurisdizione*

sostituto: sostituto pubblico ministero: Staatsanwalt

Got: giudice onorario di Tribunale: Schöffenrichter, ehrenamtlicher Richter

Vpo: viceprocuratore onorario: Stellvertretender ehrenamtlicher Staatsanwalt

Gd: Giudice delegato: Konkursrichter

Cassazione: Corte suprema di cassazione: S. C.: *(manchm.)* **Alta Corte:** Revisionsgericht *(vergleichbar mit dem Bundesgerichtshof)*
Palazzaccio: palazzo di giustizia a Roma e sede della Cassazione: Gerichtsgebäude in Rom, u. a. Sitz des Revisionsgerichts
piazza Cavour: sede della Corte di cassazione
Procuratore generale della Cassazione: Generalstaatsanwalt des Revisionsgerichts
✍ *c'è stato il ricorso in* ***Cassazione*** *e quindi andremo in* ***Cassazione***

Pmr: Procura Militare della Repubblica: Militärstaatsanwaltschaft

Ctp: Commissione tributaria provinciale: Finanzgericht der Provinz

Corte: Corte dei Conti: magistratura contabile: Rechnungshof
✍ *la legge obiettivo per la* ***magistratura contabile*** *potrebbe rallentare le opere pubbliche*

Consiglio di Stato: Cds: Staatsrat *(etwa: Bundesverwaltungsamt und Bundesverwaltungsgericht in Einem)*
🕮 *massimo organo consultativo della pubblica amministrazione e massimo organo della giustizia amministrativa; fornisce pareri preventivi sulla leggitimità e sull'opportunità di atti della pubblica amministrazione, si pronuncia in seconda istanza sulle controversie amministrative già decise in prima istanza dai* ***Tar***
✍ *l'amministrazione lo licenziò ma ora, per causa sua, rischia di finire sul lastrico. Una sentenza del* ***Consiglio di Stato*** *emessa quest'estate ha dato ragione a B. e il Comune è stato costretto a riassumerlo*
Palazzo Spada: sede del Consiglio di Stato
✍ *la sentenza dei giudici di* ***palazzo Spada***
✍ *i giudici di* ***Palazzo Spada*** *hanno definitivamento respinto il ricorso presentato da una maestra di ruolo contro il decreto di dispensa dal servizio*

Tribunale della Libertà: Gericht, das die Haftprüfung durchführt
🕮 *istituito nel 1982 su base provinciale, competente a decidere se un imputato in attesa di giudizio possa attendere il processo in stato di libertà. Se il tribunale della libertà non emette una sentenza entro 10 giorni, le misure coercitive perdono di efficacia*
✍ *volevamo rivolgerci al* ***Tribunale della Libertà****/anche se molti documenti presentati al* ***Tribunale della Libertà*** *dalla Procura della Spezia sono stati rispediti al mittente*

Corte d'Appello: Revisionsgericht, Berufungsgericht
🕮 *magistratura a cui è attribuito il compito di decidere in secondo grado le controversie civili e penali già decise in primo grado dai tribunali*
pca: Presidente della Corte d'Appello: Vorsitzender des Revisionsgerichts

Corte d'assise /Corte d'assise di appello: Schwurgericht
🕮 *organo in cui si realizza la diretta partecipazione del popolo all'amministrazione della giustizia penale. La corte d'assise di primo grado giudica dei delitti contro la personalità dello stato e di una serie di gravi delitti diretti per lo più contro la persona o il patrimonio. La corte d'assise di appello giudica sull'appello contro le sentenze della corte d'assise di primo grado*

Dpa: Dipartimento per l'amministrazione penitenziaria: Justizvollzugsamt

Cnf: Consiglio nazionale forense: Nationaler Rat der Juristen
🕮 *Associazione degli avvocat*

pdt: presidente del tribunale: Gerichtspräsident

Anm: Associazione Nazionale Magistrati: Nationaler Verband der Magistratsrichter *(Selbstverwaltung der Richter und Staatsanwälte)*
Palazzaccio: palazzo di giustizia a Roma e sede di Anm: Gerichtsgebäude in Rom, u. a. Sitz von Anm

Le correnti del **„parlamentino"** dell'**Associazione Nazionale Magistrati**: die Strömungen in der Plenarversammlung des Nationalen Verbands der Magistratsrichter
Md: Magistratura democratica: *corrente di sinistra*
Unicost: Unità per la Costituzione: *corrente di centro, di maggioranza relativa*
Mi: Magistratura indipendente: *corrente di destra*
Associazione Articolo 3
Aimmf: Associazione Italiana dei Magistrati per i Minorenni e per la Famiglia
Movimento per la giustizia: *corrente di sinistra*

Istituzioni internazionali: Internationale Einrichtungen
Cig: Corte internazionale di giustizia: Internationaler Gerichtshof: IGH
Ceg: Corte europea di giustizia: Corte di giustizia delle Comunità europee: Gerichtshof der Europäischen Gemeinschaften *(offz.)*: Europäischer Gerichtshof: EuGH
Cpi: Corte penale internazionale: Internationaler Strafgerichtshof: IStGH
Cedu: Corte europea dei diritti dell'uomo: Europäischer Gerichtshof für Menschenrechte

4.2. Testi normativi
Rechtsnormen

Cost: Costituzione della Repubblica Italiana: Verfassung der Italienischen Republik
Carta: Costituzione: Verfassung, Grundgesetz
☞ *sarebbe una lacerazione tale da mettere a rischio, insieme alla prima parte della **Carta**, anche il ruolo di un presidente bipartisan*

CC: Codice Civile: BGB: Bürgerliches Gesetzbuch

CPC: Codice di Procedura Civile: ZPO: Zivilprozessordnung

CP: Codice Penale: StGB: Strafgesetzbuch

CPP: Codice di Procedura Penale: StPO: Strafprozessordnung

CPM: Codice Penale Militare: WStG: Wehrstrafgesetzbuch

CPMG: Codice Penale Militare di Guerra: Militärstrafgesetzbuch zu Kriegszeiten

CPMP: Codice Penale Militare di Pace: Militärstrafgesetzbuch zu Friedenszeiten

L.: Legge statale: Staatliches Gesetz

L. r.: Legge regionale: Gesetz der Region ...

L. p.: Legge provinciale: Gesetz der Provinz ...

DM: decreto ministeriale: Ministererlass

DPR: decreto del Presidente della Repubblica: Erlass des Präsidenten der Republik

DPCM: decreto del Presidente del consiglio dei ministri: Erlass des Ministerpräsidenten

D. Pres. Giunta Re.: decreto del presidente della giunta regionale: Erlass des Präsidenten der Regionalregierung

D. Ass. Reg.: decreto dell'Assessore regionale: Erlass des Regionaldezernenten

DL: decreto legge: Gesetzesverordnung

D. Lgs: D. Lg.: D. Lv.: decreto legislativo: Gesetzesverordnung

D. Lgt.: decreto luogotenenziale: vorläufige Verordnung

Del. Cons. Reg.: deliberazione del Consiglio regionale: Beschluss des Regionalsrats

Del. Giunta Reg.: deliberazione della Giunta regionale: Beschluss der Regionalregierung

RD: regio decreto: Königliche Verordnung

RDL: regio-decreto legge: Königliche Gesetzesverordnung

TU: Testo Unico: konsolidierter Text (von Gesetzen), Vereinheitlichungsgesetz
📖 *raccolta di norme relative a uno stesso argomento*
Tuel: Testo unico delle leggi sull'ordinamento degli enti locali: Gesetzbuch über die kommunalen Gebietskörperschaften
Tuir: Testo unico imposte e redditi: Steuer- und Einkommensgesetzbuch
Tuls: Testo unico delle leggi di pubblica sicurezza: Gesetzbuch der öffentlichen Sicherheit
☞ *il **Tuls**, misera eredità dell'era fascista. L'art. 85 viene ancora oggi usato in modo ricattatorio contro le persone transessuali perché si vestono da donna*

dec.: decisioni: Entscheidung

dir.: direttive: Richtlinie

o.: ordinanza: Erlass

racc.: raccomandazioni: Empfehlung

reg.: regolamento: Vorschrift, Ordnung

PDL: progetto di legge/proposta di legge: Gesetzentwurf
*la **pdl** approvata dal Senato federale è trasmessa alla Camera*

> Gesetze werden häufig mit dem Namen des Initiators gekennzeichnet:
> la legge Bonome, la legge Mammì
> *la legge sull'immigrazione si chiamerà ancora Bossi-Fini? Chissà, forse bisognerebbe darle un nome meno tranchant …*

DL: decreto legge: Getzesverordnung, „Notverordnung"
atto emesso dal Governo in casi di necessità e urgenza. Per diventare legge il Parlamento deve approvarlo entro 60 giorni
provisorisches Gesetz, das von der Regierung in Fällen besonderer Dringlichkeit und nur für einen Zeitraum von 60 Tagen erlassen werden kann

bis: zweite Fortschreibung/Novellierung einer Rechtsnorm
decreto-bis: Anschlussgesetzesverordnung
die Regierung von Italien kann ohne Ermächtigung durc die Kammern keine Verodnungen mit Gesetzeskraft herausgeben, es sei denn in Fällen außergewöhnlicher Dringlichkeit. Diese Verordnungen (z. B. decreto-bis) müssen innerhalb von 60 Tagen nach ihrer Bekanntgabe in Gesetze umgewandelt werden.
*la Consulta: fuorilegge i **decreti-bis**: i decreti legge non possono essere reiterati*

ter: dritte Fortschreibung/Novellierung einer Rechtsnorm
*rifarci alla normativa europea già adottata dall'Italia con la Merloni **ter** per le gare*

quater: vierte Fortschreibung/Novellierung einer Rechtsnorm
*la redazione dei regolamenti previsti dalla Bassanini **quater** in corso di approvazione*

D. Lgs: decreto legislativo: Gesetzesverordnung
legge emessa dal Governo sulla base di una delega del Parlamento
materielles Gesetz, das von der Regierung aufgrund einer gesetzlichen Ermächtigung (im Gegensatz zu decreto legge) erlassen werden kann

legge costituzionale: Gesetz mit Verfassungsrang
*tutte le **leggi costituzionali** che, nella seconda lettura dei due ☞ rami del Parlamento, vengono approvate senza la maggioranza dei due terzi possono essere sottoposte a referendum confermativo*

legge-delega: Gesetzesmandat/Ermächtigung durch das Parlament
legge che contiene i principi in base ai quali il governo deve emanare un decreto legislativo su una deteminata materia
*ha accettato una trattativa sulle **deleghe** al governo previste dalla manovra economica*

leggina: Gesetz, das nicht durch das Plenum verabschiedet wird, sondern nur von den Ausschüssen
*approvata all'unanimità una **leggina**, che ora passa al Senato: Partiti, aumentano i finanziamenti*

delega: Ermächtigung
atto con cui una persona o un'amministrazione autorizza qualcun altro a fare qualcosa al suo posto

ddl: disegno di legge: Gesetzentwurf
*molte le novità contenute nella bozza del **ddl**. Cambia anche per i medici stranieri. Infermieri extracomunitari via libera con la nuova legge*

collegato: disegno di legge collegato: Begleitgesetzentwurf
*l'istituzione dell'Agenzia per il Mezzogiorno sarà inserita nel **collegato** alla Finanziaria*

4.3. Pubblicazioni ufficiali
Amtliche Veröffentlichungen

GU: gazzetta ufficiale: Gesetzblatt
G. U. R. I.: Gazzetta Ufficiale della Repubblica Italiana
Gur …: Gesetzblatt der Region …
Gurs: Gazzetta Ufficiale della Regione Sicilia

Guce: Gazzetta Ufficiale delle Comunità Europee: Amtsblatt der Europäischen Gemeinschaften

Guue: Gazzetta Ufficiale dell'Unione Europea: Amtsblatt der Europäischen Union

Bur: Bolletino Ufficiale della Regione ...: Amtsblatt der Region ...
Burl: BUR Lombardia
Burc: Bolletino Ufficiale della Regione Campania
Buras: Bolletino Ufficiale della Regione Autonoma della Sardegna

Fal (Fall. N ...): Foglio degli annunzi legali: Veröffentlichungsblatt für gerichtliche Bekanntmachungen
📖 *Il giornale della Prefettura sul quale vengono pubblicati alcuni atti (per esempio, delle pubbliche amministrazioni o dei giudici). A tali atti, per legge, deve essere data pubblicità nel territorio della provincia*

RES (R. Es.): Registro Esecuzioni: Vollstreckungsregister

4.4. Glossario giuridico
Juristisches Glossar

abbreviato: rito abbreviato: giudizio abbreviato: beschleunigtes Verfahren
i processi con il ***rito abbreviato*** *di fatto hanno abolito l'ergastolo/è probabile che l'****abbreviato*** *produca l'effetto di scoraggiare nuove collaborazioni con la giustizia*

abusivismo: illegales Handeln
abusivismo edilizio: illegale Bautätigkeit
*l'****abusivismo,*** *nei Comuni sotto il Vesuvio, è infatti* ***piaga incancrenita****, che non si rimargina mai, ma che* ***va in suppurazione*** *ogni volta che si riparla di condono*
piaga incancrenita – brandige Wunde
andare in suppurazione – eitern

accertamento del reato: Feststellungsklage
*Secondo i giudici, col ☞ patteggiamento non c'è l'****accertamento del reato:*** *la sentenza si fonda infatti sulla concorde volontà delle parti, e non sulla verifica giudiziale della violazione alla legge*
non c'è l'accertamento del reato – ergeht keine Feststellungsklage

alias: Aliasname
peccato che il ministero si sia dimenticato del problema degli ***alias****, cioè delle false generalità fornite soprattutto dai più temuti delinquenti stranieri*

inaugurazione dell'**anno giudiziario:** Eröffnung des juristischen Jahres
*prosegue la polemica dopo l'invio del capo degli ispettori del ministero a Milano per l'inaugurazione dell'****anno giudiziario***

Antigone: associazione che si occupa dei diritti in carcere: Vereinigung zum Schutze der Rechte in den Gefängnissen

Telefono Antiplagio: Beratungsdienst für Opfer von Betrugsdelikten *(z. B. Personen, die von Weissagern, Kartenlegern etc. betrogen wurden)*

Commissario **antiracket:** Commissario per il coordinamento delle iniziative antiracket ed antiusura *(offz.)*: Kommissar für die Koordinierung von Maßnahmen gegen Schutzgelderpressung und Wucher

Federazione italiana **antiracket:** Italienische Vereinigung gegen Schutzgelderpressung
📖 *coordina le associazioni antiracket ed antiusura*

archiviazione: Einstellung des Verfahrens
*perché far spendere alla magistratura circa 500 milioni per le cause che vengono intentate e che finiscono con l'****archiviazione***

A. S.: Sezione detentiva di Alta Sicurezza: Hochsicherheitstrakt (einer Justizvollzugsanstalt)

aula: aula di giustizia: Gericht(ssaal)
la sua deposizione in ***aula****/*ha deciso di affrontare l'***aula***

aula bunker: streng gesicherter Gerichtssaal, mit Panzerglas gesicherter Gerichtssaal
*queste le parole di Fabrizio Corona prima di entrare nell'****aula bunker*** *di via Uccelli di Nemi a Milano, dove oggi si tiene l'udienza preliminare per sette casi di estorsione e tentata estorsione ai danni di vip*

gli **Avv:** gli **avvocati:** Anwälte
il partito degli ***Avv:*** *in Parlamento occupano i posti chiave e sono una forza ☞ trasversale*

Avvocatura alternativa: Vereinigung der alternativen Anwaltschaft
fondatore e leader: Carlo **Taormina**

avviso di garanzia: Mitteilung über die Eröffnung eines Ermittlungsverfahrens *(ist im Gegensatz zum deutschen Rechtssystem dem Beschuldigten mitzuteilen)*
✍ *tutti i maghi che hanno ricevuto la visita della polizia sono stati raggiunti da un **avviso di garanzia**: nei loro confronti si ipotizza il reato di truffa aggravata*
✍ *un **avviso di garanzia** gli aveva sconvolto la vita: non poteva sopportare quella accusa infamante – e per lui infondata – di ☞ usuraio*

azione legale: gerichtliche Schritte, Rechtsweg
✍ *si riserva ogni **azione legale***

Azzeccagarbugli: Winkeladvokat, Rechtsverdreher
🕮 *personaggio dei „Promessi Sposi" di Manzoni*
✍ *gli italiani ormai sono autorizzati a pensare che, nella democrazia degli **azzeccagarbugli**, qualcosa non funziona*
✍ *Antonio Di Pietro deve constatare che nell' ☞ Asinello, ormai, è Parisi che fa e disfa. Con i giochi della politica l'ex pm c'**azzecca** poco*

legge-**bavaglio:** Knebelgesetz, Knebelvorschrift
✍ *questa legge, firmata da Ciampi come Presidente della Repubblica, è una orripilante **legge-bavaglio***

benefici penitenziari: benefici carcerari: Hafterleichterungen
✍ *un obiettivo che passa per forza dalla revisione di tutte le leggi e i conteggi che prevedono **sconti di pena** e **benefici carcerari***
sconto di pena- Straferlass

bozza: Entwurf
✍ *la **bozza** del regolamento*

Calciopoli: Fußballbestechungsskandal *(Ermittlungen wegen Bestechungsgeldzahlungen an Schiedsrichter zum Zwecke der Ergebnismanipulation, ☞ piedi puliti)*
✍ *l'hanno chiamato „**Calciopoli**", lo scandalo di questi giorni, come qualche anno fa „Tangentopoli" lo scandalo delle tangenti ai politici*

Camere penali: Ucp: Unione delle camere penali: Vereinigung der Strafverteidiger

funzionario di **cancelleria:** Urkundsbeamter

clausola/contratto **capestro:** Knebelungsklausel/Knebelungsvertrag
✍ *sottoscrivendo implicitamente non una condizione di miglior favore ma bensì una clausola **capestro***
✍ ☞ *Rc auto, stop ai contratti **capestro***
capestro – Strick, Galgenstrick

carcere duro: 41 bis: Kontaktsperre *(nach Artikel 41 bis des italienischen Strafgesetzbuchs)*
✍ *Palermo: una gravidanza che fa discutere. Il boss e la ☞ cicogna misteriosa. La moglie di un killer avrà un figlio. Il padre certo? Un mafioso da otto anni in cella sottoposto alle restrizioni del **carcere duro** (articolo 41 bis)/si intrattengono a colloquio con i boss al **41 bis**/i detenuti **41 bis***

cassazionista: avvocato cassazionista: beim Revisionsgericht zugelassener Rechtsanwalt

diritto di **cittadinanza:** Heimatrecht: Heimat, Daseinsberechtigung
✍ *questo indegno episodio di violenza e sopraffazione non può avere **diritto di cittadinanza** in uno Stato democratico come quello italiano*

class action: azione collettiva risarcitoria: Sammelklage
✍ *con la **class action**, tutti i consumatori o gli utenti che si sentiranno danneggiati dal comportamento di un'impresa o di una società fornitrice di beni o servizi, potranno fare causa per ottenere un risarcimento*

da **codice penale:** nach dem Strafgesetzbuch: grenzt an Körperverletzung, gefährlich
✍ *falli **da codice penale***
✍ *nella stanza entra una donna dell'Arma: alta, mora, un viso che sembra la Canalis, un sorriso **da codice penale***

commissario ad acta: Verwaltungskommissar *(vom Verwaltungsgericht eingesetzter Beamter, um verwaltungsrechtliche Weisungen durchzusetzen)*
🕮 *il commissario ad acta è un funzionario pubblico che viene nominato dal giudice amministrativo nell'ambito del giudizio di ottemperanza al fine di emanare il provvedimento che avrebbe dovuto essere emesso dall'Amministrazione che a ciò non abbia provveduto*
✍ *ma pure qui abbiamo trovato il rimedio: o il Comune fa tutto quello che deve, oppure gli inviamo noi il **commissario ad acta** che farà quello che i Comuni non vogliono fare*

conciliazione: gütliche Einigung, Schlichtung

conciliare: sich gütlich einigen, einer gütlichen Einigung/Schlichtung zustimmen, *auch* Verwarnungsgeld zahlen *(um einem Strafverfahren auszuweichen)*
✍ *nel mirino ci sono pure le prostitute: per loro la sanzione prevista è di 500 euro. Il bilancio è di 27 lucciole multate (nessuna di loro, era facile immaginarlo, ha* ***conciliato****) alle quali sono stati consegnati altrettanti fogli di via*

concordato: Selbstanzeige einer Steuerstraftat, Steuervergleich
📖 *il nuovo concordato a regime è stato ridisegnato e potrà essere utilizzato su molti tributi: le imposte sui redditi, l'Iva, l'Invim decennale ed anche sulle imposte di successione o catastali. Consentirà pure di cancellare il possibile ricorso alla legge* ☞ *„manette agli evasori". Ma non per ogni tipo di reato fiscale. Non è possibile sanare gli eventuali reati connessi alla mancata presentazione della dichiarazione dei sostituti di imposta*

condizionale: sospensione condizionale della pena: Strafaussetzung zur Bewährung
✍ *governo battuto sulla* ***condizionale****: avrebbe colpito gli uomini di Tangentopoli*

condono/sanatoria: Straferlass
condonista *(adj.)*
✍ ***condono*** *per i falsi in bilancio/****sanatoria*** *fiscale del '91/una legge che consentirebbe di* ***sanare*** *molti reati in cambio di forti pene pecuniarie/ma la lista* ***condonista*** *finisce qui*
✍ *insomma una sorta di versione in chiave federalista del condono* ***tombale*** *che ha poche speranze di vedere la luce*
tombale: hier: radikal, umfassend
condono del debito: Schuldenerlass
condono fiscale: Steueramnestie
📖 *Legge straordinaria che permette, a chi non ha pagato i tributi o ha commesso errori nel pagamento degli stessi, di mettersi in regola pagando una somma di denaro*
condono edilizio: Straferlass bei Vergehen gegen das Baurecht
condonare: die Strafe erlassen, unter Straferlass fallen
✍ *una precedente condanna per falso in bilancio è stata* ***condonata***
condonismo: Straferlasspolitik
✍ *solo il Piemonte e la Calabria aprono la porta al* ***condonismo*** *offerto dal governo Berlusconi*

criminalità extracomunitaria: Ausländerkriminalität
✍ *altro capitolo è rappresentato dalla* ***criminalità extracomunitaria****. La delinquenza dei cittadini stranieri è in aumento in linea con la loro crescente presenza sul territorio*

criminalità predatoria: microcriminalità: Kleinkriminalität
📖 *i reati di „criminalità predatoria" ovvero gli atti illeciti nei quali ci si appropria di beni mobili altrui o si danneggiano persone o beni mobili di altri*
✍ *l'area progressista italiana è arrivata in ritardo a cogliere il problema della* ***criminalità predatoria*** *e il suo rapporto con l'immigrazione*

custodia cautelare: Untersuchungshaft
✍ *il gip competente per territorio dovrà convalidare entro domani il provvedimento di* ***custodia cautelare***

declassato: Gefangener, gegenüber dem die Kontaktsperre *(nach Artikel 41 bis Strafgesetzbuch)* aufgehoben wurde
✍ *„Annullato dal ministro della Giustizia per problemi sanitari del detenuto", si legge a fianco del suo nome, quello che apre l'elenco ministeriale dei boss* ***declassati*** *nel 2004*

decretone: Mammutverordnung, Mammutgesetz
✍ *novità dell'ultima ora l'ingresso nel* ***decretone*** *di una proroga dei termini del versamento dell'acconto Irpef e Ires attualmente fissato al 30 novembre*

delegificazione: Verschlankung der Gesetzgebung
✍ *il ministro Bassanini promette in tempi brevi un progetto di* ***delegificazione****: più facile duplicare la patente, vendere un'auto o una casa*

depenalizzazione dei reati minori: die Aufhebung der Strafbarkeit von geringfügigen Verbrechen
✍ *la* ***depenalizzazione*** *del consumo di droghe leggere*

depistaggio: Behinderung der Ermittlungen; Ablenkungsmanöver
✍ *presunti episodi di* ***depistaggio*** *delle indagini saranno contestati a Filippo Pappalardi, il papà dei due fratellini scomparsi a Gravina in Puglia (Bari) il 5 giugno 2006*

derubricazione del reato: Aufhebung des Straftatbestands
derubricazione: *(allg.)* Herausnahme aus einer bestimmten Kategorie, Abhaken
☞ *la **derubricazione** di sempre più esami e medicine dalla lista di quelli pagati dal Servizio sanitario nazionale*

dibattimento: Hauptverhandlung
☞ *le regole del giusto processo non dovrebbero essere applicate ai **dibattimenti***

diritto-dovere: das Recht und die Pflicht
☞ *i partiti hanno il **diritto-dovere** di dire la loro, come hanno fatto i Ds*

domiciliari: arresti domiciliari: Hausarrest
☞ *la norma che nega la concessione dei **domiciliari** a chi è già scappato una prima volta*

ergastolo: erba *(nel gergo dei detenuti):* lebenslange Haftstrafe
ergastolano: Strafgefangener mit lebenslanger Haftstrafe
pluriergastolano: mehrfach zu lebenslanger Haft Verurteilter

ermellino: giudice della Suprema Corte: Hermelin: Richter der obersten Gerichte
☞ *che a sfidare il proibizionismo in materia di droga fosse proprio un **ermellino**, un magistrato vecchio stampo, ha stupito quasi tutti*
☞ *le toghe in **ermellino***

euro-arresto: euromandato: mandato di arresto europeo: europäischer Haftbefehl
☞ *i salti padani, il boicottaggio su Eurojust e **euro-arresto**, gli scioperi di toghe e penalisti, tutto questo costituisce il quaderno d'accusa contro il ministro della Giustizia*

ex lege ...: previsto dalla legge ...: im Sinne von Gesetz ..., gemäß ..., nach ...
☞ *l'Agenzia delle entrate conferma l'esonero per i soggetti in regime speciale **ex lege** 398/91*

principio del **favor rei:** Grundsatz des günstigeren Rechts
📖 *Principio del favor rei: se la sanzione legata ad una violazione è stata diversamente disciplinata nel tempo, al trasgressore si applica la legge a lui più favorevole anche quando la violazione sia stata commessa in vigore di una norma che stabilisce una sanzione più grave. In questo caso, la violazione è sempre sanzionabile, ma in misura più lieve.*
☞ *non si può non tener conto che nella riforma non è più previsto il carcere. In base al principio del „**favor rei**" i giornalisti già condannati potrebbero evitare la reclusione*

fedina: fedina penale (sporca): Strafregister, Eintragung einer strafgerichtlichen Vorverurteilung
☞ *si sono affettuosamente stretti le mani nelle manette, scambiandosi la **fedina***
dalla **fedina penale immacolata:** unbescholten

festa della legalità: Fest der Legalität *(Veranstaltung zur Propagierung einer „legalen" Geisteshaltung, bei der es um Beachtung von Regeln, Kampf gegen die Mafia, um soziale Gerechtigkeit, Solidarität und Zivilcourage geht)*
☞ *dai suggerimenti dell'ex procuratore Antimafia Pier Luigi Vigna è partita la prima **festa della legalità** con Rita Borsellino, Giovanna Melandri e don Luigi Ciotti e molti progetti educativi nelle scuole*

figli naturali: nichteheliche Kinder, leibliche Kinder
☞ *i **figli naturali**, nati o concepiti da genitori non uniti da matrimonio valido agli effetti civili, possono essere riconosciuti*

a **fine pena:** wer den größten Teil seiner Haftstrafe verbüßt hat, kurz vor der Haftentlassung stehen
☞ *il Sig. Cruciani è un ex detenuto tornato in libertà come suol dirsi a „**fine pena**", ed è libero da ogni misura cautelare o restrittiva*
fine pena mai: lebenslänglich
☞ *il latitante doc mantiene ogni confort nei bunker sotterranei dove certo non vive a cinque stelle, ma sempre meglio che in una cella al carcere duro e con „**fine pena mai**"*

flagranza differita: (zeitlich versetzte) vorläufige Festnahme *(auf frischer Tat, aber ohne unmittelbaren zeitlichen Zusammenhang)*
☞ *il Senato approva il nuovo decreto e lascia la **flagranza differita**. Giro di vite contro i teppisti che ogni domenica si abbandonano ad atti di violenza negli stadi o nelle loro vicinanze: il decreto prevede la possibilità di arresto entro 36 ore dal fatto sulla base di filmati tv o di foto*

assolto con **formula piena:** Freispruch in allen Anklagepunkten
☞ *era sospettato di avere lanciato il razzo che colpì il portiere Dida, ma è stato **assolto con formula piena***

foro: Gerichtsstand
✍ *il **Foro** di Genova è l'autorità competente per qualsiasi controversia che può derivare dal presente contratto*

futili motivi: nichtiger Anlass *(z. B. als erschwerender Umstand)*
✍ *devono rispondere dell'omicidio volontario con l'aggravante dei **futili motivi***
✍ *per un cane che abbaia o per un rumore di tacchi, quelli che dopo il delitto i carabinieri catalogano immancabilmente come „**futili motivi**"*

gdp: giustizia di prossimità: Initiative „bürgernahe Justiz"
✍ *in Emilia Romagna un'intesa con Ministero della giustizia e ☞ Cnipa: Regione e **gdp** sono in rete*

norma **ghigliottina:** Aufhebungsbestimmung *(Bestimmung, wonach die Verabschiedung einer neuen Rechtsnorm das Außerkrafttreten der früheren Rechtsnorm zur Folge hat)*
✍ *arriva il meccanismo della **norma ghigliottina**: ogni nuova legge automaticamente cancella le vecchie normative*

giudice di merito: Richter der Hauptverhandlung, Sachrichter
✍ *io faccio il giudice di Cassazione, non di **merito**. Non spetta a me analizzare i fatti, ma soltanto l'applicazione del diritto*

giudice di pace: Friedensrichter
📖 *i giudici di pace durano in carica quattro anni prorogabili una sola volta solo mediante concorso, escluso quindi ogni automatico rinnovo*

giudice popolare: giurato: Geschworener, ehrenamtlicher Richter
📖 *la legge stabilisce che i giudici popolari in dissenso con la maggioranza della Corte possono far mettere per iscritto, al momento della sentenza, il proprio parere e il proprio voto contrario alla decisione presa*
✍ *alle rivelazioni del **giudice popolare** non venga dato troppo peso/non vedo perché, quindi, questo **giurato** venga allo **scoperto** proprio adesso*
venire allo scoperto – aus seiner Deckung auftauchen

giudice unico: giudice monocratico: Einzelrichter
📖 *il giudice unico accorpa le due figure del giudice di tribunale e del pretore e gli uffici delle due procure*
✍ *incompatibilità tra ☞ gip e ☞ gup, ovvero tra il giudice che decide dell'arresto e quello che stabilisce se passare o meno al processo, inserita nel decreto sul **giudice unico***

giuslavorista: giurista del lavoro: Arbeitsrechtler
amministrativista: Verwaltungsrechtler
penalista: Strafrechtler
civilista: Zivilrechtler
costituzionalista: Verfassungsrechtler
✍ *il capo dello Stato era andato in forma privata ai funerali del **giuslavorista** nella chiesa di San Martino a Bologna*

giustizia parallela: Paralleljustiz, Zweiklassenjustiz
✍ *lo stesso discorso vale per coloro che non possono permettersi la sanità privata, la **giustizia parallela**, i costosi impianti di sicurezza o il guardaspalle*

giusto processo: Reform des Strafprozesses im Jahre 1999: „der gerechte Prozess"
📖 *Änderung des Verfassungsartikels 111 „alle Maßnahmen der Rechtsprechung bedürfen der Begründung", „Beweisführung nur während des Prozesses zulässig, andere Aussagen, z. B. vor Prozessbeginn, bei Ermittlungen, nicht prozesswirksam: damit Widerspruch zu Regelungen der Strafprozessordnung, die angepasst werden müsste*
✍ *domani sarà approvata la modifica dell'articolo 111 della Costituzione. Dopo quasi due anni di discussioni, scioperi di avvocati, crisi politiche sfiorate e minacciate, diventa realtà il cosiddetto „**giusto processo**", ovverosia tutto ciò che non accade in aula non può diventare prova. Prima di tutto le dichiarazioni dei pentiti*

avvocato di **grido:** Staranwalt

azione **improponibile:** unzulässige Klage
(allg.) unakzeptabel, nicht verhandelbar, tabu
✍ *il sindacato chiede aumenti del 6,5 per cento giudicati **improponibili** dagli imprenditori*

incapace di intendere e di volere: völlige Geschäftsunfähigkeit
✍ *la sorte di Giorgio Bassani sarà decisa il 14 ottobre. Quel giorno il giudice deciderà se lo scrittore deve considerarsi totalmente **incapace de intendere e di volere**, come ha scritto nella **perizia** depositata ieri il professor Tatarelli, per demenza progressiva e irreversibile*
perizia – Gutachten

indulto: Straferlass
☞ *l'ultimo tentativo di far passare l'**indulto** con la maggioranza ☞ bulgara prevista dalla Costituzione fu nell'estate del '97*
indultato: unter Straferlass gefallen
☞ *ma il magistrato conosce i limiti di un processo come questo, svolto a distanza di sette anni dai fatti e in procinto di essere quasi interamente prescritto e comunque **indultato***
indultino: kleiner Straferlass, begrenzter Straferlass
📖 *per esempio, la sospensione condizionata degli ultimi tre anni di pena*
☞ *l'**indultino**, lo sconto di pena che dovrebbe servire ad alleggerire la situazione nelle carceri italiane, è più lontano*

Inquirente: commissione inquirente: Ermittlungsausschuss *(überwacht Minister)*

interrogatorio di garanzia: Schlussanhörung
☞ *sul versante giudiziario, sempre oggi si sono tenuti i primi **interrogatori di garanzia**, davanti al gip Rosanna Saraceno, il magistrato che ha emesso i provvedimenti restrittivi nei confronti delle 25 persone*

iscrizione al registro degli indagati: Eintragung in das staatsanwaltschaftliche Ermittlungsregister
☞ *„Barbie pericolose", indagato manager della Mattel Usa. Il procuratore aggiunto di Torino ha **iscritto nel registro** un altro dirigente dell'azienda*

isolamento diurno: Einzelhaft, Isolierhaft
☞ *il pm Massimo Astori ha chiesto la condanna all'ergastolo e a tre anni di **isolamento diurno** per Olindo Romano e Rosa Bazzi, imputati per la strage di Erba*

Istituti di pena

istituto di pena: istituto penitenziario: Justizvollzugsanstalt
collegio *(nel gergo dei detenuti)*: carcere: „Knast"
IPP: Istituto di Prevenzione e Pena: Justizvollzugsanstalt
☞ *sul fronte delle carceri, ieri Caselli ha frenato sull'applicazione della legge sull'assistenza sanitaria negli **istituti di pena***
CR: casa di reclusione: casa penale: Haftanstalt
CRF: casa di reclusione femminile:: Frauenhaftanstalt
C. C. : casa circondariale: Bezirksjustizvollzugsanstalt
📖 *Sono gli istituti più diffusi, presenti praticamente in ogni città sede di Tribunale. Vi sono detenute le persone in attesa di giudizio e quelle condannate a pene inferiori ai cinque anni (o con un residuo di pena inferiore ai cinque anni*
☞ *si opponeva al potere assoluto degli agenti dentro le **case circondariali***
casa mandamentale: Untersuchungsgefängnis *(größtenteils abgeschafft)*
supercarcere: carcere speciale: carcere di massima sicurezza: Hochsicherheitsgefängnis
📖 *Con questo nome furono chiamati gli istituti costruiti all'epoca del terrorismo e poi destinati anche ai detenuti della criminalità organizzata di tipo mafioso. Oggi non esistono più carceri interamente riservate a questi detenuti, anche perché negli ultimi anni è aumentata di molto la presenza di condannati per reati di microcriminalità e tutti gli spazi disponibili sono stati occupati. Le vere „Supercarceri", pertanto, non esistono più*
istituto per misure di sicurezza: Anstalt zur Sicherungsverwahrung/Maßregelvollzug
I. C. A. T. T.: istituto a custodia attenuata per il trattamento dei tossicodipendenti: (Unterbringung in einer) Entziehungsanstalt für die Behandlung von Drogensüchtigen
📖 *sono istituti nati a partire dalle previsioni contenute nel Testo Unico sugli stupefacenti del 1990. Vi si svolgono numerose attività per la riabilitazione fisica e psichica dei tossicodipendenti, anche in collaborazione con comunità terapeutiche esterne al carcere*
istituto penale minorile: carcere minorile: Jugendstrafanstalt
casa di lavoro: Sicherungsverwahrung in Arbeitsheimen *(im Falle von Hangtätern usw.)*
colonia agricola: Sicherungsverwahrung in Landwirtschaftsheimen *(im Falle von Hangtätern usw.)*
📖 *alla casa di lavoro e alla colonia agricola sono assegnate le persone dichiarate „delinquenti abituali, professionali o per tendenza", una volta che abbiano scontato la pena alla reclusione. Il regime, in questi istituti, è di normale detenzione e, spesso, manca pure la possibilità di lavorare*
o. p. g.: ospedale psichiatrico giudiziario: manicomio criminale *(ehem.)*: Unterbringung in einem psychiatrischen Krankenhaus im Rahmen des Maßregelvollzugs

> ☞ *nei sei* ***o. p. g.*** *italiani(****Castiglione delle Stiviere, Reggio Emilia, Montelupo Fiorentino, Aversa, Napoli, Barcellona Pozzo di Gotto****) sono internate 1.130 persone, un terzo delle quali ha ucciso coniuge o genitore o figlio o altri, e il resto è reo di lesioni, minacce, maltrattamento, stupro, atti osceni*

IVG: Istituto Vendite Giudiziarie: Auktionshaus (Zwangsversteigerungen)

lassismo: Laissez-faire-Prinzip, Gewähren-Lassen, lockere Handhabung, Leichtfertigkeit
☞ *pene certe e nessun* ***lassismo*** *nel nuovo codice penale. Il ministro della Giustizia, Roberto Castelli, presenta così i primi principi cardine del nuovo codice penale*

legittima suspicione/legittimo sospetto: berechtigter Verdacht
📖 *il ☞ ddl prevede che il legittimo sospetto sia tra le cause di rimessione, cioè il trasferimento ad altri giudici, del processo. Si dà il caso del legittimo sospetto quando la sicurezza, l'incolumità pubblica o la libertà di determinazione di chi partecipa al processo sono pregiudicate da gravi situazioni locali. La norma è estesa anche ai processi in corso*

leguleio: Winkeladvokat
☞ *sono valutazioni sensate, stavolta, e non bizantinismi da* ***leguleio***

lumaca: processi lumaca: Verfahren im Schneckentempo
☞ *i* ***processi lumaca*** *che si prolungano oltre ogni limite accettabile*

magistratura giudicante: rechtsprechendes Gericht

magistratura requirente /inquirente: ermittelndes Gericht (Staatsanwaltschaft)

restituzione del **maltolto:** Herausgabe des durch die ungerechtfertigte Bereicherung Erlangten
☞ *Siamo contro l'amnistia. Vogliamo che i processi si facciano e che si vada a riforme semplificate, sul patteggiamento e la restituzione del* ***maltolto***

manette: Handschellen: Gefängnis, Haft
manette *(nel gergo dei detenuti)*: **occhiali di Cavour**
legge „**manette agli evasori**": Gesetz über Haftstrafen für Steuerhinterzieher

manicomio giudiziario: Unterbringung in einem psychiatrischen Krankenhaus
☞ *per almeno dieci anni in un* ***manicomio giudiziario***

Mani Pulite: Saubere Hände: Ermittlungen in der Mailänder Bestechungsgeldaffäre Tangentopoli
📖 *Mani Pulite è un termine forgiato appositamente per le indagini sulla corruzione nate nel febbraio 1992; la sigla iniziale era „****MP****", perchè i carabinieri comunicavano tra loro utilizzando per riconoscersi i termini „Mike" e „Papa"*

massimario: Sammlung von Grundsatzurteilen
☞ *questa sentenza fu inserita nel* ***massimario,*** *la raccolta delle pronunce più importanti che serve da guida per i tribunali ordinari*

messa alla prova: Strafaussetzung zur Bewährung
☞ *per i reati più gravi, poi, non sarà più possibile la cosiddetta „****messa alla prova****", cioè la sospensione della pena in cambio della partecipazione a un progetto di riabilitazione*

obbligatorietà dell'azione penale: Offizialprinzip im Strafverfahren
☞ *per rendere effettiva l'****obbligatorietà dell'azione penale*** *bisogna depenalizzare e adeguare le risorse esistenti*

obbligo della firma: regelmäßige Meldepflicht bei der Polizei, strafrechtliche Meldepflicht
☞ *a finire in manette un 35enne, pluripregiudicato, nullafacente e senza fissa dimora e un 28enne anch'egli nullafacente, pluripregiudicato, già sottoposto all'****obbligo della firma*** *a seguito di una condanna scontata per aver aggredito, violentato e rapinato, assieme ad altri, alcune coppiette*

odierno attore: Kläger
☞ *l'****odierno attore,*** *a seguito di chiamata alle armi, iniziava a prestare servizio militare di leva ...*

omissis: Auslassung *(nicht relevanter Stellen in einem Dokument)*
☞ ***omissis,*** *visti gli artt. 533 e ss. c. p. p. dichiara Baumann Josef, Bichler Hubert, Roithmeier Max, tutti contumaci, colpevoli del reato lor ascritto ...*

omnibus: legge/decreto **Omnibus:** *(lat.)* per tutti: Rechtsnorm zur Regelung mehrerer, meist unterschiedlicher Sachgebiete

le molte novità sono contenute nella legge ***Omnibus*** *che è stata approvata ieri in via definitiva dalla commissione Finanza della Camera. Il testo è una sorta di collage normativo ricco di innovazioni*
il cosiddetto ***decreto omnibus*** *contiene molti provvedimenti: tra gli altri le misure di riordino della spesa farmaceutica, la trasformazione dell'Anas in società per azioni ecc.: dentro c'è di tutto e per questo lo hanno battezzato* ***omnibus***

Osservatorio sui diritti dei minori: Beobachtungsstelle für die Rechte des Kindes
presidente dell'Osservatorio sui diritti dei minori: Beauftragter für die Rechte des Kindes

paglietta: Schmierenanwalt, Winkeladvokat
*Giuseppe Lipera è degno di appellarsi avvocato: non i „****paglietta****" che continuano a sbrodolare i fasti di un prestigio professionale che non gli appartiene!*

pandette: Pandekten: altrömische Rechtssprüche: *(pej.)* selbstgeschaffene Gesetze
Lunardi ritiene di poter derogare liberamente alle leggi dello Stato per applicare le sue personalissime e non condivisibili ***pandette***

parte lesa: Verletzter (im Strafprozess)
l'altra causa di rinvio è legata alla mancata citazione della Fininvest come ***parte lesa***

patteggiare: einen Deal abschließen, eine Absprache im Strafprozess treffen, sich gerichtlich einigen
Ubriachi al volante. Chi ***pattegia*** *„salva" la patente. L'automobilista ubriaco può evitare di essere „****appiedato****" con la sospensione della patente,* ***pattegiando*** *la contravvenzione.*
appiedare – absitzen lassen
patteggiamento: Deal, Absprache im Strafprozess
la conciliazione giudiziale

permesso premio: Freigang, Hafturlaub
*l'****ergastolano****, che nell'82 uccise due guardie giurate a Torino, non è rientrato da un* ***permesso premio***

piedi puliti: saubere Füße: Ermittlungen im Fußballbestechungsskandal Calciopoli
*lo scandalo „****piedi puliti****" ha inflitto un duro colpo alla credibilità internazionale dell'Italia, anche perché ha coinvolto la federazione, l'arbitro designato per la competizione e il portiere Buffon*

plagio: Verletzung des Urheberrechts, geistiger Diebstahl
plagio: Verführung zur Gefügigkeit *(1981 als Straftatbestand aufgehoben)*
la scuola va tutelata e allontanata dal potere di ***plagio*** *della pubblicità*

platea: Personenkreis *(z. B. auf den ein Gesetz anzuwenden ist)*
aumenta la ***platea*** *dei clienti che potranno accedere al mercato libero: Marzano ridisegna il sistema energetico*

pool antiterrorismo: Schwerpunktstaatsanwaltschaft zur Terrorismusbekämpfung
il procuratore aggiunto di Milano e responsabile del ***pool antiterrorismo*** *non esclude che l'****attentato incendiario*** *di ieri nel metrò possa avere una matrice islamica*
attentato incendiario – Brandanschlag

Pool Mani Pulite: Mailänder Schwerpunktstaatsanwaltschaft für Bestechungsdelikte, insbesondere der Affäre **Tangentopoli**

porto delle nebbie: Nebelhafen *(das Gericht in Rom wurde häufig so bezeichnet, weil das Schicksal der dort anhängigen Gerichtsprozesse oft unergründlich blieb)*
chiamavano il tribunale di Roma „il ***porto delle nebbie****": quante navi vi hanno trovato rifugio e chi le comandava?*

pregiudicato: pluripregiudicato: (mehrfach) vorbestraft
non a caso tre ***pluripregiudicati*** *romani, considerati maestri della* ***stangata****, per reggere la concorrenza e adeguarsi ai tempi hanno ritenuto di dover aprire una finta Banca Popolare Capitolina*
stangata – Übervorteilung

pregiudiziali (di costituzionalità): verfassungsrechtliche Vorfragen
Finanziaria: respinte ***pregiudiziali****. Il Senato ha respinto la prima e la seconda* ***pregiudiziale di costituzionalità*** *al decreto fiscale. Le due* ***pregiudiziali*** *sono state respinte con 158 no e 156 sì/comunico che sono state presentate otto* ***questioni pregiudiziali di costituzionalità*** *dai deputati Valensise ed altri*

Pretore: Amtsrichter (*seit 2000 abgeschafft:* ☞ giudice unico)
la **pretura:** Amtsgericht
📖 *magistrato della Repubblica che, nell'ambito della propria giurisdizione, ha il compito di giudicare determinate cause civili e penali*

processi eccellenti: Prominentenprozesse (*z. B. gegen Mafiabosse*)
una battaglia sull'interpretazione della normativa che ricorrerà in tutti i ***processi eccellenti*** *in cui Giuffrè sarà chiamato a dare il suo contributo*

detenuti **puri:** rechtskräftig verurteilte Strafgefangene
📖 *detenuti che hanno a loro carico esclusivamente condanne definitive*

questua molesta: accattonaggio molesto: aufdringliches Betteln
*sarà introdotto il reato di „****questua molesta****" che verrà equiparato a quello di „molestie o disturbo alle persone" già inserito nel Codice penale con una pena che prevede l'arresto fino a sei mesi*
ubriachezza molesta: aufdringliche Trunkenheit, betrunken und aufdringlich
l'uomo, in stato di ***ubriachezza molesta****, avrebbe infastidito numerose passanti*

reo confesso dell'omicidio: geständiger Mörder

Riesame: Tribunale del Riesame: Haftprüfungskammer
udienza di riesame della carcerazione: Haftprüfungstermin
invece Vulpio e altri cronisti vengono allegramente ascoltati e perquisiti, con tanto di sequestro dei computer, poi bocciato dal ***Riesame***

rifusione delle spese processuali: Rückerstattung der Gerichtskosten
condanna i sopraddetti imputati al risarcimento dei danni, al pagamento di una provvisionale oltre alla ***rifusione delle spese processuali*** *in favore delle seguenti parti civili* ☞ *omissis*

rimedi di legge: rechtliche Schritte
questa è la ragione per cui la moglie Nicoletta si astiene dall'unirsi a questo coro di commenti non sollecitati e diffamatori, nella convinzione che i responsabili possano da soli recuperare la virtù del silenzio. Ove ciò non fosse, seppur a malincuore – concludono i legali –, non ci resterà che suggerire il ricorso ai ***rimedi di legge***

rinvio a giudizio: Eröffnung des Hauptverfahrens
la procura di Bari ha chiesto il ***rinvio a giudizio*** *dei presunti responsabili di una rapina con tentativo di omicidio*

rito direttissimo: giudizio direttissimo: processo **per direttissima:** Schnellverfahren
per questo reato è obbligatorio l'arresto dell'autore del fatto e si procede con il ***rito direttissimo***

Saig: Servizio di assistenza e informazione: Rechtsinformationsdienst
📖 *Servizio di* ☞ *Cittadinanzattiva, il Saig funziona come servizio di consulenza e informazione, indirizzando i cittadini verso il canale più adatto a risolvere il problema, fornendo schede e sussidi per la formulazione di istanze, petizioni, richieste, ma anche offrendo un* ***patrocinio legale*** *nelle cause, in modo gratuito o a tariffe minime e solo nel caso in cui la causa vada bene*
patrocinio legale – Rechtsbeistand

sbarra: die Schranken des Gerichts, Anklagebank
i ministri degli Esteri dell'Unione appoggeranno Italia e Germania nel portare alla ***sbarra*** *il leader curdo*

scarcerazioni facili: Haftentlassungen, die aufgrund von Verfahrensproblemen erleichtert werden
l'organo di autogoverno dei magistrati dopo la sferzata di Ciampi per le ***scarcerazioni facili*** *chiama in causa il ministro della Giustizia: „La giustizia lumaca non diventerà mai lepre e le scarcerazioni da allarme sociale continueranno ad esserci …"*
gabbie vuote: leere Zellen, Haftentlassungen
nonostante gli sforzi di giudici e pm, insomma, i due ☞ *Spartacus potrebbero concludersi a* ***gabbie vuote***

scudo fiscale: Amnestie bei Steuerflucht (*im Falle des Rücktransfers von ins Ausland verbrachten Kapitals*)
📖 *provvedimento grazie al quale il governo punta a regolizzare ed a far rientrare in Italia garantendo totale anonimato i capitali esportati all'estero negli anni scorsi dietro il pagamento di una penale pari al 2,5% dell'importo*

semilibertà: offener Strafvollzug

*usufruire del regime di **semilibertà***

sentenza di non luogo a procedere: Einstellung des Verfahrens, Einstellungsurteil
*solo alla fine di questo periodo il giudice potrà decidere **il non luogo a procedere**, per l'estinzione del reato*

sentenza di non doversi procedere: il non doversi procedere: Urteil auf Unzulässigkeit des Verfahrens

senza nome e senza patria: apolide: Staatenloser

separazione delle carriere: Trennung der Laufbahnen des Richters und des Staatsanwalts
***separazione delle carriere?** Sì, grazie. I magistrati italiani, a sorpresa, si dichiarano favorevoli alla distinzione fra giudici e pm*

servizi sociali: Bewährungshelfer
affidamento ai servizi sociali: Strafaussetzung zur Bewährung
*il professor Antonio Negri è **affidato ai servizi sociali**. Non deve più andare a dormire in carcere, la sera*

smaltimento di processi: Erledigung/abschließende Bearbeitung von Verfahren
*è la prima volta in tanti anni che il saldo tra lo **smaltimento dei processi** e quelli sopravvenuti è in attivo*

Snarp: Sindacato Nazionale Antiusura Riabilitazione Protestati: Nationale Interessenvertretung gegen Wucher und zum Schutz von Kreditschuldnern

solone: (weiser) Gesetzgeber *(nach dem athenischen Staatsmann Solon)*
*mi piacerebbe che i **soloni** e i liberali di destra e di sinistra, che misurano di continuo gli spazi occupati dal sindacato, guardassero con la stessa attenzione anche le **travi** dei comportamenti politici e istituzionali, oltre alle **pagliuzze** sindacali*
trave – Balken
pagliuzza – Splitter

sopravvitto: zusätzliche Gefängnisverpflegung gegen Entgelt
*l'internato che non s'accontenti può ricorrere, a sue spese, al **sopravvitto**, acquistando un chilo di pasta all'uovo a 9,93 euro*

Sorveglianza: il Tribunale di Sorveglianza: Strafvollstreckungskammer

sottobosco: Unterholz: Grauzone, Dunkelzone, Halblegalität
*oggi siamo in una situazione di **sottobosco**, di illegalità, servono regole certe e chiarezza per operatori e utenti*

stesura: Abfassung, Verfassung
*ha dato qualche consiglio per la **stesura** di varie leggi*

studio legale: Anwaltskanzlei

s. u. penali: sezioni unite penali: Großer Senat in Strafsachen
*attesa la sentenza delle **s. u. penali** della Cassazione: Cannabis, la verità, coltivazioni, oggi la parola finale*

Superprocura: Schwerpunktstaatsanwaltschaft
*ha attribuito al procuratore di Napoli la competenza su tutte le inchieste in materia ambientale in Campania. Sull'istituzione della **Superprocura** avevano espresso perplessità gli stessi magistrati napoletani*

Supremi Giudici: die obersten Richter *(Richter am obersten Revisionsgericht, Corte di cassazione)*

Tangentopoli: Duomo connection: Mailänder Bestechungsgeldaffäre *(erste Ermittlungen 1989, führt 1992 zu den ☞ „Mani pulite"-Ermittlungen)*
*sarà lui a trovare la soluzione politica per uscire da **Tangentopoli***

terzietà: Unparteilichkeit
*se non c'era la separazione delle carriere non c'era la garanzia della **terzietà** del giudice*

togati: Richter und Staatsanwälte
Ggs.: **laici:** Anwälte, Juraprofessoren etc.
*gli altri componenti del ☞ Csm sono eletti per due terzi da tutti i magistrati tra gli appartenenti alle varie categorie (**„togati"**) e per un terzo dalle Camere tra docenti di materie giuridiche e avvocati (**„laici"**)*

toghe: magistrati: Richter und Staatsanwälte
giudice **togato:** *Berufsrichter (im Gegensatz zu* giudice popolare*)*
*ha promesso sanzioni per le **toghe** che rivelano una negligenza inescusabile, violano il segreto d'ufficio o accettano incarichi extragiudiziari*
toghe nere: politisch rechtsstehende Richter und Staatsanwälte

toghe rosse: politisch linksstehende Richter und Staatsanwälte
toghe sporche: in Skandalfälle verwickelte Richter und Staatsanwälte

Tpi: Tribunale penale internazionale: IStGH: Internationaler Strafgerichtshof (ICC)

Tribunale dei minori: Jugendgericht

uditore giudiziario: Gerichtsreferendar

usura: Wucher
☞ antiracket

vincolo: Beschränkungen, Einschränkungen
vincolo di inedificabilità assoluto: absolutes Bebauungsverbot
il parco archeologico della Valle dei Templi è ***vincolato***/sotto ***vincolo*** *dal 1966*
vincolo paesaggistico/vincolo di paesaggio: Landschaftsschutz
l'area interessata è sottoposta a ***vincolo paesaggistico*** *e idrogeologico*
svincolare: Bebauungsverbot aufheben
ma davvero adesso per i 3600 ettari ***svincolati*** *dall'Ente Parco sarà l'anarchia?*

con **vittoria di spese, competenze, onorari:** zur Übernahme der Verfahrenskosten und Anwaltshonorare verpflichten

4.5. Alcuni reati del codice penale
Straftatbestände

abuso della credulità popolare	Ausbeutung der Leichtgläubigkeit des Volkes
abuso in atti d'ufficio	Straftat im Amt (Missbrauch bei Amtshandlungen)
adescamento	Verführung (Minderjähriger), *oft*: Prostitution
aggiotaggio	Preisüberhöhung, Preistreiberei
appropriazione indebita	Unterschlagung
associazione di tipo mafiosa	mafiaartige Vereinigung
associazione per delinquere	kriminelle Vereinigung
caccia di frodo	Wilderei, Wilddieberei
concussione, concorso in concussione	übermäßige Abgabeerhebung, Erpressung (unter Missbrauch der Amtsgewalt, *auch:* passive Bestechung)
corruzione	Bestechung
deturpamento e imbrattamento di cose altrui	Sachbeschädigung
disturbo della quiete pubblica	öffentliche Ruhestörung
emissione di assegni a vuoto *(assegno a vuoto)(depenalizzato dal 2000)*	Scheckbetrug *(ungedeckter Scheck)*
esercizio abusivo della professione	unbefugte Ausübung eines Berufs
estorsione	Erpressung
falsificazione di carta di credito	Kreditkartenfälschung
falso in bilancio	Bilanzfälschung
falso ideologico	intellektuelle Urkundenfälschung, mittelbare Falschbeurkundung
favoreggiamento	Begünstigung
favoreggiamento della immigrazione clandestina	Einschleusen
finanziamento illecito dei partiti	illegale Parteienfinanzierung
frode in assicurazioni/frode fiscale	Versicherungsbetrug/ Steuerbetrug
incendio doloso/ volontario	vorsätzliche Brandstiftung
induzione alla prostituzione	Verleitung zur Prostitution
ingiuria	Beleidigung
lesione personale	Körperverletzung
atti di libidine violenta	schwere Unzucht
malversazione	Veruntreuung
moralità pubblica, delitti contro la moralità pubblica	Verbrechen gegen die Sittlichkeit
oltraggio *(depenalizzato dal 2000)*	(Beamten)Beleidigung
omicidio colposo	fahrlässige Tötung
omicidio plurimo pluriaggravato	mehrfacher schwerer Mord
peculato	Unterschlagung im Amt

porto abusivo d'armi	unerlaubtes Tragen von Waffen
presa in ostaggio	Geiselnahme
prostituzione meretricio	gewerbsmäßige Unzucht
rapimento	Entführung, Menschenraub
rapina (**a mano armata**)	(bewaffneter) Raub
resistenza a pubblico ufficiale	Widerstand gegen die Staatsgewalt
ricatto	Erpressung
ricettazione	Hehlerei
scambio elettorale politico-mafioso	mafiaartiges politisches Tauschgeschäft bei Wahlen
scommesse clandestine	organisiertes Glücksspiel
sequestro di persona	Freiheitsberaubung
sequestro di persona a scopo estortivo	erpresserischer Menschenraub
sostituzione di persona	Personenstandsfälschung
strage*	Massenmord
tentato omicidio	versuchter Mord
traffico illecito di armi	illegaler Waffenhandel
traffico illecito di stupefacenti /spaccio di stupefacenti	illegaler Handel mit und Schmuggel von Rauschgiften
truffa/truffa aggravata	Betrug/Betrug in besonders schweren Fällen
truffa in assicurazione	Versicherungsbetrug
turbativa d'asta	Ausschreibungsbetrug (betrügerische und unlautere wettbewerbswidrige Vereinbarungen im Zusammenhang mit Auftragsvergaben)
usura	Wucher
usurpazione di titoli	unbefugtes Titelführen
vilipendio (della Repubblica, alla nazione italiana, alla bandiera dello Stato)	Verunglimpfung
violazione del segreto epistolare	Verletzung des Briefgeheimnisses
violazione del segreto d'ufficio	Verletzung der Amtsverschwiegenheit
violenza carnale	Vergewaltigung, Notzucht

* 🕮 *Codice Penale Italiano: Articolo 422. (**Strage**). – Chiunque, (...) al fine di uccidere, compie atti tali da porre in pericolo la pubblica incolumità è punito, se dal fatto deriva la morte di più persone, con* ☞ *l'**ergastolo***

stragismo: Attentatspolitik, Attentatswelle

✍ *Amato ha però ricordato che neanche nel periodo precedente alla stagione dei grandi delitti (1992–1993) c'erano particolari segnali che potevano far prevedere lo **stragismo***

stragista: Massenmörder, Attentäter

Stragi: Commissione stragi: Commissione parlamentare d'inchiesta sul terrorismo e le stragi: Parlamentarischer Ausschuss zur Untersuchung von Terrorismustaten und (politisch motivierter) Gewaltverbrechen

palazzo San Macuto : sede della Commissione stragi

🕮 *la **Stragi**, da quattro legislature, ha il compito di scoprire le ragioni della mancata individuazione dei responsabili delle **stragi**. Ha i poteri dell'autorità giudiziaria, mentre una commissione permanente (parlamentare) non potrebbe averli. Un organismo di cui l'Italia ha la non invidiabile exclusiva mondiale*

4.6. Lessico giuridico
Wortliste Recht

accattonaggio: sfruttamento della prostituzione e dell'accattonaggio	Aufforderung zur gewerbsmäßigen Unzucht und zum Betteln
addebito: in parallelo procede la causa per l'addebito	gleichzeitig wird ein Versorgungsausgleich durchgeführt
arretrati: smaltire gli arretrati	die Aktenrückstände aufarbeiten
avvalersi: mi avvalgo della facoltà di non rispondere	ich mache von der Möglichkeit Gebrauch, nicht zu antworten

avvilimento: una filosofia della pena tesa al recupero e non all'avvilimento del condannato	eine Philosophie der Strafe, die zur Rehabilitierung und nicht zur Erniedrigung des Verurteilten führen soll
banco degli accusati: sul banco banco degli accusati finiscono pure diverse pubblicità	auf der Anklagebank finden sich auch verschiedene Werbespots wieder
causa: siamo in causa per lo sfratto (fare causa)	wir liegen im Rechtsstreit wegen der Wohnungsräumung (verklagen)
certezza del diritto	Rechtssicherheit
chiamata a correo	Vorwurf der Mittäterschaft
coazione fisica: uso della coazione fisica da parte del pubblico ufficiale	Einsetzung eines öffentlich-rechtlichen Zwangsmittels
colpa irredimibile	untilgbare Schuld
commistione di interessi	Interessenvermengung
detenzione cautelativa per reticenza	Beugehaft
dettato costituzionale: violerebbe diversi articoli del dettato costituzionale	würde verschiedene Artikel des Verfassungsgebots verletzen
diritti dell'infanzia	die Rechte des Kindes
discolpa: a sua discolpa sia detto	zu seiner Entlastung sei gesagt
disobbedienza civile: invitano alla disobbedienza civile	fordern zum zivilen Ungehorsam auf
disparità di trattamento: possono causare disparità di trattamento	können Ungleichbehandlungen hervorrufen
facoltà di non rispondere: mi avvalgo della facoltà di non rispondere	ich mache vom Recht der Aussageverweigerung Gebrauch
fermo di polizia: viene elevato da 12 a 24 ore il fermo di polizia per facilitare la	der Polizeigewahrsam wird von 12 auf 24 Stunden verlängert, um die Personenfest-

identificazione delle persone sospette	stellung von Verdächtigen zu erleichtern
giustizia fai-da-te /giustizia da sé: non esita a farsi giustizia fai-da-te	zögert nicht, Selbstjustiz anzuwenden
gravità indiziaria: non esiste alcuna gravità indiziaria a mio carico	gegen mich liegen keinerlei belastende Indizien vor
incapacità di intendere e di volere: nella seconda giornata dedicata alle arringhe, si sono sforzati di dimostrare la totale incapacità di intendere e di volere	haben sich am zweiten, den Plädoyers vorbehaltenen Verhandlungstag bemüht, die Schuldunfähigkeit zu beweisen
incertezza del diritto	Rechtsunsicherheit
inchiesta contro ignoti	Ermittlungen gegen Unbekannt
indiziato: i fermi degli indiziati per concorso in sequestro di persona a scopo estortivo si trasformano in arresti	die vorläufigen Festnahmen der wegen Beihilfe am erpresserischen Menschenraub Beschuldigten wurden in Verhaftungen umgewandelt
inquinamento di prove: i motivi dell'arresto erano il pericolo di reiterazione del reato e l'inquinamento delle prove	als Haftgründe wurden die Gefahr der Wiederholung der Straftat und die Veränderung/Fälschung von Beweismitteln angeführt
inserimento: persone con difficoltà di inserimento nel mondo del lavoro	schwervermittelbare Personen
intercettazione ambientale: intercettazioni telefoniche e intercettazioni ambientali nei confronti di una associazione per delinquere di stampo mafioso	telefonische Überwachung und Wohnraumüberwachung gegenüber einer mafiaartigen kriminellen Vereinigung
intralcio al traffico: un'ordinanza che	ein Erlass, der Strafen zwischen 25 und

sanziona con multe che vanno dai 25 al 50 euro l'intralcio al traffico, chi si mostra in abiti succinti	50 Euro wegen Verkehrsbehinderung für diejenigen vorsieht, die knapp bekleidet angetroffen werden
inutilizzabile: questa sua dichiarazione è processualmente inutilizzabile	seine Aussage ist prozessrechtlich nicht verwendbar
inversione dell'onere della prova: introduzione dell'inversione dell'onere della prova nei confronti del mafioso	Einführung der Umkehr der Beweislast gegenüber Mafiastraftätern
inversione dell'onere della prova ribaltimento dell'onere della prova	Umkehr der Beweislast
istruttoria: la Consulta ha chiuso la fase istruttoria su ...	das Verfassungsgericht hat die (verfassungsrechtliche) Prüfung abgeschlossen
legittimità: comincia l'esame di legittimità sull'omicidio ...	es beginnt die Nachprüfung der Rechtsanwendung (Revisionsverfahren) im Mordfall ...
licenziare in tronco: l'azienda non ha potuto procedere a licenziare in tronco i lavoratori coinvolti nei furti	die Firma konnte die Arbeitnehmer, die an den Diebstählen beteiligt waren, nicht fristlos entlassen
maglie: abbiamo una legislazione a maglie strettissime	wir verfügen über eine äußerst engmaschige Gesetzgebung/ohne allzu viele Schlupflöcher
maglie larghe: le indagini spesso sono vanificate dalla lentezza dei processi e dalle maglie larghe della giustizia	die Ermittlungen sind oft vereitelt worden durch den langsamen Gang der Verfahren und durch die weiten Maschen der Justiz
mercante di esseri umani: carcere duro per i mercanti di esseri umani	Gefängnis mit Kontaktsperre für Menschenhändler

obbligo di permanenza in casa: per lui il tribunale dei Minori aveva disposto l'obbligo di permanenza in casa	das Jugendgericht hatte gegen ihn Hausarrest verfügt
omissione di soccorso: nei casi di comportamenti gravi come l'omissione di soccorso si può ragionare sulla possibilità di introdurre il ritiro della patente a vita	in schwerwiegenden Fällen wie unterlassene Hilfeleistung kann man über die Möglichkeit nachdenken, den lebenslangen Führerscheinentzug einzuführen
parte civile: per questo ho deciso di chiedere a tutti i presidenti dei parchi di costituirsi parte civile nei processi	deshalb habe ich beschlossen zu verlangen, dass die Präsidenten der Nationalparks Nebenklage erheben
passeggio in cortile / ora d'aria	Hofgang
precetto della Costituzione: violare il precetto della Costituzione del diritto allo studio per tutti	das Verfassungsgebot des Rechts auf Bildung für alle verletzen
preminenza della legge	Primat des Gesetzes
prescrizione: la produzione potrà riprendere solo quando l'azienda avrà ottemperato a quattro prescrizioni	die Produktion kann erst wieder aufgenommen werden, wenn die Fabrik vier Auflagen erfüllt haben wird
prescrizione: siccome tante sentenze non sono ancora definitive, la percentuale delle prescrizioni è destinanta a raddoppiare	da viele Urteile noch nicht rechtskräftig sind, steht zu erwarten, dass sich der Anteil der Verjährungen verdoppeln wird
profanatore di tombe	Grabschänder
proporzionalità: adeguatezza e proporzionalità di un'operazione di intelligence	Angemessenheit und Verhältnismäßigkeit einer nachrichtendienstlichen Operation

prova schiacciante: che sia lui il colpevole lo si vede da tante piccole cose che però non sono la prova schiacciante che si cerca e che ci vuole per una condanna	dass er der Schuldige ist, sieht man an vielen kleinen Dingen, die allerdings nicht den schlagenden Beweis liefern, den man für eine Verurteilung braucht
provvedimento di diffida: gli abbiamo inviato un provvedimento di diffida, entro 15 giorni deve prendere servizio	wir haben ihm eine Abmahnung geschickt, in zwei Wochen muss er seinen Dienst wieder aufnehmen
relata di notifica	Zustellungszeugnis
ricongiungimento (per figli e genitori)	Familiennachzug
ricusare: voleva ricusare i magistrati per grave inimicizia e malafede dell'organo giudicante nei suoi confronti	wollte die Richter wegen ihrer feindlichen Haltung und wegen Befangenheit des Gerichts gegenüber seiner Person ablehnen
riforma: in riforma della sentenza ...	unter/in Abänderung des Urteils
rimpatrio coatto: l'operazione si è conclusa con 1352 rimpatri coatti	die Operation wurde mit 1352 Rückführungen/Abschiebungen abgeschlossen
risarcimento danni: una raffica di denunce e pesanti richieste di risarcimento danni	eine Welle von Anzeigen und hohen Schadensersatzforderungen
scelta discrezionale: per una volta, una scelta discrezionale del Comune potrebbe anche essere a favore dei cittadini	schließlich könnte doch einmal eine Ermessensentscheidung der Gemeinde auch zugunsten der Bürger fallen
segreto confessionale: si erano appellati al segreto confessionale	hatten sich auf das Beichtgeheimnis berufen
sentenza penale passata in giudicato: sono stati condannati con sentenza penale passata in giudicato per reati infamanti	wurden wegen rufschädigender Straftaten rechtskräftig verurteilt
sviare le indagini	die Ermittlungen irreleiten
udienza: i giudici hanno accolto la sua richiesta di rinviare l'udienza	die Richter haben seinen Antrag auf Verhandlungsaufschub genehmigt
vie legali: adire le vie legali mi costerà migliaia di euro	den Rechtsweg einzuschlagen, wird mich Tausende von Euro kosten
vista e piaciuta: una cosa usata si compra „vista e piaciuta“	eine gebrauchte Sache kauft man nach der Klausel „wie besehen“
volantino di rivendicazione / dichiarazione di paternità	Bekennerschreiben
zona franca: è inspiegabile che alcuni comportamenti avvessero, all'interno dello stadio, una zona franca	es ist unerklärlich, dass sich für einige Verhaltensmuster im Stadion ein rechtsfreier Raum findet

5. Lavoro, Politica sociale
Arbeit, Sozialpolitik

5.1. Istituzioni centrali
Zentrale Einrichtungen

Ministero del Lavoro, della Salute e delle Politiche Sociali *(offz.)*: **Ministero del welfare: Minlavoro:** Ministerium für Arbeit, Gesundheit und Soziales
via Flavia: sede del Ministero

Ministro (s. p.) per le Pari Opportunità *(offz.)*: Minister für Chancengleichheit

Ministro (s. p.) per le Politiche per i Giovani *(offz.)*: Minister für Jugendpolitik

Garante degli scioperi: Commissione di garanzia dell'attuazione della legge sullo sciopero nei servizi pubblici essenziali: Streikbeauftragter: Kommission zur Gewährleistung des Streikrechts im Bereich grundlegender öffentlicher Dienstleistungen

Authority per i fondi pensione: Commissione di vigilanza della previdenza integrativa: Aufsichtsbehörde für die Altersversorgung

Commissione di garanzia sull'esercizio del diritto di sciopero*(offz.)*: Aufsichtsbehörde für die Regelung von Arbeitskämpfen
Authority per la regolamentazione degli scioperi
Commissione Giugni: *nach ihrem Präsidenten Gino Giugni*
Commissione di garanzia sugli scioperi : Commissione antisciopero

Authority per il volontariato: Authority del Terzo Settore: Authority per il non profit: Aufsichtsbehörde für die Freiwilligendienste *(geplant)*

O. I. L.: Organizzazione internazionale del lavoro: IAO: Internationale Arbeitsorganisation

Anmic: Associazione nazionale mutilati e invalidi civili: Nationaler Verband der Schwerbeschädigten und Behinderten

Anmil: Associazione nazionale mutilati ed invalidi del lavoro: Nationales Versorgungswerk der Beschädigten und Erwerbsunfähigen

Ater: Azienda territoriale per l'edilizia residenziale: Regionalagentur für Wohnungsbau
☞ Iacp

Casmez: Cassa per il mezzogiorno: Öffentlicher Haushalt für Unterstützungsmaßnahmen in Süditalien *(bis Anfang der 90er Jahre)*

Cassa forense: Cassa nazionale di previdenza e assistenza forense: Nationale Versorgungskasse der Rechtsanwälte

Cassa nazionale del notariato: Nationale Notarversorgungskasse

Cassa nazionale di previdenza e assistenza a favore dei geometri: Nationale Versorgungskasse der Vermessungsingenieure

Cassa nazionale di previdenza e assistenza a favore dei ragionieri: Nationale Versorgungskasse der Wirtschaftsprüfer

Cassa nazionale di previdenza e assistenza a favore dei dottori commercialisti: Nationale Versorgungskasse der Wirtschaftsberater

Cer: Comitato per l'Edilizia Residenziale: Ausschuss für das Wohnungswesen

Cig: Cassa integrazione guadagni: Verdienstausfallkasse
📖 *Fondo di denaro gestito dall'* ☞ ***Inps****. Serve per garantire uno stipendio ai lavoratori che per un certo periodo di tempo non lavorano (per esempio, perché l'attività dell'impresa da cui dipendono è stata sospesa)*
cassintegrato/cassaintegrato: Bezieher von Verdienstausfallgeld
Cigs: Cig straordinaria: außergewöhnliche Verdienstausfallkasse
Cisoa: Cig salari operai agricoli: Verdienstausfallkasse für Landarbeiter
Cige: Cig ediliza: Verdienstausfallkasse für Bauarbeiter
👓 *Piaggio a sorpresa mette in „**cassa**" cinquemila operai/per contenere al massimo la **Cig**, si farà preventivamente ricorso a ferie e permesse*
👓 *parte la **Cig**: la chiusura formale della procedura della **cigs** aperta dall'azienda*
indennità di disoccupazione: Arbeitslosenhilfe *(verglb.)*

Cig in deroga: nicht geregelte Verdienstausfallkasse
📖 *per le categorie escluse dalla cig ordinaria, in particolare le piccole imprese; è necessario un negoziato a livello regionale*
✍ *firmato l'accordo preventivo interassociativo per la* ***cig in deroga*** *per la pesca nelle Marche tra sindacati e* ***associazioni datoriali***
associazioni datoriali – Arbeitgeberverbände

Cri: Commissione regionale per l'impiego: Regionalausschuss für Beschäftigung
📖 *organo di programmazione, di direzione e controllo della politica dell'impiego*

Enam: Ente nazionale di assistenza magistrale: Nationale Versorgungsanstalt der Lehrer
✍ ***Enam gnam gnam***
gnam – Schmatzgeräusch

Enas: Ente nazionale di assistenza sociale: Nationale Versorgungseinrichtung

Enasarco: Ente nazionale di assistenza per gli agenti e rappresentanti di commercio: Nationale Versorgungsanstalt der Handelsvertreter

Enasco: Ente nazionale di assistenza sociale per gli esercenti attività commerciali: Nationale Versorgungsanstalt der Handelsgewerbetreibenden

Enpacl: Ente nazionale della previdenza ed assistenza per i consulenti del lavoro: Nationale Versorgungsanstalt der Unternehmensberater

Enpaia: Ente nazionale della previdenza ed assistenza per gli impiegati dell'agricoltura: Nationale Versorgungsanstalt der in der Landwirtschaft Beschäftigten

Enpaf: Ente nazionale della previdenza ed assistenza per i farmacisti: Nationale Versorgungsanstalt der Apotheker

Enpals: Ente nazionale della previdenza ed assistenza per i lavoratori dello spettacolo *(include anche i calciatori)*: Nationale Versorgungsanstalt der Arbeitnehmer im Bereich der künstlerischen Darbietungen

Enpam: Ente nazionale della previdenza ed assistenza per i medici: Nationale Versorgungsanstalt der Ärzte

Enpao: Ente nazionale della previdenza ed assistenza per le ostetriche: Nationale Versorgungsanstalt der Hebammen

Enpav: Ente nazionale della previdenza ed assistenza dei veterinari: Nationale Versorgungsanstalt der Tierärzte

Enpi: Ente nazionale prevenzione Infortuni: Nationale Unfallversicherungsanstalt

Epaca: Ente di patroncinio e di assistenza coltivatori agricoli: Nationale Anstalt für die Betreuung und Versorgung der landwirtschaftlichen Erzeuger

Epasa: Ente di patronato e assistenza sociale agli artigiani: Anstalt für die Betreuung und Versorgung von Handwerkern

Federcasa: Interessengemeinschaft Arbeiterwohnungen
📖 *riunisce 111 istituti e aziende per le case popolari*
Gescal: Gestione Case per Lavoratori *(ehemalig)*: Anstalt für Arbeiterwohnungen
contributo **Gescal**: abzuführender Beitrag für die Anstalt für Arbeiterwohnungen
✍ *subiscono un prelievo dello 0,35% per effetto dell'****ex contributo Gescal****, riverniciato dalla riforma del '95 come* ***previdenziale***
previdenziale – Sozialversicherungsbeitrag

Formez: Centro di formazione studi per il Mezzogiorno: Bildungs- und Studienzentrum für Süditalien
CIPA: coesione e innovazione per le pubbliche amministrazioni: Formez-Projekt „Kohäsion und Innovation für den Öffentlichen Dienst"

Iacp: Istituto Autonomo Case Popolari*(ehem.)*: selbständiges Institut des sozialen Wohnungsbaus ☞ Ater
✍ *disertata dagli alunni la scuola troppo vicina alle case* ***Iacp***/all'ombra di casermoni ***Iacp***
✍ *in grado di attivare investimenti complessivi per 8.000 miliardi in* ***edilizia agevolata****, da realizzare insieme a cooperative e* ***Iacp***
edilizia agevolata – Wohnungsbauförderung

Ina: Istituto nazionale delle assicurazioni: Nationale Versicherungsanstalt

Inac: Istituto nazionale di assistenza ai coltivatori: Nationale Versorgungsanstalt der landwirtschaftlichen Erzeuger

Inadel: Istituto di assistenza per i dipendenti degli enti locali: Versorgungsanstalt für die Kommunalangestellten

Inail: Istituto nazionale per l'assicurazione contro gli infortuni sul lavoro: Nationale Anstalt für die Versicherung von Arbeitsunfällen *(vergleichbar: Berufsgenossenschaft)*

Inapa: Istituto nazionale di assistenza e di patronato per l'artigianato: Nationale Anstalt für die Betreuung und Versorgung des Handwerks

Inarcassa: Cassa nazionale di previdenza ed assistenza per gli ingegneri ed architetti liberi professionisti: Nationale Versorgungskasse der freiberuflichen Ingenieure und Architekten

Inas: Istituto nazionale di assistenza sociale: Nationale Versorgungsanstalt

Inpdai: Istituto nazionale di previdenza per i dirigenti di aziende industriali (i manager): Nationale Versorgungsanstalt der Industriebetriebsleiter/Manager

Inpdap: Istituto nazionale di previdenza per i dipendenti dell'amministrazione pubblica: Nationale Versorgungsanstalt für den öffentlichen Dienst
*La donna non poteva andare a Roma. La commissione esaminatrice dell'**Inpdap** ha deciso di recarsi in casa sua. Concorso pubblico: esame a domicilio per la candidata incinta*

Inpgi: Istituto nazionale di previdenza per i giornalisti italiani: Nationale Versorgungsanstalt der italienischen Journalisten

Inps: Istituto nazionale della previdenza sociale: Nationale Sozialversicherungsanstalt
persona giuridica di diritto pubblico che svolge il compito dell'assicurazione obbligatoria e l'assicurazione contro la disoccupazione mediante amministrazione autonoma e sotto la vigilanza dello Stato
*l'anno prossimo lo Stato trasferirà alle casse dell'**Inps**, a copertura del deficit e delle spese per le prestazioni assistenziali, 80.370 miliardi, rispettando il tetto fissato dalla stessa Finanziaria*
*chiama l'**Inps**: puoi avere tante informazioni su pensioni, disoccupazione, cassa integrazione, mobilità, malattia, maternità, **riscatti**, servizio militare, scadenze di pagamento dei contributi obbligatori*
riscatti – Steuerbefreiungen

Inrca: Istituto Nazionale di Ricovero e Cura per Anziani: Nationale Anstalt für die Altenbetreuung

Ipost: Istituto di previdenza dei postelegrafonici: Versorgungsanstalt für den Postdienstleistungsbereich

Ipsema: Istituto di previdenza per il settore marittimo: Versorgungsanstalt für den Seefahrtbereich

Isfol: Istituto per lo sviluppo della formazione professionale dei lavoratori: Anstalt zur Förderung der beruflichen Bildung der Arbeitnehmer
rapporto Isfol: Beschäftigungsbericht

Ispesl: Istituto superiore per la prevenzione e la sicurezza del lavoro: Anstalt zur Unfallvorsorge und Arbeitssicherheit

Isveimer: Istituto Sviluppo Economico Italia Meridionale : Anstalt für die wirtschaftliche Entwicklung Süditaliens
*ha coinvolto cinque ex dirigenti dell'**Isveimer**, l'istituto di credito a medio termine in liquidazione per enormi perdite, collegato al Banco di Napoli*

Ital: Istituto di tutela e di assistenza ai lavoratori: Anstalt für die Betreuung und Versorgung von Arbeitern

Opera previdenze assistenza ferrovieri dello Stato: Versorgungswerk der Staatlichen Eisenbahnen

Opera nazionale pensionati d'Italia: Nationales Versorgungswerk der italienischen Rentner

Svimez: Associazione per lo Sviluppo dell'Industria nel Mezzogiorno: Vereinigung für die Industrielle Entwicklung Süditaliens
*è la conclusione cui arriva il rapporto **Svimez** 2001 sull'economia del Mezzogiorno*

Ulmo: Ufficio del lavoro e della massima occupazione: Arbeitsamt
Uplmo: Ufficio provinciale del lavoro e della massima occupazione: Arbeitsamt der Provinz ...
Urlmo: Ufficio regionale del lavoro e della massima occupazione: Arbeitsamt der Region ...
ufficio di collocamento: Arbeitsamt, Arbeitsvermittlungsstelle

Arel: Forschungszentrum
centro studi fondato da Andreatta, Urbano Aletti e Umberto Agnelli

Censis: Centro studi investimenti sociali: Zentrum für Studien über Sozialinvestitionen

Cer: Centro Europeo Ricerche: Wirtschaftsforschungsinstitut *(linksgerichtet)*
ma soprattutto, accusa l'ultimo rapporto del Cer, „l'ammissione alla moneta unica europea rappresenta un evento possibile, con probalità non troppo elevata"

Ires: istituti di ricerca della Cgil: Forschungszentren der Cgil

Isae: Istituto di studio e analisi economica: Institut zur Wirtschaftsforschung und -analyse
ente pubblico nato dalla fusione tra l'Isco e l'Ispe
Isco: Istituto per lo studio della congiuntura*(ehem.)*: Konjunkturforschungsinstitut
*i dati dell'**Isco** ne tengono conto, mentre l'impegno del governo per l'invarianza della pressione fiscale teneva esplicitamente fuori del **conteggio*** ☞ *l'Eurotassa*
conteggio – Berechnung
tenere fuori del conteggio – unberücksichtigt lassen
Ispe: Istituto di Studi per la Programmazione Economica (del ministero del Bilancio) *(ehem.)*: Forschungsinstitut für die Wirtschaftliche Planung

Ispes: Istituto per gli studi economici e sociali: Institut für Wirtschafts- und Sozialstudien

Nomisma: Wirtschaftsforschungsinstitut in Bologna *(katholisch-progressiv ausgerichtet)*
la società bolognese di ricerche economiche a lungo guidata da Romano Prodi

5.2. Sindacati
Gewerkschaften

I sindacati confederali: i confederali: Gewerkschaftsverbände

Cgil: Confederazione generale italiana del lavoro: Allgemeiner italienischer Gewerkschaftsbund
der Ds/Pds (früher PCI) nahestehend
corso d'Italia: sede della Cgil
cigiellino *(adj.)*
*la verità è che ormai tra Botteghe oscure e **corso d'Italia**, sede della **confederazione rossa**, è nato un asse se non „contro", sicuramente „al riparo" da Palazzo Chigi*

Cisl: Confederazione italiana sindacati lavoratori: Italienischer Arbeitergewerkschaftsbund
sindacato cattolico
la Confederazione di **via Po**
cislino *(adj.)*

Uil: Unione italiana del lavoro: Italienischer Gewerkschaftsbund
la confederazione di **via Lucullo**
*werden immer in folgender Reihenfolge genannt: **Cgil, Cisl e Uil***

Sindacati autonomi: Selbständige Gewerkschaften

Cobas: Confederazione Cobas: Comitati di base: Basisgewerkschaft *(existiert für viele Bereiche, zum Beispiel: comitati di base della scuola: Basisgewerkschaft der Schulbediensteten/Cobas allevatori/Cobas del latte: Basisgewerkschaft der Milcherzeuger)*

Cub: Confederazione unitaria di base: comitati unitari di base: Einheitliche Basisgewerkschaft *(z. B. Rdb-Cub, Fltu-Cub, Sulta-Cub)*

Isi: Intesa dei Sindacati Indipendenti: Dachverband der unabhängigen Gewerkschaften *(Ailp, Confail, Confill, Usppi, Federimmigrati; priorità: contratti, pensioni, Sud e immigrati)*

Ugl (ex ☞ Cisnal): Unione generale del lavoro *(sindacato di destra)*: Allgemeiner Verband der Arbeit *(seit Nov. 1996)*

Cisnal: Confederazione italiana sindacati nazionali dei lavoratori: Verband der nationalen italienischen Arbeitergewerkschaften
***An** nahestehend*

Cisal: Confederazione italiana sindacati autonomi dei lavoratori: Verband der autonomen italienischen Arbeitergewerkschaften

Cnl: Confederazione Nazionale Lavoratori: Nationer Arbeitnehmerverband

Usppi: Unione Sindacati Professionisti Pubblico-Privato Impiego: Bund der Gewerkschaften der öffentlichen und privaten Beschäftigten

trasporti/autoferrotranvieri – Transport

Filt-Cgil: Federazione Italiana Lavoratori Trasporti: Transportgewerkschaft innerhalb der Cgil

Fit-Cisl: Federazione italiana trasporti: Transportgewerkschaft innerhalb der Cisl

Uilt-Uil: Uiltrasporti: Unione italiana lavoratori trasporti: Transportgewerkschaft innerhalb der Uil

Sdl: Sindacato dei Lavoratori intercategoriale: branchenübergreifende Basisgewerkschaft *(Fusion aus Sult und Sincobas)*

treni – Bahn

Assidifer: Sindacato autonomo dirigenti ferroviari: Selbständige Gewerkschaft der leitenden Angestellten der Eisenbahn

Comu: Sindacato autonomo dei macchinisti uniti

Confsal: Sindacato autonoma dei ferrovieri: Selbständige Eisenbahnergewerkschaft

Fendit: Federazione Nazionale Dirigenti Trasporti: Selbständige Gewerkschaft der leitenden Angestellten der Eisenbahn

Fisafs-Cisal: Sindacato autonomo dei autoferrotranvieri: Bedienstete des öffentlichen Nahverkehrs

Fisast-Cisas: Sindacato autonomo dei macchinisti, personale marittimo

Fltu-Cub: Federazione Lavoratori Trasporti Uniti: Bedienstete des öffentlichen Nahverkehrs

Orsa: Organizzazione Sindacati Autonomi e di base: Zusammenschluss verschiedener selbständiger Eisenbahnergewerkschaften: *sindacati autonomi dell'**Orsa:** Fisafs, Comu, Sapec, Sapent*

Rdb-Cub: Sindacato autonomo dei autoferrotranvieri: Bedienstete des öffentlichen Nahverkehrs

Sapec: Sindacato autonomo navi traghetto ferrovie dello Stato: Selbständige Gewerkschaft Schiffe, Fähren, Staatliche Eisenbahn

Sapent: Sindacato autonomo navi traghetto ferrovie dello Stato: Selbständige Gewerkschaft Schiffe, Fähren, Staatliche Eisenbahn

Sasmant: Sindacato autonomo navi traghetto ferrovie dello Stato: Selbständige Gewerkschaft Schiffe, Fähren, Staatliche Eisenbahn

Slai: Slai-Cobas: Sindacato autonomo dei autoferrotranvieri: Bedienstete des öffentlichen Nahverkehrs

Sma: Sindacato autonoma dei ferrovieri (macchinisti): Selbständige Eisenbahnergewerkschaft

aerei – Luftfahrt

Anpac: Associazione Nazionale Piloti Aviazione Commerciale: Nationale Vereinigung der Piloten der zivilen Luftfahrt

Anpav: Associazione Nazionale Professionale Assistenti di Volo: Nationale Vereinigung der Flugassistenten

Anpcat: Associazione Nazionale Professionale Controllori e Assistenti al Traffico Aereo: Nationale Vereinigung der Fluglotsen

Apm-Up: Sindacato autonomo dei piloti di Meridiana: Autonome Gewerkschaft der Fluglinie Meridiana

Appl: Associazione Professionale Piloti di Linea: Berufsvereinigung der Linienflugzeugpiloten

Asda-Cida: Sindacato autonomo lavoratori trasporto aereo

Assivolo-quadri: Sindacato autonomo lavoratori trasporto aereo *(assistenti di volo)*

Avia: Sindacato autonomo degli assistenti di volo: Autonome Gewerkschaft der Flugbegleiter

Cila-Av: Sindacato autonomo degli assistenti di volo

Cisal-Av: Sindacato autonomo lavoratori trasporto aereo *(controllori di volo)*

Licta: Sindacato autonomo dei controllori di volo

Sacta: Sindacato autonomo lavoratori trasporto aereo *(controllori di volo)*

Sulta-Cub: Sindacato unitario lavoratori trasporto aereo *(assistenti di volo, personale di terra)*

Up: Unione piloti: Interessenvereinigung der Piloten

Up-Apm: Sindacato autonomo dei piloti

navi/traghetti – Schiffahrt, Fähren

Federmar-Cisal: Sindacato del personale navi e traghetti

Sinai: Sindacato del personale navi e traghetti

Ugl Mare: Sindacato del personale navi e traghetti del Ugl

autotrasportatori/autobus – Busverkehr, Lkw

Cila: Sindacato autonomo autobus: Selbständige Autobusgewerkschaft

Faisa-Confail: Sindacato autonomo autobus: Selbständige Autobusgewerkschaft

Cna-Fita /Fita Cna: Interessenvertretung der Transportunternehmer

Samc: Sindacato autonomi rappresentativo dei lavoratori della Motorizzazione: Selbständige Gewerkschaft der Mitarbeiter der Straßenverkehrsämter

Unisiau: Sindacato autonomo autobus: Selbständige Autobusgewerkschaft

Uti: Unione degli autotrasportatori: Lkw-Gewerkschaft

Conftrasporto: Confederazione del Trasporto, della Spedizione e della Logistica: Gewerkschaftsbund der Transportunternehmer

metalmeccanici – Metallarbeitnehmer, Beschäftigte der Metall- und Elektroindustrie

Fiom-Cgil: Federazione italiana lavoratori metallurgici: Verband der Arbeitnehmer in der Metallindustrie, Metallgewerkschaft innerhalb der Cgil

Fim-Cisl: Federazione italiana metalmeccanici: Metallgewerkschaft innerhalb der Cisl

Uilm-Uil: Unione italiana lavoratori metalmeccanici: Metallgewerkschaft innerhalb der Uil

Faisa Cisal: Sindacato autonomo dei metalmeccanici: Selbständige Metallgewerkschaft

Fmlu: Federazione dei lavoratori metalmeccanici uniti: Selbständige Metallgewerkschaft

Fismic: Sindacato autonomo metalmeccanici e industrie collegate: Selbständige Metallgewerkschaft

chimici – Chemiearbeitnehmer

Filcem-Cgil: Federazione italiana dei lavoratori della chimica, dell'energia e delle manifatture: Chemie- und Energiegewerkschaft innerhalb der Cgil

Femca-Cisl: Federazione energia, moda, chimica e affini: Chemie- und Energiegewerkschaft innerhalb der Cisl

Uil-Cem: Unione italiana lavoratori della chimica, energia e manifatturiero: Chemie- und Energiegewerkschaft innerhalb der Uil

Fulc: Sindacato autonomo dei chimici: Selbständige Chemiegewerkschaft

edili, artigiani – Baugewerbe, Handwerk

Fillea-Cgil: Federazione italiana dei lavoratori del legno, dell'edilizia, industrie affini ed estrattive: Baugewerkschaft innerhalb der Cgil

Filca-Cisl: Federazione italiana lavoratori costruzioni e affini: Baugewerkschaft innerhalb der Cisl

Feneal: Federazione nazionale edili affini e legno: Baugewerkschaft innerhalb der Uil

tessili – Textilarbeitnehmer

Filtea-Cgil: Federazione Italiana Lavoratori Tessili e Abbigliamento: Textilgewerkschaft innerhalb der Cgil

Uilta: Unione italiana lavoratori tessili, abbigliamento e calzaturieri: Textilgewerkschaft innerhalb der Uil

commercio – Handel und Gewerbe

Filcams-Cgil: Federazione italiana lavoratori commercio, albergo, mensa e servizi: Gewerkschaft für Handel, Hotel und Gaststätten innerhalb der Cgil

Fisascat-Cisl: Federazione italiana addetti servizi commerciali, affini e del turismo: Handel- und Tourismusgewerkschaft innerhalb der Cisl

Clacs-Cisl: Coordinamento lavoratori autonomi commercio e servizi: Interessenvertretung der Selbständigen in Handel und Dienstleistungen innerhalb der Cisl

Uil-Tucs: Unione italiana lavoratori turismo, commercio e servizi: Handel- und Tourismusgewerkschaft innerhalb der Uil

agroindustria, alimentaristi – Landwirtschaft und Ernährung

Flai-Cgil: Federazione dei lavoratori dell'agro industria: Nahrungsmittelgewerkschaft innerhalb der Cgil

Alpa: Associazione lavoratori produttori dell'agroalimentare: Gewerkschaft der Beschäftigten und Erzeuger in der Landwirtschaft und Nahrungsmittelindustrie innerhalb der Cgil

Fai-Cisl: Federazione agro-alimentare: Gewerkschaft Landwirtschaft und Nahrungsmittel innerhalb der Cisl

Ugc-Cisl: Unione generale coltivatori: Interessenvertretung kleiner landwirtschaftlicher Erzeuger innerhalb der Cisl

Uimec: Unione italiana mezzadri e coltivatori diretti: Italienischer Verband der Halbpächter und Direkterzeuger: Landwirtschaftsgewerkschaft innerhalb der Uil

Uila: Unione italiana lavoratori agroalimentare: Nahrungsmittelgewerkschaft innerhalb der Uil

energia – Energiewirtschaft

Flaei-Cisl: Federazione lavoratori aziende elettriche italiane: Gewerkschaft der Elektroindustrie innerhalb der Cisl

poligrafici – Drucker

Slc-Cgil: Sindacato nazionale della comunicazione: Telekommunikationsgewerkschaft innerhalb der Cgil

Fistel-Cisl: Federazione dello spettacolo, dell'informazione e delle telecomunicazioni: Gewerkschaft Druck und Telekommunikation innerhalb der Cisl

postetelegrafonici – Postarbeitnehmer

Flp-Cisl: Federazione dei lavoratori delle poste: Postgewerkschaft innerhalb der Cisl

Uil-Post: Unione italiana lavoratori postelegrafonici: Postgewerkschaft innerhalb der Uil

Uil-Comunicazioni: Unione italiana lavoratori comunicazione: Gewerkschaft für Telekommunikation innerhalb der Uil

scuola – Schulbedienstete

Flc-Cgil: Federazione dei lavoratori della conoscenza: Gewerkschaft der Beschäftigten im Bildungsbereich innerhalb der Cgil

Sism-Cisl: Cisl-scuola: Sindacato della scuola: Schulgewerkschaft innerhalb der Cisl

Sinascel-Cisl: sindacato elementari della Cisl: Gewerkschaft für die Grundschule innerhalb der Cisl

Uil-scuola: Unione italiana lavoratori scuola: Schulgewerkschaft innerhalb der Uil

Snals: Sindacato nazionale autonomo lavoratori della scuola: Selbständige Schulgewerkschaft

università, ricerca – Hochschule, Forschung

Cisl Università: Sindacato dell'Università: Hochschulgewerkschaft innerhalb der Cisl

Fir: Federazione innovazione e ricerca: Gewerkschaft für Innovation und Forschung innerhalb der Cisl

bancari – Bankangestellte

Fisac-Cgil: Federazione italiana sindacale lavoratori assicurazione e credito: Bankengewerkschaft innerhalb der Cgil

Fiba-Cisl: Federazione italiana bancari e assicurativi: Bankengewerkschaft innerhalb der Cisl

Uilca: Unione Italiana Lavoratori del Credito, Esattoriali ed Assicurazioni: Banken- und Versicherungsgewerkschaft innerhalb der Uil

Fabi: Sindacato autonoma bancari: Selbständige Bankengewerkschaft

Falbi: Sindacato autonoma della Banca d'Italia: Selbständige Gewerkschaft der Bank von Italien

Falcri: Sindacato autonoma delle casse di risparmio: Selbständige Sparkassengewerkschaft

Fasib: Sindacato autonoma bancari: Selbständige Bankengewerkschaft

Sibc-Cisal: Sindacato Indipendente Banca Centrale: Unabhängige Gewerkschaft der Zentralbank

Sinfub: Sindacato dei funzionari bancari: Selbständige Bankengewerkschaft

Sna: Sindacato Nazionale Agenti di Assicurazione: Nationale Gewerkschaft der Versicherungsvertreter

sanità – Gesundheit

Cisl-Medici: Sindacato dei medici: Ärztegewerkschaft innerhalb der Cisl

Fials: Federazione Italiana Autonoma Lavoratori Sanità: Autonomer Italienischer Verband der Arbeitnehmer im Gesundheitswesen

Sivemp: Sindacato italiano veterinari di medicina pubblica: Italienische Gewerkschaft der öffentlichen Veterinärmediziner

funzione pubblica – öffentliche Dienste

Fp-Cigl: Cgil-FP: Federazione dei lavoratori della funzione pubblica: Gewerkschaft Öffentliche Dienste innerhalb der Cgil

Fps-Cisl: Federazione Lavoratori dei Pubblici Servizi): Gewerkschaft Öffentliche Dienste innerhalb der Cisl

Federazione VV. F-Cisl: Federazione nazionale lavoratori del corpo dei vigili del fuoco: Feuerwehrgewerkschaft innerhalb der Cisl

Uilfpl: Unione Italiana Lavoratori Federazione Poteri Locali: Gewerkschaft Kommunalbetriebe innerhalb der Uil

Uiloocc: Unione italiana lavoratori organi costituzionali: Gewerkschaft für Bedienstete der Verfassungsorgane innerhalb der Uil

Uil-Pa: Unione italiana del lavoro pubblica amministrazione: Gewerkschaft für Beschäftigte der Öffentlichen Verwaltung

Conapo: Sindacato autonomo dei vigili del fuoco: Selbständige Gewerkschaft der Feuerwehr

Sndmae: Sindacato autonomo dei diplomatici: Selbständige Gewerkschaft der Diplomaten

spettacolo – Medien

Silb: Sindacato italiano dei locali da ballo: Interessenvertretung der Diskotheken

Sns: Sindacato nazionale scrittori: Schriftstellergewerkschaft *(Cgil nahestehend)*

circo – Schausteller

Snav-Cgil: Sindacato nazionale attrazionisti viaggianti: Schaustellergewerkschaft innerhalb der Cgil

ricevitorie del lotto – Lottoannahmestellen

Utis: Gewerkschaft der Lottoannahmestellen

Firas: Gewerkschaft der Lottoannahmestellen

forza pubblica – Ordnungskräfte

Silp: Sindacato dei lavoratori della polizia: Gewerkschaft der Polizei innerhalb der Cgil

Afp: Anfp: Associazione nazionale dei funzionari di polizia: Nationale Vereinigung der Polizeibeamten

Coisp: Polizeigewerkschaft

Consap: Polizeigewerkschaft

Fsp: Federazione Sindacale di Polizia: Polizeigewerkschaftsbund

Lisipo: Libero sindacato di polizia: Freie Polizeigewerkschaft

Mps: Movimento per la sicurezza: Polizeigewerkschaft

Ospol: Organizzazione sindacale delle polizie locali: Gewerkschaftsorganisation der örtlichen Polizeidienstellen

Sapaf: Sindacato degli agenti forestali: Gewerkschaft der Forstbeamten

Sappe: Sindacato autonomo di polizia penitenziaria: Selbständige Gewerkschaft der Gefängnispolizei

Sap: Sindacato autonomo della polizia: Selbständige Gewerkschaft der Polizei

Siap: Sindacato italiano appartenenti polizia: Polizeigewerkschaft

Sinappe: Sindacato nazionale autonomo polizia penitenziaria: Selbständige Nationale Gewerkschaft der Gefängnispolizei

Siulp: Sindacato unitario della polizia: Einheitsgewerkschaft der Polizei

Sulpm: Sindacato unitario lavoratori polizia municipale: Einheitsgewerkschaft der Arbeitnehmer der Städtischen Polizei

Uilps: Unione Italiana Lavoratori della Polizia di Stato: Italienischer Verband der Arbeitnehmer der Staatspolizei

Usp: Unione Sindacale di Polizia: Gewerkschaftsverband der Polizei

giornalai – Zeitungsverkäufer

Sinagi-Cgil: Sindacato nazionale giornalai d'Italia: Gewerkschaft der Zeitungsverkäufer innerhalb der Cgil

pensionati – Rentner

Spi-Cgil: Sindacato pensionati italiani: Gewerkschaft der Rentner innerhalb der Cgil

Fnp-Cisl: Federazione nazionale pensionati: Gewerkschaft der Rentner innerhalb der Cisl

Uilp: Uil-Pensionati: Unione italiana lavoratori pensionati: Gewerkschaft der Rentner innerhalb der Uil

Ada (collegata ai sindacati Uil-Uilp): *organizzazione no-profit che si occupa di anziani: gemeinnützige Altenbetreuung*

Anta (collegata ai sindacati Fnp-Cisl): *organizzazione no-profit che si occupa di anziani: gemeinnützige Altenbetreuung*

Auser (collegata ai sindacati Cgil e Spi): Associazione per l'autogestione dei servizi e la solidarietà: Vereinigung für Dienstleistungsselbstverwaltung und Solidarität: *organizzazione no-profit che si occupa di anziani: gemeinnützige Altenbetreuung*

agenti di custodia – Wach- und Schließpersonal

Osapp: sindacato degli agenti di custodia: Gewerkschaft des Wach- und Schließpersonals

lavoro interinale, telelavoro ecc. – Leiharbeit etc.

NIDiL-Cgil : Nuove Identità di Lavoro: Gewerkschaft Neue Formen der Beschäftigung innerhalb der Cgil

Alai: Associazione dei lavoratori atipici e interinali: Vereinigung der Arbeitnehmer mit Sonderformen des Arbeitsvertrags, *von Cisl und Compania delle Opere gebildete Interessenvertretung*

Uil-Immigrati: Gewerkschaft der Zuwanderer innerhalb der Uil

breadandroses: associazione sindacale di lavoratori della Net-Economy

Chainworkers: nata nei centri sociali e dedicata a chi lavora nelle grandi catene commerciali

TipiAtipici: sindacato on line della Cisl di Milano

TuteArancioni: si occupa di lavoratori della Rete

tempo libero – Freizeit

Anolf: Associazione nazionale oltre le frontiere: Nationale Vereinigung der Auslandsitaliener (Cisl)

Ceres: Centro di ricerche economiche e sociale: Zentrum für Wirtschafts- und Gesellschaftsforschung (Cisl)

Etsi: Ente turistico sociale italiano: Sozialwerk der Cisl

Fitel: Federazione italiana tempo libero: Freizeitgewerkschaft von Cgil, Cisl, Uil

Ial: Istituto addestramento lavoratori: Institut für Berufsausbildung der Cisl

Ires: Istituto di ricerche economiche e sociale (della Cgil): Institut für Wirtschafts- und Gesellschaftsforschung (Cgil)

Isf: Istituto superiore di formazione: Aus- und Fortbildungseinrichtung der Cgil

Sicet: Sindacato inquilini casa e territori: Mieterschutzbund der Cisl

Uim: Unione italiani nel mondo: Verband der Auslandsitaliener (Uil)

5.3. Datori di lavoro
Arbeitgeber, Interessenverbände

Ance: Associazione nazionale dei costruttori edili: Nationaler Verband des Wohnungsbaugewerbes

Casa: Confederazione autonoma sindacati artigiani: Selbständige Handwerkergewerkschaft

Casartigiani: Confederazione Autonoma Sindacati Artigiani: Autonomer Verband der Handwerksgewerkschaften

Cdo: Compagnia delle Opere: *(christlich orientierter)* Unternehmerverband
☞ *la **Compagnia delle Opere**, la più strutturalmente e integralmente cattolica tra le organizzazioni che promuovono attività di impresa* ☞ *ancora una volta la **Compagnia delle Opere** viene definita come braccio economico di* ☞ *Comunione e Liberazione. Non è così. La **Compagnia delle Opere** è una libera associazione costituita nel 1986 come associazione fra imprenditori di rilevanza nazionale ... non appartiene a nessuno se non ai suoi soci*

Cida: Confederazione Italiana Dirigenti di Azienda: Interessenvertretung der Betriebsleiter

Claai: Confederazione delle libere associazioni artigiani italiane: Verband der freien Handwerksvereinigungen Italiens

Cna: Confederazione Nazionale dell'Artigianato e della Piccola e Media Impresa: Nationaler Verband für das Handwerk und die kleinen und mittleren Unternehmen *(politisch linksgerichtet)*

Confapi: Confederazione italiana per la piccola e media industria: Arbeitgeberverband für die kleinen und mittleren Unternehmen

Confartigianato: Cgia : Confederazione generale italiana dell'artigianato: Allgemeiner Italienischer Verband des Handwerks: Interessenvertretung des Handwerks

Confetra: Confederazione Generale Italiana dei Trasporti e della Logistica: Allgemeiner Italienischer Verband der Transport- und Logistikunternehmer

Confcommercio: Associazione del commercio e del turismo: Arbeitgeberverband für den Handel
📖 *associazione più grande dei negozianti; oltre un milione di associati; tradizionalmente su posizioni di centro*
hat verschiedene Interessenvertretungen, u. a.:
Figisc-Confcommercio: sindacato dei benzinai: Gewerkschaft der Tankwarte
Anisa-Confcommercio: sindacato dei benzinai: Gewerkschaft der Tankwarte
Federazione italiana del dettaglio alimentare: Italienischer Verband des Lebensmitteleinzelhandels

Confedilizia: Confederazione italiana della proprietà edilizia: Nationaler Verband der Wohneigentumbesitzer

Confesercenti: Confederazione italiana esercenti attività commerciali, turistiche e dei servizi: Verband der Gewerbetreibenden
📖 *tradizionalmente spostata a sinistra*
hat verschiedene Interessenvertretungen, u. a.:
Faib-Confesercenti: sindacato dei benzinai: Gewerkschaft der Tankwarte

Confindustria: Confederazione generale dell'industria italiana: Arbeitgeberverband für die Industrie
viale dell'**Astronomia**: sede della Confindustria
Csc: Centro studi Confindustria: Zentrum für Studien des Arbeitgeberverbands der Industrie

Confinterim: Confederazione italiana delle associazioni delle imprese fornitrici di lavoro temporaneo: Italienischer Verband der Zeitarbeitunternehmen

Farmindustria: Interessenvertretung der pharmazeutischen Industrie

Federalimentare: Arbeitgeberverband der Nahrungsmittelindustrie

Federazione italiana del terziario: Interessenvertretung des Dienstleistungsbereichs

Federchimica: Federazione Nazionale dell'Industria Chimica: Arbeitgeberverband der chemischen Industrie

Federcomin: Federazione nazionale delle imprese di telecomunicazione, radiotelevisione ed informatica *(aderente a Confindustria)*: Nationaler Verband der IT-Unternehmen

Federfarma: Federazione nazionale unitaria dei titolari di farmacia italiani: Nationale Apothekerverband

Federmanager: Federazione nazionale dirigenti aziende industriali: Nationaler Verband der Industriemanager

Federmeccanica: Federazione delle industrie meccaniche: Arbeitgeberverband der Metallindustrie

Federtrasporti: Arbeitergeberverband Transport

Fenit: Federazione Nazionale Imprese Trasporti: Nationaler Verband der Transportunternehmer

Fipe: Federazione Italiania Pubblici Esercizi: Italienischer Hotel- und Gaststättenverband

Fit: Federazione Italiana Tabaccai: Verband der Tabakwarenhändler

Intersind *(ehem.)*: Associazione sindacale delle aziende a partecipazione statale: Interessenvertretung der Staatsunternehmen

Ucid: Unione cristiana imprenditori e dirigenti: Christlicher Verband der Unternehmer und Manager

Unindustria: Unione Industriale: Industrieverband *(einzelner Provinzen usw.)*

5.4. Glossario di politica sociale
Sozialpolitisches Glossar

A Buon Diritto, Associazione per le libertà: Bürgerrechtsbewegung „Mit gutem Recht"
📖 *A Buon Diritto nasce nel giugno del 2001 allo scopo di promuovere alcune questioni di grande rilievo pubblico, relative all'esercizio di diritti riconosciuti dal nostro ordinamento, ma non adeguatamente tutelati; la libertà terapeutica come espressione della sovranità dell'individuo sul proprio corpo, il diritto di professare liberamente la propria confessione religiosa, la tutela*

della libertà personale all'interno degli istituti di pena

Acli: Associazioni cristiane dei lavoratori italiani: Christliche Arbeitnehmerverbände *(vornehmlich soziale Aufgabenstellung, vertreten auch die Interessen von im Ausland arbeitenden italienischen Arbeitnehmern gegenüber den italienischen Behörden)*
aclista: Mitglied der Christlichen Arbeitnehmerverbände
Us Acli: Unione Sportiva Acli: Sportverband der Christlichen Arbeitnehmerverbände

Acrobax: Sozialzentrum in Rom

Adest: assistenti domiciliari e dei servizi tutelari: Alten- und Krankenpfleger
🕮 *personale che assiste i non autosufficienti*

> ***adozione a distanza: Kinderpatenschaft***
> **Ai. Bi.**: Associazione Amici dei Bambini: Adoptionsvermittlungsstelle
> **ANFAA:** Associazione nazionale famiglie adottive e affidatarie: Landesvereinigung der Adoptiv- und Pflegefamilien
> **Cisd:** Comitato italiano sostegno a distanza: Italienisches Komitee für Patenschaften
> 🕮 *composto da 5 organismi legati alla cooperazione internazionale*
> **Vis:** Volontariato internazionale per lo sviluppo: Internationaler Freiwilligenentwicklungsdienst
> **Gabbianella:** „Kleine Möwe"
> 🕮 *coordina 37 associazioni religiose o laiche, che operano nel campo della solidarietà internazionale*
> **Agape:** Associazione dei genitori adottivi per l'estero: Vereinigung der Pateneltern von Auslandspatenschaften

affidamento condiviso: gemeinsames Sorgerecht
✍ *a Firenze è stata applicata per la prima volta la legge sull'**affidamento condiviso** che prevede sanzioni per chi non rispetta la sentenza di divorzio*

affini: verwandte Bereiche: und Ähnliches, und dergleichen
✍ *musicisti e **affini** che si tramandano il mestiere e il talento da oltre un secolo*
✍ *aspettare con ansia un viaggio in auto con un amico tecnomaniaco come lui „perché parleremo per ore di cellulari e **affini**"*

Agedo: Associazione di genitori, parenti e amici di omosessuali: Vereinigung der Eltern, Verwandten und Freunde von Homosexuellen

agenzia per cuori solitari: agenzia matrimoniale: Heiratsvermittlungsagentur

Agesci: Associazione Guide e Scout Cattolici Italiani: Vereinigung der italienischen katholischen Pfadfinder
✍ *alle spalle ha una formazione cristiana maturata nell'**Agesci***

agitazione: Arbeitsprotest, -ausstand
✍ *le testate quotidiane subiscono tagli di tiratura per una **agitazione** dei lavoratori poligrafici*

Agire: Agenzia Italiana per la Risposta alle Emergenze: Italienische Nothilfeorganisation
🕮 *è un'organizzazione, nata nel maggio 2007, che raggruppa alcune organizzazioni non governative già presenti in Italia. Fanno attualmente parte di **Agire** le seguenti organizzazioni: ActionAid, AMREF, Save the Children, Terre des Hommes, VIS, WWF. Il principale obiettivo di Agire è la raccolta dei fondi necessari a portare soccorso alle popolazioni colpite da emergenze internazionali*

A. g. o.: assicurazione generale obbligatoria: gesetzliche Rentenversicherung
✍ *costoro possono fruire delle pensioni d'anzianità con requisiti ridotti rispetto al sistema dell'**A. g. o.**, sia pure con penalizzazioni*

Ailt: associazione del lavoro temporaneo *(aderente alla Confindustria)*: Vereinigung der Zeitarbeitsgesellschaften

Ctm **altromercato:** Konsortium „Der andere Markt" *(für fairen Handel)*
🕮 *Ctm altromercato è un consorzio di organizzazioni senza fini di lucro che promuove e diffonde in Italia il commercio equo e solidale tramite, fra l'altro, 110* ☞ *Botteghe del Mondo*
prodotti **equo-solidali:** Produkte aus Welt-Läden, Produkte aus fairem Handel

altromondismo: globalisierungskritische Bewegung, Bewegung für eine andere Welt
altromondista: Globalisierungsgegner
✍ *nel movimento **altromondista** si riconoscono molte tensioni: riflessioni e ideologie, forme di intervento e resistenze alle pressioni neoliberiste delle multinazionali, eterogenee e spesso apparentemente inconciliabili*

amministratore di sostegno: Pflegehelfer
📖 *la legge 6/2004 ha introdotto in Italia un nuovo istituto di protezione civilistica rivolto ai soggetti deboli: l'amministrazione di sostegno. La finalità della legge è tutelare le persone prive, in tutto o in parte, di autonomia, ma non interessate da provvedimenti d'interdizione*

ammortizzatori sociali: Instrumente der sozialen Sicherung, Maßnahmen der sozialen Abfederung
👓 *si impone un cambiamento enorme: finora gli **ammortizzatori** sono stati semplici strumenti per integrare il reddito di persone che hanno perso il lavoro*

anagrafe dei fragili: anagrafe della fragilità: anagrafe dei soggetti fragili: Verzeichnis der unterstützungsbedürftigen Senioren
👓 *l'**anagrafe dei soggetti fragili** costituisce quindi la fonte informativa per tutti gli interventi predisposti per la popolazione a rischio sul territorio*

Anast: Associazione nazionale Strutture Terza Età: Nationale Vereinigung der Senioreneinrichtungen

Anc: Albo nazionale costruttori: Verdingungsordnung für Bauleistungen: VOB
👓 *Recquisiti di partecipazione: Iscrizione all'**Anc** nella categoria 5 d di classe adeguata a norma di legge a quelli indicati nel bando integrale di gara*

Aned: Associazione nazionale ex deportati politici nei campi nazisti: Nationale Vereinigung der früheren Deportierten
👓 *il Memorial italiano fu allora fortemente voluto dall'**Aned** ed è oggi fieramente difeso nella sua integrità dalla stessa **Aned***

Anfe: Associazione nazionale famiglie emigrati: Nationale Vereinigung der Emigrantenfamilien
📖 *ente di formazione professionale molto attivo anche all'estero*

Anis: Associazione nazionale single: Nationale Vereinigung der Singles

Anpas: Associazione nazionale pubbliche assistenze: Nationale Vereinigung der öffentlichen Wohlfahrtspflege

antagonista: Anti-, Protest-
scena antagonista: Antibewegung, Protestbewegung
👓 *l'Orso, Officina della resistenza sociale, è lo spazio **antagonista**, per dirla in lingua, che Cesare frequentava a Milano*

Api-Colf: Associazione Professionale Italiana dei Collaboratori Familiari e degli Assistenti Domiciliari e dei Servizi Tutelari (AdeST): Italienische Berufsvereinigung der Hausangestellten und Alten- und Krankenpfleger

Arcigay: Arcigay – Movimento libertà civili: Verband der Homosexuellen
i **finocchi** *(pej.)*: i **culattoni** *(pej.)*: die Schwulen
👓 *avete fatto diventare il problema di noi „**finocchi**" uno dei temi fondamentali dell'etica sociale italiana contemporanea*

Arcilesbica: Verband der Lesbierinnen
👓 *divorzio tra **Arcigay** e **Arcilesbica***/una tra le prime iniziative promosse dalla neonata ***Arcilesbica** è un progetto di legge contro le discriminazioni basate sull'orientamento omosessuale*

Arcobaleno: missione Arcobaleno: „Regenbogen-Mission" *(von der italienischen Regierung koordinierte humanitäre Hilfsaktion für den Kosovo; Anfang 2000 wird wegen Unterschlagungsvorwürfen ermittelt)*
👓 *la missione „**Arcobaleno**" ha raccolto 118 miliardi: finanzieranno i progetti di aiuto umanitario delle organizzazioni non governative per il Kosovo. la guerra è finita ma l'operazione „**Arcobaleno**" va avanti.*

Armata Bianca: Centro di aiuto alla vita dell'armata bianca: Weiße Armee *(Vereinigung von Abtreibungsgegnern, deren Begründer, Padre Andrea D'Ascanio, im Verdacht des Exorzismus steht)*
👓 *l'**Armata Bianca** diventò presto un esercito impegnato su un solo fronte: la battaglia contro l'aborto*

ascolto sociale: Sozialgespräch, Gesprächsbetreuung
👓 *sportello di **ascolto sociale**/Centro di **Ascolto Sociale** Don Bosco*
👓 *occorre in conclusione aumentare la capacità di **ascolto sociale***

Askatasuna: Sozialzentrum in Turin *(radikale Globalisierungsgegner)*

assegni sociali: assegno di assistenza: Sozialrente

☞ *manovra, allarme **assegni sociali**: l'**assegno di assistenza** che l'Inps eroga a chi ha un basso reddito è stato cancellato da un emendamento al decreto che contiene la manovra e se non ci saranno interventi correttivi salterà dal primo gennaio del 2009*

assegno di maternità: assegno per le neo-mamme: Mutterschaftsgeld
📖 *per le neo- mamme con redditi familiari inferiori ai 50 milioni lordi annui*

Associazione per la tutela dei diritti dei minori: Vereinigung zum Schutz der Rechte des Kindes

Assoedilizia: l'associazione dei proprietari di abitazioni: Vereinigung der Haus- und Wohnungsbesitzer

Assoprevidenza: Associazione italiana per la previdenza complementare: Italienische Vereinigung für die zusätzliche Altersvorsorge

Asppi: Associazione sindacale piccoli proprietari immobiliari: Interessenvertretung der Immobilienbesitzer

atipici: lavoratori atipici: Arbeitnehmer mit Sonderformen des Arbeitsvertrags
lavoro atipico: Sonderformen des Arbeitsverhältnisses
📖 *lavoratori interinali, lavoratori dipendenti a termine, lavoratori part time a tempo indeterminato, collaboratori coordinati e continuativi*
☞ *tutele per gli **atipici**: ai lavoratori flessibili le stesse garanzie degli altri e un contratto collettivo nazionale*

sindacato **autonomo**/gli **autonomi:** selbständige Gewerkschaft

avviso bonario: gütliche Aufforderung zur Beitragabführung
☞ *è in corso l'invio, da parte dell'Inps, di un milione di **avvisi bonari** rivolti ai datori di lavoro che sono risultati in debito nei confronti dell'ente previdenziale*

baby-parking: Kinderhort, Kindertagesstätte
☞ *finito il lavoro, aveva ritirato il bambino dal **baby-parking***

baby pensioni: prepensionamento: Vorruhestand, Frühverrentung
pensionati baby: Vorruheständler
☞ *Sport e spettacolo: Francesco Moser, **pensionato baby** delle due ruote, ha appena ottenuto l'assegno al compimento dei 45 anni*

bamboccione: (erwachsenes) Muttersöhnchen *(die 20 bis 30-jährigen Italiener, die zu bequem sind, ihr elterliches Zuhause zu verlassen)*
☞ *„mandiamo i **bamboccioni** fuori di casa", così il ministro Padoa Schioppa ha esortato la Commissione di Bilancio di Camera e Senato durante l'audizione sulla Finanziaria. „Incentiviamo a uscire di casa i giovani che restano con i genitori, non si sposano e non diventano autonomi"*
☞ *lo sconto sarà più alto per i giovani che andranno a vivere per conto proprio (la cosiddetta **norma antibamboccioni**)*

banca del tempo individuale: banca delle ore: Arbeitszeitkonto
☞ ***banca delle ore** per gli straordinari*

Banco Alimentare: Food Bank, Essen für Bedürftige *(in Deutschland z. B. Berliner-Tafel, Kölner-Tafel)*
banco alimentare: Lebensmitteltheke *(allg.)*
colletta alimentare: Lebensmittelsammlung für Bedürftige
☞ *cinquantamila pasti in più rispetto allo scorso anno. Alla vigilia della giornata della **colletta** in tutta Italia, l'allarme del **Banco Alimentare***

barriera architettonica: Mobilitätshemmnis, Barriere
📖 *qualsiasi costruzione (una scala, un marciapiede) che impedisce o rende difficile il passaggio delle persone invalide*
☞ *le aziende che abbatteranno le **barriere architettoniche** per facilitare il lavoro dei disabili riceveranno un contributo*
abbattere le barriere architettoniche– Mobilitätshemmnisse abbauen

Beati i costruttori di pace: Selig sind, die Frieden stiften *(Friedensbewegung)*

bonus bebé: Babybonus
☞ *il Presidente del Consiglio ha anche rilanciato sul **bonus bebé** annunciando una forte crescita dei contributi a favore dei cittadini*

la **Bossi-Fini:** la legge Bossi-Fini sull'immigrazione: Einwanderungsgesetz *(benannt nach den Initiatoren des Gesetzes)*
☞ *senza lavoro regolare non è possibile il rinnovo del permesso di soggiorno, come prevede **la Bossi-Fini***

botteghe del mondo: Welt-Läden
☞ Ctm altromercato

braccia: Arbeitskräfte
✍ *nuove **braccia** avide di lavoro arrivano da ogni angolo d'Italia*

branco: Clique, Meute
✍ *i ragazzi del **branco** furono condannati a 27 anni di carcere/oggi fra gli ultras domina lo spirito del **branco***
branco di cani: Hundemeute

buoni pasto: ticket lunch: buoni mensa: ticket restaurant: Essensgutscheine *(für arbeitstägliche Mahlzeiten)*
✍ *il mercato dei **buoni pasto** è sempre più ricco. Ed è scoppiata la battaglia tra le aziende che li emettono. Mentre cresce il rischio dei falsari*

buoni servizio: Dienstleistungsgutscheine
☞ diritto sociale
✍ *ci saranno „**buoni servizio**", che i cittadini potranno spendere, ma anche detrazioni fiscali per i cittadini*

incrociare le braccia: die Arme verschränken: streiken
✍ ***incrociano le braccia** i capistazioni, i conducenti di treni, gli autoferrotramvieri aderenti ai sindacati autonomi e confederali*
✍ *gli aderenti al sindacato autonomo Sulta resteranno a **braccia incrociate***

Caaf: centri autorizzati di assistenza fiscale: Steuerberatungszentren der Gewerkschaften
auch: **Caf:** centro di assistenza fiscale: Steuerberatungszentrum
✍ *oneri assistenza dei **Caaf**/procedura di assistenza fiscale richiesta al datore di lavore ovvero al **Caaf***

calmierato: kostengedämpft, vergünstigt, subventioniert
prezzo calmierato: amtlich festgesetzter Höchstpreis
azione **calmieratrice** dei canoni: Mietpreisdämpfungssystem
✍ *il paziente che sceglie la prestazione privata nella struttura pubblica pagherà onorari e **retta di degenza calmierati***
retta di degenza – Krankenhausaufenthalt

canguro del lavoro: Jobhopper

comunità di **Capodarco:** Behindertenhilfsgemeinschaft
fondatore: don **Vinicio Albanesi**
📖 *14 comunità in Italia e altre cinque nel mondo*
✍ *Per la comunità di **Capodarco** il numero complessivo dei disabili è di circa 5 milioni*

caporalato: Zwangsrekrutierung von Schwarzarbeitern
📖 *nel Mezzogiorno d'Italia, reclutamento abusivo di operai agricoli scavalcando gli uffici di collocamento e ignorando le leggi sul lavoro e le normative sindacali*
✍ *ho visto un tg che parlava di **caporalato** in Sicilia, come se fosse un modo di gestire il lavoro vecchio e fuori legge*

Carta Blu: Freifahrt der Begleitperson von behinderten Menschen
📖 *la Carta Blu è nominativa ed è riservata ai titolari dell'indennità di accompagnamento. La Carta viene rilasciata presso i Centri di Assistenza riservati alle persone diversamente abili (CAD) e le biglietterie di stazione*

Carta blu: Blue Card *(für hochqualifizierte EU-Einwanderer)*
✍ *La „**Carta blu**" dell'Europa per gli immigrati di talento: Il rilascio in un mese, consentirà anche l'arrivo dei familiari. Gli „specializzati" chiamati da un'azienda*

carta sociale: social card: carta per i poveri: Sozialkarte
📖 *carta prepagata da 400 euro che permetterà agli anziani più poveri di acquistare beni alimentari e di pagare le bollette della luce*
✍ *poi c'è la seconda notizia, non meno clamorosa: l'esito della famosa ☞ **Robin Hood Tax**. Dei 5 miliardi presi sa quanto va alla famosa **carta per i poveri**? 290 milioni di euro quest'anno, 17 l'anno prossimo e 17 l'anno successivo. ☞ **Briciole.***

casa-famiglia: Frauenhaus
✍ *una ragazza si è allontanata dalla **casa-famiglia** italiana che la ospitava. Subito sono scattate le ricerche. Dato che si pensava potesse trovarsi da amici sammarinesi la segnalazione è stata diramata alla Gendarmeria che ha effettuato i dovuti controlli. È emerso che si era recata in Repubblica nel pomeriggio. La giovane è stata poi rintracciata fuori confine e ha fatto ritorno alla **casa-famiglia***

caschi rosa: „Rosahelme": weibliche Zivildienstleistende
✍ *la legge sui nuovi obiettori si estende alle donne. In parte saranno impiegate in missioni di*

*pace all'estero: arrivano 500 „**caschi rosa**" volontarie del servizio civile*

categoria: Berufsgruppe; Sozialpartner
*la ☞ concertazione tra governo e **categorie***
*le **categorie** da tempo protestano contro quello che considerano un intollerabile inasprimento della pressione fiscale*
sindacato di **categoria:** Einzelgewerkschaft
associazioni di **categoria:** Berufsverbände

ccnl: contratto collettivo nazionale di lavoro: landesweiter Tarifvertrag
*le imprese devono sempre indicare il **ccnl** applicabile. A tal fine, due sono le relative opzioni alternative: **ccnl** edile o **ccnl** di altri settori*

CDCM: gestione pensionistica **coltivatori diretti, coloni e mezzadri:** Rentenfonds der landwirtschaftlichen Erzeuger (Kleinbauern; Pächter und Halbpächter)

Cdec: Fondazione Centro di Documentazione Ebraica Contemporanea: Zentrum für zeitgenössische jüdische Dokumentation

cedolino: permesso di soggiorno temporaneo: vorläufige Aufenthaltsgenehmigung
*la memoria impegna il Comune „ad agevolare gli iter amministrativi di propria competenza nei confronti dei cittadini stranieri con il **cedolino**"*
cedolino dello stipendio: Gehaltszettel, Gehaltsmitteilung

centri di prima accoglienza: Erstaufnahmeeinrichtungen *(Flüchtlinge, Asylbewerber etc.)*
☞ **Cpt**
*soste prolungate nei **centri di prima accoglienza***

Centro italiano di solidarietà: Drogenberatungszentrum
fondatore: don Mario **Picchi**

centunisti: Arbeitnehmer mit befristetem Arbeitsverhältnis von 101 Arbeitstagen im Jahr
*i dipendenti a contratto determinato sono i cosiddetti „**cinquantunisti, centunisti, centocinquantunisti, centottantunisti**" a seconda delle loro giornate di lavoro*
*nel corso della stagione estiva oltre ai cosiddetti „**centunisti**" vengono attivati in Sicilia anche due turni di lavoratori antincendio che lavorano per 51 giorni*

CES: Confederazione europea dei sindacati: Europäischer Gewerkschaftsbund: EGB

Cgd: Comitato genitori democratici: Komitee der demokratischen Eltern

Cie: Centro di identificazione ed espulsione: Zentrum für die Personenfeststellung und Ausweisung
☞ **Cpt**
*traffico di droga all'interno del **Cie** (gli ex **Cpt**) di Torino*

Cinese: segretario generale della Cgil Sergio Cofferati

Cipputi: Cipputini: Metallarbeiter *(nach einer Karikaturfigur von Francesco Tullio Altan)*
*al Nord le aziende si strappano i **Cipputini** l'una con l'altra*
Cipputi-scrittore: Arbeiterschriftsteller

Cipsi: Coordinamento di iniziative popolari di solidarietà internazionale: Koordinierungsstelle der Bürgerinitiativen für Internationale Solidarität
il Cipso è una rete nazionale che associa organizzazioni non governative di sviluppo ed associazioni che operano nel settore della solidarietà e della cooperazione internazionale, per la realizzazione di progetti ed attività di educazione allo sviluppo

Circolo Mario Mieli: Homosexuellenvereinigung
la più importante associazione gay della capitale

Ciss: Centro italiano di studi sullo sviluppo: Italienisches Zentrum für Entwicklungspolitische Studien

effetto **clessidra:** Sanduhr-Effekt
*il modo in cui si realizzano i processi di urbanizzazione determina il grado di polarizzazione sociale, l'entità dello „spazio pubblico". La tendenza spontanea dominata dagli interessi forti produce una „forma urbis" che nel linguaggio urbanistico viene chiamato „l'**effetto clessidra**": a un estremo i ceti dei nuovi ricchi, in mezzo quello che resta della città industriale, e all'altro estremo l'immigrazione e la nuova povertà, una specie di sottoclasse*

click-day: Klicktag *(um kontingentierte Nicht EU-Saisonarbeiter zu beschäftigen, wird der Antrag an das Innenministerium über Internet („Anklicken") geschickt)*

👓 *iniziato alle ore 8.00 il terzo e ultimo „**clic day**" per l'invio delle domande di assunzione di lavoratori extracomunitari non stagionali. Nei primi due giorni pervenute complessivamente 543.848 domande. Oltre 220mila sono già state inoltrate dal Ministero agli Sportelli unici*

Cnca: Coordinamento nazionale **comunità di accoglienza:** Nationale Koordinierungsstelle der Aufnahmezentren
auch: **Cnc:** Coordinamento delle **comunità di accoglienza**
presidente: don Vinicio **Albanesi**
centro di **accoglienza:** Aufnahmezentren *(z. B. Drogenabhängige, aber auch Flüchtlinge)*
👓 *non costringeremo nessuno ad andare nei **centri di accoglienza***

Cnesc: Conferenza nazionale degli enti per il servizio civile: Nationale Konferenz der für die Ableistung des Zivildienstes zugelassenen Einrichtungen

Cnms: Centro nuovo modello di sviluppo: Zentrum neues Entwicklungsmodel *(moderate Globalisierungsgegner)*

Cnvg: Conferenza nazionale volontariato giustizia: Nationale Konferenz für die Freiwilligendienste im Justizwesen

Coci: Coordinamento gruppi di omosessuali cristiani: Vereinigung christlicher Homosexueller

collaterale: costi collaterali: (Lohn)Nebenkosten
👓 *tagliare i **costi collaterali** del lavoro*

Commissione De Mistura: *von der UNO 2006 eingesetzte Kommission zur Untersuchung der Situation in den italienischen Aufnahmeeinrichtungen*
👓 *i ☞ cpt italiani sono stati ripetutamente criticati da vari organismi indipendenti: Medici senza frontiere, Amnesty International, Comitato europeo per la prevenzione della tortura e **Commissione De Mistura***

Commissione di garanzia: Garantiekommission *(zur Gewährleistung von Mindestdienstleistungen während Arbeitsniederlegungen)*
👓 *Lei sostiene che Fs, **Commissione di garanzia** e ministero hanno fatto passi in avanti sostanziosi lungo la strada di un più corretto rapporto con i cittadini*

Comunità Incontro: Begegnungsgemeinden *(rechtsstehende Freiwilligenvereinigung, die sich als soziale Hilfsorganisation unter anderem um Drogenabhängige kümmert)*
presidente: don Pierino **Gelmini**

concertazione: konzertierte Aktion
📖 *dialogo tra i rappresentanti delle parti sociali e istituzionali (industriali, sindacati, Stato) con lo scopo di giungere ad accordi sulle grandi questioni economiche del mondo del lavoro*
👓 *un'efficace politica dei redditi non può essere disgiunta da un quadro stabile di **concertazione***
👓 *la scelta **concertativa***

Conchetta: Cox 18: Sozialzentrum in Mailand
📖 *centro sociale occupato dagli ☞ squatter*

Confap: Confederazione Nazionale Formazione Aggiornamento Professionale: Nationaler Verband für berufliche Aus- und Fortbildung

Confinterm: Confederazione di imprese fornitrici di lavoro temporaneo: Verband der Unternehmen, die Zeitarbeit in Anspruch nehmen

congedo parentale: Elternzeit
👓 *i **congedi parentali** spettano fino a 8 anni per il **figlio biologico** e fino a 12 anni per il figlio adottato o affiliato*
figlio biologico – leibliches Kind

consorte: Ehegattin
👓 *la ☞ Cassazione sulle richieste della **consorte**: Separazione: tocca al marito dimostrare di non avere beni. Più facile l'iter per le ex mogli nel chiedere la metà dei beni*

Consulta degli Stranieri: Ausländerbeirat

consumo critico: kritischer Konsum
👓 *e intanto anche il **consumo** diventa „**critico**": Si compra „equo e solidale", si riciclano i materiali*

contrattazione: Tarifvertragsverhandlung, Ausgestaltung des Tarifvertrags
contrattazione nazionale: contrattazione centralizzata: Manteltarifverhandlungen
📖 *è quella che viene realizzata dai sindacati nazionali dei vari settori (metalmeccanici, tessili, chimici) e si applica a tutta la categoria interessata*
contrattazione decentrata: Branchentarifverhandlungen, Flächentarifverhandlungen
📖 *è quella che si attua a livello aziendale o territoriale*

*confermato l'accordo di luglio sulla **contrattazione**: quindi restano il contratto nazionale (4 anni, con rinnovo biennale della parte economica) e il contratto integrativo, aziendale o territoriale*

contratto libero: frei ausgehandelter Mietvertrag *(hat zusammen mit ☞ **contratto tipo** den ☞ **equo canone** ersetzt)*
la durata è vincolata per un minimo di 4 anni, rinnovabile però solo di altri 4

contratto tipo: Mustermietvertrag *(hat zusammen mit ☞ **contratto libero** den ☞ **equo canone** ersetzt)*
prefissato dalle organizzazioni di categoria non inferiore a 3 anni più 2 (in mancanza di accordo alla scadenza); canoni più bassi incentivati da sgravi fiscali ad hoc per i proprietari

convivente: Lebenspartner
*tra i 35 e i 54 anni, maschio, con un livello di istruzione non superiore alla licenza secondaria, coniugato o **convivente**, ex titolare di un contratto a tempo indeterminato nell'industria: Per l'Istat è „il nuovo disoccupato"*

Coordinamento degli omosessuali cristiani: Homosexuellenvereinigung

coppie gay: unioni omosessuali: gleichgeschlechtliche Paare
convivenze gay: homosexuelle Lebensgemeinschaft
*se serve un intervento normativo sulle **coppie gay** da parte nostra non ci sono discriminazioni o obiezioni*

co-residenza: Wohnen in Gemeinschaft, Zusammenleben in therapeutischer Wohngemeinschaft
*le domestiche italiane svolgono lavori domestici a ore, alcune si dedicano agli anziani ma non in forma di **co-residenza***

corporativismo: Vertretung von Partikularinteressen *(z. B. durch kleinere gewerkschaftliche Zusammenschlüsse)*
*basta con gli scioperi **corporativi**, quelli proclamati da sindacati piccoli ma in grado di paralizzare un intero servizio pubblico*
*si trova a dover continuamente inseguire richieste settoriali di piccole **corporazioni** dotate di alto potere di ricatto*

Cosis: Compagnia sviluppo imprese sociale: Finanzierungsgesellschaft für gemeinnützige Unternehmen
la Cosis è una finanziaria etica che effettua prestiti a tasso agevolato a favore di imprese sociale, per aiutarle a creare occupazione e benessere

Cpa: contributo cassa di previdenza ed assistenza: Beitrag zur Versorgungskasse
*con vittoria di spese, diritti, onorari, rimborso forfettario, Iva e **Cpa***

Cpt: centri di permanenza temporanea: Aufnahmeinrichtungen *(Flüchtlinge, Asylbewerber etc.)*
☞ **Cie**
Cpta: centri di permanenza temporanea e assistenza: Aufnahme- und Betreuungseinrichtungen
Cpa: centri di prima accoglienza: Erstaufnahmeeinrichtungen
oggi (2005) sono in funzione 12 Cpt e 2 Cpta
*spesso i tempi sono più lunghi e la detenzione nei **Cpt** assume risvolti inquietanti*

Crocevia: Centro Internazionale Crocevia: Kreuzweg *(moderate Globalisierungsgegner)*

crumiro/crumiraggio: Streikbrecher/Streikbrecherei
*per altri due giorni il corteo dei tassisti verso Palazzo Marino. Paralisi urbana, isteria, liti per **crumiraggio**. I tassisti, in Italia, sono una corporazione*

Ctu: consulente tecnico d'ufficio: Erziehungsbeistand, Amtsgutachter
*sono separato dal 1991. Ho avuto il **pernotto** dal 1993. Nel 1994 un **Ctu** (una psicologa) descriveva mia moglie come una persona che ostacolava con ogni mezzo la possibilità che il padre vedesse sua figlia*
pernotto – Besuchsrecht
*il Tribunale civile di Ferrara pone a carico dei **convenuti** in solido le spese di **C. T. U.** liquidate come in atti*
convenuto – Beklagter

culle vuote: leere Wiegen: Geburtenrückgang
*per molti l'arrivo della cicogna è diventato un problema serio. Al punto che di recente il Senato ha avviato un'indagine conoscitiva sulle **culle vuote***

Cus: contratto di unione solidale: eingetragene Lebenspartnerschaft

Dico: diritti e doveri delle persone stabilmente conviventi *(ehem.)*: Rechte und Pflichten von eingetragenen Lebenspartnerschaften
☞ **Pacs**
✍ ***Dico** addio, arrivano i **Cus**/il mondo cattolico continua a interrogarsi sulla strategia vaticana contro i **Dico**, un tempo noti come Pacs*

custode socio – sanitario: Seniorenbetreuer
✍ *dopo l'esperienza della scorsa estate, col grande caldo che ha procurato notevoli disagi alla popolazione anziana, i Ministeri della Salute e del Welfare hanno avviato il progetto sperimentale „Emergenza anziani estate 2004". Si tratta di un esperimento (già partito il primo giugno scorso), che coinvolge le quattro città italiane lo scorso anno più colpite dal problema: Torino, Milano, Genova e Roma. L'iniziativa consiste nella creazione di una figura professionale che dovrà assistere gli anziani: il **„custode socio – sanitario"**. Vigilerà sugli anziani più a rischio: quelli soli e con un reddito limitato, incapaci di provvedere a se stessi*

danno biologico: Personenschaden *(in Versicherungsangelegenheiten)*

Dat: dichiarazione anticipata di trattamento: Patientenverfügung *(im Sinne eines vom Patienten erstellten Dokuments,* ☞ *testamento biologico)*
✍ *biotestamento, il sì del Senato. La **Dat** non sarà vincolante*

Il **Detenuto Ignoto:** Der unbekannte Häftling, *Vereinigung zum Schutz von Häftlingen*

difesa dei consumatori – Verbraucherschutz
Aci: Associazione Consumatori Italiani: Vereinigung der italienischen Verbraucher
Acu: Associazione Consumatori Utenti: Vereinigung der Verbraucher und Nutzer
Adiconsum: Associazione Difesa Consumatori e Ambiente: Vereinigung für Verbraucherschutz und Umwelt
Adoc: Associazione per la difesa e l'orientamento dei consumatori: Vereinigung für den Schutz und die Orientierung der Verbraucher
Aduc: Associazione per i diritti degli utenti e consumatori: Vereinigung für die Rechte der Verbraucher
Adusbef: Associazione di utenti bancari, assicurativi e finanziari: Verbrauchervereinigung der Bankenkunden und Versicherungsnehmer

Alleanza Italiana dei Consumatori: Italienischer Verbraucherverband
Altroconsumo: Comitato Consumatori Altroconsumo: Verbraucherkomitee „Der andere Verbrauch"
Cncu: Consiglio Nazionale dei Consumatori e degli Utenti: Nationaler Rat der Verbraucher und Nutzer *(Dachverband)*
Coalizione dei consumatori: Dachverband der Verbraucherschutzvereinigung
📖 *Adiconsum, Assoutenti, Cittadinanzattiva, Confconsumatori, Lega Consumatori, Movimento Consumatori, Movimento Difesa del Cittadino, Unione Nazionale Consumatori*
Codacons: Coordinamento delle associazioni per la difesa dell'ambiente e la tutela dei diritti di utenti e dei consumatori: Vereinigung der Umwelt- und Verbraucherschutzverbände
✍ *il **Codacons** ha presentato una denuncia per „**inosservanza** delle norme che tutelano i rapporti di lavoro"*
inosservanza – Nichtbeachtung
Conacem: Coordinamento nazionale per la tutela dei campi elettromagnetici (**CO. NA. CEM.**): Nationale Koordinierungsstelle für den Schutz vor elektromagnetischer Strahlung
Confconsumatori: Confederazione generale dei consumatori: Allgemeiner Verbraucherverband
CTCU: Centro Tutela Consumatori Utenti:
VZS: Verbraucherzentrale Südtirol
Federconsumatori: Associazione nazionale consumatori e utenti: Nationaler Verbraucherschutzverband *(von der* ☞ *Cgil gefördert)*
Intesa dei consumatori: Dachverband der Verbraucherschutzvereinigungen
📖 *Codacons, Adusbef, Federconsumatori, Adoc*
La Casa del Consumatore: Libera Associazione Nazionale a Difesa del Consumatore: Das Haus der Verbraucher
Lega Consumatori: Liga der Verbraucher
Mdc: Movimento Difesa del Cittadino: Bürgerschutzbewegung
Movimento Consumatori: Bewegung der Verbraucher
Unc: Unione nazionale consumatori: Nationaler Verbraucherverband
Utp: Associazione Utenti del Trasporto Pubblico: Nutzerverband der öffentlichen Verkehrsmittel

diniegato: abgelehnter Asylbewerber
*i **diniegati** hanno diritto a fare ricorso contro il diniego che hanno ricevuto*

diritto sociale: Anspruch auf soziale Leistungen
con legge ci sarà una sorta di „diritto sociale" dei cittadini meno abbienti ad avere una serie di servizi sociali, ☞ „buoni servizio" da utilizzare presso i soggetti accreditati dal nuovo sistema

disincentivi per l'anzianità: Anreize für die Frühverrentung senken/reduzieren; negativer Anreiz
***disincentivi** per l'anzianità: 2–3% di tagli della pensione per ogni anno anticipato rispetto alla vecchiaia*

Disobbedienti: Movimenti disobbedienti: Bewegungen des zivilen Ungehorsams *(ex ☞ tute bianche)*
Studenti **disobbedienti:** Studentenbewegung des zivilen Ungehorsams

distacchi sindacali: Freistellung von Gewerkschaftsmitgliedern *(für die Verbandstätigkeit u. ä.)*
*una prassi tanto diffusa quanto indebita di sostentamento delle organizzazioni dei lavoratori: camuffare le assunzioni di funzionari e dipendenti da **distacchi sindacali***

distacco di lavoratori: Entsendung von Arbeitnehmern
*la nuova intesa renderà più semplice la gestione dei **distacchi dei lavoratori** nei rispettivi paesi*

divaricazione sociale: soziale Schere
*e questo mentre la distribuzione della ricchezza evidenzia una crescente **divaricazione sociale**, con l'1 per cento delle famiglie che possiede il 17,2 per cento della ricchezza nazionale*

divorzi grigi: Scheidungen im Seniorenalter
*sul lato sentimentale, aumentano anche da noi i **divorzi grigi***

divorzialità: Scheidungsrate
*quali categorie sociali o gruppi d'età sono maggiormente rappresentati tra i divorziati? Quali generazioni di matrimonio conoscono la **divorzialità** più elevata? Perché, infine, i divorzi in Italia sono stati, e continuano ad essere, poco numerosi?*

divorzio-sprint: separazione lampo: Blitzscheidung
*sposarsi e dirsi addio: crescono i **divorzi-sprint***

domeniche mirate/domeniche a tema: Themensonntage, Event-Sonntage
***domeniche a tema**: la prima sarà diretta ai beni culturali ... la terza verrà dedicata ai bambini*

doppio lavoro: Zweitbeschäftigung, Doppelbeschäftigung
doppiolavorista
*i dipendenti pubblici fanno il **doppio lavoro***

edilizia residenziale pubblica (ed. res. pub.): edilizia sociale: edilizia popolare: gemeinnütziger/sozialer Wohnungsbau
*in Italia le case di **edilizia popolare** sono scomparse*

Emergency: Hilfsorganisation
Emergency è una ONG italiana, fondata nel 1994 a Milano da Gino Strada. E presente in Cambogia, Afghanistan, Iraq, Sierra Leone, Sudan costruendo e gestendo ospedali per i feriti di guerra e per emergenze chirurgiche, centri sanitari per l'assistenza medica di base ecc.
*l'ambasciatore italiano: ci hanno detto che sarà rilasciato presto: Kabul, arrestato il mediatore di **Emergency**. Il capo dell'ospedale dell'associazione a Lashkargah prelevato all'alba dai servizi segreti afghani. „Siamo molto preoccupati"*

emergenza: Notstand, Alarm
emergenza abitativa: Wohnungsnotstand
emergenza disoccupazione: Beschäftigungsnotstand
emergenza rifiuti: Müllnotstand
*il premier era oggi a Napoli per fare il punto sulla situazione rifiuti con il sottosegretario all'**emergenza rifiuti**, Guido Bertolaso*

emersione del lavoro nero: Austritt aus der illegalen Beschäftigung, Legalisierung illegaler Beschäftigungsverhältnisse
emersione del lavoro nero: il piano parla di contratti di riallineamento. Si tratta di sconti e condoni fiscali e contributivi per far emergere il lavoro nero
*puoi sanare le irregolarità fiscali e previdenziali con la **dichiarazione di emersione**. Rivolgendoti al Sindaco, puoi metterti in regola anche con le norme ambientali, urbanistiche ecc.*

Emily: Frauenverband

lobby femminile che tenta di supportare il ruolo del gentil sesso nella politica e nelle pubbliche amministrazioni
*„E' estate. Purtroppo questa terribile tragedia è accaduta in un momento ingrato, quando siamo tutte in ferie". Letizia Paolozzi spiega così il silenzio di **Emily** sulla morte di Hina, la giovane pachistana accoltellata dal padre perché portava i pantaloni a vita bassa e conviveva col ragazzo*

equo canone: Miete gemäß Mietspiegel *(wurde 1998 abgeschafft und durch ☞ contratto libero und ☞ contratto tipo ersetzt)*
*la rivoluzione degli affitti: Addio **equo canone**, sconti a proprietari e inquilini*

esuberi: Personalüberhang
*è stato firmato ieri l'accordo per la gestione degli **esuberi** in seguito alla fusione tra Roche e Boehringer Mann*

Gruppo **Exodus:** Kinderhilfsorganisation
fondatore: don Antonio **Mazzi**
fondazione dal '96, rivolta soprattutto al disagio giovanile, ma capace di creare iniziative anche per barboni, immigrati, carcerati: ha 27 sedi in tutta Italia. Centinaia tra volontari e dipendenti che non si occupano più, ormai, solo di droga

facce scure: minatori: Bergleute
***facce scure** in rivolta, no al patto sulle tasse*

famiglia di fatto: coppie di fatto: unione di fatto: unione libera: coppie senza fede: eingetragene Lebenspartnerschaft, eheähnliche Lebensgemeinschaft
*se le **famiglie di fatto**, o le unioni tra i gay rappresentano la famiglia fondata sul matrimonio difesa dalla Costituzione, allora io sono un tram ...*
*in Comune abbiamo già fatto tutto il possibile per parificare **le unioni di fatto** alle coppie legali, sia per l'accesso dei figli agli asili nido, sia per la **refezione scolastica***
refezione scolastica – Mittagstisch in der Schule

fascia di garanzia: gesetzlich garantierte(r) Dienstleistung/Betrieb *(im Arbeitskampf)*
*Alitalia, sciopero il 19 gennaio: saltano anche le **fasce di garanzia**. Le motivazioni: „Grave situazione d'incertezza venutasi a creare tra i lavoratori"*
*le **fasce di garanzia** sono state rispettate e dall'alba fino alle 9 e poi dalle 15 alle 17.30 bus e metrò hanno funzionato*

Federcasalinghe: Verband der Hausfrauen, Interessenvertretung der Hausfrauen

figura professionale: Berufsbild
*leve di nuove **figure professionali**, nuovi saperi, nuovi diritti, nuove domande*

contributi **figurativi:** beitragsfreie Zeiten
sono contributi „fittizi" riconosciuti agli assicurati per periodi durante i quali non c'è stata attività lavorativa e di conseguenza non c'è stato il versamento dei contributi obbligatori
*la domanda è se posso fare richiesta affinché mi vengano riconosciuti come **figurativi** ai fini pensionistici i periodi di studio/lavoro effettuati nel periodo di ...*

Filosofo: segretario generale della Cgil Guglielmo Epifani
*rispetto al Cinese, il **Filosofo** mostra qualche differenza: La sostanza è altrettanto ferma. I toni, forse, più pacati ...*

FIP: forme pensionistiche complementari di tipo individuale: private Zusatzrente

decreto **flussi:** Verordnung zur kontingentierten Beschäftigung von Saisonarbeitnehmern
è stato approvato il 30 ottobre 2006 il decreto del Presidente del Consiglio dei Ministri, *concernente la programmazione dei flussi d'ingresso dei lavoratori extracomunitari non stagionali nel territorio dello Stato per l'anno 2007*
*l'assalto alle quote del **decreto flussi** 2007 ha fatto registrare il tutto esaurito già dopo 38 minuti*

F. I. Vol: Fondazione italiana per il volontariato: Italienische Stiftung für die Freiwilligendienste
*la **Fivol** riunisce oltre 10 mila associazioni in tutta Italia; dal 1991 si occupa di formazione, ricerca, consulenza, elaborazione culturale e promozione nel settore del volontariato; è apartitica*

Focsiv: Federazione organismi cristiani servizio internazionale volontario: Bund christlicher Organisationen der internationalen Freiwilligendienste
la Federazione delle 56 Ong cattoliche

Fondoprofessione: Associazione „Fondo Paritetico Interprofessionale Nazionale per la Formazione Continua negli Studi Professionali e nelle Aziende ad essi collegate": Paritetischer Fonds für die berufliche Weiterbildung

☞ *Fondoprofessione guarda al futuro. Le priorità: aumentare gli iscritti e puntare su eventi di qualità*

foglio di via: decreto di espulsione: Ausweisungsverfügung
☞ *Però il rischio è reale. In molti riceveranno il **foglio di via** e poi hanno due settimane per nascondersi in ogni parte d'Italia*
☞ *siamo clandestini, non vogliamo **beccarci** un foglio di **via***
beccarsi – sich einhandeln

Fondartigiani: Rentenfonds der Handwerkergewerkschaften
📖 *fondo pensione chiuso, interconfederale e nazionale costituito da ☞ Confartigianato, ☞ Cna, ☞ Casa e ☞ Claai*

fondi speciali: gesonderte Rentenfonds, z. B. ☞ Enpals, ☞ Inpdai, ☞ CDCM, ☞ FPLD

Fon. te.: fondo pensione del terziario: Rentenfonds für Beschäftigte des Dienstleistungssektors
📖 *è ai nastri di partenza „**Fon. te.**", il fondo pensione negoziale rivolto a 4 milioni di lavoratori dipendenti del terzario*

Forum del terzo settore: Forum für den Non-Profit-Bereich
📖 *un cartello di oltre 100 organizzazioni; a sinistra*

forzato del lavoro: Arbeitstier, Workaholic
☞ *non si lavora 24 ore al giorno. Io detesto i **forzati del lavoro***

FPLD: fondo pensionistico lavoratori dipendenti: Rentenfonds der nicht selbständig Beschäftigten

Fratel Ettore: Obdachlosenhilfsvereinigung in Mailand
📖 *Fratel Ettore Boschini (1928–2004) è stato un religioso, conosciuto a Milano semplicemente come fratel Ettore*

gabbie salariali: Regionaltarifverträge
☞ *no alla reintroduzione delle **gabbie salariali**. Sarebbe la fine del potere contrattuale dei lavoratori*

Gay pride: parata dell'**orgoglio gay:** Straßendemonstrationen der Homosexuellen
📖 *raduno degli omosessuali; prevede cortei e manifestazioni*

Gioc: Gioventù Operaia Cristiana: Christliche Arbeiterjugend
📖 *La Gioventù Operaia Cristiana è un'associazione di giovani lavoratori e delle realtà popolari che svolge un'attività formativa, educativa e di evangelizzazione con e per i giovani stessi. Come organizzazione ecclesiale risponde ad un compito di evangelizzazione per i giovani lavoratori e popolari e come organizzazione del mondo del lavoro si pone come esperienza che educa all'impegno nella società e nel lavoro*

Associazione Comunità Papa **Giovanni XXIII:** Vereinigung zur Unterstützung von Prostituierten, Jugendlichen, Drogenabhängigen usw. fondatore: don Oreste **Benzi**
☞ ***don Oreste Benzi**, prete di frontiera che si batte per strappare le prostitute dal marciapiede e portarle nella sua **comunità „Giovanni XXIII"** e nelle sue 142 case famiglia*

gobba: „Buckel": Rentnerschwemme, Altenpilz *(Überhang bei den Rentenausgaben aufgrund geburtenstarker Jahrgänge)*
☞ *ma perché questo aumento, che in termini giornalistici è stato definito „**gobba**"? È semplice: tutto dipende dalla diminuzione delle nascite. A un certo punto, tra il 2010 el 2030, andranno in pensioni i figli del boom di nascite del dopoguerra*

grandi vecchi: Senioren über 85 Jahre
☞ *la famiglia italiana si contrae e invecchia, creando un problema consistente per l'assistenza ai **grandi vecchi***
☞ **veri vecchi**

grigio: Arbeit in der Grauzone *(zwischen legaler Beschäftigung und Schwarzarbeit)*
☞ *per gli stranieri in regola con i documenti si applica il „**grigio**": vengono pagati 5 euro lordi l'ora. Ma nelle loro buste paga sono indicate meno ore rispetto alle effettive, perché la paga oraria apparente non scenda sotto i 7 euro*

Gsf: Genoa Social Forum: Sozialforum Genua
📖 *è la sigla che ha raccolto centinaia di associazioni di contestatori non violenti anti-G8. Fra gli altri, facevano parte del Gsf la Rete di Lilliput, Attac, l'Arci, i Giovani comunisti, organizzazioni cattoliche e ambientaliste*
Bsf: Bologna Social Forum: Sozialforum Bologna

help line: telefonische Lebenshilfe *(telefono azzurro, telefono amico etc.)*

🙢 *le **help line** sono il sintomo del disagio e della solitudine dei bambini*

Ics: Consorzio Italiano di Solidarietà: Italienisches Konsortium der Solidarität *(z. B. Betreuung von Zuwanderern)*

indigenza: Armut
🙢 *nel nostro Paese l'**indigenza** colpisce soprattutto i minorenni*
baby-indigenza: Kinderarmut

ingegneria sociale: Social Engineering: soziale Manipulation, soziale Tricks
🙢 *rifiutiamo l'interpretazione della social card quale visione compassionevole della società. Le situazioni di bisogno non si proclamano per legge, non è una questione di **ingegneria sociale** del governo*

Inpscard: Rentner-Card
🙢 *si chiama **Inspcard** e consente ai pensionati di prelevare in ogni ora e gratis alla posta e di fare acquisti nei negozi convenzionati*

Ipab: Istituzioni pubbliche di assistenza e beneficenza: Öffentliche Wohlfahrtsverbände
Eca: Ente comunale di assistenza: Wohlfahrtsverband der Gemeinde ...
📖 *Con il compimento del decentramento regionale, tutti i servizi di assistenza in precedenza svolti dagli Ipab infraregionali o dall'Eca sono stati trasferiti ai comuni, restando alle regioni compiti di coordinamento organizzativo e legislativo*

Isee: indicatore della situazione economica equivalente: ☞ **riccometro:** Wirtschaftsleistungsindex

Ismu: Fondazione Ismu (iniziative e studi sulla multietnicità): Stifung für multiethnische Studien und Initiativen
🙢 *l'**Ismu** ha lanciato l'allarme sulla presenza degli stranieri irregolari in Lombardia*

istituto per minori: orfanotrofio *(ehem.)*: Kinderheim, Kinderhaus
🙢 ***orfanotrofi**, un tempo li chiamavano così. Oggi il nome è più politicamente corretto, „**istituti per minori**", ma la sostanza non cambia*

Italia aiuta: „Italien hilft" *(Vereinigung italienischer Hilfsorganisationen)*
📖 *Italia aiuta è costituita dalle organizzazioni non governative **Cesvi** (Cooperazione e Sviluppo), **Cisp** (Comitato Internazionale per lo Sviluppo dei Popoli), **Coopi** (Cooperazione Internazionale), **Cosv**, **Intersos**, **Movimondo** e **Vita***

Italia Lavoro: Arbeitsmarktförderungsbehörde
📖 *agenzia di ☞ lavoro interinale: la società della ex Gepi a cui fanno capo i lavori socialmente utili (☞ Lsu)*

lavoratrice madre: arbeitende Mutter
🙢 *è stata avviata un'attività di formazione e consulenza alle **lavoratrici madri** e alle imprese*

lavori usuranti: (körperlich) belastende Arbeiten, verschleißende Arbeiten
🙢 *ci sono anche problemi previdenziali molto importanti: la rimozione del divieto di cumulo tra reddito di pensione e di lavoro, sui **lavori usuranti**, le coperture contributive per i precari*

forme di Lavoro – Arbeitsformen
Aspa: associati in partecipazione: freie Mitarbeiter auf Gewinnbeteiligungsbasis
🙢 *si chiamano **Aspa**, i „precari del futuro". Perché? Perché guadagnano solo se l'azienda guadagna, non hanno alcun tipo di tutela, pagano le tasse, ma non gli vengono versati i contributi*
lavoro a casa: lavoro a domicilio: Heimarbeit
lavoro a coppia /lavoro in coppia: Job-Sharing
lavoro a cottimo: Arbeit im Akkord
lavoro accessorio: prestazioni occasionali di tipo accessorio: kurzfristige Beschäftigung
lavoro a progetto: Projektvertrag (Werkvertrag)
lap: lavoratore a progetto: co. pro: collaboratore a progetto: Projektmitarbeiter
co. co. pro.: contratti di collaborazione a progetto: Verträge für Projektmitarbeiter
lavoro a tempo determinato /lavoro a termine: befristetes Arbeitsverhältnis
🙢 *liberalizzazione del **lavoro a termine**: possibilità di stipulare contratti di **lavoro a** termine senza intervento sindacale*
contratto a termine: befristeter Arbeitsvertrag
contratto di apprendistato: Ausbildungsvertrag
contratto di inserimento: Eingliederungsvertrag
lavoro caffè-latte: halblegale Arbeit
📖 *il lavoro caffè-latte, una parte bianca e un'altra in nero*
lavoro discontinuo: unregelmäßige Beschäftigung

✍ *e come governo abbiamo guardato agli* ***anelli deboli della catena****: gli anzioni pensionati, di reddito basso, i giovani del* ***lavoro discontinuo****, le donne*
anelli deboli della catena – schwache Glieder der Kette
lavoro in due: job sharing: contratto di lavoro a prestazioni ripartite (offz.): Arbeitsplatzteilung, Job-sharing
lavoro intermittente (offz.): **lavoro a intermittenza: lavoro a chiamata**: job on call: Arbeit auf Abruf
operaio squillo: Arbeitnehmer auf Abruf
📖 *il lavoratore offre per un certo periodo la sua disponibilità ad essere chiamato dall'azienda in caso di bisogno, e riceve per questo un'indennità, oltre alla retribuzione*
lavoro parasubordinato: arbeitnehmerähnliches Beschäftigungsverhältnis, freie Mitarbeiter
co. co. co.: **collaboratori coordinati e continuativi**: freie Mitarbeiter, Mitarbeiter nach Bedarf *(bis 2004, danach ☞ lavoratore a progetto)*
lavoro sommerso: Schwarzarbeit
✍ *secondo il rapporto Censis, il* ***lavoro sommerso*** *si presenta con tre tipologie: ☞* ***doppio lavoro****, lavoro nero* ***saltuario*** *e lavoro nero continuativo*
saltuario – gelegentlich, vorübergehend
lavoro stagionale: Saisonarbeit
stagionale: Saisonarbeiter
✍ *nel decreto non ci sarà spazio per la regolarizzazione degli* ***stagionali****, i lavoratori che vengono in Italia d'estate per lavorare nei campi e negli alberghi*
lavoro subordinato: abhängiges Arbeitsverhältnis
lavoro temporaneo: Zeitarbeit
✍ *avete necessità di sostituire il personale assente? FidateVi dell'esperienza di Adecco* ***Lavoro Temporaneo****, la società leader mondiale nel settore*
part time: **impiego a orario ridotto**: Teilzeitarbeit
part-time orizzontale: Halbtagsteilzeitarbeit
part-time verticale: halbwöchentliche Teilzeitarbeit
part-time misto: part-time ciclico: Teilzeitarbeit mit unregelmäßigem Rhythmus
✍ *Pubblico impiego, ecco il* ***part time****. Chi sceglie il tempo parziale potrà fare il doppio lavoro*

prestazioni occasionali: geringfügig entlohnte Beschäftigung
saltuario: **lavori saltuari**: Gelegenheitsarbeiten
✍ *l'uomo, che in passato era finito in carcere, si è riabilitato svolgendo lavori sociali: ora vive di* ***espedienti*** *e* ***lavori saltuari***
espedienti – Hilfs-/Zufallsarbeiten
somministrazione di lavoro *(offz.)*: **lavoro interinale** *(ehem.)*: **lavoro in affitto**: Arbeitnehmerüberlassung, Leiharbeit
agenzie interinali: Personalleasing-Gesellschaften, Personalvermittlungsdienste
📖 *giovani assunti pro tempore ed affittati ad aziende*
✍ *società che operano nel campo del collocamento della manodopera (il cosiddetto* ***lavoro interinale****)*
sostituzione per maternità: Mutterschutzvertretung
telelavoro: Büroheimarbeit
✍ *non* ***decolla*** *il* ***telelavoro*** *in Italia*
decollare – vom Fleck kommen, abheben

Leoncavallo/Leonka: Sozialzentrum in Mailand
✍ *il* ***leoncavallo****, il centro sociale più famoso d'Italia/i* ***leoncavallini****/i dirigenti del* ***Leonka****/ sede storica di via* ***Leoncavallo***
Leonkart
i ragazzi di **via Watteau**: von *Leoncavallo* 1994 bis heute besetzte frühere Druckerei
✍ *è da quando a maggio è iniziata „****Leonkart****", rassegna di musica, poesia, teatro e cinema, che il centro sociale* ***Leoncavallo*** *sta sorprendendo molte persone*

leva civile: leva civile obbligatoria: Pflichtzivildienst, Pflichtjahr, soziales Jahr
✍ *Berlusconi vs sinistra che vuole l'obbligo di* ***leva civile***

libro unico del lavoro: einheitliches Arbeitsbuch
✍ *la manovra d'estate cerca di alleggerire gli adempimenti a carico dei datori di lavoro, eliminando tutti i registri (escluso il libro infortuni) e sostituendoli con il* ***libro unico del lavoro***

Lilliput: **Rete Lilliput**: Vereinigung von Globalisierungsgegnern
lillipuziano: Anhänger der Lilliput-Vereinigung
✍ *ci pensano i ☞ papa boys e i* ***lillipuziani*** *a dare l'assalto al gigante*
📖 *sotto un'unica sigla si raccolgono 600 gruppi della contestazione anti-globalizzazione (Wwf,*

Sdebitarsi, Nigrizia, Botteghe eque e solidali, Mani Tese etc.)

liste civiche: Bürgerlisten, Freie Wählergemeinschaften
*probabilmente Casarini è venuto qui per lanciare la grande ☞ volata e pensa alle **liste civiche***

lodo arbitrale: Schlichtung
*l'introduzione del **lodo arbitrale** per la composizione dei negoziati individuali*

Lsu: lavoratori socialmente utili: öffentlich geförderter Arbeitsmarkt (*vergleichbar in BRD:* Arbeitsbeschaffungsmaßnahmen ABM)
☞ precariato
*una guerra tra poveri, tra **Lsu** e **Lsu**: quelli storici figli della deindustrializzazione che lavorano da quattro anni come **precari***

Mac job: unqualifizierter Gelegenheitsjob
*intrappolato nei „**Mac jobs**", bassissima professionalità, niente tutele, niente possibilità di crescita professionale e salariale*

macelleria sociale: sozialer Raubbau, soziales Aus
*ritiene impensabile un taglio degli stipendi. Per gli assistenti di volo dell'Avia si fa **macelleria sociale***

mammismo: mammonismo: mammoni: Schwierigkeit junger Italiener, sich vom Elternhaus abzunabeln/Nesthockerei
***mammismo:** secondo l'Istat, il 3,8 per cento di chi è sposato vive con la madre, l'11,3 abita nello stesso **caseggiato** e il 27,3 a meno di un chilometro di distanza*
caseggiato – Wohnhaus
mammoni: mammisti: Nesthocker
*giovani italiani: **mammoni** per forza/i brasiliani, del calcio e non, sono fra più **mammisti** in circolazione*

Mani Tese: Ausgestreckte Hände (*moderate Globalisierungsgegner)*

Mcl: Movimento Cristiano Lavoratori: Christliche Arbeitnehmerbewegung
il Mcl (nato nel 1972 da una costola delle Acli) è un movimento di lavoratori cristiani a carattere sociale, di solidarietà e volontariato senza alcuna finalità di lucro e intende promuovere l'affermazione dei principi cristiani nella vita, nella cultura, negli ordinamenti, nella legislazione

minime: pensioni minime: Mindestrenten
*a queste cifre si devono poi aggiungere i soldi necessari a far fronte all'aumento a un milione al mese delle **minime***

minimo vitale: Mindestversorgung zur Sicherung eines menschenwürdigen Lebens (Existenzminimum)
*istituzione del „**minimo vitale**" per tutti i maggiorenni che si trovano sotta la soglia di povertà*

Mlac: Movimento Lavoratori di Azione Cattolica: Katholische Arbeiterbewegung

mandare in **mobilità:** (Personal) freistellen
*l'Aia ha chiuso uno stabilimento e ha **mandato in mobilità** 400 persone/quando anche la Fiamm chiede la **mobilità** e la prospettiva è quella che chiuda una unità produttiva davvero c'è di che alzare le antenne*
indennità di mobilità: Arbeitslosengeld *(bei Freistellung z. B. nach Firmenschließungen und Beendigung der Zahlungen aus der Verdienstausfallkasse ☞ Cig)*

stato di **mobilitazione:** Beschluss zur Einleitung des Streiks, Urabstimmung *(verglb.)*
*„È la lesione di un patto", hanno detto Cofferati, D'Antoni e Larizza lasciando presagire lo stato di **mobilitazione***

moduli abitativi: moduli prefabbricati: i **container:** Wohncontainer
campo container: Wohncontainer-Stadt
container post-terremoto: Wohncontainer für Erdbebenopfer
*a un anno dal disastroso terremoto 9 mila vivono nei **container***
*le inchieste sullo scandalo della Missione ☞ Arcobaleno e sui **moduli abitativi** destinati ai terremotati*

Moica: Movimento italiano casalinghe: Italienische Hausfrauenbewegung
associazione che da vent'anni, con sedi sparse ovunque ma soprattutto nei centri di provincia, cerca di tutelare le donne di casa

Moige: Movimento italiano genitori: Italienische Elternbewegung

Mondo X: karitative Vereinigung für die Aids-Fürsorge
Padre **Eligio:** Franziskanerpater und Gründer von Mondo X

monogenitori: i nuclei monogenitore: i **genitori soli:** alleinerziehende Eltern

monoreddito: mit einfachem Einkommen
*oggigiorno la famiglia **monoreddito** è un'eccezione*

Movi: Movimento volontari italiani *(a sinistra)*: Bewegung Italienischer Freiwilliger

Movimento diritti civili: Bürgerrechtsbewegung
*un „no" all'inizio della scuola a 5 anni da parte del **Movimento Diritti Civili** che annuncia „che ricorrerà alla Corte europea per i diritti umani di Strasburgo"*

Movimento delle casalinghe: Hausfrauenbewegung
*leader dell'**agguerrito movimento delle casalinghe***
agguerrito – wehrhaft, kämpferisch

Movimento Transessuali: Bewegung der Transsexuellen

Nap: piano nazionale per l'occupazione: Nationaler Beschäftigungsplan
*... per raggiungere così un tasso di occupazione del 58,5%. È quanto prevede il **Nap** presentato proprio dal ministero del Welfare*

Nessuno tocchi Caino: Hands off Cain: der Radikalen Partei nahestehende Menschenrechtsorganisation, die insbesondere für die weltweite Abschaffung der Todesstrafe kämpft

Noidonne: mensile (e movimento) femminista: femministische Zeitschrift
*Provocazione di „**Noidonne**": un bene per loro l'aver saltato il femminismo*

nonni sprint: aktive/engagierte Großeltern, umtriebige Großeltern
*presto in televisione vestirà i panni di una **nonna sprint**, divisa tra nipoti e „fidanzati"*

obblighi familiari: Unterhaltspflicht
*La Cassazione sugli **obblighi familiari**: „Il padre deve mantenere i figli anche senza decisione del giudice". Rischi di **reclusione** fino a un anno. **Ricorso** di un genitore respinto dalla Corte*
reclusione – Haft
ricorso – Berufung

Ong: Organizzazioni non governative: nichtstaatliche Organisationen: NGO

Onlus: Organizzazioni non lucrative di utilità sociale: organizzazioni **non profit:** gemeinnützige Einrichtungen
*le **Onlus** non pagheranno tasse per la produzione o scambio di beni e servizi che servano alla diretta attuazione degli scopi istituzionali*

Opera Nomadi: Hilfswerk für Nichtsesshafte
l'Associazione è nata dalla consapevolezza che fosse necessario un movimento di volontari organizzato per promuovere interventi atti a togliere gli zingari ed altri nomadi dalla situazione di emarginazione in cui sono relegati e per aprire la collettività nazionale alla comprensione e all'accoglienza dei diversi

Ordini: ordini professionali: Kammern der freien Berufe
ordini dei medici, farmacisti, avvocati, revisori dei conti, consulenti fiscali, ingegneri, architetti, consulenti di lavoro
*la cancellazione degli ☞ albi metterebbe a repentaglio la gestione dei problemi etici. Gli **Ordini** in ☞ fibrillazione: „Così si scatena il ☞ Far West"*

Ordine nazionale degli assistenti sociali: Berufsverband der Sozialarbeiter

orfani per legge: Kinder, deren Eltern das Sorgerecht entzogen wurde; Mündel
*le chiavi di lettura del problema dei figli **„orfani per legge"**, come è stato chiamato, sono molteplici anche da parte degli addetti ai lavori*
orfano di ...: verwaist: beraubt ..., ohne ..., ... verlustig
*uno scenario da incubo per l'Ulivo, **orfano** del ☞ Professore*
*che cosa sarà per Torino, già **orfana** del Salone dell'auto per l'abbandono delle case straniere?*

Orientagiovani: vom Arbeitgeberverband Confindustria jährlich organisierter Begegnungstag zwischen der Jugend und den Unternehmen
*è l'ora di **Orientagiovani**. La giornata che Confindustria dedica ogni anno al dialogo tra giovani e imprese vedrà, per la sua ottava edizione, ben 7.000 scuole di tutta Italia collegate in diretta via satellite con la sede centrale dell'evento*

Osa: operatori socio-assistenziali: operatore sociale: operatore di strada: Sozialarbeiter, Streetworker
*chiamare a raccolta il mondo dei giudici e degli **operatori sociali***

Osservatorio della condizione abitativa: Beobachtungsstelle für das Wohnungswesen (Beauftragter für das Wohnungswesen)
📖 *l'Osservatorio è stato istituito presso il Ministero dei Lavori Pubblici e dovrà incidere su due livelli: stabilendo sia i parametri dei canoni dei cosiddetti ☞ contratti tipo e lavorando per attuare gli sgravi a favore delle famiglie meno abbienti*

Pacs: Patto civile di solidarietà: eingetragene Lebenspartnerschaft
☞ **Dico**
coppia **pacsata:** eingetragene Lebenspartnerschaft
matrimonio gay: Homo-Ehe
✍ *Alessio e Christian oggi sono una coppia **pacsata**, ma solo per l'anagrafe d'Oltralpe*

paghetta: Taschengeld
✍ *se un ragazzo consuma la scheda telefonica in un giorno e deve aspettare un'altra **paghetta** per ricomprarsela imparerà la volta successiva a non farne un uso scriteriato*
✍ *super**paghetta** ai bambini: risarcimento di genitori assenti*

pantere grigie: graue Panther, Rentner
✍ *tra il 1986 e il 1997 c'è stato un balzo nel numero dei pensionati iscritti ai tre maggiori sindacati: sono quasi raddoppiate le **pantere grigie***

paracadute sociale: soziale Abfederung
✍ *tremilatrecento in caduta libera senza **paracadute sociale**, ipotesi Fintecna e Poste italiane per il salvataggio del personale di Alitalia in eccesso*

Pari: programma Pari: programma d'azione per il reimpiego di lavoratori svantaggiati: öffentliches Beschaftigungsprogramm: Aktionsprogramm für die Wiederbeschäftigung benachteiligter Arbeitnehmer
✍ *esuberi Alitalia, andranno alla **Pari**: sette anni di stipendio garantito ma niente posto alle Poste*

patronato: Betreuungs- und Fürsorgestelle
📖 *ente riconosciuto dal Ministero del Lavoro, generalmente di istituzione sindacale, che svolge attività per conto dei lavoratori in materia di diritti previdenziali ed assistenziali*
Inca: Istituto nazionale confederale assistenza: Nationale Anstalt der gewerkschaftlichen Betreuungs- und Fürsorgestellen
z. B.: **Inca**-Cgil: Betreuungs- und Fürsorgestelle der Cgil

Patto: Patto per l'Italia: Patto del lavoro: Bündnis für Arbeit, an dem sich Regierung, Arbeitgeber und Gewerkschaften beteiligen
✍ *cerca di riportare sulla rotta giusta la trattativa per il **Patto***
✍ *dopo il **Patto per l'Italia** che porta la firma congiunta di governo e parti sociali può finalmente realizzarsi la più grande riforma del mercato del lavoro mai tentata nel nostro Paese*

patto di legalità: Bündnis für Integration
patto di legalità del lavoro: Bündnis gegen illegale Beschäftigug
✍ *il sindaco ha usato parole tranquillizzanti, ma rimaniamo perplessi: sappiamo che i nomadi che firmeranno il **patto di legalità** si impegneranno a intraprendere un percorso di integrazione*
✍ *lo scopo principale del **patto di legalità** è quello di porre in essere un'efficace azione repressiva dei fenomeni di illegalità*

pensione di vecchiaia: Altersrente
pensione di anzianità: beitragsbezogene Rente
📖 *la pensione di vecchiaia è quella che ottieni dopo l'età pensionabile. La pensione di anzianità è quella che ottieni se ti pensioni prima, e dipende sia dall'età (prima dell'altra) che dagli anni di contribuzione. Se uno comincia a lavorare presto può farsi questa invece di aspettare la prima*

pensione sociale: Sozialhilfe *(verglb.)*
✍ *secondo me, lo Stato ha commesso un grave errore, psicologico prima ancora che lessicale, chiamando **pensione sociale** il mensile che passa ai nullatenenti, privi di mezzi di sostentamento*

percettore di reddito: Einkommensempfänger
✍ *la loro vulnerabilità è data dal fatto che contano su un solo **percettore di reddito***

centri di **permanenza:** Asylbewerberheim, Aufnahmezentrum
✍ *ma a una settimana dall'accordo di ☞ riammissione gli immigrati restano ancora nei **centri di permanenza***

Piano Giovani: Jugendförderungsplan

piazza: (Markt)Platz, *oft auch*: das Volk, die Straße, die Menge
protesta di piazza: Straßenproteste
violenze di piazza: Straßengewalt

piazzaiolo: marktschreierisch, populistisch, *auch* rüpelhaft
*non organizzeremo la **piazza** ma la risposta politica nelle istituzioni sarà all'altezza del nuovo assalto politico che ci viene portato per via giudiziaria/fa politica con i referendum e mobilita le **piazze***
*temetti che avrebbero spalancato e messo in campo tutte le risorse della demagogia più **piazzaiola**?*

picchetti: Streikposten
*incidenti tra lavoratori che volevano entrare in fabbrica e i sindacalisti che **picchettavano** i cancelli*

pony express: Fahrradkurierdienst
pony boy: Fahrradkurier
*per primi vennero i **pony express**. Sorpresero tutti: con la consegna a domicilio di lettere e plichi, complice l'inefficienza delle Poste italiane*

precariato /precarietà: vorübergehende Beschäftigung, ungesicherte Beschäftigungsverhältnisse, Prekariat ☞ Lsu
*il tasso di flessibilità e **precariato** del lavoro è tuttavia molto più consistente/si passa dalla certezza del posto fisso all'esaltazione della **precarietà***
precari: vorübergehend Beschäftigte
im Schuldienst: Lehrkräfte ohne feste Planstelle
precari stabili: dauerhaft geringfügig Beschäftigte
*scuola, 70 mila **precari** passano di ruolo*
*i **precari stabili** costretti a nascondere nel curriculum i loro studi, perché le aziende pensano che un laureato non si accontenta di un lavoro modesto e quindi è poco motivato*

precarizzare: prekarisieren, unsichere Beschäftigungsverhältnisse (schaffen)
***precarizzare** o esternalizzare il lavoro nei settori pubblici significa precarizzare i diritti e ridurre il loro livello di esigibilità*

precettazione: Anordnung zur Erfüllung der Arbeitspflicht
precettato: zur Arbeitserfüllung verpflichtet
*ma il ministero potrebbe anche decidere la **precettazione** di altre categorie*
*se i ferrovieri non revocheranno lo sciopero proclamato per venerdì prossimo, il governo molto probabilmente deciderà di **precettarli***

precoci: lavoratori precoci: Jungarbeitnehmer
*nel 2007 anche gli operai e i cosiddetti „**precoci**", coloro cioè che possono vantare almeno un anno di contribuzione derivante da attività lavorativa prima del compimento del 19° anno di età, potranno andare in pensione con gli stessi requisiti previsti per la generalità dei lavoratori dipendenti*

presidiare/ presidio: schützen, überwachen/ Schutz, Überwachung
*il territorio è considerato insicuro e pericoloso quindi si chiede che venga **presidiato** dalla polizia e monitorato dalle telecamere*
presidio: Mahnwache
***presidio** dei no-global a Genova per ricordare le proteste del 1960*

previdenza: Rente, Altersvorsorge
spesa previdenziale: Rentenausgaben
previdenza complementare e integrativa: Zusatzrente
previdenza**: un buco nero. Apicella ha detto che è forse il buco nero dei conti pubblici meno facilmente **colmabile
colmabile – überbrückbar, zu decken

professionisti: freie Berufe
*i principali evasori sono industriali (32%), bancari e assicurativi (28%), seguiti da commercianti (12%), artigiani (11%), **professionisti** (9%)e dipendenti (8%)*

sindrome della **quarta settimana:** Durststrecke zum Monatsende, Konsumknick in der vierten Woche des Monats
***sindrome della quarta settimana**: meno soldi in tasca negli ultimi 10 giorni del mese e difficoltà ad arrivare alla prossima busta paga*

quattordicesima: quattordicesima mensilità: vierzehntes Monatsgehalt *(auf vertraglicher Grundlage)*
*la fascia bassa è stata beneficiata dalla cosiddetta **quattordicesima** prevista dall'accordo interfederale di luglio*

quoziente familiare: Familiensplitting
*l'introduzione di bonus bebé e del **quoziente familiare** si tradurrà in una fiscalità più vantaggiosa per i nuclei familiari più numerosi*

Ras: Rappresentanza aziendale sindacale: betriebliche Gewerkschaftsvertretung
il **ras:** Gewerkschaftler
*ora, l'ex **ras** della Dc napoletana ha rotto con l'ex capo dello Stato*

Rete del sud ribelle: Netz des rebellischen Südens, *(subversive) Vereinigung von Globalisierungsgegnern*

reversibilità: pensione di reversibilità: Hinterbliebenenrente
*sanatoria parziale per le prestazioni indebite ricevute da circa 800 mila pensionati (pensioni al minimo, pensioni sociali, **reversibilità**, invalidità) che da domani avrebbero dovuto restituire le somme in più*

contratti di **riallineamento:** Verträge (mit Arbeitgebern) zum Wiedereintritt in legale Beschäftigungsverhältnisse
☞ emersione del lavoro nero

accordo di **riammissione:** Rückübernahmeabkommen
*la scorsa settimana Dini aveva concluso gli **accordi di riammissione** con il Marocco*

riccometro: redditometro ☞ **Ise: autocertificazione** dei redditi: Verfahren zur Feststellung der wirtschaftlichen Leistungskraft
carta sociale elettronica: Sozialausweis (um in den Genuss von staatlichen Sozialleistungen zu gelangen)
*sarà fondato sull'autocertificazione e sarà facoltativo il „**riccometro**", lo strumento attraverso il quale verrà determinato l'accesso a una serie di prestazioni dello Stato sociale: dalle esenzioni sui ☞ ticket sanitari all'assegnazione degli **alloggi pubblici**, dalle borse di studio universitarie agli asili*
alloggi pubblici – Sozialwohnungen

riforma previdenziale: Rentenform

riscatto della laurea: Ausbildungsanrechnungszeiten
i contributi Inps da riscatto servono a coprire, a proprie spese, alcuni periodi espressamente previsti dalla legge, per i quali non esiste un obbligo assicurativo. Ai fini pensionistici i contributi da riscatto sono utili sia per il diritto che per la misura della pensione
*per i precari abbiamo già introdotto il **riscatto della laurea** e altri provvedimenti*

riscatto sociale: sozialer Aufstieg
*raccontò l'appassionato lavoro in una borgata povera e ansiosa di **riscatto sociale** / quel Napoli Calcio una volta regno di Maradona e fucina di sogni di **riscatto***

rls: rappresentante dei lavoratori per la sicurezza: Arbeitsschutzbeauftragter
*è inevitabile domandarsi se i **rls** abbiano fatto il loro dovere, in ottemperanza ai poteri che le leggi attribuiscono loro, oggi più di ieri*

Rsu: rappresentanze sindacali unitarie: betriebliche Gewerkschaftsvertretung
le Rsu sono titolari dei diritti sindacali relative alla gestione dei permessi sindacali, dalle assemblee dei lavoratori, delle affissioni, dei rapporti con la controparte aziendale. Le Rsu sono inoltre titolari della contrattazione aziendale, con il concorso ed il sostegno dei sindacati di categoria, secondo le modalità definite dal contratto collettivo nazionale di lavoro
*nella contrattazione aziendale le **Rsu** agirebbero congiuntamente con i sindacati confederali*
*questa agitazione è conseguenza del rifiuto della direzione di discutere la piattaforma per il contratto integrativo presentato dalle **Rsu** di Milano e Padova*

sacche: Bereiche, Felder
sacche di povertà: Armutsschichten
*vede aumentare le **sacche di povertà** e vede altresì arretrarsi il miraggio dello sviluppo sociale/la richiesta di chiarimenti su sprechi e **sacche** di inefficienza*

Saman: Associazione volontariato e recupero tossicodipendenti: Freiwilligenvereinigung zur Rehabilitierung von Drogenabhängigen
Saman è una Associazione no-profit, opera dal 1981 su tutto il territorio nazionale nel settore della prevenzione, recupero e reinserimento socio-lavorativo di soggetti tossicodipendenti, farmacodipendenti, alcoldipendenti ed in situazione di disagio sociale in genere; fondata da Mauro Rostagno

Sanpa: San Patrignano: Comunità di San Patrignano: karitative Vereinigung *(z. B. Drogentherapie, Aids-Fürsorge; gegründet von Vincenzo Muccioli und fortgeführt vom derzeitigen Präsidenten, Andrea Muccioli)*
*„Ragazzi non mollate; dalla sconfitta si rinasce". Roberto Baggio a **San Patrignano** in campo contro la droga*

scala mobile: gleitende Lohnanpassung, Lohnindexierung
sistema automatico di adeguamento dei salari al costo della vita

i metalmeccanici, quasi 400 mila iscritti, hanno già chiesto „la reintroduzione di un meccanismo di riallineamento automatico di salari e stipendi". Ergo, la ***scala mobile*** *abbandonata nel'92*

scalone: Anhebung des Renteneintrittsalters
domani l'aula voterà il sofferto protocollo sul welfare, i 37 articoli che cambiano le leggi del mercato del lavoro, del precariato e delle pensioni e che soprattutto impediscono allo ***scalone*** *pensionistico di Maroni (dal primo gennaio 2008 in pensione a 60 anni) di entrare in vigore*

Sci: Servizio civile internazionale: Internationaler Zivildienst
lo ***Sci*** *organizza centinaia di campi durante tutto l'anno; obbligatori alcuni incontri di formazione e orientamento prima del viaggio*

sciopero ad oltranza: sciopero a tempo indeterminato: unbegrenzter Streik
sciopero a scacchiera: Schwerpunktstreik
sciopero a singhiozzo: Stotterstreik *(mit unregelmäßigen Arbeitsniederlegungen)*
sciopero bianco: Dienst nach Vorschrift, Bummelstreik
sciopero della fame: Hungerstreik
sciopero generale: Generalstreik
sciopero pignolo: Dienst nach Vorschrift, Arbeit nach Vorschrift
sciopero selvaggio: wilder Streik
sciopero spontaneo: wilder Streik
sciopero unitario: allgemeiner Streik *(wird von allen Gewerkschaften getragen)*
sciopero virtuale: virtueller Streik, japanischer Streik
viene sperimentato lo sciopero virtuale: i servizi non si interrompono ma la protesta è onerosa per aziende e lavoratori
scioperometro: Streikkalender

Scn: servizio civile nazionale: Nationaler Zivildienst

scopo di lucro: associazione senza scopo di lucro/senza fini di lucro: gemeinnützige Gesellschaft, Gesellschaft ohne Erwerbszweck

popolo di **Seattle:** Globalisierungsgegner
Genova in fibrillazione per chissà quali assalti del ***popolo di Seattle***

senza dimora: Obdachlose

senzatetto: Obdachlose (in Folge von Naturkatastrophen)
sistemare i ***senza dimora***

serrata: Aussperrung
nessun dialogo se non revocano la ***serrata***

sfollato: sgomberato: evacuato: evakuiert, vertrieben, *manchm.* zwangsentfernt
è stato allestito un centro di accoglienza dotato di 150 posti letto e strutture mediche pronto a fare fronte a qualsiasi esigenza degli ***sfollati***

sfratto: provvedimento esecutico di rilascio *(bür.)*: Zwangsräumung von Wohnungen
sfrattati: Mieter, die im Zuge der Zwangsräumung aus einer Wohnung entfernt wurden
sfrattati *che non trovano casa, perché leggi insensate ne scoraggiano l'edificazione*
era divenuto esecutivo uno ***sfratto per morosità***
morosità – Zahlungsverzug

Sicet: Mieterschutzverband
sindacato degli inquilini legato alla Cisl

sigla: sindacato: Gewerkschaft
dopo la rottura con Air France, le ***sigle*** *pronte a riaprire la trattativa*

Sindea: Sindacato Nazionale degli Assicurati: Nationale Interessenvereinigung der Versicherungsnehmer

sistema pensionistico contributivo: beitragsfinanzierte Rente

sostegno al reddito di ultima istanza: *verglb. in BRD:* Sozialhilfe *(geplant)*
reddito minimo d'inserimento: rmi: Eingliederungshilfe *(ehem.)*
il reddito minimo d'inserimento serve proprio a dare un sostegno temporaneo a persone che in un periodo della propria vita non ce la fanno a raggiungere il livello minimo per non cadere nella povertà che, nel nostro paese, è individuato in 600 mila lire al mese
il segretario immagina un ***reddito di cittadinanza****, rivolto alle fasce sotto un certo livello, che permetterà di difendersi*

vendite **sottocosto:** Sonderangebot

sponsor: garante: Bürge (für Einwanderer), Garant
gli sponsor, cioè i cittadini italiani che offriranno garanzie di accoglienza per gli extra-

comunitari in cerca di lavoro nel nostro paese; la figura dello sponsor è stata cancellata con la legge Bossi- Fini (2002)
🕶 *l'immigrato dovrà ricorrere a uno* ***sponsor****. Un garante, come un cittadino italiano o un ente, che assicurerà alloggio e, con una* ***fideiussione bancaria****, il* ***sostentamento****, pari a 600 mila lire mensili, equivalenti alla nostra pensione sociale*
fideiussione bancaria – Bankbürgschaft
sostentamento – Unterhalt

sportello unico per l'immigrazione: „Einheitsschalter", zentrale Anlaufstelle für Zuwanderungsfragen
📖 *in ogni provincia sarà istituito uno sportello unico per l'immigrazione che sarà responsabile dell'intero procedimento per l'assunzione di lavoratori stranieri a tempo determinato e indeterminato*

stakhanovista: Arbeitstier
🕶 *non è un genio, ma certamente uno* ***stakhanovista***

stangata: Schlag mit der Stange: drastische Erhöhung
🕶 *sarà rivista in Parlamento la* ***stangata*** *sulla casa decisa dal governo con la Finanziaria. Il Pds è contrario all'aumento degli* ***estimi catastali***
estimi catastali – Grundbuchschätzungen
stangare: auspressen, ausquetschen
🕶 *la Finanziaria li* ***stanga****. Il fisco colpisce come vuole.*

Summit della Solidarietà: Solidaritätsgipfel *(Freiwilligenverband)*
📖 *una rete di sigle che non scende in piazza e punta tutto sulla managerialità; è formato da 15 sigle come Telethon, Telefono Azzurro, Amref, Ail, Aism, Anlaids*

Sunia: sindacato unitario nazionale inquilini e assegnatari: Italienischer Mieterschutzverband

SuperAbile: *Internetportal (www. superabile. inail. it) und Kampagne der Nationalen Anstalt für die Versicherung von Arbeitsunfällen* ☞ *Inail zur Beseitigung von Mobilitätshemmnissen für Behinderte*
🕶 *la campagna „****SuperAbile****": Bancomat a portata dei disabili*

Tavola della Pace: Tisch des Friedens *(Friedensbewegung)*

Telefono Arcobaleno: Hotline zur Bekämpfung von Pädophiliefällen
fondatore: **don Fortunato Di Noto**

Telefono Azzurro: Kindernotdienst, Hotline zum Schutz der Kinder *(z. B. für Kinder, die Opfer von Gewalt im Elternhaus geworden sind)*
🕶 ***Telefono Azzurro*** *leader in Europa: contro le violenze dei genitori i bambini possono ricorrere al telefono* ***azzurro***
📖 ***Telefono Azzurro*** *ha inaugurato a Milano la sua nuova centrale operativa, destinata a diventare il più grande „call center" per l'infanzia e la famiglia d'Europa. La struttura accoglierà le chiamate provenienti da tutta l'Italia e sarà in grado di attivare immediatamente i centri di emergenza sul territorio*

telesoccorso: Hausnotrufsystem, Telehilfe
🕶 *viene emanata un'ordinanza nella quale si dice ai Comuni di fornire alle Asl gli elenchi degli over 65 anni residenti e si dà incarico alle amministrazioni locali di dare assistenza economica, domiciliare, di* ***telesoccorso*** *e quant'altro*

Telethon: Fundraising-Aktion in Form eines Fernsehmarathons zugunsten der italienischen Forschung *(z. B. auf dem Gebiet der Erbkrankheiten, Verhinderung des Braindrain)*
Tiget: Telethon per la cura delle **malattie genetiche:** Fundraising für die Behandlung von Erbkrankheiten
🕶 *si prenda* ***Telethon****: alla vigilia della rituale maratona televisiva, gli organizzatori temevano una flessione*

terziario: Dienstleistungssektor
📖 *commercio, turismo, servizi*
🕶 *in 25 anni è divenuto un Paese industrializzato e* ***terziarizzato***

terzomondista: Dritte-Welt-Aktivist, Dritte-Welt-Politiker
🕶 *ci sono le spaccature interne. Da una parte cattolici e* ***terzomondisti****. Poi c'è l'area antagonista e radicale*

testamento biologico: biotestamento: Patiententestament, Patientenverfügung *(im Sinne der allg. gesetzlichen Regelung,* ☞ *Dat)*
🕶 *un* ***testamento biologico*** *per dire „basta alle cure": La Biocard indicherà le terapie che uno desidera o rifiuta*

T. M. B.: Tu Mangia Bene: „Iss vernünftig": an

italienischen Schulen durchgeführtes Förderprogramm zur gesunden Ernährung

tredicesima: mensilità aggiuntiva (di dicembre): gratifica natalizia: das 13. Monatsgehalt, Weihnachtsgeld
*i negozi gremiti di gente che fulmina la **tredicesima***

Tremate, tremate, le streghe son tornate: „Zittert, zittert, die Hexen sind wieder da", *traditioneller Slogan der italienischen Frauenbewegung*
*la protesta ha coinvolto donne e uomini di tutte le età: tanti i cartelli e gli slogan, è ricomparso anche lo storico „**Tremate, tremate, le streghe son tornate**", o „La 194 non si tocca, la difenderemo con la lotta"*

triplice: Dreierbund, die „Großen Drei": die drei Dachgewerkschaften Cgil, Cisl und Uil
*la sua **cocciutaggine** rende al meglio quando prende di mira la „**triplice**"*
cocciutaggine – Dickköpfigkeit

tute bianche: weiße Overalls, friedliche Globalisierungsgegner
*le **tute bianche** nascono nel 1994 da una battuta dell'allora sindaco di Milano Formentini, che definì „fantasmi" i giovani sgomberati del Leoncavallo*

tute cattoliche: papa boys: i cattolici di **Pax Christi:** katholische Globalisierungsgegner

tute nere: blocco nero: black bloc: schwarze Overalls, schwarzer Block, gewaltbereite Globalisierungsgegner
*perché a Genova le „**tute nere**" hanno potuto agire quasi indisturbate?*
*la minaccia dei **Black bloc**, l'anima nera del movimento*

Un Ponte per . . .: UPP: Eine Brücke für . . . *(Hilfsorganisationen zur Verbesserung der humanitären Lage in Kriegsgebieten)*

Unar: Ufficio Nazionale Antidiscriminazioni Razziali: Nationales Amt zur Beseitigung der Rassendiskrimierung
***Unar:** un numero gratuito contro la discriminazione razziale: 800.90.10.10*

Uniat: Unione Inquilini: Italienischer Mieterbund

Unsc: Ufficio nazionale per il servizio civile: Nationales Amt für den Zivildienst
caschi bianchi: „Weißhelme", (freiwillige) Zivildienstleistende
*Servizio civile, ecco i **caschi bianchi:** un anno da spendere in solidarietà. Come la ☞ ferma volontaria nell'Esercito anche i volontari della solidarietà dovrebbero restare in servizio dodici mesi*

Uppi: Unione di piccoli proprietari immobiliari: Verband der Immobilienbesitzer

veri vecchi: Senioren zwischen dem 75. und dem 84. Lebensjahr
☞ **grandi vecchi**

vita lavorativa: Lebensarbeitszeit
*l'allungamento/l'aumento della **vita lavorativa** determina un aumento del costo del lavoro per le imprese*

volontariato: il **terzo settore:** il **no profit:** bürgerschaftliches Engagement, ehrenamtliche Wohlfahrtspflege, Ehrenamt, Freiwilligendienst
*sotto accusa la bozza che si sta occupando della riorganizzazione, anche ai fini fiscali, di quello che viene chiamato il terzo settore, il **no profit**, al quale verrebbe assimilato anche il **volontariato***
*è un'offesa agli obiettori, alle associazioni, a tutto il mondo del **no profit***

voucher vendemmia: Gutscheine für Erntehelfer
*i **voucher vendemmia** al debutto: Parte la sperimentazione del lavoro occasionale per la vendemmia 2008. Da oggi sono infatti disponibili sul sito Internet dell'Inps i **voucher telematici*** attraverso i quali giovani e pensionati potranno essere retribuiti per le operazioni di raccolta delle uve

welfare: il welfare State: lo Stato sociale: der Sozialstaat
politica del welfare: Sozialpolitik
*chiederemo a Bruxelles sgravi per la riduzione d'orario: **Welfare**, D'Alema non crede alla crisi/la riforma del **welfare***
*quando un pensionato legge sul giornale che il governo sta „predisponendo modifiche al **Welfare**" non si rende assolutamente conto che stanno pensando di tagliargli la pensione*

6. Cronaca
Vermischtes

6.1. Glossario della cronaca
Glossar

144: servizi telefonici tipo 144: telefonische Unterhaltungsangebote, *oft:* Telefonsex
📖 *servizi d'intrattenimento, in pratica linee erotiche e cartomanti vari*

166: servizio di pubblica utilità della Telecom: **servizi audiotex:** telefonische Dienstleistungen, *oft:* Telefonsex
📖 *i cosiddetti **servizi audiotex**, quelli veicolati prima dai codici **144** e ora prevalentemente dai **166***
✍ *primi assaggi di questa morsa che incombe sul nostro prossimo futuro sarebbero la chiusura del **144** dopo che una bambina era stata violentata*

24 ore su 24: rund um die Uhr
✍ *ma in tutto questo proliferare di videocamere, sensori e braccialetti, spiati **24 ore su 24**, non ci rimette la privacy?*

a **360 gradi:** Rundum-, umfassend
✍ *siamo di fronte a una crisi di classe dirigente di questo paese, **a 360 gradi**, non solo classe politica*
✍ *servizio **a 360 gradi***

accattone: Bettler, Schnorrer
✍ *ha creato un pool anti **accattoni** per liberare i giovani mendicanti ostaggi del racket*

Acquabomber: *Kodename eines Serientäters, der mittels Injektionen Lebensmittel (Wasser, Säfte etc.) vergiftet*
✍ *operaio beve e si sente male: Torna in Veneto l'incubo **Acquabomber***

ambulante: Straßenhändler
✍ *immigrati,* ☞ *condono agli **ambulanti***
✍ *fra i correttivi che hanno più probabilità di essere accolti subito nel testo c'è la regolarizzazione degli **ambulanti***

Anei: Associazione Nazionale Ex Internati: Italienische Vereinigung ehemaliger KZ-Häftlinge

Anonima: Anonima sequestri : mafiaartige Vereinigung (der 'Ndrangheta in Kalabrien), die sich auf Personenentführungen spezialisiert hat

Anonima sequestri sarda: sardische mafiartige Vereinung von Personenentführern
✍ *Trappola per il re dell'**Anonima**: Giovanni Farina arrestato in Australia, sequestrò Soffiantini*
✍ *l'**Anonima sarda** rapisce una donna: da mercoledì sera nelle mani dell'**Anonima sarda**, **inoperosa** per quasi due anni, c'è un altro ostaggio*
inoperoso – untätig, hat nicht zugeschlagen

anta: Übervierzigjähriger, Ü 40
📖 *gli anni dai quaranta ai novanta*
✍ *quello che interessa alla Prof degli **anta** è di andare in pensione*
✍ *per restare giovani e affrontare gli **anta**, l'età che fa paura, ci sono tanti, piccoli trucchi alla portata di tutti*

Anvu: Associazione nazionale vittime racket, estorsione e ☞ usura: Nationale Vereinigung der Opfer von Erpressung und Wucher

Ar: Azione Rivoluzionaria: Revolutionäre Aktion: *anarchistische Organisation*
✍ ***Azione Rivoluzionaria** ci tiene ad attribuirsi la paternità dell'attentato, quasi a voler sfidare le forze dell'ordine*

figlio/figlia d'**arte:** ... ihm/ihr war es in die Wiege gelegt ...
✍ *Rosa R. Jervolino è **figlia d'arte**: suo padre è stato ministro: sua madre è stata invece sottosegretario*

discorsi da **Asilo Mariuccia:** Kindereien *(das „Asilo Mariuccia" ist ein seit 1902 in Mailand bestehendes Frauenhaus)*
✍ *le beghe da „**Asilo Mariuccia**" sono tipiche dei democristiani*

assassinio passionale: Mord aus Leidenschaft, Mord als Beziehungsstraftat
✍ *a determinare il nuovo incremento sono gli **assassinii passionali** e (dopo anni di quasi silenzio) i morti di mafia*

baby prostitute: baby-schiave: Kinderprostituierte

👓 *Il piano anti sfruttamento della Vincenzi, sindaco Ds di Genova: liberare ragazze e strade. „**Baby prostitute**, le denunce a casa ai clienti“*

baby-killer /baby-criminale: jugendlicher Mörder/jugendlicher Straftäter
👓 *ancora un **baby-killer**: al **battesimo del fuoco** ha ucciso con 14 colpi il rivale*
battesimo del fuoco – Feuertaufe
baby-gang: kriminelle Jugendbanden

baco: Millennium bug: das Jahr-2000-Problem
👓 *hanno fatto un test per affrontare il „**baco**“: la città è stata invasa dai liquami*

badante: persona incaricata di assistere anziani e malati: häusliche Pflegehilfe, Pflegekraft für die häusliche Pflege
👓 *la Camera riprenderà l'esame del disegno di legge sull'immigrazione e si limiterà a sanare le posizioni di ☞ colf e **badanti***

bagarinaggio: Schwarzmarkt, Markt der Schwarzhändler
bagarino: Kartenschwarzhändler
👓 *violenza negli stadi: previste pene molto più dure in caso di invasione di campo e per i **bagarini***
👓 *il recente **bagarinaggio** fuori dalla Scala e dalla Chiesa di San Marco in occasione della Messa di Bach diretta da Riccardo Muti è stato veramente un triste spettacolo: ho visto numerosi stranieri **allibiti** di fronte a un simile mercato*
allibito – verblüfft

bagnarola: Badewanne, *hier:* Seelenverkäufer, schrottreifes Schiff
barcone della morte: seeuntaugliches Schiff
👓 *vanno alla deriva su **bagnarole** infette come quelle imbarcazioni di rifiuti tossici che tutti i porti respingono*
👓 *salvataggio degli immigrati che arrivano nei **barconi della morte***

Paese dei **balocchi:** Spielzeugland *(nach Pinocchio)*
👓 *il sindaco ha ordinato la chiusura del moderno „**Paese dei balocchi**“: la sala-giochi*

bamba: barella: Kokain

bambini soldati: baby soldati: Kindersoldaten
👓 *„**baby soldati**, crimine contro l'umanità“. Davanti al Tribunale penale internazionale chi recluta minorenni*

Bar Sport: Bar dello Sport: bar sotto casa: „Kneipe an der Ecke“
discorsi da **Bar dello Sport:** Stammtischgespräche
👓 *la filosofia della storia da **Bar Sport** dell'ideologo di ☞ Arcore è riuscita nel miracolo di mettere d'accordo la Lega Araba e il New York Times*

barbone: clochard: Penner, „Clochard“
👓 ***barbone** muore fuori dall'ospedale: quell'uomo viveva in strada, mangiava raramente e vestiva di stracci*
👓 *la Comunità di Sant'Egidio che fino a qualche anno fa si limitava a **sfamare barboni** nel centro di Roma*
sfamare – den Hunger stillen

basista: Tippgeber; jemand, der eine Straftat vorbereitet/ausarbeitet
👓 *la notizia della cattura del presunto **basista** ha fatto presto il giro del paese, senza suscitare, per la verità, eccessiva sorpresa*

Beccaria: carcere minorile di Milano: Jugendstrafanstalt in Mailand

beffa: Streich, Spott, „Schmu“, „Verarsche“
👓 *l'Italia delle **beffe***/chiedere i danni allo Stato dopo la grande ***beffa***
👓 *poi **si scaglia contro** la burocrazia impunita, pentolone di malcostume e in difesa del popolo **beffato***
scagliarsi contro – schimpfen auf, wettern gegen

bidone: Betrügerei, Schwindel
👓 *i sindacati nazionali del commercio che hanno firmato un „**accordo bidone**“, senza il mandato delle strutture regionali e dei delegati*
👓 *si accerta, se chi paga l'auto a rate non prepari dei „**bidoni**“*

bionde: Zigaretten
👓 *lo Stato guadagna, e in modo sostanzioso, dalla vendita delle **bionde***

bioterrorista: Bioterrorist
bioterrorismo: Bioterrorismus
👓 *alimentando la paura collettiva e la psicosi di un attentato dei **bioterroristi***

bomba carta: plico-bomba: plico esplosivo: Briefbombe
pacchi bomba: Paketbomben
👓 *tre **pacchi bomba** contro i nemici degli ☞ strozzini. Tre **pacchi bomba** alla Camera di*

commercio di Bari proprio mentre era in corso un vertice antiusura

bomba sporca: schmutzige Bombe *(dirty bomb: konventioneller Sprengsatz, dem nukleares Material beigemischt wird)*
☞ *arrestato un terrorista di Al Quaeda con passaporto americano: sventato attacco con* ***bomba sporca***

di **borgata:** Vorstadt-, … für Arme
☞ *Totti decide di attraversare la strada del look. E da Beckham* ***di borgata*** *qual è*

borseggiatore: borsaiolo: Taschendieb
☞ *presi due* ***borsaioli****: avevano rubato il borsellino ad Alessia M.*

br: Bierre: brigate rosse: Rote Brigaden
brigatista
☞ *l'ex* ***br/*** *militante prima nei* ☞ *Gap e poi nelle* ***Br***

braccialetto elettronico: braccialetto di sicurezza: bracciale: cavigliera elettronica: elektronisches Armband, elektronische Fußfessel *(zur Überwachung von im offenen Verzug befindlichen Strafgefangenen)*

Brenno: Legione Brenno: mit Beginn der neunziger Jahre aktive rechtsextremistische paramilitärische Gruppierung, die unter anderem in undurchsichtige Waffenschiebereien verwickelt ist

buco: der Schuss *(Drogen)*
☞ *il 7% dichiara di essersi fatto in prigione il primo* ***buco***

bullismo: Rowdytum, Mobbing (an Schulen)
📖 *deriva dall'inglese „to bully" che significa „fare il prepotente, angariare, tiranneggiare"*
bullo: Rowdy
bulletto: jugendlicher Rowdy
☞ *Attenti ai* ***bulli****: Nelle scuole cresce il fenomeno del* ***bullismo****, cioè la violenza fisica e psicologica tra coetanei, con la prevaricazione dei più giovani*
☞ *in media, ogni classe ha i suoi due o tre* ***bulletti****, per dirla con simpatia, e tenere un minimo di disciplina non è facile*

burini: *(römischer Dialekt)*: Landbevölkerung, Landpomeranzen, *aus römischer Sicht:* alle Nicht-Römer
☞ *stiamo a dire male dei ragazzi di Roma e della Roma, che „****burini****" poi non sono nemmeno negli* ☞ *sfottò cittadini*

bustarella: Bestechungsgeld
☞ *due marescialli del* ☞ *Nas sono stati arrestati dai colleghi di Bergamo dopo aver intascato una* ***bustarella*** *con 9 milioni*

buttadentro: „Anlocker"
buttafuori: Rausschmeißer
☞ *lo staff di Flavio, per battere la concorrenza, distribuisce inviti gratis sulla spiaggia della Celvia e i* ***buttadentro*** *hanno sostituito i* ***buttafuori***

buzzurri: *urspr.* nach Rom zugereiste Norditaliener und Schweizer, *allg.* primitive/vulgäre Personen
☞ *perché se intasiamo le piazze di rifiuti, scrivete che siamo dei* ***buzzurri****. Ma appena cominciamo a multare chi butta per terra una lattina, ci disegnate come dei pedanti insopportabili*

cafone: prollig, flegelhaft, primitiv
☞ *è il momento magico del baritono, accolto da applausi discreti, fra trilli di telefonini* ***cafonissimi***

Canadair: *die Canadair CL-215 ist ein Mehrzweck-Amphibienflugzeug des kanadischen Flugzeugherstellers Canadair Group, das vorrangig für die Waldbrandbekämpfung verwendet wird*
☞ *quindici* ***Canadair****, sei elicotteri e due velivoli da trasporto: questo sono le risorse della Protezione civile italiana*

canna: Haschischpfeifchen, Joint
☞ *sono tossicodipendenti ma non lo ammetterebbero mai. Si comincia addirittura a 10 anni con le* ***canne****. L'età più a rischio è tra i 15 e 21.*

da **carbonari:** verschwörerisch
📖 *la Carboneria è stata una società segreta durante i primi anni dell'Ottocento su valori patriottici e liberali*
☞ *i team della Formula 1 risponderanno al presidente della Federazione internazionale, ovvio, ma nel frattempo lavorano a testa bassa al loro progetto* ***da carbonari***

carica esplosiva: Sprengsatz
☞ ***carica esplosiva*** *in un salvagente sotto il sedile di un aereo Alitalia*

carretta dei mari: Seelenverkäufer, schrottreifes Schiff
☞ *attracca a Crotone la „Iman",* ***carretta dei mari*** *con 245 clandestini curdi*

negriero: Sklavenschiff
*blitz in Albania contro i **negrieri**: arrestati comandante e otto marinai della Planet*

carusi: *historisch*: in den Schwefelminen ausgebeutete sizilianische Jugendliche, *aktuell:* junge Sizilianer der Arbeiterklasse, oft ausgebeutet und perspektivlos, *auch:* Geldeintreiber von Schutzgeldern
*i **carusi** durante la settimana scippano, spacciano, rubano i motorini. La domenica vanno a fare la guerra allo stadio*

casa chiusa: casa di tolleranza: casino: Freudenhaus, Bordell *(in Italien vom Gesetzgeber verboten)*
*sono passati quarant'anni dall'entrata in vigore della legge Merlin e dalla chiusura delle **case di tolleranza***
*la **casa chiusa** era come una sorta di club che serviva a riempire le ore vuote, a ritrovarsi con gli amici, a sfogare le esuberanze dell'età*

Casal del Marmo: carcere minorile di Roma: Jugendstrafanstalt in Rom

casalinga di Voghera: die einfache Hausfrau
*il pastore abruzzese, il bracciante lucano, la **casalinga di Voghera**: da apolitici, sfiduciati, disimpegnati – insomma, gente considerata di destra per definizione – qualcuno di loro starebbe invece realizzando di non odiare così visceralmente Veltroni. Vedono arrivare in tv il candidato democratico e magari si scoprono a sussurrare „non è così male". Stanno arrivando le casalinghe veltroniane?*

cassa continua: Nachttresor
*ha svaligiato le **casse continue** dei supermercati GS di via Gregorio XI*

cattivo: böse: aggressiv, energiegeladen
*per essere **cattiva** non servono droghe né armi: ma la musica giusta, le amicizie giuste, i **vestiti fighi**, la vita al massimo*
grinta** come vocazione: Abarth 500, così piccola, così **cattiva
vestiti fighi – coole Klamotten
grinta – Biss, Aggressivität

checca *(derb)*: **gay:** Homosexueller, Tunte
*la sua ripugnanza verso coloro che Mussolini una volta definiva „pederasti" e Storace oggi chiama „froci" o „**checche**"*

chi è: Who is who
*nobilità: **il chi è** delle italiane in fiore*

clandestini: ☞ **irregolari:** Personen, die sich illegal im Hoheitsgebiet eines Staates aufhalten
*immigrati e **clandestini** sono ormai una vera e propria ossesione politica universale*
clandestinità: illegale Einreise
*le nuove misure contro la **clandestinità** si sono rivelate inadeguate*
regolari: Ausländer mit Aufenthaltsgenehmigung
*volevano mettere in chiaro un concetto semplice: la diversità tra **clandestini e regolari***

clonatore: Kreditkartenfälscher
carte **clonate**: gefälschte/kopierte Kreditkarten
***carte clonate**, allarme a Milano: dall'Est i predoni del bancomat/i carabinieri hanno arrestato una gang di **clonatori** bulgaro-romena*

cobret/kobret: in Neapel gebräuchliche Designerdroge aus mit Soda aufgekochten Heroinabfällen
droga sintetica ottenuta dagli scarti dell'eroina
*sui sedili in fondo, due ragazzi inalano i fumi di **cobret** e il suo odore intenso di gomma bruciata*

colonnina Sos: Notrufsäule
*sicurezza dei Murazzi (zona di Torino): Il questore rilancia: „Servono le ringhiere". Il Comune potrebbe installare **colonnine Sos** ed altre telecamere*

colpo di coda: letztes Aufbäumen, unberechenbare Aktion
*i brigatisti sanno di avere il fiato sul collo dopo la sparatoria e si teme un loro **colpo di coda***

...& **C:** e **compagni**/e **compagnia:** ... und Co.
*Toldo critica Vieri **e compagni**. Moratti non gradisce*

coatto: „Vorstadtproll" *(wurde durch den Song „**Supercafone**" von Er Piotta und das Buch „**Fatti coatti**" von Carlo Verdone im Sommer 1999 zur Kultfigur)*
☞ *cafone – Flegel*
*i veri **coatti** sono soltanto a Roma, dove impazza una grande discussione tra **coatti** di Roma nord e Roma sud. D'altronde la parola* **coatto** *viene dal latino* cogere, *che vuol dire costringere, e quindi ghettizzare*

coca: cocaina: Kokain
*sono accusati di aver rifornito gli affiliati al clan Genovese di **coca**, hashish e cellulari*

coda avvelenata: das dicke Ende, die wahre Absicht tritt zutage
*eppure, la vera **coda avvelenata** che il vertice di Nizza rischia di lasciare non riguarda tanto i rapporti interni all'Europa ma ...*

colf: collaboratore/collaboratrice familiare: Hausangestellte(r)
*medico costretto a fare la **colf**, esegue lavori domestici a ore*

cravattari/cravattaio: Wucherer
*insomma, i nemici giurati dei **cravattari** erano andati ad infilarsi nella **tana de lupo***
tana de lupo – Höhle des Löwen (Wolf)

criminalità diffusa: Massendelikte, Massenkriminalität, Alltagskriminalität
furti e rapine meno gravi
Ggs. criminalità organizzata

cumpà (*in gergo* compagno): Kumpel
*la vita sociale del ☞ tamarro assomiglia a quella dei branchi di babbuini (anche quella intellettuale). La parola branco non è dispregiativa ma è un termine tecnico, infatti lo ☞ zarro si identifica con il gruppo („la **cumpà**") e agisce in base ad esso obbedendo a rigide regole sociali*
*le frotte di **cumpà** che navigavano per la Hauptstraße di Heidelberg*

dané *(lombardischer Dialekt)*: Geld
*c'è una sola versione possibile: dietro quella parola devono esserci i soldi, i „**dané**"*

delfini: Amphetamine
*si è calato l'ultimo di cinque **delfini** (ecstasy con base anfetaminica) alle 5*

dinamica: Hergang/Ablauf eines Ereignisses
*non solo i nostri periti hanno stabilito che la **dinamica** era impossibile, perché le cisterne sarebbero implose per la pressione, ma hanno anche scoperto che quel vino barricato in realtà era stato aromatizzato con del truciolato*

Dp: Democrazia proletaria: proletarische Demokratie *(linksgerichtete Protestbewegung der siebziger Jahre, später aufgelöst)*
*gli ex sessantottini che stavano in **Dp** e ora guidano il movimento vogliono fare dei no-global un Social forum antimafia*

Dssa: Dipartimentro di studi strategici antiterrorismo: Amt für Strategische Antiterrorismutudien *(illegale paramilitärische Geheimpolizei mit angeblich engen Kontakten zum Innenministerium, die 2005 aufgedeckt wurde)*
la **Dottoressa**

carcere **Don Bosco:** Justizvollzugsanstalt von Pisa

duri e puri: Hardliner, Unverbesserliche
*la mente delle nuove Brigate rosse sono proprio i **duri e puri** delle vecchie ☞ Br-Pcc condannati all'ergastolo*

Elevato Indice di Vigilanza: **EIV:** Strafgefangener mit erhöhter Sicherheitsstufe
nel linguaggio carcerario sta per detenuto a elevato indice di vigilanza cautelativa
*la sua vita de carcerato, che resta dura, un **Elevato Indice** rinchiuso nei cosiddetti **braccetti di isolamento***
braccetto di isolamento – Isolationszelle

emarginati: Außenseiter, gesellschaftliche Randgruppen

emulatore: Trittbrettfahrer
emulazione: Nachahmungstat
*riesplode la polemica sulle misure antilanci, mentre l'effetto-**emulazione** moltiplica i casi*
*dai primi accertamenti eseguiti dalla Polizia del Policlinico non ci sono fori sulla bottiglia, tecnica utilizzata dal presunto ☞ acquabomber e poi riutilizzata dai successivi **emulatori***

enta: Überdreißigjähriger, Ü 30
*la disillusione è il sentimento più diffuso nella comunità degli „**enta**"*

erba: „Stoff", Rauschgift
*è stata sequestrata „**erba**" albanese per una tonnellata*

esodo: Abwanderung, (Massen)Flucht
*per frenare l'**esodo** degli albanesi verso l'Italia è legittimo l'uso della forza?*

esproprio proletario /spesa proletaria: proletarische Enteignung
*all'indomani dell'„**esproprio proletario**" compiuto da circa 200 disobbedienti nel centro commerciale romano Panorama, la questura ha identificato 68 persone tra i partecipanti all'iniziativa e a breve scatteranno le denunce all'autorità giudiziaria per rapina o furto*
*cos'è la **spesa proletaria**, la nuova ricetta della ☞ Gad per rimediare al carovita?*

eversione: Subversion, Subversivität, staatszersetzende Kreise, staatsgefährdende Kreise

*nei prossimi giorni un cd-rom permetterà di metterli a confronto con gli archivi fotografici dei ricercati dell'**eversione***
eversivo: subversiv, staatsgefährdend
*i Nuclei territoriali antimperiali, la formazione più aggressiva dell'universo **eversivo***

extracomunitari: immigrati del Terzo Mondo: Nicht-EU-Ausländer
*si è battuto contro l'espulsione degli **extracomunitari** in esubero*

faccendiere: Geschäftemacher
*il nome di Francesco Pazienza era comparso sui giornali nel 1982 con la qualifica di **faccendiere***

falso problema: ... die Frage stellt sich so nicht ..., ... ist die falsche Fragestellung
*la delicatissima interpretazione di Riccardo Muti dimostra che la volgarità verdiana è un **falso problema***

anni di **fango:** die Jahre des Morastes *(von Indro Montanelli geprägter Begriff für die mit Korruptionsfällen und mit Tangentopoli verbundenen achziger Jahre)*
*nella stagione degli **anni di fango**, le forze della sinistra venivano chiamate a guidare quel processo di moralizzazione della res publica di cui i cittadini auspicavano l'attuazione*

fannullone: Faulenzer
Cofo: Comitato fannulloni operosi: Komitee der fleißigen Faulenzer
*è nato il **Cofo**, sindacato dei fannulloni: Contro le norme di Brunetta, che mirano all'eliminazione dei nullafacenti nella pubblica amministrazione, i **fannulloni** si organizzano in un sindacato che dovrà difendere i loro diritti*

Ferrante Aporti: carcere minorile di Torino: Jugendstrafanstalt in Turin

fiancheggiatore: Mitläufer, Helfershelfer
*Berlusconi non ha mai amato Roberto Colaninno, considerato **fiancheggiatore** di Massimo D'Alema*

fido: amico a quattro zampe: der treue vierbeinige Begleiter, „Waldi"

figlio di.../**figlia** di ...: Sohn/Tochter: aufgrund familiärer Beziehungen
*insomma, il suo essere „**figlia di**" non le ha concesso corsie preferenziali al punto che in azienda ha fatto perfino le fotocopie*
(übertragen) Ergebnis, Folge
*e anche l'antisemitismo è **figlio** dell'ignoranza/la delinquenza è **figlia** dell'illegalità*

filibustiere: corsaro: pirata: Pirat
*per nave ed equipaggio i **filibustieri** somali ieri hanno chiesto un riscatto di 10 milioni di dollari*

filippina: *oft:* Hausangestellte
*per la futura villa (con parco, piscina e coppia di **filipini**) occorrono i fondi di una nota autrice Tv*

Fnr: Fronte Nazionale Rivoluzionario: rechtsgerichtete terroristische Vereinigung der sechziger Jahre

fondi neri: „schwarze Kasse"
scandalo dei fondi neri: Spendenaffäre
*dopo aver creato **fondi neri** grazie ai falsi in bilancio, non hanno dato tutto ai partiti ma un po' se lo sono tenuto loro*

fotoricattatore: Fotoerpresser
*i furbetti del quartiere, le banche, i politici, i **fotoricattatori**, la precarietà del lavoro, i sindacati ... la fanno tutti franca!*

Forte Boccea: carcere militare di Forte Boccea: Militärgefängnis

fricchettone: Nonkonformist, Freak, ausgeflippter Typ
*Paul McCartney è un **fricchettone** perché abita in Giamaica, dove c'è l'erba buona da fumare e si veste sempre anche a 60 anni con colori sgargianti tipici del vero figlio dei fiori*

frocio *(derb)*: **gay:** Homosexueller

fu-fu: Schnaufen in die geschlossene Faust
gesto tipico di Massimo D'Alema nei momenti di relax, consistente nel soffiare nei pugni chiusi
*la stessa operazione-simpatia di cui ha goduto anche D'Alema grazie al **fu-fu** di „Striscia la notizia"*

fuitina (d'amore): Liebesflucht *(Süditalien)*
fuga da casa e breve convivenza di due fidanzati, attuata come espediente per convincere i genitori ad accettare il matrimonio
*ritengo commedie anche le **fuitine**, con le quali si era soliti, nel Meridione, sbloccare contrasti altrimenti insormontabili*

furbetti del quartierino: clevere Jungs

ursprünglich beschränkt auf die Jugendbanden in den Stadtvierteln von Rom, später allgemein ausgeweitet auf undurchsichtige Geschäfte am Rande der Legalität
*Antonveneta, Bnl e Rcs, tre scalate stessi protagonisti. I „**furbetti del quartierino**" hanno cantato una sola estate. La magistratura si è mossa rapidamente e ha accertato irregolarità e arricchimenti illeciti di Fiorani e dei suoi amici*

furbetti del vino: Weinpanscher
*Dottor Pedron, ricompaiono i **furbetti del vino**? „Sono i soliti noti, che continuano a fare operazioni illecite. Alla fine sono sempre gli stessi"*

galoppino: Laufbursche, Faktotum
specialista non-ufficiale che aiuta ad accelerare i processi burocratici
*smentire le calunnie diffuse dai **galoppini** di Orlando*

gavettoni (di Ferragosto): *am 15. August werden traditionell Strandbesucher mit Wassereimern übergossen*
*Ferragosto è il giorno dei pranzi sontuosi con parenti e amici e il giorno dei **gavettoni***
*e, massimo sfregio rivoluzionario, i **gavettoni** lanciati sul monarca sbarcato nel suo nuovo „**Billionaire** beach rubacuori"*
*Billionaire – Clubdiskothek in Porto Cervo im Besitz von Flavio **Briatore***

gerarca: Faschist in führender Position, Altfaschist
*il Comune di centro destra ha concesso a Forza nuova una sala per la presentazione di un libro sul **gerarca** Pavolini*

Gianduiotto: *in Turin hergestellte Schokoladenpraline*
*e il **Gianduiotto**, dove lo lasciamo? „Appunto, Torino non offre quasi mai un caffè ‚nudo e crudo', ma lo abbina a un bicchierino di selz o ad un cioccolatino*

Gil: Gioventù Italiana del Littorio: faschistische Jugendbewegung *(zur Zeit des Faschismus)*

giro: essere nel giro: sich in der Szene/im Milieu befinden
*la ragazza, 19 anni, è nel **giro** da tre: ha cominciato a **bucarsi** tre anni fa, quando frequentava le magistrali*
bucarsi – sich Drogen spritzen

Gladio: Geheimorganisation mit subversiven Zielen innerhalb der italienischen Sicherheitskräfte, die von den sechziger bis zu den achtziger Jahren mit zahlreichen Skandalen in Verbindung gebracht wurde
gladiatori: Mitglieder von Gladio
*si è fatto un importante progresso sulla conoscenza di ciò che ruotava intorno a **Gladio***
*c'è stata una **Gladio** clandestina all'interno della polizia*

personaggi dal **grilletto facile:** Verbrecher, deren Waffe locker sitzt
*come se fosse più confortante l'idea che per Milano circoli un numero indefinito di personaggi dal **grilletto facile**, piuttosto che quella di un solo gruppo criminale*

guardia giurata: metronotte: Wachmann (im Objektschutz), Nachtwächter

Hammerskin: nazionalsozialistische Vereinigung
*operazione Digos contro gli **Hammerskin** accusati di violenza e intolleranza razziale*

ideatore: Drahtzieher
*seguendo il filo sottilissimo ma robusto che lega gli **ideatori** ai manovali degli attentati contro gli Usa, l'Fbi ha delineato la mappa della rete integralista*

identikit: Phantombild, Beschreibung
fotokit: Phantombild
*l'**identikit** del presunto killer*
*per scegliere chi farà parte della struttura è stato costruito un **identikit** psicologico e professionale per evitare il manifestarsi di un problema apparso con una certa frequenza …*

incappucciato: vermummt
*pene ridotte in appello per la banda degli **incappucciati**, che da luglio a ottobre dello scorso anno ha sequestrato, violentato e rapinato cinque giovani donne nelle province di Milano e Piacenza*

intifada: Intifada: Aufstand, Revolte, Gegenwehr
*due minuti di **intifada** italiana spengono i sogni di gloria della Germania di abbracciare l'oro a Berlino*

investigatore privato: Privatdetektiv

irregolari: illegale Einwanderer
*chiede rinforzi contro i clandestini e contro la criminalità. Perché ormai gli **irregolari** hanno superato i regolari e i cittadini delle periferie non ne possono più*

islamofobia: Islamfeindlichkeit, Islamophobie, Antiislamismus
__islamofobia__: nel 2006, la discriminazione e la violenza contro i musulmani è continuata in gran parte dell'Europa

Italicus: la strage dell'Italicus: terroristisches Attentat auf den Zug „Italicus" in den sechziger Jahren durch die ☞ **Fnr** (Mario **Tuti**)

kamikaze: Selbstmordattentäter: Selbstmörder, Lebensmüder, Fanatiker
la Cee elogia il progetto di Empoli, capitale europea nella guerra al tabagismo: „Via i __kamikaze__ del fumo". L'Oms: entro il 2025 moriranno 250 milioni di persone nei Paesi sottosviluppati
come scrittore apparteneva alla famiglia nevrotica dei cesellatori mai contenti, dei __kamikaze__ della variante

lavavetro: i lavavetri ai semafori: Scheibenwäscher
le forze dell'ordine hanno anche scoperto un traffico di cocaina che i ragazzi smerciavano, fingendosi __lavavetri__

Lc: Lotta Continua: Fortwährender Kampf: linksextremistische gewaltbereite Vereinigung
l'attacco agli ex __Lc__ è un paradosso
le ☞ __Br__ hanno rapito e ucciso Aldo Moro; __Lotta continua__ ha tentato di lavorare per salvargli la vita

leggenda metropolitana: Großstadtlegende, unbestätigte Vermutung
si raccontano addirittura __leggende metropolitane__ di gioielli venduti alla metà del loro effettivo prezzo di costo

lucchetti dell'amore: Liebesschlösser
mentre a Firenze è stata emanata un'ordinanza per rimuovere i famosi „__lucchetti dell'amore__" ad Alassio sopravvive l'usanza di attaccare i lucchetti alla chiave della città posta sul celeberrimo Muretto di Alassio. La procedura consiste nello scrivere i nomi degli innamorati con un pennarello indelebile sul lucchetto, attaccarlo al muretto e poi andare a gettare la chiave sulla cima del molo

lucciola: bricca *(nel gergo dei detenuti)*: prostituta: Glühwürmchen: Prostituierte
fotografare i clienti delle __lucciole__? Una trovata inutile
non scoraggia i clienti il video anti__lucciole__

boccadirosa: Prostituierte
un maggiordomo per „__Boccadirosa__". Anche le __lucciole__, come le altre donne che lavorano, hanno il diritto ad avere un cameriere, il quale non può essere denunciato e processato per favoreggiamento della prostituzione

luci rosse: „Rotlicht-Milieu"
ha ricevuto dagli automobilisti proposte a __luci rosse__
l'approvazione delle mozioni presentate da An e Lega per l'istituzione di quartieri a __luci rosse__
quartiere a luci rosse: Rotlichtviertel
viaggi a luci rosse: Sextourismus

gruppo **Ludwig di Verona:** die Ludwig-Gruppe *(verantwortlich für eine Mordserie in Verona)*
due ragazzi della „Verona bene", Marco __Furlan__ e Wolfgang __Abel__, dal 1977 al 1984 – un delitto all'anno, sempre con la rivendicazione __Ludwig__ – ammazzano omosessuali, zingari, preti considerati „peccatori", tossicodipendenti. Il motto di questi ragazzi è quello nazista „Gott mit uns", le loro simbologie sono quelle naziste

macellazione islamica: islamische Schächtung
ma le moschee non sono l'unico fronte su cui si batte il Carroccio: contro la __macellazione islamica__

macelleria messicana: mexikanische Schlachterei: ungerechtfertigte und unverhältnismäßige Gewaltanwendung
G8: le condanne inutili per la __macelleria messicana__ di Bolzaneto/„Sembrava una __macelleria messicana__": è con queste parole che Michelangelo Fournier, all'epoca del G8 del 2001 a Genova vicequestore aggiunto del primo Reparto Mobile di Roma, descrive quello che vide al momento dell'irruzione nella scuola Diaz

madama: tenutaria di una casa di tolleranza: Bordellbesitzerin, Puffmutter
qui assume valore preponderante la donna nell'organizzazione dei traffici, la cosiddetta „__madama__"; è infatti colei che ha il compito di vincere le resistenze delle ragazze in Nigeria

la **madre** di tutte le ...: Mutter aller ...
Mamma. com. „la __madre di tutti i__ motori di ricerca" come recita lo slogan della società
avrebbero dovuto trovare applicazione nella __madre di tutte le__ battaglie amorose: la gita scolastica

mago: Wahrsager, Hellseher
*l'attività dei **maghi** è sempre illecita sotto il profilo amministrativo se si stabilisce che costoro rientrino nella categoria dei ciarlatani, come gli indovini, gli **interpreti di sogni**, i **telechiromanti**, i **cartomanti**, coloro che esercitano giochi di sortilegio, incantesimi, esorcismi …*
interprete di sogno – Traumdeuter
telechiromante – Fernsehwahrsager
cartomante – Kartenleger

maiale-day: Schweinetag *(Protestveranstaltung der Lega Nord gegen den Bau von Moscheen)*
*un **maiale-day** contro la moschea: La provocazione del leghista Calderoli che si schiera contro la costruzione del minareto a Bologna*

mala /malavita: das Verbrechen, die Unterwelt
malvivente: malavitoso: Krimineller
*pool di giudici contro la **mala** albanese/è conosciuto negli ambienti della **mala***
*a Napoli, infatti, ogni quartiere aveva un proprio capo **malavitoso** eletto sulla base della sua abilità in materia delinquenziale e di maneggio del coltello*
Malanapoli: das Neapel des Verbrechens

malaffare: Unmoral; *hier:* Prostitution
*scoraggiare il fenomeno della prostituzione spostando verso le aree periferiche e svincoli autostradali tutto il **malaffare***

carcere minorile **Malaspina:** Justizvollzugsanstalt für jugendliche Straftäter

legge **Mancino:** Antidiskriminierungsgesetz
legge n. 205 (5/6/93); misure urgenti in materia di discriminazione razziale, etnica e religiosa
*tutti accusati di associazione a delinquere e violazione della **legge Mancino**, quella che colpisce chi istiga all'odio razziale*

manganellata: Hieb mit dem Schlagstock, Schlagstockattacke
*i manifestanti gli sono andati addosso e ci sono state altre **manganellate**: sono volate bottiglie e le sedie di un bar della piazza*

mano morta: mano addosso: Zudringlichkeit, (sexuelle) Belästigung
*anche i toccamenti e i palpeggiamenti, seppur fugaci (insomma la cosidetta **„mano morta"**) costituiscono atti sessuali punibili*

manovale: Handlanger, Hilfsarbeiter: Helfershelfer
*quel suggeritore nell'ombra dietro ai **manovali** del terrore*

marciapiede: Bürgersteig, *oft auch:* Straßenstrich
*il traffico di esseri umani che fa arrivare in Italia persone con l'illusione di essere immessi sul mercato di lavoro. E che finiscono sul **marciapiede***
marciapiedi selvaggi: unkontrollierte Straßenprostitution

marocchino: Marokkaner, Nordafrikaner, *(manchm. pej.)* Süditaliener
*„**Marocchino**" non è una nazionalità, ma un dispregiativo, l'indicazione di una infima condizione sociale. Al Nord c'è chi l'usa anche per indicare la provenienza di compatrioti che vengono dal Sud (Enzo Biagi)*

marziano: vom anderen Stern, nicht dazugehörig: Marsmensch
*delle segreterie di partito la vedono come una **marziana***

MAS: Movimento armato sardo: bewaffnete sardische Bewegung

massaggiatori da spiaggia: Strandmasseure/ Strandmasseusen
*il governo dichiara guerra ai **massaggiatori da spiaggia**: sotto gli ombrelloni sarà d'ora in avanti vietato manipolare colli rigidi o frizionare spalle doloranti*

massoneria: Freimaurerei
compasso e cazzuola: Reißzirkel und Maurerkelle *(Symbol der Freimaurerei)*
*il potere più misterioso e segreto è sicuramente quello del **compasso** e della **cazzuola**. Ci sono stati presidenti eletti grazie ai **frammassoni***
frammassoni: fratelli: liberomuratori: Freimaurer
Gran Maestro: Großmeister
massone in sonno: Freimaurer mit ruhender Mitgliedschaft
Obbedienza: Bruderschaft, Verbindung
Einige Freimaurervereinigungen:
Cavalleresco Ordine delle Nove Porte
associazione per soli uomini guidata dal Gran Maestro Gianfranco Maresca
Grande Oriente d'Italia di Palazzo Giustiniani: Goi
la maggiore istituzione massonica operante in Italia fin dal 1805

Gran Loggia d'Italia di Palazzo Vitelleschi: Gldi: Massoneria universale comunione italiana di rito scozzese
Gran Loggia Regolare
terza per dimensione; frutto di una scissione dal Goi
Massoneria universale RSAA comunione italiana piazza Gesù
Gran Loggia della Comunione dei Liberi Muratori
Accademia internazionale degli Illuminati: Internationale Akademie der Erleuchteten
l'Accademia è una organizzazione autonoma dalla massoneria, trasparente, aperta a tutti gli „eletti", persone di particolari qualità, di ogni concezione politica e religiosa

bandolo della **matassa:** Ende des Fadens/des Garns, die Lösung des Problems in der Hand haben
devo dire che in questo momento SEA ha in mano il ***bandolo della matassa:*** *se intende far fallire Alitalia può farlo*
sbrogliare la matassa: ein Knäuel entwirren, ein heikles Problem lösen
a inizio agosto, l'Autorità per la garanzia nelle comunicazioni è riuscita finalmente a ***sbrogliare la matassa,*** *approvando il provvedimento di autorizzazione per i servizi integrati fisso-mobile*

mele marce: faule Äpfel: schwarze Schafe
un ufficio dal quale Masone si trova ad affrontare ancora emergenze: dalle ***mele marce*** *nella questura di Bologna legate alle scorribande omicide della Uno Bianca al ritorno delle Br*

mazzetta: Bestechungsgeld
Napoli, tre arresti per 35 mila „falsi": Mini ***mazzette*** *per ottener libretti sanitari*

legge **Merlin:** *mit dem Gesetz Nr. 75/1958 wurde in Italien die Prostitution untersagt und die Freudenhäuser geschlossen; benannt nach der ersten Unterzeichnerin, der Senatorin Lina Merlin*
Daniela Santanché ha lanciato una battaglia che ha scosso palazzo e società contro la ***legge Merlin***

mestiere più antico del mondo: das älteste Gewerbe der Welt: Prostitution
con le strade ormai off limits per le lucciole e i loro clienti, non resterebbe che individuare dei luoghi deputati all'esercizio del ***mestiere più antico del mondo***

microspia: Abhörvorrichtung, Wanze
microspie, *telecamere e* ***appostamenti*** *a caccia del capo dei capi*
appostamento – Hinterhalt

mignotta: Prostitierte, Hure
mignottaro: Hurenbock
come per interrompere ogni tipo di riflessione su una donna è sufficiente definirla ***„mignotta",*** *così accusare un prete di essere* ***mignottaro*** *è il modo più veloce per chiudere un giudizio*

Millelire: Opera: casa di reclusione di **Spoleto:** carcere di massima sicurezza: Hochsicherheitsgefängnis von Spoleto
il penitenziario di Spoleto, detto ***„Millelire"*** *perché somiglia come una goccia d'aqua all'effigie verdiana*

monnezza *(neapl. dial):* Dreck, Müll
bullismo a scuola: Taci ***„monnezza",*** *bimbo offeso perché di Napoli*

mostro: serial-killer: Massenmörder, Serienmörder

mostro di Firenze: das Ungeheuer von Florenz *(bislang unaufgeklärte Ritualmordserie)*
i delitti (16 vittime) avevano quasi tutti un rituale identico: uccisa la coppia di amanti, l'assassino infieriva sugli organi sessuali della donna. Sono state avanzate tante ipotesi: riti satanici, una gang di „guardoni" violenti – i „compagni di ☞ merende" –, un serial killer morboso. Il maggior indiziato, Pietro ***Pacciani*** *– il* ***„vampa"*** *–, è stato condannato e poi assolto, prima di morire. L'arma dei delitti non è mai stata trovata.*
Sam: Squadra antimostro: *das seinerzeit eingesetzte Sonderkommando zur Aufklärung der Mordserie*

famiglia **Mulino Bianco:** Musterfamilie
zum Barilla-Konzern gehörende Marke „Mulino Bianco" (Cracker, Grissini, Kekse, Kuchen), die in ihrer Werbung vor dem Hintergrund einer weißen Mühle das Idealbild einer Familie präsentiert
le mamme della ***famiglia Mulino Bianco*** *scendono in cucina già truccate, vestite e sorridenti alle 7 del mattino e riuniscono la famiglia attorno ad una tavola apparecchiata di tutto*

punto, come neanche per il pranzo di Natale, con vassoi d'argento e fiori freschi

nababbo: Nabob, Krösus
*i conti in tasca, dietro il banco monta la ☞ polemica sui margini effettivi di guadagno: „non siamo **nababbi**, l'utile netto è del 3 per cento"*
*per i più sciocchi questa vita da **nababbi** diventa un modello da imitare*

Nap: Nuclei armati proletari: bewaffnete proletarische Zellen
nappista: Mitglied der bewaffneten proletarischen Zellen
*l'ex **Nap**/*esponente di spicco dei ***Nap**, del terrorismo in Italia 1970–1980/l'ec **nappista** indagato ...*

Nar: Nuclei armati rivoluzionari: bewaffnete revolutionäre Zellen *(neofaschistisch)*
*uno dei fondatori dei **Nar**/...* poi presero in mano i ***Nar***

narco: narcotrafficante: Drogenhändler, Dealer
*ma quando i **narcos**, per garantirsi il pagamento, rapiscono un boss di Cosa Nostra, per farlo rilasciare interviene la 'ndrangheta*

narcosala: Drogenkonsumraum, Fixerstube, Drückerraum
*dal 22 settembre è iniziata la raccolta di firme per la petizione al Consiglio comunale per l'istituzione di una **narcosala** a Torino*
*in mezza Europa esistono le „stanze del buco": si chiamano **narcosalas**, shooting rooms, Fixerstuben ...*

piazza **Navona:** Platz in Rom, auf dem im Dezember ein Weihnachtsmarkt abgehalten wird
*siamo a **piazza Navona** nel centro di Roma, dove da qualche giorno ha preso il via la kermesse dedicata ai bimbi: presepi, orsacchiotti e caramelle, tutto come tradizione natalizia vuole*

naziskin: Skinhead, Nazi-Glatze

nazistella: fascistella: Nazianhängerin, Faschistin
*voto An, ma non mi sento una **nazistella***
***fascistella**, te ne devi andare, non puoi fare l'esame*

negazionista: Holocaustleugner
*il vescovo **negazionista** nella bufera. I lefebvriani chiedono perdono al Papa per le affermazioni **negazioniste** di monsignor Richard Williamson („Camere a gas? Mai esistite")*

negriero: mercante di schiavi: Sklavenhändler: Schleuser, Schlepper
*blitz in Albania contro i **negrieri**: arrestati comandante e otto marinai della Planet*

nero: terrorismo nero, terroristi neri: rechtsgerichteter Terrorismus
*era il tempo delle stragi e delle piste **nere***

Nisida: carcere minorile di Napoli: Jugendstrafanstalt in Neapel

nodo: der Knoten: das (verwickelte) Problem
*il **nodo** giustizia/sciogliere il **nodo** ...*

nomadi: rom: Sinti und Roma
slavi: Osteuropäer, *manchm.* Sinti und Roma
*mi rendo conto che quando si parla di **nomadi** si rischia sempre di sconfinare nel razzismo, ma qui non si tratta di razzismo, si tratta di far rispettare la legalità*
campo nomadi: Aufnahmelager/Wohnwagenstellplatz für Sinti und Roma

occhi elettronici: telecamere/videocamere: elektronische Überwachungskameras
*in Europa l'interesse ad installare **occhi elettronici** è mosso dal bisogno di sicurezza e prevenzione*

teste **Omega:** Deckname der Schlüsselzeugin Stefania Ariosto im Sme-Lodo-Verfahren gegen Berlusconi und Previti
*Stefania Ariosto, la **teste Omega**, la chiamarono così perchè doveva essere quella finale*

omofobia: Homophobie, gegen Lesben und Schwule gerichtete Aversion
***omofobia**: nel rapporto si legge che lesbiche, gay, bisessuali e transessuali sono obiettivo frequente di violenze motivate da pregiudizi*

Opera: carcere di massima sicurezza: Hochsicherheitsgefängnis von Mailand
*fuga con le lenzuola annodate dal supercarcere di **Opera***

ora d'aria: Hofgang *(Gefängnis)*: Arbeitspause
*a vietare ai dipendenti della civica amministrazione l'uso personale della posta elettronica è il nuovo regolamento interno, lo stesso che circa un mese fa fece il giro d'Italia perché forniva l'**ora d'aria** telematica ai dipendenti (Facebook libero, ma soltanto durante la pausa pranzo)*

Ordine Nuovo: terroristische Vereinigung der siebziger Jahre, besteht als Neugründung fort
ordinovista: Mitglied von Ordine Nuovo
__Ordine Nuovo__ nel 1971 voleva che Mariano Rumor fosse ucciso perché doveva pagare, perché ha tradito

organizzatore: Drahtzieher, Hintermann
catturare gli __organizzatori__ e manovali del traffico di esseri umani

discorsi da **osteria:** Stammtischparolen
rispondendo all'ex ministro dell'Interno Beppe Pisanu che oggi, sul Corriere della Sera, ha accusato la Lega „di fare __discorsi da osteria__ padana"

ostrogotico: ostgotisch: unverständlich, in einer unverständlichen Sprache
è una legge scritta in __ostrogoto__

P2: Propaganda due: geheime Freimaurerloge
piduista: Mitglied von P2
aus prominenten Mitgliedern zusammengesetzte geheime Freimauerloge, die sich mit Plänen für einen Staatsstreich befasste; im Mai 1981 von der Staatsanwaltschaft aufgedeckt
__inciampato__ nello scandalo __P2__
inciampato in – verstrickt in

Venerabile: maestro venerabile: Großmeister der Freimaurerloge P2
l'ex __Venerabile__ (Licio __Gelli__), detto __„Belfagor"__, protesta subito, sostiene che l'Italia non ha ottenuto l'estradizione per il reato di __procacciamento__ di notizie riservate e che, quindi, lui non deve finire in galera
procacciamento di notizie riservate – Auskundschaften von Staatsgeheimnissen

P38: terroristische Studentenbewegung des Jahres 1977 (**Toni Negri**), benannt nach der Pistole Walter P38
stelle a cinque punte, sigle Br e __P38__: sono le scritte scoperte ieri mattina in alcune zone di Firenze

pacchetto bomba: Paketbombe

Pac: proletari armati per il comunismo: bewaffnete Proletarier für den Kommunismus *(terroristische Vereinigung in den siebziger Jahren)*
quando al processo dell'85 il pm chiese l'ergastolo, il militante __pac__ era già latitante

Pagliarelli: il carcere di Pagliarelli: Justizvollzugsanstalt Pagliarelli in Palermo

palo: Schmieresteher
un fotokit con i tratti del volto di un altro __palo__

palpeggiamento: unzüchtige Berührung, Antatschen
alla luce di quanto accaduto oggi, ossia i numerosi tentativi di __palpeggiamento__ cui sua figlia è fatta oggetto, suggerirei di controllare l'abbigliamento

di **pancia e di cuore:** mit Leib und Seele
molto ben narrato e molto raccontato __di pancia e di cuore__/mamme ***di pancia e di cuore***
e, con un lavoro che somiglia a un backstage continuo, un programma __di pancia e di cuore__, ritrae i giovani tra i 20 e i 30 anni in una carrellata di istantanee senza giudizi e, soprattutto, senza pregiudizi

paninaro: *(verglb.)* Yuppie
con il termine paninaro si identifica una sottocultura giovanile nata a Milano nei primissimi anni ottanta e diffusasi in seguito in tutta Italia e in alcuni Paesi europei. Tra le caratteristiche di questa sottocultura vi erano l'ossessione per la griffe nell'abbigliamento e in ogni aspetto della vita quotidiana, il rifiuto della politica e l'adesione a uno stile di vita fondato sul consumo, il divertimento ad ogni costo e la spensieratezza. Per i primi anni fu una sottocultura totalmente apolitica, vero punto di rottura con i super-politicizzati anni settanta. Solo a metà degli anni ottanta una pseudo-ideologia di estrema destra e neofascista si fece strada nella sottocultura dei paninari. (Wikipedia)
Le sue icone post-ideologiche anni Ottanta? „Due su tutte: Lech Walesa e Nelson Mandela". C'è chi aggiune i __paninari__ e la Milano da bere. „Chi lo fa è un po' provinciale."

Pantalone: die zu melkende Kuh
maschera veneziana della commedia dell'arte che rappresenta un vecchio mercante ricco e avaro, spesso __gabbato__ e, in fondo, bonario
la nostra Rai, l'emittenza pubblica, un di tutto e di più che è patrimonio di millioni di signore e signori __Pantalone__
tanto chi paga è sempre __Pantalone__!
gabbato – betrogen

papavero: alto papavero: hohes Tier
narra Livio in che modo Tarquinio il Superbo facesse capire al figlio di sbarazzarsi dei notabili più potenti della città di cui era signore: pas-

seggiando nel giardino decapitò con un bastone tutti i papaveri più alti che emergevano dall'erba
papavero – Mohnblume
☞ *qualche grande* ***papavero*** *parla di „volgarità di sentimenti"*

Paperino: armer Schlucker *(nach der Disney-Figur Donald Duck)*
☞ *terra di* ***Paperini****, terra di* ***Paperoni***
Paperina: Daisy Duck

Paperone: Millionär, Krösus *(nach der Disney-Figur Onkel Dagobert:* ***Zio Paperone****)*
📖 *i ricchi con conti che superano il miliardo di lire*
☞ *quali sono le psicopatologie, i tic, i segreti, gli oggetti del desiderio, i vezzi narcistici del* ***paperon de' Paperoni*** *di fine millennio?*

Paperopoli: Entenhausen

pappaeciccia: ein Herz und eine Seele; Friede, Freude, Eierkuchen …
☞ *nella notte dalla dichiarazione di guerra si passava al* ***pappaeciccia*** *officiato da …/rompeva l'incantesimo del* ***pappa-e-ciccia*** *con la minoranza*

pappone: Zuhälter, Beschützer von Prostituierten
☞ *gli anatemi di moralisti e preti redentori che si scagliano contro il „Comune che si sostituisce ai* ***papponi***

Parioli: elegantes Wohnviertel von Rom
pariolino: Hautevolee, Schickimicki
☞ *lascia la* ***tribuna autorità*** *per trasferirsi nella tribuna a fianco, tra i commercianti* ***pariolini*** *e le famiglie dei giocatori*
tribuna autorità – Vip-Tribüne

parcheggiatore abusivo: posteggiatore abusivo: guarda-macchine: illegaler Parkplatzzuweiser
☞ *retate antilavavetri e telecamere contro i* ***posteggiatori abusivi***

passeur: passatore: Schlepper, Schleuser
☞ *un „****passeur****", uno* ***spallone*** *che porta oltre frontiera non più pacchi di soldi ma uomini, donne e bambini dsiperati e affamati*
spallone – Schmuggler

pasta: pasticca di ecstasy: Ecstasypille
☞ *Daniele ha una faccia da bambino che dimostra meno dei 18 anni che lui dichiara,* ***si cala*** *le* ***paste*** *da quando ne aveva 16 e continuerà a farlo*
calarsi –Drogen nehmen

fideiussione-**patacca:** wertlose Bürgschaft
☞ *i legali al lavoro per uscire dal pasticcio della* ***fideiussione-patacca***

perbene: anständig, in Ordnung
☞ *detto questo – e restituito l'onore ai cacciatori „****perbene****" – non vorrei che la sostanza del problema sfumasse*
gente perbene: rechtschaffene Leute, die Anständigen
☞ *… altri da noi,* ***gente perbene*** *con casa, mutui e dolorosi* ☞ *740 da pagare …*
ragazzi-bene: perbenisti: ragazzi di buona famiglia: Kinder aus gutem Hause
☞ *i cattivi ragazzi in realtà hanno l'aria di* ***perbenisti*** *generici*

perbenismo: Rechtschaffenheit, Anstandsmoral
☞ *una società dove „ha vinto la lingua della destra, una lingua che parla come mangia ed entra dritta della pancia delle persone impastando plebeismo, piccolo borghese e* ***perbenismo*** *clericale che sintonizzano le veline di Mediaset con l'industria del sacro, l'isola dei famosi con l'ampolla del dio Po*

pettegolezzo: Klatsch, Geschwätz
☞ *perché siamo una repubblica fondata sul* ***pettegolezzo***

piedipatti *(ugs.)*: Bullen, Polypen

Pinco Pallino: Meier/Müller/Schulze
☞ *una bella mattina un magistrato turco si alza e decide di arrestare un* ***Pinco Pallino*** *qualsiasi in Italia. Lo fa prelevare e lo porta nelle galere turche. Lo dobbiamo accettare così a cuor leggero? Dobbiamo consegnare tutto questo potere ai giudici? Dopo quello che è successo con la vicenda del crocefisso? Mai (Umberto Bossi)*
Imelde & Stefano Cavalleri „**I Pinco Pallino**": Kindermodehaus

anni di **piombo:** die bleiernen Jahre (*die Jahre des insbesondere durch die Roten Brigaden praktizierten Terrorismus, Entführung von Aldo Moro im Jahre 1978 etc.)*
☞ *è un* ☞ *„guelfo rosso" che ebbe la sua parte negli* ***anni di piombo*** *e per questo ha scontato una pena di più di vent'anni*

pischello (fomentato): Jungfaschist, Pimpf
☞ *gli aggressori si dividono tra „capi", „senatori" e „****pischelli fomentati****", selezionati allo stadio per fare il salto politico*

PI: Prima linea: linksgerichtete terroristische

Bewegung, die sich 1976 zu ihren ersten Attentaten bekannte
☞ *Francesco Gorla, la passione per il terrorismo e per le armi: Da **Prima linea** alla mala, storia di una vita sbandata*

polentone: Norditaliener *(pej.)*
📖 *polentone è un termine per indicare le popolazioni del nord; si è inserito nella dialettica campanilistica fra italiani del nord e italiani del sud, essendo spesso usato da questi ultimi in contrapposizione all'appellativo ☞ terrone, che però ha una connotazione decisamente più negativa, tesa a far rimarcare una presunta diversità etnica e culturale*

-poli: in parole composte significa „città"
baraccopoli: bidonville: Barackensiedlung
roulottopoli: Wohnwagensiedlung
☞ *si è deciso di distribuire i nomadi nelle **roulottopoli** di alcuni paesi della provincia*
wird aber auch ähnlich wie das Englische -gate verwendet, um einen Skandal oder groben Missstand auszudrücken (☞ Irpiniagate)
Affittopoli: Skandal um das Zuschanzen günstiger Mietobjekte für Politiker
Concorsopoli: Skandal um Betrügereien bei den Schulaufnahmeprüfungen/Skandal um Stellenausschreibungen im Hochschulbereich
☞ *si comincia a sentire puzza di **Concorsopoli**, proprio come del diavolo*
☞ *„Quella cattedra è assegnata, se ci ostacoli avrai problemi". **Concorsopoli** a Messina, nei nastri la minacce al prof ribelle*
Farmacopoli: Gesundheits- und Arzneimittelskandal *(nach dem Enthüllungsbuch der Journalisten Beltotto und Giojelli aus dem Jahre 2008)*
Fiscopoli: Steuerskandal
☞ *la **Fiscopoli** del Liechtenstein lambisce i santuari della politica e fa tremare le fondamenta dei palazzi romani*
Parentopoli: Vetternwirtschaft, Verwandtenklüngel
☞ ***Parentopoli** alla Sapienza: all'Università la Sapienza sono arrivate le fiamme gialle che hanno controllato gli uffici affari generali, personale e patrimonio. Al centro delle indagini della finanza gli appalti di edilizia universitaria controllati dai docenti dell'ateneo e concorsi pilotati per parenti e amici*
☞ *al centro protesi dell'Inail le assunzioni venivano fatte in famiglia. Figli e parenti: la **pacchia** dei sindacalisti Inail. **Parentopoli**? Forse.*
pacchia – gefundenes Fressen
Passaportopoli: Skandal um gefälschte Pässe von ausländischen Fußballern der Serie A
☞ *il portiere argentino è invece finito in **passaportopoli** ed è stato sospeso dalla Liga*
Sanitopoli: Skandal um Betrügereien im Gesundheitswesen
Sprecopoli: Skandal um das Vergeuden von öffentlichen Geldern
☞ ***Sprecopoli** nei servizi pubblici: arriva il catalogo di Costa*
Svendopoli: Finanzskandal um die Verstrickung von Politikern in Veräußerungsaktionen von vormals im Staatsbesitz befindlichen Immobilien
☞ *vorrei invece che la magistratura si interessasse al caso „**Svendopoli**" che, guarda caso, interessa anche qualche candidato al partito democratico*
Tangentopoli: Bestechungsgeldaffäre
tangente: Bestechungsgeld, Schmiergeld
tangentisti: in Bestechungsgeldskandale verwickelte Personen
☞ *ritornano i **tangentisti** nei posti pubblici?*
tangentismo: Schmiergeldunwesen
☞ *ribellarsi al **tangentismo***
tangentomane: Bestechungssünder
☞ *instancabile cacciatore di **tangentomani***
Vallettopoli: Skandal aus dem Jahre 2006, bei dem TV-Showgirls gegen Bezahlung und unter Drogenmissbrauch bekannten Sportlern, Politikern und Geschäftsleuten Liebesdienste erwiesen
☞ ***Vallettopoli** è ormai diventato un caso politico che coinvolge maggioranza e opposizione*

della **porta accanto:** von nebenan, aus der Nachbarschaft
☞ *il **bombarolo** della **porta accanto**. Come confezionare un **ordigno**? E' tutto su Internet*
bombarolo – Bombenleger, Bombenattentäter
ordigno – Sprengsatz

Porta Portese: Markt von Rom, Flohmarkt, Trödelmarkt, *auch:* Schwarzmarkt
☞ *una **Porta Portese** delle nomine (ein Jahrmarkt der Ernennungen)*
☞ *il gip di Roma ha convalidato l'arresto del leader del movimento dei Riformatori Marco Pannella accusato di aver distribuito alcune dosi*

di hashish il 27 agosto del '95 al mercato romano di ***Porta Portese***
Porta Portese: giornale romano per piccoli affari economici: Zeitung für Kleinanzeigen in Rom

Potop: Potere operaio: linksextremistische gewaltbereite Arbeiterbewegung

Pozzuoli: il carcere di Pozzuoli: Justizvollzugsanstalt für Frauen in der Nähe von Neapel
*l'omosessualità nell'****istituto di Pozzuoli*** *dove una madre di sette figli si innamorò di una compagna*
istituto – hier: *Justizvollzugsanstalt*

Pratello: carcere minorile di Bologna: Jugendstrafanstalt in Bologna

predicatori di odio: Hassprediger
l'Europa studia soprattutto la soluzione trovàta per espellere i ***predicatori di odio*** *e di violenza*

preliminari: Vorspiel
a quale parte del vostro corpo sono graditi i ***preliminari****?*

omicidi di **prossimità:** Morddelikte/Gewalt im persönlichen Umfeld
aumentano nettamente gli ***omicidi di prossimità****, e l'universo familiare è di gran lunga, con 223 casi, l'ambito in cui ha luogo il delitto*

punk-bestia /punkabestia punk: Punker mit Hunden, Hundepunker
Genova è stata nuovamente invasa da orde di ***punk-bestia****/*si è trovata di fronte un centinaio di ***punk*** *che l'hanno circondata*
punkafashion: Wochenendpunker
punkabestia del weekend

qaedista: Al Kaida-Terrorist, Al Kaida-Mitglied
bombe che rubano vite inermi, creano problemi a un governo non proprio popolare e fanno il gioco dei ***qaedisti***

quartiere-dormitorio: Schlafstadt
nel ***quartiere-dormitorio*** *di Scampia la camorra ha la squisita sensibilità di far trovare una macchina con tre cadaveri dentro*

racket: Schutzgelderpressung (☞ *usura*)
legge antiracket: Gesetz gegen Schutzgelderpressung
queste sono estorsione vere e proprie. È come un ***racket****. La mafia lavora con squadre che a volte usano perfino* ***ricetrasmittenti***
ricetrasmittente – Funkgerät

radical chic: Schickeria, Pseudoradikaler, Pseudoprogressiver
chi ostenta atteggiamenti anticonformistici, ma in realtà è fondamentalmente borghese
l'anima di questo romanzo al vetriolo è un ironico pamphlet contro la cultura ***radical chic***

ragazza acqua e sapone: natürliches Mädchen
tutti la descrivono come una ***ragazza acqua e sapone/*** *oggi ha capelli lisci, viso* ***acqua e sapone***
Aqua & Sapone: Drogeriemarktkette

ragazzo di vita: Stricher, Strichjunge
*il cliente ordina la vendetta: accoltellato „****ragazzo di vita****"*

ras: Boss, Chef *(einer kriminellen Vereinigung)*, *(despotischer)* Faschistenführer
maxi retata in tutta Italia contro i ***ras*** *della prostituzione*

carcere di **Regina Coeli:** Justizvollzugsanstalt in Rom
quello che ora è un carcere romano, in passato era un convento, presso la chiesa di Santa Maria Regina Coeli, in Trastevere
De Gasperi lo guardò, gelido, e disse: domani mattina uno di noi due sarà a ***Regina Coeli***
attualmente detenuto in una cella a quattro letti di ***Regina Coeli*** *in virtù dell'arresto provvisorio* ***a fini estradizionali***
a fini estradizionali – zum Zwecke der Auslieferung

regolamento dei conti: Begleichung alter Rechnungen, Abrechnung, Bandenkrieg
il clima continua ad essere d'autentico ☞ *Far West tra vendette e* ***regolamenti di conti*** *incrociati*

Re Mida: König Midas *(der alles Berührte in Gold verwandelt)*
i ***Re Mida*** *del pallone si divertono così*

ricchione *(derb)*: **gay:** Homosexueller

riciclaggio: pulitura del denaro: riciclaggio del denaro marcio/sporco: Geldwäsche
riciclatore: Geldwäscher
*controlli preventivi anti****ricettazione*** *e anti****riciclaggio***
ricettazione – Hehlerei
riciclaggio *e* ☞ *usura vanno a* ***braccetto***
andare a braccetto – Hand in Hand gehen

ronde azzurre: blaue Bürgerwehr *(in Mailand)*
rondista: Angehöriger einer Bürgerwehr/Streife

ronde nere: *von der **Guardia nazionale italiana** organisierte schwarze Bürgerwehr, schwarze Streifen*
*la procura di Milano ha disposto accertamenti da parte degli agenti della Digos sulle **ronde nere**, il gruppo che vorrebbe collaborare con le forze dell'ordine in tema di sicurezza*

rosso: terrorismo rosso: linksgerichteter Terrorismus
*una catalogazione tecnica, che attribuisce al **terrorismo rosso** del Kalashnikov con una scelta mirata degli obiettivi e al terrorismo nero l'impiego della bomba che uccide nel mucchio*

anni **ruggenti:** die stürmischen Jahre *(nach den „roaring Twenties")*
*negli **anni ruggenti** di Mani pulite*

sabato sera: der Samstagabend
findet sich oft auf den Seiten der „Cronaca", weil es infolge ausschweifender Diskobesuche der Jugendlichen oft zu Verkehrsunfällen oder zu Delikten kommt
*stragi del **sabato**: con spot e annunci in calo gli incidenti. Il **sabato sera** uccide di meno. Negli ultimi due mesi, gli incidenti stradali avvenuti nelle notti dei fine settimana sono diminuiti del 20 per cento rispetto allo stesso periodo del '95./gli incidenti del **sabato sera***
febbre del sabato sera: Diskofieber

salotto buono: gute Stube
*la rinata Schuetzenkompanie marcerà lungo Corso Italia, il **salotto buono** di Cortina*

San Vittore: carcere milanese: *ehem. Justizvollzugsanstalt in Mailand, jetzt Aufnahmeeinrichtung für Flüchtlinge und Asylbewerber*
***San Vittore**? Adesso è un enorme Cpt. Luigi Pagano racconta com'è cambiata la vita dietro le sbarre*

carcere militare di **Santa Maria Capua Vetere:** Militärstrafanstalt

sballare: Drogen nehmen, *manchm.:* ausflippen
sballo: Droge, Stoff
*possono trovare ovunque lo **sballo** in pasticca*
*come si affronta il sospetto che il proprio figlio **sballi**?*

sbarco: Landung, Ausschiffen: illegale Einreise auf dem Seewege
*il ministro difende la legge anche se i centri di accoglienza non sono stati aperti. Continuano gli **sbarchi** a Lampedusa: „Impossible **espellere** i delinquenti". Gli agenti di polizia si ribellano a Napolitano per le nuove norme sugli immigrati*
espellere – ausweisen

sbirro: Polizist, Bulle, Scherge
*risulterebbe che Di Pietro era un violento, un poliziotto, anzi uno **sbirro**/non mostrano mai di avere paura degli **sbirri***
*a tutta **sbirra**: poliziotte in carriera, crescono di numero e di grado. Oggi una donna in divisa ai vertici non è più un'eccezione*
☞ *a tutta* **birra**

scafista: motoscafista: Schlepper *(auf dem Seewege)*
scafo: Gleitboot *(oft von Schlepperbanden verwendet)*
*l'hanno **lapidato** a morte perché non aveva pagato il supplemento-viaggio. Così, i feroci **scafisti** albanesi hanno ammazzato un profugo iracheno di etnìa curda*
lapidare – steinigen

schei *(venetischer Dialekt)*: Geld
dal tedesco „Scheidemünze" oppure „Schilling"
*intendiamoci: di „**schei**" ne sono piovuti tanti*

scippo: das Wegreißen und der Raub von Handtaschen, Entreißdiebstahl: Verlust, Abwerbung
*i leghisti vedono Storace come leader di Roma padrona, Roma ladrona. „Più che altro Roma **scippanda**. La tendenza a portarci via le cose è già in atto da tempo".*
*frenato dalle probabili ire di Paolo Panerai, editore del giornale, che si abbatterebbero su di lui alla notizia dello **scippo** del vicedirettore di Panorama*
scippatore: Taschendieb
*lo **scippatore** è stato **placcato** da ...*
placcato – gefasst

sciura: umgangssprachlich und dialektal für ***Signora***
*l'afferrato anche la Moratti, che si capisce subito che è proprio una **sciura**. Una come noi: fa il ministro a tempo perso, per gusto suo, perché lo stipendio non lo ricava certo da lì*

Schuetzen: tiratori: Südtiroler Traditionsvereinigung
il corpo degli Schuetzen venne istituito nel XVI secolo dall'imperatore Massimiliano d'Austria con compiti di difesa territoriale. La

loro epopea risale all'invasione napoleonica. Oggi gli Schuetzen hanno compiti di difesa dell'identità tirolese. In Alto Adige sono 5.000.
☞ *il presidente della giunta provinciale ha formalmente sostenuto il diritto degli* ***Schuetzen*** *ad armarsi*

scopa nuova scopa bene: neue Besen kehren gut
☞ *meno male che c'è Berlusconi a coniare lo slogan adatto e vincente per Roma: „**Scopa nuova scopa bene**"*

scorte armate: Flugsicherheitsbegleiter, Flugmarschall
☞ *al via l'operazione „voli sicuri": cabine blindate e* ***scorte armate***

scugnizzo: neapolitanischer Straßenjunge
☞ *schiaffi ai turisti: il benvenuto a Napoli. È il „gioco dei pirati" per l'estate 2003 scelto dagli annoiati* ***scugnizzi*** *napoletani. Parola d'ordine: „All'arrembaggio" L'assalto è riservato agli aliscafi che collegano la città con Capri e Ischia*

sdoganare: verzollen: rehabilitieren
☞ *ci ha pensato Telepiù a* ***sdoganare*** *l'ex segretario Psi, facendolo rientrare – pur se con le sembianze di un pupazzo – come „guastatore" dei ☞ palinsesti della pay tv*

shampista: Shampooneuse: einfacher Job ohne Vorkenntnisse
☞ *Maurizio Gasparri, capogruppo in pectore del Popolo della Libertà al Senato, non è per nulla pentito di aver definito '**shampiste**' le candidate del Partito Democratico. E, intervistato da Affari, rincara la dose: „Non volevo offendere la categoria delle* ***shampiste****. Era un modo per indicare scelte improvvisate, non fondate su una credibilità e su un'esperienza politica*

sleeper: agente in sonno: cellula in sonno: essere **dormiente:** Terror-Schläfer, Schläfer *(in Ausbildungslagern trainierte Terroristen, die bis zu ihrem Einsatz ein unauffälliges Leben führen)*
☞ *le cosiddette* ***cellule in sonno****; molti indizi dicono che possono nascondersi o essersi nascoste anche nel nostro paese/è stato* ***dormiente*** *per 5 anni a Londra*

smart shop: negozi furbi: Smartshops
☞ *„Salvia divinorum", „ipomoea violacea" e „argyreia nervosa" sono i nomi delle piante alla base dei prodotti più venduti nei cosiddetti* ***smart shop, „negozi furbi"****. In Italia se ne contano circa cinquanta e, secondo alcuni, sono negozi al limite della legalità dove è possibile comprare sostanze stupefacenti*

sniffata: Schnupfen (von Kokain u. ä.)
☞ *droga, al volante dopo la* ***sniffata****: il test incastra cento milanesi l'anno*

soffiata: Hinweis/Tip *(für die Polizei)*
☞ *la* ***soffiata*** *era stata di quelle giuste/alla polizia era arrivata una* ***soffiata***

carcere di **Sollicciano** (Firenze): Justizvollzugsanstalt

spacciatore: Drogenhändler, Dealer
spaccio di **droghe leggere:** Handel mit weichen Drogen

spia: Spion: Indiz, Symptom
☞ *questa richiesta è* ***spia*** *di un malessere*

spinello: fumo: Haschisch, Haschischpfeifchen
tiro di spinello: Haschischzug
spinellarsi: Haschisch rauchen
turismo dello spinello: Drogentourismus
☞ *Polemiche dopo la sentenza della Cassazione: „Offrire un tiro di* ***spinello*** *è reato come lo spaccio?"*
☞ ***si stravaccano*** *tra i banchi con l'anello al naso,* ***si spinellano*** *in bagno nell'indifferenza generale*
stravaccarsi – sich hinflegeln
☞ *La Cassazione: acquistare* ***fumo*** *per i compagni non è reato*

spray immobilizzante: Ko-Spray
☞ *alle 13.57 un agente s'avvicina all'autista con uno* ***spray immobilizzante*** *in mano per convincerlo a fare marcia indietro*

squillo: Call-Girl, Prostituierte
☞ *si parla di „**squillo**", „massaggiatrici", „accompagnatrici", o anche „estetiste"*
baby squillo: jugendliche Prostituierte
☞ *la denuncia di un sacerdote a Firenze, allarme* ***baby squillo****: a Bologna sarebbero più di mezzo migliaio i minori a rischio-prostituzione*
ragazzo-squillo: Strichjunge
☞ *e senza nominarlo liquidò Casini come un* ***ragazzo-squillo****, troppo frettoloso nel gettarsi dentro il letto di Berlusconi*

strizzata d'occhio/ strizzatina d'occhio: Augenzwinkern: Flirt
☞ *e qui le* ***strizzate d'occhio*** *a Lufthansa, con cui peraltro Sea vanta già un accordo strategico, non sono mai mancate*

strozzino: Wucherer
strozzinaggio/strozzamento: (erpresserischer) Wucher
*☞ sempre più spesso ci si accorge che proprio le complicità all'interno di banche favoriscono gli ☞ usurai e lo **strozzamento** dei clienti-vittime*
*☞ le storie di **strozzinaggio** finiscono spesso in tragedia*

squadra **suicida:** Selbstmordkommando

tabbozzi: Mitglieder von Kinderbanden in Mailand
*☞ a Milano i loro coetanei li chiamano „**tabbozzi**". E dietro a quelle due „B" e due „Z" c'è tutta la storia delle baby gang, dei ragazzini nati per essere cattivi, dei minorenni che sempre più spesso rubano, rapinano, si fanno spazio per strada col coltello*

taccheggio: furto in negozio: Ladendiebstahl
taccheggiatore: Ladendieb
guardia **antitaccheggio:** Ladendetektiv, Kaufhausdetektiv
sistemi **antitaccheggio:** Diebstahlsicherungssysteme
*☞ la multinazionale statunitense Adt-Sensormatic è anche in Italia leader nelle tecnologie **antitaccheggio/** servizio di **antitaccheggio***

taglieggiatore: Erpresser (*früher:* Brandschatzer)
taglieggiamento: Erpressung, Lösegelderpressung, Schutzgelderpressung
*☞ gli appalti assegnati secondo criteri che nulla hanno a che fare con meriti imprenditoriali. I costi stravolti da **taglieggiamenti** di vario tipo*

tazebao /dazebao: (chinesische) Wandzeitung, *auch* Wandschmiererei
*☞ „Don Vitaliano sei il disonore della Chiesa ..." Un **tazebao** comparso durante la notte sul portone della chiesa di Sant'Angelo a Scala*

tenutaria: Bordellbesitzerin, Puffmutter
*☞ e la barzelletta della **tenutaria** non punibile quando non c'è fine di lucro? Irresistibile. Se passa la legge, mi metto a fare anch'io la **tenutaria***

terremotato: Erdbebenopfer
terremotare: in den Grundfesten erschüttern
*☞ la legge sulle rogatorie ha **terremotato** prima di tutto il campo dei principi*

terrone (*pej.*): **meridionale:** Süditaliener
*☞ la curva bianconera saluta gli ospiti (di Cagliari) con simpatici cori: „Parla italiano, **terrone** parla italiano."*
im lombardischen Dialekt: **terùn**
Terronia (*pej.*): Süditalien

Il terrorismo rosso – der linksgerichtete Terrorismus
Br-Pcc: Brigate Rosse-Partito comunista combattente: Rote Brigaden – Kämpfende Kommunistische Partei
Carc: Comitati di resistenza per il comunismo: Komitees des Widerstands für den Kommunismus
Gps: Gruppi partigiani per il sabotaggio: Partisanensabotagegruppen
Ic: Iniziativa comunista: Kommunistische Initiative
Linearossa: die Rote Linie
📖 gruppo toscano, scisso dai ☞ Carc nel '97 in nome di una linea più interventista
Ncc: Nuclei comunisti combattenti: Kämpfende Kommunistische Zellen
*☞ riportavano il testo integrale della rivendicazione dell'omicidio D'Antona (1999) firmato dalle ☞ Br-Pcc e dagli **Ncc***
Nipr: Nuclei di iniziativa proletaria rivoluzionaria: Proletarisch-revolutionäre Initiativzellen
Npr: Nucleo proletario rivoluzionario: Proletarisch-revolutionäre Zelle
Nta: Nat: Nuclei territoriali antimperialisti: Antiimperialistische territoriale Zellen
*☞ la firma è dei **Nat**, sigla sorella delle ☞ Br-Pcc che uccisero D'Antona*
*☞ diciamo che si sono divisi i compiti. Le ☞ Br-Pcc operano sull'asse classe-stato, un livello che potremmo definire interno. Gli **Nta** invece operano su un livello imperialismo-antimperialismo, con obiettivi più internazionali*
S. I.: Solidarietà internazionale: Internationale Solidarität

teste: testimone: Zeuge, Augenzeuge
superteste: supertestimone: prominenter oder besonders wichtiger Zeuge, Hauptzeuge
teste-chiave: Schlüsselzeugin
teste di accusa: Zeuge der Anklage

Tizio, **Caio** e **Sempronio:** Hinz und Kunz
*☞ i portatori di sfida, cioè coloro che vanno a riferire a **Caio** che c'è **Tizio** che lo vuole sfidare*
*☞ invece sono buttati in pasto a una società di **guardoni**, ansiosi di sapere con chi scopa **Tizio** e chi ha messo le corna a **Caio***
guardone – Spanner

tombarolo: Grabplünderer, Grabräuber (Kunstwerke usw.)
*Antonio ha continuato per anni a fare il **tombarolo** e col tempo si è specializzato*

tossico: tossicomane, tossicodipendente: Drogenabhängiger
*abbiamo spinto il Comune ad istituire gli operatori che lavorano per la strada coi **tossici/i tossicodipendenti** sono morti perché si sono iniettati droga tagliata male acquistata a Milano*
età di incontro con le droghe: Drogeneinstiegsalter

traghettatore: Schlepper
*con elegante francesismo, a Trieste li chiamano ☞ „passeur“: sono i **traghettatori** slavi di clandestini, la bassa manovalanza del traffico*

Trani: carcere di massima sicurezza: Hochsicherheitsgefängnis von Trani
*dietro le sbarre, nel carcere di massima sicurezza di **Trani**, quello che ha ospitato negli anni di piombo decine di terroristi neri e rossi, sono finiti …*

trans: transessuali: **viados:** travestito: Transvestiten, Stricher, Strichjunge
Movimento per l'identità transessuale: Bewegung für die transsexuelle Identität
*un **trans** in Commissione: tra i molti esperti di prostituzione ascoltati dalla Commissione Affari sociali è infatti compresa anche Marcella Di Folco, presidente del **Movimento per l'identità transessuale***

trasgressivo: die Konventionen brechend, über die Stränge schlagend
trasgressione: Gesetzesübertretung, Tabubruch
*è molto disciplinato; forse **trasgressivo** ma sicuramente disciplinato anche nella **trasgressione***
*la voglia di **trasgredire**, rompendo, per quel poco di tempo concesso, le regole a cui debbono attenersi ogni giorno*

tratta delle bianche: Mädchenhandel, Kinderhandel
tratta di esseri umani: Menschenhandel
*e non si tratterà di una sorta di **tratta** dei minorenni?*
*la **tratta** di esseri umani a scopo di abuso sessuale*

tre giorni: dreitägige Veranstaltung
*un grande concerto oggi alle Pavoniere apre una **tre giorni** sulla cultura zingara*
due giorni: zweitägige Veranstaltung
*ha organizzato la **due giorni** sull'autonomia scolastica*

tribù giovanili: gesellschaftliche Gruppen der Jugendlichen

	giovani alternativi, di sinistra, no global	*poveri figli della povera periferia*	*figli della buona e benestante borghesia*
allgemein	**alternativi**	**cafoni** **coatti**	**figli di papà** **fighetti**
Bologna		**maragli** **borazzi**	**fighetti**
Firenze		**grezzi** **piercoli**	**pottini**
Genova		**tamarri** **puffi** *(se teppisti)*	**fighetti**
Milano	**alternativi**	**tamarri** **zarri**	**sancarlini** **fighetti**
Napoli		**tamarri** **mau mau** *(se delinquono)*	**chiattilli**
Palermo	**zecche**	**picciotti** **tasci**	**carusazzi** **gonzaghini**
Roma	**zecche**	**coatti**	**parioli** **pariolini**
Torino	**alternativi-oltranzisti** **alterna**	**truzzi** **zamarri**	**cabinotti** **cabina / cabi**

*qualcuno l'ha definita una tv da **fighetti** snob*
*mode, muretti, marchi e un po' di idee, così resistono le tribù metropolitane. Giovani: le nuove galassie di **zecche**, **parioli**, **sancarlini** e **alternativi***

truffa elettronica: Internetbetrug
*al passo con i tempi, 1 su 5 è spaventato dal rischio di subire una **truffa elettronica**, a partire dal bancomat e dalla clonazione della carta di credito*

tupamaros: Tupamaros *(Guerilla-Gruppe in Uruguay Ende der sechziger Jahre)*: Stadtguerilla *qui c'è un leader, Alfonso Faccioli del Coordinamento ambientalista tassisti, che parla come un **tupamaro***

tuttologia: Allwissenheit
*la **tuttologia** del direttore musicale non mi piace, è un difetto italiano*

Unabomber: Kodename eines Serientäters, dem seit 1994 mindestens 30 Sprengstoffanschläge zur Last gelegt werden
*a **Unabomber** si attribuiscono almeno 30 attentati dinamitardi, mai mortali, dal 1994 a oggi, nella zona a cavallo tra Veneto e Friuli Venezia Giulia. Il bilancio è di 9 persone mutilate*

banda della **Uno bianca:** die „Uno bianca"-Bande
la banda di criminali poliziotti che per anni ha terrorizzato l'Emilia Romagna con rapine e omicidi inspiegabili

uomini bomba: kamikaze: Selbstmordattentäter
*sognavano di diventare **uomini bomba**, mostravano gli **sgozzamenti** ai bimbi, definivano l'Italia „terra contaminata"*
sgozzamento – die Kehle durchschneiden

usurai: Wucherer
il silenzio sull'usura ti usura
*l'**usura** si è sparsa a **macchia d'olio***
macchia d'olio – Ölteppich

carcere di **Vallette** (Torino): Justizvollzugsanstalt

veleni: giftige Pfeile, spitze Angriffe, bissige Polemik
*nell'impeto delle parole respinge al mittente anche le accuse su un suo conflitto di interessi per la costruzione della galleria. „Sono solo **veleni**. Il progetto è affidato a uno studio svizzero".*
*ricostruire la cronaca dei **veleni** scoppiati tra i vari leader del social forum bolognese*

Veneta Serenissima Armata: Serenissima: Venezianische Armee: Separatistische Bewegung in Venezien
*Vogliamo elencare i fatti nudi e crudi, così come la cronaca delle ultime settimane li riporta? Il più allarmante è, di gran lunga, l'assalto della sedicente **Veneta Serenissima Armata** al campanile di San Marco: un gesto insensato e deplorevole ...*
serenissimo: Mitglied der Separatistischen Bewegung
*se è un presidente che vuole unire tutto un popolo, perché lascia **marcire** in carcere i quattro **serenissimi***
marcire – verfaulen, verkümmern

vetrina: Schaufenster: Rampenlicht
*Berlinguer: donne in **vetrina**, il potere vero è un'altra cosa*

vetrina legale: legale Fassade *(z. B. von terroristischen oder illegalen Organisationen)*
*in Corsica esiste un movimento separatista, con tanto di **vetrina legale** e gruppi armati clandestini*

via: foglio di via: Ausweisungspapier, Ausweisung
*siamo clandestini, non vogliamo **beccarci** un foglio di **via***
beccarsi sich einhandeln

viados: trans: transessuali: Transvestiten, Stricher, Strichjunge
*lo sanno bene soprattutto i **viados** che evitano di esercitare nei giorni a **ridosso** dei voli per i Paesi di origine/l'amatore di **viados** è una persona che sospetta di avere piccole tendenze omosessuali, così il **viado**, individuo ambiguo per eccelenza, lo conforta, lo rassicura*
a ridosso di – unmittelbar vor

vigilantes: vigilanti privati: private Wachmänner, schwarze Sheriffs
istituto di vigilanza privato: privater Wach- und Schutzdienst

Fortezza di **Volterra:** prigione di massima sicurezza: Hochsicherheitsgefängnis

vù cumprà: ambulanti del Terzo Mondo (Verballhornung von „vuoi comprare"): Straßenhändler
vù ciulà (vuoi ciulare: *vögeln*): le prostitute: Prostituierte
vù lavà: i lavavetri: Scheibenwischer
vù sballà (vuoi sballare: *kiffen*): gli spacciatori: Drogenhändler
vù vutà (vuoi votare): Wahlkampfhelfer

X file: gettone: caramella: Ecstasy

zanza: marpione: *(im mailändischen Dialekt)* durchtriebener Betrüger
*a Milano, negli anni Sessanta, il cosiddetto **zanza** era uno specialista del delitto incruento, un equilibrista della stangata*
*però anche lei ha dato ai suoi dirigenti dei „vecchi **marpioni**"*

zoccolo duro: der harte Kern
*resiste lo **zoccolo duro** degli italiani ostili all'immigrazione straniera*

6.2. Mafia
Mafia

Cosa Nostra: Mafiaorganisation in Sizilien
Cosa Nostra voleva uccidere chi aveva tradito
onorata società: die ehrenwerte Gesellschaft
*un regolamento di conti interno all'**onorata società***
Come carta ti brucio, come santa ti adoro, come brucia questa carta deve bruciare la mia carne se mai un giorno tradirò Cosa Nostra: Initiationsspruch für neue Mafiosi
'Ndrangheta: la forma calabrese della mafia: Mafiaorganisation in Kalabrien
*l'**incendio** è **doloso** e gli **inquirenti** non hanno dubbi che si tratta di un attentato intimidatorio della **'ndrangheta** nei confronti del procuratore*
***incendio doloso** – vorsätzliche Brandstiftung*
***inquirente** – Ermittlungsbeamter*
Camorra: mafia a Napoli e dintorni: Mafiaorganisation in Neapel und Umgebung
Remo Lecce libera: Mafiaorganisation in Apulien
Sacra Corona Unita: Scu: la „quarta mafia“: organizzazione mafiosa pugliese: Mafiaorganisation in Apulien
*proprio ieri è stato interrogato in Corte d'Assise come testimone a un processo contro la **„Scu“***

416 bis: Strafrechtsparagraf, der die mafiaartige kriminelle Vereinigung unter Strafe stellt
*venne arrestato anni fa per associazione camorristica, accusato di essere il cassiere del clan dei Casalesi, l'accusa propose la condanna a otto anni di reclusione per **416 bis***

agromafia: Agrarmafia
*il giro d'affari dell'Azienda Mafia, con oltre 90 mld di fatturato, è rappresentato in primo luogo dall'usura, al secondo posto è l'abusivismo commerciale, segue il racket, l'**agromafia**, la contraffazione e la pirateria ...*

ala stragista della mafia: gewalttätiger Flügel der Mafia

Antimafia: Commissione Antimafia: commissione parlamentare d'inchiesta Antimafia: Parlamentarischer Untersuchungsausschuss zur Bekämpfung der Mafia
*la prima commissione d'inchiesta **Antimafia** fu costituita il 20 dicembre del 1962, ben sei a tutt'oggi si sono succedute negli anni. A che serve dunque questa settima reincarnazione?*

armiere: Waffenbeschaffer
*stanno dicendo che era l'**armiere** del clan: a Ferragosto hanno messo a soqquadro la sua casa*

Aspromonte: Aspromonte *(unwegsames Gebiet in Kalabrien, das sich als Rückzugsgebiet von Mafiastraftätern und im Zusammenhang mit Personenentführungen häufig in den Schlagzeilen findet)*
*ma l'Italia, coi suoi oltre duemila anni di Civiltà, sembra quasi orgogliosa di aver conservato ciò che nessun altro Paese ha più: un Luogo inaccessibile. Tale è, anno dopo anno, sequestro dopo sequestro, la definizione canonica dell'**Aspromonte**, ultimo, romantico baluardo dell'Ignoto. (Fruttero & Lucentini)*

province **babbe:** Provinzen ohne Mafia
*e poi ci sono quelle che un tempo erano chiamate le **province babbe**, cioè stupide perché senza mafia*

Baccagghiu: il linguaggio, il gergo della mafia: sizilianischer Ausdruck für den Jargon der Mafia

basante: informatore: Informant

Basilischi: mafiaähnliche Verbindung in der Basilikata

battuta: soffiata: Hinweis

zu' **Binu:** Bernardo Provenzano, der seit über 40 Jahren flüchtige oberste Mafiaboss

boia: Henker, Killer
l'esecutore degli omicidi della mafia

boss: Mafiaboss
*diceva: „Voglio fare l'agricoltore“. E invece ha scelto il mestiere di **boss**. Giovanni Riina, figlio di Totò, il capo di Cosa nostra, a soli vent'anni ha detto addio al suo sogno di normalità per entrare in una cella ☞ dell'Ucciardone col marchio di M, mafioso, stampigliato su un voluminoso fascicolo personale*
donne boss: weibliche Mafiabosse

Mala del **Brenta:** mafiaähnliche Verbindung in Venetien

capitano Ultimo: Tarnname des Carabinieri-Be-

amten, der den Mafiaboss Salvatore Riina verhaftete
☞ *ovviamente la responsabilità di questi muri di gomma non è da imputarsi al **capitano Ultimo** che eseguì la cattura con grande professionalità e tempestività*

capoclan: Boss eines Mafiaclans
☞ *secondo le indagini i capitali erano riconducibili a due **capiclan** che sono sottoposti al ☞ regime duro di detenzione del 41 bis*

capo dei capi: oberster Mafiaboss
☞ *nel 2004 il **capo dei capi** di Cosa nostra, Bernardo Provenzano, ha incassato quasi un milione di euro da una sola „famiglia": quella di Bagheria, la sua*

capobastone: regionaler Mafiaboss
☞ *sono state filmate e fotografate le visite di politici e funzionari pubblici al **capobastone***

capodecina: Mafiaboss der mittleren Führungsebene
📖 *è alla testa di almeno dieci uomini d'onore*

capofamiglia: Boss einer Mafiafamilie

capomafia/i capimafia: Mafiaboss
capocamorra: Camorra-Boss

capomandamento: Mafiaboss eines Bezirks
☞ *è stato interrotto il summit dei quindici **capimandamento** della provincia, riuniti per eleggere il nuovo rappresentante delle famiglie locali*

capopiazza: Drogenboss *(der Camorra, der für ein Stadtviertel zuständig ist)*
☞ *un **capopiazza**, giubbotto bianco, occhi chiari: „Se non ve ne andate, vi schiatto gli occhi. Vi getto nell'immondizia"*

caposocietà/capobastone: regionaler Boss der 'Ndrangheta

capozona: regionaler Boss der Camorra

cavoli: affari della mafia: Mafiageschäfte

codice barbaricino: auf den Regeln der *Vendetta* basierender Ehrenkodex sardischer Verbrecherbanden
☞ *lo so, qualsiasi cosa io dica verrà usata contro di me. Hanno parlato di faida. Di **codice barbaricino**. Ma quale faida? Io non ho nemici …*

commissione: die Kommission: Oberste Entscheidungsinstanz der Mafia
📖 *nella gerarchia della mafia sopra tutti c'è la commissione, che decide e che per i giornalisti è diventata la cupola*
☞ *eppure la **commissione** di Cosa nostra, l'organo di vertice della mafia che ha ordinato centinaia di omicidi e decine di stragi, ha tenuto le sue riunioni a Palermo persino in un pollaio e in una casa popolare*

compare: compariello: *althergebrachte Bezeichnung für den Camorraboss oder das Camorramitglied („padrino")*
☞ *il termine usato, anche oggi, per indicare un capofamiglia o un affiliato è sempre stato **compare***

confino (di polizia): polizeiliche Verbannung *(Maßnahme gegen Mafiastraftäter, später ersetzt durch den Zwangsaufenthalt)*
☞ *i guai cominciano negli anni '60 quando a Pomezia arriva al **confino** il boss siciliano Frank Coppola. In **soggiorno obbligato** arrivano poi uomini della camorra che si alleano con la banda della Magliana*
soggiorno obbligato – Zwangsaufenthalt

consigliori: Berater für die Mafia
📖 *uno che dà pareri, soprattutto legali*
☞ *Di Guttadauro si proclama amico e per anni ne è stato una sorta di „**consigliori**"*

contabile: Finanzverwalter der 'Ndrangheta

contiguo alla Mafia: mafiaverdächtig

coppola: sizilianische Kopfbedeckung: Mafioso
☞ *sembra la fotografia di una multinazionale. E infatti lo è. Solo che i suoi manager hanno la **coppola** in testa e la ☞ lupara in mano*

Corleone: la „**città della mafia**": Stadt in Zentralsizilien, ehemalige Mafiahochburg
clan dei **Corleonesi:** einflussreiche Mafiafamilie
☞ *è stata smantellata la rete **corleonese**?/il regno dei **corleonesi***

cosca: Mafiaverband, Mafiaclan
☞ *gli arrestati farebbero parte della presunta **cosca** dei Carvello, che avrebbero provocato la ☞ mattanza per ribadire il predominio della propria famiglia e dare un'idea di „efficienza operativa"*
☞ *ammazzato dalle **cosche***
capocosca: Boss eines Mafiaclans

covo: konspirative Wohnung, Schlupfwinkel
☞ ci è sfuggito per un pelo dileguandosi dal suo ***covo*** *palermitano*

crimine: organisiert die kriminellen Aktionen der 'Ndrangheta
☞ il capobastone ha potere assoluto su gli ***affiliati****, il contabile gestisce il ricavato delle attività del locale e il* ***crimine*** *è colui che organizza le azioni criminali in genere*
affiliato – Mitglied

cupola: la commissione: Kommission: Oberste Entscheidungsinstanz der Mafia
☞ sapeva che la ***cupola*** *di Cosa nostra aveva sequestrato e teneva in ostaggio suo figlio Giuseppe, che è stato poi ucciso e il suo corpo sciolto nell'acido*

Dia: Direzione Investigativa Antimafia: Dienststelle für Ermittlungen gegen die Mafia
📖 struttura ***interforze*** *(polizia, carabinieri, guardia di finanza) contro la criminalità organizzata*
interforze – verbundene Kräfte
Dda: Direzione distrettuale antimafia: Regionale Dienststelle für Untersuchungen gegen die Mafia

dissociazione: dissociarsi: Lossagung (von der Mafia), sich (von der Mafia) lossagen
☞ i sei boss decisi a ***dissociarsi****/la* ***dissociazione*** *è l'ultima strada che li può allontanare dal ☞ carcere duro*

Dna: Direzione Nazionale Antimafia: Direzione Antimafia: Nationaler Dienst zur Bekämpfung der Mafia
procuratore nazionale antimafia: Generalstaatsanwalt zur Bekämpfung der Mafia

faida mafiosa: **vendetta:** Blutrache der Mafia, Fehde
☞ ***faide*** *tra alleati*

frittata: fare la frittata: uccidere: jemanden töten, umbringen, (*allg.*) eine Dummheit begehen

ganga: Gang
📖 gruppo di persone riunite nel comune intento di compiere atti contrari alla legge

gregari: Mitläufer, Helfershelfer
☞ non impedisce ai capi e ai ***gregari*** *delle associazioni criminali di continuare a svolgere le funzioni di comando e di direzione*

gruppo di fuoco: Killerkommando, Privatarmee der Mafiaclans
☞ un insospettabile imprenditore che ebbe un ruolo preminente nei ***gruppi di fuoco*** *dei corleonesi di Totò Riina*

guappo: camorrista: Camorramitglied

incaprettamento: Mafia-Mordritual unter Verwendung einer Technik des Selbsterwürgens
📖 modo di uccisione praticato dalla mafia consistente nel legare mani e piedi dietro la schiena della vittima facendo passare la corda anche intorno al collo, in modo che la vittima, quando i muscoli cedono, si strangoli da sola

infame: Polizeiinformant, Verräter

mafia **invisibile:** die unsichtbare Mafia, die unauffällig operierende Mafia
*☞ qui Cosa Nostra era riuscita a rendersi ancora più „****invisibile****" che in altre aree per mancanza di pentiti*

latitante: latino(*nel gergo dei detenuti*)*:* Flüchtiger, gesuchter Verbrecher
☞ considerato uno dei capi della 'ndrangheta e per questo inserito nell'elenco dei trenta più pericolosi ***latitanti*** *d'Italia*

laureati: „Akademiker": besonders geschickte Diebe
📖 borsaioli molto esperti ma anche molto conosciuti nei luoghi d'origine

Libera: Vereinigung zur Bekämpfung der Mafia, Drogen, Kriminalität
📖 il cartello che raccoglie 500 associazioni contro tutte le mafie; presidente: ***don Luigi Ciotti****(don Gigi)*

locale: örtliche 'Ndrangheta-Organisation
📖 con „locale" si intende un territorio dove abitano almeno 49 affiliati con varie doti

lupara: Gewehr mit abgeschnittenem Lauf
📖 il fucile a canne corte usato dalla malavita siciliana

lupara bianca: Entführung und Ermordung einer Person
📖 rapimento e assassinio di una persona, seguiti dalla sparizione del corpo, quali vengono praticati dalla mafia
☞ in principio si pensò al peggio, a una ***lupara bianca***

mafiacontro: Antimafiaorganisation

🗞 *„Bisogna evitare folli mitizzazioni", ribadiscono dall'associazione „**Mafiacontro**", che ha organizzato la campagna dei nuovi manifesti*

mafiosi extracomunitari: Auslandsmafiosi

Banda della **Magliana: quinta mafia:** mafiaähnliche Verbindung in Rom

mammasantissima: il boss di Cosa nostra: Oberster Mafiaboss
🗞 *Nando Dalla Chiesa mi attaccò dicendo che m'ero legato ai **mammasantissimi***

mandamento: Mafiabezirk
🗞 *come quel Francesco Pastoia, ad esempio, alla guida di questa sorta di grande **mandamento**, che appena uscito dal carcere si è precipitato a casa a scovare le microspie che avevamo installato*

manutengolo: Helfershelfer, Handlanger
🗞 *i **manutengoli** della Camorra*

Banda della **Marranella:** mafiaähnliche Verbindung in Rom *(Nachfolgeorganisation der Banda della Magliana)*

mastro di giornata: regionaler Boss der 'Ndrangheta

mattanza: das Töten, Gemetzel
🗞 *Ciak! E comincia la **mattanza**. Garrone dà il via a „Gomorra" con una sparatoria in provincia. Parte così il movie sul libro di Saviano*

Cesare **Mori**
🕮 *Prefetto del Regno d'Italia al tempo del fascismo, fu mandato in Sicilia da Mussolini con pieni poteri per reprimere la mafia. Ci riuscì solo superficialmente, attraverso una dura azione poliziesca.*

muschilli: Kinder, die als Drogenboten für die Mafia arbeiten
🗞 *bambini arruolati dalla camorra come „**muschilli**", i „moscerini" che consegnano le bustine di droga*

narcomafia: Drogenmafia
🗞 *in altri Paesi, l'instabilità assume la forma di scontri episodici, **narcomafie** o signori della guerra che dominano ampie fasce del territorio*

Nco: Nuova camorra organizzata: Neue Organisierte Camorra
🕮 *leader è l'attuale ergastolano Raffaele Cutolo, detto „il professore"*

'ndrine: 'Ndrangheta-Familien
🗞 *gli ispettori della polizia tedesca periodicamente chiedono aiuto alla Dia per rifare la mappa delle **'ndrine** d'esportazione*

Nuova Famiglia: Camorra-Organisation

omertà: Gesetz des Schweigens
🕮 *prima legge della malavita: consiste nel tacere sempre e comunque i nomi dei mandanti o dei complici*
🗞 *ma a guardia dell'**omertà** e del potere delle famiglie mafiose restano le madri. Per conquistarle bisogna ...*
🗞 *esprime una cultura **omertosa***

omicidi eccellenti: Mafiamorde an hochgestellten Persönlichkeiten
🗞 *Salvatore Riina considerato il mandante di molti **omicidi eccellenti***

onore: Ehre
🕮 *nella logica della mafia la parola „**onore**" ha un significato molto ristretto: „fatti di onore" sono quelli che riguardano la famiglia, cioè donne e parenti ammazzati. Altre colpe, per quanto gravi, non intaccano l'onore; il tradimento, ad esempio, non è disonore ma „infamia". (fonte: Danilo Dolci)*
uomini d'onore: Ehrenmänner *(Mitglieder der Mafia)*

padrino: Mafiaboss, Pate
🗞 *i delitti politici di Palermo: ergastolo confermato per i **padrini***

padrone: dominatore assoluto: Mafiaboss

Pamm: l'intreccio tra la **p**olitica, **a**ffari, **m**afia e **m**assoneria: Verfilzung aus Politik, Wirtschaft, Mafia und Freimaurerei
🗞 *è di questo periodo la denuncia di Orlando del „**Pamm**" responsabile oltre che di stragi e delitti, anche di pregiudicare gravemente lo svolgimento di un processo sociale democratico in Italia*

papa: Michele Greco, ehemaliger oberster Mafiaboss
🗞 *faceva parte della „Cupola" di Cosa nostra quando era comandata dal „**papa**" della mafia, Michele Greco*

papello: *Forderungskatalog des Mafioso Totò Riina als Bedingung für die Einstellung von Mafiabluttaten*

*dopo che nel dicembre 2002 è stata modificata e resa stabile all'interno del sistema penitenziario (in netta antitesi rispetto alle istanze del famoso „**papello**" di Totò Riina) la disciplina del regime di trattamento differenziato per i detenuti più pericolosi*

paranza: Fischerboot mit Schleppnetz: Bande von Taschendieben, *auch* Killerkommando

gruppi di ladri, di borsaioli o di truffatori che lavorano di comune accordo/„navigare in paranza" sta per „procedere di conserva di due barche, tra cui viene tesa la rete".

pasta antimafia: Antimafia-Pasta *(Pasta, die aus Hartweizen erzeugt wird, der auf beschlagnahmten ehemaligen Mafia-Ländereien von Ökogenossenschaften angebaut wird)*

i 230 mila dell'Auser tengono su iniziative che vanno dalle università al turismo, dalla ***pasta antimafia*** *al classico circolo ricreativo*

patriarca: Mafiapatriarch

figura che gode di indiscutibile autorità nella casa e notevole prestigio nella collettività

*la stessa scelta di rottura ha fatto Calogero Ganci, indicato come la „**staffetta**" della strage di Capaci, figlio di Raffaele, potente* ***patriarca*** *della Noce*

staffetta – Kurier

pax mafiosa: Waffenstillstand mit der Mafia *(die Mafia verzichtet auf Gewalttaten und der Staat lässt im Gegenzug die Mafia weitgehend unbehelligt ihren Geschäften nachgehen)*

la ***pax mafiosa****, imposta da Provenzano, dopo la* ***deleteria*** *stagione delle stragi, garantisce una presenza di Cosa nostra in tutti i settori dell'illecito*

deleterio – verheerend

pentito: collaboratore di giustizia: geständiger Mafioso, der mit der Justiz zusammenarbeitet
↔ **dissociato:** Mafiaaussteiger ohne Zusammenarbeit mit der Justiz

legge sui pentiti: Kronzeugenregelung, Zeugenschutzprogramm, Aussteigerprogramm für Mafiosi

pentitismo: Ausstieg *(aus den Mafiastrukturen)*

per i ***pentiti*** *che lo accusano, il ragazzo è il degno erede di suo padre*

Le norme sui pentiti:

- *il criminale chiede di collaborare e comincia a „dichiarare"*
- *per sei mesi resta in carcere; le sue dichiarazioni sono verificate*
- *il collaboratore deve raccontare: cose utili per prevenire i crimini, tutto quello che ha fatto, tutti i suoi guadagni illeciti, i guadagni illeciti dell'organizzazione*
- *dopo sei mesi un giudice decide se ammetterlo al programma di protezione*
- *in caso di decisione positiva, il collaboratore viene affidato a una struttura diversa dalla polizia giudiziaria; questa „agenzia" provvede a rifargli una vita: nuova identità, ricongiungimento con i parenti*
- *fine dei pentiti stipendiati a vita: lo stipendio sarà erogato solo per brevi periodi*

pezzo: Mord

fare un ***pezzo****: un'espressione mutuata dal lavoro a cottimo, l'uccisione di un uomo equiparata alla fabbricazione di una cosa, non importa quale*

pezzo da novanta: boss dei camorristi: Camorraboss; *allg.:* hochkarätige Persönlichkeiten

Lei coordina un gruppo che comprende il segretario generale di Palazzo Chigi e tanti altri ***pezzi da novanta***

Pianosa: Hochsicherheitsgefängnis *(u. a. für Mafiastraftäter)*

Gorgona, **Capraia**, **Pianosa**, **Asinara:** le **isole carcere:** le **isole-penitenziario:** Inseln, auf denen Justizvollzugsanstalten errichtet wurden

. . . la vicenda delle colonie penali sulle nostre isole: dalla ***Gorgona*** *alla* ***Capraia****, dalla* ***Pianosa*** *all'****Asinara****. Che su tali isole fossero collocati penitenziari, offriva qualche vantaggio, perché così si evitava lo sfruttamento selvaggio da parte di gruppi immobiliari*

picciotto: Junger Mann: unterster Grad der Mafiahierarchie, *geschichtlich:* sizilianischer Freiheitskämpfer

il grado più basso della mafia

i ***picciotti*** *del clan Fiandaca di Riesi, che dividevano gli utili con la „banda degli ergastolani"*

piovra: Krake, Blutsauger, Ausbeuter: Mafioso oder auch allgemein für Mafia

📖 *persona che vive di uno sfruttamento assiduo ed egoistico, esaurendo spietatamente le altrui energie*
👓 *Pier Luigi Vigna, il nuovo procuratore antimafia si presenta: „Darò la caccia ai capitali della* ***Piovra****".*

pizzino: Kassiber
📖 *foglietti di carta usati per trasmettere gli ordini*
👓 *lo dimostrano i* ***pizzini*** *sequestrati a Giuffrè ...*

pizzo: Schutzgeld
👓 *vabbè, lo paghiamo il* ***pizzo****; io pago con merce .../pretendeva il* ***pizzo*** *sui ramoscelli d'ulivo, imponendo il* ***pizzo*** *davanti a quasi tutte le chiese della città: arrestato*

carcere di **Poggioreale** (Capri): Justizvollzugsanstalt

postino: Mafiabote
👓 *per anni poliziotti e carabinieri del ☞ Ros hanno seguito* ***postini*** *o vivandieri del capo di Cosa nostra*

prestanome: Strohmann, Treuhänder
👓 *provvedimento cautelare patrimoniale per l'imprenditore Giuseppe Grigoli,* ***prestanome*** *del boss trapanese Matteo Messina Denaro, ultimo capo storico di Cosa Nostra ancora latitante*

primula: primula rossa: rote Primel: intensiv, aber erfolglos gesuchte Person, Stecknadel im Heuhaufen
👓 *il covo della* ***primula rossa*** *(Bernardo Provenzano)/la* ***primula****: il boss trapanese Matteo Messina Denaro è ricercato dal 1993. E' un enigma per gli investigatori*

programma di Protezione: Zeugenschutzprogramm
👓 *abbandonato dallo Stato dopo un tentato suicidio, riammesso poi al* ***programma di Protezione****, è stato denunciato da quello stesso ispettore di ☞ Ps che avrebbe avuto un comportamento inammissibile nei suoi confronti*

pungitura: *Initiationsritual der Mafia (Camorra, Cosa Nostra), wonach dem Neumitglied in die Fingerspitze gestochen wird und das Blut auf ein Heiligenbild der Madonna von Pompeji getröpfelt wird; wenn alle anwesenden Mafiabosse das Bild küssen, gilt der Kandidat als aufgenommen*

quintino: 'Ndrangheta-Mitglied, *wegen seiner kriminellen Verdienste in gehobener Position, erkennbar an einem eintätowierten fünfzackigen Stern*

rami secchi: trockene Äste, totes Gehölz: ausgediente/unbedeutende Mafiosi
👓 *„****rami secchi****" sono stati definiti gli arrestati di ieri, portati in carcere con un provvedimento di fermo*

rappresentante: Repräsentant, Mafiaboss einer Provinz

Rebibbia: carcere di massima sicurezza (Roma): Hochsicherheitsgefängnis für Mafiastraftäter
👓 *il bunker di* ***Rebibbia***

reggente: Mafia-Statthalter *(Stellvertreter eines flüchtigen oder inhaftierten Mafiabosses)*
👓 *e per rientrare nei ranghi del* ***reggente*** *non avrebbe esitato a dare diverse dimostrazioni di forza*

santista: 'Ndrangheta-Mitglied, *der für seine kriminellen Verdienste ausgezeichnet wurde*

sasso in bocca: *Mafiaritual, wonach der Leiche eines Verräters ein Stein in den Mund gestopft wird*
📖 *il „sasso in bocca" è lo sfregio che la mafia compie sul cadavere di un affiliato che ha rivelato segreti ad estranei*
👓 *Mino Pecorelli lasciò il suo ufficio in via Orazio alle 21.15 e si diresse verso la sua macchina parcheggiata poco distante. Le due pallottole che lo uccisero mentre si sedeva in macchina gli furono sparate in bocca, il gesto tipico della Mafia siciliana del* ***sasso in bocca*** *per spiegare che non avrebbe più parlato*

sentinella: Schmieresteher
👓 *le* ***sentinelle*** *del clan aggredito hanno infatti fatto scattare l'allarme*

sgarrista: 'Ndrangheta-Mitglied *(meist Schutzgeldeintreiber; müssen zumindest einen Mord begangen haben)*
👓 *gli* ***sgarristi*** *sono la colonna portante della 'ndrangheta*

sgarro: Demütigung, Kränkung
👓 *non si sapeva che dietro il sequestro c'erano i soliti Corleonesi, che volevano fare uno* ***sgarro*** *ai Salvo*

sicario: Killer, gedungener Mörder
📖 *assassino di professione, colui che uccide per conto di altri e a pagamento*

*i pentiti Chiodo e Monticciolo raccontano invece che Giovanni Riina avrebbe guidato l'auto di una persona attirata in un tranello e poi ammazzata da **sicari** di Brusca*

Sistema: Camorra
*Camorra è una parola inesistente, da sbirro, usata dai magistrati e dai giornalisti. Il termine con cui si definiscono gli appartenenti a un clan è **Sistema***

processo **Spartacus:** großangelegtes Verfahren gegen die Camorra *(teilweise bedroht von vorzeitigen Haftentlassungen aus Verfahrensgründen)*
***Spartacus Uno**: maxi-processo alla cosca dei Casalesi con i suoi 125 imputati di cui circa 80 in cella ad inizio dibattimento. Sono stati scarcerati 60, nel luglio 2001 tornerà libero persino il boss, Francesco Schivone, detto „**Sandokan**"*
***Spartacus Due**: secondo filone del processo alla cosca dei Casalesi*

ragazzi **staffetta:** Informanten
*ogni boss dispone di almeno cento **ragazzi staffetta** che girano e lo informano di tutto*

di **stampo mafioso:** nach Art der Mafia
associazione a delinquere di stampo mafioso: mafiaartige kriminelle Vereinigung
*fare luce su un omicidio di **stampo mafioso** compiuto nella notte tra sabato e domenica scorsa*
*un'esecuzione di **stampo mafioso**, con numerosi colpi sparati*

Stidda: organizzazione contrapposta a Cosa nostra: mit der *Cosa nostra* konkurrierende Mafiaorganisation in Sizilien (ursprünglich Hirten)
stiddaro: Mafioso der Stidda
*gli **stiddari** li chiamano così perché dormono sotto le stelle*

strage: violenza stragista: Gewalttaten, *auch:* Attentate der Mafia

Supramonte: Supramonte *(unwegsames Gebiet in Sardinien bei Orgosolo, das sich als Rückzugsgebiet sardischer Banden und im Zusammenhang mit Personenentführungen häufig in den Schlagzeilen findet)*
*l'ex ☞ primula rossa del **Supramonte**, Graziano Mesina, che sconta una condanna al carcere a vita*

talpa: Maulwurf; Eindringling, Spion
*ma con il clima rovente di questi giorni, nel palazzo di Mani pulite ritorna la psicosi della **talpa/** il sospetto di una **talpa** interna al corpo*

tinto: cattivo: unkorrekt, unsauber
*perché vengono detti „**tinti**"? Perché il magistrato, pur essendo nemico della mafia, se fa indagini a 360 gradi, viene rispettato dalla criminalità; se invece fa indagini solo verso determinate cosche e lascia perdere le altre, viene definito „**tinto**". Falcone e Borsellino non erano „**tinti**"*

Tiradritto: der Mafiaboss Giuseppe Morabito, der „Unbeirrbare"
*l'hanno preso Giuseppe Morabito, il „**Peppe Tiradritto**" delle tante inchieste sui clan della Locride, una vita turbolenta tra famiglia, carcere, malaffare e latitanza*

transmafie: transnationale Mafia-Organisationen
le nuove mafie transnazionali attive in Europa e in Italia

Triade: mafia gialla: mafia cinese: Triade, die chinesische Mafia
il nome Triade fa riferimento a tre concetti base del pensiero cinese tradizionale, il Cielo, la Terra e l'Uomo
*viene costretto a trasportare con sé droga o documenti falsi quasi sempre forniti dalle potenti **Triadi** e finisce per cadere a vita nella rete del debito usuraio*

tutor anti-racket: Berater in Fällen von Schutzgelderpressung
*ha voluto annunciare l'istituzione del cosiddetto „**tutor anti-racket**", che diventerà operativo nei prossimi giorni e sarà sperimentato in sei aree del Paese*

Ucciardone: carcere di Palermo: Justizvollzugsanstalt in Palermo *(auch für Mafiatäter)*
*il figlio di don Totò è in una cella di isolamente all'**Ucciardone** da lunedì 12 giugno*

uomo d'onore: Mafioso

vangelista: 'Ndrangheta-Mitglied, der für seine kriminellen Verdienste ausgezeichnet wurde (höher als ☞ santista) und eine Treueschwur abgelegt hat

vedetta: Schmieresteher
persone che vivono nella zona grigia e che da un giorno all'altro possono fare il salto di qualità

*entrando nel crimine vero e proprio, come **vedette**, spacciatori o addirittura killer*

vivandiere: Mafialogistiker
*nei mesi corsi è stato realizzato un nuovo identikit del boss su dati forniti dal Giuffrè che ha indicato anche i nomi di **vivandieri** e ☞ postini*

Yakuza: die japanische Mafia

tasso di **zavorramento** mafioso: Index der Mafiabelastung *(Auswirkung der Mafiapräsenz auf die Wirtschaft)*
*se il **tasso di zavorramento mafioso** annuo non avesse avuto modo di incidere negativamente sull'andamento della produzione, dal 1981 ad oggi il Pil pro capite del Mezzogiorno avrebbe raggiunto quello del Nord del Paese*

zio Totuccio: der Mafiaboss Totò Riina

6.3. Luoghi, Persone, Storia
Orte, Personen, Geschichtliches

tallone d'**Achille:** Achillesferse
*Il **tallone d'Achille** di quella democrazia nel cuore d'Europa (di Weimar) era il famoso articolo 48 della Costituzione, che autorizzava il Presidente a formare un governo in caso di emergenza, a sua discrezione.*

Achille Lauro: italienisches Kreuzfahrtschiff *(auf dem 1985 der amerikanische Jude Leon Klinghoffer von einem Palästinenserkommando ermordet wurde)*
*viene in mente la crociera in Egitto del giugno 1994 sulla **Achille Lauro**. 800 passeggeri che pagano per poter veder Fini in costume da bagno*

Alba: Partisanenhochburg während des 2. Weltkriegs
*nel 1944, durante la resistenza, Alba fu il principale centro della zona liberata dai partigiani nelle Langhe (i 23 giorni della Repubblica di Alba, dal 10 ottobre al 2 novembre 1944); nel corso dell'offensiva nazifascista dell'autunno-inverno di quell'anno venne rioccupata dai fascisti dopo una durissima battaglia (ottobre-novembre 1944), nonostante l'**accanita** difesa delle formazioni partigiane.*
accanito – hartnäckig, ausdauernd

via D'Amelio: la strage di via D'Amelio (Palermo), nella quale morirono il giudice Borsellino e la sua scorta: Mafiaanschlag im Jahre 1992

Armadio della Vergogna: Schrank der Schande *(in dem die Prozessakten gegen Faschisten und Nazisten verschwanden, die sich Greueltaten gegen die italienische Zivilbevölkerung zwischen 1943 und 1945 zuschulden kommen ließen, ☞ Fosse Ardeatine, ☞ Marzabotto, ☞ Sant'Anna di Stazzema)*
procedimenti penali avviati dopo la Liberazione contro fascisti e nazisti accusati di crimini commessi in Italia durante il periodo dell'occupazione tedesca e della Repubblica sociale e „provvisoriamente archiviati" verso la fine degli anni quaranta nell'ormai famoso „Armadio della Vergogna"
*intanto nessuno dei 1.200 militari italiani indiziati per crimini di guerra venne processato. E per completare l'opera, molti dei verbali che riguardavano gli imputati tedeschi di grado militare minore finirono chiusi nel celebre „**Armadio della Vergogna**"*

ascari: Askari *(afrikanische Soldaten, die in Äthiopien, Eritrea und Libyen für Italien kämpften; im Deutschen: afrikanische Soldaten im ehemaligen Deutsch-Ostafrika)*
*gli **ascari**, quasi 200 mila tra il 1895 e la fine della seconda guerra mondiale, pagati meno degli italiani, ma in guerra come loro: feriti, mutilati, prigionieri, morti. Nel 1982 l'Italia ha deciso di dar loro una pensione*

azionismo: Aktionismus
*con riferimento al **Partito d'Azione** (**Pd'a**), operante, fra il 1942 e il 1947, con un programma di conciliazione fra liberalismo e socialismo*
*dobbiamo essere grati al cavalier Berlusconi di questo sdoganamento preparato e accompagnato da una campagna di diffamazione dell'antifascismo e dell'**azionismo** a cui si sono prestati i nostri intellettuali voltagabbana*

balilla: Opera Nazionale Balilla: O. N. B.: faschistische Jugendorganisation
sotto il fascismo, nome dato ai ragazzi tra gli otto e i quattordici anni, organizzati in formazioni a carattere paramilitare
*Fini è un **balilla** che si crede Mussolini (Umberto Bossi)*

beffo la morte e ghigno: dem Tod eine Nase drehen, den Tod nicht fürchten *(faschistischer Spruch)* *la sua filosofia di vita, e di morte, è ben descritta da pensieri come „**Beffo la morte e ghigno**"*

Bel Paese: Italien
*lo chiamano il „**Belpaese**". Dove si nasce sempre meno anche se la popolazione non diminuisce per il costante aumento del numero degli immigrati. Dove sempre meno ci si sposa. Dove si litiga sempre di più. Dove crescono gli incidenti stradali. Dove c'è sempre meno lavoro. È l'Italia dei giorni nostri descritta dall'ultimo annuario Istat.*

Bergamo: città dei mille: Bergamo, „Stadt der Tausend" *(unter Verweis auf Garibaldi)*
dal 1797 Bergamo fu sottomessa ai Francesi ed agli Austriaci fino al 1859, anno in cui arrivò Garibaldi che radunò proprio in Bergamo „I Mille" per la sua spedizione verso la Sicilia

Biella: Manchester d'Italia: das italienische Manchester
*in fondo alla classifica si trova Biella in Piemonte, detta la „**Manchester d'Italia**" per la presenza di numerose fabbriche di filatura e tessitura della lana*

Boia chi molla: altes faschistisches Kampflied „Wer zurückweicht, ist ein Verräter"
la frase boia chi molla significa letteralmente: „chi molla è un boia", „chi abbandona (molla) la lotta è un vile assassino (boia)". Si tratta di un'espressione tipicamente considerata come un motto fascista; tuttavia sarebbe già circolata sulle barricate della Repubblica Partenopea nel 1799 e durante le Cinque giornate di Milano del 1848. Il motto entra a far parte dell'armamentario retorico tipico del regime fascista. Nel 1943 il motto viene utilizzato dall'esercito della Repubblica Sociale Italiana, che continua a combattere a fianco della Germania nell'Italia occupata. Oggi è adoperata soprattutto dalle frange del tifo calcistico di estrema destra.
*i „Boys" romanisti e gli „Irriducibili" laziali per una volta insieme, uniti nel dolore per la morte di un ultras grazie anche ai saluti romani („Ave Paolo", „Onore al Camerata", „**Boia chi molla**") urlati come fanno ogni domenica allo stadio ciascuno nella propria curva*

Bologna: la **dotta e la ghiotta:** die Gebildete und die Naschhafte *(bekannt wegen der Universität und guter Speisen)*
bolognesi gran dottori
San Petronio: Schutzpatron von Bologna
petroniano: Bewohner von Bologna
*la gente se ne sbatteva di quel nome, era come dire **San Petronio** per un bolognese*
felsineo: (adj. zu) Bologna
Bononia docet: Bologna insegna: *La città che ospita la più antica università italiana merita questa etichetta*
*a Bologna „la **dotta**" ha vinto l'assenteismo*
la **città sotto le due torri**
la rossa: la capitale rossa *(wegen der jahrzehntelangen kommunistisch geprägten Stadtverwaltung)*

Bologna: la **strage di Bologna:** Anschlag, hinter dem die geheime Freimaurerloge P2 stecken soll
2 agosto 1980: una valigia-bomba nella sala d'aspetto sventra la stazione di Bologna; i morti sono 85 e 2000 i feriti. Accusati della strage sono Fioravanti e Mambro dei ☞ Nar. Gelli (☞ P2) condanato per depistaggio

Bolzaneto: Polizeikaserne in Bolzaneto (Stadtviertel von Genua)
*Im sogenannten Bolzaneto-Prozess werden mutmaßliche Misshandlungen von Demonstranten durch Polizisten und Wachpersonal im Rahmen des G8-Gipfels in Genua in der Polizeikaserne **Bolzaneto** verhandelt. Es gibt noch mehrere andere Verfahren, die sich mit Vorwürfen über Polizeiwillkür im Umfeld des G8-Gipfels befassen, z. B. mit der Klärung der Vorkommnisse an der **Scuola Diaz**, wo viele Globalisierungsgegener untergebracht waren und gegen die eine Razzia durchgeführt wurde*
*nessuna coscienza democratica può rimanere inerte di fronte alle notizie sugli episodi accaduti a **Bolzaneto** durante il G8 di Genova*
Scuola Diaz
*G8 a Genova: „La polizia ha infierito. La **scuola Diaz** come una macelleria". Testimonianza choc in aula del vice questore aggiunto Fournier*

Boves: Hochburg des Widerstands während des 2. Weltkriegs
Comune del Piemonte. Fu uno dei centri più attivi della resistenza nel Cuneese; nel 1943 e nel 1945 subì dure rappresaglie da parte dei tedeschi

Brescia: Leonessa d'Italia: die Löwin von Italien
Per l'eroismo dei suoi abitanti Brescia fu soprannominata „La Leonessa d'Italia": nel 1849, infatti, quando faceva parte del regno

Lombardo-Veneto, la città tenne testa eroicamente per dieci giornate (le ***dieci giornate di Brescia*** *al generale austriaco Haynau che, dopo averla assediata, la mise a ferro e fuoco*
Ciampi nella ***Leonessa d'Italia****, spartiacque tra il vecchio triangolo industriale del nordovest e il nordest della „fabbrica diffusa"*

calabrotto *(pej.)*: calabrese: kalabrisch, Kalabrier
sempre più spesso la security delle discoteche è coordinata da ***calabrotti****, come dicono da queste parti*

cavallo di **Caligola:** das Pferd des Caligula: Popanz *(in Anspielung an den Personenkult des Caligula, der sein Pferd zum Senator ernannt haben soll)*
noi abbiamo Magliaro che ha sì le sue idee, ma un curriculum all'altezza. Non candidiamo il ***cavallo di Caligola****, uno purchè sia*

Capaci: la strage di Capaci (Sicilia), nella quale fu ucciso il giudice Falcone: Mafiaanschlag im Jahre 1992

Caporetto: das italienische „Waterloo"
Il nome di Caporetto è legato alla dodicesima battaglia dell'Isonzo, detta appunto battaglia di Caporetto, fra la XIV armata (divisioni tedesche e austro-ungariche) e la II armata italiana. Il fronte italiano era ***crollato****, entro il 25 ottobre 1917, con una rapidità che suscitò allora e in seguito polemiche vivacissime. Ai primi di novembre, quando la battaglia di Caporetto poteva considerarsi conclusa, l'esercito italiano aveva perso 40.000 uomini tra morti e feriti e 265.000 prigionieri.*
crollato – zusammengebrochen
la ***Caporetto*** *commerciale colpisce l'industria chimica come il tessile tessile/un successo diventato una* ***caporetto***

Catania: Milano del Sud: Catania, das Mailand des Südens

Cefalonia: griechische Insel
la strage di Cefalonia: In quell'isola dell'Egeo, tra il 20 e il 22 settembre del 1943, 6.500 uomini della divisione italiana Acqui furono selvaggiamente massacrati da militari tedeschi dopo essersi arresi. L'ordine, impartito da Hitler, venne eseguito con determinazione inumana.

Chiantishire: Toskana
insomma, una disfida tra inglesi, o anglofili, che però amano l'Italia, o meglio il ***„Chiantishire"***

cupolone: San Pietro a Roma: Petersdom
all'ombra del ***Cupolone*** *i Poli giocano la partita-simbolo: Sette anni nella Capitale: Rutelli lascia un'eredità difficile*

spada di **Damocle:** Damoklesschwert
L'immigrato, una volta assunto, vivrà con la ***spada di Damocle*** *del licenziamento. O lavoro a vita sotto lo stesso datore di lavoro (o almeno per sei anni, il tempo di avere un permesso di residenza illimitato) o te ne torni a casa.*

le **Due Italie:** die beiden ungleichen Hälften Italiens, der reiche Norden und der unterentwickelte Süden
il secondo tema è, come dice Fazio, il tema delle ***Due Italie****, il dramma del divario Nord-Sud*

Eur: Esposizione Universale di Roma: **Roma Eur:** quartiere di Roma: Stadtviertel von Rom
1942 sollte in Rom als faschistisches Spektakel die Weltausstellung stattfinden. Dazu kam es nicht, aber das dafür angelegte Stadtviertel trägt noch immer diesen Namen.

Faccetta Nera: faschistisches Lied
continuavano a colpire cantando ***Faccetta Nera*** *e un inno a Pinochet*
la bufera sulla polizia: ***Faccetta nera*** *della Ps*

Firenze: città del **giglio:** Stadt der Lilie

foibe: foibe di Basovizza e Monterupino: die Dolinen von Basovizza und Monterupino
infoibati: Opfer des Massakers in den Dolinen
metodo da foibe: brutale Methode
atrocità perpetrate dai partigiani sloveni e croate durante l'occupazione di Trieste da parte di Tito
la ***foiba di Basovizza*** *dove gli slavi avevano precipitato vivi, legati fra di loro con il filo di ferro, migliaia di uomini*
come mai finora in Italia le ***foibe di Basovizza e Monterupino*** *non sono state dichiarate monumento nazionale come la* ☞ *risiera di San Sabba*

piazza **Fontana:** la strage di piazza Fontana
l'attentato del 12 dicembre '69 nella sede milanese della Banca Nazionale dell'Agricoltura, della quale, al momento, nessuno è stato di-

*chiarato colpevole. Sono tuttora aperti due filoni di indagini: uno del giudice istruttore di Milano che punta alla pista internazionale (la Cia), l'altro della procura di Milano che ritiene di doversi limitare a individuare gli esecutori materiali e i **mandanti** italiani (probabilmente gli estremisti di Ordine nuovo veneto e il gruppo della „Fenice" (tutti e due di destra).*

mandanti – Auftraggeber

Fosse Ardeatine: Ardeatinische Gräben

📖 ***cava di arenaria** nei pressi della via Ardeatina, alla periferia meridionale di Roma, dove durante la seconda guerra mondiale i tedeschi uccisero, il 24–25 marzo 1944, 335 tra ostaggi e detenuti politici e comuni, per rappresaglia a un attentato partigiano compiuto il giorno prima in via Rasella, in cui avevano perso la vita 33 soldati di un battaglione di SS. Sul luogo dell'**eccidio** sorge ora un mausoleo che raccoglie i resti delle vittime.*

cava di arenaria – Sandsteinhöhle
eccidio – Blutbad, Massaker

Anfim: Associazione nazionale delle famiglie dei martiri: Nationale Vereinigung der Angehörigen der Märtyrer *(die in den Ardeatinischen Gräben umgekommen sind)*

Fossoli: Konzentrationslager

*vari storici sostengono che i fascisti, dopo aver concentrato molti ebrei nel campo di **Fossoli**, cercarono di evitare la loro deportazione fuori dall'Italia*

furlan: friulano: friaulisch

*non ha ancora parlato al „pueblo" **furlan**. Come l'alleato Illy, è l'uomo meno comunicativo del mondo*

Gap: gruppi di azione patriottica: patriotische Aktionsgruppen ☞ **via Rasella**

gappista: Mitglied der patriotischen Aktionsgruppen

*dovevo coprire i **gappisti** se fossero stati attaccati*

garibaldino: modo garibaldino, alla garibaldina: wild entschlossen, kühn, mutig

📖 *con baldanza, in modo un po' avventato, di azione svolta con impeto generoso e spensierata audacia*

📖 ***Garibaldi** (1807–1882): militare e uomo politico*

Garigliano: Fluss, der die Trennlinie zwischen Mittel- und Süditalien bildet

📖 *fiume del Lazio, segna per un tratto il confine tra Lazio e Campania; durante la seconda guerra mondiale si svolsero lungo il corso del **Garigliano** aspri combattimenti nel quadro dei tentativi delle forze alleate di sfondare la linea difensiva tedesca (la cosidetta **linea Gustav**)*

*che cosa è avvenuto a Sud del **Garigliano**? Il Sud, privato dei suoi tradizionali **salvagente**, sarà capace di realizzare una economia più sana e più in linea con gli standard europei*

salvagente – Rettungsring, Rettungsanker

*il futuro è fosco a Sud del **Garigliano***

Genova: la **Lanterna:** Laterne

*verso le amministrative: la battaglia della **Lanterna** attraversa la sinistra e tutte le sue famiglie: il ministro Flick ha una parente con la coalizione e un fratello nella Lista civica*

la **Superba:** die Hochmütige

*e quel secolo poi è durato molto più di cent'anni ed è comunque il cuore di una esposizione dedicata ai quasi cinquecento anni che hanno costruito il mito di Genova „la **Superba**"; il periodo d'oro di quella Repubblica a cui i potenti del mondo si inchinavano chiedendo prestiti*

ghibellini: Gibellinen: Verfechter staatlicher gegenüber kirchlichen Interessen

📖 *sostenitore degli interessi imperiali contro le vedute teocratiche papali nell'Italia dei secoli XIII e XIV*

Ggs.: **guelfi**

*chi non sta da una parte o dall'altra, in Italia, chi non è né Guelfo né **Ghibellino** diventa automaticamente un peccatore*

gotico: gothisch, deutsch

la cultura **gotica:** düster, streng, angsteinflößend

linea gotica: deutsche Verteidigungslinie

📖 *linea di difesa apprestata dalle forze tedesche in Italia durante la seconda guerra mondiale, al fine di impedire agli alleati l'accesso alla pianura padana*

guelfi: Guelfen: Verfechter kirchlicher gegenüber staatlichen Interessen

📖 *sostenitore delle vedute teocratiche del papa contro gli interessi del partito favorevole all'imperatore nell'Italia dei secoli XIII e XIV*

Ggs.: **ghibellini**

questo binomio ha unito anche romani e milanesi, di solito ***guelfi e ghibellini*** *anche nel modo di divertirsi*

guelfi e ghibellini – wie Feuer und Wasser

Irpiniagate: mit dem Wiederaufbau nach dem Erdbeben von Irpinia verbundener Bestechungs- und Veruntreuungsskandal, in dem u. a. Ciriaco De Mita verwickelt war
*il 23 novembre del 1980 un terremoto devastatore provocò in 649 comuni dell'****Irpinia*** *la morte di 6000 persone, il ferimento di altre 10.000 e 300 mila ne lasciò senza tetto*

isole minori: die kleineren Inseln (außer Sardinien und Sizilien)
Alicudi Asinara Bergeggi Budelli Capraia Capraia Caprera Capri Elba Favignana Figarolo Filicudi Formiche Gallinara Gavi Giannutri Giglio Gorgona Ischia Isola cavoli Isola piana La Maddalena Lampedusa Levanzo Linosa Lipari Mal di Ventre Marettimo Molara Montecristo Nisida Palmaria Palmarola Panarea Pantelleria Pianosa Pianosa Ponza Procida Razzoli Salina San Domino San Nicola San Pietro Santa Maria Sant'Antioco Santo Stefano Santo Stefano Serpentara Spargi Stromboli Tavolara Tinetto Tino Ustica Ventotene Vivara Vulcano Zannone
ecco l'elenco delle voci tagliate: 77 milioni di euro per il potenziamento del trasporto via mare, 20 milioni (in tre anni) per ***le isole minori****, 10 milioni per il recupero dei centri storici*

Italiani brava gente: die anständigen Italiener
Italiani brava gente*, è un luogo comune. E infatti tutti si fidano*

Italietta: das kleine, beschauliche Italien, das sich mitunter mit verschlagenen Tricks durchzuschlagen weiß
*perché l'alternativa è un'orribile regressione all'****Italietta*** *furbastra*
Attenti al ritorno della vecchia ***Italietta*** *furbesca e farsesca*
*trovo sempre interessanti, per i risvolti umani e politici che riservano, le inchieste sull'****italietta*** *delle* ***spintarelle***

spintarella – Fürsprache, Empfehlung, Vitamin B

Banda **Koch:** faschistische Gruppierung mit Polizeigewalt 1943–1944
gruppo di fascisti che si raccolse intorno al giovane granatiere Pietro Koch. Esso operò non solo quale reparto speciale di polizia (1943–44) per reprimere gli antifascisti, ma per spiare diversi tipi di oppositori al regime, in una funzione di intelligence che si indirizzò anche verso uomini e organismi della stessa repubblica di ☞ *Salò*

Langhe: la guerra partigiana nelle Langhe: Partisanenkriegsschauplatz ☞ Alba
e poi ci sono le testimonianze dei lettori, di quelli che magari la ***Langa*** *l'hanno vista solo nelle pagine di Beppe Fenoglio*

piazza della **Loggia:** la strage di piazza della Loggia
alle 10 del mattino del 28 marzo 1974, in piazza della Loggia a Brescia scoppia un ordigno nascosto in un cestino di rifiuti mentre è in corso una manifestazione sindacale. Le vittime sono 8, i feriti 103. Il ***reperimento delle prove*** *fu reso più difficile dalla decisione di lavare subito la piazza. Lunga la ricerca dei colpevoli, attraverso tre istruttorie e diverse sentenze. Rimane uno dei misteri della storia d'Italia*

reperimento delle prove – Beweissicherung

sotto la **Madunina**(*dial*): Mailand (*unter Verweis auf den Domplatz von Mailand)*
camera di commercio: ***sotto la Madunina*** *le imprese più solide*

linia **Maginot:** Maginot-Linie: äußerste Grenze, letztes Wort
ammettiamo pure che Berlusconi riesca a recuperare l'ancora di salvezza del 25 per cento, il limite su cui ha fissato la sua ***Maginot***

marcantonio: ein Kerl von einem Mann
dal nome del personaggio storico Marco Antonio, rappresentato grande e grosso
esattamente l'opposto di Mario Baccini, un ***marcantonio*** *diplomato in ragioneria*

marcia su Roma: Marsch auf Rom *(am 27./28. 10. 1922 und Übernahme der Regierung durch die Faschisten)*
il candidato sindaco Negrini, un nonno alla ***marcia su Roma*** *...*
Libero, nuove iniziative editoriali: Feltri ***marcia su Roma***

Marcinelle: das Grubenunglück von Marcinelle
il disastro di Marcinelle fu una catastrofe avvenuta la mattina dell'8 agosto 1956 in una miniera di carbone situata a Marcinelle, nei pressi di Charleroi, in Belgio. L'incidente provocò 262 morti su un totale di 274 uomini presenti nella miniera. Per numero di morti nella storia dei minatori italiani emigrati, questa sciagura è

la terza più cruenta disgrazia dopo quella di Monongah e il disastro di Dawson
☞ *uno dei simboli di quegli anni è la tragedia di* ***Marcinelle****. Siamo nel 2008 e i morti sono quelli della Thyssen*

Marzabotto
📖 *All'alba del 29 settembre 1944, due reggimenti delle SS agli ordini del maggiore Reder circondarono il comune di Marzabotto e diedero l'avvio ad uno dei più feroci massacri della storia della resistenza italiana: vennero sterminate 1830 persone, più di 200 furono i bambini uccisi.*

Mazzini, Giuseppe: uomo politico italiano (1805–1872)
Associazione mazziniana italiana: Italienische Mazzini-Vereinigung
☞ *l'****associazione mazziniana*** *presieduta da Maurizio Viroli („Circa il 30 per cento dei nostri 3 mila soci sono massoni, come Giuseppe* ***Mazzini***"), *ha nominato Ciampi socio onorario*

Mezzogiorno: Süditalien
☞ *se in 150 anni di unità nazionale noi italiani non siamo riusciti a portare il nostro* ***Mezzogiorno*** *al livello del Centro-Nord, come potremo farlo con la Sierra Leone e il Burundi?*

il **Migliore:** Palmiro **Togliatti** (1893–1964), uomo politico italiano e segretario generale del ☞ PCI
Ercoli: Pseudonym von Palmiro Togliatti

Milano: città di Sant'Ambrogio: Mailand
ambrosiano: mailändisch
📖 *la diocesi di sant'Ambrogio, la diocesi più grande del mondo*
☞ *sabato scorso un'affollata assemblea di cattolici* ***ambrosiani*** *ha chiesto un maggiore coinvolgimento della base nella scelta del successore*
meneghino: mailändisch, mailändischer Dialekt
☞ *non ci sono alieni e diavoli, qui compaiono solo strani e curiosi tipi dalla parlata* ***meneghina***

Milano da bere: Mailand als Hochburg der Konsumgesellschaft
📖 *„Milano da bere" era una famosa pubblicità di una bevanda, che c'era negli anni ottanta, ed era diventato lo slogan di quegli anni che faceva riferimento a Milano come la città più produttiva e agli anni ruggenti del consumismo durante il Craxismo*
☞ *i milanesi sono in* ***gramaglie****: ancora pochi mesi e il Baretto e il St. Andrews, locali mitici della* ***Milano da bere****, chiuderanno i battenti*
essere in gramaglie – Trauer tragen

Minculpop: Ministerium für Volkskultur *(während des italienischen Faschismus)*
☞ *l'Italia ha memoria di ciò che avvenne negli anni '20 e non permetteremo che nessun* ***Minculpop*** *in versione mediatica violi la libertà della cultura del nostro Paese*

Napoli: Partenope: la città **partenopea:** città **vesuviana:** Neapel
☞ *la polizia* ***vesuviana****/ gli studenti* ***partenopei***

Osimo: trattato di Osimo: Vertrag von Osimo
📖 *Il 1° ottobre 1975, dopo lunghe e delicate trattative, i governi italiano e jugoslavo raggiunsero un accordo per una sistemazione definitiva delle questioni confinarie che erano rimaste aperte in seguito alla seconda guerra mondiale e che avevano provocato alcuni momenti di tensione fra i due paesi.*
☞ *il trattato di* ***Osimo*** *fu firmato quasi* ***alla chetichella***
alla chetichella – in aller Heimlichkeit

Ovra: Politische Polizei während des faschistischen Regimes
📖 *mai fu determinato ufficialmente il significato preciso di „Ovra", sigla intesa variamente come Organizzazione di vigilanza e repressione dell'antifascismo, Organo di vigilanza dei reati antistatali, Opera volontaria di repressione antifascista ecc. La parola „Ovra", a quanto pare, fu inventata da Mussolini in persona. Pare che il Duce scegliesse il termine Ovra per il suono misterioso e inquietante.*
☞ *la verità sui rapporti fra Ignazio Silone e l'****Ovra****/... mise le mani avanti ricordando i numerosi falsi preparati dall'****Ovra***

Padova: la **Città del Santo:** Padua

Primavera di **Palermo:** Frühling von Palermo *(durch die Amtszeiten von Leoluca Orlando, Bürgermeister der Stadt von 1985 bis 1990 und von 1993 bis 1999, geprägte Renaissance der Stadt)*
☞ *Pintacudo diventa l'ideologo di un nuovo movimento, „la Rete" e destinato ad aprire la stagione della* ***Primavera di Palermo***

Paludi pontine: das pontinische Sumpfgebiet *(unter Mussolini trockengelegt, ☞ Sabaudia)*
*☞ è come quando nelle discussioni da **scompartimento** si dice che Mussolini faceva arrivare i treni in orario e ha bonificato le **paludi Pontine***
scompartimento – Zugabteil

Parma: città ducale: die Fürstenstadt Parma
*☞ Elisabetta Canalis è solo la terza bellezza conquistata dal fascino della **città ducale** e dei suoi giocatori*

Piave: fiume del Veneto
📖 ***battaglia del Piave** (prima guerra mondiale): Dopo la sconfitta italiana di ☞ Caporetto il generale italiano Cadorna completò il 9 novembre 1917 la ritirata sulla riva destra del Piave ... Nel giugno 1918 la lotta si riaccese violenta in seguito alla decisione del comando supremo austriaco di sferrare una grande offensiva su quasi tutto il fronte ... Sul Piave il generale austriaco Borojevic fu in grado di superare la resistenza italiana e di costituire sulla riva destra del fiume quattro teste di ponte ... La decisa resistenza italiana bloccò l'avanzata austriaca ... Con il ritorno degli austriaci sulla sponda sinistra del fiume nella giornata del 24 giugno 1918 la grande battaglia del Piave poteva dirsi conclusa con una secca sconfitta per gli imperi centrali.*
linea del Piave: äußerste Grenze
*☞ oggi ☞ Bankitalia si trova a dover difendere la linea del **Piave***
*☞ ha definito il confronto „il nostro **Piave**"*

piazzale Loreto: *am 10. August 1944 ließ der SS-Hauptsturmführer Saevecke 15 politische Gefangene auf dem Piazzale Loreto in Mailand als Racheakt für einen Anschlag auf einen deutschen Militärlastwagen hinrichten; der Platz wurde zum Symbol des Widerstands: Nach der Befreiung vom faschistischen Regime wurde Mussolini auf dem Piazzale Loreto kopfüber aufgehängt*
*☞ idee simili hanno portato Mussolini a **piazzale Loreto**. Pensa che Fini rischi un **piazzale Loreto**?*
*☞ e per gli altri fascicoli dei crimini nazifascisti, da Sant'Anna di Stazzema a Barletta, da Fossoli a **piazzale Loreto**, chi chiede l'ordine di sotterrarli, di nasconderli?*

Penisola: Halbinsel: Italien
*☞ e questo può anche incidere sui dati delle immatricolazioni nella **Penisola***

Pnf: Partito nazionale fascista: Nationale Faschistische Partei *(ehem.)*

Po: il **grande fiume:** der Po
*☞ chi abita lungo le sue sponde lo chiama, con rispetto, il **grande fiume**. Il Po, questo signore della Pianura Padana*

Ponte: il Ponte sullo Stretto di Messina: (Projekt einer) Brücke über die Meerenge von Messina
*☞ il collegamento Calabria-Sicilia garantirebbe una continuità territoriale e porterebbe alla costituzione di un corridoio strategico tra Europa e Africa: Perché quel **Ponte** si deve fare*
*☞ impegnati a guidare la rivolta degli isolani a Roma al grido „U **ponti** u vulimu". Rincuorati, nello stesso periodo, dallo stesso Berlusconi che garantiva ai suoi elettori „U **ponti** vi facimu"*

Ponzio Pilato /pilatesco: wenig entscheidungsfreudig
*☞ chi lavora con loro descrive Aloisi de Larderel come una specie di **Ponzio Pilato** che evita di prendere le persone di petto e rifugge le decisioni difficili*

Porta Pia: *Einzug der italienischen Truppen durch die Porta Pia am 20. 9. 1870 nach Rom und damit Beendigung des Kirchenstaats*
*☞ la questione cattolica non è marginale, ma è un tema che attraversa la storia italiana da **Porta Pia** a oggi*

la strage di **Portella della Ginestra:** Blutbad von Portella della Ginestra
📖 *Il 1 maggio 1947 si tornava a festeggiare la festa dei lavoratori, abolita durante il regime fascista. Circa 2000 lavoratori si riunirono nella vallata di Portella della Ginestra, nei pressi di Palermo, per manifestare contro il latifondismo. Su questa folla in festa partirono, dalle colline circostanti, delle raffiche di mitra che lasciarono sul terreno 11 morti (9 adulti e 2 bambini). Solo quattro mesi dopo si seppe che a sparare materialmente furono gli uomini del bandito separatista Salvatore Giuliano.*

Prato: la città degli stracci: Prato, die Hochburg der Textilindustrie, „Klamottenstadt"

pretoriano: la guardia pretoriana: Leibgarde: Aufpasser, Haremswärter
*☞ a proposito, i **pretoriani** di Forza Italia sarebbero parecchio arrabbiati con Mario Giordano perché non darebbe sufficiente spazio a Berlusconi*

quindicina: *bis zum Verbot der Prostitution der gesetzlich bedingte vierzehntägige Umzug der Prostituierten von einem Freudenhaus in das nächste*

📖 *fino al 1958 in Italia la prostituzione era legale ma era però esercitata esclusivamente nei casini o case chiuse, dove le prostitute erano sottoposte al controllo medico e giuridico dello Stato. Per legge però, una prostituta non poteva fermarsi in un casino per più di quindici giorni. Da qui il nome di quindicina, che era la pattuglia di prostitute che, ogni quindici giorni, migravano da un casino all'altro, girando le case chiuse di tutta l'Italia*

*Totò lanciò un severo monito agli italiani nostalgici delle „**quindicina**" e della maitresse alla cassa*

Risorgimento: Risorgimento, *das Wiederaufstehen*

📖 *Il periodo di lotte per la liberazione dal dominio straniero, culminato con l'unificazione d'Italia nel 1870, è noto come **Risorgimento**. Nel 1848, i patrioti insorsero contro gli austriaci a Milano e a Venezia, i Borboni in Sicilia e il papa a Roma, dove fu addirittura instaurata la repubblica. I moti rivoluzionari, però, erano troppo localizzati, e rientrarono; nel 1859 il movimento era meglio organizzato, con Vittorio Emanuele II di Savoia al comando. In due anni, fu conquistata tutta l'Italia, tranne Roma e Venezia, che si arresero nell'arco di un decennio.*

*scelgo un partito che reca nelle sue pieghe almeno un buon odore di **Risorgimento**, ma non ho nessuna speranza che i monarchici mi capiscano*

Rocco, Alfredo (1875–1935): giurista e uomo politico italiano

📖 ***Rocco** è stato l'artefice del codice penale e di procedura penale, del testo unico di pubblica sicurezza e del regolamento penitenziario, emanati tra il 1930 e il 1931, con cui è stato creato un sistema di leggi penali congeniali alle esigenze ideologiche, politiche ed economiche del regime fascista*

codice Rocco: Gesetzbuch aus der Zeit des Faschismus

*... riesumato dal Regio Decreto, una sorta di codice **Rocco** della scuola*

Roma: l'**Urbe: città eterna:** die ewige Stadt

*prima giornata di sole tra i vicoli dell'**Urbe**/negli affreschi, storie e leggende sulle origini dell'**Urbe***

Roma **ladrona**, Roma **sprecona:** Rom – *und damit die Regierung – die das Geld verschwendet und unterschlägt*

*al di là della contrapposizione ideologica nei confronti di „**Roma ladrona**"/una classe dirigente **ladrona***

Lupa: die Wölfin: Rom

*primeggia la **Lupa** pure nella classifica dei nuclei supercreativi, anche se tallonata da vicino da una Trieste in ascesa*

saluto **romano:** Faschistengruß

Sabaudia: comune (12.000 abitanti) del Lazio

📖 *Fondata nel 1933 in seguito all'operazione di ☞ bonifica della regione pontina (le ☞ Paludi pontine), Sabaudia, il cui nome intendeva esaltare la famiglia regnante, ha una struttura urbanistica a pianta romboidale. Nonostante gli sforzi del regime fascista per dare successo alle proprie ambiziose realizzazioni urbanistiche, lo sviluppo demografico cittadino procedette con ritmi assai inferiori a quelli voluti; ancora oggi, la città è ben lontana dal raggiungere la completa urbanizzazione.*

San Sabba: lager della **Risiera di San Sabba:** SS-Vernichtungslager 1943–1945

📖 *campo tedesco di transito per ebrei verso Auschwitz ed oltre; l'unico lager nazista in Italia ad avere un forno crematorio*

Salò: Repubblica di Salò

RSI: Repubblica Sociale Italiana: Italienische Sozialrepublik

📖 ***RSI**: sorta durante la seconda guerra mondiale nei territori italiani occupati dalla Germania, dopo l'**armistizio** dell' 8 settembre 1943. In realtà il nuovo stato fu politicamente vassallo della Germania. La sede è stata a Salò, sul lago di Garda, per cui la RSI venne comunemente chiamata „Repubblica di Salò". Cessò di esistere con la **resa** di Milano, il 25 aprile 1944.*

armistizio – Waffenstillstand
resa – Kapitulation

repubblichini: Anhänger/Mitglieder der Italienischen Sozialrepublik

X Mas: Decima Mas: X° flottiglia Mas (Motoscafi Anti Sommergibile): der „X. Mas"-Verband: Autonomer Kampfverband der Kriegsmarine der Italienischen Sozialrepublik

decumani: Angehörige des „X. Mas"-Verbands
📖 *contro le forze della resistenza fu impiegato lo scarso esercito repubblicano e poi furono costituiti reparti autonomi (**Brigate nere**, comandate da Pavolini; **X MAS**, comandata da Valerio Borghese) e bande irregolari (☞ Koch, Carità) che si segnalarono per crudeltà ed **efferatezza**.*
efferatezza – Rohheit

MAS: memento audere semper: denke daran, immer etwas zu wagen

Gnr: Guardia nazionale repubblicana: Volksmiliz der Italienischen Sozialrepublik

Savoia: Casa Savoia: das Herrscherhaus der Savoyer
📖 *con la proclamazione della Repubblica Italiana (1946), la famiglia **Savoia** perse la funzione di casa regale e fu costretta all'esilio*

rientro dei Savoia: Rückkehr des Herrscherhauses nach Italien
👓 *l'appello alla pacificazione e la ☞ lancia spezzata dal Presidente della Repubblica Oscar Luigi Scalfaro in favore del **rientro dei Savoia** in Italia inducono a qualche riflessione sui ritardi della classe politica italiana*
👓 *in Casa **Savoia** vigeva una **regola ferrea** che era ...*
regola ferrea – Eiserne Regel

sabaudo: savoyisch
👓 *il premio della simpatia però va a un baffuto commesso con la coccarda tricolore al braccio e singolare aspetto **sabaudo***

eccidio di **Schio:** Massaker von Schio
📖 *l'Eccidio di Schio è il massacro compiuto nella notte tra il 6 e il 7 luglio 1945 (quindi dopo la fine della guerra) a Schio, da un gruppo di partigiani della ex-divisione garibaldina „Ateo Garemi" e della polizia ausiliaria (istituita alla fine della guerra e composta da partigani)*
👓 *i familiari e la riconciliazione: „**Schio** ci unisca nel ricordo"*

Scilla e Cariddi: Szylla und Charybdis
👓 *si batte per un sì definitivo all'attraversamento stabile tra **Scilla e Cariddi** (☞ il ponte sullo stretto di Messina)*
👓 *librato tra **Scilla e Cariddi**, capisco che Prodi tiri a **campare***
tra Scilla e Cariddi – zwischen Szylla und Charybdis
campare – sich durchmogeln

sciuscià: Schuhputzer (*nach „shoe shine"*), jugendlicher Gelegenheitsarbeiter
📖 *durante l'occupazione dell'Italia, successiva alla seconda guerra mondiale, ragazzo che si prestava a umili servizi, o trafficava più o meno illecitamente con i soldati anglo-americani (specialmente in Sicilia)*
👓 *i nuovi **sciuscià** sono intorno a noi: sono bambini di origine cinese, figli di immigrati probabilmente irregolari, destinati allo sfruttamento*

Serenissima: Serenissima Repubblica: Republik von Sankt Markus, Venezianische Republik

Settentrione: Norditalien
👓 *segnali di dinamismo nel **Settentrione**, la crescita complessiva però resta moderata*

Stazzema: Sant'Anna di Stazzema
📖 *Stazzema, provincia di Lucca, luogo di sofferenza e di sangue, dove le SS, il 12 agosto del '44, uccisero 560 civili, uno dei prezzi più alti pagati dalla resistenza lungo la ☞ linea gotica*

Stivale: Stiefel: Italien
👓 *la Padania, una volta staccata dal resto dello **Stivale** ...*

Stretto di Messina: Meerenge von Messina
oltre lo stretto: Sizilien
👓 *ma se state pensando di comprare un paio di ruspe e tentare la fortuna **oltre lo stretto** fareste meglio a fare una chiacchierata con un costruttore come Mangiapane*

strage di **Superga:** das Flugzeugunglück von Superga
📖 *nel 1949 l'aereo della Torino Calcio proveniente da Lisbona si schiantò proprio contro la muragine della Basilica. Persero la vita 31 dei 33 giocatori campioni d'Italia, quella squadra in cui tutta la nazione credeva e di cui amava il gioco e il grande senso d'amicizia che li univa. E per questo che quel Torino Calcio venne consacrato nei cuori di tutti i granata e non*

tacco d'Italia: Stiefelabsatz
👓 *il faro di Punta Palacìa, nel Salento: **tacco d'Italia***

Taranto: città dei due mari: Taranto, die Stadt an den zwei Meeren
👓 *certo è solo un'onda nello tsunami economico che ha travolto la **città dei due mari***

Termopili: Ort der Entscheidungsschlacht zwischen Griechen und Perser: *syn. für:* Entscheidungsschlacht

📖 ***valico*** *della Tessaglia nella Grecia centro-orientale; l'importanza tattica del passo delle Termopili fece sì che, durante le guerre persiane, i greci vi concentrassero le forze terrestri per* ***sbarrare*** *la strada ai persiani, ma Serse, con un'abile manovra di* ***aggiramento****, sorprese alle spalle i greci ...*
valico – Gebirgspass
sbarrare – versperren
aggiramento – Umzingelung
sono un combattente che parte per le ***Termopili****; ho misurato bene le forze in campo*

Torino: la città **subalpina:** Turin
la **Mole:** la Mole Antonelliana: *von Antonelli im Jahre 1897 fertiggestelltes Gebäude, das als Museum und Ausstellungsort dient und als Symbol der Stadt Turin gilt*
da quando è scattato l'ultimatum di Fini, ***sotto la Mole*** *sono state raccolte 14 mila adesioni*

Tricolore: Trikolore, italienische Flagge
Bicentenario del Tricolore: Zweihundertjahrfeier der Tricolore
domani a Reggio Emilia le celebrazioni per il bicentenario della bandiera con il Presidente Scalfaro. Ma quel simbolo è nato nel segno della discordia: ***Tricolore****, duecento anni di litigi*

tricolore: italienisch
Gino Bellotto è l'ad di Commerzbank Asset Management Italia, nuovo braccio ***tricolore*** *della banca tedesca*

Triveneto: Veneto, Friuli e Trentino – Alto Adige: il **Nordest:** Nordostitalien
c'è un malcontento diffuso nel ***Triveneto****, del quale le parrocchie si fanno ora portavoce*

Ustica: la strage di Ustica: Flugzeugabsturz bei Ustica; wichtige zur Aufklärung benötigte Dokumente wurden von der NATO lange nicht freigegeben
📖 *esplosione di un DC 9 dell'Itavia (27 giugno 1980, 81 vittime): lungo tutta la rotta che avrebbe dovuto portare il DC 9 a Palermo, l'aereo fu seguito, controllato, usato da caccia di quattro nazionalità. Uno o forse due Mig libici si nascosero ai radar, all'ombra della sua scia. Tre* ***intercettori*** *F-104 italiani decollati da Grosseto ne seguirono il volo fino a venti minuti dall'esplosione e uno di questi lanciò per tre volte il codice d'allarme. Caccia francesi decollati dalla Corsica operarono nel Tirreno prima, durante e dopo la strage. Il radar inquadrò anche il serbatoio supplementare di un* ***caccia*** *Corsair Usa, poi recuperato in mare.*
intercettore – Abfangjäger
caccia – Jagdflugzeug, Jäger
Ustica *è una metafora che gronda sangue. Segnala i poteri occulti dei corpi separati, è il soffocamento sistematico e* ***pervivace*** *della democrazia italiana*
pervivace – hartnäckig

Vajont: durch Fahrlässigkeit herbeigeführter Bruch der Stauseemauer des Vajont-Stausees, bei dem 1963 in Folge der Überschwemmung zweitausend Menschen das Leben verloren
L'Italia è piena di ***Vajont****, pronti a esplodere se non ci sarà un'attenzione ecologica e civile*

ridotto in Valtellina: Rückzug ins Valtellina: sich in einem Zufluchtsort verschanzen *(Mussolini wollte sich mit seinen letzten Getreuen ins Valtellina zurückziehen und dort neue Kräfte sammeln)*
non suona benissimo, questa strategia di ripiegamento: pare il ***ridotto in Valtellina*** *dell'ultimo Mussolini*

Venezia: la **Serenissima:** la **città lagunare:** die Lagunenstadt: Venedig

veneziani gran signori: *Stereotyp über die Venezianer*

Ventennio: il **Regime:** das zwanzigjährige faschistische Regime (1922–1945)
dagli edifici ai nomi, polemiche per il progetto di recupero del centro pontino fondato durante il ***Ventennio****: una firma di sinistra per* ***Littoria***
📖 ***Littoria****: während des faschistischen Regimes erbaute Stadt, heute* ***Latina***
littorio: faschistisch
il lungo viaggio attraverso i cervelli ***littori*** *non è approdato a una lettura indulgente*

Verona: la città di **Giulietta e Romeo:** die Stadt von Romeo und Julia: Verona
la **città scaligera**

via Fani: luogo del rapimento di **Aldo Moro:** dort wurde am 16. 3. 1978 der damalige Vorsitzende der **Dc** Aldo Moro von den „Roten Brigaden" entführt, die ihn dann zwei Monate später ermordeten

via Rasella: Via Rasella in Rom: dort fand am

23. 3. 1944 ein Bombenattentat italienischer Partisanen gegen deutsche Truppen statt
📖 *l'attentato di **via Rasella** provocò la rappresaglia dei tedeschi che sfociò nell'eccidio delle ☞ Fosse Ardeatine ☞ Gap*
*Togliatti non glorificò mai l'attentato di **via Rasella***

viceré: Vizekönig: Statthalter, uneingeschränkter Chef
*non mediano con nessuno, continuano le loro scorribande, le loro intimidazioni, lentamente sembrano diventare i **viceré** del casertano*
*l'investitura di Veltroni a **viceré** lombardo del centrosinistra è ben vista anche dagli altri partner*

Vucciria: Stadtviertel und Markt in Palermo
📖 *il nome della **Vucciria** viene dai dominatori francesi che la chiamavano* boucherie: *macelleria*
*la **Vucciria** è un mito che sopravvive ormai solo per i turisti*

6.4. Località internazionali
Internationale Ortsbezeichnungen

L'Aia	Den Haag
Alsazia	Elsass
Anversa (anversese)	Antwerpen
Aquisgrana	Aachen
Assia	Hessen
Augusta	Augsburg
L'Avana	Havanna
Basilea	Basel
Bassa Sassonia	Niedersachsen
Bosforo	Bosporus
Brunswick	Braunschweig
Città del Capo	Kapstadt
Capo di Buona Speranza	Kap der Guten Hoffnung
Carinzia	Kärnten
Cecenia	Tschetschenien
Cervino	Matterhorn
Cisgiordania	Westjordanland
Corno d'Africa	Horn von Afrika
Lago di **Costanza**	Bodensee
la Cornovaglia	Cornwall
Estremo Oriente	Fernost
le Fiandre	Flandern
Terra del Fuoco	Feuerland
Galles	Wales
Gand	Gent
Giakarta	Jakarta
Giava	Java
Gibilterra	Gibraltar
Grigioni	Graubünden
Lago dei Quattro Cantoni	Vierwaldstätter See
Liegi	Lüttich
Lione	Lyon
Lipsia	Leipzig
Lovanio	Leiden
Lubecca	Lübeck
Magonza	Mainz
Canale della **Manica**	Ärmelkanal
le Isole della **Manica**	Kanalinseln
Mare Baltico	Ostsee
Meclemburgo-Pomerania occidentale	Mecklenburg-Vorpommern
Medio Oriente	Naher Osten
Meno	Main
Norimberga	Nürnberg
Paesi Baschi	Baskenland
Paesi Bassi	Niederlande
Piana dei Merli	Amselfeld
Ratisbona	Regensburg
Renania Palatinato	Rheinland-Pfalz
Renania Settentrionale-Vestfalia	Nordrhein-Westfalen
Rodano	die Rhone
Salonicco	Thessaloniki
Selva Bavarese	Bayrischer Wald
Selva Nera	Schwarzwald
Selva di Teutoburgo	Teutoburger Wald
Selva Turingia	Thüringer Wald
Senna	die Seine
Settemonti	Siebengebirge
Slesia	Schlesien
Spalato	Split
Spira	Speyer
Sprea	die Spree
Stiria	Steiermark
Stoccarda	Stuttgart
Svevia	Schwaben
il **Tamigi**	Themse
Terra del Fuoco	Feuerland
Terranova	Neufundland
Tangeri	Tanger
Transilvania	Siebenbürgen
Treviri	Trier
Tubinga	Tübingen
Turingia	Thüringen
Varsavia	Warschau

Visurgi	die Weser
Vosgi	die Vogesen
Zagabria	Zagreb

Albione: Inghilterra: England
☞ *o resterà in Italia, presumibilmente all'Udinese, nel caso in cui Pizarro dovesse passare alla Juventus, oppure partirà per l'Inghilterra. In terra d'**Albione** sembrano infatti essere molte le squadre interessate a lui*

Paese delle **Aquile:** Albanien

Amba Aradam: *Bergmassiv in Äthiopien und Ort der siegreichen Abessinienschlacht der italienischen Truppen*
ambaradan: Durcheinander, Chaos
☞ *tipetto aggressivo, sguardo d'acciaio, visibilmente seccato per l'**ambaradan** montato dalla stampa portoghese*

essere **arabo:** einem spanisch vorkommen, unverständlich sein
☞ *questi congressi dei partiti italiani continuano ad essere **arabo** puro per il comune spettatore*

Beozia: Böotien: Land der Schwachköpfe, „Dummhausen"
☞ *è colpa loro, se la scuola italiana è ridotta ad un accampamento della **Beozia**?*

bronx: kriminelles/sozialschwaches Stadtviertel
☞ *Aziz viveva nel **bronx** della città, Parco Arancio (Pagani), noto soprattutto agli investigatori per la fiorente attività di spaccio*

Paese dei **Cedri:** das Land der Zedern: Libanon

Celeste Impero: das Reich der Mitte (China)
☞ *potere e contropotere nel **Celeste Impero** – ai vertici dello Stato, i cinqui uomini che decidono la rotta del gigante dell'Asia*

Cindia: China und Indien
☞ ***Cindia**, occhio alla superpotenza che può nascere da Cina e India*

crucchi: Deutsche
☞ *noi qui i tedeschi li chiamiamo „**cròvatt**" o anche **crucchi**, in modo tutt'altro che elogiativo (Umberto Bossi)*

Grande Mela: Big Apple: New York
☞ *New York si avvicina: in 13 ore nella **Grande Mela** grazie al volo diretto da Pisa*

Impero di Mezzo: Reich der Mitte: China

Isola di Bellezza: Corsica: Korsika, die Insel der Schönheit

italiani emigrati negli Usa: Bezeichnungen für italienische Emigranten in den USA
Bologna/baloney *(verballhornte Form)*: sta per mortadella oppure per fesseria
Dago: *da* daga *(Degen)* oppure da Diego *(assimilazione errata con gli spagnoli)*
Tony: *da* Antonio *oppure da* To New York *(dove arrivarono in tanti dall'Italia)*
Wino: *da* vino
Wop/Whop: *da* **guappo** *(Camorra-Mitglied; Raufbold) oppure da* without papers *(Ausländer ohne gültige Aufenthaltstitel) oppure da* working on pavement *(lavapavimenti/Straßenreiniger)*

Muro del pianto: Klagemauer
☞ *deputata, tesoriera dell'Idv, Silvana **Mura** non conosce la storia del suo partito: è proprio la **Mura del pianto***

oltrefrontiera: jenseits der Grenzen, im Ausland
☞ *la partecipazione a fiere internazionali provvederà a diffondere la nostra immagine **oltrefrontiera***

panzer: Deutsche
☞ *vola la locomotiva tedesca: „Borse, attenti agli eccessi": I **panzer** non si fermano e i tassi puntano al 4%*
☞ *Baby-**panzer** Hamann è il prediletto del Trap: un'autentica **corazzata***
corazzata – Panzerkreuzer

Perù: Peru
valere un Perù: Gold wert sein
☞ *un consiglio che **vale un Perù***

portoghese: Schwarzfahrer
☞ *una maggiore capacità di controllo sugli evasori e i **portoghesi** del Welfare*
☞ *si limitano a **intercettare** i **portoghesi***
intercettare – abfangen

Oltralpe: Frankreich, Schweiz
☞ *la Fiat è risultata la marca più competitiva **Oltralpe**/uno dei grandi chef d'**Oltralpe***

Oltremanica: Großbritannien

✍ *„ci fa piacere che l'Inghilterra si preoccupi di noi", **chiosa** ironica su una critica d'**Oltremanica** a proposito delle nostre frontiere*
chiosa – Randbemerkung

oltreoceano: oltreatlantico: Übersee: USA
✍ *i puristi d'**oltreatlantico** non gli perdonavano i cedimenti commerciali, i miliardi discografici e i concerti al Central Park*

RSM: la Repubblica di San Marino: die Republik San Marino
Titano: San Marino (perché situato sui fianchi del monte Titano)
✍ *da 24 ore il **Titano** è sotto sorveglianza fiscale. Verifica sulle merci, accertamenti dei documenti …*
✍ *il governo del **Titano***
Arengo: Istanza d'Arengo: Versammlung der Wahlberechtigten
Consiglio Grande e Generale: der Große und Allgemeine Rat: Parlament der Republik San Marino
Consiglio dei XII: Rat der 12: Oberster Richterrat
📖 *i membri sono scelti ed eletti nell'ambito del Consiglio Grande e Generale; è organo giudiziario e di giustizia amministrativa che ha, altresì, funzione di tribunale di III° istanza.*
Capitani reggenti: die „Regierenden Hauptleute": die beiden Staatschefs von San Marino
📖 *vengono nominati a rotazione*
Eccellentissima Reggenza: Staatskanzlei von San Marino
Colleggio Garante della Costituzionalità delle Norme: Verfassungsgerichtshof von San Marino
Congresso di Stato: der Staatskongress: Regierung von San Marino
📖 *il potere esecutivo è affidato a due **Capitani reggenti**, eletti dal **Consiglio Grande e Generale** ogni sei mesi, i quali svolgono le funzioni di capi dello Stato e presiedono il **Congresso di Stato**; composto da 8 Segretari di Stato*
Segretario di Stato per gli Affari Esteri e Politici, la Programmazione Economica e la Giustizia: Außenminister und Regierungschef
Sindaci di Governo: (die beiden) Regierungsbeauftragten *(vertreten den Staat vor Gericht)*
Partiti di San Marino:
Ans: Alleanza Nazionale Sammarinese: San-marinesische Nationale Allianz
Ap: Alleanza Popolare: Volksallianz
Arengo e Libertà: Arengo und Freiheit
Democratici di Centro: Zentrumsdemokraten
Noi Sammarinesi: Wir San-Marinesen
Nps: Nuovo Partito Socialista: Neue Sozialistische Partei
Pdcs: Partito Democratico Cristiano Sammarinese: San-marinesische Christlich-Demokratische Partei
Popolari Sammarinesi: San-marinesische Volksdemokraten
Psd: Partito dei Socialisti e dei Democratici: Partei der Sozialisten und Demokraten
Sammarinesi per la Libertà: San-Marinesen für die Freiheit
Su: Sinistra Unita: Geeinte Linke
Sindacato di San Marino:
Cdls: Confederazione Democratica Lavoratori Sammarinesi: San-marinesischer Demokratischer Arbeitergewerkschaftsbund
giunta di castello: Gemeinderat (insgesamt 9 Gemeinden: San Marino, Acquaviva, Chiesa Nuova, Borgo Maggiore, Fiorentino, Montegiardino, Faetano, Domagnano, Serravalle)

montagne russe: Achterbahn
✍ *il mondo finanziario resta sulle **montagne russe**/… scongiurare la messa in mora della società. Sono le **montagne russe** della Roma Calcio provocate dalla gestione Sensi*

Oltrecortina: jenseits des Eisernen Vorhangs
✍ *dal terremoto del '76, quando la regione diventa mito di buona gestione, preludio del federalismo, persino faro di politica estera nei rapporti con l'**Oltrecortina***

Palazzo di Vetro: Uno-Glaspalast *(Hochhaus der Uno in New York)*

perfido (da: „la **perfida Albione**"): Engländer, Brite
✍ *definisce gratuiti insulti i giudizi espressi dal quotidiano inglese e ridicolizza il **perfido** Tobias Jones*

riserva indiana: Indianerreservat: Nischendasein, Nische, Zurückgezogenheit
✍ *„Tribù", post tiggì di mezzogiorno fa ascolti da **riserva indiana***

rossocrociati: Eidgenossen, Schweizer

È proprio l'anno della Svizzera: Wimbledon incorona Federer. Dopo la Coppa America di vela, un'altra prestigiosa competizione premia i ***rossocrociati***

secondos: die zweite Generation der italienischen Einwanderer in der Schweiz
*mentre in Ticino i „**secondos**" che si considerano di lingua italiana sono attorno al 67%, nella Svizzera francese la percentuale che adotta la lingua locale è dell 80%*

Senna: Seine: Paris
*l'ambasciatore a Parigi scade a maggio: tre uomini in cerca di **Senna***

Sol Levante: Land der aufgehenden Sonne: Japan

bandiera a **stelle e strisce:** Sternenbanner, Stars and Stripes
a **stelle e strisce**: amerikanisch
*come dimostra anche il caso di Eds Italia, colosso **a stelle e strisce** dell'information technology*

Studio Ovale: Oval Office, Büro des Präsidenten der Vereinigten Staaten von Amerika

Terrasanta: das Heilige Land: Israel

teutonico: teutonisch: deutsch
*„Un posto al sole" fa più ascolti nella **teutonica** Bolzano che nella mediterranea Palermo*

Torri Gemelle: Twin Towers, World Trade Center in New York
*dopo il crollo delle **Torri** il 66 per cento considera meno importante le spese per le vacanze accantonate in favore di altri investimenti*

transalpino: französisch
*importanti cambiamenti in vista nella sanità francese. Nonostante il sistema **transalpino** sia considerato uno dei migliori al mondo ...*

Vecchio Continente: der alte Kontinent: Europa

zio Sam: Uncle Sam: USA
*se fosse il momento dello **zio Sam**?*

6.5. Feste
Feste

Ballo dei diavoli (abballu de li Diavuli): Teufelstanz, Folkloreveranstaltung in Prizzi auf Sizilien *(Ostern)*

Befana: Epifania: Re Magi: Heilige Drei Könige, Erscheinung des Herrn (6. Januar)
*La vecchia bruttissima ma generosa del mondo fantastico dei fanciulli, che scendendo per la cappa del camino, porta doni ai bambini buoni e ai cattivi lascia solo carbone, nella notte precedente l'**Epifania** (della quale la **Befana** è la personificazione nel folclore)*
*soprattutto regole che diano ai cittadini la sensazione che non esiste una **Befana** di Stato per i pentiti/lo Stato non può essere una **Befana***

calcio storico: alljährlich in Florenz veranstaltetes historisches Fußballturnier, das wegen seiner besonders rauhen Gangart berühmt ist und an dem folgende Stadtteilmannschaften teilnehmen:
gli **Azzurri** di Santa Croce
i **Verdi** di San Giovanni
i **Bianchi** di Santo Spirito
i **Rossi** di San Frediano

Capodanno: Neujahr
botti: Böller
*in tutta Italia, in particolare a Napoli, fuochi d'artificio e **botti** cacciano i fantasmi dell'anno vecchio e danno il benvenuto a quello nuovo*
vigilia: Silvesternacht
*candele a forma di spaghetti da mettere a tavola per la cena della **vigilia***

Carnevale di Viareggio: Karneval von Viareggio *(im Februar)*
*per il premio **Viareggio** la letteratura diventa un **carnevale**: **Viareggio** non è per caso una delle capitali del **Carnevale**. Aver mescolato il **Carnevale** con il Premio è stata un'illuminazione geniale*

Festa degli Aquiloni: Drachenfest in San Miniato *(erster Sonntag nach Ostern)*

Festa dei Candelieri: Prozession der Kerzenträger in Sassari *(16. August)*

Festa dei ceri: traditionelles Wettrennen mit Kerzen in Gubbio *(5. Mai)*

Festa della Madonna della Bruna: Trachtenumzug in Matera *(erster Sonntag im Juli)*

Festa della Salute: Fest der Gesundheit als Dank an die Jungfrau Maria für die Beendigung der Pest im Jahre 1630 *(Venedig, 21. November)*

Festa de Noantri: historisches Pferderennen in Rom

📖 *la Festa de Noantri (cioè: „di noi altri“, in opposizione a „voi altri che abitate in altri quartieri“) è un appuntamento tradizionale che si tiene ogni estate dal 15 al 30 luglio nel rione Trastevere di Roma*

Festa di Piedigrotta: *ursprünglich ein Fruchtbarkeitsfest wurde es in der Folge ein christliches Fest als Ziel von Pilgerfahrten und später ein orgiastisches Volksfest; zwischen 1982 und 2007 ausgesetzt, soll es nun wiederbelebt werden*
✍ *certamente non vorrò mancare alla grande **Festa di Piedigrotta** con un tripudio di fuochi di artificio in tutti i comuni del Golfo. Una **Piedigrotta** mai vista nella storia di Napoli*

Festa di San Domenico Abate: Prozession mit lebenden Schlangen in Cocullo *(6. Mai)*

Festa di San Marco: Sankt-Markus-Fest in Venedig
📖 *il 25 aprile, a Venezia viene festeggiato il santo patrono San Marco Evangelista. La festa include alcune tradizioni: alla persona amata, viene consegnato un bocciolo di rosa e viene preparato un piatto di risi e bisi*

Festa di San Sebastiano: Prozession in Acireale/ Ligurien *(20. Januar)*

Festa di Sant'Efisio: Trachtenumzug in Cagliari *(1. Mai)*

Ferragosto: Assunzione della B. V. Maria: Mariä Himmelfahrt *(15. 8.)*
📖 *il 15 agosto, giorno in cui si festeggiavano le ferie dell'Imperatore („Ferie di Augusto“; „Ferragosto“), è divenuto „per miracolo“ il giorno in cui si ricorda l'Assunzione di Maria*
✍ *più di duecento giovani a Forte dei Marmi hanno colpito, nel pomeriggio di **Ferragosto**, poliziotti e vigili urbani con gavettoni d'acqua e sassi. Le forze dell'ordine erano giunte sul posto per le proteste di bagnanti già vittime dei lanci d'acqua*

Fiera di Sant'Orso: Kunstgewerbemesse in Aosta *(30./31. Januar)*

Gioco del Ponte: historischer Wettkampf zwischen den südlichen und den nördlichen Stadtteilen von Pisa *(letzter Sonntag im Juni)*

Giostra del Saracino: Sarazenenturnier der Stadtviertel von Arezzo *(erster Sonntag im September)*

Infiorata: Blumenfest in Genzano bei Rom *(Anfang Juni)*

Madonna che scappa in Piazza: folkloristische Darstellung der Begegnung zwischen Christus und der Jungfrau Maria *(in Sulmona, Ostern)*

giorno della **merla:** die Tage der Amsel: die drei kältesten Tage des Jahres
📖 *i tre giorni della merla, cioè 29, 30, 31 gennaio, si annunciano in perfetta sintonia con la tradizione, che li indica come i più freddi dell'anno. La leggenda risale al Medio Evo e parla di una merla bianca che con i piccoli si rifugiò in un camino in quei giorni gelidi, uscendone nera di fuliggine*

Miracolo di San Gennaro: kirchliche Veranstaltung im Gedenken an die Verflüssigung des Blutes des San Gennaro *(Neapel, 19. September)*

Natale: Weihnachten
✍ *sotto l'**albero** si trova ...(Weihnachtsüberraschung)*
✍ ***Babbo natale** magro per gli italiani ...(Weihnachtsmann)*
✍ *Prodi non si sente un **Babbo Natale** cattivo; e alle accuse di avere portato sotto l'**albero** solo tasse e austerità ribatte.*
presepe: Krippe
✍ *la ventesima edizione del **Presepe** vivente, organizzata dalla parrocchia e da gruppi di* ☞ *Cl, si è svolta nella suggestiva cornice delle colline di Costa Lambro, tra grotte e sorgenti naturali*
panettone: Weihnachtsgebäck, dem Christstollen vergleichbar
✍ *l'ultimo definitivo via libera prima del **panettone natalizio*** (vor der Weihnachtspause)
✍ *il **panettone** amaro di Milan e Inter: Lontani dalla vetta, **alle prese** con critiche e infortuni.*
essere alle prese con – sich herumplagen mit
giorno di **Santo Stefano:** der zweite Weihnachtstag
San Gregorio Armeno: Kirche in Neapel; in der **via San Gregorio Armeno** bietet das Kunsthandwerk Krippenfiguren, unter anderem Nachbildungen bekannter Persönlichkeiten, zum Kauf
✍ *Pier Ferdinando Casini potrà anche lui diventare finalmente di serie ed entrare nel*

presepe per essere venduto sulle bancarelle di ***San Gregorio Armeno***

Palio: der Palio von Siena ist ein auf mittelalterliche Traditionen zurückgehendes Pferderennen auf dem Campo von Siena, bei dem zweimal im Jahr, am 2. Juli (Palio di **Provenzano**, zu Ehren der Madonna von Provenzano) und am 16. August (Palio dell'**Assunta**, einen Tag nach Mariä Himmelfahrt), jeweils zehn der siebzehn Stadtviertel gegeneinander antreten
📖 *competizione di Siena, consistente in un triplice giro della piazza del Campo compiuto da dieci cavalieri in rappresentanza di dieci delle 17* ***contrade*** *in cui è divisa la città*
👓 *le contrade di Siena sono 17 e nemmeno per un senese è poi tanto facile ricordarsele tutte di fila:* ***Oca*** *(Gans),* ***Onda*** *(Welle),* ***Bruco*** *(Raupe),* ***Giraffa*** *(Giraffe),* ***Lupa*** *(Wölfin),* ***Istrice*** *(Stachelschwein),* ***Nicchio*** *(Muschel),* ***Aquila*** *(Adler),* ***Chiocciola*** *(Schnecke),* ***Civetta*** *(Kauz),* ***Drago*** *(Drache),* ***Leocorno*** *(Einhorn),* ***Pantera*** *(Panther),* ***Selva*** *(Wald),* ***Tartuca*** *(Schildkröte),* ***Torre*** *(Turm),* ***Valdimonte/Montone*** *(Widder) (Fruttero e Lucentini)*
👓 *la cultura fino a oggi era quella del* ***palio di Siena****: era legittimo tentare di portare chi corre dalla propria parte*
barbero: Pferd beim Palio
cappotto: Doppelsieg, Sieg in den beiden Palios eines Jahres
cavallo scosso: reiterloses Pferd *(das trotzdem den Palio gewinnen kann)*
cencio: Tuch *(für den Sieger des Palio)*
comparsa: Mannschaft eines Stadtviertels
📖 *l'insieme dei figuranti di ciascuna Contrada nel corso del corteo storico che precede il Palio. Le comparse di ogni Contrada sono costituite da un tamburino, due alfieri, un capitano, quattro paggi e un portabandiere.*
contrada: Stadtviertel
contrade soppresse: untergegangene Stadtviertel
📖 *Spadaforte, Quercia, Orso, Leone, Vipera, Gallo*
contradaioli: Bewohner eines Stadtviertels
correttore: Korrektor
📖 *il correttore ripete durante la benedizione del cavallo nella chiesa di contrada la celebre frase: „Va', e ritorna vincitore"*
mangino: Assistent des Kapitäns der einzelnen Stadtviertel
mortaletto: Start-Ziel-Signal
mossa: das Startmanöver
👓 *si è saputo imporre fin dall'inizio, dopo una* ***mossa*** *nervosa e discussa*
mossiere: Starter
nonna del Palio: Stadtviertel, das am längsten keinen Palio mehr gewonnen hat
👓 *una curva maledetta, quella sotto la torre del Mangia, che non perdona nemmeno la Torre, la* ***nonna del Palio*** *che sperava nel* ***colpaccio****: portare in trionfo la contrada che da 37 anni aspetta il giorno del gran riscatto*
colpaccio – der große Coup
partiti: Geheimabsprachen vor dem Rennen
📖 *accordi segreti tra i dirigenti delle Contrade; in genere sono stipulati durante la notte che precede il Palio*
priore: Vorsteher eines Stadtviertels *ausserhalb der Zeit des Palios; während des Palios:* **capitano**
provaccia: la provaccia delle 9 del mattino: Probelauf
segnatura dei fantini dopo la messa dell'arcivescovo sotto la torre del Mangia: Vergabe der Startnummer
tratta: Auslosung und Aufteilung der Pferde auf die teilnehmenden Stadtviertel
verrocchio: Hochsitz des Starters

Palio di Asti: traditionelles Pferderennen in Asti
📖 *il Palio di Asti è una festa tradizionale che ha radici medievali e culmina con una corsa di cavalli montati a pelo (cioè senza sella). Dal 1967, la corsa si tiene ogni terza domenica di settembre, e dal 1988 si svolge nella centrale piazza Alfieri di Asti*

Pasqua: Ostern
👓 *proprio nell'ora della sua „****Pasqua****" politica, Clinton ha visto rialzarsi il diavolo del sesso (politische Auferstehung)*
Venerdi Santo: Karfreitag
Pasquetta: Lunedì dell'Angelo: Ostermontag
👓 *Pasqua e* ***Pasquetta*** *sotto la neve, con l'ombrello e il freddo: come se fosse Natale*
contento come una pasqua: über die Maßen zufrieden, sich wie ein Schneekönig freuen
👓 *Cassano, di sicuro, è* ***contento come una pasqua****. A Roma era il male di tutti i mali, a Madrid è il secondo italiano, dopo Panucci, a vestire la maglia del club più famoso del mondo*

Processione della macchina della Santa Rosa: Prozession in Viterbo *(3. September)*

Regata storica: Historische Regatta in Venedig *(erster Sonntag im September)*

Sagra del Tordo: Drosselfest mit Bogenschießwettbewerb in Montalcino *(letzter Sonntag im Oktober)*

Sa Sartiglia: Karneval in Oristano auf Sardinien *(in der Osterwoche)*
📖 *è una corsa all'anello di origine medievale e certamente il Carnevale più spettacolare della Sardegna*

Scoppio del Carro: Folkloreveranstaltung mit Feuerwerk auf dem Domvorplatz in Florenz *(Ostern)*

Su e zo per i ponti (su e giù per i ponti): Straßenmarathon in Venedig *(zweiter Sonntag im März)*

Vecchione: in der Emilia-Romagna verbreiteter Silvesterbrauch, durch Verbrennen der das alte Jahr symbolisierenden Strohfigur „Vecchione" das vergangene Jahr zu verabschieden
la città di Bologna per tradizione è uno dei centri più animati nella notte di San Silvestro. Il Comune offre nella piazza principale della città uno spettacolo tradizionale, il falò del ***Vecchione*** *(che rappresenta l'anno appena trascorso) accompagnato da fuochi artificiali spettacolari*

6.6. Lessico della Cronaca
Wortliste Vermischtes

abbracciare: quindicimila italiani hanno abbracciato l'islam	15.000 Italiener haben sich für die islamische Religion entschieden (umarmen)
accarezzare: ha a lungo accarezzato il progetto di …	hat seit langem mit dem Vorhaben … geliebäugelt
acqua passata: ma questa ormai è acqua passata	die Sache ist längst vorbei und vergessen/ Schnee von gestern
acqua: ha gettato acqua sul fuoco	hat die Gemüter beruhigt
Alce: il test dell'Alce: la prova gimkana	der Elchtest
amici-nemici: si fronteggiano come i due amici-nemici Peppone e don Camillo	stehen sich wie die beiden miteinander in Hassliebe verbundenen Peppone und don Camillo gegenüber
anagrafico: per motivi anagrafici	aus Altersgründen
approdo: i paesi europei non sono più solo terre di approdo per i dannati in fuga	die europäischen Länder gelten für die zur Flucht Verurteilten nicht länger nur als erste Anlaufstationen
astro nascente	aufgehender Stern
azzeccato: grazie alla scelta azzeccata del suo numero due	dank der goldrichtigen Wahl seiner Nummer Zwei
bacchetta magica: sanno di non avere la bacchetta magica	sie wissen, dass sie nicht das Patentrezept (Zauberstab) besitzen
barba: a qualunque costo, in barba alla crisi	zu jedem Preis, der Krise zum Trotz
barcamenarsi: s'è molto barcamenato/ se barcamenava alla bell'e meglio	hat sich geschickt durchlaviert
battesimo: ha avuto in questa crisi il battesimo del fuoco da neo-ministro	hatte in dieser Krise seine Feuertaufe als neuer Minister zu bestehen
Bengodi: promettere il Bengodi	das Schlaraffenland versprechen
bestia: fu la bestia nera di pensionati e sindacati	er war das Schreckgespenst der Rentner und Gewerkschaften
birreria: discorsi da birreria	Stammtischgespräche
bottega: può succedere che gli interessi di bottega prevalgano sugli ideali di pace/ moventi di **bassa bottega** politica	es kann geschehen, dass kleinkrämerische Interessen über die Ideale des Friedens gestellt werden/niedrige politische Beweggründe
buco nell'acqua: si rischiano clamorosi buchi nell'acqua	man riskiert einen gewaltigen Schlag ins Wasser

bufera: nuova bufera sulla Rai	erneut Unwetter wegen der RAI/es braut sich erneut etwas über der RAI zusammen
campione: l'amministrazione pubblica adotterà forme di verifica anche a campione sull'uso corretto di auto e cellulari	die öffentliche Verwaltung wird auch stichprobenhaft die korrekte Benutzung von Handys beim Fahren überprüfen
capolinea: la triste vita di N. è già arrivata al capolinea	das traurige Leben von N. ist bereits an seiner Endstation angekommen
colabrodo: mezza Europa se l'è presa con l'Italia delle frontiere colabrodo	halb Europa hat sich über das Italien der durchlässigen/löchrigen Grenzen aufgeregt
comitato di cittadini	Bürgerinitiative
contraccolpo: non credo che alcuna vita privata o alcuna storia politica sia tutta luce senza ombra, successo senza contraccolpi	ich glaube, dass kein privates Leben und keine Politikerbiografie nur aus Licht ohne Schatten, aus Erfolgen ohne Rückschläge besteht
costituirsi: mi sono costituito	ich habe mich der Polizei gestellt
criminalità transnazionale	grenzüberschreitende Kriminalität
cura da cavallo: hanno sottoposto il paese a una cura da cavallo	sie haben das Land einer Rosskur unterzogen
cuscinetto: ci saranno i venti giorni cuscinetto, durante i quali il candidato premier continuerà ancora a svolgere le sue funzioni	es gibt einen Puffer von 20 Tagen, an denen der Ministerpräsidentkandidat sein Amt weiter ausüben kann
dannarsi l'anima senza cavare un ragno dal buco	sich abmühen, ohne auf einen grünen Zweig zu kommen
diavolo: il diavolo si nasconde/si rivela nei dettagli	der Teufel steckt im Detail

distrazione: la distrazione di materiale bombabile	Unterschlagung von bombenfähigem Material
dose: rincara la dose	er legt noch einen drauf
eccellente: nel carcere di La Spezia il senatore Manconi ha visitato anche il detenuto eccellente	Senator Manconi hat im Gefängnis von La Spezia auch den prominenten Häftling besucht
effetto-valanga: in caso di difficoltà tecniche legate al prevedibile effetto-valanga	im Falle von technischen Schwierigkeiten wegen des voraussichtlichen Schneeballeffekts
elefante: con la grazia di un elefante in un negozio di porcellane	wie ein Elefant im Porzellanladen
emblematico: è emblematico dei sentimenti di disagio e di impotenza delle vittime degli atti di ordinaria violenza	ist sinnbildlich für das Unbehagen und die Machtlosigkeit der Opfer von gewöhnlichen Gewalthandlungen
esimersi: non ha potuto esimersi dal rispondere	konnte sich vor einer Antwort nicht drücken
fascia: a sorpresa però le fasce di età che hanno registrato più vittime sono quella dai 30 a 44 anni e ...	überraschenderweise sind die Altersklassen mit den meisten Opfern die 30 bis 44-jährigen und ...
ferro: il Papa sotto i ferri	der Papst unter dem Messer
figuraccia: paura di una figuraccia	Angst, eine schlechte Figur abzugeben, einen schlechten Eindruck zu machen
fiore all'occhiello: insomma, l'Euro, fiore all'occhiello del Ciampi ministro del tesoro, è stato solo il primo passo	Blume am Knopfloch: der Euro als hervorragende Leistung von Ciampi als Schatzminister war nur ein erster Schritt
fiore: il giovane agente della polizia ferroviaria deve avere i nervi a fior di pelle	dem jungen Bahnpolizeibeamten mussten die Nerven blank liegen

forse: la mancata accettazione delle loro richieste rischia di mettere in forse la loro collaborazione	die Ablehnung (Nichtannahme) ihrer Wünsche stellt ihre Mitarbeit in Frage
fratelli coltelli: la faida dei fratelli coltelli socialisti	die Fehde der verfeindeten sozialistischen Brüder
freddato con un colpo di pistola alla testa	getötet mit einem Pistolenschuss in den Kopf
frittata: una frittata finale rilancia l'Atalanta	ein Patzer am Ende bringt Atalanta wieder auf Touren
fuggi fuggi: il conseguente fuggi fuggi di un buon numero di turisti	die darauffolgende wilde Flucht/allgemeine Flucht eines Großteils der Touristen
fumo: ha mandato tutto in fumo	hat alles zunichte gemacht
galateo: in alcuni casi, persino la polizia non rispetta le regole del galateo	in manchen Fällen beachtet selbst die Polizei nicht die Anstandsregeln („Knigge")
gavetta: dopo una gavetta durata anni	nachdem er sich jahrelang hochgearbeitet hat
gettonato: sono questi gli argomenti più gettonati negli orali di maturità	das sind die häufigsten/angesagtesten Themen in der mündlichen Abiturprüfung
ghiotto: occasione ghiotta	gefundenes Fressen/Gelegenheit, die man sich nicht entgehen lassen sollte
gioielli di famiglia: vende i gioielli di famiglia per pagare i debiti di gioco	verscherbelt das Familiensilber, um die Spielschulden zu zahlen
goccia: è stata la goccia che ha fatto traboccare il vaso	war der Tropfen, der das Fass zum Überlaufen brachte
grattacapi: come se lui non avesse già abbastanza grattacapi	als wenn er nicht schon genug Unannehmlichkeiten hätte
grido: difensore di grido di alcuni tra i più noti imputati	der renommierte Verteidiger einiger der bekanntesten Angeklagten

guastafeste: dovrà fare i conti con una lunga lista di guastafeste	er wird mit einer langen Liste von Spielverderbern rechnen müssen
immigrazione clandestina	illegale Migration
imbarazzo della scelta: c'è così tanto da fare che c'è solo l'imbarazzo della scelta	es gibt derart viel zu tun, dass man nur die Qual der Wahl hat
incetta: la popolazione incomincia a fare incetta di cibo	die Bevölkerung beginnt mit Hamsterkäufen
infedele: fare infedele comunicazione	unrichtige Angaben machen
insabbiare: hanno insabbiato i casi per evitare l'imbarazzo	haben die Fälle vertuscht, um Ärger zu vermeiden
insofferente: sembra diventata improvvisamente insofferente del ruolo ...	schien plötzlich der Rolle als ... überdrüssig zu sein
interposta persona: cercano d'insediarsi magari per interposta persona nei nostri club	versuchen, zumindest über Mittelsmänner, sich in unseren Clubs einzunisten
invivibilità: la disperazione per l'invivibilità del carcere	Verzweiflung angesichts der unwürdigen Lebensumstände in den Gefängnissen
macchia: i terroristi curdi, attivi e alla macchia anche in Germania	die kurdischen Terroristen, die auch in Deutschland im Untergrund tätig sind
manette: sono scattate le manette per ...	für ... sind die Handschellen zusammengeschnappt/ist festgenommen worden
mano pesante: promette mano pesante verso criminali ed immigrati stranieri	verspricht eine harte Gangart gegen Kriminelle und ausländische Einwanderer
marchette: per fare i soldi vanno a fare le marchette	um Geld zu verdienen, gehen sie auf den Strich

matrimonio simulato: misure più severe contro i matrimoni simulati	strengere Maßnahmen gegen Scheinehen
mendace: rendere dichiarazioni mendaci	unwahre Erklärungen abgeben
menefreghista: l'atteggiamento menefreghista di chi si sottrae costantemente al proprio impegno	die gleichgültige Haltung derjenigen, die sich ständig ihrer Pflicht entziehen
mentire: si mente sapendo di mentire	es wird ganz bewusst gelogen
mercanteggiamento: la conseguenza di un ennesimo mercanteggiamento sul suo silenzio	die Folge einer unendlichen Spekulation über sein Schweigen
mercenario: il sesso mercenario aumenta il rischio d'infarto	der käufliche Sex erhöht das Infarktrisiko
merenda: antico compagno di merende	Freund aus früheren Zeiten
morti per abuso di sostanze stupefacenti	Drogentote
oca: gioco dell'oca	Mensch ärgere dich nicht
oltranzista: un gruppo di cattolici oltranzisti	eine Gruppe extremistischer Katholiken
operazione: l'operazione è riuscita, il paziente è morto	Operation gelungen, Patient tot
panzana: nel frattempo è cresciuto diventando una panzana	hat sich in der Zwischenzeit zum Lügenmärchen ausgewachsen
passaparola: le uniche fonti d'informazione sono la tv e il passaparola	die einzigen Informationsquellen sind das Fernsehen und die Mundpropaganda
pedinamento: le manette sono scattate al termine di un pedinamento di alcuni mesi	die Festnahme erfolgte nach einer zweimonatigen Beschattung

pedinare: sono pedinati da Interpol	werden von Interpol beschattet
pelle d'oca: farebbe quantomeno venir la pelle d'oca	ließe einem jedenfalls eine Gänsehaut wachsen
piaga: mette il dito nella piaga	legt den Finger auf die Wunde
con **piedi di piombo:** ma proprio per questo occorre andare avanti con piedi di piombo	aber gerade deshalb muss man mit größter Umsicht/Vorsicht vorgehen
proibizione del velo: in Francia la proibizione del velo nelle scuole è stata difesa da chi vuole evitare lo scontro tra civilità	in Frankreich wurde das Kopftuchverbot in Schulen von denen verteidigt, die den Zusammenprall der Kulturen vermeiden wollen
raffica: poi, dopo una raffica di proteste, i soldi sono arrivati	nach einem Sturm des Protests trafen die Gelder ein
persone **raggirate:** il numero delle persone raggirate forse è maggiore perché si calcola che più del 60 per cento non denuncia il fatto alla polizia	die Zahl der Betrugsopfer ist möglicherweise höher, weil man davon ausgeht, dass über 60% der Betroffenen die Tat bei der Polizei nicht zur Anzeige bringen
rampante: la scarsa protezione e la rampante criminalità rendono la situazione a rischio	der geringe Schutz und die ansteigende Kriminalität lassen die Situation riskant werden
raschiare il fondo: in un momento in cui le università si trovano a raschiare il fondo delle risorse	zu einem Zeitpunkt, zu dem die Hochschulen sämtliche Mittel zusammenkratzen müssen
rifare: spero che in Mediaset non venga lasciato solo, c'è tutta Italia Uno da rifare	ich hoffe, dass er bei Mediaset nicht alleine gelassen wird: Italia Uno muss völlig umgekrempelt werden
rischiatutto: ora l'Italia gioca a rischiatutto	jetzt spielt Italien Alles oder Nichts

rischio crolli: edifici a rischio crolli	einsturzgefährdete Gebäude
rotto della cuffia: il referendum voluto da M. è passato per il rotto della cuffia	das Referendum, das M. gewünscht hatte, ist um Haaresbreite durchgekommen
salsa: il campionato è oscurato dalla violenza in tutte le salse	die Meisterschaft wird getrübt von Gewalt jedweder Schattierung (Soße)
salsa: sesso in salsa cinese	Sex auf chinesische Art
saracinesca: hanno tenute le saracinesche abbassate	ließen ihre Geschäfte geschlossen (Schaufensterladen, -rolladen)
sbarre. sono finiti dietro le sbarre	landeten hinter Gittern
sborsare: le tariffe che spesso gli abusivi fanno sborsare ai turisti	die Preise, die die illegalen Taxifahrer den Touristen aus der Tasche ziehen
scambi di coppie (scambisti)	Partnertausch
scandalo: prima l'hanno ignorato, poi hanno cominciato a gridare allo scandalo	zunächst haben sie ihn ignoriert, dann sind sie in Entrüstung ausgebrochen
sciropparsi: con 400 mila uomini alle armi che si sciroppano tre anni di servizio militare	mit 400.000 Männern unter den Waffen, die drei Jahr Wehrdienst auf sich nehmen
scorciatoia: in cerca della scorciatoia per il successo	auf der Suche nach dem schnellen Weg zum Erfolg
scorrazzare: bande minorili italiani che scorrazzano per le vie e parchi delle nostre città	italienische Jugendbanden, die die Straßen und Parks unserer Städte unsicher machen (umherziehen)
secolo: Jovanotti, al secolo Lorenzo Cherubini	Jovanotti, mit eigentlichem Namen Lorenzo Cherubini
serpeggiare: incomincia a serpeggiare un leggero panico	leichte Panik beginnt sich breit zu machen

sferzare: per la prima volta in maniera piccata sferza il Presidente del Consiglio	gereizt verpasst er dem Ministerpräsidenten zum ersten Mal eine Ohrfeige
sferzata: ci sembra una vera e propria sferzata sul viso	scheint uns ein echter Schlag ins Gesicht zu sein
sfiorata collisione: mettere in forse la sicurezza dei voli, con 45 casi di sfiorata collisione (**mancata collisione**)	die Flugsicherheit mit 45 Fällen von Beinahezusammenstößen in Frage stellen
sfoggiare: sfoggia un umore opposto a quello che gli eventi romani dovrebbero sollecitare	stellt einen Humor zur Schau, der dem zuwiderläuft, was die römischen Ereignisse erwarten ließen
simpaticone: non è proprio un simpaticone	er ist wirklich kein Sympathieträger
smalto: ha in ogni caso perso smalto	hat jedenfalls an Glanz verloren/sein Lack ist angekratzt
soluzione di continuità: le polemiche sono continuate, violente, senza soluzione di continuità	die Polemik ist fortgesetzt, heftig und ohne Unterbrechung
sostentamento: non dispone di sufficienti mezzi di sostentamento	verfügt nicht über ausreichende Mittel für den Lebensunterhalt
spacciarsi: si spaccia per impiegato di un progetto di sviluppo	gibt sich als Mitarbeiter eines Entwicklungshilfeprojekts aus
spacciato: senza di loro è spacciato	ohne sie ist er erledigt
spalmare: la notizia viene spalmata con un titolo a tutta pagina con tanto di foto	die Meldung wird mit einer ganzseitigen Überschrift und vielen Fotos aufgemacht (eincremen, streichen, verteilen)
spauracchio: un nemico necessario come spauracchio	Feindbild

spopolare: spopola fra le donne Usa	macht Furore unter den amerikanischen Frauen
staffe: non è tipo da perdere le staffe	Steigbügel: ist nicht der Typ, der leicht die Fassung verliert
stella: la tensione è andata alle stelle	die Spannung stieg ins Unermessliche
svaligiare: vennero svaligiati 30 negozi	es wurden 30 Geschäfte ausgeraubt
tiro: l'Antitrust è stata costretta a rettificare il tiro	das Kartellamt war gezwungen, das Ziel neu anzuvisieren
topico: il momento topico della partita è stato il nostro palo	die Schlüsselszene der Partie war unser Pfostenschuss
torchio: sotto torchio	unter Druck
tran tran: il solito tran tran fatto di scuola, casa e tv	der übliche Trott zwischen Schule, Haus und Fernsehen
tratto di penna: tirare un tratto di penna	einen Schlussstrich ziehen

trombato: si circonda solo di trombati	umgibt sich nur mit Versagern
turno: chiuso per turno	geschlossen wegen Ruhetag
turno: il provocatore del turno	Provokateur vom Dienst
vendere: ma ha entusiasmo e idee da vendere	Begeisterungsfähigkeit und Ideen aber hat er im Überfluss
vivai: molte società hanno iniziato a non investire più nei vivai	viele Vereine investieren nicht mehr in Fußballschulen/in die Jugendarbeit
vulcano: alla Farnesina siamo seduti sul bordo di un vulcano	im Außenministerium sitzen wir am Rande eines Vulkans
zeta: è stato considerato un reato di serie zeta	wird als nebensächliches Verbrechen angesehen

7. Trasporti
Verkehr

7.1. Istituzioni centrali
Zentrale Einrichtungen

Ministero delle Infrastrutture e dei Trasporti *(offz.)*: Ministerium für Infrastruktur und Verkehr
Porta Pia: sede del Ministero delle Infrastrutture e dei Trasporti

Authority per i trasporti *(previsto da un apposito disegno di legge)*: Aufsichtsbehörde für das Verkehrswesen

7.2. Glossario Trasporti
Verkehrsglossar

Aci: Automobile Club d'Italia: Italienischer Automobilklub
soccorso stradale **Aci 116 /800 116 800:** Pannendienst
📖 *Ente al quale i proprietari di autoveicoli pagano l'imposta di circolazione. L'**Aci** gestisce il ☞ Pra e si occupa del soccorso stradale*

acqua-velox: Radarfalle für Boote

Autostrada **Adriatica** : Autobahn von Bologna nach Taranto

Aiscat: Associazione italiana delle società concessionarie delle autostrade e trafori: Italienische Vereinigung der Autobahngesellschaften
✍ *L'**Aiscat**: „Anche in coda si paga il pedaggio." Smontate sul nascere le proteste estive degli automobilisti*

Alitalia: Linee aeree italiane: Italienische Luftverkehrslinie
📖 *quota di partecipazione statale nel 2002: 53%*
✍ *L'attuale emergenza finanziaria dell'**Alitalia** è il risultato di anni di difficoltà oggettive e di errori. La perdita del semestre si aggrava anche per effetto dell'uscita della società Aeroporti di Roma dal gruppo. Il „gioiello" di famiglia era stato venduto nella seconda metà dello scorso **esercizio** per tamponarne le falle, ma adesso vengono a mancare proprio i suoi **utili***
esercizio – Geschäftsjahr
utili – Erträge

Club freccia alata dell'Alitalia: VIP-Lounge der Alitalia („geflügelter Pfeil")
Ulisse: rivista dell'Alitalia: Zeitschrift der Alitalia
Via della Magliana Vecchia: Sitz der Alitalia
✍ *compagnia della **Magliana**/spiegano candidamente dal quartier generale della **Magliana** che rappresenterebbero una risorsa per lo sviluppo futuro dell'azienda*

carta **amicotreno:** Bahncard der italienischen Eisenbahnen
📖 *offre vantaggi e sconti sia ferroviari che extra ferroviari*

Anas: Azienda nazionale autonoma strade statali: *aktuelle Bezeichnung*: **Ente nazionale per le strade:** Nationale Straßengesellschaft
📖 *l'ente che si occupa delle strade e delle autostrade statali*

Anav: Azienda autonoma di assistenza di volo: Autonome Flugsicherungsgesellschaft

Ancma: Vereinigung der Motorrad- und Fahrradhersteller
📖 *l'associazione che raduna 170 aziende produttrici di moto, scooter, ciclomotori, biciclette, caschi, componenti e accesori*

Anfia: Associazione nazionale dei costruttori d'automobili: Nationale Vereinigung der Automobilhersteller
📖 *correva l'anno 1912 quando i rappresentanti delle nove case automobilistiche dell'epoca, **Bianchi, Fiat, Frejus, Itala, Lancia, Isotta Fraschini, Rapid, SPA** e **Zust**, costituirono ufficialmente la **Uifa** (Unione italiana fabbriche di automobili) nome originale dell'Anfia*

Ansv: Agenzia nazionale sicurezza del volo: Nationale Behörde zur Kontrolle der Flugsicherheit
📖 *supervisiona i livelli di sicurezza di tutti gli attori del trasporto aereo*

Aoc: Associazione delle compagnie che operano in Italia: Vereinigung der in Italien vertretenen Fluglinien
📖 *il comitato dei rappresentanti delle compagnie aeree*

Ape: Apecar: Dreirad
*pianale di una **Apecar/Ape** Piaggio*

APIET /ARIET: addizionale provinciale/regionale dell'imposta erariale di trascrizione: Zusatzsteuer der Provinzen/Regionen für die Zulassung von Fahrzeugen ☞ IET

area blu: area pedonale: verkehrsberuhigte Zone
*il vicesindaco è un sostenitore dell'allargamento dell'**area blu***
pedonalizzazione: Gestaltung als Fußgängerbereich

area servizio: Servicestation auf Autobahnen; Autobahntankstelle

area sterile: abgeschirmter Bereich (auf Flughäfen)
aree sterili in cui potranno circolare solo persone in procinto d'imbarcarsi o autorizzate

Asi: Agenzia Spaziale Italiana: Italienische Weltraumbehörde
*la scienza torna ad avere un ruolo prioritario nei programmi dell'**Asi** che sta cercando proprio attraverso una nuova programmazione di cancellare i guai del passato, in gran parte legati proprio alle risorse destinate a questo settore e giudicate insufficienti*

Assaereo: Associazione Nazionale Vettori e Operatori del Trasporto Aereo: Nationale Vereinigung der Luftfahrtunternehmen

atterraggio morbido: weiche Landung
*nel suo rapporto la Commissione propone di trovare una formula per garantire un **atterraggio morbido** alle 18 regioni dell'Europa occidentale destinate a uscire dall'**Obiettivo 1***
aree dell'Obiettivo 1 – unter Ziel 1 fallende Regionen

Autocamionale Cisa: Autobahn A 15 von Parma nach La Spezia

autogrill: grill autostradale: Autobahnraststätte
Autogrill SpA: Autobahnraststättengesellschaft *(gruppo Benetton)*
*è imminente l'avvio dell'attività sulle strade greche mentre in Spagna, dove **Autogrill** già controlla il 34% del mercato della ristorazione autostradale, va avanti il piano di sviluppo avviato nel '93.*
*Bertelli è riuscito a **esclissarsi**, sfruttando la ressa creata dal via vai dei clienti dell'**Autogrill** Pavesi di Galliate*
esclissarsi – sich davonmachen

Autostrade del Mare: Meeresautobahnen
*il Governo è impegnato con grande decisione per lo sviluppo delle **Autostrade del Mare**. Questo impegno si concretizza nell'identificazione e nel sostegno delle tratte marittime che si prestano al servizio e degli armatori che collaborano alla riuscita del progetto*

autostrada della morte: autostrada dei dannati: autostrada Salerno-Reggio Calabria (A3): Autobahn des Todes, Autobahn der Verdammten *(wegen der Unfallhäufigkeit)*

Autostrade: Società Autostrade: Autobahngesellschaft, Betreiber des Autobahnnetzes

autovelox: *(bür.)* dispositivi tecnici o mezzi tecnici di controllo del traffico per il rilevamento a distanza delle violazioni: Radargerät, Radarfalle
*foto **autovelox** vietato spedirle: niente più foto dell'**autovelox** mandate a casa con la multa. C'è il diritto alla privacy degli spostamenti*

Autostrada **Azzurra** : Autobahn von Genua nach Rom

Balilla: in den dreißiger Jahren verbreitetes Transportfahrzeug
*in Italia erano gli anni di Mussolini e delle **Balilla**, del sabato fascista e delle calze con la riga*

bandiere ombra: bandiere di comodo: bandiere di convenienza: Billigflaggen
*ma le **bandiere ombra** esistono ancora, eccome. Fino a qualche anno fa la gran parte della flotta italiana le sventolava allegramente*

bare volanti: fliegende Särge, Flugzeuge mit schweren Sicherheitsmängeln
*nell'elenco delle **bare volanti** manca la „West Caribbean Airways", compagnia aerea colombiana che due settimane fa, in Venezuela, ha messo al suo attivo 152 morti ...*

belva: Raubtier: schnelles Auto oder Motorrad, Flitzer
*una **belva** da 500 cc lanciata come lo scooter dell'estate*
belva umana: menschliche Bestie, Tier in Menschengestalt

bisonti: Brummis
*sull'**Autobrennero** i **bisonti** rimangono in fila senza poter superare nessuno*
Autobrennero – Brennerautobahn

bollino blu: Abgassonderuntersuchung, ASU-Plakette
📖 *controlli periodici dei gas di scarico*
✍ *un ulteriore vantaggio: gli scooter sono esenti dal **bollino blu***

bollo: imposta di bollo: tassa di proprietà: Kfz-Steuer, Steuermarke
Disco „SE"
✍ *prorogare il termine per l'acquisto del **bollo** della patente di guida*

BreBeMi: autostrada Brescia, Bergamo, Milano: die (geplante) Autobahn Brescia – Bergamo – Mailand

Capitaneria: Capitaneria di porto: Hafenamt
✍ *caccia allo **squalo bianco** sulle spiagge dell'Adriatico. La **Capitaneria**: „Non c'è pericolo", ma gli stabilimenti issano il segnale „pericolo"*
issare – hissen
squalo bianco – weißer Hai

car pooling: Bilden von Fahrgemeinschaften
📖 *in alcune aree della città l'accesso è riservato alle auto con almeno tre persone*

carbon tax: tassa ecologica: (geplante) CO_2-Steuer
✍ *dopo dieci anni di dibattito la **carbon tax** (la tassa sulle emissioni di anidride carbonica che rischiano di modificare il clima) esce dalla **secca** delle polemiche ed entra concretamente nel programma di governo*
secca – Untiefe, Sandbank

carbonizzato: verkohlt: verbrannt
✍ *tre morti **carbonizzati** dopo uno scontro frontale a Piacenza*

cargo: Güterverkehr (auf der Schiene)
✍ *non vogliamo assistere ad una mummificazione del trasporto ferroviario, alla morte del **cargo** e alla riduzione progressiva di servizi al passaggero*

carta d'argento: Bahncard für Senioren

carta verde: Bahncard für Kinder, Teens und Junioren

Cartaviaggio: Bahncard der italienischen Eisenbahnen
carta amicotreno: *Bezeichnung bis 2004*
📖 *offre vantaggi e sconti sia ferroviari che extra ferroviari*
✍ *bonus di benvenuto di 2 mila punti viaggio spendibili nell'ambito del programma „**Cartaviaggio**" di Trenitalia*

casco: obbligo del casco: Helmpflicht (für Motorradfahrer)
✍ *la legge sul **casco obbligatorio***

Cav: centro di assistenza al volo: Flugsicherungszentrum
uomini radar: assistenti di volo: Fluglotsen
✍ *in agitazione il personale del **Cav** dello scalo di Linate*
Crav: centro regionale di assistenza al volo: Regionales Flugsicherungszentrum

cavalcavia: (Autobahn)brücke *(es häufen sich Fälle, in denen meist jugendliche Täter Steine von Autobahnbrücken auf Fahrzeuge werfen)*
✍ *e sorveglieranno anche i **cavalcavia** per prevenire lanci di sassi*
banda dei sassi: Bande der Steinewerfer *(die in der Nähe der Ortschaft Tortona Steine von einer Autobahnbrücke auf ein Fahrzeug warfen und dadurch eine Autofahrerin töteten)*
sassi killer: Steinewerfer
✍ *Germania, **sassi killer**: 2 morti. Fermati quattro studenti Usa, avevano visto un film in tv*

CCiss: Centro di Coordinamento di Informazioni sulla Sicurezza Stradale: Koordinationszentrum für Informationen über die Sicherheit der Straßen: Verkehrsfunk, Straßenzustandsbericht (u. a. im Fernsehen)
📖 *coordinato dai Ministeri dei Lavori Pubblici e dell'Interno*
onda verde: grüne Welle, freie Fahrt
il **1518:** Rufnummer des Straßenzustandsberichts
✍ *Notizie sul traffico? La radio si ferma a Eboli e il **1518** è muto: „Spiacenti, linee occupate"*

Centostazioni: Gesellschaft zur Rehabilitierung historischer Bahnhöfe
📖 *Centostazioni sta riqualificando 103 stazioni ferroviarie che appartengono alla storia del nostro Paese, per restituirle al loro naturale ruolo urbano, sociale ed economico*

Cid: constatazione amichevole di incidente:
modulo blu: internationaler Unfallbericht
📖 *IL CID consiste nel compilare un modulo, a seguito di un incidente, con il quale ci si rivolge alla propria assicurazione la quale provvederà a liquidare il danno, rivalendosi sull'assicurazione dell'altra autovettura*

l'autista dell'Atac è quindi sceso per compilare il ***Cid****, ma Gabriella Carlucci è svicolata via lungo la corsia riservata ai mezzi pubblici*

cilindrata: Hubraum
macchina **di grossa cilindrata:** Fahrzeug der Oberklasse, leistungsstarkes/großmotoriges Fahrzeug
macchina **di media cilindrata:** Fahrzeug der Mittelklasse
macchina **di piccola cilindrata:** Kleinwagen
a sparare davanti al circolo ricreativo Zanzi, in via Abate Desiderio, un commando formato da quattro persone giunte a bordo di moto ***di grossa cilindrata***

cinquantino: ciclomotore: Moped bis 50 Kubikmeter Hubraum
patentino per i ciclomotori: i ***cinquantini*** *spariscono dalle strade anche se in realtà nessuno li cerca*

Cira: Centro italiano ricerche aerospaziali: Italienisches Raumfahrtforschungszentrum

Cis: Comitato Interministeriale per la sicurezza aeroportuale: Interministerieller Ausschuss für die Flughafensicherheit

Civilavia: Enac: Ente nazionale dell'aviazione civile: Nationale Anstalt für die zivile Luftfahrt

classe di merito: bonus-malus: Schadensfreiheitsklasse
le ***classi di merito*** *guadagnate restano immutate nel caso di furto dell'auto*

Cogecap: Coordinamento della guardia costiera: Koordinierungsstelle der Küstenwache

colli di bottiglie: Flaschenhälse, Engpässe (*an denen sich der Verkehr staut, aber auch im übertragenen Sinn*)
bisogna eliminare i cosiddetti ***colli di bottiglie***
a cominciare da quei ***colli di bottiglia*** *delle infrastrutture necessarie per lo sviluppo economico*

colpo di freno: un colpo di freno e uno di acceleratore: stop and go

colpo di sonno: Sekundenschlaf
è l'unico modo per limitare i danni del classico ***„colpo di sonno"***

compagnia di bandiera: staatliche Fluglinie (*hier:* Alitalia), „Flaggenlinie"

compagnia di bandierina: staatliche Fluglinie zweiter Klasse/für Arme
il Partito democratico non è soddisfatto della soluzione scelta dal Governo per Alitalia. Per Walter Veltroni quella che resterà all'Italia sarà solo una ***„compagnia di bandierina"***

auto **contromano:** Falschfahrer, Geisterfahrer
guida contromano: Fahren in unerlaubter Fahrtrichtung
auto ***contromano*** *fa strage sui Laghi*

corsia preferenziale: Sonderspur für öffentliche Verkehrsmittel: bevorzugte Behandlung, beschleunigtes Verfahren
il governo si impegna a varare in tempi brevi un decreto o un disegno di legge con ***corsia preferenziale*** *per far emergere i lavoratori immigrati in nero*

Cv: cavallo vapore: PS
il motore giusto è il turbodiesel 2200 (128 ***Cv****)*

dissuasori (di sosta): Poller, Absperrpfosten
tutti gli accessi al mercato saranno controllati dai vigili urbani, che avranno l'aiuto di ***dissuasori*** *e di barriere mobili*

domenica senz'auto /a piedi: domenica ecologica: eco-domenica: autofreier Sonntag
centri storici senz'auto: il primo dei tre appuntamenti. A piedi in sessanta città, oggi è una ***eco-domenica***

doppio binario: zweigleisig
il nuovo progetto politico del centro sinistra deve vedere tutti noi impegnati sul ***doppio binario*** *dei valori e dei lavori*

dosso stradale: dosso rallentatore: Bremsschwelle, Fahrbahnschwelle, Bodenschwelle
imita Zidane e uccide a testate il vicino di casa: tanta violenza e la degenerazione di un litigio tra vicini di casa per un motivo banale: un ***dosso stradale*** *voluto dall'aggressore e criticato dalla vittima*

Due Mari: Schnellstraße, die Adria und Riviera zwischen Grosseto und Fano verbinden soll
la superstrada che dovrebbe collegare Grosseto a Fano, vale a dire il Tirreno all'Adriatico
i Benetton si sono dichiarati interessati a partecipare a un eventuale project financing per la trasformazione della ***Due Mari*** *in autostrada*

ecocontributo: ecoincentivi: staatliche Umwelt-

förderung *(beim Neukauf eines umweltfreundlichen Kfz)*, Abwrackprämie
*☞ **ecocontributo**: questo modello gode del contributo statale di L. 1.000.000 (vetture con consumo compreso tra i 7 e i 9l/100km*

Enac: ☞ **Civilavia:** Nationale Anstalt für die zivile Luftfahrt

Enav: Ente nazionale di assistenza al volo: Nationale Flugsicherungsbehörde
📖 controlla e gestisce sia lo spazio aereo nazionale che gli aerei in manovra negli aeroporti; gestisce i 4 centri di controllo regionali: Roma, Milano, Padova, Brindisi e 38 aeroporti

enduro: Motocrossbike
*☞ l'**enduro** Peugeot ti porta anche a scuola*

esodo: Ferienreisebeginn/Reisewelle, *(rel.)* Auszug aus Ägypten
Ggs.: **rientro /contro-esodo:** Ferienreiseende/ Rückreisewelle
*☞ L'Italia delle autostrade di nuovo in tilt per il primo atto del **contro-esodo**. Ma il peggio arriva oggi: saranno dieci milioni i vacanzieri che tornano a casa*

Etr: elettrotreno rapido: Schnellzug
*☞ l'ingresso in servizio di un particolare tipo di Pendolino, l'**Etr** 470, in grado di collegare Milano e Losanna in tre ore*

servizio **Eurostar:** neues Dienstleistungsangebot der Italienischen Eisenbahnen
*☞ il servizio **Eurostar,** annunciato come „efficiente, confortevole, veloce", comprende anche il vecchio Pendolino / servizio **Eurostar** composto prevalentemente da Etr 500 e da Etr 460, una flotta che non rende sulle linee tradizionali*
Club Eurostar: Eurostar-Club
📖 consente l'accesso a tutti i servizi delle Sale Eurostar presenti nelle stazioni di Ancona, Bari, Bologna, Firenze, Genova, Venezia, Milano, Napoli, Padova, Palermo, Reggio Calabria, Roma, Torino, Trieste, Udine, Verona

Exp: treno espresso: Schnellzug
*☞ per Intercity, Eurocity, **Exp**, saranno invece mantenuti alcuni collegamenti sulla direttrice Milano-Venezia*

FAP: filtro attivo anti particolato/filtro abbattimento particolato: Partikelfilter, Rußfilter
*☞ il **FAP** non paga il bollo*

stazione **fai-da-te:** Tankstelle mit Selbstbedienung

Federaicpa: Federazione associazioni italiane concessionari produzione automotoristica: Verband der Automobilvertragshändler

Federmobilità: Bund für Mobilität *(Zusammenschluss der für Verkehrs- und Mobilitätsfragen zuständigen zentralen und kommunalen Regierungsbehörden)*
*☞ **Federmobiltà** ha presentato un piano al governo: „Potenziare ferrovie regionali e collegamenti marittimi"*

fermo amministrativo: Untersagung der Weiterfahrt
*☞ allo studio l'ipotesi di arrestare il conducente e di sottoporre il veicolo al **fermo amministrativo** se chi usa il telefono commette un incidente*

trasporto su **ferro:** Transport auf der Schiene

Autostrada dei **Fiori: ADF:** Autobahn von Mailand über Genua nach Ventimiglia

traffico a **fisarmonica:** zähflüssiger Verkehr, Stop-and-go

foglio rosa: (provisorischer) Führerschein
*☞ se a 16 anni i ragazzi sono abbastanza maturi per ottenere il diritto di voto perché non potrebbero esserlo anche per il **foglio rosa**?*

tariffe a **forcella:** (staatlich festgelegte) LKW-Gebühren
📖 tariffe obbligatorie, riferite al nolo addebitabile dagli autotrasportatori per percorsi nazionali, differenziate tra loro in ragione di parametri diversi
*☞ Fine delle **tariffe amministrate** nell'autotrasporto. Il governo si prepara a rivoluzionare il settore presentando un disegno di legge delega che prevede il superamento delle **tariffe** obbligatorie **a forcella** a favore della libera contrattazione dei prezzi per l'autotrasporto merci*
tariffe amministrate – administrierte/staatliche festgelegte Gebühren

Freccia del Sud: Pfeil des Südens *(Zugverbindung von Mailand nach Sizilien)*
*☞ la Corte d'appello di Reggio Calabria ha assolto „per non aver commesso il fatto" il collaboratore di giustizia Giacomo Ubaldo Lauro, di 61 anni, dall' accusa di strage nel processo per l'attentato al treno Palermo-Torino „**Freccia del Sud**" avvenuto nei pressi della stazione di Gioia Tauro il 22 luglio del 1970*

Freccia Rossa: Roter Pfeil *(Hochgeschwindigkeitszug)*
☞ *Trenitalia ha deciso che* ***Freccia Rossa*** *deve correre passando davanti a tutti gli altri treni e sulle spalle dei pendolari*

frenata: (Voll)bremsung, *(wirtsch.)* Wachstumseinbruch
☞ *Congiuntura: Nei primi otto mesi –1%. La* ***frenata*** *dell'industria. Ad agosto produzione è scesa dell'11,2%. Treu e Bersani: segnali positivi per fine anno*

freno di emergenza: Notbremse
☞ *il voto su un gran numero di materie rimane ancorato al principio dell'unanimità, visto che le „clausole di garanzia" e i* ***„freni di emergenza"*** *su qualsiasi argomento sono tali e tanti*

compagnie **„senza fronzoli"**: compagnie aeree **„no frills"**: compagnie a basso costo: compagnie aeree **low-cost:** Billigfluglinien, Billigflieger
☞ *il successo delle compagnie* ***„senza fronzoli"****: tariffe basse in cambio condizioni di viaggio disagiate*

Fs: FFSS: F. S. S. p. A – **Ferrovie dello Stato** S. p. A.: Staatliche Eisenbahnen
piazza della Croce rossa, Villa Patrizi: sede delle Fs
☞ *in Italia, spiegano ancora a* ***piazza della Croce rossa****, è la prima volta che una casa produttrice ritira delle macchine difettose, ma all'estero è una prassi comunemente adottata per garantire la qualità dei prodotti*
RFI: Rete Ferroviaria Italiana SpA: Italienische Bahn Netz AG *(Infrastrukturbetreiber der italienischen Bahn)*

fuoristrada: Geländewagen

treni **garantiti:** treni del **quadro „G":** Zugverbindungen, die von Streikmaßnahmen nicht berührt werden dürfen
☞ Commissione di garanzia
☞ *durante gli scioperi siamo obbligati a far passare i* ***treni*** *cosiddetti* ***garantiti****, ma il ministro vuole che li facciamo passare tutti*
☞ *Trenitalia ha fatto sapere che circoleranno tutti i treni del* ***quadro „G"*** *dell'orario ufficiale, quello che comprende i servizi essenziali da prestare anche in caso di sciopero*

a tutto **gas:** „mit durchgedrücktem Gaspedal", „volle Kanne", mit vollem Einsatz, Turbo-
☞ *Manager* ***a tutto gas****. L'azienda vissuta come una tribù. L'idea di community al posto delle strategie di marketing. E un solo obiettivo: avere successo e divertirsi*

generalista: Allround-, umfassend, Universal-
marche **generaliste:** Allround-Anbieter *(Kfz)*

trasporto su **gomma:** Transport auf der Straße
☞ *in Italia siamo ancora alle irrisioni verso coloro che chiedono città meno inquinate dal traffico, politiche dei trasporti alternative alla* ***gomma****, energie rinnovabili …*

Gpl: gas di petrolio liquefatto: metano: Flüssiggasbrennstoff, Methan
☞ *disponibile con la doppia alimentazione, benzina e* ***Gpl****/*auto a ***metano***/serbatoio di ***gpl***

GNV: Grandi Navi Veloci: Schifffahrtsgesellschaft *(unterhält u. a. Fährverbindungen von Genua nach Sardinien und Sizilien)*

Gra: Grande Raccordo Anulare: Autobahnring um Rom
📖 *l'ingegner Eugenio Gra progettò il Grande Raccordo Anulare: sua l'idea, suo il progetto, suo anche il cognome che ha ispirato l'acronimo*

Grandi Reti: Grandi Reti transeuropei: Transeuropäische Netze

Grandi Stazioni: Betreibergesellschaft der größeren Bahnhöfe
📖 *il business è quello della* ***Grandi Stazioni****, la società creata dalle* ☞ *Fs di Giancarlo Cimoli e Claudio Demattè per gestire i principali scali italiani. L'azienda ha già oggi in affitto la stazione Termini Roma*
Le città delle Grandi Stazioni: Roma, Torino, Bologna, Verona, Milano, Firenze, Genova, Bari, Napoli, Venezia, Palermo
spazi extra-binario: spazi extra-ferro: kommerziell nutzbare Flächen in Bahnhöfen

biglietto **„gratta e sosta"**: Rubbel-Parkschein *(gewünschte Parkdauer wird freigerubbelt)*
☞ *in agosto gli operai hanno tracciato una bella fetta delle nuove strisce gialle (riservate ai residenti) e delle strisce blu (a pagamento con il* ***„gratta e sosta"****)*

gronda di Genova: geplanter Autobahnring im weiteren Einzugsgebiet von Genua

guardrail: Leitplanke
☞ *il furgone è stato urtato da un camion ribaltatosi più volte sulla* ***corsia di emergenza*** *e schiantatosi contro il* ***guardrail***
corsia d'emergenza – Seitenstreifen

handler: società di handling: Handlinggesellschaft
☞ *intanto, sabotaggio o no, uno dei quattro **handler** (Aviapartner) è stato sospeso*

hub portuale: Hafen-Drehkreuz, Hub
☞ ***hub portuali**, congelate le norme sui finanziamenti*

Ibar: associazione delle compagnie straniere operanti in Italia: Vereinigung der in Italien tätigen ausländischen Fluggesellschaften

IET: imposta erariale di trascrizione: Steuer für die Zulassung von Fahrzeugen ☞ APIET/ARIET
☞ *tutti i prezzi Volvo sono chiavi in mano (escluse **IET** e **APIET**) e bloccati fino alla consegna*

incolonnamento: zähflüssiger Verkehr
☞ *rispettare le distanze di sicurezza anche in caso di **incolonnamento**, evitando slalom tra le corsie*

ingolfarsi: absaufen: verschlechtern *(Situation)*
☞ *la macchina s'**ingolfa** sempre più e la gente perde ulteriormente fiducia nella giustizia*

ingorgo: Stau
maxingorgo: Massenstau
☞ *due **maxingorghi** per il raduno degli appassionati del ☞ Cavallino*

interporto: Terminals für den Kombinierten Verkehr mit dazugehörigem Gewerbegebiet
☞ *nell'estate del '90 la legge 240 lancia un piano nazionale degli **interporti** che sono strutture per integrare il traffico commerciale su rotaia con quello stradale*

inversione a U: Wende, Kehrtwende
inversione a „U" su autostrade: Wenden auf der Autobahn
☞ *il camion aveva fatto, improvvisamente, una **inversione a U** e si era trovato ☞ contromano*
☞ *un'**inversione a U** nella politica del governo*

isoradio: Verkehrsinformationssender *(in Zusammenarbeit zwischen Rai und der Autobahngesellschaft Autostrade)*
☞ *chi viaggia all'ascolto di **Isoradio** 103,3, ha la comodità di ricevere sempre sulla stessa frequenza notizie, informazioni su viabilità, turismo e curiosità, con una scelta di musica studiata appositamente per rendere più piacevole il viaggio. **Isoradio** 103,3 è attivo su oltre 2000 chilometri della rete autostradale*

jumbo tram: Jumbo-Tram
📖 *tram di grosse dimensioni capace si trasportare un elevato numero di persone*
☞ *entrava in un bar di piazza De Angelis, dopo un viaggio sul **jumbo tram** 24*

Autostrada dei **Laghi:** Autobahn von Mailand nach Varese und Chiasso

lamiere: Blechlawine
☞ *una famiglia italiana su 2 indica la congestione quotidiana, le **lamiere**, come il nemico da battere*

lesività: Verletztenrate
☞ *il fatto grave e che dall'analisi dell'Asaps emerge che le categorie deboli della strada, in modo particolare anziani e bambini, pagano un prezzo altissimo in termini di mortalità e **lesività***

macchina: Räderwerk, Maschinerie
☞ *tutto va male, la **macchina** della giustizia è inefficiente*

Maggiolone /Maggiolino: VW Maggiolone: VW Käfer
☞ *in quanto possessore di **Maggiolino** e Vespa d'epoca, volevo inanzitutto tranquillizzare tutti i possessori di ☞ mezzi d'epoca: non dovremo buttare o rottamare nulla*

MCTC: Motorizzazione: Direzione Generale della Motorizzazione Civile e dei Trasporti in Concessione: Direzione Generale M. C. T. C.: Straßenverkehrsamt
Ufficio Provinciale della M. C. T. C: Straßenverkehrsamt der Provinzen

Mebo: Schnellstraße Meran – Bozen
☞ *la superstrada che chiamano „**Mebo**", quella che graffia la valle dell'Adige e unisce Merano a Bolzano*

merci: treno merci: Güterzug
☞ ***deraglia** un altro treno. Verona, è un **merci** che trasportava auto: forse andava troppo veloce*
deragliare – entgleisen

metropolitana/metrò: Metro, Stadtbahn
MM: Metropolitana milanese
Met. Ro.: Metropolitana di Roma

minigonne: Spoiler
☞ *la vettura, con assetto ribassato, **minigonne** . . .*

motoraduno: raduno di motociclisti: Bikertreffen, Bikerfest
✎ *al **motoraduno** di Udine 23 mila bikers d'Europa*

Nuova Romeo: (im Bau befindliche) Autobahn von Padua nach Ravenna

padroncino: LKW-Besitzer
✎ *una questione tra **padroncini** e aziende di trasporto*

palloncino: Röhrchen
esame del palloncino: controllo con l'etilometro: Alkoholtest

parcheggio: Parkplatz: Wartestellung, Warteschleife
✎ *Pio XII è ancora in **parcheggio** per la beatificazione e con lui Paolo VI*

parcheggio di scambio: parcheggio d'interscambio: Park-and-Ride-Parkplatz
📖 *gratuito per gli abbonati ai trasporti pubblici*

Autostrada dei **parchi:** die Autobahnen A24 Rom – Teramo und A25 Torano – Pescara

partenza intelligente: Vermeidung der Hauptreisezeit für den Beginn einer Ferienreise
✎ *la **partenza intelligente** stavolta non si è rivelata una buona idea*

passo carrabile: (freizuhaltende) Einfahrt, Zufahrt
✎ *non si paga la tassa se il **passo carrabile** è **a raso** e non si paga neanche il canone per il cartello di divieto di sosta se l'utente non lo richiede*
a raso *– auf Höhe der Fahrbahn*

patente a punti: Punktsystem für Verkehrsverstöße, Strafsünderkartei
✎ *inasprimento delle multe e introduzione della **patente a punti** (viene tolta dopo un certo numero di infrazioni)*
punti-patente: Strafpunkte (in der Verkehrssünderkarte)

patentino: Führerschein für Mofas und Mopeds
📖 ***patentino** obbligatorio per i ciclomotori con **corsi guida** gratuiti impartiti nelle scuole superiori per i ragazzi*
corsi guida – Fahrstunden

Pedemontana: geplante Voralpenautobahn durch Piemont, die Lombardei und Venetien

pendolino: italienische Variante eines Neigezugs *(wird auch in Deutschland eingesetzt, kein Hochgeschwindigkeitszug)*

traffico **pendolare**/treni **pendolari:** trasporto ferroviario locale: Schienennahverkehr, Pendlerzüge
✎ *le Fs hanno modificato le norme di circolazione in modo da garantire ai **treni pendolari** l'arrivo a destino in orario*

Pgt: Piano generale dei trasporti: Verkehrswegeplan

piazzola d'emergenza: Nothaltebucht
✎ *carreggiata ristretta per lavori e senza **piazzole d'emergenza***

pirateria della strada: Unfallflucht, Flucht nach Verkehrsunfall
pirata della strada: auto pirata: unfallflüchtiger Fahrer, Verkehrsrowdy
✎ *anche questa volta l'obiettivo della caccia è un **pirata della strada**, un automobilista che dopo avere causato un incidente dalle conseguenze tragiche, invece di soccorrere la sua vittima fugge nel nulla*

polizza Rca: responsabilità civile auto: Kfz-Versicherung
assicurazione obbligatoria RcAuto
✎ *l'assicurato che dopo il furto della vettura realizza di aver perduto anche il premio **Rca** già pagato*

pompe bianche: Freie Tankstellen
✎ *le **pompe bianche** vendono carburante senza il logo delle grande aziende*

Pra: pubblico registro automobilistico: Kfz-Register
📖 *Ufficio dove sono registrati tutti i dati degli autoveicoli autorizzati a circolare*
✎ *occorrerebbe una verifica preventiva al **Pra** sulla „vita" dell'auto*

programma millemiglia Alitalia: Miles-and-more-Programm/Bonusprogramm der Alitalia

provida: Messung mit dem Police-Pilot-System (PPS) oder dem ProViDa-Gerät
✎ *stretto parente dell'autovelox è il **provida**, telecamera mobile con stampante per misurare la velocità di chi sorpassa la macchina di servizio*

Pum: piano urbano di mobilità: kommunaler Mobilitätsplan
✎ *indispensabili anche gli interventi sui **piani urbani di mobilità (Pum)**, attraverso il coor-*

dinamento di tutti i soggetti coinvolti (a cominciare dai ministeri) per ottimizzare l'uso delle risorse, semplificare le procedure, gestire la domanda di mobilità e sviluppare l'offerta dei servizi

punti neri : Unfallschwerpunkte, Verkehrsabschnitte mit besonderer Unfallhäufigkeit
*un restauro delle strade a rischio, i cosiddetti **punti neri**, quelli a più alta densità d'incidenti*

quadriciclo: minicar: city-car: Microcar, Mopedauto, Leichtkraftwagen
*i Carabinieri, nel corso di un servizio di controllo straordinario del territorio, hanno tratto in arresto in Casavatore, un 18enne, bloccato alla guida di un **quadriciclo** risultato compendio di furto/nessuna vera riforma, né sulla previdenza né sul mercato del lavoro; qualche balzello dal sapore antico, dalla tassa sul fumo a quella sulle **city-car***

Rav: Raccordo autostrade Val d'Aosta: Gesellschaft für den Autobahnanschluss des Aostatals
*Lunardi è il progettista di un'autostrada in costruzione, per la quale è pagato sulla base delle spese della **Rav***

quattro ruote: Autos
*auto, febbraio da boom: la riprese delle **quattro ruote***

fare **retromarcia:** den Rückwärtsgang einlegen: einen Rückzieher machen
*Umberto Bossi fa **retromarcia** sulla secessione*

rimorchio: Anhänger
a rimorchio: im Schlepptau
*sono stati perentori nell'escludere un centro-sinistra **a rimorchio** della strategia ☞ barricadera di Sergio Cofferati*

rodaggio: Einfahrzeit: Anlaufphase
*nonostante la macchina in **rodaggio**, le polizie si dicono pronte a far rispettare il nuovo codice*

rondò: rotatoria: rotonda: Kreisverkehr
*Cristo Re, **rondò** e ciclabili: Ecco il restyling del rione*

rossa: benzina rossa: (verbleites) Superbenzin
*anticipare ad ottobre lo stop alla commercializzazione della **rossa** previsto per fine anno*

rottamazione: Verschrottung ☞ **ecocontributo**

incentivi di rottamazione /incentivi all'auto /sconto rottamazione: Abwrackprämie, staatliche Anreize zur Verschrottung älterer Fahrzeuge und zum Kauf neuer umweltfreundlicher Fahrzeuge

sulla pista di **rullaggio:** Startbahn, Rollbahn: vor dem Start, vor dem Neubeginn
*si chiamerà Compagnia Aerea Italiana: La Nuova Alitalia sulla **pista di rullaggio***

due **ruote: scooter:** Roller
*un sondaggio conferma il boom delle **due ruote:** motorini e motocicli*
centauri: gli **scooteristi:** Rollerfahrer
*il popolo dei **centauri***

ruota di scorta: Reserverad: Ersatzlösung, Notnagel
*il Pd certificherebbe la morte del progetto riformista per fare la **ruota di scorta** di Di Pietro, Grillo e i girotondini*

Autostrada del **Sale:** Autobahn von Palermo nach Mazara del Vallo

Sant'Agata Bolognese: Geschäftssitz von Lamborghini
*la vettura, donata dalla **Casa di Sant'Agata Bolognese**, sarà utilizzata dalla Polizia Stradale nei casi di emergenza e di allarme*

scatola nera: cronotachigrafo: tachigrafo di bordo: Fahrtenschreiber, *auch:* Flugschreiber
📖 *detta i tempi di guida e di riposo per i conducenti dei mezzi pesanti e permette il controllo della velocità*

Scc: sistema di comando e controllo del traffico: Verkehrsleit- und kontrollsystem

sceriffi dei cieli: Skymarshalls, Air Marshalls: bewaffnete Luftsicherheitsbegleiter
*l'Europarlamento ha dato il via libera al provvedimento che prevede sui voli di linea gli **sceriffi dei cieli***

segnaletica orizzontale: Fahrbahnmarkierung
*tratti di strada asfaltati e altri in condizioni inqualificabili, **segnaletica orizzontale** sbiadita o totalmente assente*
segnaletica verticale: Verkehrszeichen, Verkehrsschilder

Serenissima: Autobahn A4 von Mailand nach Venedig

sicurvelox: Geschwindigkeitsmessgerät *(dient der Verkehrserziehung)*
☞ *un pannello luminoso visualizza la velocità al passaggio del veicolo. I **pannelli sicurvelox** effettuano la rilevazione di velocità grazie a un sistema radar*

tasso di **sinistrosità:** Unfallhäufigkeit
☞ *si vanno a chiudere dei distaccamenti che hanno competenze proprio sulle statali e provinciali, vale a dire il segmento a più alto **tasso di sinistrosità***

Autostrada del **Sole:** Autobahn von Mailand nach Neapel

sorpassometro: Radarfalle, Flitzerblitzer
☞ *i **sorpassometri** vigilano sugli automobilisti e sedici nuovi apparecchi elettronici sono stati installati sulle strade statali italiane*

sosta selvaggia: wildes Parken
☞ *rischiano il carcere gli automobilisti che praticano la **sosta selvaggia***

stradale: moto sportiva stradale: Sportmotorrad
☞ *una motocicletta – la nuova K 1200 S – al vertice fra le **stradali***

strisce blu: gebührenpflichtige Parkzonen
☞ *la proposta di rivedere le tariffazioni delle **strisce blu***

SRP: sistema di ritenuta programmata: automatische Sicherheitsgurte
☞ *la sicurezza delle cinture con **SRP** e del doppio airbag di serie*

superstrada: Ausbaustraße, Schnellstraße
☞ *sulla Pedemontana veneta litigano amministratori e ambientalisti incerti se farne una **superstrada** a pagamento o un'autostrada*

statale: Ss: strada statale: Staatsstraße
☞ *la **statale** del Brennero è bloccata*
Sp: strada provinciale: Provinzstraße

striscia: striscia pedonale: Zebrastreifen, Fußgängerüberweg
☞ *una Mercedes ha travolto un egiziano sulle **strisce***

Suv: sport utility vehicles: Off-Roader
☞ ***monovolume, Suv** e spider: la scommessa è questa*
monovolume – Van

tac: Durchlichteinrichtung *(u. a. auf Flughäfen)*
☞ *controlli di tutti i bagagli con le **tac** anche mobili*
☞ *la vostra **Tac** è impietosa: prima che economica, la „malattia mortale" sembra essere „malattia morale"*

targato: mit dem Kennzeichen: zu ... gehörig *(Pol.)*
☞ *se si cambia, non si cambia il premier con un altro **targato** ds. Sarebbe solo un giochetto*

targhe alterne: alternierende Kennzeichen *(wonach abwechselnd gerade und ungerade Endziffern im Innenstadtverkehr zugelassen werden)*
☞ *chissà se i Comuni di Napoli o Genova estenderanno le **targhe alterne** anche alle imbarcazioni*

Tav: Treno **Alta Velocità** S. p. A.: Hochgeschwindigkeits-AG der italienischen Eisenbahnen
Tav: Hochgeschwindigkeitszug
☞ *la società controllata dalle Fs per l'**Alta velocità***
☞ *il popolo anti-**Tav** in piazza*
treno supersonico a levitazione magnetica: Hochgeschwindigkeits-Magnetschwebebahn (in Deutschland: Transrapid)

taxi collettivo /auto collettivo: Sammeltaxi

telelaser: Lasermessgerät

telepass: Abbuchungsverfahren der Autobahngebühren
☞ *puntare verso l'uscita con il **telepass***

Tibre: autostrada Tirreno-Brennero: Projekt zum Ausbau der Autobahnverbindung zwischen Brenner und Riviera (Teilstück Parma – Verona)

Tir: mezzi industriali: mezzi pesanti: camion: Lastkraftwagen
trasporti internazionali su strada: Internationaler Straßenverkehr
☞ *i **Tir** carichi di veleni industriali partivano regolarmente dai depositi dell'Astigiano per i centri di **smaltimento** autorizzati*
smaltimento – Entsorgung

Tir-lumaca: LKW-Bummelstreik
☞ *Tir in corteo a passo di **lumaca**, traffico paralizzato sull'Autosole*

Gruppo **Tirrenia:** compagnia di Stato di navigazione: staatliche Schifffahrtsgesellschaft

📖 *quota di partecipazione statale nel 2002: 85% (Tirrenia, Adriatica, Caremar, Saremar, Siremar, Toremar)*
✍ *giovedì scatta lo sciopero dei dipendenti della* ***Tirrenia*** *con traghetti a rischio*

Topolino: FIAT-PKW der Nachkriegszeit
✍ *al Nord sembra di assistere davvero ai primissimi passi di un'area europea, dove i treni e le* ***Topolino*** *sono l'indizio della grande immigrazione e dell'industrializzazione tardiva*

torpedone: Kleinbus, *auch* Aussichtsbus, Obenohne-Bus
✍ *in tanti, tra studenti e lavoratori, arrivano dalla Calabria a bordo di* ***torpedoni*** *e mezzi propri*

tpl: trasporto pubblico locale: ÖPNV: öffentlicher Personennahverkehr
✍ *liberalizzazione del* ***tpl****, programmazione dei servizi, maggiore attenzione alle ferrovie regionali e ai collegamenti marittimi, riordino del sistema dei porti*

traforo: tunnel: Durchbruch: Tunnel
✍ *i tir sono stati ufficialmente riammessi nel* ***traforo*** *a partire dalla mezzanotte di lunedì*
uscire dal tunnel: aus der Sackgasse herausfinden, Schwierigkeiten überwinden, Klarheit schaffen
✍ *il pressing della Lega cresce. Alessandro Cé lancia un ultimatum a Berlusconi: „Occorre* ***uscire dal tunnel****"*

Trenitalia: Beförderungsgesellschaft der Staatlichen Eisenbahnen
📖 *il 1° giugno 2000 è nata* ***Trenitalia****, la nuova società che gestisce direttamente il traffico passeggeri e merci sulla rete ferroviaria. Quota di partecipazione statale nel 2002: 100%*

treni verdi: Züge im Regionalverkehr *(bei denen besondere Nachlässe bei den Fahrpreisen gelten)*
📖 *treni del trasporto regionale (Interregionali, Diretti e Regionali) denominati treni verdi, evidenziati con il colore verde sull'Orario Ufficiale Trenitalia*

Tutor: Radargerät zur Feststellung der Durchschnittsgeschwindigkeit
✍ *la fatidica data è arrivata: da venerdì 23 dicembre 2005 entra in azione il* ***Tutor****, il sistema di controllo della velocità media in autostrada ideato, progettato e sviluppato da Autostrade per l'Italia in collaborazione con la Polizia Stradale*

Unifai: gli autotrasportatori: Interessenvertretung des Güter- und Personenverkehrs

Unione Ferroviaria: Eisenbahnerverband: Gewerkschaft der Eisenbahner: *ehem.*: **Ucs:** Unione dei capistazione: Verband der Bahnhofsvorsteher
✍ *è questo il motivo della protesta dell'****Ucs****, da poco ribattezzata* ***Unione Ferroviaria*** *per indicare l'apertura ad altre categorie di ferroviari, come i manovratori e i deviatori, che stanno aderendo a questa nuova* ☞ *sigla*

Unrae: Unione nazionale distributori macchine estere: Nationaler Verband der Vertreiber ausländischer Fahrzeuge
✍ *l'****Unrae*** *(marche estere) prevede solo 1,8 milioni di immatricolazioni nel '99 a causa della pressione fiscale*

Up: Unione Petrolifera: Verband der Mineralölunternehmen
✍ *una frattura all'interno dell'****Up****, dove da sempre si fronteggiano falchi e colombe*
Nove sorelle: die neun Schwestern
📖 *le Nove sorelle: Agip, Ip (Italiana Petroli), Esso, Erg, Api, Fina, Q8, Shell e Tamoil*

utenze deboli: schwache Verkehrsteilnehmer
✍ *pedoni, ciclisti, ciclomotoristi, conducenti molto giovani o molto anziani, le cosiddette* ***„utenze deboli"***

Vacanze coi Fiocchi: campagna di sensibilizzazione sulla sicurezza stradale „Vacanze coi Fiocchi": Verkehrserziehungsprogramm „Ferien mit Schleifchen"
✍ ***„Vacanze coi Fiocchi"*** *sarà presente nei giorni cruciali degli esodi nei principali caselli autostradali e nelle piazze d'Italia dove verranno consegnati gli* ***adesivi col fiocco*** *giallo indossato quest'anno da Snoopy*
campagna di sensibilizzazione – Aufklärungskampagne
adesivo – Aufkleber

verde: benzina verde: bleifreies Benzin
✍ *fino a 36 lire al litro in più per la* ***verde***

Verdemare: Autobahn von Turin nach Savona

verdone: Ausweis, der bescheinigt, dass ein Fahrzeug schadstoffarm gemäß Euronorm ist
✍ *gli automobilisti che hanno ricevuto il cosiddetto* ***„verdone"****, cioè il* ***tagliando*** *verde con una grande B stampata sono in regola con le norme ambientali*
tagliando – Schein, Abschnitt

vettori: Luftfahrtunternehmen. Transportunternehmen
☞ *i „**vettori**" sottolineano la violazione, da parte delle organizzazioni sindacali, delle modalità di attuazione dello sciopero previste dalla legge 146/90*

Viacard: Magnetkarte zur Bezahlung der Autobahngebühren

vicolo cieco: Sackgasse
☞ *si è lasciato trascinare in un **vicolo cieco**/a parlare di **vicoli ciechi** si rischia una polemica per non averli chiamati correttamente vicoli non vedenti*

vigili telematici: Verkehrsüberwachung durch Kameras
☞ *utilizzo di **vigili telematici** distribuiti su strade e autostrade per tenere sotto controllo le infrazioni*

Autostrada dei **Vini:** Autobahn von Turin über Piacenza nach Brescia

viva voce: Freisprecher
☞ *le nuove norme prevedono la possibilità di usare il **viva voce** e anche l'auricolare, prima proibito, per telefonare in macchina*

sezione „**voli di Stato**": Flugbereitschaft
Ufficio Voli della presidenza del Consiglio: Flugbereitschaft des Amts des Ministerpräsidenten

7.3. Alcuni aeroporti
Einige Flughäfen

città	*Aeroporto*	*società di gestione Flughafengesellschaft*
Alghero	**Aeroporto di Alghero**	Sogeaal
Ancona	**Aeroporto Internazionale Raffaello Sanzio di Falconara**	Aerdorica
Bari	**Palese**	Seap Società Esercizio Aeroporti Puglia
Bergamo	**Orio al Serio**	
Bologna	**G. Marconi**	SAB Società di gestione dell'aeroporto di Bologna
Bologna	**Borgo Panigale**	
Bolzano	**Airport Bolzano Dolomiti – San Giacomo**	
Brescia	**Aeroporto Gabriele D'Annunzio di Brescia Montichiari**	
Cagliari	**Elmas**	
Catania	**Fontanarossa**	SAC Società Aeroporto Catania
Comiso	**Vincenzo Magliocco**	
Firenze	**Aeroporto Amerigo Vespucci – Peretola**	AdF
Forlì	**Aeroporto di Forlì „L. Ridolfi"**	Seaf
Genova	**Cristoforo Colombo Ligure**	Aeroporto di Genova
Lamezia Terme	**Lamezia Airport**	Sacal Società Aeroportuale Calabrese
Milano	**Linate**	SEA Società p. A. Esercizi Aeroportuali
Milano	**Malpensa**	SEA
Napoli	**Capodichino**	Baa Sea Interporto campano
Olbia	**Aeroporto di Olbia Costa Smeralda**	Geasar
Palermo	**Punta Raisi „Falcone e Borsellino"**	GESAP Società di gestione dell'aeroporto di Palermo

Pescara	**Aeroporto d'Abruzzo**	Saga
Pisa	**Galileo Galilei**	SAT
Rimini	**Aeroporto Internazionale Federico Fellini**	Aeradria
Roma	**Ciampino**	
Roma	**Leonardo da Vinci – Fiumicino**	Adr Aeroporti di Roma
Salerno	**Pontecagnano**	
Torino	**Sandro Pertini – Caselle**	SAGAT
Trento	**Caproni**	
Treviso	**Treviso Airport**	Airtre
Trieste	**Ronchi dei Legionari**	
Venezia	**Marco Polo di Tessera**	SAVE
Verona	**Valerio Catullo (Verona/ Villafranca)**	
Verona	**Villafranca**	
Vicenza	**Tommaso Dal Molin**	*(auch US-Luftwaffenstützpunkt)*

Assaeroporti: Associazione italiana gestori aeroporti: Italienischer Verband der Flughafengesellschaften

7.4. Alcune stazioni F. S. Einige Bahnhöfe

Belfiore – Firenze

Brignole – Genova

Ca' Rezzonico – Venezia (Bootsanlegestelle)

Fara Sabina – Roma

Lambrate – Milano

Milano Centrale – Milano

Piazza Principe – Genova

Porta Garibaldi – Milano

Porta Nuova – Torino

Porta Nuova – Verona

Porta Principe – Genova

Porta Susa – Torino

Porta Vittoria – Milano

Orte – Roma

Santa Lucia – Venezia

Santa Maria Novella – Firenze

Termini – Roma

Tiburtina – Roma

7.5. Parole di tipo marinaresco Anleihen aus der Seemannssprache

acque agitate: acque agitate tra gli ex dc dopo la nascita dell'Udr di Cossiga: *stürmische Gewässer: Unruhe*

acque cattive: se il vostro matrimonio naviga in cattive acque e il vostro partner russa, sopportatelo: *stürmische Gewässer*

affondare: che già appariva all'inizio un'impresa improba, ora rischia di affondare in partenza/netto vantaggio per la Spd, Kohl affonda: *versinken, untergehen*

d'**alto bordo:** la magistratura occupata a sgominare l'esercito dei ladri d'alto bordo: *hochgestellt, besser gestellt, bedeutend, Luxus-, Edel-* 🕮 *traslato dalla nave „d'alto bordo" che ha la parte emersa dei fianchi assai più alta di quella di basso bordo*

alto mare: trattative in alto mare: *in weiter Ferne, mit offenem Ausgang*

áncora: Fiat prova di nuovo a gettare l'ancora: *Anker werfen: Fuß fassen*

approdare/approdo: un'evoluzione verso nuovi approdi: *Landungsplatz, Anlegeplatz: Aufbruch zu neuen Ufern*
tra gli spot delle auto l'ultimo è quello della Bmw nelle campagne senesi: il set approderà fra una settimana: *anlegen: in die Medien gelangen*
ex democristiano approdato al Ccd: *anlanden: gelangen zu …*

arrembare /arrembaggio: Bossi ha rivendicato il

suo potere di veto in sede di fiducia al Governo e promette di non fermarsi: „Vedrete, fin da subito, l'azione arrembante del Governo.“ *entern*

arrembante: angriffslustig
☞ *una squadra **arrembante** e consapevole della propria forza*

attracco: porti, gli stranieri vanno all'attracco; i giganti mondiali puntano all'Italia: *das Anlegen, der Kai*

bacino di carenaggio: essendosi liberati di due esterni come Mancini e Giuly, con Taddei in bacino di carenaggio, i giallorossi hanno provato a giocare sulle fasce: *Trockendock: auf der Verletztenliste, nicht einsatzbereit*

barca di voti: ergersi a unica difesa dell'italianità, conquistando una barca di voti/ma alle elezioni prende una barca di voti nella sua città e sfrutta la scia di Vittorio Sgarbi: *eine Menge Stimmen*

barra del timone: l'Unità è un pezzo della storia di questo Paese in cui tutti e ciascuno hanno speso la loro forza e la loro intelligenza a tenere ferma la barra del timone: *Steuerrad, Steuer*

aprire i **boccaporti:** la prima regola non può essere quella di aprire i boccaporti e mandare migliaia di persone da un Paese europeo all'altro: *alle Luken aufmachen*

bonaccia: quasi fino a sera si respirava aria di bonaccia: *Meeresstille*

il giro di **boa:** allenatori sotto esame al giro di boa del campionato: *Kehrtwende, Halbzeit*

cambiamento di rotta: un cambiamento di rotta verso la bioenergia: Molti i buoni motivi per passare ai biocombustibili: *Kurswechsel*

capitani d'industria: Industriekapitäne, Wirtschaftsbosse

controcorrente: ... va controcorrente: „Non è vero che i partiti sono in crisi: *gegen den Strom, gegen die herrschende Meinung*

cresta dell'onda: il politologo oggi è sulla cresta dell'onda in Italia per le sue proposte di riforma costituzionale: *Wellenkamm: Erfolgswoge, sich allgemeiner Beliebtheit erfreuen, im Aufwind sein*

deriva: la deriva moderata del Pds: *Abdriften*

venire a galla: Con passare dei giorni vengono a galla altri particolari sulla progettata fuga dei due ragazzi: *an die Oberfläche kommen, auftauchen, ans Licht kommen*

galleggiamento: interessato solo al suo galleggiamento/e così i siciliani restano appena sopra la linea di galleggiamento: *sich über Wasser halten, überleben*

imbarcarsi: non avrei nessun imbarazzo a votare il sistema tedesco senza Berlusconi e Fini, ma imbarcarsi in un'operazione spericolata con chi ha causato danni al Paese, questo no: *an Bord gehen: sich auf etw. einlassen*

inversione di rotta: comunque gli insegnanti sono stanchi di questi cambiamenti che arrivano dall'alto, di queste inversioni di rotta che creano solo un falso movimento: *Kursumkehr*

prendere il **largo:** il partito di Cossiga prende il largo: *in See stechen, debütieren*

mare: adesso sulla testa gli piomba quel mare di accuse: *Meer; eine Flut von ...*

maretta: si era fatta sentire fin dentro Botteghe Oscure, la maretta della protesta che da giorni scuote una vasta parte del popolo pidiessino: *Wogen, leichter Seegang*

navigare a vista /navigatore a vista: c'è un premier che naviga a vista, tira a campare, mentre l'Italia è sostanzialmente abbandonata a se stessa/i ragazzini soffrono perché hanno modelli deboli, è una generazione di navigatori a vista: *auf Sicht fahren/fliegen*

naufragare: naufragano nello spazio di poche ore le prove di dialogo sull'immigrazione: *Schiffbruch erleiden, scheitern*

navigatore di lungo corso: la sua sostituzione con nuovi soci, alcuni veramente nuovi, altri navigatori di lungo corso del potere politico-economico: *alter Fahrensmann*

nocchiero: nave senza nocchiero in gran tempesta: *Steuermann*

sull'**onda di un fatto:** solitamente, il tema del confronto tra etica religiosa ed etica laica si pone all'improvviso, sull'onda di un fatto di cronaca e di un dibattito mediatico: *als direkte Reaktion auf ...*

ondata di ritorno: allora la parola d'ordine era ripulire il centro. Così era nato „Tossic park“.

Ora sta arrivando l'ondata di ritorno: *die Welle schwappt zurück, Gegenbewegung*

padroni del vapore: solo allora, quando la sconfitta italiana era alle porte, il mondo dei „padroni del vapore" si rivoltò contro il potere vigente: *Unternehmenseigentümer, Firmenchefs*

pescare voti: se ci si professa di ispirazione cristiana per pescare voti nell'elettorato cattolico, bisogna poi dimostrare di esserlo negli atti da legislatori: *Jagd nach Wählerstimmen*

pescare nel torbido: sono convinto che Bossi stia solo pescando nel torbido per darsi importanza: *im Trüben fischen*

di **piccolo cabotaggio:** è ufficiale: Mancini è un allenatore di piccolo cabotaggio. Il disastroso debutto dell'Inter in Champions League, che fa seguito alle figuracce di Valencia (2006–2007) e di Villareal (2005–2006), conferma i limiti di Mancini: provinciale come giocatore, provinciale come tecnico: *kleine Küstenschifffahrt: Leichtmatrose*
una nuova sezione della squadra mobile contro quei **reati di piccolo cabotaggio** che tanto incidono sulla tranquillità dei cittadini: *geringfügige Straftaten*

ponte: lui sarà proprio al centro del mirino, sul ponte della vulnerabilissima corazzata di Palazzo Chigi: *Kommandodeck*
corazzata – Panzerkreuzer

poppa: col vento in poppa: *Heck: Rückenwind, Auftrieb*

porto: Scalfaro dice di „confidare che il lavoro di revisione giunga in porto nel modo più rapido possibile": *Hafen: unter Dach und Fach sein*

remare: occorre che tutti, club, giocatori, federazione remino verso la stessa direzione, altrimenti il rischio è di non andare in Portogallo: *rudern, steuern: arbeiten*

remare contro: quanto brucia la sua accusa a voi ulivisti e alla sinistra di avergli remato contro?: *gegenrudern, gegensteuern*

retata: truffa al videopoker, maxi-retata a Milano: *(Fisch)Fang, Razzia*

ripescaggio: sconfitto nell'uninominale, qualcuno aveva annunciato il ripescaggio di ...: *Herausfischen: (in der Politik) Wiedervorlage, Einzug ins Parlament als Ersatzmann auf Wahllisten; (im Sport) Qualifikation infolge von Relegationsspielen*

rotta: riuscirà a rimettere in rotta la nave: *auf Kurs bringen*
la nostra rotta non cambierà di un grado

rotta di collisione: da tempo li ha messi in rotta di collisione con Bertinotti: *Kollisionskurs*

sbarcare: quindi non le piace il progetto che vedrebbe la At&t entrare nel nucleo duro della Telecom, mentre quest'ultima sbarcherebbe in America?: *anlanden, an Land gehen*

scia: sulla scia del ritrovato successo ha già dimenticato i suoi tanti doveri nei confronti del consumatore: *im Kielwasser*

scoglio: il premier israeliano ha superato/girato un nuovo scoglio: *Klippe, Hindernis*

secca: è da tempo arenato in una secca dalla quale sembra difficile ritirarlo fuori: *Untiefe: Sackgasse*

tempesta: una tempesta in un bicchier d'acqua: *Sturm im Wasserglas*
la **quiete dopo la tempesta:** die Ruhe nach dem Sturm

mare **tempestoso:** per sopravvivere in quel mare tempestoso che è il mercato globale: *stürmisches Meer*

trabocchetti: può senz'altro essere utile, però, cercare di individuare i potenziali trabocchetti di Kyoto e prendere in considerazione, come misura prudenziale, approcci alternativi qualora il Protocollo di Kyoto dovesse fallire: *Falltür: Fallstricke*

traghettare: duemila miliardi dal „pacchetto Treu" per traghettare i giovani nel mercato: *übersetzen: Eintritt verschaffen*
traghettatore: avrà il compito di traghettatore, in attesa della scelta del nuovo direttore generale: *Übergangslösung*
traghetto: Fähre

bruciare i **vascelli:** solo in questi giorni ha illustrato ai fedelissimi i primi punti del suo piano: deciso a bruciare i vascelli e a non tornare più indietro: *die eigenen Schiffe verbrennen: alle Brücken hinter sich abbrechen*

vele sgonfie: si trasformerebbe in una ☞ Caporetto per una sinistra spaccata e con le vele sgonfie: *gestrichene Sege* a **vele spiegate (a gonfie vele):** questa Fiorentina non si ferma più. Anzi, viaggia a vele spiegate. Il ventunesimo risultato utile consecutivo viola: *mit aufgeblähten Segeln: im Aufwind*

zavorra: il Pdl vede nella vendita di Alitalia una zavorra letale durante la campagna elettorale: *Ballast*

8. Poste e Telecomunicazioni
Post und Telekommunikation

8.1. Istituzioni centrali
Zentrale Einrichtungen

Ministero delle Comunicazioni *(offz.)*: Ministerium für Telekommunikation
viale America: sede del Ministero delle Comunicazioni: Sitz des Ministeriums für Telekommunikation

Agcom: Autorità per le garanzie nelle comunicazioni *(offz.)*: **Authority Tlc**: Aufsichtsbehörde für das Fernmeldewesen
Garante per le Telecomunicazioni: Fernmeldebeauftragter

Registration Authority italiana: Autorità garante per la registrazione dei siti *(offz.)*: Regulierungsbehörde für die Registrierung von Internetadressen

8.2. Glossario Telecomunicazioni
Telekommunikationsglossar

160: numero utile informazioni postali: Postinformationsdienst

allo stato dell'**arte**: letzter Stand der Technik
*l'hanno battezzato il computer mobile **allo stato dell'arte** per quanto riguarda capacità multimediali, di comunicazione e di accesso alle informazioni*

autostrada informatica: Informationsautobahn, Infoautobahn
*paesi di montagna allacciati al mondo da una super **autostrada informatica***

Avantielenco: Vorspann des Telefonbuchs *(mit Telefon-Sonderdiensten, Telefonansagen, Informationen zum Telefonbuch, Zeichenerklärungen usw.)*
*lo stesso **Avantielenco** dovrà cambiare: non avrà più i soli numeri di servizio di Telecom, e dovrà ospitare i numeri d'assistenza clienti di tutte le società che ne faranno richiesta*

Bene Comune: Dienstleistungsangebot der Italienischen Post an die Kommunalbehörden für den Einzug der Verwaltungseinnahmen
il prodotto integrato di Poste Italiane dedicato a Comuni, Province, Regioni ed Enti Locali per gestire l'intero ciclo commerciale degli incassi, dalla stampa ed invio del bollettino postale alla rendicontazione completa del relativo accredito, in modo semplice, veloce e conveniente

bip: Rufzeichen (eines Anrufbeantworters)
*ma è la trovata delle segreterie telefoniche che porge le battute migliori al reduce da **Hammamet**: quella di Scalfaro chiede di lasciare dopo il **bip** „qualunque **cavillo** per poter restare anche un solo giorno di più al Quirinale*
Hammamet – Exil von ☞ Craxi
cavillo – Vorwand, Spitzfindigkeit

borsellino elettronico: elektronische Geldbörse
*sistema Carta a microchip: fidelity e pagamento con **borsellino elettronico** di seconda generazione*

cablaggio: Verkabelung
*la Telecom ha ridimensionato il ☞ piano Socrate per il **cablaggio** di 64 città, rinunciando di fatto a portare le fibre ottiche in tutte le case*

canone: canone di abbonamento: monatlicher Grundpreis für den Telefonanschluss
canone Rai: canone televisivo della Rai: Fernsehgebühren
biglietto
*porterà il prezzo del **„biglietto“** per vedere le trasmissioni Rai a 176.000 lire*

Cap: Codice di avviamento postale: Postleitzahl
*le previsioni del tempo per Provincia utilizzando le prime due cifre del **CAP** sopra riportate. Informazioni sugli altri **CAP** chiamando il 160 (3 scatti).*

c. c. p.: **conto corrente postale**: Postgirokonto

cellulare Gsm: *(global system for mobile communication)*: telefono cellulare digitale: **telefonino**: GSM-Telefon, Handy
*gli adolescenti italiani tra i 14 e i 19 sono **telefonino-dipendenti***
teledrin: der Piepser

Certitel: Service der Italienischen Post für den Versand von amtlichen Dokumenten (Katasterauszüge, Personenstandsdokumente usw.)
per ricevere per e-mail o per posta visure e certificati

ciber-criminalità: cybercriminalità: criminalità telematica: criminalità informatica: Computerkriminalität, Internet-Kriminalität, Cyber-Kriminalität
☞ *la **ciber-criminalità** è riuscita a svilupparsi grazie a comunicazioni ad alta velocità, accessibili e a basso prezzo, che facilitano ogni tipo di contatto*

citofono: Gegensprechanlage
☞ *una mattina, appena il ragazzo uscì di casa, **citofonarono** alla moglie e dissero ...*

cortocircuito: Kurzschluss: (direkte) Verbindung zwischen ...
☞ *e nella solitudine è più facile il **cortocircuito** tra paura del diverso e razzismo*

CP: casella postale: Postfach

Dect: *(digital european cordless telecommunications)*: telefonino di città: Stadttelefon
☞ *arriverà probabilmente il **Dect**, il „telefono da passeggio": un „normale" apparecchio senza fili, che però avrà un raggio di circa 3 chilometri*

società **dot-com:** le **Dot. com:** Internetfirmen
☞ *l'universo **dotcom** è sano. Silicon Valley cresce dell'8% annuo*

Ente Poste: Poste Italiane Ente Pubblico Economico: Italienische Post
📖 *quota di partecipazione statale nel 2002: 100%*

fascia serale: Abendtarif

fascia sociale: Vorzugstarif
☞ ***utenza sociale/fascia sociale**: aumento del numero di **scatti** a prezzo agevolato da 40 a 50 mesili/scatti a prezzo **agevolato***
scatto – Einheit
agevolato – vergünstigt

Fido: Stadttelefon
Fido: der treue vierbeinige Begleiter, „Waldi"
☞ *TIM ricicla **Fido** per l'Umts. Risorge '**Fido**', il telefonino da città protagonista del più clamoroso fiasco incassato da Telecom Italia negli anni di passaggio dal monopolio alla liberalizzazione.*

Ict: tecnologie dell'informazione e della comunicazione: Informations- und Kommunikationstechnologie: ICT
☞ *lo snodo sta nel maggior ricorso all'**Ict** e a una più sinergica integrazione tra la p. a. centrale e le amministrazioni locali*

Internet
altoparlante: Lautsprecher
blogosfera: Blogospähre
caricare: laden
☞ *stai **caricando** tcd. it*
chattare: chiacchiera online: chatten
☞ ***chattando** con gli amici*
chiavetta Usb: Usb-Stick
chiocciola: anfora *(rar.)*: At-Zeichen, @ *(Schnecke)*, Klammeraffe
clessidra: Sanduhr: Wartezeichen
cliccare: fare clic su ...: anklicken
☞ ***cliccare** sul mouse/**cliccando** sul personaggio/**clicca** qui*
giochi **clonati:** Raubkopien von Spielen
correttore automatico: Rechtschreibprüfung
cybercafè: Internet-Café
e-commerce: commercio elettronico: E-Commerce: Online-Handel
siti di e-commerce: Internet-Shops
email: messaggio di posta elettronica: E-Mail
indirizzo e-mail: E-Mail-Anschrift
googlare: fare googling: googeln
indirizzo Internet: indirizzo web: Internet-Anschrift
interfaccia: Schnittstelle
ipermedia: Hypermedien
ipertesto multimediale: multimedialer Hypertext
jolly: Boolsche Operatoren, logische Verknüpfungen
lettore DVD: DVD-Laufwerk
lettore MP3: MP3-Player
linkare: verlinken
☞ ***linkare** un articolo in un altro articolo*
masterizzatore: Brenner
memoria: Speicher
messaggiare: simsen
motore di ricerca: Suchmaschine
multipippo: smartmouse: Smartmouse
navigante: navigatore: internauta: Internetbenutzer
navigare su Internet: im Internet surfen
nick: soprannome: Nickname
palmare: computer palmari: Palmtop, Palm
☞ *il mercato dei pc mostra segnali crescenti di stanchezza e ora tutti guardano ai **palmari** (computer piccolissimi)*
schermo da 15 **pollici:** 15-Zoll-Bildschirm
portale: Portal
☞ *i **portali** più visitati*

portatile: Notebook
☞ *il **portatile** ultrasottile in puro titanio*
processore: Prozessor
quoto: einverstanden
reconfigurare: Neukonfiguration/neukonfigurieren
Rete: Internet
☞ *la sessualità in **Rete**, quella offerta dalle chat-line o dai siti porno, può diventare un comodo prêt-à-porter*
riformattare: neuformatieren
salvaschermo: Bildschirmschoner
scaricare: herunterladen, downloaden
schermo piatto: Flachbildschirm
sito gossip: Chatline
sitografia: linkografia: Internetbiografie, Linkografie
📖 *repertorio sistematico di siti Internet, che contengono informazioni in riferimento a un particolare argomento, che solitamente affianca le tradizionali bibliografie relative esclusivamente a fonti cartacee*
stampante: Drucker
surfista: Surfer, Internetbenutzer
☞ *identikit dei ragazzi fra i 5 e i 13 anni. Sono **surfisti** di Internet e citano a memoria i siti Disney e Mtv*
tastiera: Keyboard
teleordering: Online-Bestellung, Internetbestellung

Italtel: Unternehmen im Bereich des Telefonbaus
📖 *la più grande azienda manifatturiera delle telecomunicazione; produzione di telefoni e centralini*

melafonino: iPhone
☞ *è arrivato il **melafonino**: code in tutto il mondo. La vogliono tutti. Più che mai. La mela più tecnologica del mondo è al centro dell'attenzione*

***messaggino: sms**: SMS*
abbreviazioni italiane:
+! sì
-! no
+o- più o meno
-male meno male
1000TA mille volte ti amo
3no treno
610 sei uno zero
6LaMi* sei la mia stella
6 la +sei la migliore
Al7Cie al settimo cielo
abecba abbracciami, eccitami, baciami
ac aspettami caro/a
ap a proposito
ap a presto
Ba&Ab; baci e abbracci
BlaDT parlami di te
bn bene
C6? ci sei?
CiVePo ci vediamo poi
cmq comunque
cpt capito
ctactc ciao ti amo, come ti chiami?
cvd ci vediamo dopo
cvd come volevasi dimostrare
dom domani
Drin fine dell'ora di lezione
DrinDrin fine della giornata scolastica
dv dove
dx destra
D6? dove sei?
FaTuXte farei tutto per te
fdmccv fa' di me cio' che vuoi
fli? flirtiamo?
Fse fatti sentire
G61VA grazie sei un vero amico
G8 i grandi; i potenti; l'autorità
gdg giù di giri
Giovan8 giovanotto
HoBiDiTe ho bisogno di te
IboLu in bocca al lupo
int interessante
ita in tua adorazione
K8 cappotto
ke che
maqmiam ma quanto mi ami?
midi mi dispiace
mmt+ mi manchi tantissimo
MNF me ne frego
msg messaggio
nn non
NN nessuno
OB occhi belli
Og oggi
oom+ora o mai più
povi portami via
r8 rotto
risp rispondimi
se# settimana
SS$ sono senza soldi
sx sinistra

tat ti amo tanto
TblaD ti parlo dopo
tdp togliti dai piedi
tm tesoro mio
TO ti odio
ttp torno tra un pò
tulanoins tutta la notte insieme
Tvb ti voglio bene
Tvtttb ti voglio tanto tanto tanto bene
x' perché
x fv per favore
xh per ora
XM per me
Xò però
„xxx" tanti baci
zzz mi fai venire sonno
$ soldi

mittente: Absender
*a stretto giro di posta arriva la replica della Margherita che rigetta le accuse al **mittente** e parla di affermazioni calunniose*
a stretto giro di posta – postwendend

Pagine Gialle: Gelbe Seiten
*il gruppo Telecom Italia, cui fa capo appunto **Seat Pagine Gialle**, starebbe stringendo i tempi per l'acquisto da Fininvest delle Pagine Utili*

Pagine Utili: Nützliche Seiten
la risposta della Mondadori (Fininvest) alle ricche Pagine Gialle della Seat-Stet. Prima uscita prevista nel gennaio del '97.

posta celere: Sendungen mit Eilzustellung

posta ordinaria: Nichtvorrangsendungen

posta prioritaria: Vorrangsendungen
servizio di inoltro rapido delle lettere che garantisce la consegna entro il giorno lavorativo successivo a quello di spedizione
***Posta Prioritaria:** Il servizio veloce che costa solo 1.200 lire.*

Postecert: Dienstleistungen der Italienischen Post im Bereich zertifizierter E-Mail-Adressen, elektronische Unterschriften u. ä.
Pec: Postecert – Postemail Certificata: zertifizierte E-Mail-Adresse
il servizio di posta elettronica certificata che fornisce al mittente la prova legale dell'invio e della consegna di documenti informatici

Postecommerce: Online-Versandservice der Italienischen Post
l'offerta integrata del Gruppo Poste Italiane per la gestione del commercio elettronico. Uno strumento semplice e accessibile, un nuovo canale promozionale e distributivo ad alto valore competitivo per offrire alle imprese opportunità di business e di efficienza operativa

Postepay: aufladbare Prepaidkreditkarte der Italienischen Post
la carta prepagata ricaricabile utilizzabile ovunque in Italia e all'estero, su Internet e in tutti gli uffici postali, attraverso i circuiti Postamat, Visa e Visa Electron. Puoi ricaricare la carta Postepay e consultare il saldo e la lista dei movimenti: – accedendo ai servizi online – presso gli Atm Postamat nei 14.000 uffici postali

Postescuola: kostenloser Zustellservive der Italienischen Post für Schulbücher
*Servizio **Postescuola**. Si avvisano le famiglie degli alunni che è possibile ordinare i libri di testo anche attraverso il sito internet delle Poste Italiane*

prefisso teleselettivo: Vorwahl

PTP: Posto telefonico pubblico: Öffentlicher Fernsprecher

r. a..: risposta automatica: Anschluss mit einem automatischen Anrufbeantworter
*Tel.: 02/799235 **r. a.**/ Tel.: 04397/68867 (n. 3 linee in **r. a.**)*
segreteria telefonica: Anrufbeantworter

raccomandata A. C.: raccomandata con avviso di ricevimento: Einschreiben mit Rückantwort

Seat: Seat Spa: la società del gruppo Stet che pubblica gli elenchi telefonici e le
Pagine Gialle: die Gelben Seiten
Pagine Bianche: gli elenchi telefonici: Telefonbuch
***Telecom** è l'editore degli elenchi telefonici, le cosidette **Pagine Bianche**, sulle quali la **Seat** inserisce una smisurata quantità di piccoli annunci pubblicitari per un fatturato annuo di circa 600 miliardi*

scheda Sim: carta Sim: SIM-Karte

scheda telefonica: Telefonkarte

Sic: sistema integrato delle comunicazioni: Integriertes Kommunikationssystem *l'emendamento forzista che ridisegna la torta delle risorse del settore della comunicazione, il **Sic** appunto, a cui ciascun editore potrà attingere*

silenziatore: Stummschalter Stummschaltung
*dopo la circolare del ministro Fioroni che ha imposto il **silenziatore**: Telefonini, scatta il divieto totale, la nuova guerra tra prof e studenti/attivare e disattivare il **silenziatore***

Sirti: società del gruppo Stet nel settore dell'**impiantistica:** Telefonanlagenbau

smanettone: Computerfreak, *auch:* Motorradfreak
*la Pbox non è solo pane per **smanettoni**: basta collegarla al modem ed è già in funzione*

Smau: Esposizione internazionale dell'information & communications technology: Salone internazionale sistemi per l'informatica macchine arredamento ufficio *(ehem.)*: Mailänder Technologie- und Elektronikmesse (*verglb.*: CEBIT)

Sms (di) solidarietà: Spenden-SMS
*niente Iva sugli **Sms di solidarietà**; ma l'esenzione fiscale sarà limitata alle donazioni che scattino in caso di catastrofi naturali*

Piano **Socrate:** Telecom-Verkabelungsprogramm für Italien
*il **Piano Socrate**, anche se ridimensionato nei suoi piani strategici, può diventare un poderoso fattore di sviluppo per il Sud e in particolar modo per la Sardegna*

Sopin: Società per l'informatica: Informatikgesellschaft

servizi a **sovrapprezzo:** numerazioni telefoniche sovrapprezzo: Sonderrufnummer
*il ministero delle Comunicazioni metterà fuori legge i centralini erotici. Nessun **servizio telefonico a sovrapprezzo** – sono i famosi 144, 166 ed 899 che hanno rovinato tante famiglie*

Stet: Società Finanziaria Telefonica – Spa; ursprüngliche Bezeichnung: Società torinese esercizi telefonici: (noch) staatliche Telefongesellschaft
*dopo l'attesa dismissione dalla mano pubblica, la **Stet** sarà forte, privata, davvero concorrenziale e soprattutto italiana*

telefonini **Tacs**, servizio **Tacs:** telefono cellulare analogico (*total access cellular system*): Funktelefon
*passare da un vecchio **Tacs** a un nuovo **Tacs** Nokia, oggi conviene di più: il numero resta lo stesso, e non si pagano le 50 mila lire previste per l'operazione di cambio seriale*

Tat: tariffa a tempo: Abrechnung im Sekunden-Takt
in base alla quale l'utente pagherà solo la durata effettiva della telefonata, senza arrotondamenti agli scatti successivi

tecnicalità: technische Detailtreue, technische Detailliertheit
*Stanislao Ritacco, l'uomo che segue per l'Italia il progetto Galileo (così si chiama il sistema satellitare che l'Europa vuole far nascere), sorride e con puntigliosa **tecnicalità** precisa:*

Telecom Italia: Italienische Telefongesellschaft
ehem.: **Sip:** Società italiana per l'esercizio telefonico
via **Flaminia:** sede romana della Telecom
negozio **Insip:** Telekom-Geschäfte
*è il principale concorrente di **Telecom** nell'offerta globale **rete-fisso***
rete-fisso – Festnetz
*cabine **Sip-Telecom**/un furgoncino della **Sip**/*quale amministratore delegato della ***Sip** non ho mai avuto la delega dell'area acquisti*
*per vedere, provare, e acquistare telefoni, segreterie, telefonini, fax, centralini, telefoni intercomunicanti e telefoni senza filo entrare in un negozio **Insip***

telecomandare: fernsteuern: fremdbestimmen
*„sono autonoma e non mi faccio **telecomandare**". È la prima cosa che deve dimostrare*

TIM: Telecom Italia Mobile: Italienische Telekom für Mobilfunk
119: Servizio Assistenza Clienti TIM: Hotline der TIM für kostenlose Auskünfte
*una trentenne di Monza si sentiva sola e non aveva amici: ha tempestato di chiamate a tutte le ore del giorno e della notte il **119**, il servizio gratuito della TIM aperto 24 ore su 24 per informazioni*

Tlc: telecomunicazioni: Telekommunikation
*il futuro è nelle **Tlc***

Tut: traffico urbano a tempo: Tarif für Stadtgespräche, Cityruf *(nach festgelegten Zeittakten)*

*☞ bisogna prima vedere cosa cambia passando dalla **Tut** alla ☞ Tat (tariffa a tempo)*

servizio **Umts:** UMTS-Netz *(universal mobile telecommunications system)*
in Italien zugelassene UMTS-Anbieter: **Tim, Vodafone-Omnitel, Wind, Tre /3, H3G**

videofonino: Videohandy
*☞ alcune delle immagini delle torture ad Abu Ghraib sono state scattate appunto con **videofonini***

9. Sanità
Gesundheit

9.1. Istituzioni centrali
Zentrale Einrichtungen

Oms: Organizzazione Mondiale per la Sanità: Weltgesundheitsorganisation: WHO

Cicr: Comitato Internazionale della Croce rossa: Internationales Komitee vom Roten Kreuz: IKRK

Cri: Croce Rossa Italiana: Italienisches Rotes Kreuz
crocerossino: milite della Croce Rossa: Rotkreuzler

9.2. I Centri di assistenza e le Associazioni di volontariato
Hilfseinrichtungen und Freie Wohlfahrtspflege

Afasia: Aphasie, Sprachstörung
A. IT. A: Associazione italiana afasici: Italienische Vereinigung der Aphasiker
Aids
Aisel
Ala: Associazione lotta all'Aids: Vereinigung zur Bekämpfung von Aids
Anlaids: Associazione Nazionale Lotta contra l'Aids: Nationale Vereinigung zur Bekämpfung von Aids
Arché: Associazione bambini sieropositivi e famiglie: Vereinigung für HIV-Infizierte Kinder und ihre Familien
Asa: Associazione Solidarietà Aids: Vereinigung Solidarität mit Aids
Associazione morale civile cristiana: Christliche moralische und zivile Vereinigung
Lila: Lega italiana lotta all'Aids: Italienische Liga zur Bekämpfung von Aids
Spazio Bianco: Vereinigung zur Aidshilfe
☞ Arcigay
☞ Caritas
Alcolismo
AL-ANON: Alcolisti Anonimi: Anonyme Alkoholiker
Associazione italiana club alcolisti in trattamento: Italienische Vereinigung der in Behandlung befindlichen Alkoholiker
Fondazione italiana „Silvestrelli" per l'alcolismo: „Silvestrelli"-Stiftung gegen Alkoholismus
Fondazione A. Devoto di Firenze: Devoto-Stiftung
„La Promessa": aiuto e informazione sull'alcolismo
Allergie: Allergien
Aba: Associazione per il bambino allergico: Vereinigung für allergiekranke Kinder
Andrologia: Andrologie
Sia: Società italiana di andrologia: Italienische Gesellschaft für Andrologie
Anemia: Anämie
Airfa: Associazione italiana ricerca sull'anemia di Fanconi: Italienische Vereinigung zur Erforschung der Fanconi-Anämie
Ansia: Angst
Lidap: Lega Italiana contro i disturbi d'ansia, da agorafobia e da attacchi di panico: Italienische Liga gegen Angstzustände, Platzangst und Panikanfälle
Anziani: Ältere Mitbürger
Assistenza psicologica anziani: Psychologische Hilfe für ältere Mitbürger
Telefono filo d'argento: Telefon Silberner Draht
🕮 *il telefono della solidarietà amico degli anziani dell'* ☞ *Auser*
Asma: Asthma
Associazione malattie asmatiformi e allergopatie: Vereinigung für Asthma- und Allergieerkrankungen
Associazione sostegno malati di asma: Vereinigung zur Unterstützung von Asthmakranken
Federasma, Fondazione Maugeri: Federazione italiana delle associazioni di sostegno ai malati asmatici e allergici: Asthma-Verband
Lega italiana per la lotta contro l'asma: Italienische Liga zur Bekämpfung von Asthma
Cardiovascolari: Herz- und Gefäßkrankheiten
Filocoronarico: Associazione italiana amici del cuore: Italienische Vereinigung Herzkranker
Cefalee: Cephalgia, Kopfschmerzen
Associazione cananzi cefalee e malattie cerebrovascolari: Vereinigung für Gehirn- und Gefäßkrankheiten
Centro diagnosi e cura algie cranio/facciali: Diagnose- und Heilzentrum für Kopf- und Gesichtskrankheiten

Celiachia: *Zöliakie, Ernährungsstörung*
Aic: Associazione italiana celiachia: Italienische Zöliakie Vereinigung
Diabete: *Diabetes*
Associazione Aiuto ai Giovani Diabetici: Hilfsvereinigung für Junge Diabetiker
Fand: Federazione delle Associazioni Nazionali Diabetici: Verband der Nationalen Diabetiker-Vereinigungen
Dislessia: Legasthenie
Aid: Associazione italiana dislessia: Italienische Vereinigung Legasthenie
Distonia: *Dystonie, (Muskel)Schwund*
Associazione italiana ricerca sulla distonia: Italienische Vereinigung zur Erforschung der Dystonie
Distrofia muscolare: *Muskeldystrophie*
Uildm: Unione italiana lotta alla distrofia muscolare: Italienischer Verband zur Bekämpfung der Muskeldystrophie
Droga: *Drogen*
Associazione italiana contro la diffusione delle droghe: Italienische Vereinigung gegen die Verbreitung von Drogen
Droga che fare: Drogen was tun
Drogatel: *numero verde anonimo attivato dal Dipartimento per gli Affari Sociali*
Gruppo Abele
fondatore: ***don Luigi Ciotti*** *(don Gigi)*
Emofilia: *Hämophilie*
Associazione amici fondazione emofilia: Freundeskreis der Hämophiliestiftung
Epatite: *Hepatitis*
Associazione italiana prevenzione epatite virale: Italienische Vereinigung zur Vorbeugung der viralen Hepatitis
Epilessia: *Epilepsie*
Associazione italiana contro l'epilessia: Italienische Vereinigung gegen die Epilepsie
Fitoterapeuti: *Pflanzenheilkunde*
Associazione nazionale medici fitoterapeuti: Nationale Vereinigung der Pflanzenheilkundler
Ginecologia: *Gynäkologie*
Famiglia Felix: Familienberatungszentrum
La Culla trasparente: Libera associazione per l'aiuto alle coppie infertili: Freie Hilfsvereinigung für unfruchtbare Paare
Sigo: Società Italiana di Ginecologia e Ostetricia: Italienische Gesellschaft für Gynäkologie und Geburtshilfe
Telefono Rosso: Consulenze mediche in gravidanza: medizinische Schwangerschaftsberatung
Uicemp: Unione italiana consultori di educazione matrimoniale e prematrimoniale: Italienischer Verband der Eheberater:
☞ Aied
Glicogenosi: *Glykogenosen*
Aias: Associazione italiana per l'assistenza agli spastici: Italienische Vereinigung zur Unterstützung von spastisch Erkrankten
Associazione italiana glicogenosi: Italienische Glykogenosen-Vereinigung
Associazione italiana persone down: Italienische Vereinigung für Down-Kranke
Ledha: Lega per i diritti degli handicappati: Liga für die Rechte der Behinderten
Incontinenza: *Inkontinenz*
Finco: Federazione italiana incontinenti: Italienischer Verband der Inkontinenzkranken
Invalidi: *Invalidität*
Associazione mutilati invalidi del lavoro: Vereinigung für Behinderte als Folge von Arbeitsunfällen
Insufficienza respiratoria: *Erkrankungen der Atemwege*
Alir: Associazione per la lotta contro l'insufficienza respiratoria: Vereinigung zur Bekämpfung von Erkrankungen der Atemwege
Leucemia: *Leukämie*
Ail: Associazione Italiana contro le leucemie: Italienische Vereinigung gegen Leukämie
Lupus eritematoso: *Lupus erythematodes (LE)*
Gruppo italiano lotta contro il lupus eritematoso sistemico: Italienische Gruppe zur Bekämpfung des systemischen Lupus erythematodes
Malattie intestinali: *Darmkrankheiten*
Associazione malattie infiammatorie croniche dell'intestino: Vereinigung für chronische Darmkrankheiten
Malattie rare: *seltene Krankheiten*
Centro informazione malattie rare: Informationszentrum für Seltene Krankheiten
Malattie renali: *Nierenkrankheiten*
Aned: Associazione nazionale emodializzati: Nationale Vereinigung der Hämodialyse-Patienten
Miastenia: *Myasthenie, Muskelschwäche*
Aim: Associazione italiana lotta alla miastenia: Italienische Vereinigung zur Bekämfung der Myasthenie
Morbo di Alzheimer: *Alzheimer-Krankheit*
Aima: Associazione italiana malattia di Alzheimer: Italienische Alzheimer-Vereinigung
Demline: Servizio informazioni su demenze: Informationsdienst Geistesschwäche

Federazione Italiana Alzheimer: Italienische Alzheimer-Gesellschaft

Nutrizione: *Ernährung*

Adi: Associazione italiana di dietetica e nutrizione clinica: Italienische Vereinigung für Diätkunde und klinische Ernährung

Aisso: Associazione italiana società per lo studio dell'obesità: Italienische Vereinigung für Obesitätssstudien

Inn: Istituto nazionale della nutrizione: Nationale Anstalt für Ernährung

Parkinson: *Parkinsonsche Krankheit*

Aip: Associazione italiana Parkinsoniani: Italienische Parkinson Vereinigung

Azione Parkinson: Aktion Parkinson

Unione Parkinsoniani: Verband der Parkinsonkranken

Psicoterapie: *Psychotherapie*

Voce amica

Pronto Ascolto

☞ Telefono Azzurro

Psoriasi: *Psoriasis, Schuppenflechte*

Associazione difesa degli Psoriasici: Psoriasis-Vereinigung

Riabilitazione: *Rehabilitation*

Associazione italiana terapista della riabilitazione: Italienische Vereinigung für Reabilitationstherapie

Sclerosi: *Sklerose*

Aism: Associazione italiana sclerosi multipla: Italienische Vereinigung für Multiple Sklerose

Associazione italiana sclerosi laterale amiotrofica: Italienische Vereinigung für amyotrophische Lateralsklerose

Sclerodermia: *Sklerodermie*

Gruppo italiano lotta alla sclerodermia: Italienische Gruppe zur Bekämpfung der Sklerodermie

Limar: Lega italiana malattie reumatiche e per l'aiuto ai malati reumatici: Italienische Liga für Rheumaerkrankungen und für die Hilfe von Rheumakranken

Sindromi: *Syndrome*

Associazione overeaters anonymous (mangiatori compulsivi): Hyperorexie-Vereinigung

Sindrome da fatica cronica: Chronisches Müdigkeitssyndrom

Sindrome di Marfan: Marfan-Syndrom

Spina bifida/idrocefalo: *Spina bifida/Hydrocephalus: Wirbelspalt/Wasserkopf*

Faisbi: Federazione associata spina bifida e dell'idrocefalo: Vereinigung für Spina bifida und Hydrocephalus

Stomizzati: *Nephrostomie*

Aistom: Associazione italiana stomizzati: *Italienische Vereinigung der Nephrostomie-Patienten*

Talassemia: *Thalassämie, Mittelmeeranämie*

Abe: Associazione Bambino Emopatico: Vereinigung für das hämopathische Kind

Trombosi: *Thrombose*

Alt: Associazione nazionale lotta alla trombosi: Nationale Vereinigung zur Bekämpfung der Thrombose

Tumori: *Tumore*

Admo: Associazione Donatori di Midollo Osseo: Vereinigung der Knochenmarkspender

Angolo: Associazione nazionale guariti o lungoviventi oncologici: Nationale Vereinigung geheilter Tumorpatienten und Langzeitpatienten

Ant: Associazione nazionale tumori: Nationale Vereinigung zur Bekämpfung von Tumoren

Associazione neurofibromatosi: Vereinigung für Neurofibromatose

Fondazione Federico Calabresi: Krebshilfestiftung Federico Calabresi

Fondazione Ghirotti: Comitato Nazionale Gigi Ghirotti: Krebshilfestiftung Ghirotti

Lilct: Lega italiana per la lotta contro i tumori: Italienische Liga zur Bekämpfung von Tumoren

Vidas

9.3. Glossario della sanità
Glossar zum Gesundheitswesen

118: emergenza sanità 118: Krankenhaus-Notruf
👓 *inutile anche l'intervento di medici e infermieri del „**118**"*

la **„180"**: la **legge 180**: la **legge Basaglia:** sieht u. a. Bestimmungen zur Vorbeugung und Behandlung von Geisteskrankheiten vor
📖 *la legge 180 „norme per la prevenzione e cura delle malattie mentali"; sancì la chiusura dei manicomi e il trattamento terapeutico dei malati di mente nel territorio*
👓 *il fallimento della **180**. Da qui, la conclusione: la **180** va abrogata o emendata*

la **194:** la legge 194: la legge sull'interruzione della gravidanza/sull'aborto: Abtreibungsgesetz
👓 *intervista al responsabile della Sanità mentre infuria la polemica sulla **194**. „Serve una riflessione sulla legge"*

aborto terapeutico: Indikationslösung/Schwangerschaftsabbruch, wenn eine medizinische Indikation vorliegt
🕮 *l'aborto terapeutico è l'interruzione volontaria della gravidanza (IVG) provocata da determinati trattamenti medici al fine di preservare la salute della madre o di evitare lo sviluppo di un feto segnato da malformazioni o gravi patologie*
✍ ***aborto terapeutico**, pronti nuovi limiti. La Turco: entro fine anno linee guida per stabilire i tempi dell'intervento*

accanimento terapeutico: lebensverlängernde Maßnahmen: *allg.* zu viel des Guten, Überreaktion, Übereifer
✍ *la Chiesa italiana, in una nota pastorale sulla salute, ribadisce il suo „no" all'eutanasia ma anche all'**accanimento terapeutico** perché rappresentano il tentativo di „esercitare un dominio assoluto sulla vita e sulla morte"*
✍ *i lavori pubblici in Italia soffrono per mancanza di fondi, per l'ostilità dell'opinione pubblica e per l'**accanimento terapeutico** dimostrato da certe soprintendenze*

acme: Akme: Höhepunkt
✍ *l'esclusione degli ultimi (soprannumerari, inutili al mondo) conosce l'**acme** nel momento in cui la civiltà sembra più raffinarsi: nel Rinascimento*

Act: Associazione per la cannabis terapeutica: Vereinigung für die Freigabe von Cannabis zu therapeutischen Zwecken

Adi: assistenza domicialiare integrata: häusliche Pflege, häuslicher Pflegedienst
✍ *accanto a lei c'è un'infermiera dell'**Adi** che va a casa due volte a settimana*
☞ Rsa
☞ Uvg

Aido: Associazione italiana donatori organi: Italienische Vereinigung der Organspender

Aied: Associazione italiana per l'educazione demografica: Italienische Vereinigung für demografische Erziehung *(Gesundheitsvorsorge, Sexualaufkärung, Familienberatung etc.)*
Centro Adolescenti Aied: Jugendberatungszentrum der Aied
🕮 *l'Aied persegue le seguenti finalità: diffondere il concetto ed il costume della procreazione libera e responsabile, stimolare la crescita culturale e sociale in materia di sessualità, combattere ogni discriminazione tra uomo e donna nel lavoro, nella famiglia, nella società, impegnarsi a stimolare una nuova cultura della maternità e della nascita*
Dalla contraccezione alla consulenza sessuologica, dalla pillola del giorno dopo alla dermatologia, dalla dietologia personalizzata alla consulenza legale, l'Aied offre sempre servizi qualificati a tariffe sociali
✍ *i dubbi e le domande degli adolescenti e le risposte delle esperte dell'**Aied**/consulente Centro Adolescenti **Aied**/sessuologa **Aied**/ginecologa **Aied***

Aifa: Agenzia Italiana del Farmaco: Italienische Arzneimittelagentur

Aiom: Associazione italiana di oncologia medica: Italienische Vereinigung für Onkologie

Airc: Associazione Italiana per la Ricerca sul Cancro: Italienische Vereinigung für Krebsforschung

alcolizzato dal lavoro: Workaholic
✍ *un ragazzo scanzonato, fisicamente dotato. Il contrario dell'**alcolizzato dal lavoro***

amalgama: Amalgam: Zusammenhalt, die richtige Mischung
✍ *già, non è come quando si poteva sorridere del presidente Massimino che al mister che lamentava l'assenza di **amalgama** in squadra replicava: „E compriamolo questo **amalgama**"*

AMD: Associazione Medici Diabetologi: Vereinigung der Diabetes-Ärzte

amnesia: Amnesie, Gedächtnisstörung: Blackout
✍ *Mexes sporca una partita onesta con un'**amnesia** sul cross del 2-1 bergamasco*

Anaao-Assomed: Associazione Sindacale dei Medici Dirigenti: Interessenvertretung der Krankenhausärzte

anamnesi: Anamnese, Krankengeschichte, Leidensgeschichte
✍ *fa l'**anamnesi** della professione infermieristica, con gli operatori relegati dall'immaginario collettivo al ruolo di comparsa nel mondo della sanità*

anestetizzato: anästhesiert: betäubt, abgestumpft
✍ *mi ha permesso di riprendere fiducia nel ruolo della società civile, evidentemente meno*

anestetizzata *di quanto molti politici credono e, spesso, sperano*

Anifa: Associazione Nazionale dell'Industria dell'**Automedicazione:** Nationale Vereinigung der Selbstmedikationsindustrie
✍ *Proposta **Anifa**: promuovere l'**automedicazione** anche sul Interne: farmaci* ☞ *„fai da te", meglio col bollo doc?*

Anpo: Associazione Nazionale dei Primari Ospedalieri: Nationale Vereinigung der Krankenhauschefärzte

antidoto: Gegengift: Gegenmittel, Abwehrmittel
✍ *le manifestazioni che si svolgono sul terreno della legalità costituiscono un **antidoto** alle Br*

A. O.: Azienda Ospedaliera: Krankenanstalt

apnea: Apnoe, Atemstillstand: Flaute, Durststrecke, Stagnation
✍ *i sondaggi danno la Lega in risalita, sui livelli delle politiche 2001 o poco più dopo una lunga **apnea***

Arap/Aiutiamoli: associazioni che riuniscono i familiari dei pazienti malati di mente: Vereinigungen von Familienangehörigen geistig behinderter Personen

arrancare: hinken, lahmen: nicht voran kommen
✍ *è ormai evidente che il governo **arranca**. Acqua per tutti era uno degli slogan della campagna elettorale di Berlusconi*

asfissiante: erstickend: erdrückend, *auch:* von lähmender Langeweile, lästig
asfissia: Asphyxie, Atemstillstand: Leblosigkeit
asfittico: asphyktisch: pulslos, der Erstickung nahe: dem Kollaps nahe
✍ *... compiendo anche alcune gaffe. Per esempio, quella di definire „**asfissiante**" la politica comunitaria dell'Unione europea/dati di non poco conto che pesano sul mercato del lavoro italiano, sull'apporto contributivo per le **asfittiche** casse dell'Inps*
✍ *daremo vita a coalizioni affidabili anche per quelle forze della Cdl che sono in **asfissia***

Asl: azienda sanitaria locale: lokaler Gesundheitsdienst ☞ Usl
📖 *l'insieme delle strutture sanitarie (ospedali, ambulatori, laboratori, uffici) che forniscono servizi ai cittadini*
auch: **Ausl:** Azienda USL: azienda unità sanitaria locale
✍ *Azienda Unità sanitaria Locale/AZ. U. S. L.*
✍ *Chiedi consiglio nella tua USL/**ASL***

assettico: aseptisch, keimfrei: kühl, leidenschaftslos
✍ *nemmeno la notizia del „sì" russo all'indipendenza di Abkhazia toglie spazio in tv a Saakashvili. Perfino il canale d'opposizione ne riferisce in maniera **asettica** alla fine del telegiornale*

assuefazione: Gewöhnung, Resistenz
✍ *prodotti sospettati di indurre all'**assuefazione** agli antibiotici*

Asur: Azienda Sanitaria Unica Regionale: regionaler Gesundheitsdienst
✍ *la giunta ha autorizzato i servizi di farmacia delle Aziende ospedaliere, dell'Inrca e delle **Asur** a garantire l'erogazione dei cannabinoidi a carico del Servizio sanitario regionale*

atrofizzarsi: atrophieren, schrumpfen: sich zurückbilden, geringer werden
✍ *l'unica ricchezza che abbiamo, invece, è questo realismo cristiano, questa capacità di sguardo che si è **atrofizzata** nella nostra gente*

Aupi: Associazione Unitaria Psicologi Italiani: Einheitsverband der italienischen Psychologen

ausili informatici: elektronische Hilfsmittel für Behinderte
✍ *il decreto garantiva anche una maggiore assistenza ai malati cronici, ampliava i servizi di protesi con l'introduzione di nuovi **ausili informatici** e rafforzava l'assistenza a domicilio ai malati terminali*

autodimettersi /autodimissione: Entlassung auf eigene Verantwortung *(aus dem Krankenhaus)*; *(pol.)* Rücktritt auf eigenen Wunsch
📖 *richiedere, sotto la propria responsabilità, la dimissione dall'ospedale senza il consenso medico*
✍ *oggi invece, guarda caso, Comencini stesso (che tra l'altro si è **autodimesso**) è diventato un martire delle stralunate epurazioni di Bossi*

anziani non **autosufficienti:** pflegebedürftige ältere Mitbürger, Hilflose

Avis: Associazione Volontari Italiani del Sangue: Verein italienischer Blutspender
✍ *io poi sono una garanzia sotto tutti gli aspetti perché dono il sangue all'**Avis** quindi ogni tre mesi faccio l'esame dell'Hiv*

bioeticista: Bioethiker
*confronto tra un **bioeticista** di cultura cattolica ed un **bioeticista** di cultura laica*

biopolitica /bipolitica: Biomacht, Biopolitik
la bipolitica si occupa della scienza della vita, dall'ingegneria genetica all'eutanasia
*ma la II guerra mondiale non ha segnato la fine della **biopolitica**. Nazismo è follia; degenerazione della bipolitica. Non si può però tornare indietro. Vita e politica si sono strette in un nodo che oggi non si può più sciogliere*

bisturi: Skalpell: chirurgischer Eingriff, *manchm.* Schönheitsoperation
*ma se anche i nemici concordano che Kerry col **bisturi** ha guadagnato fascino e carisma, non tutti sono altrettanto fortunati*

bollino rosso: Roter Punkt *für rezeptfreie Arzneimittel*
*il **bollino rosso** indica i farmaci che si possono acquistare senza ricetta. Attenzione, quindi, a non usarli senza la dovuta prudenza. Sono sempre farmaci e possono avere controindicazioni ed effetti collaterali*

Bse: malattia delle vacche folli/morbo della mucca pazza): encefalopatia spongiforme bovina: Rinderwahnsinn
Centro di referenza per le encefalopatie animali: Bse-Meldezentrum
test per la Bse/sulla Bse: test rapido anti Bse: Bse-Test, Bse-Schnelltest
*i campioni esaminati dai **Centri di Referenza per la Bse** dei paesi della Cee, tra i quali il nostro, sono a disposizione della Comunità stessa per i controlli*

bugiardino: foglietto illustrativo: Packungsbeilage, Beipackzettel
*si chiama **bugiardino** perché, in origine, il foglietto contenuto nelle confezioni dei farmaci serviva a promuovere il prodotto e quindi ne enfatizzava i pregi, tacendo spesso i rischi*

bulimico: bulimisch: fresssüchtig, nimmersatt
bulimia di potere: Machthunger
*se la signora Brambilla pensa di poter cavalcare l'insofferenza contro una politica dilagante, ingorda, **bulimica**, secondo me può darsi che qualche ☞ allocco lo trovi*

Cad: Centro assistenza drogati: Drogenberatungszentrum
*i **Cad** delle ☞ Usl*

camici: camici bianchi: Ärzte
*i **camici bianchi** denunciano di essere tenuti all'oscuro di tutte le decisioni*
*fronte compatto anche fra **camici** e pazienti*

camicia di forza: Zwangsjacke
*uscire da questa **camicia di forza** è assolutamente vitale*

cancrena: Gangrän, Brand: Geschwür, Laster
*militarizzare il territorio fin quando la **cancrena** non sarà definitivamente estirpata*

cancro: Krebs, Krebsgeschwür
*E ora da dove ripartite? „Da quell'analisi: vale a dire che quel processo di costruzione del mercato era un **cancro** come peraltro diceva allora Chirac"*

giornata/finale al **cardiopalma:** Herzschlag-, aufregend
*dopo una **giornata al cardiopalma** e una seduta fiume, l'Aula di palazzo Madama ha dato il via libera al decreto legge che redistribuisce ai più poveri parte del tesoretto fiscale del 2007*

carta SIS: Sanicard: Sanity Card: tessera sanitaria: Gesundheitsausweis
il nuovo documento, collegato al sanitometro, introdurrà una rivoluzione nei rapporti tra cittadini e strutture sanitarie. Si tratta di una sorta di carta d'identità sanitaria magnetizzata, simile per dimensioni a una carta di credito, che contiene un microchip in grado di immagazzinare tutti i dati sanitari del singolo cittadino: malattie, vaccinazioni, gruppo sanguigno, allergie.
SIS: sistema informativo sanitario: Gesundheitsinformationssystem

catalessi: Katalepsie: Erstarrung
*dunque il sistema è in sonno, o meglio in **catalessi***

centro di ascolto oncologico: Krebsberatungsstelle

chemio: chemioterapia: Chemotherapie
*ha dimostrato che la **chemio** non sposta in avanti la sopravvivenza*

chirurgico: chirurgisch: gezielt, zielgenau
*richiamando in servizio i personaggi più autorevoli del partito che il segretario aveva **chirurgicamente** escluso dal Coordinamento*

Cimo: Confederazione italiana medici ospedalieri: Italienischer Verband der Krankenhausärzte
sindacato dei medici

Cisdo: Centro italiano studi e documentazione in omeopatia: Italienisches Studien- und Dokumentationszentrum für Homöopathie

Civemp: Confederazione Italiana Veterinari e Medici della Prevenzione: Italienischer Verband der Tierärzte und Vorsorgeärzte

Clarityn: Antiallergikum
🕮 *farmaco antistaminico molto usato per contenere le allergie*

clonazione di embrioni umani a scopo terapeutico: Klonen menschlicher Embryonen zu therapeutischen Zwecken, therapeutisches Klonen
cellule staminali: Stammzellen
il Parlamento britannico ha votato a favore della ***clonazione di embrioni umani a scopo terapeutico***

Cmn: Centro di medicina nucleare: Zentrum für Nuklearmedizin

punto di **coagulo:** Koagulationspunkt: verdichtet sich um … herum, konzentriert sich auf …
la cordata alternativa, vagheggiata da Saccà, dovrebbe avere il ***punto di coagulo*** *proprio in Giuliano Urbani e far leva su un gruppo di industriali bresciani organizzati dall'onorevole Riccardo Conti*

collasso: Kollaps: Zusammenbruch, Einbruch
il ***collasso*** *dell'Efim mette a repentaglio 70 mila posti di lavoro*

colpo di frusta: Schleudertrauma
la fetta più grande delle truffe riguarda gli incidenti stradali e il 60 per cento delle richieste di risarcimento fa riferimento proprio al ***colpo di frusta***

coma farmacologico: künstliches Koma
frate Sergio è stato operato, è in prognosi riservata e i medici lo tengono in ***coma farmacologico***

compliance: Compliance, Bereitschaft eines Patienten in das diagnostische und therapeutische Vorgehen
🕮 *un termine del medichese introdotto relativamente da poco è „compliance", che può essere tradotto come „aderenza". Aderenza soprattutto alle prescrizioni del medico: se la compliance del paziente non è del tutto fedele, può andarne di mezzo il risultato del trattamento*

comunità: comunità di recupero: Drogentherapiezentrum
anche un giovane uscito di ***comunità*** *vittima della partita di* ☞ *roba-killer*

consenso informato: informierte Einwilligung
consenso presunto: mutmaßliche Einwilligung
il ***consenso informato*** *è condizione previa di libertà, perché il trapianto abbia la caratteristica di un dono e non sia interpretato come un atto coercitivo o di sfruttamento*

Consulta: Consulta di bioetica: **Comitato Nazionale per la Bioetica** *(offz.)*: **Cnb:** Nationaler Ausschuss für Bioethik, Beratungsstelle für Bioethik
una serie di norme, sollecitate anche da Carlo Flamingi, il pioniere della ***fecondazione assistita*** *in Italia oltre che membro del* ***Comitato nazionale di Bioetica***
fecondazione assistita – künstliche Befruchtung

consultorio: consultori familiari: Schwangerschaftsberatungsstelle, Familienberatungsstellen
in Italia i ***consultori*** *sono 3200. Solo il 25 per cento delle* ☞ *Ivg viene però prescritto in questi centri*
Agico: Associazione dei ginecologi consultoriali: Vereinigung der Gynäkologen in Schwangerschaftsberatungsstellen

cliniche private **convenzionate:** vertraglich mit der Krankenkasse verbundene Klinik
se si dovesse sottoporre a un intervento chirugico, preferirebbe le case di cura private ***convenzionate*** *o gli ospedali pubblici?*

corner salute: Gesundheitsecke *(in Lebensmittelläden)*
da metà maggio in 80 ***corner salute*** *presenti in ipermercati e supermercati in tutta Italia sarà venduto il primo farmaco a marchio Coop*

corsia: Krankensaal
tutti i farmaci che la genetica ha portato in ***corsia***

costola: Rippe: Ableger
nel frattempo si attrezza per la corsa verso il 14 aprile anche la ☞ *„Rosa Bianca", il partito di Bruno Tabacci e Savino Pezzotta nato da una* ***costola*** *dell'Udc*

a **cuore battente:** am geschlossenen Herzen, geschlossene Operationsmethode

*... quando l'intervento è eseguito **a „cuore battente"** (senza circolazione extracorporea)*

crisi comiziali: epileptische Anfälle

Croce Bianca: das Weiße Kreuz *(für Sexualethik und Seelsorge)*

Croce Verde: das Grüne Kreuz *(Ambulanz, Krankentransport, Blutspenden, Katastrophenschutz, humanitäre Dienstleistungen)*
*il volontariato io l'ho fatto sul serio. Anche adesso, che lavoro, qualche turno di notte sulle ambulanze della **Croce Verde** lo faccio ancora*

crocerossine: Rotkreuzlerinnen, freiwillige Helferinnen, *auch:* „barmherzige Schwestern"
*io non me la sentivo di fare la **crocerossina***

Cuf: Commissione unica del farmaco: Arzneimittelkommission
*dalla **Cuf** è stata avanzata anche la proposta di una verifica da condurre in Italia sui 3–5 mila malati di sclerosi multipla*
*☞ giro di vite della **Commissione Unica** che cambia le note per la fascia A. Rivoluzione in farmacie per le medicine gratuite. Nuove regole di prescrizioni su mille prodotti*

Dap: disturbo da attacco di panico: panische Angstzustände

DCA: disturbi del comportamento alimentare: Ernährungsstörungen
*ricordarsi sempre che il problema non si esaurisce nel **DCA**, ma esprime problematiche psicologiche e sofferenza*

dente del giudizio: Weisheitszahn
*la nostra espressione **„dente del giudizio"** deriva in realtà dalla traduzione sbagliata del termine olandese verstandskies, cioè il „dente che sta lontano"*

delisting: Herausnahme eines Arzneimittels aus der Kategorie der kostenfreien Arzneimittel
le Regioni hanno la possibilità di mettere a pagamento farmaci altrove gratuiti

desistenza terapeutica: Therapieabbruch
Ggs. accanimento terapeutico
*i medici la chiamano **„desistenza terapeutica"**: uno stop a terapie inutili, precisano, che non ha nulla a che vedere con l'eutanasia*

divinità in terra: Halbgötter in Weiß: Ärzte, Krankenhauschefärzte
*molti di noi hanno avuto modo di conoscere queste **divinità in terra** che sono copiosamente presenti tra le fila dei camici bianchi*

Dna: DNA: Desoxyribonucleinsäure; das genetische Material, die Gene
*per la ragione semplice che un governo di centro sinistra deve avere nel suo **Dna** il lavoro e il valore sociale del lavoro*
esame del Dna: DNA-Test

dolce malattia: diabete: Diabetes, Zucker
*battuta la **dolce malattia**: arriva il vaccino antidiabete*

dolce morte: eutanasia: aktive Sterbehilfe
*cosa pensa sulla legge approvata ieri in via definitiva dal Senato olandese che legalizza la **dolce morte**?*

terapie **dolci:** medicine **dolci:** sanfte Therapien, alternative Arzneimittel

DRG: Gesetzesverordnungen über Krankenhausleistungen
*le nuove leggi sanitarie che liquidano l'ospedale in base a un tariffario per malattie e non più per giorni di **degenza**: sono la causa indiretta delle dimissioni forzate degli anziani*
degenza – Krankenhausaufenthalt

droghe d'autore: droghe sintetiche: Designerdrogen, synthetische Drogen
*le **droghe d'autore**: basta cambiare un frammento della catena della molecola per mutarne gli effetti, rinnovare il mercato e sfuggire alla legge*

droghe furbe: smart drugs: schlaue Drogen, Smart Drugs
***droghe furbe** per superare la maturità: sono sostanze in grado di aumentare le capacità cognitive. L'allarme: hanno effetti devastanti sulla memoria*

Dsm: Dipartimento di salute mentale: Abteilung für mentale Gesundheit
*il Dsm sarà costituito da alcuni servizi essenziali, tra cui il Centro di salute mentale (**CSM**), il Servizio psichiatrico di diagnosi e cura (**Spdc**), il ☞ Day Hospital, il Centro diurno ...*

Ecg: elettrocardiografia: EKG Elektrokardiographie
Ecg sforzo: Belastungs-EKG

Ecm: educazione continua in medicina: medizinische Fortbildung

eliambulanza: Hubschrauberrettung, Flugrettung
*viene trasportato in **eliambulanza** all'ospedale di Cosenza*

Elocon: Dermatikum
*è un cortisonico in **pomata** che serve per curare le dermatiti*
pomata – Salbe

embrione: Embryo: Ansatz von . . ., (keine) Spur von . . .
*il dramma è in mezzo, dove il terzetto Sissoko-Poulsen-Nedved è lentissimo, e mai cava un **embrione** di idea: cercasi Camoranesi disperatamente, è la verità*

emigrazione sanitaria: Gesundheitsshopping
*i servizi non hanno raggiunto lo stesso equilibrio tra nord e sud e assistiamo a fenomeni come l'**emigrazione sanitaria***

emorragia: Hämorrhagie, Blutung: nicht aufzuhaltende Tendenz, Abwanderung, Aderlass
*i giovani sono sempre più disinteressati alla politica: il 35 per cento degli aventi diritto tra i 18 e i 24 anni non è andato a votare. Un'**emorragia** di astensioni preoccupante.*

endemico: endemisch: fest verwurzelt, unausrottbar
*pace nei Balcani, con quale ragionevole affidabilità? Purtroppo è così **endemica** la violenza in quella „macedonia" di etnie . . .*

Ens: Ente nazionale sordomuti: Nationale Anstalt für Taubstumme

enucleare: eine Enukleation ausführen: jdem./etw. isolieren, . . . findet keine Bindung . . .
*Mauri è **enucleato** dal gioco, a Pandev e Bianchi non arriva un pallone*

epidermico: epidermisch, Oberhaut-: oberflächlich
*la politica non è solo un fatto **epidermico** e occasionale*

etichettatura: **obbligo di etichettatura:** Kennzeichnungspflicht

eroina di Stato: staatliche Heroinabgabe unter ärztlicher Kontrolle (an Schwerstabhängige)
la distribuzione sotto controllo medico di eroina ai tossicodipendenti

Estraderm: Mittel zur Menopause-Hormonbehandlung
*cura ormonale in **cerotti** utilizzata dalle donne in menopausa*
cerotto – Pflaster

extramoenia: medico che esercita attività privata extramoenia: Privatarzt, der ausschließlich in privaten Krankenanstalten praktiziert (☞ intramoenia)
può esercitare l'attività privata senza alcun limite al di fuori delle strutture pubbliche

ricette **facili:** aus Gefälligkeit ausgestellte Arztrezepte
*lasciava che la burocrazia arrotondasse i magri stipendi, incoraggiava le **ricette facili** dei medici, e così via*

esami **„fai da te":** analisi **„fai da te":** Selbsttests
farmaci **fai da te:** Arzneimittel zur Selbstmedikation
*il farmacista può aiutare un malato nelle analisi **„fai da te"**. E così facendo non commette il reato di esercizio abusivo della professione di biologo*

evento avverso: unerwünschtes Ereignis
*la letteratura scientifica ci mostra chiaramente che su 80 **eventi avversi**, 30 sono dovuti alla variabilità umana e 50 alla cattiva organizzazione*

Fans: farmaci antinfiammatori non steroidei: entzündungshemmende nicht-steroidhaltige Arzneimittel
*consumano ogni giorno dosi massicce dei **Fans**, come l'aspirina, l'ibuprofene, il naprossene*

fargan: Antihistaminikum

farmaci rosa: auf Frauen zugeschnittene Arzneimittel, Medikamente für Frauen
*e il ritardo è letale, mancano anche i **farmaci rosa**: le aziende farmaceutiche finora li studiano solo su maschi adulti*

da **farmacisti:** sensible Aufgabe, ist genau abzuwägen
*la riforma federale del Fisco è **mestiere da farmacisti** più che da ruspanti esponenti della Lega*

farmacovigilanza: Arzneimittelaufsicht
*ha avviato un'inchiesta di **farmacovigilanza** a seguito di alcuni casi di sovradosaggio di metoclopramide in bambini e neonati*

fascia A, fascia B: Kategorien für Arzneimittel, deren Kosten der Staat ganz oder teilweise übernimmt
fascia gratuita: fascia A: Arzneimittel mit Kostenübernahme
fascia B1: Arzneimittel mit einer Zuzahlung von 0 bis 20% *(aufgehoben 2002)*
fascia B2: Arzneimittel mit einer Zuzahlung von 20 bis 50% *(aufgehoben 2002)*
è scattato l'aumento dal 4 al 10% dell'aliquota Iva per le medicine di ***fascia A e B****. L'effetto sulle tasche dei consumatori sarà comunque più contenuto perché i farmaci di* ***fascia A*** *sono a totale carico del Ssn, mentre su quelli di* ***fascia B*** *l'aumento sarà pari alla metà di quello di listino*
fascia C: i farmaci a totale carico dei cittadini: Arzneimittel ohne Kostenübernahme
copagamento: Zuzahlung

febbre suina: influenza suina: Schweinegrippe, Grippe A(H1N1)
complessivamente negli Usa sono 226 i casi conclamati di ***febbre suina*** *per un totale di 30 stati colpiti*

Fdg: Federazione Nazionale Diabete Giovanile: Nationaler Verband jugendlicher Diabetes

Federmedici: Federazione Medici Sportivi Italiani: Bund der italienischen Sportmediziner

Fesmed: Federazione Sindacale Medici Dirigenti: Gewerkschaftsbund der Krankenhausärzte

fibrillazione: Herzflattern: Nervösität, Aufregung
la cancellazione degli albi metterebbe a repentaglio la gestione dei problemi etici. Gli Ordini in ***fibrillazione****: „Così si scatena il Far West"*

Fict: Federazione italiana comunità terapeutiche: Italienischer Verband der Therapiezentren *(Drogen)*

filo d'oro: Lega del Filo d'Oro: Vereinigung zur Hilfe von Taubstummen
le persone sordocieche sono costrette a vivere in un mondo buio e silenzioso. La ***Lega del Filo d'Oro*** *si impegna per questo con l'aiuto e la generosità di tanti sostenitori*

Fimmg: Federazione italiania **medici di famiglia:** Italienischer Verband der Hausärzte

Fimp: Federazione italiana medici pediatri: Italienischer Bund der Kinderärzte

Finastid: Mittel gegen Prostataerkrankungen
è prescritto per ridurre l'ingrossamento della prostata

finti malati: Scheinkranke
il governo prova la mediazione, ma le proteste devono finire: Sospesi dal servizio 167 assistenti di volo ***„finti malati"***

Firc: Fondazione Italiana per la Ricerca sul Cancro: Italienische Stiftung für Krebsforschung

fiocchi azzurri/fiocchi rosa: blaue/rosa Schleifchen: männliche/weibliche Babys
continua a allargarsi la forbice tra nuovi nati maschi e femmine: lo scorso anno i ***fiocchi azzurri*** *hanno superato le femmine di 399 unità*

fisiologico: physiologisch: natürlich, üblich
oltre al ***fisiologico*** *aumento del traffico aereo nel periodo estivo sono il terrorismo e la Sars a catalizzare l'attenzione*

Fnomceo: Federazione Nazionale degli Ordini dei Medici Chirurghi e degli Odontoiatri: Italienische Ärztekammer

frontal: Beruhigungsmittel

fuoco di S. Antonio: herpes zoster, Gürtelrose
i massaggi scatenerebbero il ***fuoco di Sant'Antonio***

Gad: disturbo d'ansia generalizzata: allgemeiner Angstzustand
nell'86 i ***Gad****, i disturbi d'ansia generalizzata, vennero riconosciuti come condizione patologica*

gambe arcuate: Säbelbeine
il Die Zeit del 21 maggio ha sintetizzato tutto ciò con una grande vignetta in prima pagina nella quale si vede un Bush cow boy con le ***gambe arcuate*** *che entra nella porta di Brandeburgo come si entra in un saloon*

gambe a X: X-Beine

Gap: gioco d'azzardo patologico: pathologisches/zwanghaftes Spielen, Spielsucht
i giocatori problematici aumentano, come ha denunciato anche il recente appello di un parroco torinese, don Mario Foradini, che vede impiegati e pensionati ordinare sempre pù spesso un caffè e due Gratta e Vinci, e come confermano al servizio ***Gap***

generico: farmaco generico: Generika, Nach-

ahmerprodukte, No-Name-Produkt, Billigmedikament
Ggs.: **farmaco di marca:** Originalmedikament, Markenmedikament
📖 *si tratta di un medicinale che contiene gli stessi* ***principi attivi*** *di un prodotto specialistico ed ha gli stessi effetti terapeutici. Può entrare in commercio solo quando scade il brevetto. Ovviamente ha un costo notevolmente inferiore al farmaco tradizionale perché le aziende non sostengono costi di lancio e pubblicità*
principio attivo – Wirkstoff, Arzneistoff

gomito del tennista: Tennisellbogen
👓 *non è più il* ***gomito del tennista*** *a preoccupare, ma il gemito delle tenniste. Stop dunque ai gemiti delle donne, almeno quando giocano in un campo da tennis. È questo l'auspicio dell'ex campione di tennis, il tedesco Boris Becker, in quella che già si annuncia come una nuova crociata moralizzatrice*

grave: schwerkrank, in Lebensgefahr
👓 *ascesso cerebrale ragazza* ***grave*** *dopo il piercing*

guanti monouso: Wegwerfhandschuhe

Guardia Medica: ärztlicher Bereitschaftsdienst
☞ Servizio di Continuità Assistenziale
📖 *la Guardia Medica entra in funzione, per consentire il giusto riposo al medico di famiglia, tutti i giorni dalle ore 20 alle ore 8 dell'indomani mattina e nei giorni* ***prefestivi*** *alle ore 14 per terminare alle 8 del* ***postfestivo***
giorno prefestivo – Tag vor Feiertagen
giorno postfestivo – Tag nach Feiertagen

hospice: ospedale per malati terminali: Hospiz, Krankenhaus für unheilbar schwerkranke Patienten

ictus: Schlaganfall
👓 *è morto, per un* ***ictus****, all'ospedale di Udine lo scrittore Sergio Maldini*

Idi: Istituto dermatologico italiano: Italienisches Dermatologisches Institut

IMC: indice di massa corporea: Index der Körperfülle, Body Mass Index

Inam: Istituto Nazionale per l'Assicurazione contro la Malattia: Nationale Krankenversicherungsanstalt

incancrenirsi: gangränös werden: sich verhärten, sich festfahren
👓 *visto che le detenute madri sono stranieri, in particolare romene, sarebbe auspicabile un coinvolgimento della rappresentanza diplomatica di Bucarest in Italia per affrontare una situazione che appare* ***incancrenita***

ingessatura: Gipsverband anlegen: in ein Korsett zwängen, Versteifung
👓 *chi dice „no" teme una eccessiva* ***ingessatura*** *del mercato del lavoro*

iniezione: Injektion: ein Plus an . . ., ein Mehr an . . ., zusätzlich
👓 *oggi poi la città godrà di un'ulteriore* ***iniezione*** *di sicurezza: 12 poliziotti in più assegnati alla locale questura*

Int: Istituto Nazionale dei Tumori: Nationales Tumorinstitut

intensivista: medico intensivista: Intensivmediziner
👓 *gli* ***intensivisti*** *raccontano che le terapie intensive servono „a sopperire al mancato funzionamento di uno o più organi vitali"*

intramoenia: medico che esercita attività privata intramoenia: Privatarzt, der auch in öffentlichen Krankenanstalten praktiziert (☞ *extramoenia*)
📖 *può ricevere pazienti privati nelle strutture pubbliche; dovrà applicare le tariffe stabilite dalla Asl*

Ipasvi: Federazione nazionale dei collegi degli infermieri: Nationaler Verband des Krankenpflegepersonals

Irccs: Istituto di Ricovero e Cura a Carattere Scientifico: Klinikum mit wissenschaftlicher Forschung

Iss: Istituto Superiore di Sanità: Oberstes Gesundheitsamt
👓 *l'****Iss****: Cartelli sulle spiagge sui pericoli del sole: „Attenti alla* ***tintarella****"*
tintarella – Sonnenbräune, Sonnenbad
Osservatorio su Fumo, Alcol e Droga: Beauftragter für Rauchen, Alkohol und Drogen

Ist: Istituto Tumori: Tumorzentrum

Ivg: interruzione volontaria della gravidanza: Schwangerschaftsabbruch
Ivg selettiva: aborto selettivo: selektiver Schwangerschaftsabbruch
👓 *la legge oggi:* ***ivg*** *entro 90 giorni*

☞ *ora chiarezza sull'**aborto selettivo**/c'è solo un centro, in Italia, in grado di praticare l'**Ivg selettiva***

eroina-**killer:** unsauberes Heroin
roba-**killer:** unsaubere Suchtstoffe
☞ *una partita di **eroina killer** sta seminando il terrore tra i tossicodipendenti di Palermo*

lavativo: *(veraltet für)* Klistier, Einlauf: Arbeitsscheuer, Drückeberger
☞ *i **lavativi** e i falsi malati della pubblica amministrazione potranno essere licenziati*

LEA: livelli essenziali di assistenza: medizinische Grundversorgung
☞ *l'accordo Stato-Regioni sancisce che i **LEA** devono essere forniti anche nelle isole minori*

liofilizzare: gefriertrocknen: knapp zusammenfassen, komprimieren
☞ *se si vuole **liofilizzare** il pronostico sul campionato del calcio, si deve dire che vincerà la squadra che patirà meno infortuni*

Lis: linguaggio italiano dei segni: Zeichensprache der Taubstummen, italienische Gebärdensprache

macroscopico: makroskopisch, mit bloßem Auge sichtbar: augenfällig
☞ *i casi più **macroscopici** di differenze salariali sono segnalati in Estonia, Slovacchia e Germania/l'errore mi sembra **macroscopico***

morbo dei legionari: Legionärskrankheit

Maalox: Magen-Darm-Mittel
☞ *sono tornato dalle vacanze e mi sono messo a leggere i giornali degli ultimi giorni, ma ho ricominciato anche a prendere il **Maalox**, perché per me le due cose sono collegate*

malato terminale: unheilbar schwerkranker Patient
☞ *un medico che veniva **pescato** con delle dosi di morfina da somministrare ad un **malato terminale** nella sua abitazione rischiava l'arresto per spaccio di stupefacenti*
pescare – erwischen, ertappen

mal d'altitudine/mal di montagna: Höhenkrankheit, Bergkrankheit
☞ *il **male d'altitudine** è un'eventualità che deve avere ben presente chiunque si spinga oltre i 4 mila metri d'altezza*

mal di mare: Seekrankheit
☞ *scuola di vela „**Mal di Mare**" di Roma*

maldipancia: Bauchschmerzen, Bauchgrimmen: Probleme
malpancismo
malpancista: Bedenkenträger
☞ *ma è evidente che a spaventare Palazzo Chigi sono i mille **maldipancia** della Casa delle libertà/ma la sensazione è che Vieri milanista abbia provocato un diffuso **malpancismo** bipartisan*
☞ *dopo la precisazione del Cavaliere, chissà se questi **malpancisti** torneranno sui loro passi*

malattie di rilievo sociale: Zivilisationskrankheiten
☞ *ambiente, lotta alle **malattie di rilievo sociale**, tutela dei soggetti deboli e apertura all'Europa sono gli obiettivi principali dell'esecutivo sulla salute pubblica*

male oscuro: depressione: Depression
☞ *donne, sempre di più, ma anche anziani e giovani, che cercano lo sballo per curare il **male oscuro***

mantadan: Grippemittel

marasma: Marasmus, (Alters)Schwäche: Zerfall, Degeneration
📖 *condizione di grave e progressivo decadimento anatomico e funzionale dell'organismo, che lentamente va incontro a processi degenerativi*
☞ *gli incontri si sono svolti all'insegna della solidarietà, come proposta concreta per sanare il **marasma** del calcio italiano*

maria: marijuana: Marihuana
☞ *persino Paolo Cento, uno che la „**maria**" l'ha pure spacciata davanti al Parlamento, ora confessa a bassa voce: „A dire il vero non fumo più da anni"*

mastice: Mastix, Kitt: Zusammenhalt
☞ *protagonisti in corsia accanto a chi soffre: „Noi infermieri, **mastice** di tutta la sanità"*

medichese: Medizinerdeutsch
☞ *la povera paziente tenta di capire in base alla logica, quale sia il suo problema e legge un perentorio „risultato negativo" che porterebbe il senso comune a capire che ci sia qualcosa che non va. E invece no; in **medichese** significa che l'esame è buono, non esiste il motivo di preoccuparsi, ma capirlo non è così facile*

medico compiacente: Gefälligkeitsarzt, Arzt, der aus Gefälligkeit Atteste ausstellt
presentata la bozza del ministro: per i falsi malati scatterà il licenziamento, finiranno nei guai anche i ***medici compiacenti***

medico di famiglia: Hausarzt
il ***medico di famiglia*** *è la figura di riferimento per la cura del paziente, coordina le terapie e tutto ciò di cui ha bisogno; ma se vuole seguirlo sino in fondo, magari prescrivendogli altri accertamenti o analisi, inevitabilmente sarà penalizzato dalle casse malati per aver provocato troppi costi*

metabolizzare: metabolisieren: umwandeln, verarbeiten, verdauen
un passato non ancora sufficientemente chiarito e legami con quel passato non sufficientemente ***metabolizzati***

micidiale: tödlich: verheerend
le imprese italiane patiscono una burocrazia ***micidiale****, gli alti costi dell'energia, la tassazione, i tempi lunghi per ottenere una licenza/ assistendo a squilibri* ***micidiali***

minias: Beruhigungsmittel

miopia: Myopie: Kurzsichtigkeit
l'Udc ha dato prova di grande ***miopia*** *politica*

mitridatizzare: gegen Gift immunisieren: immun werden, sich an etw. gewöhnen
abbiamo a tal punto sdoganato un certo linguaggio e legittimato comportamenti volgari, trasformando in oggetti di adorazione personaggi beceri, da esserci ***mitridatizzati****. A furia di giochi culturali col trash abbiamo perso la rotta*

Moc: mineralometria ossea computerizzata: CT-Knochendichtemessung

morbo dei legionari: legionella: Legionärskrankheit
in moltissimi paesi è norma usuale che si proceda alla chiusura di un edificio, qualora si riscontri la presenza di batteri della ***legionella*** *in qualsiasi parte di esso/non sono affattto disposto a morire del* ***morbo dei legionari*** *solo perché in giugno ci riuniremo a Strasburgo*

Morfeo: Morpheus, Gott des Schlafes
caduto tra le braccia di Morfeo: in Morpheus' Armen ruhen: ruhig schlafen

Msf: medici senza frontiere: Ärzte ohne Grenzen

Mts: malattie a trasmissione sessuale: Geschlechtskrankheiten
un'indagine anonima finalizzata a verificare i livelli di conoscenza, tra i giovani, del rischio e delle possibilità di contrarre le ***Mts***

muscoril: Muskelrelaxantium

mutua: società di mutuo soccorso: Krankenkasse
medico della mutua: Kassenarzt
il termine individua già lo scopo di un'istituzione che in Italia è esistito fino al 1978, anno in cui fu creato il Servizio sanitario nazionale: la mutua era appunto un ente che erogava prestazioni sanitarie finanziate nell'ambito di una categoria di lavoratori, sulla base di un criterio di solidarietà reciproca tra gli appartenenti
nel Dpef si rilancia l'idea di un ripristino delle ***mutue*** *che nella storia del nostro Paese hanno prodotto effetti straordinari di efficienza e sicurezza*

nascituro: ungeborenes Kind
storia di una coppia alla quale era stata minimizzata la malformazione del ***nascituro****. Un caso non isolato. I rischi dei test prenatali*

naturopata: Arzt für Naturheilverfahren
Sergio Zini è un mix di specializzazioni diverse: massoterapista, iridologo, kinesiologo, master Reiki. Il tutto, tradotto in una professione, quella di ***naturopata****, per la quale esiste un corso di laurea non ancora riconosciuto in Italia*

nervo scoperto: offener Nerv: blankliegender Nerv, wunde Stelle
per quanto sia entrato solo di sfuggita nella campagna elettorale, il rapporto con la nostra storia novecentesca resta un ***nervo scoperto*** *del dibattito politico e culturale*

da **neuro:** neurotisch: zum Verrücktwerden, ... reif für die Insel
una nuova scissione? La voce serpeggia tra i delegati del Comitato: Bellillo costretta ad uscire dopo il suo no? „Una nuova scissione? Ma per carità, ***sarebbe da neuro****" spiega l'ex ministro per le Pari Opportunità*

Noc: Nucleo operativo di controllo dell'assessorato regionale alla Sanità: Gesundheitskontrollbehörde

nutrizionista: Ernährungswissenschaftler

*secondo un'inchiesta dei **nutrizionisti**, appena svegli dovremmo mangiare per 400 calorie*

cordone **ombelicale:** Nabelschnur
legame **ombelicale:** enge Verbindung
guardarsi l'**ombelico:** Nabelschau betreiben
*il Presidente del Senato, lucchese doc, confessa il **legame ombelicale** con la sua città*
*noi che stiamo spesso a lamentarci, a guardarci l'**ombelico**, a prenderci cura di noi stessi*

omologazione/ omologato: Zulassung *(z. B. Arzneimittel)*, Musterzulassung *(z. B. Geräte)*: Anpassung/angepasst
*io non sono una **omologata** e intorno a me vedo tanta **omologazione**. Se continuo così, dentro al calderone televisivo ci muoio*

operazioni chirurgiche: chirurgische Operationen *(militärische oder polizeiliche Aktionen weitgehend ohne zivile Opfer und Kollateralschäden)*
*fino ad ora gli omicidi compiuti o progettati sono stati delle **operazioni chirurgiche***

Ordine: Ordine dei Medici: Ärztekammer
Federazione Nazionale degli Ordini dei Medici: Nationaler Verband der Ärztekammern
*basta guardare. L'**Ordine** dovrebbe essere più severo e intervenire con tempestività per fermare gli abusi*

farmaci **orfani:** Arzneimittel für seltene Krankheiten
*si occupa della designazione dei **farmaci orfani** (quelli per le malattie rare, non remunerativi)*

Orl: otorinolaringoiatrico: **Clinica Orl:** HNO-Klinik, Hals-Nasen-Ohren-Klinik

orticaria: Urtikaria, Nesselsucht
mi fa venire l'**orticaria:** es nervt mich, es geht mir auf den Senkel
*non chiamatela verifica. A Silvio Berlusconi non piace neanche un po': „Mi fa venire l'**orticaria**", ripete più volte*

Osa: Operatori sanitari associati: Vereinigung des medizinisch-technischen Personals

osmosi: Osmose: gegenseitiges Durchdringen
*il ministro definisce la nuova struttura più snella e finalizzata a creare maggiore **osmosi** tra centro e periferia*

Ospedali Riuniti: Vereinigte Krankenanstalten: Zusammenschluss von Krankenanstalten

OSS: operatore socio-sanitario: Pfleger im medizinisch-sozialen Bereich

ossatura: Knochenbau: Gerüst, Grundstruktur, Gefüge
*l'**ossatura** della squadra rimane quella storica, ma Edo e Loris danno l'addio al calcio; intanto arriva Kevens, alla prima esperienza agonistica*

boccata di **ossigeno:** Sauerstoffzufuhr: Extraportion Sauerstoff, frischer Wind
*in questi anni i contributi pagati dai lavoratori immigrati e dai loro datori di lavoro sono una vera e propria **boccata di ossigeno** per i malandati conti della previdenza italiana*

OSSS: operatore socio-sanitario specializzato: Fachpfleger im medizinisch-sozialen Bereich

farmaci **OTC** (over the counter): **parafarmaci: farmaci da banco:** freiverkäuftliche Arzneimittel ☞ SOP
farmaci da banco che si possono acquistare liberamente, senza obbligo di prescrizione per cui è ammessa la pubblicità
*il **farmaco**, che è ovviamente **da banco** e dunque vendibile senza prescrizione medica, si utilizza per gli stati febbrili, le sindromi influenzali e da raffreddamento e per i dolori*

palliativo: Palliativ, linderndes Mittel: Beruhigungsmittel
*su un punto le associazioni degli inquilini e quelle dei proprietari sono d'accordo: l'ennesima proroga è solo un **palliativo***

palmare: palmar, Handfläche-: auf der Hand liegend, offenkundig
*d'accordo con le parole di Fini sulla chiesa poco esposta contro le leggi razziali si dichiara Walter Veltroni: „Sono una verità storica, un verità **palmare**"*

panacea: Panazee: Wundermittel, Allheilmittel
*a Roma i turni (dei tassisti) sono solo sei. I 24 turni di Milano, al confronto, dovrebbero essere la **panacea**, l'inno alla flessibilità*

panacef: antibakterielles Mittel

pancione: Schwangerschaftsbauch
*il ministro alle Pari opportunità con il **pancione***

parafarmacia: Drogeriemarkt, Drogerie
i dati del governo dicono che l'apertura di ***parafarmacie*** *e di appositi corner nei supermercati è andata di pari passo con la riduzione dei prezzi*

paramedici: nichtärztliches Krankenhauspersonal
in tal caso medici o ***paramedici*** *possono assistere coloro che hanno manifestato il proposito eutanasico*

partorire: gebären: hervorbringen, erzeugen
in modo tale da riuscire finalmente a ***partorire*** *un codice che sia facilmente comprensibile da tutti*

patologia: Pathologie: Ursache, Grund
quindi tutto normale e nessuna particolare ***patologia*** *dell'astensionismo?*

patologico: pathologisch, krankhaft: beunruhigend, ungewöhnlich
non ha senso discutere in astratto sul numero di passaggi che fa una mela dal campo alla tavola. Anche perché nel caso italiano, comparato a quelli europei, non c'è nulla di ***patologico***

patologie del benessere: Wohlstandskrankheiten
l'alimentazione mediterranea presenta un'azione protettiva nei confronti delle ***patologie del benessere*** *(quali sovrappeso ed obesità, diabete, patologie cardiovascolari, particolari tipi di tumore)*

pelle a buccia d'arancia: cellulite: Zellulitis: Orangenhaut

pernicioso: perniziös: verderblich, schädlich
so che certi dualismi sono ***perniciosi*** *nella vita di un partito*

PET: tomografia ad emissione di positroni (positron emission tomography): Positronen-Emissions-Tomographie: PET
sono la ***Pet-Tc*** *ossia il sistema di diagnostica funzionale e anatomica e la* ***Spet-Tc*** *o sistema per scansioni a corpo intero*

pillola blu: compresse blu: Viagra: Potenzmittel Viagra
il Viagra non è più solo, la ***pillola blu*** *si disputa il terreno con nuovi farmaci anti-impotenza*

pillolo: Pille für den Mann
prendo il ***pillolo*** *per soldi: dopo il test, il farmaco pronto nel 2002*
pillola: Pille
pillola del giorno dopo: Pille für danach

Pit Salute: progetto **i**ntegrato di **t**utela dei diritti dei cittadini: Integriertes Projekt zum Schutz des Bürgers: Gesundheits- und Altenbetreuungsprogramm
il Pit Salute è una iniziativa di ☞ Cittadinanzattiva
anche il ***Pit Salute,*** *servizio per la tutela della salute nelle strutture pubbliche e private, promosso da un anno dal ☞ Tribunale dei diritti del malato, si è occupato delle „dimissioni forzate degli anziani dagli ospedali"*

Plasil: Mittel gegen Übelkeit
è uno dei più diffusi anti-nausea

plastica facciale: Gesichtschirurgie
operazione di plastica facciale: kosmetische Operation, Schönheitsoperation
Segni ha inoltre criticato la Federazione di centro di Silvio Berlusconi: „È un'operazione di ***plastica facciale***

pletora: Plethora: Überfülle, Übermaß
tuttavia la ***pletora*** *di manifestazioni in programma e certi toni bellicosi dell'area antagonista non fanno ben sperare*

polmonite atipica: Sars: sindrome respiratoria acuta grave: SARS: Schweres Akutes Atemwegssyndrom, Lungenkrankheit SARS

far tremare i **polsi:** den Puls höher schlagen lassen, in Aufregung versetzen
alle prese con obiettivi da ***far tremare i polsi,*** *il ministro dell'Ambiente Stefania Prestigiacomo può contare almeno su un vantaggio strategio: il ricordo lasciato da chi l'ha preceduta è così negativo da sconsigliare agli avversari qualsiasi paragone*

pomo di Adamo: Adamsapfel

praticone: Kurpfuscher
le due studentesse si preparono all'aborto come se partissero per un weekend, il ***praticone*** *si preoccupa solo di far quadrare i suoi conti*

primario: medico primario: Chefarzt
primario *di ginecologia e ostetricia all'ospedale di Brescia*

prognosi: Diagnose

in **prognosi riservata:** mit ungewissen Heilungsaussichten
sciogliere la prognosi: die Wiederherstellung in Aussicht stellen
*il bimbo è ricoverato all'ospedale di Terni, in **prognosi riservata**. I medici aspetteranno 24 ore per decidere se **scioglierla** o meno*

Pronto Soccorso: Erste Hilfe: Ambulanz
*intanto un intero padiglione dell'urgenza, in cui ci sarà un **Pronto Soccorso** modernissimo, è in costruzione da anni dopo essere passato per un mare di **vicissitudini finanziarie***
vicissitudini finanziarie – finanzielle Unwägsamkeiten

prontuario farmaceutico: Arzneimittelverzeichnis
*oggetto dell'incontro: l'ipotesi di snellimento del **prontuario** dei medicinali*

prove cliniche: klinische Tests: Experimentierphase
*godiamo ottima salute, io e tutta la maggioranza. Abbiamo superato le **prove cliniche***

provetta: figli in provetta: Retortenbaby
***figli in provetta**, l'ultimo boom è il seme made in Danimarca*

Prozac: Antidepressivum
*se la pubblicità, alla fine, non fosse divertente ci vorrebbe il **Prozac***

Qi: quoziente intellettivo: Intelligenzquotient: IQ

radiografia: Röntgenaufnahme: Analyse *(Pol.)*
*il leader Prc sbaglia nella **radiografia** politica*

ranidil: Magen-Darm-Mittel

raptus: Raptus, Wutanfall, Aussetzer, *auch:* Amoklauf
violento e incontrollato impulso interiore, che spinge una persona a compiere azioni fuori della propria volontà e discernimento; raptus omicida, raptus suicida ecc.
*Le ho dato fuoco, ma è stato un **raptus**. Quando lei si è difesa non ho capito più niente, sono stato preso dal panico e ho reagito.*
raptus d'acquisto: Kaufwut
raptus verbali: verbale Ausfälle

Rm: risonanza magnetica: Magnetresonanztomographie (MRT)
Rmn: risonanza magnetica nucleare: Nuklearmagnetresonanz (NMR)
*se l'ecografia in gravidanza sospetta un feto anormale, per confermare la diagnosi può esser utile una **risonanza magnetica (Rm)***

roba: Stoff (Heroin)
*non è però la **roba** che lo farà diventare ☞ tossico, ma il suo modo di usare la sostanza*
roba-killer: unsaubere Suchtstoffe

Rsa: residenze sanitarie assistenziali: Alten- und Pflegeheime
☞ **Adi**
☞ **Uvg**
*finanziati dal ☞ **Cipe**; alcune Regioni hanno aumentato la possibilità di accoglienza creando posti letto pagati con fondi propri. Per le **Rsa** erano a disposizione 2048 miliardi per 197 progetti approvati: 600 di quei miliardi non sono stati spesi*

pillola **Ru486: pillola abortiva:** Abtreibungspille
*nel programma del Pd un'apertura alla **Ru486** e alla tutela degli **immaturi***
neonati immaturi – Frühgeborene

sala parto: Kreißsaal
*☞ camici bianchi in agitazione: più rispetto per le neo mamme, rivolta in **sala parto***

sala risvegli: Aufwachraum
*i genitori possono accompagnare il bambino fino nella sala di preanestesia e lo aspettano nella **sala risvegli***

salasso: Aderlass
*questo ennesimo **salasso** si aggiungerebbe alla **mazzata** dell'Eurotassa*
mazzata – Keulenschlag

gode ottima **salute:** erfreut sich bester Gesundheit: steht ausgezeichnet da
*la coalizione di governo **gode ottima salute***

sanitometro: Ise sanitario: ☞ Ise: Wirtschaftsleistungsindex für medizinische Leistungen
*l'**Ise sanitario** servirà a dividere in tre fasce gli assistiti: ad esenzione totale, parziale e non esenti*

Sert: Servizio di assistenza ai tossicodipendenti: Suchtkrankenhilfsdienst *(Drogenberatung, medizinische Betreuung usw.)*
Federsert: Verband der Suchtkrankenhilfsdienste
*ma poi è finito tutto: carcere, comunità, **Sert**, metadone*

☞ *il ricorso al **Sert** ha prodotto una diminuazione dei casi di Aids*

servizio di continuità assistenziale (Ex Guardia Medica): ärztlicher Bereitschaftsdienst
📖 *il servizio di continuità assistenziale è un sistema di reperibilità telefonica, gratuito ed esente da ticket, che garantisce l'assistenza medica per le situazioni che rivestono carattere d'urgenza e non di emergenza che invece sono assolte dal 118. In pratica la guardia medica funziona come un call center e in questo senso non dovrebbe svolgere attività ambulatoriali ma solo visite a domicilio*
☞ *accoglienza delle domande delle richiedenti e indirizzarle alle strutture abilitate: consultori familiari o sedi di **continuità assistenziale***

Sid: Società Italiana di Diabetologia: Italienische Gesellschaft für Diabetes-Forschung

sieropositivi: malati di HIV: HIV-Infizierte, HIV-Positive
test dell'HIV: HIV-Test
☞ *un convegno in cui si affrontava il problema della solitudine e della clandestinità dei **sieropositivi***
sieropositività sommersa: unerkannte HIV-Infektion
☞ *rapporti sessuali non protetti e test dell'Aids mai fatti. E' quello che in gergo viene chiamata „**sieropositività sommersa**". Oltre il 60% dei malati di Aids non si è mai sottoposto a terapie prima della diagnosi di malattia conclamata*

silenzio-assenso: stillschweigende Zustimmung
☞ *il professor Cortesini ha collaborato alla stesura della nuova legge sui trapianti, che introduce il **silenzio-assenso** dei cittadini, e che punta proprio a stroncare il **traffico clandestino di organi***
traffico clandestino di organi – Organhandel
silenzio-dissenso: schweigende Ablehnung
☞ *nella maggioranza sembrerebbe prevalere l'asse tra il Cavaliere e il vicepremier con il **silenzio-dissenso** della Lega*

Sinafo: Sindacato Nazionale Farmacisti Dirigenti: Nationale Gewerkschaft der Krankenhausapotheker

sindrome dello scoppiato: Burnout-Syndrom, Ausgebranntsein
☞ *si potrebbe evitare così il crescente scollamento tra la scuola e la sua „popolazione" che degenera nell'abbandono scolastico dei ragazzi e nella cosiddetta burnout syndrome (**sindrome dello scoppiato**) dei docenti*

Sinu: Società Italiana di Nutrizione Umana: Italienische Gesellschaft für menschliche Ernährung

SLA: Sclerosi Laterale Amiotrofica: amyotrophische Lateralsklerose

Snabi: Sindacato Nazionale Dirigenti Sanitari: Nationale Gewerkschaft der Krankenhausärzte

farmaci **SOP**(senza obbligo di prescrizione): verschreibungsfreie Arzneimittel ☞ OTC
📖 *farmaci senza obbligo della ricetta medica, ma per i quali è vietata informazione pubblicitaria*
↔ farmaci con obbligo di prescrizione: verschreibungspflichtige Arzneimittel

dialogo tra **sordi:** Dialog der Tauben, auf taube Ohren stoßen
☞ *quello tra genitori e figli è un **dialogo tra sordi**. Perchè i primi parlano il linguaggio del buon senso, della ragionevolezza, dell'esperienza. Che, però, suona agli orecchi dei giovani incomprensibile, patetico e, a volte, comico*

Sole: Sanità On LinE: E-Gesundheitscard, elektronische Gesundheitscard
☞ *il progetto **Sole, Sanità On LinE**, è una rete informatica che collega i circa 3.800 medici di medicina generale e i pediatri di libera scelta con tutte le strutture e i medici specialisti delle aziende sanitarie della Regione Emilia Romagna*

spasmodico: spasmodisch: krampfhaft, verkrampft
☞ *è il profilo del volontario italiano nell'era della globalizzazione, della corsa **spasmodica** alla ricerca del benessere personale e della qualità della vita*

SPDC: servizi psichiatrici diagnosi e cura: Psychiatrische Diagnose- und Behandlungsdienste

SPET: tomografia computerizzata ad emissione di fotoni singoli (single photon emission tomography): Einzelphotonen-Emissions-Tomographie: SPET
☞ PET

ad ampio **spettro:** breitangelegt, umfassend
antibiotico ad ampio spettro di azione: Breitband-Antibiotika, Breitspektrum-Antibiotika
☞ *Berlusconi continua a incassare proteste e malcontento, la crisi finanziaria, l'assenza di*

*interventi **ad ampio spettro** per sostenere imprese e famiglie, le gaffe sul piano internazionale*

staccare la **spina:** die Geräte abschalten, die medizinische Versorgung abbrechen: einer Sache ein Ende machen
☞ *prima o poi il governo cadrà. „Spero – si augurava ieri Cassini – che lo stesso Prodi **stacchi la spina.**"*

spina dorsale: Wirbelsäule, Rückgrat: Stütze
☞ *la democrazia corporativa che fu la **spina dorsale** della dottrina del lavoro fascista*

Ssn: Servizio Sanitario Nazionale: Nationaler Gesundheitsdienst

Ssr: Servizio Sanitario Regionale: Regionaler Gesundheitsdienst
☞ *devo ogni anno rinnovare l'iscrizione al **Servizio sanitario** per avere il medico di famiglia*

stampella: Krücke: notdürftig, behelfsmäßig
restauri-stampella: notdürftige Restaurationen
☞ *non dobbiamo intervenire con restauri-**stampella**, cioè degli interventi straordinari*

tesserino **STP** (straniero temporaneamente presente): Gesundheitsausweis *(für Ausländer, die sich vorübergehend in Italien aufhalten, und der auch im Falle des illegalen Aufenthalts zu einer medizinischen Grundversorgung in Notfällen berechtigt)*
☞ *se è vero che la legge garantisce l'accesso alle cure per tutti gli stranieri, regolari e irregolari, la maggioranza non lo sa, il 59 per cento non ha neppure la tessera provvisoria, la **STP***

strizzacervelli: Seelenklempner, Psychiater
☞ *il mestiere che tira di più al Nord non è il tornitore o il disegnatore tecnico. È lo **strizzacervelli***

struttura: Einrichtung
☞ *per la carenza di **strutture**, circa il 10 per cento dei dializzati è costretto a recarsi fuori città*

tabacco passivo: fumo passivo: passives Rauchen
spazi puliti: zone/aree per i non fumatori: rauchfreie Zonen
zone/aree per il fumo: Raucherzonen
☞ *più vicina l'introduzione di **divieti di fumare** molto ristrettivi, che ampliano il panorama degli **spazi puliti***
divieto di fumare – Rauchverbot

Tac: TC: Tomografia (assiale) computerizzata: Computertomographie: CT
☞ *tre giorno dalle analisi (**Tac** e radiografie)*

taglio cesareo: intervento di taglio cesareo: Kaiserschnitt
☞ *il **taglio cesareo** consente di estrarre il bambino attraverso un'incisione orizzontale o verticale praticata nelle pareti addominale e uterina*

Tavor: Beruhigungsmittel, *etwa:* Valium
☞ *con dose doppia di **Tavor***

Tdm: Tribunale per i diritti del malato *(offz.)*:
Tribunale del malato: Rechtsberatungsstelle für Patienten
📖 *il **Tdm** è una iniziativa di ☞ Cittadinanzattiva*
☞ *il **Tribunale per i diritti del malato** che da anni denuncia all'opinione pubblica i casi di ☞ malasanità*

tesserino blu: tesserino dei trapianti: Organspendeausweis
Centro nazionale trapianti: Nationales Transplantationszentrum
☞ *il **Centro nazionale trapianti** precisa che la legge sui trapianti è operativa e ha già dato i suoi frutti. Si precisa inoltre che il **tesserino blu** distribuito per la dichiarazione di volontà non va consegnato ad alcun ente, ma va conservato coi documenti personali*

ticket: copagamento: Zuzahlung für bestimmte medizinische Leistungen
☞ *in discussione sono l'assistenza indiretta e l'introduzione di **ticket** sui ricoveri ospedalieri/ **ticket** proporzionale al reddito/**ticket ricetta***

tnc: terapie non convenzionali: medicina non ortodossa: alternative Heilverfahren
☞ *il 15,6 per cento della popolazione è ben disposto verso le **tnc***

torcicollo: Halsstarre
☞ *sul Corso può venire il **torcicollo** a forza di voltarsi e di guardare*

Tso: trattamenti sanitari obbligatori: Zwangsbehandlungen
☞ *meno elettroshock, confinati ormai alle cliniche private, e più **Tso**, formula burocratica per indicare i ricoveri eseguiti con la forza quando il paziente è „pericoloso per gli altri o per se stesso"*

Uic: Unione italiana ciechi: Italienischer Blindenverband

Umsted: Unione Medici Specialisti Dirigenti: Verband der Krankenhausfachärzte

unità di strada: centri mobili di prevenzione e recupero: Mobile Zentren zur Drogenprävention und -therapie

Usl: unità sanitarie locali: lokale Gesundheitsdienste
auch: **Usll** *oppure* **Ussl:** unità socio sanitaria locale
auch: **Azienda ULSS**
*Il ciclista attende il **nulla-osta** per tornare domani in gara: Corre solo se c'è il visto della **Usl**. Per prendere il via domani al Giro dell'Emilia ha bisogno di un certificato di idoneità di un medico autorizzato della **Usl**.*
nulla-osta – Unbedenklichkeitsbescheinigung
come previsto le nuove tariffe sanitarie hanno causato già dal primo giorno di applicazione gravi disagi agli ☞ ***utenti** delle **Ussl** milanesi*

utero in affitto: maternità surrogata: Leihmutterschaft
***utero in affitto**, si può. Il giudice: sarà un'amica a far nascere il figlio di una coppia*
mamma in prestito: Leihmutter

Uvg: unità valutative geriatriche: Geriatrische Untersuchungseinrichtungen
☞ **Adi**
☞ **Rsa**
*alle **unità geriatriche** spetta il compito di selezionare e di indirizzare gli assistiti verso le offerte di servizio previste: ma spesso i servizi mancano e anche i nuclei speciali di assistenza agli anziani sono una merce rara*

vaccinato: geimpft: gewappnet, gut aufgestellt
*l'arrivo sulla scena della generazione dei giovani viticultori, motivati e competenti, induce all'ottimismo. Nell'86, il Piemonte fu coinvolto in un grave scandalo. La regione è **vaccinata***

vena: Vene
vena polemica: Hang zur Polemik, polemische Ader
*anche se le panchine resteranno in piazza Duomo solo fino al 6 febbraio, la loro presenza ha già fatto storcere il naso a Vittorio Sgarbi che non ha abbandonato la sua caratteristica **vena polemica:** „Sono le panchine più brutte della terra"*

ventre molle: Schwachstelle, schwächstes Glied
*se non si faranno questi passi rischiamo di diventare il **ventre molle** d'Europa*

viscerale: viszeral, Eingeweide-: der Intuition folgend, aus dem Bauch heraus
*ma poi ci vuole un'autrice **viscerale** come Margaret Mazzantini, in grado di intercettare un'aspettativa di emozioni popolari*

viscere: Eingeweide
viscere della terra: Schoß der Erde, Erdinneres
*gli hanno fatto comprare gli utensili indispensabili per andare nelle **viscere della terra** e spalare carbone nella miniera della Fairmont Coal Company*

vivisezione: Tierversuch, Versuch am lebenden Tier zu wissenschaftlichen Zwecken: (genaue) Untersuchung, Anlayse
*l'Ecuador (squadra di calcio) l'abbiamo studiato fino alla nausea, si può quasi dire che l'abbiamo **vivisezionato** in ogni reparto, difesa, centrocampo e attacco*

xamamina: Mittel gegen Übelkeit

10. Ambiente, Turismo, Agricoltura
Umwelt, Tourismus, Landwirtschaft

10.1. Istituzioni centrali
Zentrale Einrichtungen

Ministero dell'Ambiente, della Tutela del Territorio e del Mare *(offz.)*: **Minambiente:** Ministerium für Umwelt, Raumordnung und Meeresangelegenheiten

Ministero delle Politiche Agricole e Forestali *(offz.)*: **Mipaaf:** Ministerium für Landwirtschaft und Forsten

Ministro (s. p.) del Turismo: Minister für Tourismus

Agea: Agenzia per le erogazioni in agricoltura: Agentur für Zahlungen in der Landwirtschaft

Fedagri: Federazione Nazionale delle Cooperative Agricole ed Agroalimentari: Nationaler Verband der landwirtschaftlichen Genossenschaften

Fiavet: Federazione Italiana Associazioni Imprese di Viaggi e Turismo: Italienischer Verband der Reiseunternehmer

10.2. Glossario dell'ambiente e del turismo
Umwelt- und Tourismusglossar

Aas: Azienda Autonoma di Soggiorno: Verkehrsverein

abigeato: furto di bestiame: Viehdiebstahl
*le numerose denunce degli allevatori hanno evidenziato un ritorno dell'**abigeato***

abitabilità: Wohnqualität
*quali soni i miglioramenti richiesti emersi dalla ricerca dell'Eurosko? **Abitabilità**: problema numero uno per chi vive in case degradate*

acquapark: acquafun: Spaßbad
*grattacieli, boutiques, **acquapark**. La capitale russa cambia volto*

adamantino: diamanten: ehrlich, sauber, redlich
*nella movimentazione dell'immondizia sono coinvolti interessi molto forti, non sempre controllati da imprenditori di reputazione **adamantina***

adv: agenzia di viaggio/agente di viaggio: Reisebüro
*non si può escludere il comparto delle **adv**, unici soggetti legalmente autorizzati a organizzare e vendere i pacchetti turistici*

afa: Hitzewelle, stickig-schwüle Hitze
*in fuga dall'**afa**: il caldo sta assediando il Meridione con punte record di 41 gradi in Calabria*

Agci: Associazione generale delle cooperative italiane della pesca: Allgemeiner Verband der Fischereigewerkschaften

agropirateria: Markenpiraterie (im Lebensmittelbereich)
*finisce così uno dei tanti casi di **agropirateria** con l'imitazione di molti prodotti alimentari made in Italy, dai formaggi ai salumi, dai vini all'olio di oliva*

associazioni **Aib** (anti incendio boschivo): Vereinigungen zur Waldbrandbekämpfung
volontari riconosciuti anche dalla Protezione civile, che ricevono copertura assicurativa, rimborsi spese e finanziamenti per acquistare l'attrezzatura

Aig: Associazione Italiana Alberghi per la Gioventù: Italienischer Jugendherbergsverband
*tutte le info possono essere richieste all'**Aig** o nell'ostello della propria città*

AIMA: Azienda di Stato per gli interventi nel mercato agricolo: Staatliches Amt für Interventionen am Agrarmarkt
l'ente che dipende dal ministero delle Risorse agricole e gestisce gli aiuti agricoli comunitari e nazionali
*cancellare questa **Aima** che è uno strumento del centralismo che non funziona; dobbiamo cominciare a cambiare*

Alf: Animal Liberation Front: Front zur Befreiung der Tiere
*l'**Alf** è sceso di nuovo in campo: Negli ultimi tre giorni ha recapitato cinque buste gialle ad altrettante pelliccerie di Milano. All'interno delle*

buste un volantino: „Siamo scrupolosi. Invieremo ordigni"

Apt: Azienda Promozione Turistica: Verein zur Förderung des Fremdenverkehrs

ambientalista: Umweltschützer, auch: Kernkraftgegner
ambientalismo: Umweltschutz(bewegung)
*l'**ambientalismo** non può fermare le opere pubbliche*

amico dei bambini: kinderfreundlich
amico delle donne: frauenfreundlich
*un mercato del lavoro più flessibile è certamente più **amico delle donne***
*per l'Unicef l'ospedale più **amico dei bambini** è quello di Nottola*

anidride carbonica : Co2: Kohlendioxyd
*ogni tonnellata di **anidride carbonica** emessa implica un costo pari a 385 dollari*

animalista: Tierschützer
contestazioni degli animalisti

Anpa: Agenzia nazionale per la protezione dell'ambiente: Nationales Umweltamt
Arpa: Agenzia regionale per la protezione dell'ambiente: Regionales Umweltamt

Ape: progetto Appennino Parco d'Europa: Naturschutzprojekt Europapark Apennin

Archeoclub: Vereinigung zum Schutz des archäologischen Kulturerbes
associazione che difende il patrimonio storico d'Italia

archeotram: historische Straßenbahn
*lunghi erano gli elenchi delle opere del futuro prossimo: città della musica, centro congressi, **archeotram***

Arci-Caccia: Associazione Nazionale Arci-Caccia: Jagdverband

arcipelago: Archipel: Gruppe, Kategorie
*ha stretto un patto generazionale con i quarantenni di questo **arcipelago***

aree di pregio: historisch und stadtgestalterisch besonders schützenswerte Bereiche der Innenstadt
*il pacchetto avrà poi un capitolo dedicato alle cosiddette „**aree di pregio**". Si tratta di quelle zone delle città d'arte e dei luoghi sottoposti a vincolo, dove i divieti saranno totali e dove dovrà essere potenziato il controllo della polizia municipale*

Assalzoo: Associazione Nazionale tra i Produttori di Alimenti Zootecnici: Vereinigung der Tierfuttererzeuger

Associazione Italiana Allevatori: Italienischer Tierzüchterverband

Atoi: Associazione dei tour operator italiani: Vereinigung der italienischen Reiseveranstalter
riunisce i 52 principali tour operator italiani

Bandiera Blu: Blaue Flagge *(Öko-Label als Anerkennung der Qualität von Badeorten und Stränden)*
*la spiaggia di Spalmatore, premiata con la **Bandiera Blu**, è una delle più belle e accessibili della Maddalena*

Barcolana: Internationale Segelregatta von Triest
Società Velica di Barcola Grignano: Ausrichter der Barcolana
*lo spettacolo è unico al mondo: la partenza di una regata con duemila vele al via è assolutamente impossibile da perdere. Per questo la **Barcolana** è diventata famosa in tutto il mondo*

bau-beach: spiaggia dove i cani sono i benvenuti: Hundestrand
*ecco le **bau-beach**: benvenuto ☞ Fido, da Rimini a Corfù*

bio: preparati bio: prodotti biologici: Öko-Produkte, Produkte aus ökologischem Landbau
mercato del **biologico**: Öko-Markt
*gli italiani amano il „**bio**" ma pretendono garanzie*

biodegradabile: biologisch abbaubar
*la maleducazione non è **biodegradabile**. Dispersa nell'ambiente la maleducazione, invece di scomparire, crea **emulazione***
emulazione – Nachahmung, Nacheifern

bioedilizia: ökologisches Bauen
***bioedilizia**: incentivare il risparmio energetico nel settore residenziale*

alimenti **biotech:** genetisch/gentechnisch veränderte Lebensmittel (GVO) ☞ Ogm

Bit: Borsa Internazionale del Turismo (Milano): Internationale Tourismusbörse

bonifica: Trockenlegung (von Feuchtgebieten)
consorzio di bonifica: Konsortium zur Trockenlegung von Feuchtgebieten

*le **aree umide** sono quelle che si chiamavano una volta paludi e per le quali vennero costituiti i famigerati **consorzi di bonifica** che ancor oggi ☞ tartassano i proprietari di casa con tasse anche dove di paludi non ce ne sono mai state*
aree umide – Feuchtgebiete

bonificare: Säuberungsaktion durchführen, urbar machen
bonifiche delle aree inquinate da rifiuti: Sanierung von durch Abfälle verunreinigten Gebieten
*non partiamo da zero nell'impegno di risanare, **bonificare** e rendere più efficienti i servizi*

bora: Bora *(heftiger trocken-kalter Nordwestwind an der dalmatinischen Küste)*
*eppure la **bora** c'è da sempre, dovremmo esserci ormai abituati a convivere con lei*
📖 *a Trieste dicono: Nei periodi di bora a Trieste i casi di suicidio diminuiscono*

buco nero: schwarzes Loch *(in der Astronomie)*: Verlustquellen, schwarze Löcher
*ma il vero **buco nero** delle Poste Italiane è il traffico da regione a regione nonostante che qui lo standard di qualità sia più basso in rapporto alle maggiori distanze geografiche da coprire*

Cai: Club Alpino Italiano: Italienischer Alpenklub
*gli istruttori del **Cai** insegnano da decenni le varie discipline legate all'ambiente alpino e soprattutto sanno comunicare come godere nel modo migliore di un'esperienza che aiuta a crescere*

car-sharing: auto in comune; auto in multiproprietà: Car-sharing
*il **car sharing**: arrivare al cinema prendendo in prestito una delle macchine riservate a un club di soci*

carbonchio: antrace: Anthrax, Milzbrand
*l'**antrace** torna a uccidere*

cascata: Wasserfall: Unmenge
*con il decreto legge che ha portato all'abolizione dell'Ici sono stati sacrificati circa 700 milioni di investimenti in campo ambientale: una scelta che rischia di bloccare la crescita di settori chiave) provocando una **cascata** di danni difficilmente quantificabile*
effetto a cascata: Schneeballeffekt
*smettere a fumare non è solo contagioso, ha anche un **effetto a cascata**, come dimostra un recente studio internazionale*

cementiere /cemento: Baulöwen, Bauwirtschaft/Betonwüste
*approva un piano regolatore dopo 44 anni ma ci aggiunge una variante urbanistica graditissima ai **cementieri**/*sindaco delle immobiliari e del ***cemento***
cemento selvaggio: illegale Bautätigkeit
*possiamo dire che il mare è in gran forma se non subisce l'aggressione del **cemento selvaggio**, se non è piagato da un'illegalità diffusa*
cementificazione: Zubetonieren, Bauwut, ungezügelte Bautätigkeit
*ma vigiliamo contro speculazioni, **cementificazioni** e stravolgimenti del paesaggio*

ceppo: Wurzelstock, Stamm: Herkunft, Ursprung
ceppi *(nel gergo della Camorra)*: Handschellen
*Vattani è il simbolo di una diplomazia italiana, oggi, più che mai bifronte. Anzi bipartisan, Storicamente di **ceppo** democristiano*

Cer: Catalogo europeo dei rifiuti: EAV: Europäischer Abfallkatalog

certificati verdi: Umweltzertifikate
*se l'energia prodotta è irrisoria, viene comnque superpagata grazie al meccanismo dei **certificati verdi***

Cfc: cloro-fluoro-carburi: Fluorchlorkohlenwasserstoffe: FCKW
*i **Cfc** sono responsabili del **buco dell'ozono**, dello strappo nella **fascia d'ozono***
buco dell'ozono – Ozonloch
fascia d'ozono – Ozonschicht

Cfs: Corpo forestale dello Stato: la **Forestale:** Staatliches Forstkommando
1515: Hotline des Staatlichen Forstkommandos
📖 *organismo civile a carattere paramilitare con il compito di tutelare il patrimonio boschivo italiano ...*
*il **Corpo forestale dello Stato** ha attivato un nuovo servizio su Internet che conterrà il servizio **Meteomont** con informazioni in tempo reale sulle condizioni del **manto nevoso** e sul rischio di valanghe*
ranger: guardie forestali: Forstaufsicht

non c'è stato granché da discutere, anche i ***ranger*** *sono venuti a testimoniare*
servizio Meteomont – Bergwetterdienst
manto nevoso – Schneedecke

Cia: Confederazione italiana degli agricoltori: *(ex* ***Confcoltivatori****)* Italienischer Verband der Landwirte

nell'occhio del **ciclone:** im Auge des Zyklons: umgeben von Problemen, rauhe Zeiten für . . ., schweres Wetter für . . .
nell'occhio del ***ciclone****: tenetevi forte, dopo Enron, Worl Com, Vivendi, gli scandali non sono ancora finiti*

Cip: progetto Coste italiane protette: Naturschutzprojekt „Geschützte italienische Küsten"

Cit: Centro italiano per il turismo: Italienisches Fremdenverkehrszentrum

città d'arte: kunsthistorisch bedeutsame Stadt
guidi per 180 chilometri in un turbinio di sorpassi, arrivi stremato nella ***città d'arte****, trovi un parcheggio fuori delle mura, nel fondovalle rovente, raccogli le ultime forze per arrampicarti fino al museo. Cartello. Assemblea. (Fruttero e Lucentini)*

Cittaslow: Slow City *(1999 gegründete Bewegung verschiedener italienischer Städte, die sich die Verbesserung der Umwelt- und Lebensqualität zum Ziel setzen)*
una trentina di sindaci delle piccole città italiane raccolte nel movimento ***Cittaslow*** *si sono riuniti a Orvieto per sottoscrivere un progetto ambizioso: diffondere dal basso l'energia all'idrogeno per cambiare il mondo*

clima-scettici: Klimaskeptiker
così come non è mancata una stoccata ai cosiddetti ***clima-scettici*** *(Usa, Canada e Australia) che ha suscitato un'ovazione*

coccoloterapia: Warmwassertherapie, Verwöhntherapie
ci provano a disintossicare i vacanzieri ***tecnostressati*** *con raduni in agriturismi isolati, danze tribali, minimaratone e addirittura* ***coccoloterapia***
tecnostressato – von Technostress geplagt

Coldiretti: coltivatori diretti: Confederazone nazionale dei coltivatori diretti: Verband der Direkterzeuger *(ehemals konservativ (Dc) ausgerichteter Bauernverband)*
è il patrono dei ***Coltivatori diretti****, l'Associazione che raccoglie 780 mila soci e 800 mila pensionati, un tempo* ***serbatoio*** *di voti dc e che tuttora manda in Parlamento diversi suoi esponenti*
serbatoio – Reservoir, Stimmenlieferant

colonnina di mercurio: Quecksilbersäule: Thermometer
nelle ultime settimane, infatti, le ***colonnine di mercurio*** *hanno fatto registrare temperature altissime*

Comitato per la bellezza Antonio Cederna: Komitee Antonio Cederna für die Bewahrung der Schönheiten des Landes, *Umweltschutzvereinigung*
fondato nel 1997 conta oggi 200 aderenti. Informare e difendere sono le due attività principali del comitato, che ha dedicato al paesaggio italiano quattro ***libri bianchi*** *e ha condotto importanti campagne contro le brutture*
libro bianco – Weißbuch

Comune Solarizzato: Programm zur Förderung der Solarenergie *(vergleichbar in Deutschland: „100.000-Dächer-Programm")*
intanto per favorire il decollo dell'energia pulita è partito il progetto ***Comune Solarizzato****, che prevede l'installazione di 80 mila metri quadri di pannelli solari*

Confagricoltura: Confederazione generale dell'agricoltura: Allgemeiner Landwirtschaftsverband

Copagri: Landwirtschaftsverband
un'altra delle confederazioni agricole italiane

copernicano: kopernikanisch: tiefgreifend, grundlegend, richtungsweisend
di certo, la „kitten class" („classe di dormiglioni") rappresenta una rivoluzione ***copernicana*** *nei voli in economy*

corona: Speckgürtel, Gemeinden des Umlands
nelle cosiddette ***corone****, cioè nei comuni che circondano i grandi centri, la popolazione è aumentata*

Cru: Comitato regionale urbanistica: Regionale Baugenehmigungsbehörde

Cts: Centro turistico studentesco e giovanile: Studententourismuszentrum

cubatura: Betonwüste

e aggiungere che l'immobiliare Iniziative Toscane stia costruendo la stessa ***cubatura*** *dell'intero borgo è un'iperbole*

Cup: Commissione urbanistica provinciale: Städtebauausschuss der Provinz

operazione **decoro urbano:** Verbesserung des städtischen Erscheinungsbilds
città e ***decoro****, venditori abusivi: Porta Portese, ritorno al passato*

degrado urbano: Zerfall der Städte, städtischer Zerfall, Verwahrlosung der Städte
*Giuliano Amato porterà all'attenzione del governo una bozza sul „****degrado urbano****" che affronta i problemi della legalità nelle città italiane*
per ampliare e migliorare il dialogo tra Polizia municipale e cittadini nella risoluzione di quei fenomeni di inciviltà e ***degrado urbano*** *presenti in molte città*

destagionalizzare: saisonunabhängig gestalten, saisonunabhängig reisen
questo tipo di turismo servirà anche a ***destagionalizzare***

divertimentificio: Vergnügungsindustrie/Vergnügungspark
Rimini o Porto Cervo? Due mondi al mare. Tra palestre on the beach, super barche, russe e veline, paradisi e billionaire. Un derby del ***divertimentificio****. Alla fine, ecco chi vince/il gioiello delle Olimpiadi di Roma è stato demolito. Per fare spazio a un* ***divertimentificio***

Doc: Edel-, Spitzen-
consigliere Doc: Spitzenberater
annata doc: goldener Jahrgang
Doc: denominazione d'origine controllata: kontrollierte Herkunftsbezeichnung, Qualitätswein eines bestimmten Anbaugebiets
Docg: denominazione d'origine controllata e garantita: kontrollierte und garantierte Herkunftsbezeichnung
Vdpce: Vino di provenienza dell'Unione Europea: Wein mit Herkunft aus der Europäischen Union

doccia scozzese: Wechselbad (der Gefühle)
le cose non stanno così, perché l'intera giornata è stata un susseguirsi di telefonate da Roma ad ☞ Arcore, in una continua ***doccia scozzese***

doppietta: Jagdbüchse, Zwilling, *oft auch*: der Jäger
le ***doppiette*** *hanno già il 93 per cento del territorio nazionale a disposizione*
gli ambientalisti protestano per la riapertura anticipata della ***stagione venatoria****: „La fauna è già sterminata dagli incendi. Stop al fuoco delle* ***doppiette****". L'allarme dei Verdi: niente caccia nelle zone incendiate*
stagione venatoria - Jagdsaison

doppietta selvaggia: bracconiere: Wilderer, Wilddieb
*la stagione di caccia non si è ancora aperta in Sicilia che già si registrano i primi morti umani a causa della „****doppietta selvaggia****". Ieri, infatti, per un colpo di fucile partito accidentalmente, è morto un cacciatore durante una battuta di caccia con alcuni parenti. Più che di una battuta di caccia si trattava, evidentemente di una battuta di bracconaggio*

eclissi/eclisse: Eklipse: Untergang, Verschwinden, Abtauchen
eclissarsi: verschwinden, abtauchen
eclissi *del movimento no global nel nostro paese? Niente affatto*
ha cominciato a diradare gradualmente la sua presenza e, infine, si è ***eclissato***

ecoazienda: le aziende attente all'ambiente: Ökobetrieb
ecoaziende *in crescita*

ecoballe: gepresste Müllballen (Rundballen), Ökoballen
📖 *il* ***Combustibile Derivato dai Rifiuti (CDR)*** *è un combustibile solido triturato secco ottenuto dal trattamento dei rifiuti solidi urbani, raccolto generalmente in blocchi cilindrici denominati ecoballe*
impianti Cdr: Anlagen zur Entsorgung von verbrennungsfähigem Restmüll
ecoballe *ammassate in attesa di essere avviate alla combustione*
i primi a comparire davanti al giudice sono stati i 7 responsabili degli ***impianti Cdr*** *della Campania, da martedì agli arresti domiciliari*

eco-casa: Ökohaus
eco-casa *a basso impatto e a basso costo: vendendo l'energia solare si rientra di metà delle spese*

ecocriminale: Umweltstraftäter

invece di affilare le poche armi a disposizione vuole addirittura consegnarle in modo da restare inerme di fronte agli ***ecocriminali***

eco-economia: Ökowirtschaft
*a frenare lo sviluppo dell'****eco-economia*** *ha contribuito il declino della tassazione ambientale che ha toccato il minimo storico*

ecoetichetta: Grüner Punkt

ecofurbetto: Pseudoumweltschützer
*ma Libero ha insistito definendolo „****ecofurbetto****". Perchè? Semplicemente perchè da un lato Beppe Grillo parla di ecologia e come rispettare l'ambiente e poi se ne va a spasso con una barca „da 490 cavalli, due motoroni alimentati da inquinantissimo e puzzolentissimo gasolio"*

eco-guerriero: Umweltkämpfer
alla fine gli istruttori decretano se hai la stoffa o no per trasformarti in ***eco-guerriero*** *e per partecipare alle azioni di protesta in giro per il mondo*

Ecolabel: Bio-Siegel
l'Ecolabel è il marchio ecologico rappresentato da una margherita che contraddistingue prodotti di uso comune fabbricati nel rispetto di precisi criteri ambientali concordati tra tutti i Paesi membri dell'Unione Europa

ecomafia: la **piovra dell'ambiente:** Umweltmafia
*affrontare la questione „****ecomafie****" e la presenza della criminalità organizzata nel ciclo dei rifiuti*

eco-mamme: Öko-Mütter
Senza pannolino è meglio: Crociata delle ***eco-mamme****, l'ultima mania verde. E c'è chi sceglie i lavabili*

eco-militante: Umweltkämpfer

ecomostro: Bausünden, Umweltschandfleck
(Bauten, häufig Hotels, die unter Missachtung von Landschaftsschutzvorschriften widerrechtlich errichtet wurden und die Umwelt verschandeln)
*Napoli, l'****ecomostro*** *con le carte in regola. Un mega-albergo sorge dalle rovine di un cementificio*

ecomuseo: Ökomuseum
gli ***ecomusei*** *in Italia: Le esperienze* ***ecomuseali*** *in Italia sono numerose e spesso molto diversificate, anche per le divergenze interpretative da parte dei soggetti promotori*

ecopagella: Umweltprädikat
Legambiente ha fornito le ***ecopagelle*** *un mese fa, promuovendo a pieni voti solo Pavia, Bergamo, Como, Cremona e Bologna*

ecoreato /ecodelitto: reato/delitto ambientale: **crimine contro l'ambiente:** Straftat gegen die Umwelt, Umweltstraftat
ecoreati *puniti anche all'estero*

eco-scontrino: Öko-Kassenbon, Kassenbeleg mit ökologisch relevanten Angaben
*al supermarket l'****eco-scontrino*** *ti dice quanto inquina la spesa*

ecoterrorismo: Umweltterrorismus
il testo della rivendicazione propone la pista ***ecoterrorista*** *agli investigatori, ai carabinieri della stazione San Donato di Milano, e del Nucleo Investigazioni Scientifiche*

ecoterrorista: Umweltterrorist, Ökoterrorist
*Libertà per l'****ecoterrorista****. Il Tribunale federale accoglie il ricorso di Marco Camenisch: pena ridotta da 17 a 8 anni*

elettrosmog: inquinamento elettromagnetico: Elektrosmog
*rivolta contro l'****elettrosmog****: chiuse due scuole a Livorno*

Enea: Ente per le Nuove tecnologie, l'Energia e l'Ambiente: Gesellschaft für neue Technologien, Energie und Umwelt
frühere Bezeichnung: Ente nazionale per le energie alternative

Enit: Ente Nazionale Italiano per il Turismo: Staatliches Italienisches Fremdenverkehrsamt
*la strada da percorrere è esattamente inversa per dare unità al ☞ sistema paese. L'☞ Ice ha 105 sedi all'estero, l'****Enit*** *ne ha 25 …*

Enpa: Ente nazionale per la protezione degli animali: Nationaler Tierschutzverein

eolico: energia eolica: Windenergie
*anche la precedente gestione di Italia Nostra era stata critica nei confronti dell'****eolico***

Ept: Ente Provinciale per il Turismo: Fremdenverkehrsamt der Provinz …

Epson: centro meteorologico Epson: Meteorologisches Zentrum Epson

Ersal: Ente regionale di sviluppo agricolo della Lombardia: Regionale Anstalt für landwirtschaftliche Entwicklung der Lombardei

☞ *il Servizio meteorologico regionale dell'**Ersal***

Fai: Fondo per l'ambiente italiano: Italienischer Umweltfonds

farine animali: Tiermehl
divieto di utilizzare **farine animali** negli allevamenti: Tiermehlverbot

faro: Leuchtturm: Vorbild, Leitbild
☞ *il suo **faro**? Sacchi. Lui ha dato un valore alle idee,mi ha aperto gli occhi*

fascia verde: grüne Zone (Rom): Innenstadtgebiet, das bei Smoggefahr für den privaten Fahrzeugverkehr gesperrt wird

fauna: Fauna: die Welt der . . ., die Gemeinschaft der . . .
☞ *e così la **fauna** della tribuna si popola nel modo più svariato. Succede così in tutti gli stadi, tutto il mondo è paese . . .*

Federambiente: Federazione delle municipalizzate: Vereinigung der kommunalen Umweltdienste

Federcacciatori: Verband der Jäger

Federparchi: Federazione Parchi Naturali: Vereinigung der Naturparks

Federturismo: Federazione Nazionale Industria dei Viaggi e del Turismo: Italienischer Tourismusverband

fiorentina: Rumpsteak auf toskanische Art
☞ *veglia per la **fiorentina**: la Ue decide sul ritorno o meno della bistecca con l'osso*

fitosanitari: Pflanzenschutzmittel
☞ *Operazione „fattorie aperte" dei produttori di **fitosanitari** che invitano i consumatori a controllare il lavoro nei campi: La sfida dell'agricoltura „pulita", meno chimica con l'agronomo pubblico in azienda*

fiume carsico: Karstfluss: latente Strömung
☞ *il rettore non sembra curarsi più di tanto di questo **fiume carsico** di antisemitismo che riemerge in Italia come nel resto d'Europa*

frana: Bergrutsch: Talfahrt, Zusammenbruch
☞ *la **frana** dei conti pubblici: il fabbisogno sale a 34 miliardi, sindacati in allarme*

fuga radioattiva: radioaktiver Austritt, Leck
☞ ***fuga** in centrale nucleare slovena, l'Europa rivive l'incubo di Cernobyl*

fulmine a ciel sereno: Blitz aus heiterem Himmel: unerwartete Überraschung
☞ *invece il **fulmine** (per lui) **a ciel sereno** del consiglio federale rischia di cambiargli la vita*

galassia: Galaxis: Netzwerk, Gruppierung
☞ *siamo di fronte a due **galassie** distinte ma che operano per gli stessi obiettivi*

galattico: galaktisch: riesengroß, unendlich
☞ *insomma, evitate il rientro dell'ultima ora dell'ultimo giorno, pena arrabbiatura **galattica** e calmo che evapora già durante la coda in autostrada*

gastronauti: Gourmettouristen
enogastronauti: Weintouristen
☞ *apre la locanda Margon, caccia ai **gastronauti***

gelare: gefrieren/erstarren lassen: auf den Teppich zurückholen, in die Schranken verweisen
☞ *el il giudice **gelò** il Cavaliere: „Qui si applica il Codice"/nuovi scontri nella maggioranza sul decreto che argina l'arrivo dei clandestini. Martino **gela** la Lega: „La Marina non usa la forza"*

girandola: Wetterfahne: Wechselspiel, Hin und Her
☞ *solo un riaffacciarsi dell'interessato agli schermi televisivi può fermare la **girandola** delle ipotesi fantasiose*

Goletta Verde: „Grüner Schoner": Umweltschutzkampagne des Umweltschutzverbandes „Legambiente" zur Überwachung der Wasserqualität im Mittelmeer
🕮 *Goletta Verde attribuisce alle località balneari italiane „5 vele" (il meglio della salvaguardia ambientale) e „**bandiere nere**" (il peggio del degrado). Le navi impegnate nella campagna sono la Pietro Micca e il veliero Catholica*
☞ *Legambiente con **Goletta Verde** da tredici anni svolge un'azione di monitoraggio nel mare italiano, fornendo in tempo reale i dati sulla qualità della balneazione*

Guida blu: der „Blaue Führer" *(beschreibt die Qualität italienischer Badeorte)*
☞ *a confermarlo sono gli esperti del ☞ Touring Club Italiano e di ☞ Legambiente che, per il secondo anno consecutivo, hanno realizzato la „**Guida blu**" delle migliori località balneari del Belpaese*

Iat: Ufficio informazioni ed accoglienza turistica: Fremdenverkehrsamt

Iblashire: von ausländischen Immobilienkäufern bevorzugte Gegenden in Sizilien (Region um Ibla, Noto und Ragusa)
*nel **Iblashire** dove imprenditori di ogni parte del mondo fanno la fila per investire e dove per un casale in campagna si paga almeno 500 mila euro*

impattante: umweltbelastend
*un altro mega-progetto più costoso e ambientalmente talmente **impattante** che ha trovato l'ostracismo di moltissime amministrazioni locali*

impronta ecologica: ökologischer Fußabdruck
*calcio, secondo i ricercatori della Cardiff University in Galles per un match occorrono risorse naturali pari a 3.050 campi da gioco. Una enorme **impronta ecologica** l'impatto ambientale di una partita*

Inea: Istituto nazionale per l'economia agraria: Nationale Anstalt für Agrarwirtschaft

influenza dei polli: virus dei polli: febbre aviaria: influenza aviaria: Vogelgrippe, Hühnerpest
***virus dei polli**, minaccia mondiale. L'allarme dell'Oms: se muta può provocare milioni di morti*

Ing: Istituto nazionale di geofisica: Nationale Anstalt für Geophysik

impianti di **innevamento** artificiale: Kunstschneeanlagen
*hanno investito negli impianti di **innevamento** artificiale*

Inu: Istituto nazionale di urbanistica: Nationale Anstalt für Städtebau

Ismea: Istituto di servizi per il mercato agricolo alimentare: Dienstleistungsinstitut für den Nahrungsmittelmarkt für landwirtschaftliche Erzeugnisse

isola ecologica: Abfallsammelplatz
le isole ecologiche sono un luogo attrezzato per lo smaltimento corretto e per il recupero di molti materiali. Le isole sono recintate e custodite. L'accesso è gratuito ed il personale di servizio è a disposizione per ogni tipo di informazione e di aiuto per il corretto conferimento dei materiali

Itaca: Naturschutzprojekt für die kleineren Inseln

Italcaccia: Associazione Italiana della Caccia: Italienischer Jagdverband

Italia Nostra: Umweltschutzvereinigung „Unser Italien"
*associazioni ambientaliste come Lega e **Italia Nostra** hanno chiesto il blocco totale delle iniziative e hanno tappezzato la città di manifesti*

Lav: Lega antivivisezione: Vereinigung gegen Tierversuche

Legambiente: Lega Ambiente: Umweltschutzverband
*per il quarto anno consecutivo, **Legambiente** porterà medicinali ai bambini contaminati dal disastro nucleare di Chernobyl*

Lida: Lega italiana diritti animali: Italienische Liga für die Rechte der Tiere
*accanto alle proteste scandalizzate della **Lida** e del ☞ Codacons c'è anche un deputato diessino, che punta il dito contro la sfida tra ☞ contrade: „Ci sono state molte denunce sulla regolarità del ☞ Palio."*

Lipu: Lega nazionale protezione uccelli: Nationale Liga für den Schutz der Vögel
*la **Lipu** calcola circa due millioni di uccelli uccisi nei 130 ettari di territorio andati in fumo quest'anno*

luna park: Vergnügungspark, Erlebnispark, Abenteuerspielplatz
*la Salerno-Reggio è un **luna park** del brivido e non costa nulla*

lungomare: Strandpromenade
*adesso il **Lungomare** è per molte ore impraticabile*

magmatico: magmatisch: chaotisch, ungeordnet
*il budget per i minori è stato destinato a un **magmatico** Fondo unico per il sociale di cui le Regioni possono disporre come vogliono: bambini, anziani, portatori di handicap ...*

mappatura: Übersicht(skarte)
***Mappatura** dell'attività teatrale della Provincia di Verona: Il presente lavoro costituisce una prima indagine volta a **mappare** la distribuzione delle attività teatrali sui comuni della provincia di Verona.*

megalopoli: Metropolregion, Großstadtregion

*in Italia si segnala la **megalopoli** di Milano che comprende le città di Brescia, Bergamo, Piacenza, Crema, Verbania e Vercelli costituendo senza ☞ soluzione di continuità un agglomerato di oltre 9 milioni di abitanti*

Mose: progetto Mose (modulo sperimentale elettromeccanico): Projekt eines mobilen Deichsystems als Hochwasserschutz für Venedig
*Venezia, per il **Mose** arriva il no: No alle dighe mobili per difendere Venezia dalle maree. Il progetto **Mose** non va bene*
No Mose: Assemblea permanente No Mose: Rete No Mose: No-Mose-Aktivisten
*gli attivisti dell'**Assemblea permanente No Mose** hanno invaso via terra e via mare uno dei siti di lavoro dove il Consorzio sta lavorando sette giorni su sette all'ecomostro che è il **Mose***

mulini a vento: generatori eolici: Windkraftanlagen
***Mulini a vento**? **Generatori eolici** enormi? Rumore? Pericolo? Le nostre proposte si basano su aerogeneratori dalle caratteristiche innovative e con le migliori prestazioni*

naftalina: Naphtalin: Mottenkiste
*dopo 5 giorni in **naftalina** – era stato approvato dal governo venerdì scorso – il ☞ Dpef prende forma definitiva*

navi a perdere: navi dei veleni: navi tossiche: Giftmüllschiffe
*l'ipotesi è confermata anche dalla relazione conclusiva della Commissione bicamerale sui rifiuti del 1996, dove si parla chiaramente di „**navi a perdere**", che si ipotizza siano state utilizzate per l'affondamento di rifiuti radioattivi" nel Mar Mediterraneo e in particolare a largo delle coste ioniche e calabresi o „lungo tratti di mare antistanti paesi africani come la Somalia, la Sierra Leone e la Giunea"*

Niab: Nucleo investigativo antincendi boschivi: Ermittlungskommando zur Bekämpfung von Waldbränden
007 antincendi/007 dei boschi: Ermittler in Waldbranddelikten

non-luoghi: (urbane) Unorte
*sotto i ponti, la vita nei **non-luoghi**, un girovagare senza fine*

nuclearista: Kernkraftbefürworter
*ma se ai tempi delle manifestazioni antinucleari erano i **nuclearisti** che dicevano: non volete il nucleare? vi **beccherete** il carbone*
beccare – hacken, picken

oasi: Oase: Erholungsgebiet, Oase der Erholung
*condizioni di favore per visitare le **oasi**, le biblioteche e per attingere al patrimonio di materiali didattici e pubblicazioni scientifiche del Wwf Italia*

oceanico: ozeanisch: ausufernd, gewaltig
*senza scomodare i concerti **oceanici** che hanno segnato la storia del rock, come Woodstock, all'assessore allo Sport Giovanni Terzi basterebbe portare a Milano l'Heineken Jammin' Festival*

Ogm: organismi geneticamente modificati: genetisch/gentechnisch veränderte Organismen (GVO)
produzione **ogm-free:** gentechfreie Produktion, GVO-frei
*si sono impegnate a escludere gli **Ogm** dai loro scaffali*

ombrello: Schirm: Abdeckung, Rückendeckung, Dach
*abbiamo operato con un **ombrello** scientifico amplissimo che comprende gli istituti del Cnr, l'Enea, le università ...*

ombrellone: Sonnenschirm, *auch:* Sommer(urlaub)
ragionamenti da ombrellone: dibattito **agostano:** Sommertheater *(Pol.)*
*mentre l'Italia è sotto l'**ombrellone** apprendiamo dal ministro Frattini che si sta mettendo a punto una proposta che prevede l'istituzione di un'Autorità sul conflitto d'interessi/ ma lo sviluppo dell'**oggettistica** da ombrellone è anche legato al crescente potere d'acquisto*
oggettistica – Accessoires, Geschenkartikel

ora legale: Sommerzeit
*domenica si dormirà un'ora in meno. Torna infatti, in coincidenza con la Pasqua, l'**ora legale**, che anche quest'anno durerà fino al 26 ottobre*

ospitalità diffusa: Urlaub auf dem Lande, Bed-And-Breakfast-Urlaub
***ospitalità diffusa** è un nuovo modo di viaggiare: andare per paesini, cimentarsi in mestieri in via di estinzione senza mai andare in albergo, ma pernottando direttamente nelle case del posto*

albergo diffuso: im dörflichen Umfeld verstreut liegende Unterkünfte

ozono: valori dell'ozono: Ozonwerte
☞ *il caldo mantiene alti i valori dell'**ozono***

PAC: politica agricola comune: Gemeinsame Agrarpolitik: GAP

paesaggismo: Landschaftsgestaltung, Gartenbau
☞ *Chiunque abbia la passione dell'orto è sicuramente anche un buongustaio: per questo Ippolito Pizzetti, uno dei padri del **paesaggismo** italiano, chiamava l'orto „il giardino del ghiottone".*

pascolo brado: illegales Weiden, illegale Weidewirtschaft
☞ *ho letto la proposta di un esperto di foreste relativa alla proibizione del **pascolo brado**. Sostiene che molti incendi siano dovuti a proprietari di **mandrie** allevate quasi esclusivamente nel pubblico demanio forestale allo scopo di rinnovare la vegetazione adatta alla alimentazione delle bestie*
mandria – Viehherde

pattumiera: Abfalleimer: Müllhalde
☞ *fuori i padroni sardi e stranieri che vogliono ridurre la Sardegna a una **pattumiera***

Pcb: Policlorobifenile: PVC: Polyvinylchlorid
☞ *presenta il piano di monitoraggio sull'area dello stabilimento della Caffaro che si sospetta inquinata del **Pcb***

pedalò: Tretboot
☞ *giovani ladri fuggono in **pedalò**: le hanno provate tutte per sfuggire alla polizia, ma, alla fine, due minorenni sono stati fermati a bordo di un **pedalò** sul lago di Garda*

Pen: Piano energetico nazionale: Nationaler Energieplan

pesca pirata: illegaler Fischfang
☞ *la **pesca pirata** sta praticamente decimando il **branzino** antartico, conosciuto sui mercati di Giappone, America ed Europa come „oro bianco", visti i prezzi elevatissimi a cui viene venduto*
branzino – Seebarsch

pescaturismo: Fischereitourismus
☞ ***pescaturismo** è un modo per vivere a stretto contatto con pescatori professionisti e scoprire luoghi ancora incontaminati dal turismo di massa*

pianeta: die Welt des …, das …-wesen
☞ *è stato infatti compiuto un altro passo irreversibile verso la riforma del **pianeta** carceri*
☞ ***Pianeta** Prostituzione: Quante sono, tariffe in Italia, il cliente, il giro d'affari*
☞ *un pentito in grado d'offrire alla giustizia italiana uno **spaccato** completo del **pianeta** mafia*
spaccato – Querschnitt

pienone: alles ausgebucht
☞ *ad agosto c'è stato un ottimo flusso, ma solo in qualche località a Ferragosto si è registrato il **pienone***

pioggia: Regen: Unzahl, … es hagelt …, jede Menge …
☞ *La Cdl, una **pioggia** di critiche: „Stanno inutilmente cercando di scimmiottare il centrodestra"*

pirati dell'agroalimentare /pirati dell'alimentazione: Lebensmittelpiraten, Produktfälscher
☞ *in piazza per difendere il parmigiano reggiano, in guerra contro i **pirati dell'agroalimentare**, contro i falsari del cibo „made in Italy"*

pirati dell'ambiente: **vandali delle aree protette:** Umweltsünder, Umweltkriminelle
smaltimento **pirata** di **rifiuti pericolosi:** illegale Entsorgung von Sondermüll

piromane: Pyromane, (Wald)Brandstifter, Feuerteufel
piroterrorista: Waldbrandstifter
☞ *il vero problema, però, è che i **piroterroristi** quasi mai vengono incastrati*

pollice verde: ein Händchen für den Garten
☞ *avere il **pollice verde** è sempre più di moda*

polveri sottili: Pm 10: Feinstaub
nanopolveri: Feinststaub *(PM 2,5, die kleinsten Partikel)*
☞ *in 40 centri urbani le **polveri sottili** superano i livelli di allarme per la salute*
☞ *c'è chi sostiene ancora la necessità degli inceneritori, quando è noto il problema delle **nanopolveri***

ponte: Brücke aus Feiertagen, Wochenende und Urlaubstagen
☞ *Grande fuga per il **ponte** delle feste/a rischio il ponte di Pasqua*

posto ombra: Strandplatz *(meist bestehend aus Liegestuhl und Sonnenschirm)*
*la spiaggia più cara d'Italia, il **posto ombra**, ombrellone-sdraio-lettino, che ti costa come o più di una mezza pensione in un mare non così blasonato*

potatura: Baumschnitt, Beschneidung: Kürzung, Verringerung
*una drastica **potatura** delle consulenze esterne dei dicasteri, delle missioni all'estero e delle spese di rappresentanza*

Ppr: piano paesaggistico regionale: regionaler Raumordnungsplan

principio di **precauzione:** Vorsorgeprinzip
*che cosa vuol dire esattamente „**principio di precauzione**"? Nuove linee guida sulla difesa del suolo, attenzione a prevenire invece che inseguire le frane, le alluvioni e gli altri disastri ambientali*

Prg: piano regolatore generale: Flächennutzungsplan
Prp: piano regolatore particolareggiato: Bebauungsplan
*i nuovi sindaci e le nuove amministrazioni del post-Tangentopoli affrontano la ☞ prova del nove dei **piani regolatori generali**, che dovrebbero cambiare il volto urbanistico e infrastrutturale delle tre grandi città siciliane*

Pro loco: (örtlicher) Fremdenverkehrsverein
associazione di volonterosi „in favore del luogo"

prosciugare: trockenlegen, austrocknen
*possiamo dire di aver **prosciugato** quasi tutto il bacino della clandestinità/**prosciugare** le fonti del terrorismo*

protezione civile: Katastrophenschutz
insieme delle attività che lo Stato svolge per proteggere i cittadini in caso di eventi particolari come terremoti o epidemie
Coau: Centro operativo unificato della Protezione Civile: Einsatzzentrum des Katastrophenschutzes

Prusst: Programmi di riqualificazione urbana e di sviluppo sostenibile del territorio: Programme zur Stadterneuerung und nachhaltigen Raumentwicklung
i Prusst costituiscono un'importante testimonianza della collaborazione tra Stato, Regioni ed Enti locali, con il rilevante coinvolgimento anche dei soggetti privati. Obiettivo dei programmi è realizzare interventi orientati all'ampliamento ed alla riqualificazione delle infrastrutture, del tessuto economico, produttivo ed occupazionale, al recupero dell'ambiente, dei tessuti urbani e sociali

Ptp: piano territoriale paesistico: Raumordnungsplan
Puc: piano urbanistico comunale: kommunaler Bebauungsplan

Pup: piano urbanistico provinciale: Bebauungsplan der Provinz

Raee: rifiuti di apparecchiature elettriche ed elettroniche: **rifiuti hi-tech:** Elektro- und Elektronik-Altgeräte: WEEE: Elektroschrott
☞ spazzatura elettronica
*nello stesso periodo in Europa si sono prodotti 8–12 milioni di tonnellate di **Raee**. Mentre l'Onu stima tra i 20 e i 50 milioni le tonnellate di **rifiuti hi-tech** prodotti nel mondo*

razze canine considerate come pericolose *(bür.)*: **cani da combattimento:** Kampfhunde
*un disegno di legge che vieta „l'allevamento, la produzione, l'importazione, la vendita e l'acquisto di **razze canine considerate come pericolose**" è stato presentato dal senatore del Pdl Andrea Fluttero*

RD: raccolta differenziata: Mülltrennung
*Torino, l'unica classificata nel 2007, è stata esclusa perché non ha raggiunto la soglia minima percentuale di **raccolta differenziata**, fermandosi al 38,8% di **RD***

Restauro Italia: Kultur- und Restaurationsprogramm für Italien
***Restauro Italia** è un programma pluriennale di interventi per il recupero dei monumenti e degli itinerari e le aree di rilevanza storico, culturale e ambientale*

riciclone: Comune Riciclone 2008: Recycling-Gemeinde des Jahres
*Legambiente stila la classifica dei comuni italiani campioni nella raccolta differenziata. I piccoli centri superano le grandi città e il Nord va meglio del Sud. È in Piemonte il paese „**Riciclone**"*

rinnovabili: energie rinnovabili: erneuerbare Energien
*aumentare l'efficienza energetica e sviluppare le **rinnovabili** ci consentirebbe di raggiungere due risultati importanti*

ripascimento: Strandauffüllung, Sandauffüllung
*il Comune di Lecce presenta un piano di salvataggio. Si tratta di fare un trapianto di sabbia che i tecnici chiamano **ripascimento***

riqualificazione ambientale: Umwelterneuerung, Umweltsanierung
*in un intervento di **riqualificazione ambientale** è stato smantellato sul massiccio del Monte Bianco il ripetitore radio costato un miliardo e mezzo di lire nel 1980 e una vita umana*
riqualificazione urbana: Stadterneuerung
(☞ Prusst)

rogo: incendio boschivo: Scheiterhaufen: (Wald)Brand
*„Gli operai forestali e i lavoratori sociali appiccano il fuoco". Ecco chi sta mandando mezza Italia al **rogo**, secondo un rapporto riservato del Sisde*

RSU: rifiuti solidi urbani: Hausmüll, Siedlungsabfall
*35.400 tonnellate di **RSU** raccolti*

ruspa: Bagger *(z. B. für den Abriss illegal errichteter Villen, Hotels etc.)*
*ma alle 14 hanno dovuto sgomberare il centro-vacanze in fretta e furia davanti alle **ruspe** ed i martelli pneumatici del reggimento Genio Guastatori; un plotone d'esecuzione che è entrato dentro il villaggio per farlo scomparire*

Sat: Società degli Alpinisti Tridentini: Trentiner Alpenverein
*constatati gli elevati rischi ambientali sopravvenuti dopo l'incendio dell'agosto 2003 ed accentuatisi sempre più negli ultimi anni, la **SAT** ha deciso di chiudere definitivamente la sua storica e conosciuta Via Ferrata „Pero Degasperi"*

scempio: Umweltverschandelung
*che sarebbe poi l'unico modo per limitare lo **scempio** e dare anche un certo valore agli immobili*

scosse telluriche: Erdstöße: Erschütterungen
*il progetto del partito unico, che negli ultimi due anni ha sottoposto il centrodestra a continue **scosse telluriche**, rischia così di vedere la luce con una gestazione brevissima*

sentinella ecologica: Umwelt-Scout
*solo in un capoluogo su 5 esiste un consiglio comunale eletto dai ragazzi e soltanto un capoluogo su 10 ha affidato agli under 14 i compiti di **sentinella ecologia***

gas a effetto **serra: gas serra:** Treibhausgase
effetto serra: Treibhauseffekt
*ha annunciato che la produzione americana di **gas a effetto serra** crescerà del 43 per cento di qui al 2020*

Seveso: la catastrofe della diossina di Seveso: Giftgaskatastrophe von Seveso
la fuoriuscita della nube tossica di diossina, avvenuta il 10 luglio 1976 a Seveso, in seguito allo scoppio delle caldaie dello stabilimento dell'Icmesa
*per le vittime del disastro dell'Icmesa, gli ex „diossinati" di **Seveso** e dintorni, si riapre così un'altra battaglia della giudiziaria guerra dei vent'anni*

Servizio sismico nazionale: Nationaler Seismischer Dienst

sfacelo ambientale: Umweltzerstörung
*la relazione era una vasta rassegna degli **sfaceli ambientali** in continua crescita, un appello a reagire*

Sic: sito di importanza comunitaria: Gebiet von gemeinschaftlicher Bedeutung
*se in occasione delle prossime Olimpiadi volete stendere un cavo sottomarino per la trasmissione di dati high-speed voce-video in una zona **Sic** (i siti europei che per l'eccellenza naturalistica sono tutelati da una direttiva comunitaria) e l'autorizzazione delle autorità italiane tarda ad arrivare, rivolgetevi al „Financial Times"*

Sms consumatori: Verbraucher-SMS
Quanto è giusto spendere per un chilo di arance o di zucchine? Da oggi i consumatori italiani potranno chiedere e ottenere le risposte giuste attraverso semplici messaggi sul proprio telefonino, grazie al progetto „Sms Consumatori". Si tratta di un servizio gratuito di informazione sui prezzi di 50 prodotti ortofrutticoli, realizzato dal Ministero delle Politiche Agricole e Forestali in collaborazione con Intesa Consumatori (Federconsumatori, Adoc, Adusbef, Codacons)

Solleone: Hundstage
*Sesso: debutto con il **Solleone**. Agosto è il mese dell'iniziazione sessuale*

sviluppo **sostenibile: sostenibilità:** nachhaltige Entwicklung, Nachhaltigkeit

☞ *ridisegnamo strutture in linea con i nuovi standard qualitativi e con il principio della **sostenibilità** ambientale, renderemo i centri più vivibili ridando ai cittadini il piacere di abitare in città*

spartiacque: Wasserscheide: an ... scheiden sich die Geister
☞ *la legge sulla parità scolastica, approvata nel 2000 non senza le dure critiche del mondo laico, fa da **spartiacque***

spauracchio: Vogelscheuche: Schreckgespenst, Angstmacher
☞ *e allora perché molti agitano lo **spauracchio** delle rivolte nei carceri*
un nemico necessario come **spauracchio:** notwendiges Feindbild

spazzatura: Müll, Abfall
carne-spazzatura: carne avariata: Gammelfleisch, Ekelfleisch
☞ *scandalo alimentare in Germania: Berlino spaventata dal kebab-**spazzatura***
armi **spazzatura:** Schrottwaffen
☞ *l'Africa invasa dalle **armi spazzatura***

spazzatura elettronica: rifiuti elettronici: Elektroschrott, Elektromüll
☞ Raee
☞ *incubo **spazzatura elettronica:** 14 chili all'anno per abitante*

uomo per tutte le **stagioni:** Mann für alle Jahreszeiten
☞ *non esistono politici intramontabili, **uomini per tutte le stagioni***

stella polare: Polarstern: Richtschnur, Maß aller Dinge
☞ ***Stella polare** è l'articolo 5 della Costituzione che vuole la Repubblica „una e indivisibile".*

stratosferico: stratossphärisch: unverhältnismäßig, enorm, unangemessen
☞ *nel nostro settore ci sono farmaci dai prezzi **stratosferici***
Stu: società di trasformazione urbana: Stadtentwicklungsgesellschaft
☞ *grazie alla creazione di una **Stu,** infatti, le loro case diventeranno strutture Bed & Breakfast in grado di accogliere i tre milioni e mezzo di turisti che ogni anno visitano il Vesuvio e gli scavi di Pompei*

tassò: risciò: velotaxi: Rikscha, Velotaxi, Fahrradtaxi
☞ *un **tassò** per Firenze: iniziano il loro servizio i risciò ribattezzati „tassò", acronimo di trasporto, ambiente, servizio sociale, occupazione*

Tci: Touring Club Italiano: Italienischer Touring Club

Telefono Blu: Hotline für Beschwerden von Touristen
☞ *infine, i turisti che dovessero avere problemi (prenotazioni mancate, viaggi truffa, disagi) potranno rivolgersi al „**Telefono Blu**": numero 051 – 744.00.55*

termovalorizzatore: inceneritore: Müllverbrennungsanlage
☞ *rifiuti, parte il piano di emergenza del governo. Oggi saranno resi noti i siti delle discariche e dei **termovalorizzatori** in Campania, e sempre oggi nel capoluogo campano ci sarà il primo vertice con il sottosegretario Bertolaso*

tornado: Tornado, Wirbelsturm: Wirbelwind
☞ *la Ministra della Famiglia è un **tornado***

transgenico: cibo transgenico/alimenti transgenici: ☞ Ogm: genetisch/gentechnisch veränderte Lebensmittel (GVO)
☞ *una nuova **direttiva Ue** sugli alimenti **transgenici***
direttiva Ue – EU-Richtlinie

triangolo della morte: Dreieck des Todes Venedig – Mestre – Marghera *(wegen der hohen Umweltbelastung)*

treno verde: der „grüne Zug" *(für die in jedem Jahr durch das Land reisende Werbekampagne der Umweltschutzorganisation Legambiente)*
☞ treni verdi
☞ *il „**treno verde**" di Legambiente, la campagna itinerante giunta alla dodicesima edizione, arriverà oggi a Genova per conoscere quali sono i principali problemi ambientali del capoluogo ligure*

Trullishire: insbesondere von britischen Touristen und Immobilienkäufern bevorzugte Gegenden in Apulien
📖 *la Valle d'Itria, le zone di Martina Franca e Alberobello*

tsunami: Tsunami: Flutwelle, Ansturm
☞ *un flebile, quanto inutile, tentativo di arginare lo **tsunami** lavavetri/Telecom: **Tsunami** sentenze*

turismo riproduttivo: Fortpflanzungstourismus
*ogni anno 10 mila coppie italiane si recano all'estero per il cosiddetto **turismo riproduttivo***

Tuttocittà: Stadtinformation *(mit Stadtplan in Papierform oder mit elektronischen/interaktiven Funktionen)*

ultraleggero: velivolo ultraleggero: Ultraleichtflugzeug
*precipita **ultraleggero**, morti i due piloti*

Uncem: Unione Nazionale Comuni Comunità Enti Montani: Nationaler Verband der Bergregionen
comunità montane: Berggemeinden
costituita nel 1952, è l'associazione cui aderiscono in Italia 356 comunità montane, 4.201 comuni classificati montani o parzialmente montani, oltre ad alcune amministrazioni provinciali e ad altri enti operanti in montagna

Unionturismo: Associazione Nazionale delle Aziende e degli Enti Pubblici e Privati di promozione ed accoglienza turistica: Nationale Vereinigung der öffentlichen und privaten Fremdenverkehrseinrichtungen

Uvac: Uffici veterinari adempimenti comunitari: Veterinärdienststellen zur Überwachung von EU-Auflagen

vacanze a sei zampe: Urlaub mit Haustieren
*torna, aggiornata e ampliata, la guida per il tempo libero e le **vacanze a sei zampe***

valorizzazione: Nutzung; Erhaltung, Pflege
*pervenute a un soddisfacente livello di benessere economico solamente dopo un'adeguata **valorizzazione** in senso turistico del loro territorio*
*per avviare un progetto di recupero e **valorizzazione** del patrimonio artistico*
valorizzare: zur Geltung bringen, vorteilhaft sein
*l'indumento è 100% cotone e aderisce al corpo **valorizzandolo**, ma nascondendo gli eventuali eccessi*

valutazione d'incidenza (ambientale): Umweltfolgenabschätzung
*ogni intervento in queste zone necessita di una **valutazione d'incidenza** che ne dimostri la compatibilità ambientale*

Via: valutazione di impatto ambientale: Umweltverträglichkeitsprüfung
*approvazione **VIA***
commissione Via: Umweltverträglichkeitsprüfungsausschuss
*a livello tecnico la **commissione Via** ha già dato la sua approvazione al **rigassificatore** di Trieste*
rigassificatore – LNG-Anlage, Erdgasverflüssigungsanlage

Viacard: Wertkarte zur Bezahlung von Autobahngebühren
*l'acquisto di una **Viacard** è un vantaggio per la società autostrade*

via lattea: Milchstraße: Unzahl, Unsumme, große Zahl
*una **via lattea** di oltre 500 piccole associazioni che due anni fa si sono unite nel cartello della Rete ☞ Lilliput*

vetriolo: Vitriol
al vetriolo: beißend, ätzend, aggressiv, hart
*l'anima di questo romanzo al **vetriolo** è un ironico pamphlet contro la cultura radical chic*

regime **vincolistico:** denkmalgeschützt
*le erogazioni in denaro per la manutenzione e il restauro di beni culturali, sottoposti **al regime vincolistico**, sono considerate detraibili dall'imposta*

vulcanico: vulkanisch: aufbrausend
*Vittorio Sgarbi, **vulcanico** critico d'arte, stigmatizza con una battuta*

Wwf: World Wide Fund for Nature: il Fondo Mondiale per la Natura: Umweltstiftung WWF
*Domenica 22 il **Wwf** apre oltre sessanta zone protette e vende le „**azioni verdi**". „Investite capitali nell'ambiente, è un affare"*
azioni verdi – Aktien des WWF
*I miei beni a madre natura. Soldi, boschi e anche animali: il boom delle eredità al **Wwf***
Operazione Beniamino: jährliche Sammelaktion des WWF zugunsten gefährdeter Wälder
*è la quinta edizione dell'„**Operazione Beniamino**", la raccolta di fondo organizzata dal Wwf per finanziare l'aquisto di foreste a rischio*

zoomafia: cupola del bestiame: Mafia des Tierschmuggels
*corse clandestine, combattimenti fra cani, traffici di animali esotici ed anche false **macellazioni** ad opera della „**cupola del bestiame**". Prospera e si espande nell'**impunità** la **zoomafia** in Italia*
impunità – Straflosigkeit
macellazione – Schlachtung

Zps: zona di protezione speciale: Sonderschutzgebiet
 *Matteoli rimandò per le decisioni e le valutazioni per la **Zps** a Brogi e a Cosentini, che ritenevano non legittimo l'operato della Regione Calabria*

10.3. Parole del mondo gastronomico
Anleihen aus der Sprache der Gastronomie

abbuffata: Gelage, Festtagsschmaus, übermäßiger Konsum, ... satt ...
 Das große Fressen (La Grande abbuffata) ist ein französisch-italienischer Spielfilm aus dem Jahr 1973 mit Marcello Mastroianni, Ugo Tognazzi, Michel Piccoli, Philippe Noiret und Andréa Ferréol
 *consigli pratici per proteggersi dall'**abbuffata** delle feste/si esplora la nuova scena indie e punk: Trenta band per un'**abbuffata** musicale*
 *fino agli anni '60 sono stati soddisfatti i bisogni primari, poi c'è stata la stagione dell'**abbuffata**, della corsa al consumo*

all'**amatriciana:** nach Art des Hauses, auf „unsere" Art, hausgemacht
 parafrasato da „Spaghetti all'amatriciana"
 *La 7, la famosa rete all news, una Cnn **all'amatriciana**, spartana ma combattiva, che non voleva fare sconti a nessuno e puntava al suo ☞ share dignitoso*

da **asporto:** zum Mitnehmen, take away, „to go"
trulli da **asporto:** Trulli zum Mitnehmen, „Take away Trulli" *(Trullo: Rundhaus aus Apulien)*
 *le antiche case pugliesi smontate dai ladri e riscostruite per 40 mila euro in altre regioni. Il fenomeno del **trullo da asporto** è il nuovo grande business pugliese sul quale la procura di Bari sta indagando da qualche mese*

assaggio: Vorgeschmack
 *è solo il primo **assaggio** di quello che potrebbe accadere oggi*

cuocere a **bagnomaria:** im Wasserbad kochen: auf Eis legen, nicht vom Fleck kommen, in Warteposition
 *il passante di Mestre è rimasto a lungo a **bagnomaria** nella polemica tra il presidente della Regione Veneto Galan, sostenitore del passante di superficie e il ministro, che ha progettato il tunnel*

facile/semplice come bere un **bicchiere d'acqua:** kinderleicht, nichts einfacher als ...
 *liberarsi dallo stress è **facile come bere un bicchiere d'acqua***

bollito: gekochtes Fleisch: verbraucht, ausgelutscht
 *presentata a Firenze in pompa magna, con la consueta e insopportabile passerella di politici **bolliti**, la 134. edizione del carnevale di Viareggio*

bomboniera: Bonboniere
città bomboniera: Bilderbuchstadt
 *il paradosso lo si raggiunge nelle **città bomboniera**, di solito quelle di media grandezza: organizzate, pulite, solidali. Talmente perfette che alla fine risultano noiose/in effetti, l'impianto **bomboniera**, con le tribune comode e tanti servizi aggiuntivi, resta un po' il sogno proibito di tutti i patron del calcio nostrano*

briciole: Krümel, Krumen: Reste, Peanuts
 *gli operai contestano il contratto, clima teso nei reparti: La rabbia di Mirafiori „A noi solo le **briciole**"*

che mangino le **brioches:** sollen sie doch Croissants essen (wenn sie kein Brot haben) *(verwendet als Ausdruck von Realitätsverlust und Arroganz)*
 *al popolo di Parigi che non aveva pane la regina Maria Antonietta suggerì di **mangiare le brioches**. Alla popolazione indiana in difficoltà per l'aumento dei generi alimentari, l'amministratore della regione del Bihar consiglia di mangiare i ratti*

brodo: Brühe
brodo di coltura: Nährboden
 *questo è il **brodo di coltura** avvelenato dove germoglia la cultura, si fa per dire, sportiva in Italia*

brodo di giuggiole: „Brustbeerensuppe": vor Freude außer sich sein
 *e Casini lì davanti all'ascensore è in un **brodo di giuggiole** visto che anche lui usufruisce dei voti in libera uscita dal Pd*

bruscolini: Kürbiskerne: Peanuts
 *il Parlamento europeo non chiede **bruscolini**: 30 miliardi di euro*

come il **cacio sui maccheroni:** wie der Käse auf den Maccheroni: wie die Faust aufs Auge (passen), gelegen kommen, in den Kram passen
☞ *contrordine camerati: dopo la caduta del fascismo l'Italia non fu liberata ma „occupata" dagli angloamericani. La sconcertante revisione storica, che cade **come il cacio sui maccheroni** in questi giorni in cui la destra rinfaccia alla sinistra di chiamare „occupazione" la presenza delle truppe Usa in Iraq, è contenuta in un „promemoria" delle vicende di Trieste distribuito in tutte le scuole della città giuliana dalla giunta polista guidata dal sindaco forzista Roberto Di Piazza*

chicca: Bonbon, Süßigkeit: Kostprobe
☞ *alcune **chicche**? Fini nel 1991 „Tra il Msi e il Front National di Le Pen esistono profonde convergenze". Fini nel 2002: „Le Pen? Pericoloso, naturalmente voterei l'amico Chirac"*

ciliegina sulla torta: Kirsche auf der Torte: Sahnehäubchen
☞ *una **ciliegina sulla torta** è rappresentata dall'emendamento della Lega con cui si ripartiscono i programmi tv tra i centri regionali anche in base al numero di abbonati*

cipolla: Zwiebel: Briefbombe, Kanonenschlag
☞ *a un certo punto facciamo partire le provocazioni. Usiamo di tutto: aste, mazze, bastoni, i razzi delle barche. Qualche volta anche le **cipolle** (grossi petardi)*

contorno: Beilage: Nebeneffekt, einhergehend mit …
☞ *gli incendi estivi, con **contorno** di morti, nei boschi del Sud, dove continua a imperversare la malavita organizzata*

cornucopia: Füllhorn
☞ *ogni volta che nel mondo rispunta questa follia produttivistica ricadiamo nell'illusione di aver scoperto la **cornucopia**, ma è un'illusione*

patto della **crostata:** Kaffeekranzpakt; zwischen D'Alema, Berlusconi, Fini und Marini bei Kaffee und Kuchen (*crostata: Mürbeteigkuchen*) im Hause von Enrico Letta ausgehandelter Vorschlag zur Wahlreform
🕮 *nella cena di casa Letta, a giugno '97, D'Alema, Berlusconi, Fini e Marini siglano il cosiddetto **„patto della crostata"**, che delinea un nuovo sistema di voto da varare in parallelo alla ☞ Bicamerale: al primo turno elettorale è eletto il 25% dei deputati su base proporzionale el il 55% in collegi uninominali maggioritari, il restante 20% è attribuito al secondo turno, come premio di maggioranza alla coalizione vincente; il leader della coalizione vincente è di fatto designato premier*

cucinare: kochen: vorbereiten, auf den Weg bringen
☞ *D'Alema apre la sezione della fondazione Red al sud prima che altrove e intanto **cucina** il rapporto privilegiato con Gianfranco Fini*

fior fiore: Crème: Crème de la Crème
☞ *il **fiore** della gioventù italiana/il **fior fiore** degli intellettuali di sinistra*
☞ *l'etichetta „Natalia Gutman e i suoi amici" ha radunato il **fior fiore** del solismo ebraico-russo*

cucchiaio: gelöffelter Ball, gelupfter Ball
☞ *il rigore a **cucchiaio** di domenica scorsa è solo la ☞ ciliegina su una torta piena di prodezze*

cuocere a fuoco lento: auf kleiner Flamme kochen
☞ *una cosa è certa: non mi farò **cuocere a fuoco lento** per il resto della legislatura*

fetta: Scheibe, Schnitte: Anteil
☞ *ma soprattutto „La7" ha conquistato una **fetta** di pubblico di sinistra che preferisce i toni civili dell'informazione*

fico secco: trockene Feige: sehr bescheiden, sehr wenig, sehr dürftig; uninteressant, unbedeutend
nozze coi **fichi secchi**: Armeleutehochzeit
☞ *non siamo la „Repubblica delle banane", come scriveva con polemico orgoglio un commentatore, ma forse è solo una questione botanica: siamo quella dei **„fichi secchi"***
☞ *il problema non si può ridurre allo slogan delle **nozze coi ficchi secchi**, cioè agli scarsi fondi destinati dall'Italia alla sua cultura fuori dai confini*
☞ *dopo aver parlato di organizzazione che „non conta un **fico secco**" La Russa torna a difendere le scelte dell'esecutivo*

rendere pan per **focaccia:** Gleiches mit Gleichem vergelten
☞ *così, almeno, i nostri propagandisti di luoghi comuni uguali e contrari ricevono **pan per focaccia***

infarinatura: Besteuben mit Mehl: Oberflächlichkeit, Halbwissen, oberflächliche Kenntnisse
☞ *per eccellere possono bastare un'**infarinatura** di tutto e una conoscenza di niente*

insalata: Salat: Durcheinander, Mischmasch
☞ *il colosso torinese sembrava immortale e noi lo consideravamo una garanzia. Oggi all'entrata c'è scritto Fiat, ma dentro c'è un'**insalata** di padroni e interessi differenti*

lievitare: aufgehen *(Brotteig)*, gären: ansteigen, wachsen
☞ *l'aumento del prezzo del petrolio ha fatto **lievitare** alcuni prodotti*

macedonia Obstsalat: Gemisch, Wirrwarr
parola-macedonia: zusammengesetzte Abkürzung
☞ *Federcalcio, una **parola-macedonia** ottenuta mischiando i pezzi di „Federazione Italiana Giuoco Calcio"*
☞ *pace nei Balcani, con quale ragionevole affidabilità? Purtroppo è così endemica la violenza in quella **„macedonia"** di etnie ...*

macinare: (zer)mahlen: produzieren, erzeugen, schaffen (*manchm.* auffressen, verschlingen)
☞ *ha trasformato questa minuscola compagnia aerea regionale in uno dei colossi più in salute del trasporto aereo mondiale, capace di **macinare** 1,4 miliardi di utili nel 2007 e di diventare il maggior cliente di Airbus*

mele marce: faule Äpfel: unehrliche Mitbürger, Gesetzesbrecher
☞ *le **mele marce**, i delinquenti, ci sono fra gli italiani, i francesi, gli inglesi e anche gli albanesi*

minestra riscaldata: aufgewärmte Suppe: alles schon dagewesen, kalter Kaffee
☞ *adesso si torna al ct garantito, il sessantenne toscanaccio nato per vincere, anche lui dovrà combattere contro un luogo comune: quello della **minestra riscaldata**. Da **minestra riscaldata** buonissima vinse altri due scudetti con la Juventus*

palati fini: feine Gaumen: Feinschmecker, Genießer
☞ *nella città del festival, autori e pubblico si scoprono **palati fini** per letteratura*

essere di un'altra **pasta:** ein anderes Kaliber sein, aus anderem Stoff sein
☞ *Messi **è di un'altra pasta**, ha il talento e la testa*

patata bollente: heiße Kartoffel: heikles Thema
☞ *dal tavolo di Magri passeranno carte importanti e **patate bollenti** a non finire/lascia la **patata bollente** al suo vice*

a **pezzi e bocconi:** a **spizzichi e bocconi:** häppchenweise
☞ *l'importante è che le riforme non si facciano **a pezzi e bocconi***

piatto forte: Hauptgang: Hauptereignis
☞ *ma i veri nodi sono politici e il **piatto forte** viene servito nel primo pomeriggio a Palazzo Chigi: l'incontro con Gianfranco Fini*

poltiglia: Brei: unförmige Masse, Einheitsbrei
☞ *la società italiana sta diventando una **poltiglia** di massa, **sfilacciata**, inconcludente e senza sguardo al futuro/si riconosce nel berlusconismo, in una **poltiglia** di opinione figlia dell'emozione*
sfilacciato – inkohärent

polpettone: Hackbraten: zusammengeschusteter „Schinken" *(Film u. ä.)*
☞ *in seguito pare che questo **polpettone** cinetelevisivo col bel cattivo del film Match Point diventi più discontinuo e meno convincente, ma è una questione di gusto*

prezzemolo: Petersilie: allgegenwärtig
☞ *Timbaland è ultimamente come il **prezzemolino**, lo trovi un pò dappertutto*
parola-prezzemolo: allgegenwärtiges Wort
☞ *da una parte c'è il „vecchio", **parola prezzemolo** agganciata a termini come „partito", „politica", „apparato"...*

riserva nobile: Edel-Reserve: Edelreservist
☞ *D'Alema non si è certo arreso al ruolo di **riserva nobile** della Repubblica*

ribollita: aufgewärmte Gemüsesuppe: zweiter Aufguss, alte Geschichten, Aufgewärmtes
☞ *ma non lo sosterremmo più se dovesse risultare una **ribollita** di vecchie alchimie di vertici*

rimangiarsi: etw. überdenken, etw. zurücknehmen, umfallen, Kehrtwende vollziehen
☞ *il Comune di Milano è pronto a **rimangiarsi** la promessa*

rimpolpare: anfüttern: Fleisch beigeben, anreichern
☞ *la Corte infine ha respinto l'istanza del pm di „**rimpolpare** il calendario", aggiungendo altre udienze a quelle già fissate fino a luglio*

salsa: Soße: Schattierung, Art
il campionato è oscurato dalla violenza in tutte le ***salse***
sesso in ***salsa*** *cinese*

sbrodolato: mit Brühe bekleckert: in die Länge gezogen, langatmig
Telese ha scritto un pezzo aspro e ***sbrodolato****. Non lo vedo bene all'Unità*

setacciare: durchsieben: genauestens kontrollieren
la polizia ha ***setacciato*** *il Raccordo per arrivare a catturare i fuggitivi che si sono dileguati a folle velocità dalla Cassia raggiungendo l'Ardeatina*

spezzatino: Ragout: Zerschlagung, Zerstückelung (*z. B. von Unternehmen*), mehrere Kandidaten für dasselbe Amt
a Brescia, poi, siamo allo ***spezzatino****. In campo per sfilare la città al sindaco uscente Corsini non c'è ancora un nome, ce ne sono quattro*
calcio-spezzatino: Spieltag über mehrere Tage des Wochenendes
„Ha saputo del ***calcio-spezzatino****, l'ipotesi che le partite si giochino dal sabato al lunedì per motivi televisivi?" „Facendo così avrete stadi ancora più vuoti ..."*

spaghetti-western: western italiano: Italowestern, Spaghettiwestern
*che del cinema italiano non ha detto gran bene ma che degli „****spaghetti****" si è innamorato*

succo: Saft: Quintessenz, das Wesentliche
chi ha pareggiato la partita con l'euro? I pensionati. È questo il ***succo*** *di una ricerca fatta dal Censis per „L'Espresso"*

tarallo / taralluccio: Keks, Brezel
finire a **tarallucci e vino:** Brezel und Wein: in aller Freundschaft geregelt werden, sich in Wohlgefallen auflösen; Friede, Freude, Eierkuchen
ma Fini ora vuole il rimpasto: chi pensa che finirà tutto a ***tarallucci e vino*** *si sbaglia di grosso*
è presto per dire se la diatriba tra il Ministero delle Infrastrutture el il suo vice finirà a ***tarallucci e vino***

torta: Kuchen: Anteil
chi si aggiudicherà la ***torta*** *della pay-tv italiana?*

tritacarne: Fleischwolf: zwischen die Mühlen ... geraten
finiscono nel ***tritacarne*** *della politica/****tritacarne*** *mediatico*

11. Economia
Wirtschaft

11.1. Istituzioni centrali
Zentrale Einrichtungen

Ministero dell'Economia e delle Finanze *(offz.)*: **Mineconomia: Mef:** Ministerium für Wirtschaft und Finanzen
Tesoro: *nach der ehemaligen Bezeichnung:* **Ministero del Tesoro e del Bilancio:** Schatzministerium, *auch:* Staatskasse *(appronta il bilancio dello Stato ed esercita un controllo sulle spese relative*
via XX Settembre: sede del Ministero
✎ *ma al **Tesoro** preferiscono verificare e vagliare ogni più piccolo particolare*
✎ *è questa la principale novità con cui **via XX Settembre** regolerà la procedura attraverso la quale verrà privatizzato l'istituto ...*
Agenzia delle Entrate: Steuereinnahmebehörde
Dps: Dipartimento per le politiche di sviluppo: Amt für Entwicklungspolitik

Ministero dello Sviluppo Economico *(offz.)*: **Minsviluppo:** Ministerium für wirtschaftliche Entwicklung
via Molise: sede del Ministero dello Sviluppo Economico

Agenzia del Demanio: Liegenschaftsamt, Amt für öffentliche Liegenschaften
✎ *la stessa Finanziaria ha creato uno strumento ad hoc per la gestione degli ex immobili della Difesa: si tratta di una „concessione di valorizzazione" di 50 anni. In pratica, un investitore privato presenta all'**Agenzia del Demanio** un progetto imprenditoriale, dimostra la sostenibilità economica e finanziaria dell'azione e assicura per mezzo secolo un affitto al **Demanio** (cioè alle casse dello Stato)*

Antitrust: Autorità Antitrust: l'**Authority: Agcm: Autorità garante della concorrenza e del mercato** *(offz.)*: Aufsichtsbehörde für Wettbewerb und Markt: Kartellamt
✎ *l'**Autorità Antitrust**, ☞ sentinella della libera concorrenza*
legislazione anti-trust: Kartellgesetzgebung

Asio: Agensud: Agenzia per lo sviluppo industriale e dell'occupazione *(offz.)*: **Agenzia per il Sud: Agenzia per il mezzogiorno** ☞ **Iri 2**
☞ **Cipe:** Agentur für Industrielle Entwicklung und Beschäftigung
📖 *Cipe guida **Asio** e **Asio** coordina otto sigle: **Ig**, **Il**, **Ipi** (promozione industriale), **Ribs** (risorse agricole), **Spi**, **Italinvest** (ex **Gepi**), **Enisud**, **Insud***
***Ribs:** finanziaria di Stato per gli interventi nell'agroindustria in procinto di confluire in ☞ „Sviluppo Italia"*

Authority per l'energia: Autorità garante per l'energia elettrica e il gas *(offz.)*: Aufsichtsbehörde für die Energiewirtschaft
il **Garante per l'energia e il gas:** Beauftragter für die Energiewirtschaft

Authority per le fondazioni bancarie: *(prevista da un apposito disegno di legge)*: Aufsichtsbehörde für Bankstiftungen
✎ *un'altra **Authority** di cui per il momento si sono perse le tracce è quella sulle **Fondazioni bancarie**, che dovrebbero rinunciare alla maggioranza azionaria negli istituti di credito*

Avvocatura dello Stato *(branca del Ministero del Tesoro)*: Anwaltschaft des Staates *(dem Wirtschaftsministerium unterstellt)*
📖 *ha il compito di difendere lo Stato in tutte le controversie in cui sia parte lo Stato stesso. Gli avvocati dello Stato non appartengono all'ordine giudiziario e quindi non hanno funzioni di pubblico ministero*

Bankitalia: Banca d'Italia: Bank von Italien: Italienische Notenbank
Governatore della Banca d'Italia: Präsident der Bank von Italien
Palazzo Koch /via Nazionale: sede centrale della Banca d'Italia
✎ *molti poteri passeranno a Francoforte. Cosa resterà a **Via Nazionale** e ai suoi 9.423 dipendenti?*
✎ *la classifica di **Bankitalia**/*rispettiamo l'autonomia di ***Bankitalia**, ma nel frattempo c'è il rischio che il Paese si avviti su se stesso*

Catasto: Agenzia del Territorio *(offz.)*: Katasterbehörde
📖 *assicura una corretta ed efficace gestione dell'anagrafe dei beni immobiliari attraverso*

l'offerta di servizi relativi al catasto, alla pubblicità immobiliare ed alla cartografia

Cicr: Comitato Interministeriale per il credito e il risparmio: Interministerieller Ausschuss für das Kredit- und Sparkassenwesen

Cip: Comitato Interministeriale Prezzi *(ehem.)*: Interministerieller Ausschuss für Preise
*aveva giudicato illegittimi gli aumenti delle tariffe disposte dal **Cip***

Cipe: Comitato Interministeriale per la Programmazione Economica: Interministerieller Ausschuss für die Wirtschaftsplanung
☞ **Asio**
*le tariffe sono state già sbloccate dal **Cipe** che ha fissato nell'1,4% l'aumento massimo*
*diventano infatti operativi i nuovi criteri per la determinazione delle tariffe di acqua e **fogna** stabiliti dal **Cipe***
fogna – Abwasser

Cnel: Consiglio nazionale dell'economia e del lavoro: Nationaler Rat für Wirtschaft und Arbeit
Ha funzioni di consulenza del Governo su questioni di carattere economico-sociale. Inoltre può presentare al Parlamento disegni di legge relativi al mondo dell'economia e del lavoro

Consiglio di Borsa: Börsenrat
cui sono attribuite tutte le competenze organizzative del mercato

Consob: Commissione Nazionale per le Società e la Borsa *(offz.)*: **Commissione di vigilanza:** Nationale Wirtschafts- und Börsenaufsicht
piazzetta Bossi: via Isonzo: sede della Consob
istituita nel 1974, ha l'obbligo di vigilare sulla regolarità del mercato e sull'andamento delle società quotate
*autorizzazione **Consob** nr.../gli uomini di **piazzetta Bossi** ritengono tra l'altro che Italenergia violi il decreto approvato dalla Camera*

Enel: Ente nazionale energia elettrica: Nationale Elektrizitätsgesellschaft
Enel è il principale produttore di energia elettrica in Italia e maggiormente in mano allo Stato: il Tesoro ha ancora in mano il 68% del colosso energetico
*stretta finale per la nuova centrale **Enel** di Brindisi: l'ente elettrico chiuderà i cantieri, cancellando duemila posti di lavoro*

Eni: Ente nazionale idrocarburi: l'ente petrolifero: Nationale Erdöl- und Erdgasgesellschaft
il cammino di Eni al di fuori dell'orbita pubblica è iniziato sotto il Governo Dini, nel novembre 1995: Attualmente a Via XX Settembre rimane il 30,3% del capitale
cane a sei zampe: der sechsbeinige Hund *(Symbol der Eni)*
*la partita che il **cane a sei zampe** gioca nei pozzi di Kashagan*

Equitalia: Einzugsstelle für Steuern und Sozialabgaben *(hat die Rechtsform einer Aktiengesellschaft und umfasst die Steuereinnahmebehörde* AGENZIA DELLE ENTRATE mit einem Anteil von 51% und die Sozialversicherungsanstalt INPS mit einem Anteil von 49%)

Fio: fondo investimenti e occupazione: Investitions- und Beschäftigungsfonds

FISVI: Istituto finanziario per lo sviluppo: Finanzanstalt für die Entwicklung

Ice: Istituto Nazionale per il Commercio Estero: Nationale Anstalt für den Außenhandel
*l'**Ice** e **Itainvest** alleati per diffondere nel mondo i vantaggi che il nostro Mezzogiorno può offrire agli imprenditori esteri interessati ad avviare un' attività industriale e commerciale in Italia. Per questo è stato messo a punto un progetto comune denominato **Pmt**, presentato ieri a Milano in un convegno*
Itainvest: servizi di consulenza economica e finanziaria
Pmt: Progetto di marketing territoriale: Regionales Marketing Projekt
Simest: Società italiana per le imprese all'estero *(offz.)*: Italienische Gesellschaft für Außenhandelsförderung

Ipi: Istituto per la Promozione Industriale: Institut für Wirtschaftsförderung

Iri: Istituto per la ricostruzione industriale: Anstalt für den industriellen Wiederaufbau *(wurde am 30. 6. 2000 liquidiert)*
via Veneto: il palazzo di via Veneto: sede dell'Iri
*battuto il partito di **via Veneto***
*il ruolo futuro dell'**Iri**, secondo cui la conclusione della missione come holding industriale non esclude una valorizzazione del patrimonio professionale in campi come quello del rilancio imprenditoriale nelle **aree depresse***
aree depresse – benachteiligte Gebiete

Spi: Società per la promozione e lo sviluppo imprenditoriale; società dell'Iri: Gesellschaft für Unternehmensförderung und -entwicklung
☞ *la* ***Spi*** *ha dato vita finora a 343 iniziative imprenditoriali che, a regime, daranno lavoro a circa ottomila persone*

Iri 2: Agenzia per il Sud ☞ **Asio:** Anstalt für die wirtschaftliche Entwicklung Süditaliens
☞ **Cipe**
📖 *progetto (rinviato) per una superagenzia per l'occupazione al Sud*

Isvap: Istituto per la vigilanza sulle assicurazioni private e di interesse collettivo: Aufsichtsbehörde für das Versicherungswesen
☞ *tariffe* ☞ *RcAuto sotto accusa; l'****Isvap****: giungla di aumenti*

Mister Prezzi: Garante per la sorveglianza dei prezzi: Preisbeauftragter: Beauftragter für die Preisaufsicht
☞ ***Mr. Prezzi*** *coordinerà tutti gli strumenti che l'ordinamento pubblico ha a disposizione per conoscere e sorvegliare il sistema dei prezzi in Italia*

Osservatorio sui prezzi del ministero dell'Industria: Dienststelle für Preisbeobachtung

Rgs: Ragioneria generale dello Stato: Staatshaushaltsamt
ragioniere generale dello Stato: Leiter des Staatshaushaltsamtes *(entspricht dem Leiter der Haushaltsabteilung im BMF)*
📖 *branca preminente del Ministero del Tesoro; predispone la formazione del bilancio, provvede al calcolo delle spese etc.*
☞ *il* ***cervellone*** *della* ***Ragioneria generale dello Stato*** *ha confermato i timori sui conti pubblici*
cervellone – Großrechner

Uic: Ufficio italiano dei cambi: Devisenaufsichtsamt
📖 *regolatore del traffico valutario*
☞ *vanno potenziati e meglio articolati i servizi della Banca d'Italia, dell'****Ufficio italiano cambi*** *e del* ***Servizio antiriciclaggio***
Servizio antiriciclaggio: Abteilung zur Bekämpfung der Geldwäsche

Zecca dello Stato: IPZS: Istituto poligrafico e Zecca dello Stato *(offz.)*: **Poligrafico e Zecca dello Stato** *(branca del Ministero del Tesoro)*: Staatsdruckerei und Münze *(dem Wirtschaftsministerium unterstellt)*
☞ *la preziosa Emissione Ufficiale in oro realizzata dalla* ***Zecca dello Stato*** *per celebrare l'avvento del III Millennio*

Istituzioni internazionali: Internationale Einrichtungen

Bce: Banca centrale europea: EZB: Europäische Zentralbank
Bei: Banca europea per gli investimenti: EIB: Europäische Investitionsbank
Bers: Banca europea per la ricostruzione e lo sviluppo: EBRD: Europäische Bank für Wiederaufbau und Entwicklung
Birs: Banca internazionale per la ricostruzione e lo sviluppo: IBRD: Internationale Bank für Wiederaufbau und Entwicklung
Bri: Banca dei regolamenti internazionali: BIZ: Bank für Internationalen Zahlungsausgleich
Fmi: Fondo monetario internazionale: IWF: Internationaler Währungsfonds
☞ *il* ***Fondo monetario internazionale*** *ha deciso di* ***accendere un faro*** *su problemi e inefficienze del sistema/pensioni* ***sotto la lente*** *degli ispettori Fmi*
accendere un faro su – Schlaglicht werfen auf
sotto la lente – unter der Lupe
Ocse: Organizzazione per la cooperazione e lo sviluppo economici: OECD: Organisation für Wirtschaftliche Zusammenarbeit und Entwicklung
Sme: sistema monetario europeo: EWS: Europäisches Währungssystem
Uem: Unione economica e monetaria: WWU: Wirtschafts- und Währungsunion
Wto: Organizzazione mondiale del commercio: WHO: Welthandelsorganisation
IFI: Istituzioni Finanziarie Internazionali: IFI: Internationale Finanzinstitutionen

Alcuni istituti di credito: Einige Kreditinstitute

Abi: Assobancaria: Associazione bancaria italiana: Italienischer Bankenverband
Palazzo Altieri: sede dell'Abi
☞ *il presidente dell'****Abi*** *lancia l'allarme delle aziende di credito sull'eventuale fissazione di un* ***tasso d'usura***
tasso d'usura – Wucherzins
Acri: Associazione casse di risparmio italiane: Italienischer Sparkassenverband

Ambroveneto: Banco Ambrosiano Veneto
Bam: Banca Agricola Mantovana
Banca Antonveneta
Banca Commerciale Italiana
Banca CRT – Banca Cassa di Risparmio di Torino: Sparkasse Turin
Banca Generali
Bancaroma: Banca di Roma
Bds: Banco di Sicilia: Bank von Sizilien
Bna: Banca nazionale dell'agricoltura: Nationalbank für Landwirtschaft
Bnl: Banca Nazionale del Lavoro: il gruppo BNL (controllata dal ☞ Tesoro): Nationalbank für Arbeit
Capitalia: Bankenkonsortium Capitalia
📖 *il Gruppo Bancario Capitalia – di cui fanno parte Banca di Roma, Banco di Sicilia, Bipop Carire, Mcc, Fineco Group, ed altre importanti società già protagoniste nel panorama creditizio e finanziario nazionale ed internazionale – è operativo dal 1° luglio 2002.*
Cdp: Cassa DD. PP.: Cassa depositi e prestiti: Spar- und Darlehenskasse
✍ *l'opera è finanzata dalla **Cassa DD. PP.** con i fondi del risparmio postale.*
Cariplo: la **Ca:** Cassa di risparmio delle Province Lombarde: Sparkasse der Provinz Lombardei
✍ *la **Cariplo** (la maggiore cassa di risparmio del mondo) è da molti anni un crocevia importante di affari a metà tra la politica e l'economia*
Carical: Cassa di risparmio di Calabria: Sparkasse von Kalabrien
Caripuglia: Cassa di risparmio di Puglia: Sparkasse von Apulien
Cariverona: Cassa di risparmio di Verona, Vicenza, Belluno e Ancona: Sparkasse von Verona
Crt: Cassa di risparmio di Torino: Sparkasse von Turin
Comit: Banca Commerciale Italiana
✍ *cerca sull'elenco telefonico l'indirizzo della Filiale **Comit** più vicina*
piazza della Scala: Sitz der Comit-Bank
Credem: Credito Emiliano
Credit: Credito Italiano
piazza Cordusio: sede del Credito Italiano a Milano
✍ *boom di utili e redditività a **piazza Cordusio***
✍ *il **Credit** in un codice regola comportamenti e prevede sanzioni*
Findomestic Banca
Iccrea: Istituto Centrale delle Banche di Credito Cooperativo: *ehem.:* Istituto di credito delle Casse rurali e artigiane: Zentralverband der Genossenschaftsbanken
BCC: Banca di Credito Cooperativo: Genossenschaftsbank
📖 *istituto operante da oltre trenta anni in favore delle 635 **Banche di Credito Cooperativo** operanti sul territorio nazionale, con 2430 **sportelli bancari** e con ben 410000 soci*
sportello bancario – Bankschalter
Mediobanca
piazzetta Cuccia: via Filodrammatici: sede di Mediobanca a Milano
✍ ***Mediobanca** ha cercato di far saltare la quotazione di Mediaset*
R & S: la pubblicazione di Mediobanca
Mps: Banca Monte dei Paschi di Siena: il **Montepaschi:** il **Monte**
Rocca Salimbeni: sede storica del Monte dei Paschi di Siena
📖 *la più antica banca italiana*
✍ *i **banchieri rossi** del Monte dei Paschi/il **Montepaschi** alla guerra delle contrade*
Pop: la **Popolare:** Banca Popolare: Volksbank
✍ ***Popolare** di Novara, si riapre il giallo: la più grande banca popolare europea alle prese con il più grande crac della storia continentale/**Pop** Udinese/**Pop** Vicentina*
Bpm: Bipiemme: Banca Popolare di Milano: Volksbank Mailand
Sanpaolo-Imi
l'istituto di **piazza San Carlo**
UniCredito Italiano

11.2. Glossario economico
Wirtschaftsglossar

5 per mille: Abgabe in Höhe von 5‰ der Einkommensteuer, die nach freier Wahl des Steuerzahlers an gemeinnützige Einrichtungen geht
📖 *con il termine cinque per mille viene definito il meccanismo in virtù del quale il cittadino-contribuente può vincolare il 5 per mille della propria Irpef al sostegno di enti che svolgono*

attività socialmente rilevanti (non profit, ricerca scientifica e sanitaria)
volontariato preferito dai contribuenti che firmano per il ***5 per mille***

AAA: höchste Kreditwürdigkeit (*beim Rating*); (*übertragen:*) höchste Priorität, höchste Qualität, dringend
*Mail Express, prima concorrente privata, pronta a strappare portalettere alle Poste: „**AAA** cercansi duemila postini"*
A. A. A. *la Lega cerca candidati per le elezioni*

ad: amministratore delegato: Hauptgeschäftsführer
in vista della possibile riconferma di Mengozzi come ***ad*** *(deve chiudere l'accordo con Air France)*

Aiad: Associazione Industrie per l'Aerospazio, i Sistemi e la Difesa: Vereinigung der Luftfahrt- und Rüstungsindustrie

Aiaf: Associazione italiana degli analisti finanziari: Italienische Vereinigung für Finanzanalyse

Aiazzone: Möbelhauskette
un prodotto di qualità ad un prezzo ***Aiazzone***
leggendo il resoconto della gita a Biella che Sandro Veronesi fa in pullman con altre persone per visitare il mobilificio ***Aiazzone***

anagrafe tributaria: zentrale Steuerzahlerdatei
*negli ultimi giorni, il governo ha fatto di tutto per spaventare gli evasori: ha minacciato di usare per davvero l'**anagrafe tributaria** e ha annunciato che le maglie degli studi di settore andranno strette parecchio*

Anasf: Associazione nazionale agenti servizi finanzieri: Nationale Vereinigung der Finanzdienstleistenden

Ania: Associazione nazionale delle imprese assicuratrici: Nationale Vereinigung der Versicherungsunternehmen
*è in programma oggi un vertice tra l'**Ania** e i sindacati per discutere sulle forme di gestione delle* ***crisi occupazionali***
crisi occupazionale – Beschäftigungskrise

anticrisi: piano anti-crisi: programma anti-crisi: Krisenpaket, Konjunkturprogramm
Anticrisi*, governo sotto sui comuni. Confindustria: Pochi quattro mld*
*lontane mille miglia dall'**iniziativa anticrisi** degli altri grandi Paesi industriali*

Api: Associazione piccola industria: Verband der Kleinindustriellen

Assogestioni: Associazione Italiana delle Società ed Enti di Gestione Mobiliare ed Immobiliare: Italienische Vereinigung der Investmentgesellschaften
*gli **operatori** continuano a navigare a vista e di questa mancanza di una bussola si è fatta interprete* ***Assogestioni***
operatore – Anleger

asset: Aktivposten, Vermögenswert: Aushängeschild
*preoccupato per il declino di un **asset** turistico-culturale cruciale per Venezia, il Palazzo Grassi*

asset **tossici:** faule Wertpapiere, toxische/risikobehaftete Papiere
*ad ogni Stato verrà lasciata la scelta su come trattare gli **asset tossici** e ci sarà una grande flessibilità sulla loro valutazione, ma è essenziale mantenere il coordinamento*

Assocarni: Associazione Nazionale Industria e Commercio Carni e Bestiame: Nationaler Verband der Fleischwarenindustrie

Associazione Contribuenti Italiani: Italienische Vereinigung der Steuerzahler

Assolombarda: Associazione degli industriali lombardi di Milano: Vereinigung der lombardischen Industriellen
l'organizzazione territoriale più importante della Confindustria: quasi 4.800 imprese associate per circa 250 mila dipendenti
Centro studi Assolombardia: Zentrum für Wirtschaftsanalysen der Vereinigung der lombardischen Industriellen

Assolowcost: Vereinigung der Lowcostanbieter
*è la filosofia di **Assolowcost**, l'associazione nata per certificare e promuovere le aziende che offrono prodotti a basso prezzo ottenuti grazie a un'accorta politica di riduzione dei costi che salvaguardi però pienamente la qualità*

Assonime: Associazione fra le società italiane per azioni: Vereinigung der italienischen Aktiengesellschaften

Ati: Associazione temporanea d'impresa: Firmenkonsortium, Projektkonsortium
forma giuridica nella quale più imprese si uniscono per partecipare insieme alla realizzazione di un affare

autodosarsi: automatische Dosierung, (sich) automatisch dosieren
sono le lavatrici che sanno ***autodosarsi****, identificare i tessuti e i punti di maggior sporco*

autofinanziamento: cash flow: Überschussfinanzierung, Ertragskraft des Unternehmens

autonomo: selbständig
lavoratori autonomi: Selbständige
Ggs. **lavoratori dipendenti:** nichtselbständige Beschäftigte
il lavoro ***autonomo*** *(artigiani e commercianti)/le organizzazioni degli* ***autonomi***

avvocato: Gianni Agnelli: ex presidente della Fiat

azienda Italia / azienda paese / sistema paese: Standort
*la frenata dell'****azienda Italia***/ha danneggiato l'***azienda paese***
un doveroso richiamo che il capo del governo ha fatto nei confronti di un punto critico del ***sistema Paese****: i trasporti e le infrastrutture, un comparto „dove siamo indietro"*

aziendalista: Arbeitgebervertreter, arbeitgebernahestehend, arbeitgeberfreundlich; Teamworker, auf Zusammenhalt bedacht
eppure Carletto (il ct Carlo Ancelotti), che è un ***aziendalista*** *convinto, oltre che un dipendente fedelissimo, nega il tutto davanti ai microfoni di Ilaria D'Amico. „No, Ronaldinho è arrivato col mio consenso", è la risposta che mette fine a un finto dibattito*
a rischio posti e qualità del lavoro, oltre all'impoverimento dei territori. No alla logica ***aziendalista*** *di mera contrazione delle spese, sulla pelle dei lavoratori*

aziendalizzazione: Privatisierung
con ***aziendalizzazione*** *dei* ***nosocomi*** *il direttore tende a far fare ai suoi medici le attività e gli interventi più utili per l'azienda e non per i pazienti*
nosocomio – Krankenanstalt

azzardo morale: moral hazard, moralisches Risiko, (unmoralischer) Eigennutz, Risiko der fahrlässigen Kreditvergabe *(Gefahr der Verhaltensänderung nach dem scheinbaren Wegfall eines Risikos)*
*rimane aperto il problema dell'****azzardo morale****: l'intervento pubblico rischia di premiare comportamenti spregiudicati dei manager e non sufficientemente prudenti da parte degli azionisti*

Banca del Mezzogiorno: Bank für Süditalien
con l'obiettivo di sostenere lo sviluppo economico del Mezzogiorno è costituita, in forma di società per azioni, la Banca del Mezzogiorno con un capitale do 5 milioni di euro

Banca Telefonica: Telefonbanking
Banca Telefonica*: Linea Diretta è il servizio che, con una telefonata gratuita ad un numero verde, permette di effettuare operazioni bancarie direttamente dall'ufficio o in viaggio, grazie ad operatori altamente qualificati*

Bancomat: Geldautomat
carta **Bancomat:** EC-Karte
i pagamenti ***Bancomat*** *sono temporaneamente sospesi*
ha prelevato due milioni con il ***Bancomat*** *di T.: li ha spesi in vestiti e cene*

Basilea 2: Basel II *(die neue Baseler Eigenkapitalvereinbarung)*
*e prima ancora avevano ingaggiato un braccio di ferro sui crediti alle piccole imprese, la cosiddetta „****Basilea 2****", che Tremonti giudicava penalizzante, al contrario di Fazio*

indice **Bcb:** indicazione del grado di fiducia dei mercati rilevato da Newfin (il Centro studi dell'Università **B**occoni) – **C**orriere della Sera – agenzia di stampa **B**ridge News: Wirtschaftsindex, der das Vertrauen der Märkte in die wirtschaftliche Entwicklung angibt

per il **bene della ditta:** im Interesse der Firma: im Interesse der Sache, aus höheren Beweggründen
per il „bene della ditta"*, Veltroni e D'Alema hanno sancito una tregua necessaria ma circoscritta sulla questione morale*

bilancino: Goldwaage
Professor Rembado, alle medie i testi spesso sono stati superati. Perchè? „Non è facile stare con il ***bilancino****, tutto si basa sul lotto complessivo dei testi che vengono scelti*

bilancio: Haushalt
legge di bilancio: Haushaltsgesetz

blocco del bilancio: Ausgabestopp, Haushaltssperre

binomio vincente: Binom: erfolgreiche Kombination, Erfolgsformel
☞ *donne e tecnologia, un* ***binomio vincente***

biotech: biotecnologie: Biotechnologie
☞ *il* ***biotech*** *gode di buona salute: i dati elaborati nel 2007 registrano 222 imprese per un fatturato di oltre 4 miliardi di euro*

blocca-prezzi: Preisstopp
☞ *l'adesione all'accordo „****blocca-prezzi****" decisa da Centromarca, per aiutare la ripresa dei consumi, sta riscontrando ampio consenso tra le industrie/concordato preventivo con norme* ***blocca-prezzi***

Bmti: Borsa merci telematica italiana: elektronische Warenbörse
☞ *l'Asiago Dop debutta nella* ***Bmti***

bonus fiscale: steuerliche Erleichterungen
☞ *agli italiani 22 mila miliardi di* ***bonus fiscale****: rivoluzionata l'Irpef, pensioni più ricche, via i ticket*

Associazione **Broker: Aiba:** Associazione Italiana Brokers di Assicurazioni: Italienische Vereinigung der Versicherungsvertreter
☞ *per questo, l'****Associazione Broker*** *si augura che i giovani sottoscrivano già oggi polizze a lungo termine*

braccino corto: knauserig sein, auf den Pfennig achten; Zurückhaltung beweisen
☞ *non c'è dubbio che certe uscite di Visco stiano riportando alla ragione alcuni clienti dal* ***braccino corto***
☞ *„****Braccino corto****", invece, per quanto riguarda la beneficenza*

buoni-casa: Darlehen zur Förderung von Wohneigentum für junge Ehepaare
☞ *alla Regione Campania è pronto un bando composto da* ***buoni-casa*** *da 30 mila euro ciascuno per le prime mille famiglie che vorranno lasciare le attuali sistemazioni e acquistare un immobile altrove*

cab: codice di avviamento bancario: Bankleitzahl

Cai: Centrale d'allarme interbancaria: **centrale rischi:** Kreditsicherungszentrale *(der Banca d'Italia)* *(verglb.* Schufa: Schutzgemeinschaft für allgemeine Kreditsicherung)
☞ *il mancato pagamento di una rata di 300 mila lire finisce comunque alla* ***centrale rischi****, con tutte le conseguenze*
☞ *al via la* ***centrale d'allarme*** *sugli assegni irregolari*

caro: teuer
caro affitti: teure Mieten, Mietsteigerung
☞ *la perdita accumulata dai lavoratori dipendenti rispetto all'aumento del* ***carovita*** *è stata pari a 3,5 milioni*
☞ ***caropasta****, intesa Ue sul grano duro*
caro-casello: Verteuerung der Autobahngebühren
☞ *i vacanzieri italiani devono fare i conti con una costante: il* ***caro-casello***
caro-libri /caro-scuola: Verteuerung der Schulbücher und der Schulutensilien
caro euro: Teuro
caropane: Brotpreiserhöhung
carovita: Inflationsrate, Teuerungsrate, Lebenshaltungskosten
☞ *governo e parti sociali definiscono gli obiettivi su* ***carovita****, pil e occupazione*

carosello Iva: Karusselbetrug, Umsatzsteuer-Karusselbetrug
☞ *per scoprire il* ***carosello Iva*** *(le truffe sui rimborsi Iva) e le fatture false non bastano purtroppo le verifiche della Guardia di finanza*

carrello della spesa: Einkaufswagen, Warenkorb
☞ *il* ***carrello della spesa*** *nel 2007 ha avuto rincari del 4,8% con punte del 10–15%*

carta di fedeltà: carta del cliente: Kundenkarte, Treuekarte
☞ *con la* ***carta di fedeltà*** *si ottengono sconti e, grazie ai punti accumulati, regali di valore. Però si forniscono anche informazioni sulle spese fatte*

cartolarizzazione: securitization: wertpapiermäßige Kreditverbriefung, Verbriefung von Schulden *(anstelle der klassischen Bankkreditfinanzierung, z. B. mit Blick auf zukünftige Einnahmen aus der Veräußerung von Immobilien im Staatsbesitz oder aus der staatlichen Lotterie)*
📖 *ed è stato ulteriormente rivisto al 2,2% a distanza di pochi giorni, dopo la bocciatura delle operazioni di* ***cartolarizzazione*** *da parte di Eurostat, l'istituto statistico dell'Unione europea*
☞ *aveva paragonato le* ***cartolarizzazioni*** *sugli immobili pubblici e sugli incassi del Lotto*

*varate da Tremonti ai **trucchi contabili** della Enron*
trucchi contabili – Buchungstricks

cassettista: langfristiger Anleger
☞ *dopo gli anni d'oro della new economy le borse mondiali hanno riscoperto nei primi sei mesi del 2004 i titoli dei **cassettisti***

cassetto fiscale: Steuermailbox *(Internetdienst der Steuerverwaltung, der den Steuerpflichtigen Informationen zur aktuellen Steuerposition bietet)*
☞ *potenziamento del **cassetto fiscale** per fornire ulteriori informazioni e servizi direttamente ai contribuenti*

cavalieri bianchi: Weiße Ritter *(Unternehmen, die mit eigenen Angeboten feindliche Übernahmen verhindern und so eine Firma retten)*
☞ *un'altra delle acrobazie finanziarie del caso Sai-Fondiaria è il ruolo dei fantomatici **„cavalieri bianchi"**, quel gruppo di investitori che ha rilevato da Ligresti il 22% di Fondiaria per consentire all'imprenditore siciliano di dribblare una maxi-penale per Montedison*

cc: conto corrente: Konto
☞ *per sostenerlo, offerte al **cc** postale 347013 (causale „Profughi"); al **cc** bancario 11113 ...*

CDB: der Unternehmer Carlo De Benedetti

città campione: Bezugsstädte bei Umfragen, Untersuchungen usw.
Bari, Bologna, Firenze, Genova, Milano, Napoli, Palermo, Perugia, Torino, Trieste, Venezia: diejenigen italienischen Städte, die bei statistischen Erhebungen als Bezugsgröße herangezogen werden (***i capoluoghi di provincia***)
☞ *l'inflazione, dai primi dati delle **città campione**, avrebbe registrato in marzo un altro, deciso, colpo di freno*

CCIAA: Camera di Commercio, Industria, Artigianato e Agricoltura: Industrie-, Handels-, Handwerks- und Landwirtschaftskammer
☞ *essere iscritta da almeno tre anni alla **C. C. I. A.***
☞ *certificato originale o autentificato dell'iscrizione della ditta alla **CCIAA***

Cda: consiglio di amministrazione: Verwaltungsrat *(bei Körperschaften des öffentlichen Rechts)*; Aufsichtsrat *(bei Aktiengesellschaften)*
🕮 *organo collegiale nelle società di capitali a cui è affidata la guida della gestione sociale; è responsabile per la tenuta delle scritture contabili dell'impresa; può delegare a uno o più dei membri (amministratore delegato, **comitato esecutivo**) compiti particolari molto ampi*
comitato esecutivo – Vorstand
☞ *all'assemblea, il **cda** proporrà un dividendo invariato per azioni di risparmio*

Ced: Centro Elaborazione Dati: Rechenzentrum
☞ *usufruendo dell'avanzato programma permette alla clientela di collegarsi al proprio **CED** per localizzare in tempo reale l'ubicazione del pacco affidato*
Ced Borsa: Centro Elaborazione Dati: Rechenzentrum der Börse
🕮 *società autonoma che gestisce il sistema informatico di Piazza Affari*

Centromarca: Associazione italiana dei prodotti di marca: Italienische Vereinigung der Markenhersteller
🕮 ***Centromarca** associa circa 200 tra le maggiori aziende nei diversi settori con 221 mila addetti e un giro d'affari complessivo di 90 mila miliardi*
☞ *l'indagine **Centromarca***
☞ ***Centromarca**: Le grandi marche. Grandi per tanti motivi*

ceo *(engl.)*: chief executive officer: presidente: Vorstandsvorsitzender

cessione del quinto dello stipendio: Lohn- und Gehaltsabtretung
☞ *la **cessione del quinto dello stipendio**, inventata negli anni Cinquanta per gli statali, nell'ultimo anno ha visto un incremento di circa il 40 per cento tra i dipendenti privati e ha conquistato oltre 20 mila pensionati*

Cespe: Centro studi di politica economia: Zentrum für wirtschaftspolitische Studien

Cfl: contratti di formazione e lavoro: Arbeits- und Ausbildungsverträge
🕮 *i Cfl sono stati introdotti in Italia con la legge 863/1984: si tratta di contratti a tempo determinato, comprensivi di formazione, per disoccupati dai 16 a 32 anni*
☞ *la Corte di Giustizia europea ha considerato la legislazione italiana sui **Cfl** come un programma di aiuti illegittimi, in parte incompatibili con il mercato comune*

change-over: passagio alla nuova moneta:

Währungswechsel, Übergang zur neuen Währung, *hier:* Einführung des Euro
☞ *per ora ci limitiamo a dire che il* ***change-over*** *ha rappresentato solo un quinto delle variazioni mensili*

cinghia di trasmissione: Transmissionsriemen
☞ *divenne così la* ***cinghia di trasmissione*** *principale per la creazione di un mercato secondario, consentiva alle banche di scaricare vecchi mutui e di emetterne di nuovi*

Civ: Comitato di indirizzo e vigilanza: Vorstand bei Körperschaften des öffentlichen Rechts *(z. B. Inps, Inail, Inpdap)*

Clup: costo del lavoro per unità di prodotto: Lohnstückkosten
☞ *la produttività italiana mostra un* ***Clup*** *superiore a quello europeo*

cocacolonizzazione: Cocacolonisierung
☞ ☞ *Velina nera intende battersi contro la* ***cocacolonizzazione*** *della politica e per un atteggiamento più autocritico e autoironico dentro An*

colletti bianchi: white collar worker: Angestellte
☞ *arriverà a* ☞ *Palazzo Vecchio alla fine di luglio per conoscere la situazione dei 6 mila* ***colletti bianchi*** *comunali*
☞ *identikit di una classe che ha perso la scommessa: I* ***colletti bianchi*** *? Ora li fanno neri*

Commissione sul Fisco: Commissione dei Trenta: la **bicamerale del fisco:** Gemeinsamer Parlamentarischer Ausschuss für Steuer- und Finanzfragen *(Senat und Abgeordnetenkammer)*

in **comode rate:** in bequemen Raten zu ...
☞ *oggi insieme alla busta è arrivata anche una sorpresa di cui Alessandro Spalvieri, romano, faceva volentieri a meno. La cifra in addizionale Irpef da sborsare* ***in comode rate*** *alla regione Lazio ammonta a 540 euro*

società di **comodo: società non operative:** Scheinfirmen, Billigfirmen
nome di comodo: Deckname
☞ *è praticamente impossibile star dietro al riciclaggio che vede coinvolte società di* ***comodo****, internet-point, call center*

compliance fiscale: Steuermoral
☞ *entrambe le novità sono destinate a produrre effetti positivi con riguardo ad un'importante finalità degli studi di settore: quella di stimolare la* ***compliance fiscale*** *nel mondo delle piccole imprese e delle attività professionali*

condottiere: capitano della finanza: Wirtschaftsführer, Wirtschaftskapitän
☞ *ricordo quando tutti i giornali italiani esaltavano i* ***Condottieri****, cioè i nomi più famosi della nostra imprenditoria e della nostra finanza*

Consorzio Asi (area di sviluppo industriale): Verband für industrielle Förderung
☞ ***Consorzio Asi*** *di Foggia/****Consorzio Asi*** *Caserta/****Consorzio Asi*** *di Avellino*
☞ *esemplare è la storia del* ***Consorzio Asi****, un ente pubblico nel quale siedono i rappresentanti di 21 diversi comuni (da Palermo a Termini Imerese), incaricato di favorire lo sviluppo economico di una zona oggi messa in ginocchio dalla crisi Fiat*

conti della massaia: Hausfrauenrechnung, einfache Rechnung (aufmachen)
☞ *restano i* ***conti della massaia****: la* ☞ *Cgia di Mestre ha evidenziato che il federalismo fiscale prospettato da Calderoli avrebbe un impatto devastante sulle casse dei comuni del Sud*

conti dormienti: conti correnti bancari dormienti: schlafende Konten
☞ *piccoli azionisti salvati con i* ***conti dormienti***

conti pubblici: öffentliche Finanzen, öffentlicher Haushalt
☞ *Ciampi darà una nuova* ☞ *sterzata ai* ***conti pubblici*** *anticipando a metà aprile il documento di programmazione economica (☞* ***Dpef****)*

contratto d'area: Wirtschaftsvertrag insbesondere für benachteiligte Gebiete mit Beschäftigungsproblemen ☞ patto territoriale
📖 *strumento operativo per realizzare un ambiente economico favorevole alla realizzazione di nuove iniziative imprenditoriali e di nuova occupazione*
☞ *Benetton diventa pugliese: Oggi a Palazzo Chigi la firma del* ***contratto d'area***
☞ ***contratti d'area****: è pronta la delibera del* ☞ *Cipe sul finanziamento degli accordi per le aree di crisi*

contratto di inserimento: Eingliederungsvertrag
📖 *sostituisce il* ☞ *cfl; interessa giovani (18–29), disoccupati di lunga durata, donne*

residenti in aree svantaggiate e lavoratori oltre i 45 anni

contratto libero: nicht tarifvertraglich gebundener Arbeitsvertrag
*dicendo no al „**contratto libero**" che tanto piace agli imprenditori*

contribuenti minimi: kleine Steuerzahler
*dal 2008 i piccoli imprenditori e professionisti (c. d. **contribuenti minimi**) passano automaticamente al nuovo regime fiscale che semplifica, riduce gli adempimenti e diminuisce i costi*

convegnistica: Tagungsgeschäft, Veranstaltungsgeschäft
*le agenzie puntano sulla **convegnistica** da affiancare alla attività di media relation, un business che vale 200 mila euro l'anno per ogni cliente*

cooperative sociali: gemeinnützige Genossenschaften
*le **cooperative sociali** assistono e impiegano handicappati, ex tossicodipendenti, anziani, per conto di un welfare pubblico sempre più appaltato all'esterno*

coop bianche: Confcooperative: Confederazione delle cooperative italiane: Verband der italienischen Genossenschaften *(rechtsgerichtet)*

coop rosse: aziende rosse: Legacoop: Lega delle cooperative: Lega nazionale delle cooperative e mutue: Nationaler Verband der Genossenschaften *(linksgerichtet)*
*l'impresa di costruzioni aderente alla **lega delle coop rosse** ha comprato ...*
*finanziamenti alle **coop** giovanili: un lungo elenco di cooperative giovanili a caccia di finanziamenti/l'inchiesta si intrecciava con quella delle **coop rosse***
Ancab-Legacoop: Associazione nazionale cooperative di abitanti: Nationale Vereinigung der Hausbewohnergemeinschaften
Unipol: compagnia assicuratrice vicina alla Lega delle cooperative: Versicherungsgesellschaft

coop spurie: cooperative spurie: cooperative del lavoro nero: „unechte" Genossenschaften, illegale Genossenschaften *(die sich auf Schwarzarbeit gründen)*, *oft:* Call Center für Zeitarbeit

costo del denaro: Sollzinsen
*ridurre il **costo del denaro***

Covip: Commissione di vigilanza sui fondi pensione: Aufsichtskommission für Rentenfonds

credito d'imposta: steuerliche Abschreibung
***credito d'imposta** per gli investimenti in ricerca è di 10 milioni per ogni disoccupato assunto*

Cresme: Centro Ricerche Economiche Sociali di Mercato per l'Edilizia e il Territorio: Marktforschungsinstitut für Raumordnungs- und Bauwirtschaftsfragen

criticità: kritische Situation, Risiken
*l'Italia per i grandi gruppi, siano essi nazionali o stranieri, ha presentato finora una serie di **criticità** oggettive, a tutti note, dall'eccessiva burocrazia alla criminalità diffusa*

cuneo fiscale: Steuer- und Abgabenlast
differenza tra costo del lavoro e salario netto percepito dal lavoratore
*per restare all'economia penso alla riduzione del **cuneo fiscale**. Non di un punto come ha fatto il governo ...*

rischio di **default:** Risiko des Zahlungsausfalls, Ausfallrisiko
*manifestare preoccupazione per un **rischio di default** per il nostro Paese è di una gravità inaudita*

defenestrazione: Fenstersturz: Entlassung
defenestrazione di Praga: *(hist.)* Prager Fenstersturz
*si fa sempre più incerta la **defenestrazione** di Ron Sommer, il potente presidente di Deutsche Telekom, prevista oggi durante la riunione del consiglio di sorveglianza della società*

de minimis: reduzierte Körperschaftsteuer
la riduzione dell' ☞ Irpeg sotto il tetto di 60 milioni all'anno per tre anni per le piccole e medie aziende
*le motivazioni addotte dall'Italia si basavano su otto punti: ... errato impiego della regola **de minimis***

detrazioni fiscali: Steuerfreibetrag
*introducendo forti **detrazioni** aggiuntive per i **familiari a carico***
familiari a carico – Familienmitglieder, für die Unterhaltspflicht besteht

delisting: Aufhebung der Börsenzulassung
*il docente bocconiano ha evocato la parola magica del momento: „**delisting**". In italiano:*

togliere dal listino borsistico, cioè l'esatto contrario della corsa alla quotazione così arrembante nel periodo d'oro della new economy

dio-risparmio: Kult des Sparens
è finita l'epoca delle cicale e inizia quella delle formiche. Già, proprio così. Non è solo questione di vestiti griffati e scontati: si registra l'esplosione di una nuova religione, il culto del saving money o ***dio-risparmio***

progetto **Dirce** (diffusione dell'innovazione e della ricerca per la competitività economica): DIRCE-Projekt zur wettbewerbsstärkenden Förderung von Innovation und Forschung
☞ PON
il progetto DIRCE è finalizzato a sviluppare servizi per la promozione dell'innovazione e dello sviluppo scientifico e tecnologico nel tessuto produttivo meridionale

distretti: distretti produttivi/distretti industriali: Produktionscluster, Industriecluster, Industriegebiete
il cuore del design sono i ***distretti****. Il settore deve avvicinarsi di più al mondo delle pmi*

Docup: documento unico di programmazione: einheitliches Programmplanungsdokument
presenta il ***documento unico di programmazione*** *attraverso cui la regione utilizza i fondi europei per lo sviluppo del tessuto economico e produttivo*

marchio **dop** (denominazione di origine protetta): geschützte Ursprungsbezeichnung
ha proposto un marchio ***dop*** *per tutelare la produzione di qualità e la solidarietà con i Paesi poveri*

Dpef: Documento di programmazione economica e finanziaria: Dokument zur Wirtschafts- und Finanzplanung: mittelfristige Finanzplanung
conterrà gli indirizzi del governo per i prossimi cinque anni
e quando Mario Monti osservò che il ***Dpef*** *non bastava ad assicurare l'ingresso in Europa, la maggioranza si limitò a reazioni infastidite*

drenaggio fiscale: fiscal drag: fiscal drag, finanzieller Entzugseffekt *(inflationsbedingte Steuermehreinnahmen durch progressive Steuersätze)*
restituite il ***drenaggio fiscale****: Il governo si è tenuto tutto il* ***fiscal drag****, senza fare alcuna detrazione*

due per tre / *anche* **tre per due:** Nimm drei, zahl zwei
al supermercato cerchiamo le offerte, i ***due per tre/*** *dall'olio in bottiglia allo shampoo vince il „****3 X 2****"*

ebitda: utile prima di interessi, tasse, deprezzamenti e ammortamenti: Ergebnis vor Steuern, Zinsen, Abschreibungen und Amortisationen: Ebitda-Ergebnis

economia criminale: Untergrundwirtschaft
☞ sommerso: economia sommersa

economia di carta: Geldmarktwirtschaft
*l'analisi è giusta: esistono delle turbolenze, causate dall'****economia di carta****, dalla speculazione finanziaria e fondiaria avvenuta negli Stati Uniti*

edilizia speculativa: Bauspekulation
*a rischio le abitazioni dell'****edilizia speculativa*** *degli anni Cinquanta, realizzate con materiali spesso inadeguati o pericolosi (****amianto****)*
amianto – Asbest

erario: fisco: Staatskasse, Fiskus
*i colletti bianchi: bersaglio preferito dell'****erario*** *per nuove tasse*

erogazioni liberali: (abzugsfähige) freiwillige Zuwendungen *(für Kirchen, Hochschulen, gemeinnützige Einrichtungen usw.)*
crescono le ***erogazioni liberali*** *delle imprese e quasi raddoppiano quelle delle persone fisiche, cittadini che decidono di investire in cultura*

quota **esentasse:** Steuerfreibetrag
l'abbattimento di tutte le agevolazioni fiscali e un aumento della ***quota esentasse*** *per le famiglie*

Esselunga: Lebensmittelkette
Bernardo Caprotti, il signor ***Esselunga****, ha staccato un assegno personale*

ET: evasori totali: absolute Steuerhinterzieher
il supercomputer anti ***ET***

fondo **etico:** finanza **etica:** finanza socialmente sostenibile: ethische Anlagefonds, sozial-ökologische Investments, ökologische Finanzanlagen

i giovani imprenditori lanceranno un ***fondo etico****, i cui gestori potranno investire solo su aziende dai comportamenti socialmente responsabili, cioè società che non sfruttano* ***il lavoro minorile****, non operano in Paesi retti da regimi oppressivi …*
lavoro minorile – Kinderarbeit

euro-apatia: eurostanchezza: Euromüdigkeit
*il referendum sarebbe un rimedio contro l'„****euro-apatia****" dei cittadini/un anno dopo l'introduzione dell'euro emerge dunque una certa „****eurostanchezza****"*

euro-arrotondamento: Euro-Aufrundung
*da Milano a Torino, da Udine a Firenze la corsa all'****euro-arrotondamento*** *è partita*

eurocent: Eurocent
*all'opposto, in Germania l'****eurocent*** *pare destinato ad assumere nel cuore dei tedeschi il ruolo che aveva l'adorato pfennig*

extragettito: Steuermehreinnahmen, zusätzliches Steueraufkommen
*l'****extragettito*** *è causa di una politica fiscale rigorosa, che non offre soluzioni alternative agli evasori*

extra imprese: aziende extracomunitarie: Ausländerfirmen, Immigrantenfirmen
le ***extra imprese****, come vengono chiamate le aziende create dagli immigrati, sono ormai il 4,1 per cento delle ditte individuali esistenti in Italia*

Far: Fondo per le agevolazioni alla ricerca: Forschungsförderungsfonds

Fas: Fondo per le aree sottoutilizzate: Fonds für unterentwickelte Gebiete
un intervento deciso si farà sui fondi a partire dal ***Fas*** *che contiene le risorse per le aree sottosviluppate*

federalismo fiscale: Steuerföderalismus, *(vergl.)* Finanzausgleich
Prodi ha detto poi di ritenere ormai maturi i tempi per avviare una riforma costituzionale che dovrà portare al ***federalismo fiscale***

Federcontribuenti: Federazione Nazionale dei Contribuenti dello Stato e delle Autonomie Locali: Nationaler Bund der Steuerzahler
cifre da capogiro quelle evocate da Marco Paccagnella di ***Federcontribuenti****, che da Padova sta per far partire una* ☞ *class action che potrebbe coinvolgere fino a un milione di persone*

Feroce: historische Bezeichnung der FIAT-Werke
per gli operai era la ***Feroce****. Sopravvissuta al fascismo, al dopoguerra e ai rossi in fabbrica. È stata il simbolo del boom economico*

FIAT: Fabbrica Italiana Automobili Torino: FIAT
corso Marconi: sede della Fiat: Sitz der FIAT-Werke
il sindacalista chiedeva il „nuovo modo di fare l'automobile" e da ***corso Marconi*** *rispondevano, naturalmente,* ***picche***
rispondere picche – jdn. eine Abfuhr erteilen
Mirafiori: FIAT-Produktionsstätte
i leader politici si dicono preoccupati per ***Mirafiori****, lo stabilimento simbolo dell'Italia del boom che appare predestinato alla chiusura*

Fiera: Fiera di Milano: Mailänder Messe, Mailänder Messegesellschaft
… gli obiettivi raggiunti. E a Milano ne sono state centrati pochini. Palazzo Reale è ancora lì, da finire. Il ☞ *Piccolo arriva al traguardo dopo più di 10 anni. La* ***Fiera*** *va a rilento.*

filiera dei prezzi: Preiskette
inviando un messaggio gratuito al numero unico si ricevono informazioni sulla ***filiera dei prezzi****, suddivisi per area geografica*

Finanziaria: legge finanziaria: Haushaltsgesetz
finanziaria **bis:** bilancio **suppletivo:** Nachtragshaushalt
☞ manovra
i grandi problemi dell'istituto sono i soldi e il personale, sempre più ridotti e tagliati di ***Finanziaria*** *in* ***Finanziaria***
finanziaria light: finanziaria leggera: Haushaltsgesetz in der abgespeckten Variante, Haushalt Light
*aveva promesso una manovra „leggera". Stavolta non si può dire che abbia tradito le attese. La „****Finanziaria light****" è di appena 11 miliardi*

finanziaria: Kapitalbeteiligungsgesellschaft, Finanzierungsgesellschaft

finanziarizzazione: Finanziarisierung, Finanzlastigkeit *(Geldform als bestimmendes Instrument der Volkswirtschaft)*
l'invecchiamento della popolazione, l'affermarsi della società della conoscenza, il diffondersi del lavoro flessibile, la ***finanziarizzazione*** *dell'economia*

finanziere: Finanzverwalter

Fincantieri: Staatliches Werftenunternehmen
📖 *Fincantieri è uno dei più importanti complessi cantieristici navali d'Europa e del mondo. Azienda pubblica italiana già di proprietà dell'IRI, è oggi controllata da Fintecna, finanziaria del Ministero dell'Economia. È stata fondata il 29 dicembre 1959. Nel Documento di Programmazione Economica e Finanziaria del 2008 è prevista la quotazione di Fincantieri alla Borsa di Milano*
✍ ***Fincantieri**, no allo ☞ „**spezzatino**": l'orientamento del governo è di conservare Fincantieri nel suo insieme, perché **spezzettare** significa distruggere*
spezzatino – Ragout: Zerschlagung, Zerstückelung

Findomestic Banca: Kreditanstalt für Verbraucherkredite
✍ *in questo quadro la tradizionale indagine di **Findomestic**, numero uno italiano del credito al consumo, getta nuova luce su un'Italia spendacciona che si avvicina a grandi passi agli standard internazionali*

Finmeccanica: Staatliches Maschinenbau- und Luftfahrtunternehmen *(Aktiengesellschaft)*
✍ *il consiglio di **Finmeccanica** ha approvato la nuova struttura organizzativa della società*

effetto-**fionda:** Gummibandeffekt *(Preise, Kurse)*
✍ *e non tanto per i rischi di **effetto-fionda** sui prezzi nel gennaio 2005*

fiscalità di vantaggio: Steuervergünstigungen
✍ *abbiamo introdotto la **fiscalità di vantaggio**, e abbiamo aumentato il Fondo unico per lo spettacolo*

fiscofobia: Steuermüdigkeit, Steuerphobie
✍ ***fiscofobia**, gli ialiani non vogliono più pagare le tasse. C'è stato un crollo degli incassi fiscali dello Stato*

fisso: salario fisso: Festgehalt
✍ *l'attesa sugli interventi governativi di defiscalizzazione della parte variabile delle buste paga ha spinto le aziende a fare leva sul **fisso***

Fit: Fondo per l'Innovazione Tecnologica: Fonds für technologische Innovation

flottante: Free Float, Streubesitz *(an frei handelbaren Aktien)*
✍ *Italenergia potrà conservare in Borsa la Edison se entro la fine dell'anno ne riporterà il **flottante** al 6 per cento*

fondi sovrani: Staatsfonds, staatliche Investmentgesellschaften
✍ *come potrà l'Italia gestire l'ingerenza dei **fondi sovrani** „ostili"?*

forchetta: Bandbreite, (Fehler)Marge, Schere
✍ *in Lombardia Roberto Formigoni viene dato vincente con una **forchetta** dal 59 al 63 per cento*

fordista: frühindustriell, Fließband- *(nach Henry Ford)*
✍ *il problema della sinistra è quello di essere ferma ad una concezione **fordista** dell'impresa, non possiamo continuare a pensare che prima o poi le pmi diventeranno grandi imprese*

franchigia: Freibetrag
✍ *sia per il patrimonio immobiliare che per quello mobiliare è prevista una **franchigia** riferita all'intero nucleo familiare di 50 milioni*

fuoribusta: Lohnzahlungen an der Steuer vorbei, Schwarzgehälter, schwarze Löhne
✍ *Ue, Italia capofila del **fuoribusta***

ganascia fiscale: KFZ-Stilllegung *(wegen Steuerrückständen, im übertragenen Sinne: „Steuerkralle")*
✍ *ma il Codacons contesta fortemente il ritorno delle **ganasce fiscali** per i contribuenti che non avrebbero pagato le imposte/**ganasce fiscali**: un milione di italiani colpiti dal provvedimento di „fermo"*

garante del contribuente: Beauftragter für Steuerfragen
📖 *nasce, in ogni Regione, il garante del contribuente che potrà muoversi autonomamente o su richiesta in casi di grave pregiudizio*

Gas: gruppi di acquisto solidale: solidarische Einkaufsgruppen
✍ *d'altra parte i **Gas**, nati spontaneamente da consumatori stressati dagli aumenti dei prezzi, stanno avendo successo e crescono sulla spinta degli aumenti*

patto di **gemellaggio:** Partnerschaftsbündnis *(zwischen Unternehmen aus Nord- und Süditalien)*
📖 *Patto di gemellaggio: azioni sinergiche tra associazioni imprenditoriali del Nord e del Sud, in modo da favorire la diffusione della cultura imprenditoriale e guidare le iniziative delle aziende del Nord nella ricerca di opportunità nel Mezzogiorno*

gi-ottini: popolo dei no-global : gruppi **anti-mondializzazione:** Globalisierungsgegner
✍ *anatomia di un movimento: quel che resta dei **gi-ottini***

globalizzazione: Globalisierung
☞ **mondializzazione**

glocalizzazione: „Glokalisierung", Zusammenführung von Aspekten der Globalisierung und der lokalen Gegebenheiten
🕮 *un termine che indica lo sforzo di conciliare globalizzazione e identità locali*
✍ *riuniti in occasione del **„Glocal Forum"***

golden share: Schlüsselbeteiligung *(des Staates)*
🕮 *l'azione speciale che dà allo Stato il controllo delle aziende pubbliche; consente al governo di mantenere particolari poteri di veto su nuovi azionisti o scelte fondamentali delle grandi aziende privatizzate*
✍ *e la **golden share** sulla Stet spacca subito la maggioranza/la **golden share** è inutile se lo Stato mantiene il 51% della Stet, come noi chiediamo*

governance (economica): Ordnungspolitik
✍ *non è dunque nella discutibile e perfettibile **governance** il tallone d'Achille della Carta fondamentale dell'Europa*
governance: Leitung, Führung
✍ *l'accordo prevede che possa mantenere questa quota non per questa sola centrale, ma percinque. Per le prossime, Enel potrà avere accesso alla **governance**, se lo vorrà*

grand commis: commis d'état: Verwaltungsboss *(auch in Staatsbetrieben)*
🕮 *altissimo funzionario di un'amministrazione pubblica*
✍ *l'indagine dell'Espresso sulle retribuzioni dei manager di Stato: 174 nomi tra i quali spiccano superstipendi e compensi molto più contenuti, **grand commis** e dirigenti di rango meno elevato, e gap inspiegabili a parità di lavoro*

grande distribuzione (organizzata): Gdo: Cash-and-Carry-Großhandel, Einkaufsmärkte
✍ *gli orientamenti di ☞ via XX Settembre gravitano soprattutto intorno ad un'intesa con la **grande distribuzione** per congelare i listini dei prezzi*

gruppo (industriale): Konzern
✍ *vogliono il **gruppo** del ☞ Lingotto e gli Agnelli impegnati in un'operazione di riassetto senza precedenti*

Gse: Gestore dei servizi elettrici: Stromnetzbehörde
Grtn *(ehem.)*: Gestore della rete di trasmissione elettrica nazionale: Nationaler Netzbetreiber für Energieübertragung
🕮 *l'attività del Gse – interamente controllato dal Ministero dell'Economia e delle Finanze – si sviluppa nel settore delle fonti rinnovabili ed assimilate, incentivandone la produzione e gestendone i flussi economici e finanziari che ne derivano*
Gme: Gestore del mercato elettrico: Strommarktregulierungsbehörde

Ig: Società per l'imprenditoria giovanile: Gesellschaft für junges Unternehmertum
✍ *da disoccupati a microimprenditori, se non di nome (tecnicamente si tratta di lavoro autonomo) di fatto. Ecco la sfida lanciata dal governo con il ☞ prestito d'onore gestito da **Ig***

prodotti **Igp** (indicazione geografica protetta): Erzeugnisse mit geschützter geografischer Angabe

Igt: indicazione geografica tipica: typische geografische Angabe
🕮 *neue Qualitätsstufe für italienische Landweine, die geographische Bezeichnung und Rebsortenart auf dem Etikett tragen können. Bei den Qualitätsstufen stehen diese Weine über dem einfachen Tafelwein (vino da tavola) und unter den DOC-Weinen*

fattore **Ilc:** indice di liquidità e capitalizzazione: Liquiditätsgrad

impiantistica: Anlagenbau
✍ *i nostri hanno in più un marchio affermato. Anche **l'impiantistica** per l'agroalimentare è fondamentale*

progetto/pacchetto **„impresa in un giorno"**: Existenzgründungsprogramm
✍ ***Impresa in un giorno:** Avviare un'impresa, tra qualche tempo, sarà molto più semplice e rapido. La tempistica relativa all'avvio dell'attività di impresa e alla sua registrazione ha sempre rappresentato una „pecca" per il sistema Italia in ordine alla competitività delle imprese*

Imr: Indice Mercato Ristretto: Index für den beschränkten Markt
✍ *indice **Imr***/indice mercato ristretto di Milano

contribuenti **incapienti:** wer keine oder nur ge-

ringe steuerpflichtige Einkünfte erzielt/gering Steuerpflichtige
*la tutela degli **incapienti**/**contribuenti incapienti** che hanno un reddito così basso da non poter beneficiare delle detrazioni per coniugi e figli*

indotto: Zulieferindustrie, Folgeinvestitionen
*tute blu in rivolta: la nostra lotta serve anche a difendere l'**indotto***/l'intreccio sempre più stretto fra l'azienda-madre e l'***indotto***
*3,6 miliardi di investimento diretto sul territorio cittadino, che diventano 8 miliardi se si considera l'intero **indotto***

industriale: Wirtschafts-, Geschäfts, Unternehmens-
crisi industriale: Wirtschaftskrise, Geschäftskrise
relazioni industriali: Geschäftsbeziehungen, Unternehmensbeziehungen
*ma Alitalia non ha alternative: deve difendersi perché è in piena **crisi industriale**/**crisi industriale**: specchio della crisi politica?/che non potrà non avere reazioni a livello di **relazioni industriali***

inflazione programmata: Zielinflationsrate
wird von den Tarifparteien und der Regierung gemeinsam festgelegt
↔ **inflazione reale:** reale Inflation

ingegnere: Carlo De Benedetti: ex presidente dell'Olivetti: der Unternehmer Carlo De Benedetti

internazionalizzazione: ☞ **mondializzazione:** Globalisierung

interpello: Einspruch *(gegen Steuerbescheide)*
*nasce un nuovo diritto: è quello di **interpello**. Se il contibuente è afflitto da un dubbio interpretativo potrà sottoporlo per iscritto al Fisco. La risposta dovrà arrivare entro 120 giorni, nel caso contrario vigerà il principio del **silenzio-assenso** per cui varrà l'interpretazione avanzata dal cittadino*

Ipca: indice dei prezzi al consumo armonizzato: HVPL: Harmonisierter Verbraucherpreisindex
*scompare ☞ l'inflazione programmata che verrà sostituita dall'**Ipca**, depurato dalla dinamica dei prezzi dei beni energetici importati*

ipotecare: mit einer Hypothek belasten: belasten
*mi sembra in questo caso che l'obiettivo sia quello di **ipotecare** la trattativa con i sindacati sulla riforma previdenziale*

Irs: tasso di interesse per i prestiti interbancari a lungo termine: indexgebundener Zinssatz

Issi: Istituto Sviluppo Sostenibile Italia: Institut für nachhaltige Entwicklung

Ivrea: sede della Olivetti: Sitz von Olivetti
*e intanto Colaninno cambia la squadra di **Ivrea***

jv: joint venture: Joint venture, Gemeinschaftsunternehmen
*Cattolica, **jv** con Bpvi e Azimut*

LdM: Luca di Montezemolo: der Wirtschaftsmanager Luca di Montezemolo
***LdM**, presidente Confindustria, Ferrari e Fieg*

legge obiettivo: Legge 21 dicembre 2001, n. 443 „Delega al Governo in materia di infrastrutture ed insediamenti produttivi strategici ed altri interventi per il rilancio delle attività produttive": Perspektivgesetz für Infrastrukturvorhaben
*un flop secondo la relazione è anche la struttura finanziaria della **legge obiettivo** con la decisione di eseguire parte dei lavori con lo schema del project financing e l'intervento dei privati*

Life: Liberi imprenditori federalisti europei: Freie föderalistische europäische Unternehmer (*Unternehmervereinigung in Nordostitalien*)
*gli imprenditori del **Life** hanno manifestato per chiedere tra l'altro la compensazione immediata tra i debiti dello Stato nei confronti delle aziende e tutti i debiti delle stesse aziende verso lo Stato, fino al completo pareggio*

prodotti **low cost:** Billigmarken
latte low cost: Billigmilch
birra low cost: Billigbier(marken)
*si cominciano a vedere le code allo sportello automatico del **latte low cost**, quello da un euro al litro e munto ogni mattina nell'azienda agricola*

listino: Kurszettel der Börse, *auch:* Börse
*Panico nelle Borse, crollano i **listini***
titoli assicurativi: Versicherungswerte
titoli bancari: Bankenwerte
titoli energetici: Energiewerte

titoli finanziari: Finanzwerte
titoli industriali: Industriewerte
titoli petroliferi: Erdölwerte
titoli delle società di calcio: Fußballwerte
titoli tecnologici: High-Tech-Papiere, Technologiewerte
titoli tmt (tecnologici, media e telecomunicazioni): Technologie-, Medien- und Telekommunikationswerte

manomorta: Zugriff, Übergriff
*liberare l'economia dalla **manomorta** statale/**manomorta** sul credito*

manovra: Haushaltsgesetz
manovrina: manovra correttiva: manovra-**bis:** Nachtragshaushalt
☞ finanziaria

marchio ombrello: Dachmarke
*senza contare che il **marchio ombrello** non ha solo il valore aggiunto di poter ricomprendere anche i servizi*

matricola: Börsenneuling
*sarà la Negri Bossi una delle prime **matricole** che dopo la pausa estiva debutteranno al segmento Star della Borsa*

nuovi **Mattei:** von der Politik unabhängige Manager (*in Anlehnung an den Industriellen **Enrico Mattei**, der u. a. Präsident von Eni war)*
*tra i manager definiti i „**nuovi Mattei**", indipendenti dalla politica, con un potere personale cresciuto creando valore per l'azienda, lei non c'è*

mattone: Immobilienmarkt, Immobilienbesitz
*il **mattone** di Stato ha fatto flop, le Asl snobbano le aste on-line*
mattone selvaggio: illegale Bautätigkeit, ungeregelter Immobilienmarkt
*mille gli appelli, sottoscrizioni, pressioni di lobby contro il **mattone selvaggio** e le sanatorie annunciate*
mattoncini Lego: Lego-Bausteine

mcdonaldizzazione: McDonaldisierung
*tutti i segnali puntano nella direzione di una più grande diffusione di McDonald's e di una più ampia diffusione del processo di **mcdonaldizzazione***

mercato Expandi: Markt für Aktien kleiner Gesellschaften
il mercato Expandi è il mercato azionario dedicato alla quotazione delle small cap, ossia società di piccole dimensioni con bassa capitalizzazione

milleproroghe: decreto milleproroghe: Verordnung zur Verlängerung verschiedener Steuerfristen
*il governo è stato battuto in Aula alla Camera su un emendamento dell'opposizione al decreto **milleproroghe***

ministri economici: Wirtschafts- und Finanzminister

Mol: margine operativo lordo: Bruttoergebnis, Bruttoerlös (vor Steuer)

mondializzazione: internazionalizzazione: globalizzazione: Globalisierung
*sappiamo che non possiamo bloccare la **mondializzazione**, ma vogliamo difendere l'identità*
*formazione esperti di **internazionalizzazione***

mortalità aziendale: Firmensterben, Firmenpleiten
*e la **mortalità aziendale**? „È alta anche quella, ma lo trovo sano. Il mercato non dice sì a tutto e dovremmo cominciare a considerare un fallimento industriale non come un'onta"*

Mot: mercato dei titoli obbligazionari: Anleihenmarkt

Mts: mercato (secondario telematico) dei titoli di Stato: Markt für Staatsanleihen

nanismo *(pej.)*: „Think small first"-Prinzip, in mittelständischen Dimensionen denken
*lavorare per migliorare la competitività del sistema, il che significha favorire la ricerca, le infrastrutture culturali, ridurre il **nanismo** delle imprese italiane*

NCEU: Nuovo catasto edilizio urbano: Katasteramt (bebaute Grundstücke)
l'ufficio che tiene il registro del catasto nel settore dei fabbricati, lo conserva, lo aggiorna e dà informazioni ai cittadini

NCT: Nuovo catasto terreni: Katasteramt (unbebaute Grundstücke)
l'ufficio che tiene il registro del catasto nel settore fondiario, lo conserva, lo aggiorna e dà informazioni ai cittadini

negozi di vicinato: Nachbarschaftsläden

nicchia di mercato: Marktnische
*anche se per il momento non va più in là della tipica **nicchia di mercato** di cui occupa l'1,4% delle vendite complessive*

nucleare: energia nucleare: Kernenergie
*Enel, sette miliardi per il **nucleare**. Offerta per una nuova centrale in Bulgaria, sulle rive del Danubio*

nuova economia: la „**new economy**": die „Neue Wirtschaft"
*D'Alema spinge sull'acceleratore dell'innovazione e assicura che la „**New economy**" è fatta su misura per il carattere degli italiani*

nuovo mercato: Neuer Markt *(in dem die jungen Wachstumswerte zusammengefasst werden)*
*il resto del **Nuovo mercato** ha accusato perdite maggiori*

misure „**one off**": einmalige (finanzielle) Maßnahmen/Leistungen
*nella vendita di immobili è concentrato il grosso dei 10 miliardi di misure „**one off**", cioè ☞ „**una tantum**"*

Opa: Offerta pubblica d'acquisto *(di azioni di società)*: Übernahme *(eines Unternehmens durch Erwerb von Stammaktien, Emissionsangebot)*
*viene lanciata da enti, società o persone attraverso gli organi di informazione, con l'autorizzazione e sotto controllo della ☞ Consob, allo scopo di acquistare la totalità del capitale di una società oppure un pacchetto significativo di azioni. Chi lancia l'**Opa** deve dichiarare preventivamente il prezzo che intende pagare a chi metterà a sua disposizione i titoli.*
*il costo dell'**Opa**/lanciare l'**Opa**/il Grand Hotel di Rimini è nel mirino di un'Offerta pubblica d'acquisto/gli azionisti che hanno aderito all'**Opa**/avverrà con una **Opa** sul 47% del capitale l'acquisizione della Popolare dell'Adriatico*
opabile: Übernahmekandidat
*tra le società considerate „**opabili**" la più conveniente sarebbe Saes Getters, seguita da Caltagirone Editore*
Opas: Offerta pubblica di acquisto e scambio
in cambio delle azioni Telecom vengono offerti non solo contanti (acquisto) ma anche azioni e obbligazioni (scambio) (la forma più aggressiva dell'Opa)
Opa ostile: feindliche Übernahme

Ops: offerta pubblica di sottoscrizione di azioni e obbligazioni: Zeichnungsangebot, Auflegung zur öffentlichen Zeichnung

Opv: Offerta pubblica di vendita : **Ipo** *(inglese)*: Einführung an der Börse, Börsengang
*i risultati definitivi dell'**Opv** saranno comunicati nei termini di legge*
*guadagnando le commissioni sulle **Opv**, le offerte pubbliche di vendita, le famose **Ipo** per dirla all'inglese*
Opvs: Offerta pubblica di vendita e scambio

Orso: die Baisse, „bear" ☞ **Toro**
*non pochi addetti ai lavori si attendevano un lunedì all'insegna dell'**Orso***

Pac: piano di accumulo del capitale: Vermögensbildungsplan

pagherò: cambiale: Wechsel
*si presenterà sul Colle sventolando il **pagherò** risalente all'elezione „bipartisan"*

palazzinaro: Immobilienhai
palazzinaro è un termine gergale, del dialetto romanesco, con cui si indicano dispregiativamente imprenditori edili o del settore immobiliare arricchitisi grazie alla speculazione edilizia. Negli anni del boom economico degli anni '50–'60 i palazzinari hanno costruito interi quartieri, a Roma ed in molte altre città italiane

paniere: Warenkorb *(zur Berechnung des Preisindexes für die Lebenshaltung)*
*Il **paniere Istat** conta 577 prodotti, raggruppati poi in voci omogenee. Ogni prodotto viene tenuto sotto osservazione in tutte le province italiane da appositi funzionari comunali, che inviano le proprie rilevazioni agli uffici dell'Istat di Roma, la quale fa poi le medie nazionali assegnando un peso a ogni regione. Tale peso è calcolato dall'Istat sulla base dei consumi delle singole famiglie.*

patto territoriale: territorialer Entwicklungspakt
☞ contratto d'area
l'accordo promosso da enti locali, parti sociali, o da altri soggetti pubblici o privati per la definizione di un programma esecutivo di interventi di sviluppo locale ecosostenibile

cartella **pazza:** fehlerhafter Steuerbescheid
*le Regioni, le Province e i Comuni che hanno inviato una **cartella pazza** relativa a tributi di*

propria competenza potranno annullare l'eventuale iscrizione a ruolo sbagliata ricorrendo all'autotutela

pf: promotori finanziari: Fondsmanager, Finanzmanager
si è data per fine 2001 un target di 1.650 ***pf*** *e in un semestre ha reclutato 292 uomini*

Piazza Affari: Piazza degli Affari: la Borsa: Mailänder Börse
resta il fatto che ***Piazza Affari*** *è diventato un piccolo* ***mercantino rionale****. . ./. . . le* ***scintille*** *di energia si sono spente a* ***Piazza Affari***
mercantino rionale – Wochenmarkt
scintilla – Funke

Pii: Progetto di Innovazione Industriale: industrielles Innovationsvorhaben
sono tre i programmi che hanno già avuto di fatto attuazione dei ***Pii****, due in prossima scadenza e uno in emanazione*

Pil: prodotto interno lordo: BIP: Bruttoinlandsprodukt
per tenore di vita, cioè ***pil*** *e stipendi, in sintesi benessere, Milano conquista la medaglia d'oro*

Pip: piani individuali pensionistici: Privatrentenpläne

PMI: Piccole Medie Imprese: kleine und mittlere Unternehmen: KMU
la provincia di Treviso, dove si fabbrica e si vende di tutto, dove ci sono ormai più ***PMI*** *che viti di prosecco*

Poe: Piccoli Operatori Economici: Kleinstunternehmen
un disagio confermato dai dati delle ☞ sofferenze bancarie relative ai cosiddetti ***Piccoli operatori economici****, ovvero le aziende individuali (con meno di 10 addetti oppure con un prestito inferiore ai 250 mila euro) censite dal Crif e da Nomisma*

Pon: programma operativo nazionale: nationales operationelles Programm (NOP) der EU zur Unterstützung von Ziel-1-Regionen ☞ Dirce
POR: programma operativo regionale: regionales operationelles Programm
PON *per le* ***Regioni Obiettivo 1*** *„Ricerca Scientifica, Sviluppo Tecnologico, Alta Formazione"*
Regione Obiettivo 1 – Ziel-1-Region

portatore di interessi: Stakeholder, Anspruchsberechtigter
penso che occorra trovare una soluzione in cui tutti i ***portatori di interessi*** *esprimono il loro punto di vista e si capisca che si cambia per fare che cosa*

pos: POS-Terminal, Point-of-Sales
POS: point of sales, cioè i negozi con il PagoBancomat
*installare nei 74 mila studi medici e nelle 14 mila farmacie un „****pos****" speciale per la lettura*

Ppa: parità di potere d'acquisto: Kaufkraftparität

premialità: Stimulierung, Bevorzugung, Anreize
sistema di premialità: Prämiensystem, Anreizsystem
mi pare però che la bozza Calderoli stabilisca una forte ***premialità*** *per le regioni migliori*

società **prestanome:** Scheinfirma
s'indaga in particolare su ***società prestanome****, anche americane: un'inchiesta per la quale sono stati già emessi 80 avvisi di garanzia*

prestiti d'onore: Existenzgründungsdarlehen *(durch die Regierung gewährt)*
il pacchetto di risorse è suddiviso in tre blocchi: il terzo ed ultimo blocco riguarda gli incentivi all'occupazione (700 miliardi), destinati per crediti di imposta, borse lavoro, ***prestiti d'onore***

prezzo politico: subventionierter Preis
in gara i collegamenti dalla Sardegna, a ***prezzo politico***

primi prezzi: Dauertiefpreise
riconosce come grandi magazzini e supermercati abbiano già avviato per loro iniziativa la campagna di contenimento dei ***primi prezzi***

produzione „à facon": Lohnveredelung *(Textilindustrie)*
uno dei motori di sviluppo dell'economia albanese è la ***produzione „à facon"****, ovvero la produzione su ordinazione*

Prometeia: uno dei maggiori centri di previsioni economiche: Wirtschaftsforschungsinstitut

pronto moda: Trendmode *(„italienische Mode zu chinesischen Preisen")*
il Pronto moda è una determinata modalità produttiva utilizzata prevalentemente nel settore della produzione di abbigliamento. È caratterizzata da una tempistica di produzione

drasticamente ridotta, con uscite di prodotto ininterrotte e repentini riassortimenti
☞ *„Il salto di qualità è già in atto", secondo Sacchetti, che lo chiama „outsourcing locale", ossia un* ***pronto moda*** *fatto qui con l'uso di manodopera a basso costo, materia prima importata e prodotto finale formalmente made in Italy*

pubblicità subdola: pubblicità occulta: Schleichwerbung
☞ *i minori vengono portati al fumo attraverso la* ***pubblicità occulta***

pubblico: öffentliche Hand, öffentlicher Sektor
☞ *sono solo convinto che, soprattutto in casi in cui i giovani si confrontano con il mercato, la presenza del* ***pubblico*** *sia fondamentale*

pvc: processo verbale di constatazione: Kontrollmitteilung des Steuerprüfers
☞ *aderire ai* ***pvc*** *conviene: l'acquiescenza ai* ***processi verbali di constatazione*** *è l'istituto più conveniente per le sanzioni dovute dal contribuente*

scrivania di **Quintino Sella:** (Amt des) Minister(s) für Wirtschaft und Finanzen
📖 *Quintino Sella (1827–1884), studioso, statista ed economista. Nel 1862, anche se per pochi mesi, ricopre la carica di ministro delle Finanze*
☞ *se ne riparlerà nel Dpef e nella Finanziaria che a quanto pare il premier è intenzionato a seguire di persona, dalla* ***scrivania di Quintino Sella***

quote protette: Quotenregelung
☞ *non è una richiesta di* ***quote protette****/la politica delle* ***quote protette****, che è stata la via storicamente battuta dai governi italiani, non sembra essere una soluzione adeguata al problema*

rag.: ragioniere: Buchhalter, *besser:* Wirtschaftsprüfer

Ragioniere (di Mantova): der Wirtschaftsmanager Roberto Colaninno
☞ *ho provato a chiederglielo, dopo che il* ***Ragioniere*** *aveva passato la giornata a scrivere il piano che presenterà direttamente al Consiglio di amministrazione del ☞ Lingotto*

remotizzazione/sedi **remote:** Auslagerung von Unternehmenskapazitäten, outbound
☞ *la* ***remotizzazione*** *del lavoro promette una realtà mirata a migliorare la vita a tutti, ma soprattutto quella femminile ...*
☞ *Omnitel ha aperto a Catania la sua sede* ***„remota"*** *più recente. L' ☞ apripista della flessibilità spaziale ...*

rialzo: Hausse
giocare al rialzo: auf Hausse spekulieren: hoch pokern
☞ *sette settimane di trattative, di polemiche tra Juve e Lazio, di colpi bassi e* ***giochi al rialzo***
rivedere al rialzo: nach oben korrigieren
☞ *si dice fiducioso che alcuni Stati rivedano al* ***rialzo*** *il budget della propria spesa militare*

ribasso: Baisse
scelta al ribasso: Minimallösung
compromesso al ribasso: Minimalkompromiss, verwässerter Kompromiss
☞ ***compromesso al ribasso*** *peggio di un fallimento*

riparametrazione: Anpassung der Bezüge an die wirtschaftliche Entwicklung
☞ *Bertinotti ha citato l'esempio del disegno di legge sulla* ***riparametrazione*** *annuale dei salari dopo aver verificato il rapporto tra l'inflazione programmata e quella reale*

rischio Paese: Länderrisiko
☞ *al criterio della notorietà pubblica del contribuente si sostituirà quello della rilevanza della posizione fiscale e del* ***rischio Paese***

ristretto di Milano: ☞ Imr

rivolta fiscale: Steuerrevolte
☞ *la Lega Nord ha lanciato oggi ufficialmente dal palco di Venezia dove si è svolta la festa annuale i tredici punti della* ***rivolta fiscale***

Rnl: reddito nazionale lordo: BNE: Bruttonationaleinkommen

Robin Tax: Robin Hood Tax: Robin-Hood-Steuer, Zusatzbesteuerung der Mineralölkonzerne
☞ *in tempi straordinari e profitti straordinari servono forme di prelievo straordinarie. Lo ha affermato il ministro dell'Economia, Giulio Tremonti, rispondendo a una domanda sulla proposta della* ***„Robin Hood Tax"*** *sui profitti delle compagnie petrolifere*

Roe: return on equity: redditività: Eigenkapitalrentabilität
📖 *il rapporto tra utile comunque realizzato e il capitale di rischio messo dai soci; la redditività*

Roi: return on investment: Ertrag des investierten Kapitals

📖 *il rapporto tra il risultato operativo, che misura la gestione industriale, e le fonti di finanziamento (capitale di rischio, debiti bancari, liquidità)*

SACE: Sezione speciale per le assicurazioni del credito alle esportazioni: Sonderabteilung für Export-Kreditversicherungen; Bürgschaftsplafond *(vergleichbar in Deutschland: Hermes-Bürgschaft)*
✍ *tetto assicurativo **SACE***

saldi/saldo: Ausverkauf, Schlussverkauf
saldista: Schnäppchenjäger
✍ *dibattendomi tra un'orda di **saldisti**, in una mattina comprai due cravatte Ralph Lauren e un paio di mocassini Sebago*

saldo zero: aufkommensneutral
✍ *obiettivo del Tesoro è il **saldo zero**: ciascuna nuova spesa dovrebbe essere compensata da un taglio alla spesa corrente*

la **scalata:** die Übernahme
la società **scalante: scalatore:** das übernehmende Unternehmen
la società **scalata:** das übernommene Unternehmen
✍ *vantaggio allo **scalato**: il lancio dell'* ☞ *Opa di Olivetti su Telecom ha fatto salire le quotazioni della società **scalata** ma non quella della **scalatrice***
rischio-scalata: Übernahmerisiko

Scip: Società Cartolarizzazione Immobili Pubblici Srl: Gesellschaft für die Veräußerung öffentlicher Liegenschaften
Scip 3: Veräußerungsaktion der Scip
✍ *il Ministero della Difesa sblocca a sorpresa la **Scip 3**, l'incasso previsto è di 1,2 miliardi di euro*

sciur Brambilla: der typische lombardische/Mailänder Mittelständler/Self-Made-Man
✍ *sono il classico **sciur Brambilla** lombardo senza cultura che si occupa di fare cose e di cercare di far andar bene un'azienda*

vendita allo **scoperto:** Leerverkäufe
📖 *vendere allo scoperto significa cedere titoli che non si posseggono per ricomprarli successivamente a prezzi più bassi*
✍ *in situazioni normali, le **vendite allo scoperto** sono uno stabilizzatore del mercato*

scorporo: Outsourcing, Funktionsauslagerung, Ausgliederung
✍ *il che darebbe loro la possibilità di procedere senza eccessive difficoltà ad uno **scorporo** del settore auto dalle altre attività del gruppo*

semestrale: relazione semestrale: Halbjahresbericht
✍ *completata la sua squadra di vertice, Paolo Scaroni si accinge ora a varare i conti della **semestrale***

sette sorelle: die sieben multinationalen Ölgiganten
📖 *le „Sette Sorelle" sono le sette grandi multinazionali del petrolio nate per lo più alla fine dell'Ottocento ad opera di alcuni famosi petrolieri*
sette sorelle: le Pleiade: die Plejaden, das Siebengestirn, die sieben Schwestern
sette sorelle: le Eolie: die Eolen
📖 *Vulcano, Salina, Lipari, Panarea, Stromboli, Filicudi, Licudi*
sette sorelle: die wichtigsten italienischen Fußballteams
📖 *Milan, Inter, Juventus, Lazio, Roma, Parma, Fiorentina*
nove sorelle: die neun Schwestern, die bedeutenden Mineralölunternehmen
📖 *le Nove sorelle: Agip, Ip (Italiana Petroli), Esso, Erg, Api, Fina, Q8, Shell e Tamoil*

sfondamento: Haushaltsüberschreitung

sfondare: den Haushalt überziehen
✍ *nella Finanziaria abbiamo introdotto robusti deterrenti: dall'aumento automatico delle tasse in caso di **sfondamento** ai poteri sostitutivi*
✍ *chi **sfonda** rischia dunque pesanti bacchettate*

sforbiciata: colpi di forbice: Scherenschnitt: Einschnitt
✍ *le **sforbiciate** ipotizzate ridurranno di oltre l'1% la crescita annua del Pil nel Mezzogiorno*

prodotti **sfusi:** loose Ware, unverpackte Produkte
✍ *pasta, sapone, medicine: così lo „**sfuso**" sfida il carovita*

Sgr: società di gestione del risparmio: Vermögensverwaltungsgesellschaft
✍ *la gestione delle participazioni bancari deve essere affidata a una **Sgr***

short: short selling: vendita allo scoperto: Leerverkauf
✍ *vietato lo **short** su titoli bancari ed assicurativi*

Sicav: società di investimento a capitale variabile: Kapitalanlagegesellschaften
*il comparto Eastern European Equity, **Sicav** di una delle più attive banche private svizzere*

Sicindustria: l'Associazione siciliana degli industriali: Vereinigung der sizilianischen Industriellen

Sim: società di intermediazione mobiliare: Börsenmaklergesellschaften
*un paio di problemi di particolare attualità: gli effetti della direttiva **Eurosim** (che in pratica ha riammesso la possibilità di scambiare titoli azionari fuori Borsa) e la congruità del numero delle **Sim** di negoziazione operanti in Italia*
*violazione della legge sulle **Sim***

sistema moda: Modebranche, Modeindustrie
*nella graduatoria del peggio ci sta il cosiddetto „**sistema moda**", che ha perso nell'area 2 mila aziende in cinque anni*
Smi: Sistema Moda Italia: Associazione Italiana delle Industrie della Filiera Tessile Abbigliamento: Italienischer Modeverband

sofferenze (bancarie): notleidende Kredite
*la dinamica delle **sofferenze** ha registrato una costante crescita*

Sogin: Società Gestione Impianti Nucleari: Betreibergesellschaft der Nuklearanlagen *(auch Abwicklung)*
si occupa del decommissioning delle centrali e degli impianti nucleari in Italia e all'estero
*in ogni caso, secondo la **Sogin** smaltire i rifiuti italiani all'estero sarebbe troppo costoso*

sommerso: economia sommersa: Schattenwirtschaft
*quando tirammo fuori la storia del **sommerso**, chiedemmo che fosse calcolato ai fini della valutazione del Pil*

Sos Impresa: *vom Verband der Gewerbetreibenden **Confesercenti** geförderter Zusammenschluss von Firmen zur Bekämpfung von Mafiaeinflussnahme, Schutzgelderpressung etc.*
*La Mafia è la prima azienda italiana, fattura oltre 90 mld di euro di utili: è quanto è stato annunciato oggi alla presentazione del decimo rapporto di „**Sos Impresa**" sulla criminalità*

spa: standard del potere d'acquisto: Kaufkraftvergleich

ministri della **spesa:** Ministerien mit hohem Anteil an öffentlichen Ausgaben

Sportelli Italia: „Italienschalter": *zentrale Anlaufstellen, die sämtliche italienbezogene Aufgaben im Ausland wahrnehmen sollen*
*ho presentato un disegno di legge per creare nel mondo degli „**Sportelli Italia**", uffici unici che raccolgano funzioni ora sparse e diano supporto alle nostre imprese senza disperdere energie*

Standa: la **„casa degli italiani":** Warenhauskette
sigla che vuol dire Società Tutti Articoli Nazionali dell'Arredamento e Abbigliamento
*lo stesso schema si ripete nella storia dedicata al boicottaggio della **Standa***

stanzialità: Ortsgebundenheit, Mobilitätsmangel, Mobilitätsunwilligkeit
*Il top manager Franco Bernabé deplora il pessimismo degli italiani in un accigliato articolo per la nuova rivista „Zero". Bernabé cita l'avarizia demografica, la **stanzialità**, l'incapacità di gestire organizzazioni complesse*

allo **stato dell'arte:** neuester Stand der Technik, bester Stand der Technik
*ampliato il parco macchine e aumentata la capacità di sviluppare tecnologie **allo stato dell'arte**, grazie alle sinergie a livello di gruppo*

sterilizzare /sterilizzazione: sterilisieren: einfrieren
***sterilizzare** l'Iva sulla benzina in caso di aumenti dei prezzi internazionali dei carburanti per cercare di frenare gli aumenti ai consumi/a partire dalla **sterilizzazione dell'effetto** dollaro/euro attraverso adeguate coperture assicurative*

Stg: specialità tradizionale garantita: garantiert traditionelle Spezialität (gtS)
*la pizza napoletana si avvia ad essere inserita nel paniere dei prodotti che l'Unione europea riconosce come **Stg***

stipendificio: (sichere) Gehaltsquelle, Gehaltsmaschine
*la scuola odierna non è uno **stipendificio**, un modo per creare occupazione*

storico: Rekord-
minimo storico: Allzeittief
*a frenare lo sviluppo dell'eco-economia ha contribuito il declino della tassazione ambientale che ha toccato il minimo **storico***

stralcio: Auszug, Auswahl: Tranche
⚭ *gli investimenti dovranno essere suddivisi in più* ***stralci***
stralcio: Ausgliederung, gesonderte Behandlung
stralciare. gesondert behandeln, ausklammern
⚭ *un punto a favore le ☞ toghe lo hanno incassato con lo* ***stralcio*** *della riforma dell'avvocatura dal resto delle libere professioni*
⚭ *favorevole a* ***stralciare*** *le spese per investimenti dal calcolo del defici*

crisi **subprime:** crisi dei mutui **subprime** (mutui ad alto rischio): Subprime-Hypothekenkrise
⚭ *l'effetto della* ***crisi subprime*** *anglo-americana ha posto sotto i riflettori e accelerato una tendenza al rallentamento della crescita dei mercati immobiliari che era in atto da prima che la crisi stessa si manifestasse*

superfondi: fondi di fondi: Dachfonds
⚭ ***fondi di fondi****, partenza sbagliata, ma per entrare il momento è giusto*

Sviluppo Italia: SI: Italienische Entwicklungsagentur
🕮 *Nasce* ***Sviluppo Italia****, agenzia per la promozione del Mezzogiorno. È articolata in due subholding, specializzate nella promozione d'impresa e nel merchant banking (****Investire Italia****,* ***Progetto Italia****). Avrà una struttura snella e non farà assunzioni dirette. Coordinerà otto società: Ig, Spi, Ipi, Enisud, Agitech, Itainvest, Ribs e Insud*
Investire Italia: Italienische Investitionsagentur
Progetto Italia: Italienische Planungsagentur
⚭ *il capitolo sviluppo e imprese parte proprio dal* ***Sviluppo Italia*** *alla quale viene cambiata la missione: dall'attrazione di investimenti esteri alla reindustrializzazione*

stipendio **tabellare:** Grundgehalt nach Besoldungstabelle
⚭ *il compenso della direttrice dell'Agenzia del Demanio è suddiviso in cinque voci:* ***stipendio tabellare****, retribuzione di posizione, trattamento accessorio …*

TAEG: tasso annuo effettivo globale (indicatore del costo totale del credito): effektiver Jahreszins
⚭ *paghi a tasso zero: TAN 0%* ***TAEG*** *0%*

TAN: tasso annuo nominale: nomineller Jahreszins

tartassare: quälen, plagen, zu hart behandeln: *oft:* mit Steuern überziehen, höhere Steuern aufbrummen
⚭ *i Comuni non ci stanno a* ***tartassare*** *i cittadini per far fronte ai minori trasferimenti agli enti locali decisi con la finanziaria*
⚭ *imprese* ***schiacciate*** *dal Fisco;sono le più* ***tartassate*** *d'Europa*
schiacciare – erdrücken, zerquetschen

tassa dei poveri: inflazione: Armensteuer: Inflation
⚭ *non a caso l'inflazione è anche detta* ***„tassa dei poveri"****, perché corrode il potere d'acquisto a partire dalle famiglie più indigenti*

terreurismo: Teuro
⚭ *quello che è certo è che il* ***terreurismo*** *ha costi elevati*

terzista: Zulieferer
⚭ *il signor Battaglia, un* ***terzista*** *con una ditta che fa tomaie, ammette di non sapere cosa avverrà domani*

tesoretto: (steuerliche) Zusatzeinnahmen
⚭ *il* ***tesoretto*** *andrà per i due terzi alle fasce più deboli, e un terzo alle imprese e allo sviluppo*

Tfr: trattamenti di fine rapporto: trattamenti di fine servizio: Rückstellungen, Abfindungen
buonuscita: indennità di buonuscita: Abfindung *(im öffentlichen Dienst)*
🕮 *le liquidazioni accantonate dalle aziende per conto dei propri dipendenti: somma di denaro che il datore di lavoro deve dare al lavoratore dipendente alla fine del rapporto di lavoro. Per i dipendenti dello Stato questa somma si chiama* ***indennità di buonuscita***
⚭ *compresi i contributi del datore di lavoro e di una parte di* ***Tfr***
⚭ *immissione direttamente in busta paga del* ***trattamento di fine rapporto***
⚭ *accantonamento* ***Tfr***

Tip: tasso d'inflazione programmato: Inflationsziel
🕮 *è l'obiettivo di inflazione che il governo indica ogni anno nella Dpef e che fa da tetto alla ☞ contrattazione nazionale*

Toro: die Hausse, „bull" ☞ **Orso**
⚭ *il Dow Jones, dopo quattro anni sotto il segno del* ***Toro****, ha macinato un ulteriore 30 per cento*

trattamento economico: Gehalt, Bezüge

si propone il riconoscimento per gli anni 2006 e 2007 di un'integrazione del ***trattamento economico*** *dei direttori generali per ciascun anno*

Tremonti bond: vom Wirtschaftsministerium aufgelegte Staatsanleihe zur Kapitalisierung der Banken zwecks besserer Kreditvergabe an die Wirtschaft
il costo del 7,5% dei titoli è in linea con il mercato: i banchieri dicono sì ai ***Tremonti bond***

trimestrale di cassa: Quartalshaushaltsbericht
relazione sulla stima del fabbisogno di cassa del settore pubblico, elaborato ogni tre mesi dal Tesoro

tus: tasso ufficiale di sconto: Diskontsatz
la decisione della Banca d'Italia di ridurre il ***tus*** *di tre quarti di punto*

tute arancioni: net lavoratori: Beschäftigte in der New Economy/Internet-Wirtschaft
lavoratori della net-economy: ***tute arancioni****, al posto di quelle blu delle fabbriche, con riferimento al colore di Virgilio, il portale che con i suoi licenziamenti ha scatenato il primo sciopero della new economy nostrana*

tute blu: Metallarbeiter, „Blaumann"

tute straniere: operai extracomunitari: ausländische Arbeitnehmer
tra le richieste delle ***tute straniere*** *il diritto alla casa, alla formazione professionale, a un più facile ricongiungimento familiare*

Ufficio imposte: Ufficio tributario: Finanzamt
mi è nata in questi giorni una nipotina e per regalo ho pensato di recarmi in banca e aprire un ***libretto di risparmio****. Sorpresa: dovevo prima andare all'****Ufficio imposte****, farmi rilasciare il codice fiscale per la neonata, e poi tornare in banca ...*
libretto di risparmio – Sparbuch

Unioncamere: Dachverband der Handelskammern
organismo che riunisce le camere di commercio italiane

Upim: Warenhauskette
sigla che vuol dire Unico Prezzo Italiano Milano

valore aggiunto: Mehrwert: zusätzlicher Wert, Gewinn
in questo panorama Chiamparino rappresenta un ***valore aggiunto***

valore catastale: Einheitswert
se otteniamo un mini-taglio per le abitazioni con un ***valore catastale*** *fino a 150 mila euro sarà un ottimo risultato*

vecchie lire: die alten Lire
è ancora possibile cambiare le ***vecchie lire*** *in Euro/120 mila miliardi delle* ***vecchie lire****, pari a 60 miliardi di euro senza contare gli interessi*

vinavil: Alleskleber *(Handelsmarke)*: Leim, der alles zusammenhält
in questo sta la vocazione maggioritaria del Pd e non nell'essere un semplice ***vinavil*** *un mero collante*

Tipi di società: Gesellschaftsformen

Ss: società semplice: GbR: Gesellschaft des bürgerlichen Rechts
Snc: società in nome collettivo: OHG: Offene Handelsgesellschaft
Sas: società in accomandita semplice: KG: Kommanditgesellschaft
Spa: società per azioni: AG: Aktiengesellschaft
Sapa: società in accomandita per azioni: KGaG: Kommanditgesellschaft auf Aktien
Srl: società a responsabilità limitata: GmbH: Gesellschaft mit beschränkter Haftung
il governo, intanto, libera gli Enti di Stato: Iri, Eni, Enel, Bnl, Ina e Imi diventono ***Spa***

Imposte: Steuerarten

Dit: dual income tax: zweistufige Körperschaftsteuer *(2001 abgeschafft)*
l'aliquota ridotta potrà essere applicata non solo al nuovo investimento realizzato dall'azienda, ma all'intero patrimonio netto: questa ***SuperDit*** *(la cosidetta „****Visco****")sarà valida su tutto il territorio nazionale*

Irpef: imposta sul reddito delle persone fisiche: Einkommensteuer
Cud: certificazione unica del sostituo d'imposta**: modello Cud: Unico**: il **modello Unico:** Vordruck für die Einkommensteuererklärung *(ab 1998)*
Arriva ***Unico****, il nuovo* ***740. Unico*** *'98: la nuova dichiarazione dei redditi nasce con l'obiettivo di semplificare e ridurre gli adempimenti a cui è tenuto il contribuente: da quest'anno un solo modello servirà a denun-*

*ciare **Irpef**, **Iva** e contributi previdenziali, ma anche per versare l'**Irap***

modello 740: il modulo per la dichiarazione dei redditi: Vordruck für die Einkommensteuererklärung *(bis 1998)*

*taglio alle **detrazioni mediche** nel **740**/attualmente il suo **740** gli costa un'imposta netta di .../**aliquote Irpef***

detrazioni mediche – medizinische Aufwendungen
aliquota – Steuersatz

modello 730: Vordruck für die Einkommensteuererklärung *(unter Anspruchnahme von Beratungsdienstleistungen)*

*il modulo **730** consente ai lavoratori dipendenti e pensionati di presentare la dichiarazione utilizzando l'assistenza del proprio datore di lavore o degli ☞ Caaf*

modello Red: Red Inps: certificazione dei redditi ai fini pensionistici: Einkommensteuererklärung für Rentner

Ire: imposta sul reddito: Einkommensteuer *(soll Irpef ablösen)*

Ilor: imposta locale sui redditi: lokale Ertragsteuer *(aufgehoben)*

Tasco: tassa comunale: Gemeindesteuer

Ici: imposta comunale sugli immobili: kommunale Immobiliensteuer, Grundsteuer *(2008 aufgehoben)*

*si è aggiunta una previsione di maggiori entrate in virtù dell'incremento del **gettito** dell'**Ici**, la „**tassa sulla casa**"*

gettito – Steueraufkommen

Iciap: imposta comunale per l'esercizio di imprese, arti e professioni: kommunale Steuer auf gewerbliche und freiberufliche Tätigkeit *(aufgehoben)*

Ipt: imposta provinciale di trascrizione: Steuer der Provinzen für die Zulassung von Fahrzeugen

*il decreto esenta per tre anni dal pagamento dell'**Ipt** chi rottamerà la propria auto, non conforme alla normativa antinquinamento; quindi le Province resteranno a **bocca asciutta** per un triennio*

restare a bocca asciutta – mit leeren Händen dastehen

Irap: imposta regionale sulle attività produttive: regionale Ertragsteuer

Irap: l'imposta di **rapina:** „Raubrittersteuer"

*l'**Irap**, la nuova tassa regionale sulle attività produttive partirà del primo gennaio '98 e sarà più morbida per le imprese del Sud*

l'Irap andrà a sostituire altre tasse già esistenti. Si tratta dell'Ilor, i contributi sanitari (compresa la tassa sulla salute), l'Iciap, l'imposta patrimoniale, la tassa sulla partita Iva

Iva: imposta sul valore aggiunto: Mehrwertsteuer

*il punto di partenza è l'**Iva**, la madre di tutte le imposte, nel senso che quando si evade l'**Iva** poi, a cascata, si evadono tutte le altre imposte*

aprire una **partita Iva:** Mehrwertsteuernummer beantragen, mehrwertsteuerpflichtig sein/werden

*per **aprire una partita Iva** il professionista deve recarsi all'Ufficio Iva nella circoscrizione del proprio domicilio fiscale/da quest'anno volevo fare altri lavori di consulenza, quindi pensavo di **aprire una partita Iva***

Ige: imposta generale sull'entrata: allgemeine Einkommensteuer *(aufgehoben 1973): la mamma dell'Iva*

Cosap: canone per l'occupazione di spazi e aree pubbliche: Marktgebührenordnung

Tosap: tassa per l'occupazione di spazi e aree pubbliche *(ehem.)*: Marktsteuer

Invim: imposta sull'incremento del valore degli immobili: Steuer auf den Wertzuwachs von Immobilien *(aufgehoben)*

Eurotassa: tassa sull'Europa: Europa-Steuer

una tantum pro Maastricht

patrimoniale: tassa patrimoniale: Vermögensteuer

*sulla casa ci sono già dodici tasse, di cui la metà sono **patrimoniali**/*la tassa sull'Europa non dovrà assolutamente toccare i ***patrimoni***

tassa sul morto: imposta globale: imposta di successione: globale Erbschaftsteuer

*viene abolita (2000) l'**imposta globale** o „**tassa sul morto**", cioè quel prelievo che il fisco applica al valore complessivo dei beni in transito sull'**asse ereditario**, prima della suddivisione in parti fra gli eredi; l'imposta sarà invece frazionata sui singoli eredi che potranno beneficiare ciascuno della ☞ franchigia*

asse ereditario – Nachlassvermögen

Tari: tariffa rifiuti: Abfallgebühr

*l'Agenzia delle entrate evade la **Tari**, cartelle non pagate per due millioni di euro ma nessuna sanzione*

Tia: tariffa di igiene ambientale: Umweltabgabe
Tarsu: tassa per lo smaltimento dei rifiuti solidi urbani **: tassa rifiuti: tassa raccolta rifiuti** *(ehem.)*: Abfallbeseitigungsgebühren
dichiarazione **ICEF** (Indicatore della Condizione Economica Familiare): Feststellungserklärung für die Inanspruchnahme familienbezogener Leistungen
📖 *per ottenere riduzioni tariffarie, contributi ed agevolazioni: trasporto studenti e mense scolastiche, assegno al nucleo familiare, contributi edilizia abitativa ecc.*

Titoli di stato: Staatsanleihen

Bfb: buoni fruttiferi postali: festverzinsliche Postwertpapiere
Bot: buoni ordinari del tesoro *(titoli di credito emessi dallo Stato)*: einfache Schatzanweisungen
Bot: bar-osterie-taverne
e io sto con la gente. Vede, io investo in ***Bot, bar-osterie-taverne****, sento la voce del popolo.*
Bot-people: popolo dei Bot: Inhaber von Schatzanweisungen
mini-bot: Schatzanweisungen mit zweimonatiger Laufzeit
micro-bot: Schatzanweisungen mit einer Laufzeit von 29 Tagen
Bot a nove mesi: Schatzanweisungen mit neunmonatiger Laufzeit
un fondo che investe prevalentemente in titoli di Stato ... che negli ultimi anni ha sempre prodotto rendimenti superiori alla media dei ***BOT***
*un invito a ricostituire l'armata del „****Bot people****"*
Cct: certificati di credito del tesoro: Schuldverschreibungen
quattro anni dopo è stato arrestato per traffico di ***Cct*** *duplicati; resta in carcere tre mesi e nel 1985 viene nuovamente arrestato per traffico di* ***Cct*** *fasulli*
Btp: buoni del tesoro poliennali: mehrjährige Schatzanweisungen
Ctz: certificati del tesoro zero-coupon (*senza cedola*): unverzinsliche Schatzanweisungen
Boc: buoni ordinari del comune (*titoli di credito emessi dal comune*): kommunale Schatzanweisungen

Tassi d'interesse: Zinssätze

Euribor:	Euro interbank offered rate	Euribor: EWU-weit geltender Interbanken-Geldmarktsatz
Libor	il tasso che gli operatori professionali sono disposti a pagare per i prestiti che negoziano sull'euromercato	Libor: Eckzins für ausländische Ausleihungen
Ribor	Rome inter bank offered rate	Ribor: Eckzins für Ausleihungen auf dem Finanzplatz Rom *(ab 30. 12. 1998 = Euribor)*
Rendistato lordo	il tasso medio ponderato dei rendimenti dei Btp e delle obbligazioni emesse da Aziende autonome, enti pubblici ed enti territoriali	mittlerer Kurs der Staatsanleihen
Rendiob lordo	comprende solo le obbligazioni	mittlerer Kurs der Staatsanleihen ohne mehrjährige Schatzanweisungen
RES (R. Es.)	Registro Esecuzioni	Vollstreckungsregister

Mercati ed Indici della Borsa italiana: Aktienindizes und -märkte

Mta	mercato telematico azionario	elektronisches Handelssystem an der Börse

Mtax	mercato telematico azionario, settore tecnologico, ex Nuovo mercato	elektronisches Handelssystem für technische Werte
Mtf	mercato telematico dei fondi	elektronisches Handelssystem für Investmentfonds
Idem	italian derivates market	Derivatenmarkt
Sedex	Mercato telematico dove si negoziano securitised derivatives	elektronisches Handelssystem für verbriefte Derivate
Mot	mercato telematico delle obbligazioni e dei titoli di Stato	elektronisches Handelssystem für Staatsanleihen
Etf	exchange traded funds	exchange traded funds
Mib	viene calcolato sulla media dei prezzi dell'intera seduta: l'indicatore „storico"	Index der Mailänder Aktienkurse
Mibtel	Milano borsa telematica: calcolato momento per momento e ufficializzato nella sua versione finale	Telebörsenindex
Mib30	titoli guida: l'indice che misura l'andamento delle trenta azioni più importanti di Piazza Affari	Index der dreißig wichtigsten Mailänder Aktienkurse
S&P/MIB	segmento Blue Chip	Index für das Blue Chip-Segment

All Stars	indice delle migliori piccole e medie imprese	Index der leistungsstärksten KMU
Mib R	l'indice MIB-R esprime l'andamento di tutte le azioni nazionali quotate su Mta	Index für den eletronischen Handel
Midex	titoli a media capitalizzazione	Index für mittelfristige Anlagen
Mex	l'indice del Mercato Expandi	Index für kleine Unternehmen mit geringer Kapitalausstattung

11.3. Lessico economico
Wortliste Wirtschaft

accendere un mutuo: i giovani hanno difficoltà ad accendere un mutuo	die jungen Leute haben Schwierigkeiten, ein Darlehen aufzunehmen
accollare: si accollava il peso di tutto il debito estero sovietico	hat sich die Last der gesamten sowjetischen Auslandsverschuldung aufgebürdet
agganciare: se agganciamo pensioni e stipendi ai prezzi si torna all'inflazione a due cifre	wenn wir Renten und Gehälter an die Preise koppeln, kehren wir zurück zu zweistelligen Inflationsraten
agguato: non c'è nessuno che tende agguati alla vostra moneta	es gibt niemanden, der ihrer Währung Fallen stellt
allacciare: obiettivo è permettere agli operatori di allacciare nuovi canali commerciali	Ziel ist es, den Akteuren zu ermöglichen, neue Handelskanäle aufzutun

allargamento della base imponibile	Verbreiterung der Besteuerungsgrundlage
altalenante: gli altalenanti rapporti con …	die schwankenden Beziehungen zu …
altalena: la lira in altalena	Schaukel: das Auf und Ab/die Achterbahn der Lira
assemblea degli azionisti	Aktionärsversammlung
assoldato: scienziati assoldati nell'ex Unione Sovietica	in der früheren Sowjetunion angeworbene Wissenschaftler
assunzione: un vero blocco delle nuove assunzioni nel pubblico impiego	ein effektiver Einstellungsstop für den öffentlichen Dienst
base-clienti: per far partire un aereo, bisogna prima avere una base-clienti più larga	um ein Flugzeug starten zu lassen, braucht man zunächst einen breiteren Kundenstamm
battenti: un'industria sana dovrà rassegnarsi a chiudere i battenti	eine gesunde Industrie, die sich damit abfinden wird, Schließungen vorzunehmen
battere cassa: chiaramente, questo è un uso dell'autovelox che serve solo a battere cassa	mit dieser Art der Verwendung von Radarfallen will man ganz klar nur Kasse machen
boa: la Fiat al giro di boa	Kehrtwende: Fiat am Wendepunkt
bolla inflazionistica: l'aumento della pressione fiscale sui redditi per effetto della bolla inflazionistica	Zunahme des Steuerdrucks auf die Einkünfte als Folge der Inflationsblase
bolla speculativa: lo sgonfiamento della bolla speculativa	das Platzen der Seifenblase der Spekulation
bonifico: il pagamento potrà avvenire solo tramite un bonifico bancario	die Zahlung erfolgt ausschließlich mittels Banküberweisung
braccio: tutti i lavoratori della scuola incroceranno le braccia nell'ultima ora	sämtliche Schulbedienstete werden in der letzten Stunde die Arbeit niederlegen
buco: chiudere il buco nei conti pubblici	das Haushaltsloch schließen
buco: il buco nel conto di …	das Loch in der Kasse von …
busta paga: il recupero delle buste paga	Lohntüte: Sicherung der Gehälter
caduta libera: consumi in caduta libera	Verbrauch im freien Fall
calmierato: generi alimentari a prezzi calmierati	Lebensmittel zu amtlich festgesetzten Preisen
capillare: possiede una capillare rete di distribuzione di oltre 700 punti vendita	verfügt über ein engmaschiges Verteilungsnetz von über 700 Verkaufsstellen
causale: ha istituito un conto corrente presso il Banco di … con la causale "…"	hat ein Konto bei der Bank … unter dem Stichwort "…" eingerichtet
cinghia: nel frattempo la sanità pubblica ha stretto la cinghia	in der Zwischenzeit hat das öffentliche Gesundheitswesen den Gürtel enger geschnallt
contenimento dei costi	Kostendämpfung
contraccolpo: senza contraccolpi sociali	ohne soziale Auswirkungen
contrazione: ha subito una contrazione d'affari/contrazione della massa monetaria	erlitt einen Einbruch der Geschäftstätigkeit/Verringerung der Geldmenge
copertura finanziaria: un piano, per il quale abbiamo trovato la copertura finanziaria	ein Vorhaben, für das wir die Gegenfinanzierung/finanzielle Deckung gefunden haben
coriandoli: i coriandoli di 60 miliardi d'indennizzo che il governo D'Alema ha stanziato per i pescatori …	die Peanuts (Koriander; Konfetti) von 60 Milliarden, die die Regierung D'Alema für die Fischer bereitgestellt hat

costo della vita: stando al sondaggio il 51% degli intervistati considera prioritario il tema del costo della vita	nach der Umfrage halten 51% der Befragten das Thema Lebenshaltungskosten für prioritär
costo zero: sarebbe a costo zero per le casse dello Stato	wäre für die öffentlichen Kassen kostenneutral
deficit-pil: calcolo del deficit- Pil	Berechnung des öffentlichen Defizits
definanziato, per dirla nel burocratese	unterfinanziert, um den technischen Ausdruck zu verwenden
delocalizzazione: la parola d'ordine è delocalizzazione	das Schlagwort heißt Outsourcing
destagionalizzato: su base destagionalizzata	saisonbereinigt
detassazione: la detassazione delle imprese che rispettano l'ambiente	Steuererleichterungen für Unternehmen, die die Umwelt schonen
facciata: società di facciata	Scheinfirma
fardello: rappresenta un fardello di cui da tempo la compagnia ha dichiarato di volersi disfare	stellt eine Bürde dar, von der das Unternehmen sich erklärtermaßen seit langem befreien wollte
ferri: Confindustria e sindacati ancora ai ferri corti sul contratto dei metalmeccanici	Arbeitgeber und Gewerkschaften noch immer im Clinch wegen der Stahlarbeitertarifverträge
fidelizzare: serve un'offerta di servizi per fidelizzare la clientela	es ist ein Dienstleistungsangebot erforderlich, um Stammkunden zu gewinnen (Kundenbindung)
filo diretto con ...	Hotline
fondo perduto: aiuti a fondo perduto	nichtrückzahlbare Hilfen
forbice: il governo riconosce un recupero della forbice tra inflazione reale rispetto a quella programmata	die Regierung gibt ein neuerliches Auseinanderklaffen (Schere) zwischen realer Inflation und Inflationsziel zu

Giornata mondiale del risparmio	Weltspartag
gonfiare: la liberalizzazione dei prezzi ha gonfiato il tasso d'inflazione	die Freigabe der Preise hat die Inflationsrate aufgebläht
guardia: un invito a non abbassare la guardia è venuto dalla Confcommercio	eine Aufforderung, nicht nachlässig zu werden (die Deckung nicht herunterzunehmen), kam von der ☞ Confcommercio
impennata dei prezzi	(plötzlicher und massiver) Preisanstieg
impennata: nel nostro albergo non ci sono impennate vertiginose di clienti	in unserem Hotel gibt es keinen schwindelerregenden Zuwachs von Kunden
imponibile evaso: l'imponibile evaso è in media più alto nel Nord-Est dell'Italia	die hinterzogene Steuerschuld ist im Durchschnitt im Nordosten Italiens höher
incentivato: dimissioni incentivate	Entlassungen mit Abfindungen
incertezza del diritto: l'incertezza del diritto costa salata alle imprese	die Rechtsunsicherheit kommt den Unternehmen teuer zu stehen
incidenza: la incidenza delle spese primarie sul pil	Staatsquote
indirizzato: sono i soli fondi non indirizzati del bilancio comunale	das sind die einzigen nicht zweckgebundenen Mittel des Kommunalhaushalts
inflazionarsi: ha paura di inflazionarsi	hat Angst, sich zu verzetteln/möchte sich rar machen
lastrico: l'intero sistema bancario è crollato lasciando sul lastrico più di 1500 impiegati	das gesamte Bankensystem ist zusammengebrochen und setzte mehr als 1500 Angestellte auf die Straße

lettera di intenti	Absichtserklärung
lordo: al lordo d'imposta	vor Abzug der Steuern
maestranze: l'accettazione di ulteriori sacrifici da parte delle maestranze	die Hinnahme weiterer Opfer seitens der Belegschaft
margine di guadagno: vedono il loro margine di guadagno assottigliarsi e non possono fare molto, se non protestare	sie sehen, dass sich ihre Gewinnmarge verringert und können nichts tun außer protestieren
minimo: l'euro ai minimi sul dollaro	der Euro ist gegenüber dem Dollar auf dem Tiefststand
misura: coinvolgere i sindaci nella messa a punto di programmi **su misura**	die Bürgermeister einbeziehen beim Auflegen von maßgeschneiderten Programmen
mora: i giocatori per il momento non sono intenzionati a mettere in mora il club	die Spieler haben momentan nicht die Absicht, den Verein in Verzug zu setzen
moria: la moria del bosco	Waldsterben
mutui casa	Baudarlehen
netto: tutti gli esempi sono al netto di IVA	alle Beispiele verstehen sich ohne Mehrwertsteuer
nocciolo duro: è tra i candidati ad entrare nel nocciolo duro degli azionisti Montedison	harter Kern: gehört zu den Kandidaten des inneren Kreises der Montedison-Aktionäre
oneri fiscali: il peso degli oneri fiscali e contributivi	die Belastung durch Steuern und Abgaben
osteggiare: le privatizzazioni sono state osteggiate dai neofascisti	die Privatisierungen sind von den Neofaschisten bekämpft worden
palio: perché in palio c'è un enorme giro d'affari	weil ein enormer Umsatz auf dem Spiel steht

papabile: tra i 15 paesi papabili per l'Unione monetaria	unter den 15 engeren Kandidaten für die Währungsunion …
pareggio: „il Manifesto" è in pareggio	„il Manifesto" schreibt eine ausgeglichene Bilanz
pareggio di bilancio: entro fine legislatura raggiungeremo il pareggio di bilancio	bis zum Ende der Legilaturperiode werden wir einen ausgeglichen Haushalt haben
penalizzazione: creare meccanismi che consentano alla donna di rientrare senza penalizzazioni di carriera nel mondo di lavoro	Mechanismen schaffen, die es der Frau erlauben, ohne Zugeständnisse an die Karriere in die Arbeitswelt zurückzukehren
piano di impresa	Geschäftsbericht
piano industriale: i sindacati vogliono il ritiro del piano industriale 2004–2006 presentato dall'Alitalia a settembre	die Gewerkschaften wollen die Rücknahme des von der Alitalia im September vorgelegten Unternehmensplans 2004–2006
picchiare: la crisi del settore automobilistico picchia duro anche in Germania	die Krise auf dem Automobilsektor schlägt auch in Deutschland hart durch
picchiata: vendite in picchiata/per le Borse nuova picchiata	Verkäufe im Keller (im Sturzflug)/Talfahrt der Börsen
picco: saldi estivi, vendite a picco	Sommerschlussverkauf im Sturzflug
pioggia: il resto della somma verrà distribuito a pioggia	der Restbetrag wird gleichmäßig/nach dem Gießkannenprinzip verteilt
porta a porta: vendeva i ferri da stiro facendo il porta a porta	verkaufte Bügeleisen an der Haustür
prelievo: ha costretto il governo ad aumentare il prelievo fiscale	hat die Regierung zu einer Erhöhung der steuerlichen Belastung gezwungen

prestito ponte: il prestito ponte troverebbe sicuramente l'opposizione della Commissione europea	das Überbrückungsdarlehen würde sicherlich auf den Widerstand der Europäischen Kommission treffen
pronta cassa: alla mia età i conti si saldano a pronta cassa	in meinem Alter werden Rechnungen in bar beglichen
punti fedeltà: acquisire altri punti fedeltà con il „fratello maggiore"	weitere Treuepunkte beim „großen Bruder" erwerben
quotarsi: abbiamo una grande fetta del mercato americano e non potevamo non quotarci	wir haben einen großen amerikanischen Marktanteil und mussten einfach an die Börse gehen
raccolta premi: nei rami vita la raccolta premi del lavoro diretto supera i 1.160 milioni	das direkt verrechnete Prämienaufkommen der Lebensversicherung steigt auf über 1.160 Millionen
rendicontato: la terza tranche viene erogata sulla base delle spese rendicontate	die dritte Tranche wird aufgrund der nachgewiesenen Ausgaben ausgezahlt
repentaglio: il collasso dell'Efim mette a repentaglio 70 mila posti di lavoro	der Zusammenbruch der Efim setzt 70.000 Arbeitsplätze aufs Spiel
ricavi: troppo alta la spesa per il personale rispetto ai ricavi	die Personalausgaben sind gegenüber den Einnahmen zu hoch
richiamare in fabbrica: solo che qui non si tratta di richiamare in fabbrica centomila macchine per ripararle	nur handelt es sich hier nicht um eine Rückrufaktion von 100.000 Fahrzeugen
rientro: smentiscono di aver preteso tassi alti o rientri troppo rapidi dei fidi	weisen die Tatsache zurück, dass sie hohe Zinssätze oder zu kurze Tilgungsfristen verlangt haben sollen
rimpatrio dei capitali	Rücktransfer ins Ausland verbrachten Kapitals

ripresina: non ci sarà la ripresa (e nemmeno la ripresina) sulla quale molti contavano	er wird nicht kommen: der Aufschwung (und nicht einmal der Miniaufschwung), auf den so viele gesetzt haben
risanamento: ha gettato le basi per il risanamento dei conti pubblici	legte die Grundlagen für die Gesundung der öffentlichen Ausgaben
rosso: il deficit è stato rettificato a 27 miliardi di rosso	das Defizit wurde auf ein Minus von 27 Milliarden korrigiert
rubinetto: ha stretto i rubinetti degli aiuti	hat den Hahn für Hilfen zugedreht
saggio di risparmio: anche in presenza di una sensibile contrazione del saggio di risparmio, i consumi privati risultano poco più che stagnanti	auch angesichts eines spürbaren Rückgangs der Sparquote ist der private Verbrauch leicht stagnierend
salasso: sfuggire al salasso finanziario dei ristoranti	dem finanziellen Aderlass durch die Restaurants entgehen
salvaspesa: decreto salvaspesa	Ausgabensenkungsverordnung
sbilanciarsi: il leader degli industriali non si sbilancia sulle possibili proposte che il governo potrebbe presentare	der Vorsitzende des Arbeitgeberverbands lässt sich nicht zu den Vorschlägen aus, die von der Regierung eingebracht werden könnten
scemare: il ritmo della crescita sta ormai cominciando a scemare	das Wachstumstempo beginnt bereits nachzulassen
scommessa: la scommessa italiana è legata alla crescita nel '97	die Nagelprobe ist für Italien mit dem Wachstum des Jahres 1997 verbunden
sentinella della libera concorrenza	Wettbewerbshüter
serrata: nonostante che gli imprenditori minaccino la serrata	auch wenn die Unternehmer mit Aussperrung drohen

sistema Paese /sistema Italia: la riforma del sistema Paese/ promozione all'estero del sistema Italia	Reform des Standorts Italien/Förderung des Standorts Italien im Ausland
sovraindebitato: in Italia sono circa tre milioni le famiglie sovraindebitate	in Italien gibt es zirka 3 Millionen überschuldete Familien
spaccare: il salario ridotto spacca il sindacato	das gekürzte Gehalt spaltet die Gewerkschaft
spaccio aziendale/ outlet	Lagerverkauf, Direktverkauf
spalmare: le società di calcio potranno spalmare sull'arco di 10 anni le minusvalenze sul valore dei calciatori acquistati	die Fußballvereine werden über 10 Jahre Wertminderungen für gekaufte Spieler abschreiben können
spartizione: la spartizione di un mercato che ha fatturato oltre 4 miliardi di dollari	die Aufteilung eines Marktes, der über 4 Milliarden Dollar umgesetzt hat
spendaccione: paesi spendaccioni	ausgabefreudige, verschwenderische Länder
sposare: Fiat sposa Kobelco	Fiat schließt sich mit Kobelco zusammen
stanziare: minaccia di revocare i 65 miliardi stanziati	droht die bereitgestellten 65 Milliarden zurückzuziehen
stazionario: nel commercio al dettaglio, l'anno scorso l'aumento del giro di affari depurato del tasso inflazionistico, si è risolto in un andamento stazionario	im Einzelhandel führte im letzten Jahr der inflationsbereinigte Umsatz zu einer gleichbleibenden Entwicklung
sterzata: è stato capace di fare una manovra da 90 mila miliardi, ha dato una sterzata di fondo ai conti pubblici	war zu einem Haushalt von 90.000 Milliarden fähig und bewirkte für den öffentlichen Haushalt einen radikalen Kurswechsel

stilare: i primi tentativi di stilare un bilancio dell'estate '99	die ersten Versuche, eine Bilanz des Sommers '99 aufzustellen
straccia: è vero, il peso è carta straccia	es stimmt, dass der Peso Altpapier/Makulatur ist
svalutare: può svalutare a suo piacere	kann nach Lust und Laune abwerten
tassa ecologica	Umweltsteuer
tassello: intervenire sulle pensioni è solo il tassello di un'operazione più ampia perché l'Italia ha altre grandi priorità	bei den Renten einzugreifen, ist nur ein Mosaikstein einer breiter angelegten Aktion, weil Italien andere wichtige Prioritäten hat
tempo: patto per l'occupazione, il governo stringe i tempi	Beschäftigungspakt: die Regierung drückt aufs Tempo
tessuto produttivo: il tessuto produttivo della zona è ormai inesistente	das Produktionsgeflecht/die Produktionsstruktur ist in der Region nahezu nicht mehr vorhanden
timone: è stato a lungo al timone della società	war lange Zeit am Ruder der Firma
tirare: il mercato ha ripreso a tirare	der Markt zog wieder an
toccasana: dopo aver avviato le privatizzazioni-toccasana	nachdem er die Privatisierungen als Allheilmittel auf den Weg gebracht hatte
trainare: la crescita dell'occupazione è stata trainata esclusivamente dal lavoro dipendente	der Beschäftigungszuwachs stützt sich aussschließlich auf den Bereich der selbständigen Arbeit
traino: il business ecologia farà da traino alle professioni nuovi ed emergenti	die Umweltwirtschaft wird Zugmaschine für die neuen und im Vormarsch befindlichen Berufe sein
trappola della bassa crescita: ci siamo infilati nella trappola della bassa crescita	wir sind in die Wachstumsfalle geraten

utile netto consolidato	konsolidierter Nettogewinn
vela: i ☞ Btp, i ☞ Cct e i ☞ Bot vanno invece a gonfie vele	die Staatsanleihen gehen weg wie warme Semmeln (mit vollen Segeln)
voragine: la sua politica sta aprendo una voragine nel bilancio	seine Politik öffnet ein Loch im Haushalt

12. Istruzione
Bildung

12.1. Istituzioni centrali
Zentrale Einrichtungen

Miur: Ministero dell'Istruzione, dell'Università e della Ricerca *(offz.)*: Ministerium für Bildung, Hochschulwesen und Forschung
viale **Trastevere:** sede del Ministero della Istruzione

Ufficio Scolastico Provinciale: Usp: Schulaufsichtsbehörde der Provinzen, Schulamt
🕮 *coordina e provvede alle attività scolastiche in una provincia*
Provveditorato agli Studi *(ehem.)*: Schulaufsichtsbehörde der Provinzen, Schulamt
Provveditore agli Studi: Leiter der Schulaufsichtsbehörde

Crui: Conferenza dei Rettori delle Università Italiane: Italienische Hochschulrektorenkonferenz

12.2. Scuola
Schule

Istituto Magistrale Statale „Gaetana **Agnesi**" di Milano
Liceo Ginnasio Statale **Pilo Albertelli** di Roma
Liceo Classico Statale **Vittorio Alfieri** di Torino
Liceo Statale **Archita** di Taranto
Liceo Ginnasio Statale **Augusto** di Roma
Liceo Classico **Massimo d'Azeglio** di Torino
Liceo Classico **Cesare Beccaria** di Milano
Itis Odone Belluzzi di Bologna (Istituto Tecnico Industriale Statale)
Liceo Classico **Giovanni Berchet** di Milano
Istituto **Bonomi – Mazzolari** di Mantova
Liceo **Lucrezio Caro** di Roma
Liceo scientifico **Gian Domenico Cassini** di Genova
Liceo **Cavour**
🕮 *il più antico liceo statale di Torino*
Liceo Ginnasio Statale **Giulio Cesare** di Roma
Liceo Ginnasio **Dante** di Firenze
Liceo Ginnasio **Andrea D'Oria** di Genova (il **Doria**)
Liceo **Galileo Ferraris** di Varese

Liceo **Foscarini**
🕮 *il più antico liceo di Venezia e uno dei più antichi d'Italia essendo stato fondato nel 1807 con decreto di Eugenio di Beauharnais, viceré d'Italia e figlioccio di Napoleone I che istituiva sei licei in altrettante città del regno d'Italia*
Liceo **Galileo Galilei** di Firenze
Liceo **Luigi Galvani** di Bologna
Liceo Classico **Giuseppe Garibaldi** di Napoli
Liceo Classico **Genovesi** di Napoli
Liceo Classico Statale **Pietro Giannone** di Caserta
Liceo Classico Statale **Vincenzo Gioberti** di Torino
Liceo **Melchiorre Gioia** di Piacenza
Liceo Classico **Niccolini Guerrazzi** di Livorno
Istituto **Leone XIII**
🕮 *istituto scolastico privato paritario di Milano, fondato dalla Compagnia di Gesù nel 1893 nell'ambito delle celebrazioni della diocesi milanese per 50° di episcopato di papa Leone XIII*
Liceo Classico **Machiavelli** di Roma
Liceo Ginnasio Statale **Scipione Maffei** di Verona
🕮 *iniziò la sua attività nel 1808 ed è il più antico liceo d'Italia*
Liceo Ginnasio Statale **Goffredo Mameli** di Roma
🕮 *liceo del quartiere bene dei Parioli, santuario della contestazione studentesca*
Liceo Ginnasio Statale **Terenzio Mamiani** di Roma
🕮 *uno dei più antichi e celebri licei della città, noto soprattutto per il ruolo svolto durante i moti studenteschi del Sessantotto*
Liceo Ginnasio **Alessandro Manzoni** di Milano
Liceo Ginnasio Statale **Giovanni Meli** di Palermo
Liceo Scientifico Statale **Angelo Messedaglia** di Verona
Liceo Ginnasio Statale **Giuseppe Parini** di Milano
Liceo Ginnasio Statale **Antonio Pigafetta** di Vicenza
Liceo Scientifico **Augusto Righi** di Roma
Liceo Ginnasio Statale **Romagnosi** di Parma

Liceo Classico **Sannazaro** di Napoli
Liceo **Torquato Tasso** di Roma
Liceo Ginnasio Statale **Evangelista Torricelli** di Faenza
Liceo Classico **Umberto I** di Napoli
Liceo Classico **Umberto I** di Palermo
Liceo Scientifico Statale **Vittorio Veneto** di Milano
📖 *soprannominato dagli studenti „V. V."*
Liceo **Gian Battista Vico** di Napoli
Liceo Ginnasio **E. Q. Visconti** di Roma
Liceo Ginnasio Statale **Alessandro Volta** di Como
Liceo Ginnasio Statale **Ximenes** di Trapani
Liceo Ginnasio Statale **Bartolomeo Zucchi** di Monza

Schulsystem nach der Reform (nach 2007):
***scuola dell'infanzia**: ex **scuola materna**: Vorschule (3 Jahre, keine Schulpflicht; 3. Jahr kann als Bonus auf Schulpflicht angerechnet werden)*
***scuola primaria**: ex **scuola elementare**: Grundschule (Beginn der Schulpflicht, 5 Jahre)*
1° anno
2°–3° anno (I biennio)
4°–5° anno (II biennio)
***scuola secondaria di 1° grado**: ex **scuola media**: Sekundarstufe I (3 Jahre)*
1°–2° anno (III biennio)
3° anno (ex 3° media)
***scuola secondaria di 2° grado:** ex **superiore**: Sekundarstufe II (4/5 Jahre)*
***istituzione secondaria di 2 grado (licei)**: Sekundarstufe II/Gymnasium*
***formazione secondaria a tempo pieno:** fach/berufsbezogene Schulausbildung*
***formazione secondaria in alternativa scuola/lavoro:** fach/berufsbezogene Ausbildung (Berufsschule)*

AGe: Associazione Italiana Genitori: Italienische Vereinigung der Eltern *(di orientamento cattolico)*

Agesc: Associazione Genitori Scuole Cattoliche: Vereinigung der Elternschaft von katholischen Schulen

alfabetizzazione: Einführung, Vermittlung von Grundkenntnissen
alfabetizzazione musicale: musikalische Früherziehung
alfabetizzazione Ict: alfabetizzazione informatica: IT-Einführung, Computerschulung
✎ *participare al programma di **alfabetizzazione** in informatica*

alfiere del lavoro: „Fahnenträger der Arbeit" (Auszeichnung für die besten 25 Schüler des Jahres)
📖 *ogni anno, in occasione della consegna delle onorificenze ai nuovi Cavalieri del Lavoro, vengono premiati i 25 migliori studenti d'Italia. I giovani ricevono il premio dal Presidente della Repubblica e insigniti del titolo di „Alfieri del Lavoro", creando un legame ideale tra gli studenti e i Cavalieri*

Alternativa studentesca: Schüleralternative *(Forza Italia nahestehende Schülereinigung)*

analfabeta di ritorno: sekundärer Analphabet
📖 *si definisce analfabeta di ritorno chi, pur avendo imparato a leggere e scrivere, per poca o nulla pratica ha dimenticato ciò che ha appreso nel passato*

Anp: Associazione nazionale presidi: Nationale Vereinigung der Schulleiter

Ansi: Associazione nazionale scuole italiane: Nationale Vereinigung der italienischen Schulen

asilo nido: nido: Kindertagesstätte, Kinderhort *(bis 2 Jahre)*
micronido: spazio bambine e bambini: Kindertagesstätten *(innerhalb von Vereinigungen, Betrieben, Wohnblocks etc.)*
✎ *il Comune di Roma ha lanciato un bando perché associazioni, cooperative sociali, enti e istituzioni possano presentare un loro progetto educativo per mettere in piedi i **micronidi** in appoggio ai già esistenti **asili nido***
nido di caseggiato: private Kinderkrippe, Tagesmutter oder Tagesstätte in freier Trägerschaft
nido condominiale: nido familare: Familienkindergarten, Tagesmutter
nido aziendale: Betriebskindergarten

Assi: Associazione scuola secondaria: Vereinigung der Sekundarschulen

Azione studentesca: rechtsgerichtete Schülervereinigung (An)

Bignami: Schülerlernhilfe, Kompendium
i famosi miniriassunti tascabili che da 50 anni aiutano gli studenti di tutt'Italia a ripassi superveloci su ogni materia
*i mitici **bignamini**/cultura da **Bignami***
*un rapido riassunto del **Bignami** sulla storia di Roma,„che fu fondata da Romolo e Remolo (gaffe di Berlusconi per „Romolo e Remo")*

buoni scuola: Schulbeihilfe
interventi a favore delle famiglie degli alunni delle scuole statali e paritarie (prevista da una legge della regione Veneto)
*Il **tetto di reddito** per poter ottenere il **buono**: 60 milioni lordi moltiplicati per il numero dei componenti il nucleo familiare (genitori e figli a carico)*
tetto di reddito – Einkommensgrenze

campanella di fine ricreazione: Pausenklingel: Ende der Pause
*per i deputati della Casa delle Libertà suonerà la **campanella di fine ricreazione**. E tutti sfileranno in Parlamento a pigiare il tasto verde*

centino: cento: *(verglb.)* Einserabiturient
*dieci **centini**, ieri, nella scuola di via Beata Giovanna, in cui sono usciti i risultati degli esami/licei, tutti in rosa i **cento**: tre 100/100 in ciascuno dei tre indirizzi e tutti conquistati dalle femmine*

Cgd: Coordinamento genitori democratici: Koordinierungsrat demokratischer Eltern *(Elternvereinigung)*

Cidi: Centro di iniziativa democratica degli insegnanti: Demokratisches Initiativzentrum der Lehrer *(progressive Lehrervereinigung)*

Civis: Centro Italiano Viaggi Istruzione Studenti: Schülerreisedienst

classi ponte: classi di inserimento: Eingliederungsklassen *(für Kinder mit Migrationshintergrund)*
*il Cavaliere ha chiarito successivamente che non sono previsti ripensamenti neppure per la contestatissima proposta delle **classi ponte** per i figli di immigrati perché „non è dettata da razzismo ma da buonsenso. Conoscere la lingua italiana è necessario"*

Cnsc: Consiglio nazionale della scuola cattolica: Landesrat der katholischen Schule
organismo della Conferenza episcopale

Cnpi: Consiglio Nazionale della Pubblica Istruzione: Nationaler Rat für Öffentliche Bildung

credito scolastico: Vornote *(beim Abitur)*
viene valutato in base al rendimento dell'anno frequentato; massimo 20 punti (prova orale: massimo 35 punti; prove scritte: massimo 45 punti)

debito formativo: *(im nächsten Schuljahr auszugleichende)* mangelhafte Leistungen
sei rosso: im nächsten Schuljahr auszugleichende 5
*niente di nuovo, invece, per i promossi con il **debito formativo** da recuperare: il **sei rosso** può rimanere esposto sull'albo senza problemi*

diplomificio: Diplomfabrik *(meist private Schulen, die gegen Zusatzzahlungen auch weniger begabten Schülern einen Schulabschluss ermöglichen)*
*i **diplomifici** garantiscono titoli spendibili sul mercato del lavoro quanto quelli ottenuti nelle statali o nelle ☞ paritarie serie*

diritto-dovere all'istruzione: Schulpflicht
*l'alternanza scuola-lavoro, il **diritto-dovere all'istruzione** per 12 anni fino al conseguimento di un diploma o di una qualifica professionale*

dispersione scolastica: schulisches Scheitern, *im engeren Sinne:* Schulabbrecherquote
fenomeno complesso che riunisce in sé abbandoni, ripetenze, bocciature, interruzione di frequenza, ritardo nel corso degli studi, evasione dall'obbligo scolastico
*un altro dato che preoccupa è l'indice di **dispersione scolastica** che ha raggiunto nel 2006 quota 20,6%*

educazione civica: Unterrichtsfach „Bürgerkunde"

educazione alla mondialità: Unterrichtsfach „interkulturelle Erziehung"

esame di Stato: *ehem.* **maturità:** Staatsexamen *(verglb.* Allgemeine Hochschulreife*)*

evasione scolastica: Fernbleiben vom Unterricht, Schulverweigerung
*questo è un paese che di fatto ignora di avere il trenta per cento di **evasione scolastica**: un fallimento che riguarda le fasce più deboli*

facilitatori: facilitatori linguistici: insegnanti facilitatori: Sprachbetreuer, Sprachmittler
📖 *docenti di supporto per l'insegnamento della lingua italiana*

Fnism: Federazione nazionale degli insegnanti: Nationaler Bund der Lehrer

Gilda: Gilda degli insegnanti: Gilda nazionale dei comitati di base degli insegnanti: *Vereinigung progressiv ausgerichteter Lehrer*
📖 *associazione professional-sindacale degli insegnanti*

grembiule: Schulkittel
👓 *il buon proposito della ministra Gelmini di reintrodurre il **grembiule** nelle scuole ci fa tenerezza. Il deprimente **grembiule** era l'escamotage nascondi bigliettini. Se, come ha suggerito lo stilista Antonio Marras, il **grembiule** non dovrà essere griffato, prevedo che ritorneranno in auge i sarti. Per cucire tasche nascondi telefonino*

le tre „**I**": die drei „I" *(Englisch, Internet, Wirtschaft)*
le quattro „**I**": die vier „I" *(Englisch, Internet, Wirtschaft, Italienisch)*
👓 *le „**I**" diventano quattro. Gelmini ribadisce l'importanza delle **tre „I"** – inglese, internet, impresa – introdotte nelle legislature precedenti da Berlusconi, ma ne aggiunge una quarta: l'italiano. „La „**I**" di italiano, termine con cui ricomprendo l'antico trinomio, leggere, scrivere, far di conto"*

indirizzo scolastico: indirizzo di studio: Fachrichtung
👓 *al posto dei 750 **indirizzi** attualmente esistenti ce ne saranno 20: 9 per i licei (classico, scientifico, delle scienze umane, linguistico, musicale e artistico con tre indirizzi) e 11 per gli istituti tecnici*

insufficiente: mangelhafte Leistung
👓 *ci si può salvare anche con cinque **insufficienze** a fine anno. Come? Rivolgendosi al Tar*

Invalsi: Istituto nazionale per la valutazione del sistema educativo di istruzione e di formazione: Nationale Anstalt für die Bewertung des Unterrichtssystems

IoStudio: Schülerausweis, Schülerkarte
📖 *è nata „IoStudio" la carta destinata a oltre due milioni e mezzo di studenti delle scuole secondarie superiori*

istituti: istituzioni scolastiche: scuole: Schulen
👓 *le **istituzioni scolastiche** hanno l'obbligo di attivare gli interventi di recupero e individuano le discipline/nel Sud alcuni **istituti** abbassano la qualità dell'istruzione*

Larsa: Laboratorio di Approfondimento, Recupero e Sviluppo degli Apprendimenti: Labor für Nachhol- und Vertiefungsunterricht
👓 *sono inoltre previsti i **Larsa**, necessari a chi ha bisogno di acquisire conoscenze che non è riuscito a raggiungere*

lavagna interattiva: Smart Board, interaktive Tafel, Whiteboard
👓 *molti dicono che è tempo di fare ricorso, più diffusamente, a strumenti tecnologici, come **lavagne interattive** e computer, per catturare l'attenzione degli studenti*

Libas: Liste per la libertà nella scuola: liberalkatholische Schülervereinigung

maestro unico: Einheitslehrer *(für alle Fächer)*
👓 *in linea di massima sono d'accordo con la riforma Gelmini perché ripristina un po' di ordine. Il **maestro unico** è molto importante perché, quando c'era, conosceva l'alunno*
maestro prevalente: Klassenlehrer
👓 *salta infatti il **maestro unico** alla scuola elementare che si trasforma in **maestro prevalente***

marinare: fare **filone** *(gergo napoletano):* blaumachen, schwänzen
👓 *con il nuovo sistema elettronico di controllo delle presenze a scuola non si potrà più **marinare***

matita blu: Rotstift
👓 *le vecchie maestre lo segnavano con rabbiosa **matita blu***

Mce: Movimento di cooperazione educativa: Bewegung für Erziehungskooperation *(progressive Lehrervereinigung)*

Meridiano scuola: *Lehrervereinigung und Online-Informationspunkt zu Schulfragen (www. meridianoscuola. it)*

Moige: Movimento italiano genitori: Italienische Bewegung der Eltern
👓 *lo show „Isola dei famosi" é diseducativo: parola del **Moige**. La responsabile dell'Osservatorio tv attacca il programma di Raidue definendolo diseducativo. Soprattutto per la*

mancanza di spirito sportivo dei vip nelle competizioni

Movimento italiano genitori: Italienische Bewegung der Eltern

nozionismo: angelerntes Wissen, Lernen von Begriffen, Paukwissen
✍ *l'obiettivo è quello di superare il **nozionismo** inutile*

orali di maturità: mündliche Abiturprüfung

ottista: Springer, Klassenspringer
📖 *ottisti: quelli che saltano l'ultimo anno e accedono direttamente all'esame (serve l'8 in tutte le discipline in quarta, la media del 7 negli anni precedenti, e non devono essere stati bocciati)*

pagella: Schulnoten *(die von 1 bis 10 vergeben werden, wobei 10 die beste Note ist)*, (Schul)Zeugnis, Benotung
zero in pagella: völlig ungenügend
dieci e lode: Eins mit Sternchen
100 e lode: Eins mit Auszeichnung *(in Abiturprüfungen)*
trenta e lode: Eins mit Auszeichnung *(im Hochschulbereich)*
✍ *ha dato uno **zero in pagella** al presidente del Consiglio per le dichiarazioni sull'Islam*
✍ *l'Australia dà 8 in **pagella** alla Ferrari e promuove l'esordio del team Prost*
✍ *la **pagella** dei buoni e dei cattivi arriva in piena campagna elettorale e assume una valenza politica*

parità scolastica: Gleichstellung von staatlichen und privaten Schulen
✍ *D'Alema lancia la proposta di far procedere di pari passo la legge sulla **parità tra scuola pubblica e scuola privata** e la riforma sui cicli scolastici*

istituti **paritari**/scuole **paritarie:** staatlichen Schulen gleichgestellte Privatschulen

penna rossa: Rotstift
✍ *i nostalgici della maestrina con la **penna rossa** che al tempo dei computer è, per fortuna, morta e sepolta*

Piano Internet Italia: Vorhaben der italienischen Regierung zur Ausstattung von Schulen mit Internet
internauti /internanti: Internet-Benutzer

Pierino: Lausbube, aufgeweckter, zu Streichen aufgelegter Schüler
✍ *dietro quei grembiulini innocenti e quei fiocchetti in ordine, si nascondevano i geni del perfetto **Pierino***

Pof: Piano dell'Offerta Formativa: Lehrangebot
📖 *il POF è un documento elaborato dalla scuola nel quale vengono fissati gli obbiettivi educativi e formativi che l'istituto intende proporre e perseguire durante l'anno scolastico*
✍ *riduzione del 25 per cento anche delle risorse per l'offerta didattica delle scuole, i famosi „**Pof**"*

portfolio: Portfolio *(Leistungsmappe für Schüler)*
✍ *il **portfolio** è un documento che accompagna lo studente durante tutto il percorso scolastico. Sostituisce la valutazione tradizionale. Il **portfolio** „parlerà" dell'alunno anche come persona. La sua compilazione sarà affidata al ☞ tutor, affiancato da tutti gli altri docenti e dalla stessa famiglia*

precari: Lehrkräfte ohne feste Planstelle
☞ supplenti

preside: dirigente scolastico: Schulleiter
✍ *il contratto dei **dirigenti scolastici** prevede per i **dirigenti scolastici** una valutazione annuale, il mutamento di incarico in caso di inefficienza e anche il licenziamento*

primine: Früheinschulungen
✍ *scuola: ritardi per la riforma Moratti e per le **primine** mancano i fondi*

prof/profio/prof/profii: Lehrer/Hochschullehrer
✍ *quei **prof.** tra politica e vanità*

Reds: Rete degli studenti: Schülernetzwerk *(Schülergewerkschaft)*

esame di **riparazione:** Nachprüfung
✍ *l'abolizione degli **esami di riparazione***

diverso grado di **scolarità:** unterschiedliche Schulbildung

scuola differenziale: Sonderschule

scuolabus: Schulbus
✍ *sfiorata la strage. Gli alunni salvi per il ritardo dello **scuolabus***

secchione: Streber
✍ *asini o **secchioni** ci si nasce e c'è poco da fare*

sezione primavera: Frühkindergarten

☞ *per andare incontro alle esigenze delle famiglie vengono anche confermate le* ***sezioni primavera*** *per i piccoli di età compresa fra i 24 e i 36 mesi, introdotte dal governo Prodi*

Stati Generali sull'Istruzione: Stati Generali sulla riforma: Ausschuss für die Schulreform, Generalstände für die Schulreform *(nach dem Muster der „Generalstände" während der Französischen Revolution)*

supplenti: precari: Lehrkräfte ohne feste Planstelle
contratto di supplenza: Zeitvertrag für Lehrkräfte ohne feste Planstelle
☞ *solo grazie ai* ***supplenti*** *le commissioni potranno essere completate garantendo così la regolarità delle prove*
☞ *scuola, 70 mila* ***precari*** *passano di ruolo*

classi a **tempo pieno:** Ganztagsklassen
☞ *la guerra del* ***tempo pieno****: Quasi un quarto dei genitori chiede questa formula scolastica per i propri figli*

traccia: Thema, Prüfungsaufgabe; Gliederung
☞ *la scelta di Montale per la* ***traccia*** *di italiano sorprende tutti i totomaturità, dato che era già uscito nel 2004*

tutor: docente tutor: insegnante tutor: Beratungslehrer, Tutor
☞ *il* ***tutor*** *è una nuova figura di docente e sarà il punto di riferimento a cui chiedere consigli per la scelta delle attività educative e didattiche. Sarà lui, in particolare, a mantenere i contatti con le famiglie*

Ucim: Unione cattolica degli insegnanti medi: Katholischer Verband der Lehrer

Unicobas: sindacato autonomo: Lehrergewerkschaft, ☞ Cobas
☞ *l'****Unicobas*** *ha annunciato uno sciopero generale contro la parità scolastica*

zainetto: Schulranzen, Rucksack: Schüler
☞ *l'ingresso non era consentito agli studenti: non è mica uno ☞ Smau, sempre pronto a accogliere tutti quei vocianti* ***zainetti***

Zen di Palermo: Gymnasium (und Stadtviertel) in problematischem sozialen Umfeld in Palermo
☞ *lo* ***Zen*** *di Palermo è uno dei quartieri con il più alto tasso di* ***dispersione scolastica***
dispersione scolastica – Fernbleiben vom Unterricht, Schulabbruch

12.3. Università
Hochschule

Ateneo della Santa Croce: Pontificia Università della Santa Croce: **Usc /Asc:** Päpstliche Universität des Heiligen Kreuzes (Opus Dei)
Bicocca: Università Milano-Bicocca: la seconda università ambrosiana
la **Bocconi:** Università „Luigi Bocconi" di Milano: Bocconi-Universität *(insbesondere Wirtschaftswissenschaften)*
bocconiano: Student/Absolvent der Bocconi-Universität
la **Sda** Bocconi: Scuola di direzione aziendale dell'Università Bocconi: Managementinstitut der Bocconi-Universität
Cà Foscari: Università „Cà Foscari" di Venezia
la **Cattolica:** Università Cattolica del Sacro Cuore di Roma/Milano/Piacenza-Cremona/Brescia/Campobasso
Lumsa: Libera Università Maria SS. Assunta (Roma)
Federico II: Università degli Studi „Federico II" di Napoli
IUAV: Istituto universitario di archittetura di Venezia: Hochschulinstitut für Architektur
Iulm: Libera università di lingue e comunicazione di Milano (già Istituto universitario di lingue moderne): Freie Universität für Sprachen und Kommunikation
Luiss: Libera Università Internazionale degli Studi Sociali Guido Carli: Privathochschule der ☞ Confindustria
Scuola di Managment dell'Università Luiss Guido Carli
Lum: Libera Università Mediterranea „Jean Monnet"
Normale di Pisa: Sns: Scuola Normale Superiore di Pisa
normalista: Absolvent der Sns
il **MIP:** Politecnico di Milano: Technische Hochschule
l'Orientale: Università „Orientale" di Napoli
San Raffaele: UniSR: Università Vita–Salute San Raffaele di Milano: Hochschule mit Fachbereichen für Philosophie, Medizin und Psycholgie
la **Sapienza:** Università „La Sapienza" Roma: Università statale
la **Seconda:** Università „Seconda" di Napoli
Spisa: Scuola di Specializzazione in Studi sull'Amministrazione Pubblica (Università

degli Studi di Bologna): Verwaltungsfachhochschule an der Universität von Bologna
Tor Vergata: Università degli Studi di Roma „Tor Vergata“: la seconda Università (statale) di Roma
Unicam: Università di **Camerino**
Uninettuno: Università Telematica Internazionale Uninettuno: Fernuniversität Nettuno
Unipi: Università di **Pisa**
Università degli Studi di Roma Tre: *la più giovane delle università pubbliche romane*
Ups: Università Pontificia Salesiana: Päpstliche Hochschule der Salesianer

3+2: riforma universitaria: Hochschulreform (☞ laurea triennale, ☞ laurea specialistica)
📖 *un triennio base più un biennio di specializzazione*

A. A.: anno accademico: Hochschuljahr
*si comunica che l'immatricolazione al corso di Laurea in Giurisprudenza per l'**A. A.** 1996/97 è subordinata alla partecipazione ad un **test attitudinale***
test attitudinale – Eignungstest

Adi: Associazione dei dottorandi e dottori di ricerca italiani: Vereinigung der italienischen Doktoranden und Doktoren

A. DI. S. U.: Azienda per il Diritto allo Studio Universitario: Studentenwerk
***A. DI. S. U.** dell Università „La Sapienza“ di Roma*
ARDSU: Azienda Regionale per il Diritto allo Studio Universitario: Regionales Studentenwerk
ERSU /ERdiSU /E. DI. S. U.: Ente Regionale per il Diritto allo Studio Universitario: Regionales Studentenwerk

albo: Schwarzes Brett
*l'**albo** della scuola/della facoltà*

AlmaDiploma: *Datenbank, die in Zusammenarbeit mit ☞ AlmaLaurea Informationen u. a. für Studienanfänger und für Hochschulabsolventen bereitstellt*

AlmaLaurea: *Hochschulzusammenschluss*
📖 *Il Consorzio interuniversitario AlmaLaurea, al quale oggi aderiscono 49 Atenei Italiani e il Ministero dell'Università e della Ricerca (Mur), costituisce punto di riferimento per coloro che affrontano a vario livello le tematiche degli studi universitari*

AlmaLaurea: Online-Dienst der italienischen Hochschulen
📖 *servizio on line gestito da un consorzio di atenei italiani con l'intento di mettere in relazione aziende e laureati (tra le altre attività, studia ogni anno la condizione occupazionale dei neolaureati)*

Anvur: Agenzia nazionale di valutazione del sistema universitario e della ricerca: Nationale Agentur für die Bewertung des Hochschul- und Forschungssystems

ateneo: Hochschule
autonomia degli atenei: Hochschulautonomie
*stiamo dando il massimo possibile di autonomia agli **atenei***

Azione universitaria (l'ex **Fuan**, Fronte Universitario di Azione Nazionale): rechtsgerichtete studentische Vereinigung (An)
*l'esito delle recenti elezioni universitarie, dove il vento di destra ha soffiato impetuoso. **Azione universitaria** è diventata la prima lista alle università romane La Sapienza e Tor Vergata*

baroni: die Alteingesessenen *(meist Universitätsprofessoren)*, Bonzen
baronato universitario: Filz in Universitäten
*ex ministri, ex potenti, ex **baroni** della politica e della Prima Repubblica*
*assenteismo di molti docenti, assistenti scelti con criteri di ☞ nepotismo, concorsi **baronali**, disprezzo per l'insegnamento e per la cultura*

sistema delle **baronie:** Feudalherrensystem *(insbesondere im Hochschulbereich)*, ... nach Gutsherrenart
*un disincentivo anche al **sistema delle baronie** che ha trasformato parte del mondo accademico in una contrapposizione di cordate, di amicizie, di favori*

Brera: Accademia di Belle Arti di Brera/Milano: Akademie der Schönen Künste in Mailand
Brera: Stadtviertel von Mailand (Künstlerviertel)
*le solenni, ma vetuste aule **braidensi***
***Brera** addio, la Aulenti **sbatte la porta** dell'Accademia. Dimissioni irrevocabili: „Troppi i problemi e poche le risorse“*
sbattere la porta – die Tür zuschlagen

Brera, il quartiere degli artisti e dei nottambuli

carta di identità formative: carta di credito formativo: educational credit card: credit-card formative: Berufsbildungsnachweis
L'obiettivo è quello di dotare ogni cittadino di un curriculum, dove siano certificate le sue capacità, i corsi e le esperienze che ha fatto; se ha lavorato sei mesi come tecnico alla Fiat o conosce perfettamente l'inglese. Un curriculum facilmente visibile sarà anche un aiuto alla mobilità

cattedratico: Lehrstuhlinhaber
*imprevedibile promotore della mostra un urologo di gran fama con la passione delle tradizioni popolari, Franco Di Silverio, **cattedratico** alla Sapienza*

Cepu: Zentrum zur Examensvorbereitung
Cepu è un'organizzazione privata per la preparazione agli esami universitari. Oggi conta 90 sedi distribuite su tutto il territorio nazionale; Cepu non laurea, ma fornisce assistenza individuale e personalizzata a chi intende sostenere gli esami presso le università statali italiane
*lo scandalo delle tesi preparate dai tutor: Sono proprio lauree del **Cepu**. Gli studenti pagavano. Al resto ci pensavano gli assistenti*

Cfu: crediti formativi (universitari): Creditpoints, Leistungspunktsystem
*la riforma ha introdotto i **crediti formativi universitari (Cfu)** per misurare la quantità di lavoro richiesta allo studente e per tutelare il diritto alla mobilità fra percorsi formativi all'interno del sistema universitario*

Cnr: Consiglio nazionale delle ricerche: Nationaler Forschungsrat
*la popolazione anziana, temono i ricercatori del **Cnr**, è sempre meno motivata a restare in paesi del genere per le difficoltà di carattere sociale che va incontrando*
Ceris: Centro di richerche e sviluppo del Cnr: Forschungs- und Entwicklungszentrum des Nationalen Forschungsrates
Irp: Istituto di ricerca sulla popolazione: Institut für Bevölkerungsstudien
Gndci: Gruppo nazionale per la difesa dalle catastrofi idrogeologiche: Nationale Gruppe für den Schutz vor Wasserkatastrophen

Cnsu: Consiglio nazionale degli studenti universitari: Nationaler Rat der Hochschulstudierenden
il parlamentino italiano degli universitari voluto dal governo

Coordinamento Giovani Accademici: Vereinigung des jungen Hochschulpersonals

corso: studenti fuori corso/in corso: Studenten außerhalb/innerhalb der Regelstudienzeit

Crusca: Accademia della Crusca: Crusca-Akademie (Florenz)
cruscante: Mitglied der Crusca-Akademie
*l'Accademia della **crusca** si assunse il compito di fissare il vocabolario della lingua italiana e indicò l'insieme delle parole che essa proponeva di eliminare perché considerate non pure*
lo strano nome che i sapienti della **Crusca** si diedero allude all'obiettivo di separare dalla crusca la farina, cioè quella buona lingua che poi gli accademici raccolsero e fissarono nel Vocabolario, pubblicato solo nel 1612
crusca – Kleie
*forse per **sfatare** il vecchio **adagio** che la farina del diavolo va a finire in **Crusca** (Schlechtes für Gutes ausgeben)*
sfatare – aufräumen mit ...
adagio – Sprichwort

Ctf: chimica e tecnologia farmaceutiche (scienza del farmaco): Pharmazeutische Technologie *(Studienfach)*
*la vendita di prodotti erboristici sarà riservata a chi ha una laurea in Farmacia o in **Cft***

Cun: Consiglio Universitario Nazionale: Nationaler Hochschulrat
il massimo organo tecnico in materia universitaria
*sia il **Cun** che le Commissioni parlamentari hanno chiesto innovazioni e **accorpamenti***
accorpamento – Zusammenlegung, Zusammenschluss (von Einrichtungen)

Dams: discipline delle arti, della musica e dello spettacolo: Kunstwissenschaft *(Fakultätsbezeichnung)*
damsiano: Kunstwissenschaftler
*mi sono laureata in **Dams** all'Università della Calabria, che ha sede a Cosenza; la decisione di frequentare un'università meridionale è stata abbastanza ponderata*

Esu: Ente per il diritto allo studio universitario: Amt für Hochschulausbildungsförderung

formazione permanente: Erwachsenenbildung

formazione professionale: Berufsbildung

fuori sede: studenti fuori sede: auswärtige Studenten *(Studierende, die nicht in der Stadt der Hochschule beheimatet sind)*
e poi i libri, l'affitto di una camera che per un ***fuori sede*** *in una città come Roma si traduce in una vera e propria stangata*

fuoricorso: Studierende außerhalb der Regelstudienzeit
combattere e ridurre l'elevato tasso di ***abbandono degli studi*** *e l'alta percentuale dei* ***fuoricorso***
abbandono degli studi – Aufgabe des Studiums, Studienabbruch

Gio Art: linksgerichtete studentische Vereinigung
associazione studentesca vicina alla sinistra

Guf: gruppo universitario fascista: faschistischer Hochschulverband *(hist.)*
organizzazione degli universitari fascisti
diventò quindi impiegato del ***Guf*** *ma all'università non approdò mai*

Ifts: istituto per la formazione tecnica superiore: Fachhochschule *(vergleichbar)*
nasceranno anche gli ***Ifts****. Vi si accederà dopo il diploma, i corsi dureranno fino a quattro semestri, e saranno a stretto contatto con le aziende*

INFN: Istituto Nazionale di Fisica Nucleare: Nationale Anstalt für Kernphysik

Irs: Istituto per la ricerca sociale: Anstalt für Sozialforschungen

Isef: Istituto superiore di educazione fisica: Sporthochschule
*perché ora, che ha 45 anni e due lauree, gli negano la cattedra all'****Isef****. Anzi, due cattedre che sono state messe a concorso per l'anno accademico '95–96 e per le quali l'ex ☞ „freccia di Barletta" aveva presentato domanda*

Isu: Istituto per il diritto allo studio: Studentenwerk
*tutte le strutture sono gestite dall'****Isu*** *Bocconi*

laurea triennale: la triennale: Regelstudienabschluss (nach 6 Semestern) ☞ laurea specialistica
laurea breve: Kurzstudium
un triennio per arrivare a uno dei 42 diplomi di laurea e un biennio per diventare specialisti (in 104 discipline)

laurea specialistica: la specialistica: biennio di specializzazione: qualifizierter Studienabschluss (nach 10 Semestern) ☞ laurea triennale
alla ***laurea specialistica*** *deve arrivare chi ha una volontà precisa, sorretta dal superamento di una* ***selezione*** *fortemente* ***meritocratica***
selezione meritocratica – leistungsorientiertes Auswahlkriterium

Lol: laurea on line: Online-Studiengang
non si può dire che il corso sia stato scelto in modo casuale: la ***Lol*** *è infatti una laurea triennale per ingegneri informatici*

masterplan sull'educazione: Berufsbildungsplan
un comitato opererà a Palazzo Chigi con il compito di individuare target formativi e esigenze del mondo del lavoro. L'obiettivo è quello di dare una esperienza formativa a più di un milione e mezzo di cittadini entro il 2002

matricola: nuovo immatricolato: Erstsemestler, Neuling, *hier:* neuer Minister
il primo ad arrivare è la ***matricola*** *Veronesi*

MBA: master and business administration: master in ingegneria per la gestione di impresa: Master in Betriebswirtschaftslehre
dal MIP un ***MBA*** *assolutamente unico nel panorama italiano; il primo* ***MBA*** *progettato con riferimento esplicito alla gestione per processi*

numero chiuso: Numerus Clausus, verbindliche Zulassungsbeschränkung *(gesetzlich geregelt)*
numero programmato: örtliche Zulassungsbeschränkung

onda studentesca: Studentenprotestwelle
*l'****onda studentesca*** *ha minacciato di allagare i palazzi del potere*

opera universitaria: Studentenwerk
*all'****Opera Universitaria*** *non andavano gli appassionati di musica lirica, ma gli studenti a comprare i buoni-mensa*

prestito d'onore: Bildungskredit, Bafög
si può anche studiare gratis e cominciare a rimborsare l'università una volta trovato lavoro. Come? Con il ***prestito d'onore****, un'idea di finanziamento pensata appositamente per gli studenti meritevoli che hanno bisogno di un sostegno economico per mantenersi agli studi*

Prin: progetti di rilevante interesse nazionale:

Forschungsprojekte von erheblichem landesweiten Interesse

professore ordinario: ordinario: ordentlicher Professor
✍ *Biologo,* ***ordinario*** *di Anatomia umana e docente Scuola di Scienze e Tecnologie cosmetiche di Farmacia, Università di Milano*

professorino: assistente universitario: Assistenzprofessor

sessantottino: die Achtundsechziger
postsessantottino: Nachachtundsechziger
✍ *l'Università e il giudizio degli ex* ***sessantottini****/*anche lui ha fatto il '68/un ritorno al ***Sessantotto****? Ma che* ***Sessantotto*** *...*
✍ *primo giorno dei soldati nelle città, applausi a Milano, un mix di scetticismo e fiducia a Napoli, polemica a Torino. Il ministro La Russa attacca: „****Postsessantottini*** *quelli che criticano"*

Ssis: Scuola di specializzazione per l'insegnamento secondario: Fachschule für das Lehramt der Sekundarstufe *(innerhalb einer Hochschule)*
sissino: Absolvent einer Ssis
📖 *chi oggi voglia intraprendere la carriera di insegnante, deve iscriversi – dopo il regolare corso di laurea – a una Ssis, che dura due anni. I primi specializzati di questa scuola sono stati prontamente inseriti nelle graduatorie per le assegnazioni delle ☞ supplenze prima e delle cattedre poi*

Associazione **TreeLLLe** – per una società dell'apprendimento continuo –: Gesellschaft für lebenslanges Lernen TreeLLLe

Tuttoscuola: Monatszeitschrift für Lehrer, Eltern und Schüler

Uds: Unione degli studenti: Schülerbund
📖 *movimento storico di livello nazionale; vicino alle posizioni dei democratici di sinistra. Ha una organizzazione stabile*
✍ *secondo una consultazione fatta dall'****Uds*** *su circa mezzo milione di studenti il 79,5 per cento degli intervistati sarebbe favorevole all'autonomia, intesa come* ***sburocratizzazione*** *e* ***decentramento della gestione***
sburocratizzazione – Entbürokratisierung
decentramento della gestione – Dezentralisierung der Verwaltung

Udu: Unione degli universitari: Verband der Hochschüler

13. Chiesa
Kirche

13.1. Glossario della chiesa
Kirchenglossar

8 per mille: Opm: Abgabe in Höhe von 8‰ der Einkommensteuer, die nach freier Wahl des Steuerzahlers an den Staat (für kulturelle und sozialpolitische Aufgaben), an die Katholische Kirche oder an die Waldenser geht
📖 *il contributo che viene girato allo stato dai contribuenti attraverso la dichiarazione dei redditi nei modelli 740, 730, 101, 201; per libera scelta dei cittadini può essere destinato*
- *allo Stato (160 miliardi in totale) per interventi straordinari per la conservazione dei beni culturali, interventi contro la fame nel mondo, calamità naturali, assistenza ai rifugiati*
- *alla chiesa cattolica*
- *alla chiesa valdese*

*come mai la Chiesa cattolica introita ogni anno, con l'**otto per mille**, parecchi miliardi nonostante il numero piuttosto basso dei contribuenti che, con il loro obolo, intendono aiutarla?*

AC: Azione cattolica: Katholische Aktion *(kirchlich-politische Vereinigung)*
📖 *Organizzazione dei laici cattolici che, in un rapporto subordinato e coordinato con la gerarchia ecclesiastica, perseguono la diffusione del messaggio cristiano, cioè l'apostolato*
*negli anni Settanta l'**Azione cattolica** è stata molto attenta a non identificarsi nella Democrazia cristiana; oggi mi sembra che ci sia una forte difficoltà a ritrovare un'identità, quasi un'impasse nell'affrontare il problema*

aconfessionale: nichtkonfessionsgebunden, konfessionslos
*è un'associazione **aconfessionale***

Adi: Assemblee di Dio: Pfingstbewegung

Agorà dei giovani italiani: Agora der Jugend Italiens *(Pilgerfahrt und Begegnung)*
📖 *è un'iniziativa pastorale della Chiesa cattolica italiana dedicata ai giovani. Tale attività di evangelizzazione è stata proposta nella sessione di marzo 2006 della Conferenza Episcopale Italiana e si articola in un percorso triennale (2006–2009)*
*Papa Benedetto XVI si recherà al santuario mariano di Loreto il primo settembre per presenziare all'**Agorà dei giovani** 2007, il megaraduno dei giovani d'Europa*

Anno Santo del Duemila: Giubileo: das Heilige Jahr 2000, das Jubeljahr

Apsa: Amministrazione del Patrimonio della Sede Apostolica: Vermögensverwaltung des Heiligen Stuhls

associazioni islamiche – islamische Vereinigungen

Ami: Associazione Musulmani Italiani (offz.): Vereinigung der Italienischen Muslime
Centro Culturale Islamico d'Italia: Islamisches Kulturzentrum in Italien
CO. RE. IS.: Comunità Religiosa Islamica Italiana: Italienische islamische Religionsgemeinde
Lega Musulmana Mondiale – Italia: Moslemische Weltliga – Italien
Ucoii: Unione delle Comunità e delle Organizzazioni Islamiche in Italia *(offz.)*: Unione degli islamici italiani: Verband der Islamischen Gemeinden und Organisationen in Italien

Sant'Antonio: il santo dei miracoli: der heilige Antonius
catena di Sant'Antonio: Kettenbrief, Mundpropaganda
*in questi mesi sperano di costruire „una **catena di Sant'Antonio** tra simpatizzanti ed elettori"*
catena di Sant'Antonio: Schneeballsystem *(als gesetzwidrige Form des Warenabsatzes)*
*la **catena di Sant'Antonio** coinvolge anche sei o sette acquirenti per la stessa auto finché non arriva chi la compra*

apostolo: Apostel, *(nel gergo dei detenuti)*: complice: Komplize

archiatri: medici del papa: päpstliche Ärzte

ateo devoto: (der Kirche) ergebener Atheist *(wer aus Gründen des politischen Pragmatismus Positionen der Kirche unterstützt, obwohl er selbst Atheist ist)*
☞ *Giuliano Ferrara qualche volta si definisce un laico devoto, qualche volta un* ***ateo devoto****. Somministra oppio dei popoli*

non **avvalentisi** (chi non si avvale/coloro che non si avvalgono): wer nicht am Religionsunterricht teilnimmt, wer sich vom Religionsunterricht freistellen lässt, Freistellung, Nichtteilnahme
☞ *non sono votato al pessimismo per natura, ma se i* ***non avvalentisi*** *sono circa il 66 per cento su scala nazionale, un motivo ci sarà*

bacchettoni: Frömmler, Betbrüder, Scheinheiliger
☞ *Casini è il principe indiscusso dei* ***bacchettoni*** *che si trova sempre in prima linea nelle battaglie di retroguardia*
☞ *in un paese* ***bacchettone*** *e represso, almeno nella morale ufficiale, come il nostro, è fatale che il sesso sia oggetto di fantasie trasgressive*

baciapile: Frömmler, Scheinheiliger
☞ *e nel chiostro avanza il neo****baciapile***

bandiera arcobaleno: Regenbogenflagge, Friedensflagge

tutto il **ben di Dio:** alles Gute, was Gott gegeben hat
☞ *mentre l'isoletta è piena di tutto il* ***ben di Dio*** *che possono garantire le riserve valutarie più* ***pingui*** *del mondo*
pingue – reich, reichlich

Cardinale Segretario di Stato: Kardinal-Staatssekretär *(Regierungschef des Vatikan)*
il **primo ministro del Papa**

Caritas italiana: organizzazione caritativo della Chiesa italiana: Italienischer Caritasverband
presidente: don Vittorio Nozza
☞ *si fa sentire persino la* ***Caritas****, che per bocca del suo presidente, Monsignor Franco, auspica un Natale sereno per i metalmeccanici e le loro famiglie*

Casa Generalizia: Ordenshaus
☞ *tuttavia ormai da molti anni pellegrini e turisti trovano ospitalità a pagamento in Collegi, Istituti religiosi,* ***Istituti di suore****,* ***Confraternite*** *e* ***Case Generalizie*** *della capitale anche con la formula del bed and breakfast*
Istituto di suore – Ordensschwesterhaus
Confraternita – Bruderschaft

palazzo di **Castel Gandolfo:** Sommerresidenz des Papstes

Cei: Conferenza Episcopale Italiana: Italienische Bischofskonferenz
palazzo di San Giovanni in Laterano: sede della Cei: Sitz der Italienischen Bischofskonferenz *(jahrhundertelang Papstresidenz)*
Gris: Gruppo di ricerca e informazione socio-religiosa: Gruppe für gesellschaftliche und religiöse Forschung und Information
☞ *Don Antonio Contri è il presidente del* ***Gris*** *che da 15 anni, per conto dei vescovi italiani, sorveglia costantemente le mosse delle sette religiose*

Celi: Chiesa Evangelica Luterana in Italia: Evangelisch-lutheranische Kirche in Italien

clericalizzare: verkirchlichen, klerikalisieren
☞ *ma il Pd ormai piace solo a Fassino e alla Margherita che spera di* ***clericalizzare*** *definitivamente un partito come i Ds in piena crisi di identità politica*

Colir: Comitato Laico per la Libertà Religiosa: Laizististisches Komitee für Religionsfreiheit
☞ *il presidente del* ***Colir*** *si è scandalizzato dal fatto che in un gioco la conduttrice Mara Venier ha chiesto alle casalinghe se accetterebbero una notte d'amore a pagamento con il Sultano del Brunei*

Colui che Puote: der Allmächtige
☞ *non si sa se in Purgatorio o all'Inferno: lo deciderà* ***Colui che Puote***

concordatario: kirchlich
☞ *chiede di cambiare la legge che impone le* ***unioni civili*** *solo in Comune: Chiede una par condicio con le nozze* ***concordatarie****, cioè religiose*
unione civile – standesamtliche Trauung

Congregazioni (Curia Romana)

Congregazione per la Dottrina della Fede *(offz.)*: Kongregation für die Glaubenslehre
Sant'Uffizio /il Sant'Offizio: Heiliges Offizium, Inquisition
☞ *non indagherà come un inquisitore del* ***Sant'Uffizio*** *sui motivi che spingono molti ventenni al servizio civile*

Congregazione per le Chiese Orientali *(offz.)*: Kongregation für die Orientalischen Kirchen
Congregazione per il Culto Divino e la Disciplina dei Sacramenti *(offz.)*: Kongregation für den Gottesdienst und die Sakramentenordnung
Congregazione delle Cause dei Santi *(offz.)*: Kongregation für die Selig- und Heiligsprechungsprozesse
Congregazione per l'Evangelizzazione dei Popoli *(offz.)*: Kongregation für die Evangelisierung der Völker
Propaganda Fide
Congregazione per il Clero *(offz.)*: Kongregation für den Klerus
Congregazione per gli Istituti di Vita Consacrata e le Società di Vita Apostolica *(offz.)*: Kongregation für die Institute geweihten Lebens und für die Gesellschaften apostolischen Lebens
Congregazione per l'Educazione Cattolica *(offz.)*: Kongregation für das Katholische Bildungswesen
Congregazione per i Vescovi *(offz.)*: **Congretatio pro Episcopis:** Kongregation für die Bischöfe

consiglio pontifico: ☞ pontifici consigli: Päpstliche Räte

Curia: Kurie
Curia Romana: Römische Kurie
📖 *il complesso dei dicasteri pontifici; ☞ congregazioni, ☞ tribunali. ☞ pontifici consigli, pontificie commissioni*
📖 ***Curia vescovile:** il complesso delle persone delegate ad assistere il vescovo negli affari amministrativi e giudiziari della diocesi*
*finché non è arrivata la „**scomunica**" della **Curia:** „I fenomeni contronatura non sono materia di educazione"*
scomunica – Exkommunikation

Discorso evangelico della Montagna: die Bergpredigt

Divina Provvidenza: die göttliche Vorsehung
*ma in Italia, si sa, si è sempre preferito affidare il futuro alla **Divina Provvidenza**/la tranquillità e la fiducia nella **Divina provvidenza***

divorzio cattolico: katholische Scheidung: von der ☞ Rota Romana verkündetes Urteil zur Ehenichtigkeit

D. O. M.: Deo Optimo Maximo: Dio Ottimo Massimo: *Kircheninschrift*

Emi: Editrice missionaria italiana: Italienischer Missionsverlag

enti convenzionati: Einrichtungen, die sich vertraglich zur Übernahme einer bestimmten Anzahl von Wehrdienstverweigerern verpflichtet haben
*adesso i figli della borghesia fanno il servizio civile in uno degli **enti convenzionati:** la Caritas ha una convenzione per 5.0000 obiettori*

Fabbrica dei santi: Congregazione per le cause dei santi: Heiligenfabrik: Kongregation für die Angelegenheiten der Heiligen

Fidae: Federazione delle scuole cattoliche: Verband der schulischen Einrichtungen in katholischer Trägerschaft
📖 *la Federazione degli istituti retti dai religiosi*

fare un **fioretto:** eine gute Tat vollbringen, ein kleines Opfer bringen
*ho **fatto un fioretto** come quelli che mi faceva fare mia nonna e fino alle elezioni non polemizzo con Berlusconi*

Frate Indovino: *verglb.* Bauernkalender
📖 *von den Franziskanern herausgegebener Jahreskalender und Almanach zu praktischen Fragen des täglichen Lebens (religiöse Themen, ökologische Fragen, Bauernkalender, Hausfrauentipps, Sternenkunde, Wissenswertes für die Jugend usw.)*
*e come se non bastasse, lo tsunami di elettrodomestici obsoleti che si sta per abbattere su di noi porta con sé materiali tossici e sostanze chimiche. Non lo dice **Frate Indovino** o il solito ecologista estremista. È ciò che ci attende dietro l'angolo*

Fuci: Federazione Universitaria Cattolica Italiana: Katholischer Hochschulbund von Italien
📖 *accoglie i giovani d'ispirazione cattolica operanti negli atenei; si proponeva di far fronte alla cultura accademica dominata dal positivismo e dall'anticlericalismo*

fumo nero/fumata nera: schwarzer Rauch
fumo bianco/fumata bianca: weißer Rauch

📖 *gibt die Entscheidung einer Papstwahl bekannt, wird aber auch im allgemeinen Sinne verwandt*

👓 *Vattani va in missione a Rimini:* ***fumata bianca*** *per il summit Fao*

👓 ***Fumata nera*** *sul lavoro: Sindacati insoddisfatti per le proposte del governo*

fumata grigia: unklare Situation, „Hängepartie"

👓 ***Fumata grigia,*** *Nesta e Inter ancora lontani*

Gemelli: Policlinico Universitario Agostino Gemelli di Roma: Gemelli-Krankenhaus in Rom, in dem gewöhnlich im Krankheitsfall der Papst behandelt wird

Vaticano terzo: Gemelli-Krankenhaus

👓 *tanto che lo stesso Giovanni Paolo II, date le frequenze, definì una volta scherzosamente il grande ospedale romano come „****Vaticano terzo****", dopo il „primo" che è quello ufficiale e il „secondo" situato a Castelgandolfo per le tradizionali vacanze pontificie*

👓 *crede fermamente alla profezia che il suo grande maestro gli ha ripetuto l'ultima volta apparendogli in visione al suo* ***letto di dolore*** *del* ***Gemelli.***

letto di dolore – Krankenbett

gerarchie ecclesiali: kirchliche Würdenträger

👓 *l'insegnamento delle* ***gerarchie ecclesiali*** *viene ascoltato, ma subordinato ai convincimenti individuali. Nelle scelte che riguardano la dimensione morale, le persone affermano di muoversi innanzitutto secondo coscienza*

Giubileo: Giubileo del Duemila: das Jubeljahr, die Zweitausendjahrfeier ☞ anno santo

👓 *non parteciperanno in alcun modo alle celebrazioni per il* ***Giubileo*** *del 2000*

SAC: Servizio Accoglienza Centrale: Zentraler Empfangsservice

Gmg: le giornate mondiali della Gioventù: die (katholischen) Weltjugendtage

Guardie Svizzere: Corpo della Guardia Svizzera Pontificia: Päpstliche Schweizergarde *(päpstliche Schutzwache im Vatikan)*

ICSC: Istituto Centrale per il Sostentamento del Clero: Zentrales Institut für die Finanzierung des Klerus

Ior: Istituto per le opere di religione: Anstalt für kirchliche Bauten

banca del Vaticano: Vatikanbank

👓 *era riuscito a rintracciare i 60 miliardi di lire di tangenti pagate ai partiti dallo* ***Ior****, comunemente nota come la* ***banca del Vaticano***

laico: laizistisch

📖 *per esempio, la parola laico. Per molto tempo significò una condizione ben precisa: veniva definito laico chi non era prete, un non sacerdote. Per la chiesa il significato della parola è ancora questo, ma fuori della chiesa è cambiato: il laico è una persona che ragiona con la sua testa e non riconosce altra autorità che la propria autonoma coscienza. A un certo punto, però altri significati si sovrapposero e laico divenne quasi sinonimo di anticlericale, ma oggi laico sta anche per chi decide i suoi atteggiamenti volta per volta, senza ancorarli a una coerenza permanente e ideologica (Eugenio Scalfari)*

laico: non confessionale: nicht katholisch

👓 *la Francia cattolica e* ***laica***

laico: non democristiano: in der *Ersten Republik* nicht zur *DC* gehörend

👓 *in modo da rappresentare adeguatamente tutte le forze politiche (quattro democristiani e quattro „****laici****")*

Laterano: Pontifica Università Lateranense: Università del Papa: Päpstliche Universität

Nuntium: la rivista della Pontifica Università Lateranense: Zeitschrift der Päpstlichen Universität

atto di **magistero:** kirchliche (päpstliche) Weisung

👓 *giudichiamo improprio l'appello dei cattolici democratici affinché la chiesa italiana rinunci a un suo atto di* ***magistero***

messa tridentina: messa in latino: Tridentinische Messe

📖 *Die Bezeichnung leitet sich vom Konzil in Trient, dem Concilium Tridentinum, ab*

👓 *via alla* ***messa in latino****, il Vaticano respinge gli attacchi*

MpV: Movimento per la Vita: Bewegung für das Leben *(gegen Abtreibung, Genmanipulation, Euthanasie)*

muro del pianto: Klagemauer

👓 *una quiete che sembra tacitare anche il traffico in questa piazza nel cuore monumentale di Roma, davanti alla cancellata del milite ignoto, diventata, da ieri, il nostro* ***muro del pianto***

Oltretevere: Stadtviertel von Rom: der Vatikan
☞ **Trastevere:** andere Seite des Tiber-Ufers: der Vatikan
*con buone frequentazioni **Oltretevere** sarà l'ambasciatore del governo presso il Vaticano*

omelia domenicale: Sonntagspredigt

Opus Dei: Santa Mafia: weltliche katholische Vereinigung
opusdeista: Mitglied von Opus Dei
associazione cattolica secolare, talvolta accusata di „massoneria bianca" o „santa mafia"
***Santa Mafia** per gli uni, „Opera" affascinante per gli altri*

oratorio (parrocchiale): kirchliches Jugendzentrum
Forum degli oratori italiani: Forum der italienischen kirchlichen Jugendzentren
*presso molte chiese parrocchiali, luogo, complesso di ambienti destinati alle attività ricreative di giovani e ragazzi: gli oratori in Italia sono circa 6.000. E' questa la stima del **Forum degli oratori italiani**, nato nel 2001 e ancora impegnato nella ☞ mappatura degli oratori sull'intero territorio nazionale*
*la Regione Lazio grida „viva il parroco" e vara una legge per il riconoscimento della funzione sociale degli **oratori***

ORP: Opera Romana Pellegrinaggi: Römisches Pilgerhilfswerk

ordini religiosi – katholische Orden

benedettini: Benediktiner (O. S. B.)
carmelitani: O. Carm./O. C./O. C. C.: Ordine della Beata Vergine del Monte Carmelo (Ordo Fratrum Beatissimae Mariae Virginis de Monte Carmelo), detti anche Carmelitani dell'antica osservanza o Carmelitani calzati: Karmeliten/Karmeliter: Orden der Brüder der allerseligsten Jungfrau Maria vom Berge Karmel
O. C. D.: Ordine dei Carmelitani Scalzi (Ordo Fratrum Discalceatorum Beatissimae Mariae Virginis de Monte Carmelo): Unbeschuhte Karmeliten
comboniani: congregazione dei missionari comboniani del Sacro Cuore di Gesù: Comboni-Missionare *(begründet vom 1881 verstorbenen Daniele Comboni)*
Nigrizia: rivista dei comboniani
dehoniani: Sacerdoti del Sacro Cuore di Gesù: Dehonianer (S. C. J.: Herz-Jesu-Priester)
domenicani: Domenikaner (O. P.: Ordo Praedicatorum)
focolari: il movimento dei focolari: Fokolare-Bewegung
il **focolarino:** Anhänger der Fokolare-Bewegung
*1943 von Chiara Silvia **Lubich** gegründete Bewegung zur geistigen Erneuerung; gehört zur katholischen Kirche, hält aber auch Kontakt zu anderen Religionsgemeinschaften und zu Atheisten*
*il Movimento dei **Focolari** farà di tutto per contribuire al rinnovamento sociale cristiano*
francescani: frati minori: Franziskaner (O. F. M.: Ordo Fratrum Minorum)
Gifra: Gioventù Francescana: i giovani francescani: Franziskaner-Jugend
fraternità San Pio X.: Fraternità Sacerdotale San Pio X: FSSPX: Fraternitas Sacerdotalis Sancti Pii X.: Priesterbruderschaft St. Pius X.
compagnia di Gesù: l'ordine dei **gesuiti:** Jesuiten, Gesellschaft Jesu (S. J.)
congregazione mariana: Marianische Kongregation
congregazione dei **Legionari di Cristo:** Legionäre Christi
mariani: chierici di Maria Immacolata: Claretiner, Missionsgemeinschaft der Söhne des Unbefleckten Herzens Mariae (C. M. F.)
missionari oblati di Maria Immacolata: Oblaten der Unbefleckten Jungfrau Maria, Hünfelder Oblaten (O. M. I.)
missionari verbiti: S. V. D.: Societas Verbi Divni: Steyler Missionare
padri bianchi: missionari d'Africa: Weiße Väter, Gesellschaft der Missionare von Afrika (P. B.) (P. A.)
paolini: la **congregazione dei paolini:** la **famiglia paolina:** Ordensgemeinschaft der Paulaner
*la **Società San Paolo** è potente in parole e in opere, ma anche in film, compact, videocassette, musicassette, radio e televisioni: in Italia è il più grande gruppo editoriale cattolico e nel mondo è la multinazionale massmediale cattolica più organizzata („Famiglia cristiana", „Il Giornalino", „Jesus": **Edizioni San Paolo**)*

la **congregazione delle paoline**: Ordensgemeinschaft der Paulanerinnen
redentoristi: Redemptoristen (C. SS. R.: Congregatio Sanctissimi Redemptoris)
salesiani: die Salesianer
📖 *la congregazione religiosa fondata da S. Giovanni Bosco per l'educazione cristiana della gioventà*
Cospes: Centro di orientamento dei Salesiani: Bildungswerk der Salesianer
saveriani: Missionari Saveriani: Saverianer-Orden
scolopi: Chierici Regolari Poveri della Madre di Dio delle Scuole Pie: Curia Generale dei Padri Scolopi: Piaristen (*lat.*: Ordo Clericorum Regularium Pauperum Matris Dei Scholarum Piarum)
sulpiziani: Sulpizianer
vincentini: congregazione di **San Vincenzo** de' Paoli: Vinzentiner, Lazaristen (C. M.: Congregatio Missionis)
essere un **vicentino**: ein Waisenknabe sein
*Arpagone, l'avaro di Molière, al confronto era uno della **San Vincenzo***

Ordine delle Vergine: Ordo Virginum: (der kirchliche Stand der) gottgeweihten Jungfrauen *(Jungfrauenweihe)*
*una nuova forma di spiritualità femminile nata dal Vaticano II: La modernità dell'**Ordo Virginum***

Orientamenti pastorali della Cei: Hirtenbriefe der Bischofskonferenz

osservante: cattolico osservante: praktizierender Katholik
*un sondaggio tra un campione di 800 intervistati, in cui era largamente prevalente la quota di coloro che si definiscono cattolici, **osservanti** o no, ha rivelato che la gente comune non condivide gli **anatemi***
anatema – Kirchenbann, Bannfluch

palingenesi: Palingenese; Wiedergeburt durch Seelenwandlung: Wandlung, Comeback
*Ambra Angiolini: dopo l'ammirevole **palingenesi** del suo personaggio approda addirittura alla presentazione della serata inaugurale della Mostra di Venezia*

Papa breve: Papa Luciani: Papa del sorriso: Papa Giovanni Paolo I (1978): Papst Johannes Paul I, der „Kurze Papst", der lächelnde Papst
*il „**Papa breve**" regnò soltanto trentatré giorni*

papaboys: i ragazzi del Papa: tute cattoliche: Jungkatholiken, *katholische Globalisierungsgegner*
*... gruppi giovanili come i **papaboys**, che hanno messo in piedi una web-tv e distribuiscono premi musicali*

Papa buono: Papa Roncalli: Papa Giovanni XXIII (1881–1963): Papst Johannes XXIII, der „Gute Papst"
*il „**Papa buono**", così definito per le straordinarie doti di apertura e di disponibilità verso tutti, per i sentimenti di fiducia e ottimismo suscitati nel cuore dei fedeli, per il suo viso limpido dal sorriso sincero*

papa nero: der Schwarze Papst: Jesuiten-General
*per la prima volta i 218 delegati gesuiti eleggeranno il loro nuovo preposito generale, popolarmente detto **papa nero**, con voto elettronico*

papa nero: verhinderter Papst, von der Konklave nicht gewählter Papst
*Fini sarà come il **papa nero**, quello che entra papa in conclave ed esce ancora cardinale*

papabile: i possibili papabili: mögliche Kandidaten für die nächste Papstwahl *(wird aber auch im allgemeinen Sinn verwendet)*

papal-card: la carta del pellegrino: Pilgerausweis *(für das Jubeljahr 2000)*
📖 *la **papal-card** darà il diritto a sconti nei musei e sui mezzi pubblici, potrà essere usata come Bancomat per prelievi limitati e comprende una polizza assicurativa; senza carta non si potrà partecipare agli eventi e quindi mettere piede a San Pietro. Come dire: niente carta, niente benedizione del papa*

papa rosso: der „Rote Papst": der Kongregation für die Evangelisation der Völker vorstehende Kardinal
*in Vaticano il cardinale prefetto della congregazione De Propaganda Fide lo chiamano il **papa rosso**. Per dire quanto è potente*

papessa: Päpstin
*Barbara Vitti che delle ☞ pierre della moda milanese è forse la **papessa***

papismo: Papismus, Papsthörigkeit

si conferma che il clericalismo dei laici da noi è fuori discussione, come il ***papismo*** *dei leader comunisti e dei loro Peppone*

pateravegloria: Rosenkranz
la frase Pater, Ave, Gloria, reperibile anche in forma contratta Pateravegloria specie nelle forme dialettali, è una locuzione usata per indicare una particolare forma di preghiera tipica del culto cattolico e legata alla pratica del rosario mariano
basta con i cinque ***pateravegloria****, la Chiesa dia via libera alla celebrazione del rito di penitenza comunitario*

pazienza di Giobbe: Hiobsgeduld: Engelsgeduld
Quattro mesi per prendere atto delle dimissioni del presidente Vincenzo Reale sono un po' tanti anche per la proverbiale ***pazienza di Giobbe****, ma è esattamente questo il tempo che è servito ai quarantotto rappresentanti dei comuni matesini per chiudere un capitolo di storia della comunità montana „Matese".*

frate di **Pietrelcina: Padre Pio:** San Pio da Pietrelcina: der Heilige Pius von Pietrelcina
santuario di **San Giovanni Rotondo:** Wallfahrtsort zu Ehren des Heiligen Pius in San Giovanni Rotondo bei Foggia

Pime: Pontificio Istituto Missioni Estere: Päpstliches Institut für Auslandsmissionen

Pontefice: Santo Padre: Papa: der Papst, der Heilige Vater
udienza ***pontificia***/portavoce ***pontificio***
Papa **Wojtyla:** Papa Giovanni Paolo II: **GP2:** Papst Johannes Paul II
un riconoscimento a ***papa Wojtyla*** *per la sua prorompente umanità*

Pontifici Consigli (Curia Romana)

Pontificio Consiglio per i Laici *(offz.)*: Päpstlicher Rat für die Laien
Pontificio Consiglio per la Promozione dell'Unità dei Cristiani *(offz.)*: Päpstlicher Rat zur Förderung der Einheit der Christen
Pontificio Consiglio per la Famiglia *(offz.)*: Päpstlicher Rat für die Familie
Pontificio Consiglio della Giustizia e della Pace *(offz.)*: Päpstlicher Rat für Gerechtigkeit und Frieden
Pontificio Consiglio „Cor unum" *(offz.)*: Päpstlicher Rat „Cor Unum" *(zur Förderung menschlichen und christlichen Fortschritts)*
doveva essere la prima operazione di marketing umanitario. Per ogni pagnotta venduta nei negozi convenzionati, cento lire girate al ***pontificio consiglio „Cor unum"****. Invece l'operazione „panis caritatis" è stata un flop*
Pontificio Consiglio della Pastorale per i Migranti e gli Itineranti *(offz.)*: Päpstlicher Rat der Seelsorge für die Migranten und Menschen unterwegs
Pontificio Consiglio per la Pastorale della Salute *(offz.)*: Päpstlicher Rat für die Pastoral im Krankendienst
Pontificio Consiglio per i Testi Legislativi *(offz.)*: Päpstlicher Rat für die Interpretation von Gesetzestexten
Pontificio Consiglio per il Dialogo Inter-Religioso *(offz.)*: Päpstlicher Rat für den Interreligiösen Dialog
Pontificio Consiglio della Cultura *(offz.)*: Päpstlicher Rat für die Kultur
Pontificio Consiglio delle Comunicazioni Sociali *(offz.)*: Päpstlicher Rat für die Sozialen Kommunikationsmittel

porporato: cardinale: Kardinal
berretta rossa: Kardinal
*abili mediatori (di cui c'è sempre bisogno in conclave) sono i neo-****porporati*** *provenienti dalla diplomazia vaticana*
se il vescovo di Lima riceverà la ***berretta****, l'Opus Dei avrà conquistato la sua prima* ***porpora***
porpora – Kardinalswürde

praticanti assidui: regelmäßige Gottesdienstbesucher
praticanti saltuari: gelegentliche Gottesdienstbesucher
la distanza fra la coalizione che sostiene Berlusconi e quella guidata da Veltroni sale a nove punti fra i ***praticanti saltuari*** *e sfiora i venti fra gli* ***assidui***

prete di frontiera: prete di base: Seelsorger an sozialen Brennpunkten/an der sozialen Front
da don Benzi a Vinicio Albanese a padre Della Sala cresce la contestazione. La rivolta dei ***preti di base****: „Non accettiamo la guerra"*

Propaganda Fide: ☞ congregazioni

Quaresima: Fastenzeit

ha parlato della distribuzione del Vangelo in ogni casa, che sta avvenendo a Roma in questa ***Quaresima****, per iniziativa del Papa, come di un tipo di campagna pubblicitaria*
lungo come una **quaresima:** unendlich lang
l'elenco delle opere pubbliche necessarie è ***lungo una quaresima***

rav: rabbino: Rabbiner
„L'ateneo non solo è aperto a tutti, ma anzi, nelle varie sedi americane solo un quarto degli studenti è di religione ebraica" risponde il ***rav***

Rosario Card: Rosenkranz-Chipkarte
il nuovo ***rosario*** *si presenta come una scheda telefonica con sovraimpressi 59 pallini corrispondenti ai grani dell'antica corona. In catalogo, ricca scelta di modelli: la card è disponibile in plastica, ottone, rame, argento e oro*
rosario: Rosenkranz: große Menge, lange Latte
il lunghissimo ***rosario*** *di errori di precisione*

Rota Romana: kirchlicher Gerichtshof ☞ tribunali

sacerdote/sacerdotessa: Priester: Prophet, Fürsprecher
per esempio, il culto di Brecht, che da noi in Italia aveva avuto il suo massimo ***sacerdote*** *in Giorgio Strehler*

sanfedista: christlich-reaktionär
sanfedismo: Sanfedismus *(gegen Ende des 18. Jahrhunderts vom Klerus geleitete reaktionäre Volksbewegung)*
ma non facciamo ridere. Parliamo di un'Italia che non è né clericale, né ***sanfedista*** *e neppure retrograda*

Santa Madre Chiesa: Katholische Kirche von Italien

Santa Sede: Heiliger Stuhl
se si pensa al peso internazionale della ***Santa Sede****, alla fittissima rete di relazioni, non solo tra Stati, che ha come* ***fulcro*** *la Città del Vaticano*
fulcro – Mittelpunkt

Sant'Egidio: Comunità di Sant'Egidio: politisch-religiöse Vereinigung
Andrea ***Riccardi****, presidente e fondatore della Comunità di* ***Sant'Egidio*** *con don Matteo* ***Zuppi****. La Comunità svolge un'intensa attività diplomatica: dopo la pace in Mozambico, uomini di* ***Sant'Egidio*** *si sono adoperati in Algeria, in Bosnia e, in questi giorni, in Liberia*
l'**ONU di Trastevere**
*nel pomeriggio Bush dovrebbe fare una tappa alla Comunità di Sant'Egidio, l'****Onu di Trastevere***

i santi specializzati

Sant'Apollonia *(mal di denti)*: Schutzheilige bei Zahnschmerzen
San Doroteo *(mal di pancia)*: Schutzheiliger bei Bauchschmerzen
Sant'Espedito *(va invocato solo in caso di cause disperate)*: Schutzheiliger für verzweifelte Situationen, Geldangelegenheiten
San Gennaro: der Heilige Januarius ist der Schutzheilige von Neapel und bekannt wegen des Blutwunders, bei dem sich die Blut-Reliquie des Heiligen bei Annäherung an seine Gebeine verflüssigt
siamo a Napoli, ma qui il miracolo della liquefazione del sangue lo fa solo ***San Gennaro***
San Giacomo *(reumatismi)*: Schutzheiliger bei Rheumatismus
San Giuliano *(trovare casa)*: Schutzheiliger, der bei der Wohnungssuche hilft
San Giuseppe da Copertino *(esami scolastici)*: Schutzheiliger für Schulprüfungen
Santa Lucia *(fastidi agli occhi)*: Schutzheilige bei Augenleiden
Santa Monica *(protegge le mogli maltrattate)*: Schutzheilige der misshandelten Ehefrauen
San Pancrazio *(trovare lavoro)*: Schutzheiliger, der bei der Arbeitssuche hilft
San Paolo *(per i subacquei)*: Schutzheiliger für die Taucher
San Precario: Schutzheiliger der Zukurzgekommenen *(ironisch)*
San Precario*, precario santo da Preco, instabile, malfermo, senza equilibrio, XXI secolo D. C. Nelle leggende, santo patrono di sfrattati, poveri, sottoccupati, sfruttati, ricattati, Co. Co. Co, assunti non in regola e dipendenti a termine. Invocato contro liberismo, caporalato, infortunio senza copertura, cooperative e mobbing.*
Santa Rita *(la Santa delle grazie impossibile)*: Schutzheilige für unlösbare Probleme
San Rocco: Schutzheiliger gegen Epidemien
San Valentino *(per gli innamorati)*: Schutzheiliger für die Verliebten

santino: Heiligenbildchen: *(nel gergo dei detenuti)*: foto segnaletica: Fahndungsfoto

santone: guru: der Guru
☞ *Gianfranco Miglio, ex* ***santone*** *leghista oggi in Forza Italia, è un senatore detestato dal capo dei lumbard, Umberto Bossi*
☞ *il* ***guru*** *di Canale 5 Maurizio Costanzo*

Sant'Uffizio /il Sant'Offizio: Heiliges Offizium, Inquisition ☞ congregazioni

SCV: Stato della Città del Vaticano: der Staat Vatikanstadt

Sir: Servizio di informazione religiosa: Presseagentur der Bischofskonferenz
📖 *agenzia di stampa della Conferenza episcopale*

smadonnare: fluchen, lästern
☞ *come può non arrabiarsi e non* ***smadonnare*** *se vede accadere proprio ciò che voleva evitare?*

Sua Santità: Seine Heiligkeit, der Papst

Tavola Valdese: Waldenser Tafel *(oberstes Leitungsgremium der Waldenser)*
☞ *Il nuovo moderatore della* ***Tavola Valdese*** *è donna. Dopo 800 anni di storia, per la prima volta una donna è a capo della Tavola valdese, l'organo esecutivo del Sinodo delle Chiese valdesi e metodiste italiane*

telefono amico: Telefonseelsorge
Charlie telefono amico: Telefonseelsorge *(zur Konfliktberatung)*
📖 *la linea verde di ascolto della* ***Fondazione Charlie*** *(psichiatri, psicologi, ricercatori e volontari)*

teo-con: teocrati conservatori: Theocons, christlich-fundamentalistische Konservative
☞ *cercasi* ***teo-con*** *ruspante. E' l'ossessione di questi giorni. Intanto bisogna capire che cosa è il* ***teo-con****. E' una figura sociale nuova, apparsa alla ribalta dopo le elezioni americane*

Trastevere: ☞ **Oltretevere:** andere Seite des Tiber-Ufers: der Vatikan
☞ *i diplomatici di* ***Trastevere****: la comunità di* ☞ ***Sant'Egidio***

__Tribunali (Curia Romana)__

Penitenzieria Apostolica *(offz.)*: Apostolische Pönitenziarie

Supremo Tribunale della Segnatura Apostolica *(offz.)*: Oberster Gerichtshof der Apostolischen Signatur

Tribunale della Rota Romana *(offz.)*: Gericht der Römischen Rota
Sacra Rota Romana: Tribunale ecclesiastico
📖 *Gerichtshof der römisch-katholischen Kirche bei der Kurie, zuständig für die streitige Gerichtsbarkeit in kirchlichen Rechtsangelegenheiten, besonders hinsichtlich der Prüfung der Gültigkeit kirchlich geschlossener Ehen*
📖 *essistono le seguenti spiegazioni per l'origine del nome: gli uditori sedevano in cerchio, nel pavimento dell'aula delle udienze c'era una ruota, gli uditori trattavano le cause a rotazione. Nel nuovo codice canonico il tribunale si chiama Rota Romana.*
☞ *questo avvertimento Giovanni Paolo l'ha dato ieri agli ufficiali e avvocati del tribunale della* ***Rota romana****, in occasione dell'apertura dell'anno giudiziario*
giudice rotale: Richter am kirchlichen Gerichtshof

ubiquità: Ubiquität, Allgegenwart
☞ *di lui raccontavano molti prodigi: dicevano che, come* ☞ *Sant'Antonio, aveva il dono dell'****ubiquità****, lo vedevano contemporaneamente da due o tre parti, compariva nei sogni . . .*

Ucei: Unione delle Comunità Ebraiche Italiane:
Unione delle comunità ebraiche: Verband der Jüdischen Gemeinden in Italien
presidente: Amos Luzzatto

Ucoii: Unione delle Comunità e delle Organizzazioni Islamiche in Italia: Verband der Islamischen Gemeinden und Organisationen in Italien

Vandea: Verkörperung der Erzreaktion
📖 *insurrezione monarchica e cattolica della* ***Vandea*** *nel 1793*
vandeano: konservativ und obrigkeitshörig
📖 *legittimista reazionario, fedele alla corona*
☞ *devolution, la sfida della* ***Vandea*** *leghista*

Vangelo: Evangelium, das geschriebene Wort
☞ *non è una pagina di* ***Vangelo****/chi annuncia il* ***Vangelo****, viva del* ***Vangelo***

vaticanista: Vatikankorrespondent

*„Mobbing" ai danni dei **vaticanisti** nell'emittente cattolica Telepace. Lo denuncia, chiedendo rispetto della legalità, l' Associazione stampa romana*

vestale: Vestalin: Priesterin, Bewahrerin, Schutzpatronin
*così si capisce meglio la freddezza con cui donna Assunta Almirante, che della tradizione del ☞ Msi è la **vestale**, si rivolge a Publio Fiori, colpevole di aver proposto di togliere la fiamma dal simbolo*

visita ad limina: Ad-limina-Besuch *(regelmäßiger Bischofsbesuch in Rom)*
*nel ricevere in Vaticano un gruppo di vescovi colombiani per la **visita ad limina**, il Pontefice ha ricordato che nel Paese latinoamericano „da anni si vive un conflitto interno che causa tante vittime innocenti"*

volemose bene: vogliamoci bene: wir haben uns alle lieb
*Don Giuseppe di Verona la apprezza „perché non cavalca l'onda montante del **volemose bene**"*

vulgata: Vulgata: gebräuchliche Version, übliche Auslegung
*ci riconosciamo in una lettura alternativa alla **vulgata** post-gramsciana e togliattiana della storia d'Italia*

YMCA: Associazione cristiana dei giovani: Christlicher Verein junger Männer: CVJM

13.2. I Libri della Bibbia
Die Bücher der Bibel

Antico Testamento	*Altes Testament*
Pentateuco /i libri di Mosè	*Pentateuch/die Bücher Mose*
Genesi	1. Buch Mose/Genesis/Schöpfung
Esodo	2. Buch Mose/Exodus/Auszug
Levitico	3. Buch Mose/Levitikus/In der Wüste
Numeri	4. Buch Mose/Numeri/Zahlen
Deuteronomio	5. Buch Mose/Deuteronomium/Zweites Gesetz
Libri storici	*Geschichtsbücher*
Giosuè	Josua
Giudici	Buch der Richter
Ruth	Ruth
Samuele	Samuel
Re	Könige
Cronache	Chronik
Esdra	Esra
Nehemia	Nehemia
Ester	Esther
Libri poetici	*Lehrbücher*
Giobbe	Hiob
Salmi	Psalter/Psalmen
Proverbi di Salomone	Sprüche Salomos
Ecclesiaste di Salomone	Prediger Salomo
Cantico dei cantici di Salomone	Hohelied Salomos
Libri profetici	*prophetische Bücher*
Isaia	Jesaja
Geremia	Jeremia
Lamentazioni di Geremia	Klagelieder Jeremias
Ezechiele	Hesekiel
Daniele	Daniel
Osea	Hosea
Gioele	Joel
Amos	Amos
Abdia	Obadja
Giona	Jona
Michea	Micha
Nahum	Nahum
Habacuc	Habakuk
Sofonia	Zephanja
Aggeo	Haggai
Zaccaria	Sacharja
Malachia	Maleachi

Nuovo Testamento	*Neues Testament*
Vangelo secondo Matteo	Evangelium des Matthäus
Vangelo secondo Marco	Evangelium des Markus
Vangelo secondo Luca	Evangelium des Lukas
Vangelo secondo Giovanni	Evangelium des Johannes
Atti degli apostoli	Apostelgeschichte des Lukas
Epistola di Paolo ai Romani	Brief des Paulus an die Römer

Epistola di Paolo ai Corinzi	Brief des Paulus an die Korinther
Epistola di Paolo ai Galati	Brief des Paulus an die Galater
Epistola di Paolo agli Efesini	Brief des Paulus an die Epheser
Epistola di Paolo ai Filippesi	Brief des Paulus an die Philipper
Epistola di Paolo ai Colossesi	Brief des Paulus an die Kolosser
Epistola di Paolo ai Tessalonicesi	Brief des Paulus an die Thessaloniker
Epistola di Paolo a Timoteo	Brief des Paulus an Timotheus
Epistola di Paolo a Tito	Brief des Paulus an Titus
Epistola di Paolo a Filemone	Brief des Paulus an Philimon
Epistola di Paolo agli Ebrei	Brief des Paulus an die Hebräer
Epistola di Pietro	Brief des Petrus
Epistola di Giovanni	Brief des Johannes
Epistola di Giacomo	Brief des Jakobus
Epistola di Giuda	Brief des Judas
Apocalisse di Giovanni	Offenbarung des Johannes

13.3. Parole di tipo religioso
Anleihen aus dem religiösen Sprachgebrauch

acqua santa: quasi che Berlusconi fosse il diavolo e D'Alema l'acqua santa: *Weihwasser*

altarino: il commerciante che usa una parte di lavoro nero difficilmente denuncerà l'estorsore di cui è vittima, perché teme di mettere in evidenza così i suoi altarini interni: *kleiner Altar: Geheimnis, (heimliche) Unregelmäßigkeiten*

in un **amen:** se la legge attuale anzichè fare il pateracchio dei „coalizzati" e dei „non coalizzati" avesse mantenuto questa soglia del 4% avremmo visto sparire in un amen tutti i „partitini": *im Nu, im Handumdrehen*

angelo vendicatore: Totti che sputa su un avversario è ormai quasi un angelo vendicatore, ed è già un martire delle telecamere-spione: *Racheengel*

capire l'**antifona:** oramai si parla di una nuova dilagante tendenza nei consumi americani: la frugality. Vari esperti pensano che questa volta gli americani abbiano capito l'antifona e siano davvero profondamente convinti della necessità di vivere in modo più morigerato: *liturgischer Wechselgesang vor der Predigt: eine Anspielung begreifen*

profeti dell'**Apocalisse:** i profeti dell'Apocalisse, alla fine, hanno dovuto ricredersi: *Untergangspropheten*
descrivere a tinte apocalittiche: *in düsteren Farben zeichnen*

Apostata: *der (vom Glauben) Abtrünnige*

apriti cielo: la sua retribuzione è stata fissata ad un miliardo l'anno. Apriti cielo quando lo sapranno i suoi pari grado che spesso non arrivano alla metà di quell'importo: *gütiger Gott*

avere l'**aureola:** anche i nuovi miti dei giovani, dietro i banchi di scuola, non avevano l'aureola: *Heiligenschein tragen, (kein) Waisenknabe sein*

Babele: una Babele di disservizi che ha come inevitabile effetto collaterale 342 mila famiglie che cadono sotto la soglia di povertà: *Babel: Gewirr, Durcheinander*

benedetto: leggetevi quel benedetto libro! Da una parte deprime, certo, ma almeno, poi, saprete cosa aspettarvi: *gesegnet: verdammt, verflucht*

Caino: bisogna estirpare il seme di Caino: *Kains Geschlecht ausrotten*

calice: torna alla realtà: l'amaro calice lo devi bere tu: *der bittere Kelch*

calma serafica: una calma serafica che l'ex parroco è deciso a conservare anche stasera in tv: *Engelsruhe*

camminare sulle acque: l'ex Governatore sa di non poter contare, neanche camminando sulle acque: *auf dem Wasser wandeln*

canonico: se il rimborso arrivasse puntuale, entro i 90 giorni canonici: *kanonisch: gesetzlich vorgesehen*

andare a **Canossa:** Berlusconi è andato telefonicamente a Canossa. E per Gerhard Schröder, che lo ascoltava all'altro capo della cornetta, l'incidente si è chiuso: *Gang nach Canossa*

avere/dare voce in **capitolo:** si è pensato bene di coinvolgere la popolazione anche a Portofino, dando voce in capitolo ai suoi rappresentanti, cioè ai sindaci: *Mitspracherecht geben*
🕮 *„Capitolo" è l'adunanza dei canonici o d'altri religiosi che riuniti in tale sede discutono e prendono decisioni collettive*

caricare la croce a: ma una volta tanto non è giusto caricare la croce al Cavaliere: *jdm. das Kreuz aufbürden*
portare la sua **croce:** *sein Kreuz tragen*

cattedrale del consumo: *Konsumtempel*

cattedrale nel deserto: Malpensa, da cattedrale nel deserto a Business park: *Kathedrale in der Wüste: unsinniges Projekt am falschen Ort*

coprirsi/cospargersi il capo di **cenere:** Lei vuole spingermi a un esame di coscienza, forse a coprirmi il capo di cenere?: *sich Asche aufs Haupt streuen*

conclave: a mano a mano che si avvicina la data fatidica del conclave degli ambasciatori cresce l'attesa dentro e fuori il ministero: *Konklave, sich (zur Beratung) zurückziehen*

crisma: tornano al voto i mussoliani. Con tutti i crismi, alla luce del sole: *Salbung: Segen*

crociata: la recente crociata contro le sigarette: *Kreuzzug*

crocifiggere: non possiamo accettare la teoria che se una corte dà torto a un pm dobbiamo crocifiggere il pubblico ministero: *kreuzigen*

cruna dell'ago: è più facile che un cammello passi nella cruna dell'ago che un ricco entri nel regno dei cieli: *eher geht ein Kamel durch ein Nadelöhr, als dass ein Reicher in das Reich Gottes gelangt*
✍ *la recente riconversione industriale ha aperto la strada a giovani imprenditori in settori di nicchia, ma per i figli delle corporazioni la* ***cruna dell'ago*** *è sempre più stretta*

decalogo: di sicuro però il decalogo leghista rappresenterà la tavola di paragone non solo per le alleanze elettorali ma anche per i prossimi anni della legislatura: *die Zehn Gebote: das Regelwerk*

deserto: mi sembra di gridare nel deserto/dà la sensazione di predicare nel deserto: *der Rufer in der Wüste*

ecatombe: Rinderopfer, Schlachtopfer: Gemetzel, Favoritensterben
✍ *Tennis: Internazionali d'Italia. Giù dal trono, continua l'****ecatombe*** *di teste di serie al Foro Italico/ieri è infatti proseguita l'****ecatombe*** *di campioni. Buffon e Toldo si sono aggiunti alla lista degli infortunati*

ecumenico: descrivono un Berlusconi ecumenico, con le braccia aperte, prontissimo a considerare le ragioni centriste: *ökumenisch, umfassend: versöhnlich*

Epulone: der reiche Mann *(im Gleichnis vom Lazarus und dem reichen Mann;* AUCH: Nineves, Epulon)
✍ *ci illudiamo che restino sempre accucciati in terra in attesa delle briciole del continuo banchettare di noi ricchi* ***Epuloni*** *di razza bianca*

esorcizzare: cerca di esorcizzare la situazione con un sorriso/esorcizzare il diavolo che si nasconde sempre nei dettagli: *exorzieren, Teufel austreiben: beilegen, entspannen*

fariseo: davanti ad una sfida che mi attirava, se avesse detto di no per ragioni che stanno tutto fuori dal mio mestiere, mi sarei sentito un fariseo: *Pharisäer: Heuchler*

fede: la fede muove le montagne: *der Glaube versetzt Berge*

figliol prodigo: l'Ulivo deve tenere le porte aperte. Se poi Di Pietro farà come il figliol prodigo allora il centrosinistra potrà uccidere il vitello grasso: *der verlorene Sohn*

finché morte non ci separi: lamentandosi dell'iPhone, nuovo oggetto del desiderio che i maschi non lasciano mai, neanche di notte. L'importante è essere connessi ogni minuto. **finché morte non li separi:** *bis das der Tod uns/sie scheidet*

genuflettersi: ma sono i laici in prima fila a genuflettersi, a confessare che il papa è sempre il re che sopravvive ai re: *einen Kniefall tun*

geremiade: era solo l'inizio dell'antica geremiade meridionale di sempre: „Lo Stato ci ha abbandonato": *Jeremiade, Gejammer*

gesuita: „Rutelli sei un gesuita"/del resto dire a

qualcuno che è „un gesuita", non è proprio un complimento: *Jesuit: Heuchler*

giaculatoria: la nuova vita di Antonio Cassano è una giaculatoria di buoni propositi, uno di seguito all'altro: *Litanei: Aneinanderreihung*

giro delle sette chiese: Besuch der sieben Kirchen: obligatorische Konsultationen mit allen Beteiligten
📖 *il „giro delle sette chiese" sono le chiese da visitare a Roma, per i fedeli, nel giorno del venerdì santo per ottenere l'indulgenza*
✍ *con una sorta di rivoluzione copernicana rispetto al passato, il „re" e il „viceré" hanno fatto partire il loro* ***giro delle sette chiese*** *dalle associazioni ambientaliste*

Giuda: bacio di Giuda: stampando due affettuosi baci sulle guance del terribile Lucio: Baci di Giuda: *Judaskuss*

Golia: il nostro è uno scontro tra Davide e Golia/il Golia americano non imporrà il suo Consiglio di sicurezza: *David und Goliath*

guancia: com'è che il Polo vi attacca e lei offre l'altra guancia: *die andere Wange hinhalten*

guerra di religione: *Glaubenskrieg*

icona: Sabrina Ferilli, icona del tifo giallorosso: *Ikone: Kultfigur*

piatto di **lenticchie:** c'è per convenienza chi si umilia e si svende, chi per un piatto di lenticchie accetta qualsiasi compromesso: *für ein Linsengericht (für einen Apfel und ein Ei)*

mammona: per quanto possa essere volgare e consacrato alla dea Mammona, il lavoro è comunque sempre in rapporto con la Natura. Già soltanto il desiderio di effettuare un lavoro ci guida sempre di più verso la verità e verso le leggi e i precetti della Natura, che sono la verità: *schnöder Mammon*

manna dal cielo: si capisce, il vizio d'attendere la discesa della manna dal cielo resiste pressoché intatto: *himmlisches Manna*

preghiera del **mercoledì delle ceneri:** alla fine le dichiarazioni di Fazio restano come preghiera del mercoledì delle ceneri: ricordati che sei polvere e polvere ritornerai: *Aschermittwochspredigt*

ogni morte di vescovo: ogni morte di Papa: se ne riparlerà tra due anni, forse tre. Celentano ha un merito: poche puntate ogni morte di vescovo, poi si ritira nella sua villa bunker: *alle Jubeljahre*

osannare: tre giocatori poco osannati potrebbero cambiare le carte in tavola: Jovetic, Adriano e Flamini: *rühmen, in den siebten Himmel loben*

tranquillo come un **papa:** ruhig und gelassen
📖 *modo di dire che si rifà a un titolo riservato al papa, quello di essere beato, sereno in quanto anima eletta, al di sopra delle preoccupazioni dei comuni mortali*

papale papale: quella frase, „sei obsoleto", Massimo D'Alema andò a spiattellarla papale papale in faccia ad Achille Occhetto dieci anni fa: *unverblümt*

settimana di **passione:** settimana di passione per chi viaggia in treno e in aereo per una serie di agitazioni indette da ferrovieri e controllori di volo: *Passionswoche, Woche des Leidens*

peccato originale: sconta in parte il peccato originale di non essere stato super partes nella contrapposizione tra vecchia e nuova Europa nata alla vigilia della guerra in Iraq: *Erbsünde, Sündenfall*

peccato veniale: giro di vite di Castro, condanne e 78 arresti, ma la sinistra vola a Cuba: errori veniali: *lässliche Sünde: verzeihlicher Fehler*

pecorella smarrita: fino ad attribuirgli il ritorno delle pecorelle smarrite all'ovile della sinistra: *verlorenes Schaf*

rinvii pilateschi: è come il tempo dei rinvii pilateschi, delle polemiche vuote/comportamento pilatesco: *von Pontius nach Pilatus*

pontificare: si diano da fare invece di pontificare sulle disgrazie altrui: *predigen, salbadern*

portate gli uni i pesi degli altri: tutti siamo chiamati a farci carico di queste e di tante situazioni di disagio, nell'essere corresponsabili, portando gli uni i pesi degli altri: *der Eine trage des Anderen Last*

profeta: ha ancora voglia di dimostrarsi profeta in patria: *Prophet im eigenen Land*
profeti di sventura annunciavano tempi duri: *Propheten des Unheils*
contro tutti i **profeti di sventure:** *entgegen allen Kassandrarufen/Unkenrufen*

provvidenza: il resto è nelle mani della provvidenza: *(göttliche) Vorsehung*

purgatorio: l'euro non sarà un paradiso ma un purgatorio. Ma il purgatorio è sempre meglio dell'inferno: *Fegefeuer*

San Sebastiano: sono stufo di fare il San Sebastiano: *Sebastian: heiliger römischer Märtyrer*

San Tommaso: increduli come San Tommaso/ho sempre avuto fiducia nella verità e non mi sono mai rivolto a San Tommaso per cercarla: *der ungläubige Thomas*

San Vito: i mercati finanziari balleranno il ballo di San Vito: *Veitstanz*

sancta sanctorum: la Casa della cultura, il sancta sanctorum della sinistra milanese: *das Allerheiligste*
la parte più segreta del tempio ebraico, dove soltanto il sommo sacerdote aveva facoltà d'entrare. Nelle chiese cristiane s'intende il presbiterio e il tabernacolo, che custodisce l'eucaristia. Una volta i laici non avevano accesso al sancta sanctorum.

sanpietrino: er **sercio** *(im römischen Dialekt)*: Pflasterstein
i sanpietrini cominciarono a essere utilizzati nel'500 per piazza San Pietro dalla quale presero il nome
*Roma, **sanpietrini** addio, rivoluzione dopo cinque secoli. Critiche ma anche applausi per la conversione all'asfalto*

santerellino: ultrà tedeschi hanno già ridotto in fin di vita un gendarme, e non è che i croati siano santerellini: *Heiliger, Unschuldslamm*

santo subito: arrivando qui un gruppo di signore mi ha accolto dicendo: Silvio santo subito. Accetto il santo, ma non sono d'accordo sul subito: *sofortige Heiligsprechung (meist in ironischer Bedeutung)*
l'espressione si è diffusa nel 2005 per richiedere la canonizzazione immediata del defunto papa Giovanni Paolo II

scampare: Dio ce ne scampi: *Gott bewahre*

scomunica: la scomunica più grave arriva con un documento firmato dagli otto leader storici delle comunità di accoglienza: *Exkommunikation, Bann: totale Ablehnung/Verurteilung*

sepolcri imbiancati: Heuchler *(in Matthäus 23,27 werden die Schriftgelehrten und Pharisäer mit übertünchten Gräbern verglichen)*
*alcuni partecipanti hanno intonato il rosario. „Baciapile e **sepolcri imbiancati**" e „leggete veramente che cosa dice il Vangelo" hanno gridato*

Signore, perdonalo perché non sa quello che dice: *Herr, vergib ihm ...*

stigmatizzare: il partito di Fassino stigmatizza una proposta che incentiva la corruzione: *stigmatisieren: brandmarken*

stracciarsi le vesti: quindi ho chiarito che molte persone si stracciano le vesti quando si parla di regime a proposito di Berlusconi: *sich die Kleider zerreißen*

tavola delle leggi: quei numeri sono un po' come la tavola delle leggi: intangibili: *Gesetzestafel: unumstößlich*

tempi biblici: l'ospedale di Castellaneta è un mostro dal look futuristico: progettato negli anni Settanta, costruito con tempi biblici, è stato inaugurato di corsa nel marzo 2005: *in Zeiträumen wie in der Bibel: unendlich lang*

tentazione: perché non cada in tentazione?: *Versuchung*

traversata nel deserto: se alla fine dei 60 giorni il governo sarà ancora in piedi per il Cavaliere comincerà la vera traversata nel deserto: *Wanderung durch die Wüste*

trenta denari: questo è il governo dei trenta denari nato dal capovolgimento della linea politica dell'Udr: *dreißig Silberlinge*

dio uno e **trino:** il ministro Veronesi è uno e trino, ministro, scienziato e laico; cosa potremmo pretendere di più noi Verdi?: *Dreieinigkeit*

unto dal Signore: *der Gesalbte (gemeint ist meist Berlusconi, der sich selbst so bezeichnet hat)*
*Lei si considera un po' un **unto dal Signore**, ma forse confonde l'olio benedetto con la vaselina*

urbi et orbi: quando il sindaco della città annunciò urbi et orbi: „Il capoluogo è perso": *an die ganze Welt, an jeden, der es hören will*
alla città e al mondo (urbs: città, intesa come la città per eccellenza, Roma)

vacche magre: finora abbiamo vissuto un periodo di vacche magre: *die (sieben) mageren Jahre*

valle di lacrime: rischia di trasformarsi in una valle di lacrime: *Tal der Tränen*

velo pietoso: ... il trasporto ferroviario e aereo. Su quello navale, poi, caliamo un velo pietoso: *Schleier der Barmherzigkeit*

via crucis: la via della croce: accordo vicino, ma sarà una via crucis: *Leidensweg*

vicario: lo fa il presidente vicario del gruppo Pdl alla Camera Italo Bocchino: *Stellvertreter*

vigna del Signore: dopo il grande Papa Giovanni Paolo II i signori Cardinali hanno eletto me pontefice, un semplice e umile lavoratore nella vigna del Signore: Weinstock des Herrn

14. Cultura
Kultur

14.1. Istituzioni centrali
Zentrale Einrichtungen

Ministero per i Beni e le Attività Culturali *(offz.)*: **Mibac:** Ministerium für Kulturgüter und kulturelle Angelegenheiten

Sovraintendenza ai beni culturali: Denkmalamt
Soprintendente ai beni culturali: Leiter des Denkmalamts
Soprintendente ai beni archeologici: Leiter des Archäologischen Amts
Sibec: Società per i beni culturali: Gesellschaft für Kulturgüter
📖 *Società per azioni a capitale prevalentemente pubblico: promuoverà e sosterrà economicamente progetti di restauro, valorizzazione, recupero dei beni sparsi sul territorio. L'impegno economico non graverà sulla finanza pubblica ma sulla* ***Sibec*** *che, per reperire i fondi, emetterà obbligazioni sui mercati internazionali*

14.2. Glossario della cultura
Kulturglossar

aggiunto: Nebenrolle, Nebendarsteller
✍ *fra gli* ***aggiunti*** *emergevano in positivo l'irresistibile Alfonso Antoniozzi e alquanto in negativo Massimo Giordano*

Agis: Associazione generale italiana dello spettacolo: Allgemeiner italienischer Verband für künstlerische Darbietungen

agone: Agon: Wettkamparena
✍ *toni a volte accesi tra accusa e difesa, e la richiesta perentoria del pm Ilda Boccassini di „non trasformare l'aula in un* ***agone*** *politico"/tra i democratici, in molti sperano che scenda nell'****agone*** *politico*

Aiac: Associazione italiana attività concertistiche: Italienischer Verband für die Konzertätigkeit

Aie: Associazione italiana Editori: Vereinigung italienischer Verleger

Alta Moda: Haute Couture
✍ *sfila l'****alta moda*** *a Roma, quest'anno sotto il patrocinio della neonata* ***AltaRoma****, nata sulle ceneri dell'ex Agenzia per la Moda*

Amarcord Film aus dem Jahre 1973 von Federico Fellini; wird oft als Überschrift für Artikel verwendet, die über Ereignisse der Vergangenheit berichten
📖 *uno dei capolavori di Fellini, baciato dal successo di pubblico e dall'Oscar. Il regista rivisita la sua adolescenza riminese fra scherzi, avventure, buffi personaggi, apparizioni mirabili e il fascismo sullo sfondo*
✍ ***Amarcord*** *per una stella: ad aprire l'album dei ricordi, a vent'anni dalla morte di Maria Callas, sono le manifestazioni italiane*

ambientare: spielen, angesiedelt sein
✍ *il film è* ***ambientato*** *nella Sicilia degli anni '50*

Ambrogino d'oro: Ehrenauszeichnung der Stadt Mailand
✍ *Elio rifiuta l'****Ambrogino****: traditi Enzo Biagi e Roberto Saviano. No all'attestato di benemerenza che la band delle Storie Tese avrebbe dovuto ricevere domenica a Palazzo Marino*

araba fenice: Phönix aus der Asche
📖 *Erodoto e gli antichi narrarono che la fenice nasceva ogni cinquecento anni, unico esemplare della sua specie, facendo nascere poi dalle sue ceneri un nuovo uccello*
✍ *l'Iri non risorgerà come un'****araba fenice***

filo d'**Arianna:** Ariadnefaden, Leitfaden in unübersichtlichen Situationen
📖 *Teseo, secondo il mito, dopo aver ucciso il Minotauro, ritrovò l'uscita del labirinto grazie al filo datogli da Arianna, che egli aveva steso lungo il suo cammino*
✍ *Amato riteneva di cominciare a vedere il* ***filo d'Arianna****, cercato invano da qualche giorno per orizzontarsi nel labirinto delle riforme europee*

Arci: Associazione di ricreazione culturale italiana: Italienische Vereinigung für kulturelle Unterhaltung: *soziokulturelle Vereinigung*
✍ *si scrive che, tra i contributi della regione Calabria per „attività culturali e ricreative non*

*meglio specificate, figurano 300 milioni per l'**Arci** regionale". Precisiamo che in questi ultimi anni l'**Arci** Calabria non ha avuto neanche una lira*

Arcus: Fördergesellschaft für Kunst und Kultur
nel mese di febbraio 2004, con atto del ministro per i Beni e le Attività Culturali, è stata costituita Arcus, Società per lo sviluppo dell'arte, della cultura e dello spettacolo S. p. A. Il compito dichiarato di Arcus è di sostenere in modo innovativo progetti importanti e ambiziosi concernenti il mondo dei beni e delle attività culturali, anche nelle sue possibili interrelazioni con le infrastrutture strategiche del Paese

Arena di Verona: Ente Lirico Arena di Verona: Oper der Arena von Verona
*all'**Arena di Verona** lo spettacolo inizia prima di cominciare: godetevi l'**Arena**, godetevi lo spettacolo e godetevi anche l'acquisto dei biglietti*

Associazione beni culturali: Vereinigung für das Kulturgut: Interessenvertretung der Beschäftigten im Bereich der Kulturgüter

Atm: assistenti tecnici museali: Museumsangestellte
*la sentenza del giudice del lavoro di Firenze non mette in forse la stabilizzazione degli **Atm**, i lavoratori precari dei musei*

Premio **Bacchelli:** la **Bacchelli:** Staatlicher Fonds für bedürftige Künstler und Kulturschaffende

bacchetta: Taktstock: Dirigent
*il Regio di Parma ha sfruttato l'entusiasmo di Lamberto Puggelli, responsabile di uno spettacolo originalmente motivato, e di Renato Palumbo, **bacchetta** trascinante*

Baci Perugina: *(vergleichbar)* Ferrero Küsschen: *Schokopralinen, denen in der Einzelverpackung jeweils auf kleinen Zetteln Volksweisheiten, Sprichwörter etc. beigelegt sind*
sapienza da Baci Perugina: Lieschen-Müller-Weisheit
*l'esclamazione è stata talmente gettonata nei decenni da diventare una **sapienza da Baci Perugina***

best-sellerista: Bestsellerautor
*prima tiratura da record – sulla scia dell'ultimo **best-sellerista** della casa, Walter Veltroni – e grandi aspettative di vendita*

letteratura **bianca:** Belletristik *(im Gegensatz zur Noir-Literatur)*
*la **letteratura bianca**, non poliziesca, non riesce più a raccontare questo Paese. Il noir ci provoca entro i limiti del genere*

Biennale: la Biennale di Venezia: **Mostra internazionale d'arte cinematografica:** Internationale Filmkunstschau Venedig
la più antica e prestigiosa istituzione culturale e artistica del mondo
Leone d'Oro: Goldener Löwe *(höchste Auszeichnung der Biennale)*

caduta di stile: Sittenverfall, (zunehmende) Stillosigkeit, Stilbruch
*la politica romana e italiana non esce bene da questa vicenda, non tanto per quel che ha fatto o non ha fatto, ma per la generale **caduta di stile***

Calimero: *Zeichentrickfigur*
personaggio dell'animazione pubblicitaria italiana, un pulcino piccolo e nero. La notorietà di Calimero è molto elevata tanto da far entrare nel lessico collettivo sia il nome del personaggio, sia alcune frasi celebri come „Tutti mi vogliono male perché sono piccolo e nero ..."

cannibali: giovani scrittori cannibali /generazione cannibale: die jungen, wilden Literaten
scrittori giovani che usano un linguaggio povero

Capodimonte: museo di Capodimonte di Napoli

cassetta: videocassetta: Video
*„Titanic" in **cassetta** esce a mezzanotte*

Cedec: Centro di documentazione ebraica contemporanea: Zentrum für zeitgenössische jüdische Dokumentation

lavoro di **cesello:** Ziselierarbeit: mühevolle Kleinarbeit
*c'è forte l'avvertimento chiaro a Bagdad ma c'è anche la volontà di cooperare con la comunità internazionale, a cominciare dagli Stati Uniti. Un **lavoro di cesello** per unire tutte le posizioni europee*

CIMAC: Civico Museo d'Arte Contemporanea *(situato nel Palazzo Reale, Milano)*: Städtisches Museum für Zeitgenössische Kunst (Mailand)

colonna sonora: Filmmusik
*riscoperta stimolante questo allievo di Zemlinski (Korngold) che, dopo una carriera di **fanciullo prodigio** in Mitteleuropa, sotto il nazismo emigrò negli Usa per comporre **colonne sonore***
fanciullo prodigio – Wunderkind

convitato di pietra: der steinerne Gast *(nach „Don Giovanni")*
*ed è una giornata tutta protesa verso Cofferati (**ingombrante convitato di pietra**) quella vissuta ieri al di fuori del dibattito ufficiale*
ingombrante – sperrig

cortina: Vorhang
cala la cortina: der Vorhang fällt
*la crisi tecnica ed economica del nostro calcio chiude le frontiere. **Cala la cortina** per respingere l'arrivo di argentini, di brasiliani e di africani*

Cral: Circolo ricreativo assistenza lavoratori: Arbeiterkulturverein
*„Quelli del Nobel vi hanno copiato", Dario Fo ha sorpreso tutti ieri alla cerimonia di consegna del Premio alla Cultura che il **Cral** del Provveditorato di Milano gli ha assegnato la scorsa estate*

Cric: Coordinamento delle Riviste Italiane di Cultura: Koordinierungsrat der italienischen Kulturzeitschriften
tra le riviste che hanno già aderito al Cric troviamo Confronti, Economia e Lavoro, Nuovi Argomenti, Nuova Storia Contemporanea, Testimonianze, La rivista dei Libri, Palomar, Gulliver, Le Carte e la Storia, Parole chiave, Testimonianze …

per il rotto della **cuffia:** um Haaresbreite
*si vuole farlo derivare dall'antico gioco della **quintana**, in cui era ritenuta valida anche la prova di quel concorrente che subiva un colpo o un danno nella cuffia*
quintana – mittelalterliches Ritterspiel
*il referendum voluto da Mitterrand è passato **per il rotto della cuffia***

cultura: Denken, Logik, Mentalität
*esprime una **cultura** omertosa*
***grido d'allarme** del Papa „No alla **cultura** abortista"*
*perché lo Stato moltiplichi i suoi sforzi per rendere davvero la magistratura dotata di mezzi e **culture** per contrastare le ricchezze di mafia*
grido d'allarme – lässt die Alarmglocken läuten

Dedi: Dizionario etimologico dei dialetti italiani: Etymologisches Wörterbuch der italienischen Dialekte

Deli: Dizionario Etimologico della Lingua Italiana: Etymologisches Wörterbuch der italienischen Sprache

libro-**denuncia:** Enthüllungsbuch

Dioscuri: die Dioskuren, Kastor und Pollux, die Söhne des Zeus: die Unzertrennlichen
*il secondo duello si sta combattendo da settimane tra i due **Dioscuri** della sinistra, Sergio Cofferati e Massimo D'Alema*

libri **divulgativi:** populärwissenschaftliche Bücher

doppiopetto: Zweireiher: offizielle Kleidung, „offizieller Hut"
*smesso il **doppiopetto** istituzionale e reindossati i panni del militante, ha ritrovato un popolo plaudente*

Einaudi: la casa editrice Einaudi: Verlagsanstalt Einaudi
via Biancamano: sede dell'Einaudi
Struzzo: Strauß *(Zeichen von Einaudi)*
*in sostanza, che fa lo **Struzzo**, e che cos'è diventato?*
i **bianchi:** die „Weißen" *(wegen ihres traditionell weißen Buchrückens)*

ellekappa: la vignettista Laura Pellegrini: die Karikaturistin Laura Pellegrini
*alla fine, il libro c'è e si apre con un tipico sarcasmo **ellekappiano** per dissolvere il clima alla Le Pen*

enti lirici: Opernhäuser

d'**epoca:** historisch, Denkmal-
mezzi d'epoca: Oldtimer
*nei quartieri aulici, il **palazzo d'epoca** è diventato attrazione sul mercato immobiliare e segno di successo*

esordiente: Debütant
*una nuova **procace esordiente**/i tre **esordienti**: „La nostra è come la favola di ☞ Cenerentola"*
procace – herausfordernd

étoile: Erster Solotänzer, Star
*ha 30 anni, ha danzato con le più grandi **étoile***

Federculture: Bund für Kultur
Federculture è l'associazione nazionale dei soggetti pubblici e privati che gestiscono le attività legate alla cultura ed al tempo libero. Federculture nasce nel giugno del 1997 con 13 soci

fondatori, oggi la federazione conta 168 associati, tra regioni, province, comuni, aziende, consorzi, fondazioni, istituzioni, società e associazioni

operazione Fenice: Rettungsaktion *(z. B. Alitalia, in Anlehnung an den Vogel Phönix)*
*Berlusconi si presenta nella sala stampa di palazzo Chigi per raccontare la sua verità sull'**operazione Fenice** e sulla cordata italiana*

Fiabilandia/Il mondo delle fiabe: Märchenwelt

Nonna Abelarda: *Comicfigur eines nachlässig gekleideten, aber geistig hellwachen Mütterchens*
*spesso citato quando si voleva indicare la classica „vecchietta **tutto pepe**". Fortissima, quasi invincibile, Nonna Abelarda riesce a rimettere ogni volta le cose al proprio posto, senza dimenticare il suo ruolo di educatrice*
tutto pepe – auf Draht
*Laura Balbo si presenta vestita con un golfetto slabbrato e una tale **sciatteria** vecchio folk da far subito sospettare di averlo fatto apposta; come conseguenza si guadagna il nomignolo di **nonna Abelarda***
sciatteria – Nachlässigkeit

Biancaneve: Schneewittchen
*Crociate e sogni della ex moglie di Mick Jagger, in prima linea per i diritti umani: **Biancaneve** va alla guerra*

brutto anatroccolo: das hässliche Entlein
*noi non siamo il **brutto anatroccolo**, o la ☞ cenerentola dei partiti, al voto europeo possiamo andare benissimo da soli, ma insieme è meglio*

burattino: Marionette, Strohmann
*con l'aiuto degli Usa, Zahir Shah vuole tornare come un **burattino** per predicare il cristianesimo in Afghanistan*

Cappuccetto rosso: Rotkäppchen: naive Person
*nemmeno **cappuccetto rosso** crederebbe più alla favola che queste sentenze non siano parte di una manovra politica rivolta contro il leader dell'opposizione*

Cenerentola: Aschenputtel
*Ventimiglia, la sedicenne ha raggiunto il padre separato. E **Cenerentola** fuggì di casa. „Cara mamma, cari fratelli, non ce la faccio più a vivere così"*

L'**intrepido soldatino di stagno:** Der tapfere kleine Zinnsoldat

Il **Mago Merlino:** Der Zauberer Merlin
*mi scusi, ma lei sa dirmi come possiamo salvare questa azienda se non si fa così? Io, con tutta la buona volontà, non sono mica **mago Merlino***

mago di Oz: Zauberer von Oz: Verwandlungskünstler
*un'operazione di trasfigurazione degna del **mago di Oz***

Paese della cuccagna: Schlaraffenland
*non capisce come in una provincia così ricca, nel **Paese della cuccagna** con la disoccupazione più bassa d'Italia, ci si possa ancora perdere in simili questioni*

Pagliaccio: Bajazzo, Hanswurst
*che pena quei **pagliacci** aggrappati al partitino*
*la faccenda del doppio incarico dei sindaci sta diventando una vera **pagliacciata***
pagliacciata – Possenspiel, Farce

La **piccola fiammiferaia:** Das kleine Mädchen mit den Schwefelhölzern

Pifferaio (Magico): Rattenfänger (von Hameln)
*Berlusconi, quando parla e promette, mi fa venire in mente il **pifferaio** della fiaba. Ha perso il senso del ridicolo*

Pinocchio: Pinocchio: Lügenbaron, Lügenbolzen, jemand, der viel verspricht, ohne es zu halten
*Ministro **Pinocchio**: una ripresa che non c'è. Promesse elettorali impossibili …*
*Sindaco **Pinocchio**: il sindaco, accusato di promettere tutto e non mantenere niente, è finito pure su centinaia di **manifestini**, ritratto con il naso di Pinocchio*
manifestino – kleines Plakat, Flugblatt, Handzettel

Pollicino: der kleine Däumling

Principe Azzurro: Märchenprinz
*Lei è una persona davvero cara, appassionata e matura, quello che decine di ragazze che mi scrivono chiamano ingenuamente „**Principe Azzurro**" e cercano invano*

La **principessa sul pisello:** Die Prinzessin auf der Erbse

Pulcinella: il **segreto di Pulcinella:** offenes Geheimnis
*mi pare che nel generale clima di **scadimento** della vita politica italiana i segreti siano sempre più condannati ad essere **segreti di Pulcinella***
scadimento – Verfall, Niedergang

pulcinelleria: Flatterhaftigkeit, Launenhaftigkeit
niente più pizza e mafia, ***pulcinellerie*** *e criminalità, ma gusto ed eleganza*

La **Sirenetta:** Die Meerjungfrau

stivali delle sette leghe: Siebenmeilenstiefel

Il **tavolino magico,** l'**asino d'oro** e il **randello castigamatti:** Tischlein deck' dich, Goldesel und Knüppel aus dem Sack

I **vestiti nuovi dell'imperatore:** Des Kaisers neue Kleider

e così vissero per sempre felici e contenti: und so lebten sie glücklich und zufrieden ...
e sopravvissero socialisti e scontenti

Fimi: Federazione industria musicale italiana: Verband der italienischen Musikindustrie

Fratello Sole: Bruder Sonne *(nach dem Film von Franco Zeffirelli „Bruder Sonne, Schwester Mond")*
Fratello Sole *ci aiuta a tenere lontano i tumori? Ma è vero che esporsi al sole può aiutare a combattere il cancro?*

Fus: Fondo unico per lo spettacolo: Haushaltsfonds für künstlerische Darbietungen
non si riesce a indurre banche e aziende a sottoscrivere quote di un'attività fatalmente in perdita. E così dietro la spaccatura sui nuovi criteri di ripartizione del ***Fus*** *si nasconde una volontà comune a tutti i teatri perché l'erario continui a garantire lo stesso flusso di denaro*

galateo: dizionario di **bon-ton:** Benimmlexikon, Anstandsregeln, „Knigge"
capolavoro del Monsignor Della Casa (1503) dedicato a un vescovo, il committente, Galeazzo Florimonte il cui nome latinizzato, Galatheus, darà il titolo al trattato
in alcuni casi, persino la polizia non rispetta le regole del ***galateo***

Galeotto fu...: verhängnisvoll wurde ..., verführerisch war... *(nach dem 5. Gesang der Hölle aus der Göttlichen Kommödie von Dante. Im mittelalterlichen Lanzelot-Roman war Galehaut ein König, der dem Helden des Romans zu einem Stelldichein mit Ginevra verhilft; nach den Interpretationen der Göttlichen Kömedie erhält aber „galeotto" eine verächtliche Bedeutung „Kuppler", „Verräter"*
*ma solo un punto fu quel che ci vinse./Quando leggemmo il disiato riso/esser basciato da cotanto amante,/questi, che mai da me non fia diviso,/la bocca mi basciò tutta tremante./****Galeotto fu*** *il libro e chi lo scrisse:/quel giorno più non vi leggemmo avante*
*Doch nur ein Punkt war's, welcher uns bewältigt./Denn als wir, wie das langersehnte Lächeln/Von solchem Liebenden geküsst ward, lasen,/Da küsste, dem vereint ich ewig bleibe,/Am ganzen Leibe zitternd, mir den Mund./****Zum Kuppler ward*** *das Buch und der's geschrieben./An jenem Tage lasen wir nicht weiter.*
Eros telefonico: ***Galeotto fu*** *l'ufficio. L'impiegato flirta alla cornetta: condannato per* ☞ *peculato*
Galeotta fu *l'e-mail*
dopo l'intervista ***galeotta*** *e in parte smentita a Repubblica, l'ambita poltrona ministeriale torna in alto mare*
galeotto: Sträfling, Zuchthäusler
un ritorno alle ottocentesche case di correzione, con i piccoli ***galeotti*** *in tuta a righe*

Gam: Galleria civica d'arte moderna e contemporanea di Torino: Städtische Gallerie für moderne und zeitgenössische Kunst von Turin

Garzantina: *Kompaktlexika des Verlagshauses Garzanti zu verschiedenen Wissensgebieten*
l'Enciclopedia Universale Garzanti è la „Garzantina" per antonomasia. Nata nel 1962 da una felice intuizione editoriale di Livio Garzanti, ha dato origine alla collana di reference più conosciuta e consultata in Italia
le ***Garzantine*** *servivano anche a ciò, a rendere comprensibile qualsiasi pensiero, a esprimerlo con parole chiare e semplici*

gattopardo: Panther; sizilianischer Aristokrat *(nach dem Roman von Giuseppe* ***Tomasi di Lampedusa*** *(1896–1957) „Il Gattopardo")*
uno degli ultimi ***„gattopardi"*** *siciliani è morto con la certezza di aver compiuto la sua missione: aver trasformato il feudo di una delle più antiche e nobili famiglie della Sicilia in un'azienda d'avanguardia*
logica del gattopardo *(secondo la frase del „Gattopardo" di Tomasi di Lampedusa: „che tutto cambi perché nulla cambi"):* Alles ändern, damit es beim Alten bleibt
il rischio che il processo di riforma si concluda con un nulla di fatto. E che alla fine, vinca la ***logica del Gattopardo:*** *un po' per mancanza di fondi, e un po' per eccesso di politica*

genio irrequieto: unruhiger Geist, umtriebiger Geist
☞ *definito dal Wall Street Journal „**genio irrequieto**", Kurzweil è uno dei principali studiosi del futuro impatto della tecnologia*

Georgofili: Accademia dei Georgofili: Gesellschaft zur Förderung von Landwirtschaft und Volkswirtschaft

giallista: scrittore/scrittrice di gialli: Krimiautor(in)
☞ ***giallista** di culto*

Giamburrasca: lebhafter, leicht aufmüpfiger Junge
📖 *Fra le pubblicazioni di **Luigi Bertelli** (scrittore italiano, 1858–1920) per l'infanzia da ricordare soprattutto* IL GIORNALINO DI GIAMBURRASCA *(1920), brioso diario di un ragazzo un po' ribelle*
☞ *Formigoni è il **Giamburrasca** delle nostre istituzioni. In un Paese che tende al federalismo anche i **Giamburrasca** hanno la loro funzione, importante è che non gli si dia sempre ragione*

globish globish
☞ *e il „**globish**" sfidò il latino: L'inglese globale idioma eterno?*

Gnam: Galleria Nazionale d'Arte Moderna: Nationalgalerie für Moderne Kunst in Rom

Gotha: „Who is Who"
☞ *scivolone della Fininvest nel „**gotha**" delle imprese/questa volta lo circonda il **Gotha** della diplomazia italiana*

guiness dei primati: Guinessbuch der Rekorde
☞ *ha tutte le carte in regola per entrare nel **guiness dei primati***

Inda: Istituto nazionale del dramma antico: Nationale Anstalt für antikes Drama
☞ *Cosa nostra controllava praticamente tutto, il servizio maschere e perfino il noleggio dei cuscini da fornire agli spettatori delle tragedie greche organizzate ogni due anni dall'**Inda**, una delle più prestigiose istituzioni culturali europee*

Italiani, brava gente: Die anständigen Italiener *(russisch-italienischer Film von Giuseppe De Santis aus dem Jahre 1964 über ein italienisches Regiment an der Ostfront während des 2. Weltkriegs)*
☞ *quel giorno finì l'illusione della missione di pace: anche gli „**italiani, brava gente**" capirono che si poteva combattere. E morire*
☞ *il mito degli „**italiani brava gente**" è fondato sulla rimozione storica dei crimini di guerra commessi dall'esercito italiano nelle ex colonie africane e nei territori occupati della II guerra mondiale. La nostra storia ufficiale è una storia di rimozioni profonde. Come sempre, nascondere i crimini, le atrocità di ieri serve a legittimare quelli di oggi*

jurassico: verknöchert, verstaubt
☞ *secondo gli studiosi, lo spot in tv ha un'immagine **jurassica***

kolossal: Ausstattungsfilm, Monumentalfilm
☞ *tutti i segreti del **kolossal** di Ron Howard: Più che un **kolossal**, una colossale fatica*

-landia: -land, *teils im Sinne von*: Märchenland, Fantasieland
Eurolandia: Euroland
☞ *che tentazione diventare di colpo i più virtuosi dentro **Eurolandia** nel fondamentale commercio del sesso a pagamento*
happylandia: Happyland, Traumland
☞ *l'ottima assistenza sanitaria, il benessere economico, l'istruzione e poche differenze tra classi sociali garantiscono alla Danimarca lo status di **happylandia***
Scippolandia: das Land des Straßenraubs
☞ *dopo l'assassinio del turista giapponese: Benvenuti a **Scippolandia***

lapalissiano: offensichtlich, auf der Hand liegend, Binsenweisheit
📖 *dal nome del capitano francese de La Palisse celebrato nei versi involontariamente ovvi*
☞ *la sudditanza psicologica è un dato **lapalissiano** ed è aumentata a dismisura*

lato B: B-Seite: Hinterteil
☞ *premiati i migliori „**lati B**" del mondo*

lettura: chiave di lettura: Lektüre: Interpretation, Auslegung
☞ *un dato che si presta a una duplice **lettura**/l'uscita di Violante può avere indubbiamente una doppia **lettura***
☞ *la **chiave di lettura** che danno i fedelissimi di De Gennaro è la seguente*

Lincei: Anl: Accademia Nazionale dei Lincei: Lincei-Akademie *(Kulturgesellschaft)*
linceo: Mitglied der Lincei-Akademie

📖 *i Lincei, prestigiosa accademia di letterati e scienziati, devono il loro nome alla **lince**, perché hanno dimostrato di possedere, nelle loro specifiche discipline, una vista acutissima*
lince – Luchs

Linneo: das Hauptwerk zur biologischen Klassifikation „Natursystem" von Carl von Linné: Kompendium, Grundsatzwerk
📖 *Linneo (1707–1778) medico e naturalista svedese, professore di Botanica per oltre trent'anni all'Università di Uppsala, con il suo Sistema naturae ebbe il grande merito di richiamare l'attenzione sul valore sistematico degli apparati riproduttori delle piante*
*il dizionario compie 150 anni: „il „Thesaurus" di Roget, il **Linneo** dei vocaboli*

Lingotto: *ehem.:* Sitz der Turiner FIAT-Werke; *heute:* Konferenzzentrum in Turin:
Centro Congressi Lingotto *(meist als Synonym für FIAT benutzt)*
*al **Lingotto** sdrammatizzano: ci volevano vendere solo la divisione auto. La Fiat resta al **palo**; cercasi nuovo partner*
restare al palo – auf der Stelle treten
Premio Lingotto Economia: Wirtschaftspreis (Turin)
lingotto d'oro- (Gold)barren

lingue minoritarie: (amtlich anerkannte) Sprachen der nationalen Minderheiten
📖 *l'albanese, il catalano, il tedesco, il greco, lo sloveno, il croato, il francese, il franco-provenzale, il friulano, il ladino, l'occitano, il sardo*

loggionisti: die (meist mit großem musikalischen Sachverstand ausgestatteten) Zuschauer auf den Galeriestehplätzen der Scala
loggione: Stehplatzgalerie
*erano piovuti volantini bianco-rosso-verdi lanciati dai **loggionisti**, che così volevano **suggellare** la propria vittoria contro l'amministrazione della Scala che voleva cancellarli*
suggellare – besiegeln

Macro: Museo d'Arte Contemporanea di Roma: Museum für zeitgenössische Kunst Rom

Maggio: Maggio musicale fiorentino: alljährliches Musikfestival in Florenz
*Zubin Mehta, direttore artistico del **Maggio***

inno di **Mameli:** inno **mamelico:** Nationalhymne
📖 *Mameli, Goffredo (1827–1849), patriota e poeta italiano.* Fratelli d'Italia *(1847), musicato da Novaro, è divenuto dal 1946 l'inno nazionale della repubblica italiana*
*torna la tassa sull'inno di **Mameli**/calciatori italiani costretti moralmente a muovere le labbra durante **l'inno mamelico***

mantra: Mantra: magische Formel, Beschwörungsformel
*ha avuto poco seguito il **mantra** con il quale Raffaello Vignali apriva dibattito*

Mart: Museo d'arte moderna e contemporanea di Trento e Rovereto: Museum für moderne und zeitgenössische Kunst Trient und Rovereto
*Conto alla rovescia per il nuovo **Mart** di Rovereto: sarà inaugurato nel giugno del 2002*

matita: vignettista: Karikaturist
*basta essere ellekappa, ex impiegata ministeriale, storica **matita** di giornali come „Tango", „Cuore"...*

studio **matto e disperatissimo:** wie ein Wahnsinniger arbeiten *(zitiert aus einem Brief des Dichters Giacomo Leopardi)*
*Woolrich si diede a un lavoro **matto e disperatissimo**, producendo un'immensa quantità di romanzi e di racconti sotto i suoi vari eteronomi*

meglio gioventù: die glückliche Generation, die goldene Jugend, *nach dem Film* „Die besten Jahre"
📖 *„La meglio gioventù", un film del 2003 che racconta la storia italiana dalla metà degli anni Sessanta fino all'inizio degli anni 2000 attraverso le vicende di una famiglia*
*Campionati Europei e re del gol: Alex insegue **la sua meglio gioventù** e saluta i tifosi a fine gara*

mélo: melodramma: Melodram
*passando dalla commedia al **mélo** giudiziario in stile Kramer contro Kramer*

metrosessuale: metrosexuell
*il **metrosessuale** è l'uomo metropolitano alla moda, è il dandy che non si vergogna di esibire quella parte di femminilità che c'è in lui, pur rivendicando la propria virilità. È sofisticato e attento alla propria immagine. È raffinato e fiero del proprio aspetto*

bustina di **Minerva:** Streichholzheftchen; Titel eines Buches von Umberto Eco
*gli appunti di Eco riempivano il retro di copertina delle **bustine di Minerva**, i celebri*

fiammiferi gloriosamente citati nei migliori dizionari

MiTo: Festival Internazionale della Musica Torino Milano: Internationales Musikfestival von Mailand und Turin
☞ *il **MiTo** diventa realtà*

Il **Molleggiato:** der Sänger Adriano Celentano *(wegen seiner elastischen, federnden Bewegungen)*
☞ *nel sito ufficiale del „**molleggiato**" (www. celentano. it) è possibile guardare il videoclip di „I passi che facciamo" e scaricare gratuitamente la canzone scritta da Pacifico ed inclusa in „Per sempre", l'ultimo album di Celentano*

monarca incontrastato: unbestrittener König: unbestrittene Nummer Eins
☞ *il **monarca incontrastato** rimarrà sempre lo champagne*

noir: Noir-Krimi
☞ *è ormai evidente che il giallo, una delle forme simboliche più rappresentative del nostro tempo nella letteratura di consumo ma anche in quella colta, è stato soppiantato dal **noir** nei favori del grande pubblico*

olio: Ölbild, Ölgemälde
☞ *cosa rappresenta un affresco di Leonardo piuttosto che un **olio** di Mondrian?*

omino Michelin: Michelinmännchen
☞ *dubbia la presenza di Cipollini al via, l'indomani: si era comunque presentato alla partenza da Arco tutto incerottato, tanto da sembrare la controfigura dell'**omino Michelin***

Orazi e Curiazi: Horazier und Curiazier, „verfeindete Brüder"
📖 *Orazi e Curiazi: Secondo la mitografia leggendaria concernente la prima storia di* Roma, *i fratelli, trigemini gli uni e gli altri, che decisero in uno scontro armato diretto le sorti della guerra fra Roma e* Alba Longa. *Elaborata probabilmente fra il V e il IV secolo a. C., la vicenda vuole che inizialmente soccombessero gli Orazi, i combattenti romani. L'ultimo rimasto in vita separò gli avversari con una finta fuga e, affrontatili a uno a uno, li uccise, assegnando la vittoria a Roma. Sdegnato per il dolore della sorella, promessa sposa a uno dei Curiazi, la uccise venendo graziato per questo delitto.*

parola fine: Schlusswort
☞ *mettere la **parola fine** a un dibattito che ha surriscaldato il clima politico estivo è stata scritta dall'Assemblea Regionale Siciliana*

periferia **pasoliniana:** kleinbürgerlich-kriminelles Milieu der römischen Vorstädte
☞ *domenica mattina, **periferia pasoliniana** della capitale. In tribuna molto fumo e dopobarba. Sul campo di terra, tra nubi di polvere, ragazzini di 15–16 anni*

pasquinata: *(bissige, oft politische)* Satire
📖 *satira, specialmente a contenuto politico, che si affiggeva a Roma fra i secoli XVI e XIX alla statua di Pasquino*
☞ *la **pasquinata** è romana e non ha la sciarpa ☞ giallorossa né quella ☞ biancoceleste, fa parte del carattere di questa città*

passerella: sfilata: Laufsteg: Modenschau
☞ *il mercato va bene, ma troppe **passerelle** portano alla saturazione*
passerella: Plattform, (Schau)Bühne, Kür, Schaulaufen
☞ *per Gasparri dovrebbe essere una tranquilla **passerella***
☞ *ridotta come è stata a una **passerella** propagandistica per i proclami retorici di „guerra alla mafia"*

Patrimonio dello Stato (Spa): Pspa: Gesellschaft für das Staatliche Kulturerbe
☞ *la **Patrimonio dello Stato Spa**, la società da poco creata dal ☞ Tesoro proprio perché vi sia trasferita gran parte dei beni pubblici, dovrà „operare con la massima trasparenza" per quanto riguarda la cessione dei beni del patrimonio pubblico*

tela di **Penepole:** Tuch der Penelope: eine nicht enden wollende Arbeit, ein Fass ohne Boden
☞ *accusa i ds di disfare di notte quello che fanno di giorno come la tela di **Penelope***

Permanente: Società per le Belle Arti ed Esposizione Permanente: Kunst- und Ausstellungsgesellschaft (Mailand)
via Turati: sede della Permanente
☞ *per lungo tempo la **Permanente**, ente morale, è stata di orientamento socialista*

Piccolo: Piccolo Teatro di Milano
teatro di **via Rovello**
📖 *fondato da Giorgio Strehler (1921–1997), delegato artistico*

☞ *due clamorosi annunci fanno ripiombare nella profonda crisi il teatro di* ***via Rovello****: Strehler si ritira. E Jack Lang lascia il* ***Piccolo***

copie **pirata:** Raubkopien
video-pirata: Raubkopie eines Videos
☞ *i 30 artisti più* ***piratati***

pokemon: Pokemon: jemand, der seine Fähigkeiten entsprechend dem Willen seines „Meisters" einsetzt
☞ *la sfida è proprio quella di uscire dalla logica dei* ***pokemon***
☞ *come i* ***Pokemon****, Bruno Vespa ha mille facce*

Polo museale: Museumsverbund
☞ *l'istituzione dei quattro* ***poli museali****, voluta dal ministro Giuliano Urbani, è una novità assoluta nel panorama culturale italiano*

puffo: Schlumpf
Puffolandia
☞ *Il presidente della Provincia lancia l'idea, poi dice che era sola una battuta: „A Napoli i baby scippatori dipinti di blu come i* ***puffi****". Lite e* ***marcia indietro*** *sulla vernice antifurti.*
marcia indietro – Rückzieher

pulp: *im englischen Sprachraum:* Trivialliteratur; *in Italien oft auch:* Literatur der „jungen Wilden"
☞ *autori ed editori „****pulp****"/tutti perfettamente inseriti nel filone „****pulp****"/il* ***pulpista****/sto scrivendo una storia di lesbismo in stile* ***pulp*** *fiction*

rappettaro: sbarbo: Rapper

ridimensionamento: Zurückstufung, Abwertung, zurechtrücken, auf das rechte Maß zurückführen
☞ *dopo quattro anni è infine scoccata l'ora del* ***ridimensionamento*** *di Calvino*

rispondere per le **rime:** gehörig Kontra geben
📖 *dall'uso dei poeti d'un tempo che, nelle tenzoni in versi, componevano il sonetto di risposta conservando le stesse rime della proposta*
☞ *Dini* ***rispose per le rime****, contestando i dati*

Roma Capoccia: *mit dem Song „Roma Capoccia", einer Huldigung an seine Stadt Rom, gelang dem Liedermacher Antonello Venditti 1972 der Durchbruch*
☞ *tutta la città, quella* ***Roma capoccia*** *dove non c'è mai stato un gruppo più forte di un altro, dove le bande nascono e muoiono nello spazio di un mattino*

rossa: guida rossa del Touring Club Italiano: offizieller Reiseführer des Italienischen Touring Clubs
☞ *la* ***rossa*** *su Napoli nella storica collana, riconosciuta dal ministero dei Beni culturali come repertorio del patrimonio storico-artistico del nostro Paese*

rossa: guida Michelin: Gastronomieführer Michelin

Rotary Club: associazione internazionale di professionisti, alti funzionari e uomini d'affari: Rotary Club *(bisweilen auch mit negativer Konnotation gebraucht)*
rotariano: Mitglied des Rotary Clubs
☞ *il pranzi al* ***Rotary***
☞ *è vero che il calcio storico non è uno sport per* ***rotariani***
sport per rotariani – Mädchensport

Sanremo: Festival di Sanremo
Controfestival: Protestveranstaltung gegen das Sanremo-Festival
☞ *a* ***Sanremo*** *sarò uno spettacolo/Valeria Marini, donna del* ***Festival****/Pippo Baudo sul palco di* ***Sanremo*** *di donne accanto ne voleva almeno due, più una per il Dopofestival*

prima di **Sant'Ambrogio:** Spielzeiteröffnung der Mailänder Scala
☞ *dopo la lettera da Palazzo Marino, Muti telefona: „Mai eseguito l'inno alla* ***prima di Sant'Ambrogio****: Mameli e Beethoven incompatibili"*

S. Cecilia: orchestra e coro dell'Accademia di Santa Cecilia di Roma: Chor und Orchester der Santa Cecilia

sciacquare in Arno: etwas gründlich reinigen, überarbeiten
📖 *Manzoni nel 1827 se n'era andato a Firenze per „sciacquare in Arno" il suo romanzo „I Promessi Sposi"*
☞ *proporrete una riscrittura in buon italiano del testo a letterati, per „****sciaquare*** *gli articoli* ***in Arno****"?*

sciantosa: Kaffeehaussängerin, zweitklassige Sängerin
☞ *che è ben altra cosa rispetto alla tradizionale* ***sciantosa*** *di annamagnanesca memoria*

Segrate: sede della Mondadori a Segrate (MI): Sitz des Mondadori-Verlags in Segrate
☞ *che la Mazzantini fosse brava e bella a **Segrate** lo sapevano: ma su un long seller così, da ingelosire la Fallaci, non aveva scommesso nessuno*

Siae: Società italiana degli autori ed editori: Italienischer Autoren- und Verlegerverband *(vergleichbar mit der GEMA in Deutschland)*
☞ *qualche mese fa, la Federazione italiana di pallavolo si era vista notificare dalla **Siae** una richiesta di versamento per l'esecuzione dell'inno di Mameli in occasione di una partita ufficiale della nazionale/Allarme dalla **Siae**: il calcio tira di meno*
📖 *Compito principale della **Siae** è la tutela delle **opere dell'ingegno** (musicali, teatrali, liriche ecc.)*
opere dell'ingegno – Geisteswerke

sirenetto: Strandkönig, Adonis, Schönheitskönig
sirenetta: Meerjungfrau
☞ *chi sarà il **Sirenetto** numero uno? Non c'è dubbio, questa sarà l'estate del Presidente della Camera, Gianfranco Fini*

Sistina: Cappella Sistina: Sixtinische Kapelle
☞ *Paura per il Papa nella **Sistina**: un malore di fronte ai fedeli, ma Wojtyla si riprende subito*

Snda: Società Nazionale Dante Alighieri: Dante-Alighieri-Gesellschaft *(zur Verbreitung der italienischen Kultur im Ausland)*

Sommo Poeta: Dichterfürst: Dante Alighieri
☞ *ma non mancano competizioni in cui i ragazzi si confrontano sulla traduzione dal latino e dal greco di singoli autori o su componimenti riguardanti il **Sommo Poeta***

spazzatura: le sottoculture-immondizia: Trash-Kultur, Trash-Literatur (Müll)
☞ *l'editoria **spazzatura**: La vita è tutta un **trash***
tv spazzatura: trash tv: minderwertige Fernsehprogramme, Trash-TV, Wegwerffernsehen
☞ *se si ragiona in termini di ☞ share, il precipizio nella **tv spazzatura** è inevitabile, anche per il servizio pubblico*

Spoleto: comune (38.000 abitanti) dell'Umbria
Festival dei Due Mondi: Festival von Spoleto
📖 *La manifestazione più prestigiosa è il **Festival dei Due Mondi**, sorto nel 1958 su iniziativa del compositore Giancarlo **Menotti** e incentrato su spettacoli internazionali di musica, balletto e prosa, e su esposizioni di arti visive. Ha luogo nel mese di giugno e nella prima decade di luglio, richiamando ogni anno un pubblico vastissimo*
☞ *bilancio del Festival: buoni incassi grazie al prezzo elevato dei biglietti. **Spoleto** costa troppo, spettatori dimezzati*

Stanlio e Ollio: Stan und Olli: Dick und Doof; *manchm. auch:* die Regierungschefs der Provinzen Bozen und Trient Luis Durnwalder und Lorenzo Dellai
☞ *le raccomandazioni disinteressate di Friedman sono ancora più divertenti nello spot radiofonico, pronunciate nella lingua dei **doppiaggi** di **Stanlio e Ollio***
doppiaggio – Synchronisierung

stele di Rosetta: Stein von Rosetta: Entschlüsselungscode, Dechiffriercode
☞ *quella citazione evangelica si potrebbe trasformare in una „**stele di Rosetta**", capace di svelare il vero significato delle enigmatiche riflessioni religiosi frequenti nel lessico corleonese*

teatrino: Possenspiel, Possentheater
☞ *ma occore intenderci: se dobbiamo andare a Johannesburg per recitare in un **teatrino** a fare dichiarazioni inutili, allora no, un atteggiamento del genere non è nelle nostre corde*

tela: Leinwandgemälde
☞ *tra l'altro può vantare una serie straordinaria di **tele** di Palma il giovane*

tonfo: magra: Reinfall
☞ *l'opera Un giorno di regno, di Giuseppe Verdi, fu nel 1840 un **tonfo** clamoroso. E nel 2001? Più che decorosa.*
☞ *lo sforzo di rimediare alla **magra** del 1840*

Topolino: Micky Mouse, Zeitschrift „Micky Mouse"
☞ *sono alcune delle proposte che i lettori di „**Topolino**" hanno fatto al ministro della Pubblica Istruzione. Il settimanale della Disney ha invitato i ragazzi ad esprimere suggerimenti sulla scuola*

totem: Totem: Kultgegenstand, Tabu, ... darf nicht angetastet werden
☞ *in Italia ci sono due **totem** che non possono essere toccati: la politica e il sindacato/per il*

Presidente del Senato, infatti, le due bozze non sono dei ***totem*** *intangibili*

Piccola **Treccani:** il **Conciso:** vom Italienischen Enzyklopädischen Institut herausgegebenes Nachschlagewerk
la ***Piccola Treccani*** *esclude Susanna Tamaro: L'* ***Istituto della Enciclopedia Italiana****, tempio della cultura nazionale, snobba Susanna Tamaro e incorona Gianni Versace*
Istituto della Enciclopedia Italiana: Italienisches Enzyklopädisches Institut

Triennale: Architekturausstellung in Mailand
la Triennale di Milano ha sede nel Palazzo dell'Arte; nata nel 1923 per ospitare una fra le più importanti esposizioni mondiali nel campo delle arti decorative e dell'architettura

Uffizi: Galleria degli Uffizi: Gemäldegalerie der Uffizien
Super-coda agli ***Uffizi****: interviene la polizia. Ieri alla biglietteria degli* ***Uffizi*** *gli impiegati hanno dovuto chiamare carabinieri e polizia per riportare l'ordine nella ressa dei visitatori*

Vanvitelli: il premio internazionale Vanvitelli: von der EU geförderter Kulturpreis für wechselnde Kultursparten
*il maestro Riccardo Muti è il vincitore del premio internazionale „****Luigi Vanvitelli****", dedicato quest'anno alla musica*

vate: Dichter, Seher
Vate d'Italia: Gabriele D'Annunzio
ritrovate due lettere nelle quali Gabriele D'Annunzio chiedeva un incontro al frate di Pietrelcina: Quando il ***Vate*** *scriveva a Padre Pio*

Vlc: Venezia laboratorio di cultura: Kulturlabor Venedig
un coordinamento tra 38 istituzioni, comprende i musei comunali, la Biennale, Palazzo Grassi

Compagnia della Fortezza di **Volterra:** Theatertruppe der Justizvollzugsanstalt von Volterra
nel corso del ***festival Volterrateatro****, la* ***Compagnia della Fortezza*** *darà un saggio di questa sfida impossibile con i tre lavori più significativi messi in scena i questi anni*

W: viva: es lebe ...
W Verdi, W la Scala, W l'Italia, W il☞ loggione

Zecchino d'oro: Golddukat: Gesangswettbewerb für Kinder
si intitola „Rosso" ed è la canzone che Loredana Bertè ha scritto per il prossimo ***Zecchino d'Oro****, la gara di cantanti in erba giunta alla 45ª edizione*

mago **Zurlì:** Moderator des Gesangswettbewerbs für Kinder „Zecchino d'oro"
in 20 giorni, non ce la faceva neanche il ***mago Zurlì***

Alcuni Teatri lirici: Einige Opernhäuser

Carlo Felice: Teatro Carlo Felice di Genova: Opernhaus von Genua
Comunale di Bologna: Teatro Comunale di Bologna: Opernhaus von Bologna
Fenice: Teatro alla Fenice di Venezia: Opernhaus von Venedig
bruciato il 29 gennaio 1996; è in corso la gara d'appalto per il progetto e la ricostruzione. I lavori potrebbero cominciare a luglio '97
il ***Palafenice****: una struttura che sostituisce temporaneamente il Teatro della Fenice, distrutto nel rogo dello scorso anno*
Massimo Bellini: Teatro Massimo Bellini di Catania: Opernhaus von Catania
Massimo di Palermo: Teatro Massimo di Palermo: Opernhaus von Palermo
Petruzzelli: Teatro Petruzzelli di Bari: Opernhaus von Bari
bruciato il 27 ottobre 1991; finora è stato ridatto parzialmente il foyer
Regio: Teatro Regio di Torino: Opernhaus von Turin
Regio: Teatro Regio di Parma: Opernhaus von Parma
Rendano: Teatro Rendano di Cosenza: Opernhaus von Cosenza
San Carlo: Teatro lirico San Carlo di Napoli: Opernhaus von Neapel
Scala: E. A. Teatro alla Scala: Teatro alla Scala (Ente Autonomo): Opernhaus von Mailand
zeitweise spielt die Scala im ***Teatro degli Arcimboldi***
Orchestra **scaligera:** Orchester der Scala
Sferisterio di Macerata: Wettkampfarena und Schauplatz der Opernfestspiele von Macerata
Teatro dell'Ente Lirico di Cagliari: Opernhaus von Cagliari
Teatro della Pergola: Theater und Opernhaus von Florenz

Teatro Malibran di Venezia: Opernhaus von Venedig
Teatro Stabile di Catania: Theater von Catania
Teatro Stabile del Veneto **Carlo Goldoni**
Verdi di Trieste: Teatro Lirico Giuseppe Verdi di Trieste: Opernhaus von Triest
Teatro **Verdi** di Padova: Opernhaus von Padua

Il linguaggio del cartellone: Die Sprache des Theaterzettels

Le allegre comari di Windsor: Die lustigen Weiber von Windsor
L'apprendista stregone: Der Zauberlehrling
La bella addormentata (nel bosco): Dornröschen
La bisbetica domata: Der Widerspenstigen Zähmung (The Taming of the Shrew)
Storielle del bosco viennese: G'schichten aus dem Wienerwald
Il cavaliere della rosa: Der Rosenkavalier
Il lago dei cigni : Schwanensee
Il Clavicembalo ben temperato: Das Wohltemperierte Klavier
Come vi pare: Wie es Euch gefällt
Crepuscolo degli dei: Götterdämmerung
La dama di picche: Pique Dame
La donna senz'ombra: Die Frau ohne Schatten
La donna silenziosa: Die schweigsame Frau
La Fanciulla del West: Das Mädchen aus dem goldenen Westen
La morte e la fanciulla: Der Tod und das Mädchen
Le nozze di Figaro: Die Hochzeit des Figaro
Il flauto magico: Die Zauberflöte
Il franco cacciatore: Der Freischütz
l'Arte della fuga: Die Kunst der Fuge
Madre-coraggio: Mutter Courage
I maestri cantori di Norimberga: Die Meistersinger von Nürnberg
I masnadieri: Die Räuber
Il mercante di Venezia: Der Kaufmann von Venedig
Molto rumore per nulla: Viel Lärm um nichts
L'olandese volante /Il vascello fantasma: Der Fliegende Holländer
Oro del Reno: Rheingold
Pene d'amor perdute: Vergebene Liebesmüh'
Pierino e il lupo: Peter und der Wolf
Il pipistrello: Die Fledermaus
Il principe Igor: Fürst Igor
Pulzella d'Orléans: Giovanna d'Arco: Die Jungfrau von Orléans
Il ratto al serraglio: Die Entführung aus dem Serail
Lo schiaccianoci: Der Nussknacker
Sogno di una notte di mezza estate: Sommernachtstraum
La sposa venduta: Die Verkaufte Braut
La tetralogia:/L'Anello del Nibelungo: Der Ring der Nibelungen
I tiri burloni di Till Eulenspiegel: Till Eulenspiegels lustige Streiche
Tristano e Isotta: Tristan und Isolde
L'uccello di fuoco: Der Feuervogel
La valchiria: Die Walküre
Il viaggio invernale: Die Winterreise
Il volo del bombo: Der Hummelflug
Lo zingaro barone: Der Zigeunerbaron

Alcuni Premi letterari: Einige Literaturpreise

Premio Adamo Caduto: premio al critico drammatico (Milano)
Premio Bagutta
*fondato nel 1926, il **Bagutta** è il premio più antico, più snob e più capriccioso d'Italia; e sicuramente il più ricco*
Premio Selezione Bancarella
Premio Letterario di Narrativa per Ragazzi Città di Verbania „Il Battello a Vapore": dedicato alla letteratura per l'infanzia
Premio Palazzo al Bosco
Premio Gianni Brera
il concorso letterario intitolato al più grande giornalista sportivo, morto in un incidente stradale la notte del 19 dicembre del 1992
Premio Selezione Campiello: SuperCampiello
*La modalità di premiazione del Premio Campiello è molto particolare. A differenza di quanto accade nella maggior parte degli altri premi letterari, infatti, i critici identificano fra i libri editi nell'anno precedente una rosa di 5 libri da sottoporre alla Giuria Popolare, chiamata anche Giuria dei 300: questi 5 libri finalisti vengono insigniti ufficialmente del Premio Selezione Campiello. Sarà, infatti, la Giuria Popolare (composta da 300 lettori, di diversa provienienza sociale, età, cultura, professione e posizione sociale) a scegliere fra i 5 finalisti il libro **Super Campiello***
Premio Chianciano

Premio Chiara
Premio Flaiano *(letteratura, cinema, teatro, televisione)*
Premio Fregene *(narrativa, giornalismo, narrativa di viaggi, saggistica)*
Premio Grinzane Cavour
Premio Joppolo
Premio letterario Elsa Morante
Premio Librex-Montale: premio di poesia
Premio Libro dell'anno
Premio Mediterraneo
Premio „Millelire"
Premio Mondello
Premio Nonino
📖 *Il **Nonino**, creatura di Giannola Nonino, è nato nel 1973 e viene dato ogni anno a tre personalità della cultura: a uno straniero e a due grandi maestri*
Premio Fondi la Pastora
Premio Città di Penne
Premio Pieve-Banca Toscana
Premio di scrittura Indro Montanelli
✍ *il riconoscimento sarà consegnato a Fucecchio, città natale di Montanelli e sede della **Fondazione Montanelli-Bassi** promotrice della manifestazione. La giuria ha deciso di assegnare a Ettore Mo il **premio alla carriera***
assegnare il premio alla carriera – Preis für das Lebenswerk vergeben
Premio Rapallo-Carige
Premio Gianni Rodari – Città di Orvieto: dedicato alla letteratura per l'infanzia
Premio Scanno
Premio Strega
Villa Giulia: sede del Premio Strega
✍ *ha stravinto il Premio **Strega**. Ma all'indomani della cerimonia al Ninfeo di **Villa Giulia**, ecco che si ripresentano le critiche sulla discutibile e discussa gestione del più celebre riconoscimento letterario italiano*
✍ *ma lo **Strega** così non va*
✍ *è arrivato secondo nella corsa di **Villa Giulia***
Premio Viareggio-Répaci

14.3. Prestiti dal linguaggio della musica
Anleihen aus dem Sprachgebrauch der Musik

accompagnamento: le polemiche di questi giorni continueranno con alti e bassi a fare da musica di accompagnamento: *Begleitmusik*

basso continuo: ma la guerra fa inevitabilmente da basso continuo in questa vicenda struggente nella sua semplicità: *Basso continuo, den Hintergrund für etwas abgeben*

battuta d'arresto: Pause: Stillstand
✍ *in tema di lavoro è vero che nel 2003 l'occupazione è aumentata dell'1 per cento, ma a partire dallo scorso luglio siamo in **battuta d'arresto***

tenere **bordone:** hanno tenuto bordone al gioco di un servizio segreto che, anche in Italia, ha costruito con la disinformazione le condizioni di una mobilitazione permanente della paura: *Bordun, Dauerton: zur Seite stehen, Schützenhilfe leisten, Vorschub leisten*

cancan: fare tutto questo cancan mi sembra francamente eccessivo: *Cancan: Aufregung, Theater*

cantare fuori dal coro: costretto da equilibri politici a cantare un po' fuori dal coro e ribadire elementi polemici: *nicht im Chor mitsingen, aus der Reihe tanzen*

cassa di risonanza: dobbiamo dare risposte forti, in cui il grido del povero trovi la sua cassa di risonanza: *Resonanzboden: Widerhall*

coro: c'è un coro di critiche: *Chor: Front*

coro d'opera: non si potrà cambiare opinione in coro d'opera: *Opernchor*

corda: quando prende la parola, tocca le corde giuste: *die richtigen Saiten anschlagen*

crescendo (rossiniano): di un accordo ormai „cosa fatta" si è cominciato a parlare fin da ieri mattina, in un crescendo di annunci che davano per scontata la firma questa mattina alle dieci: *ständiges Ansteigen*

tono **dissonante:** è uno delle tante toni dissonanti che si sono levate attorno al caso di . . .: *Misston*

do di petto: la facciata ecumenica di Gh. è ben più insidiosa dei do di petto alla berluscona/in Parlamento, non serve il do di petto: *das eingestrichene C: Vorstoß, Höhenflug*

fisarmonica: con o senza sigarette sono sempre stata una fisarmonica e non vado più in palestra da un sacco di tempo/traffico a fisarmonica: *Akkordeon: auf und ab, stop und go*

la: ... sono visibili, perché emergenti. Ma la sinistra ha dato il la: *den Ton angeben*

leitmotiv: „è normale che le opposizioni si confrontino", è il suo leitmotiv: *Leitmotiv*

minuetto: Menuett: Austausch von Freundlichkeiten
☞ *è un dialogo a distanza che a tratti può dare l'impressione del minuetto/i due si sono esibiti in un* ***minuetto*** *di complimenti che ha lasciato stupefatti quanti ricordano lo scontro che ci fu dopo il viaggio di Fini in Israele*

musica cambiata: oggi con Berlusconi la musica è cambiata: *spielt eine andere Musik, weht ein anderer Wind*

nota stonata: l'unica nota stonata dal Polo viene da ...: *Misston*

orchestrato: che si sia trattato di un tentativo (mal orchestrato, peraltro) di farsi pubblicità da parte di qualcuno: *orchestriert, inszeniert*

orchestrazione: l'orchestrazione di campagne di rabbiosa informazione: *Orchestrierung: Arrangement, Inszenierung, Vorbereitung*

orecchie: chiaro che le sue parole pacificatrici sono delizia alle orecchie del notabilato locale: *Musik in den Ohren*

peana: Päan: Lobeshymne
☞ *Fini ha fatto un vero* ***peana*** *al suo ex portavoce*

con le **pive nel sacco:** Prodi torna dall'altra sponda del Tevere con le pive nel sacco, ma la stampa compiacente suona le trombe della vittoria: *mit den Blasinstrumenten im Rucksack: mit eingezogenem Schwanz*

preludio: Präludium, Vorspiel: Beginn, Vorgeschmack
☞ *se questo è il* ***preludio*** *a manovre che verranno, penso che la capacità d'azione del sindacato dovrà essere forte e incisiva*

a **quattro mani:** un libro scritto a quattro mani: *vierhändig: gemeinsam, zu zweit*

rapsodico: „Chi non ci vuole non ci merita". Meno rapsodicamente, lo scorso dicembre il leader dell'Italia dei valori ventilò la caduta del governo: *rhapsodisch: unzusammenhängend, bruchstückhaft*

cambiare **registro:** ci tiene a chiarire subito che con il suo arrivo in piazza del Gesù si cambia registro: *ein anderes Register ziehen*

sarabanda: pretende una **sfilza** di spiegazioni che ci risucchia tutti in una sarabanda di variopinte bugie: *Sarabande: (frenetische) Abfolge, Aneinanderreihung*
sfilza – Reihe

sintonizzarsi: abbiamo una forte difficoltà a sintonizzarci con i giovani: *in Einklang bringen, sich einstimmen auf, sich abstimmen*

sordina: i primi anni d'attività passarono in sordina: *Dämpfer*

spartito: stavolta non si concede battute **fuori spartito:** *Partitur*
fuori spartito – abweichend

stonatura: non ci sono stonature nel decreto che cambia radicalmente le vecchie abitudini dei medici e della gente: *Misston*

suono: violenze in aula, maestre denunciate: insegnavano **a suon di** schiaffi e a farne le spese sono stati numerosi alunni: *Ton, Klang*
a suon di – mit, mit Hilfe von ...

battere sul **tasto:** ancora una volta, Berlusconi batte sul tasto della persecuzione politica: *Taste, Saite anschlagen, auf der Klaviatur ... spielen*

tiritera: la tiritera dei „laureati che non sono pronti al mondo del lavoro": Kantilene, Kinderreim, Abzählreim: Litanei, Salbaderei

tono: toni da vero **disgelo:** *Ton, Atmosphäre*
disgelo – Tauwetter, Entspannung

14.4. Citazioni parafrasate
Paraphrasierte Zitate

A ciascuno la sua dose
A ciascuno il suo: Jedem das Seine (Titolo del romanzo di Leonardo Sciascia)

☞ *Reazioni ai farmaci:* ***A ciascuno la sua dose***

L'Arbore delle querele
Barnabò delle montagne (Titolo del romanzo di Dino Buzzati)
☞ ***L'Arbore delle querele.*** *Lo showman Renzo Arbore ha chiesto a „Repubblica" un risarcimento di 5 miliardi*

Emma Bonino e i sette nani
Biancaneve e i sette nani (Schneewittchen und die sieben Zwerge)

Castelli di sabbia
Castelli di rabbia: Burg aus Wut (Titolo del romanzo di Alessandro Baricco)
☞ ***Castelli di sabbia:*** *Per Roberto Castelli, ministro della Giustizia, il pm di Potenza deve essere punito*

C'era una volta il Pavesone
C'era una volta (Es war einmal ...)
☞ *Un industriale illuminato: Mario Pavesi. Un grande architetto: Angelo Bianchetti. E il progetto finì sulle pagine di „Life":* ***C'era una volta il Pavesone:*** *era il primo autogrill a ponte costruito in Europa*

C'eravamo tanto odiati
C'eravamo tanto amati: Wir hatten uns so geliebt (Film di Ettore Scola del 1974)
☞ ***C'eravamo tanto amati:*** *Il numero uno di Palazzo Marino: Da noi niente sciopero. Albertini-Veltroni, l'alleanza è finita*
☞ ***C'eravamo tanto odiati:*** *Fra una manciata di giorni inizierà la registrazione di un evento per la tv destinato a far scalpore: un lungo colloquio fra l'ex brigatista Adriana Faranda e il Presidente emerito Francesco Cossiga che all'epoca del rapimento Moro era ministro degli Interni*

Che Dior sia con voi
Che Dio sia con voi (Gott sei mit Euch)
☞ ***Che Dior sia con voi.*** *La casa parigina fa utili e punta al raddoppio del fatturato per il 2007*

Video, dunque uccido
Cogito, ergo sum (Citazione di René Descartes)

Così parlò il padano Castelli
Così parlò Zarathustra (di Nietzsche)
Così parlò Bellavista (Titolo del romanzo di Luciano De Crescenzo)

Cristo si è fermato all'Auditorium
I girotondi si sono fermati a Eboli
Cristo si è fermato a Eboli Christus kam nur bis Eboli (Titolo del romanzo di Carlo Levi)
☞ *Roma: Storia esemplare di burocrazia e affaristi:* ***Cristo si è fermato all'Auditorium (Parco della Musica, Roma)***

Valtellina, il giorno dopo, cronaca di una alluvione annunciata
Cronaca di una morte annunciata (Chronik eines angekündigten Todes) (Romanzo di Gabriel Garcia Márques)

Due paesi e due misure
Due pesi e due misure (Zweierlei Maß)

E sciarono divisi e contenti
E vissero felici e contenti (Und sie lebten glücklich und zufrieden ...)
☞ *La separazione delle piste:* ***E sciarono divisi e contenti.*** *Che cosa fare dei surfisti, invadenti, pericolosi e prepotenti? Da Cortina a Cervinia ecco la soluzione: spazi riservati allo snowboard*

Habemus museum
Habemus Papam (Wir haben einen Papst)
☞ ***Habemus museum.*** *Alla vigilia di Sant'Ambrogio si inaugura a Milano il Triennale Design Museum/****habemus fair-play****, dunque, e tutti gioiscono*

atmosfera da deserto dei tartari
Il Deserto dei Tartari (Die Tartarenwüste) (Titolo del romanzo di Dino Buzzati)
☞ ***Deserto dei Tartari:*** *nelle stanze dove si respira un'atmosfera da* ***deserto dei tartari*** (Stimmung der Öde, der Verlassenheit, der Sinnlosigkeit)

A Siena si corre il palio del Monte
Il palio delle contrade morte Der Palio der toten Reiter (Titolo del romanzo di Fruttero & Lucentini)

Silvio cavaliere dimezzato
Il Visconte dimezzato (Titolo del romanzo di Italo Calvino)
☞ *Berlusconi è un* ***cavaliere dimezzato*** *che ha dovuto accettare i diktat di Casini e Buttiglione*

J'accuse!
J'accuse! Ich klage an (Titolo del romanzo di Émile Zola)
☞ *il* ***j'accuse*** *di Graniglia parte dal racconto dell'esperienza personale*

Enrico Brizzi è uscito dal gruppo
Jack Frusciante è uscito dal gruppo (Titolo del romanzo di Enrico Brizzi)

La cena delle beffe
La cena delle beffe Das Nachtmahl der Spötter (opera di teatro di Sem Benelli)
☞ ***La cena delle beffe**: Alla cena di festeggiamento, l'amministratore delegato del giornale ha dato ☞ forfait. Così i redattori sono stati costretti a pagare il conto del ristorante*

La Passione secondo Stefania
La Passione secondo San Giovanni /San Luca (Das Evangelium des Johannes/Lukas)

Lavorare Stanca
Lavorare stanca Arbeit ermüdet (Titolo della raccolta di poesie di Cesare Pavese)
☞ ***Lavorare Stanca**. Il ministro per l'Innovazione Lucio **Stanca** doveva cambiar la faccia telematica del paese*

La guerra di Berlusconi alla magistratura: L'onestà c'est moi
L'Etat c'est moi

Le mille e una rotta sul cielo d'Italia
Le mille e una notte (Tausendundeine Nacht)

Mi piego, ma non mi spezzo
Mi spezzo, ma non mi piego („Lieber zerbreche ich, als dass ich mich beuge", Sprichwort)
☞ ***Mi piego, ma non mi spezzo**: cominci a praticare lo stretching come preparazione a un'altra attività*

Miserie e splendori del signor Banconota
Miseria e splendore della traduzione Glanz und Elend der Übersetzung (Ortega y Gasset)

Non è tutt'euro quel che riluce
Non è tutt'oro quel che riluce (Es ist nicht alles Gold, was glänzt)

Paese che vai, monetina che trovi
Poltrona che vai, padano che trovi
Paese che vai usanza che trovi (Andere Länder, andere Sitten)

Per chi suona il Campiello/Per chi suona la Campania/Per chi suona il telefonino
Per chi suona la Campana (Titolo del romanzo di Ernest Hemingway „For Whom the Bell Tolls/Wem die Stunde schlägt")
☞ *il premio letterario, la grande sfida di settembre: **Per chi suona il Campiello***

Piccoli dottori crescono
Piccole donne crescono Teenager wachsen heran (Roman von Louisa May Alcott „Little women")
Piccoli Mostri Crescono Kleine Monster werden groß (Chanson von Giorgio Canali & Rossofuoco)
☞ ***piccoli** dottori **crescono**. Esperienze a confronto di quattro giovani laureati*
☞ ***piccoli** danzatori **nascono/piccoli** amori **nascono***

Listini di tutta Europa ...
Proletari di tutto il mondo, unitevi (Citazione di Karl Marx)
☞ ***Listini di tutta Europa** ...: Nasce la borsa continentale con primi e secondi posti*

Se Macerata piange, l'Arena di Verona non ride
Se Atene piange, Sparta non ride auch wenn Athen weint, kann Sparta nicht lachen *(selbst wenn es dem Konkurrenten schlecht geht, wird die eigene Situation nicht besser)*
☞ ***Se Macerata piange, l'Arena di Verona non ride**: le massicce diserzioni anche in occasione di titoli fra i più amati significano che non è solo questione di scelte artistiche, ma anche di minori disponibilità del pubblico*
☞ ***Se** la diocesi di Milano **piange**, le altre 26 diocesi italiane **non ridono***

Se in Trentino d'Estate ...
Se in una notte d'inverno un viaggiatore (Titolo del romanzo di Italo Calvino)

Se questo è un curdo
Se questo è un uomo ((Titolo del romanzo di Primo Levi)
☞ *Apo visto da vicino: **Se questo è un curdo.** Problema: quanto conta l'ex leader del Pkk? Risposta: poco o niente.*

Chef delle mie brame
Specchio Specchio delle mie brame chi è la più bella del reame: Spieglein, Spieglein an der Wand ... („Spieglein meiner Sehnsüchte/Begierden")
☞ *Le guide de L'espresso: Chef **delle mie brame***

Tre galli in cerca di gloria
Sei personaggi in cerca d'autore (Titolo del romanzo di Luigi Pirandello)
☞ *Prodi – Rutelli – Di Pietro: **Tre galli in cerca di gloria:** Hanno popolarità. Si sentono sottutilizzati. Non amano i partiti, e nemmeno D'Ale-*

ma. Riusciranno i nostri eroi a mettersi insieme? E a conquistare il mitico Centro? Vediamo.

Sostiene Jessica
Sostiene Pereira (Titolo del romanzo di Antonio Tabucchi)
__Sostiene Jessica__: È siciliana, va verso i trenta, __esercita__ da qualche anno a Milano, prima in strada, poi in casa
esercitare – das Gewerbe (hier: Prostitution) ausüben

Cancro, una testimonianza: Storie di ordinaria malattia
Storie di ordinaria follia (Bukowski)

L'importanza di essere Franca
The importance of being earnest („Ernst sein", Oscar Wilde)
Quirinale, quanto conta la first-lady: __L'importanza di essere Franca__ (Ciampi)

Un desiderio chiamato tram
Un tram che si chiama desiderio (Titolo del romanzo di Tennessee Williams, Endstation Sehnsucht)
Il boom del business ecologico. __Un desiderio chiamato tram__. Auto e bici elettriche, veicoli a gas, motorini senza fumi ... Le novità di un settore che comincia a macinare miliardi

Uno spettro s'aggira per l'etere, lo spirito bipolare
Uno spettro s'aggira per l'Europa (Ein Gespenst geht um in Europa ...; Karl Marx/Friedrich Engels, Manifest der Kommunistischen Partei)

Va dove la porta il cuore
Va dove ti porta il cuore (Titolo del romanzo di Susanna Tamaro)

Vade retro, moschea
Vade retro, Satana (Weiche von mir, Satan)
Vade retro, moschea: Dilagano i minaretti. E un prete arringa i crociati ...

Wojtyla, ridammi i miliardi
Varo, Varo, ridammi le legioni: Vare, legiones redde *(lat.)* (Citazione di Augusto)
Il pasticciaccio della biblioteca pontificia: __Wojtyla, ridammi i miliardi!__

Gruppo Ferlano, i guai del patron partenopeo: Vendi Napoli e poi non muori
Vedi Napoli e muori (Neapel sehen und sterben)

14.5. Glossario Spettacoli, Televisione, Stampa
Presseglossar

certificato **Ads:** accertamenti diffusione stampa: Feststellungsvermerk zur Verbreitung von Presseerzeugnissen
in attesa delle verifiche __Ads__, l'editore dice che il venduto si aggira sul 67 per cento

Agi: Agenzia giornalistica Italia: Presseagentur Italien

aiutino: Tipp, Hilfestellung, (kleiner) Hinweis
non voglio pensare a un classico __„aiutino"__, come quelli in voga in certi quiz televisivi

albo: Berufsregister/verband
non era nemmeno iscritto all'__albo__ dei giornalisti

Radio anch'io: Radiomagazin über tagespolitische Ereignisse
Radio anch'io è una trasmissione radiofonica di Rai Radio Uno, nata nel 1980, rubrica di approfondimento del GR1

anch'io: auch ich: ich bin dabei
nel 2005 nasce __„Kyoto anch'io__ – la scuola amica del clima" da una idea di Legambiente e di Edison
__Mobbing anch'io__: Le molestie sul lavoro sono state riconosciute come malattia professionale

anchorman /anchorwoman: Publikumsmagnet unter den Moderatoren
__anchorwoman__ del Tg3

animale da palcoscenico: Bühnentier, lebt für die Bühne
Aldo Grasso disegna un ritratto dello showman Rosario Fiorello in un libro cui è allegato il cd con le telefonate a Mike: „Un raro __animale da palcoscenico__"

Ansa: Agenzia nazionale stampa associata: Italienische Presseagentur
fonti governative, raccolte dall'__Ansa__

antenna: Sender, Anstalt
i numeri parlano chiaro: sulle sue __antenne__ Berlusconi stacca il vicepremier di ben 4 ore

applausometro: Applausmesser
fischiometro: „Pfeifkonzertmesser"

*🙜 più che l'**applausometro**, tra il popolo ciellino funziona il dissenso: al meeting di Rimini il **fischiometro** punisce Fassino ma premia Fioroni*

Asp: Associazione stampa parlamentare: Vereinigung der Parlamentspresse
*🙜 l'**Asp** ha inviato una lettera al presidente Violante ed emanato una nota nella quale si afferma che „sono ormai mesi che i giornalisti parlamentari vengono **aggrediti** fuori dal Parlamento"*
aggredito – überfallen, anraunzen

Audisat: Gesellschaft zur Feststellung von Einschaltquoten im digitalen Fernsehen

Auditel: Gesellschaft zur Feststellung von Einschaltquoten
*🙜 sono i dati più significativi della graduatoria stilata da **Auditel**, che domani compie i primi 10 anni di vita e si prepara a entrare nel decennio della maturità con tante novità: raddoppio del campione di famiglie .../il termometro dell'**Auditel***
performance **Auditel**: Einschaltquoten

giurì di **autodisciplina:** freiwillige Selbstkontrolle *(Werbung, Film)*
Istituto dell'Autodisciplina Pubblicitaria: Anstalt für die freiwillige Selbstkontrolle in der Werbung
codice di **autodisciplina:** Kodex zur freiwilligen Selbstkontrolle
CAP: codice di autodisciplina pubblicitaria: Kodex zur freiwilligen Selbstkontrolle in der Werbung
*🙜 il **Giurì dell'Autodisciplina Pubblicitaria** ha giudicato i messaggi pubblicitari facenti parte della campagna Sisley scorretti e in contrasto con le norme del **CAP***

battuta da **avanspettacolo:** Vorprogramm im Kino: leerer Spruch, nichts sagender Gemeinplatz
*🙜 perfino Fino evita di enfatizzare: „Non è con qualche **battuta da avanspettacolo** che si raccattano i voti al Nord"*

Bagaglino: *Varieté-Truppe*
*🙜 recentemente, con questo clima da **Bagaglino**, con le battute e le barzellette si è un po' imbastardito il discorso sulla presenza femminile in politica*

Ballarò: Talkshow auf Rai 3
📖 Il nome Ballarò può riferirsi a più ambiti: Ballarò – Quartiere popolare del centro di Palermo, noto soprattutto per il mercato che vi si svolge
Ballarò – Talk show d'attualità politica ed economica, creato e condotto dal giornalista Giovanni Floris, in onda su Rai Tre dall'autunno 2001
*🙜 „Si lavora a „Itaca", l'anti **Ballarò**". Giuseppe De Filippi parla così del nuovo programma delle reti Mediaset di cui scrive il quotidiano Libero come contraltare di **Ballarò***

Biscione: Riesenschlange: Silvio ☞ Berlusconi *(wegen seiner mailändischen Herkunft)*
📖 nome dello stemma raffigurante una grossa biscia, appartenente ai Visconti, signori di Milano, simbolo della città stessa
*🙜 da sempre ☞ appannaggio quasi esclusivo della Rai, questa pubblicità è stata dirottata in gran parte sulle tv del **Biscione***

blitz mediatico: blitz informatico: Mediencoup
*🙜 anticipati con un **blitz informatico** gli schemi dei decreti del governo: Ambiente, ecco la legge, il Wwf: „Un golpe verde"*

Blob: satirische Nachrichtencollage auf Rai 3
blobbare: persiflieren, auf die Schippe nehmen
*🙜 non solo per la mitica sfuriata contro i giocatori del Bayern, Strunz in particolare, nella conferenza stampa più **blobbata** di sempre*

bollino rosso: ... nicht empfohlen für Minderjährige
*🙜 si è visto in tv col **bollino rosso**, l'avvertenza che la visione è consigliata solo agli adulti, e uno slittamento di un quarto d'ora per dare spazio a uno speciale che inquadra l'opera del regista*

bucare lo schermo/il video: Anklang finden, Erfolg haben beim Publikum
*🙜 il sindacalista che a „Circus" ha **bucato il video**, conquista i cuori della sinistra*

Cal: The Cal: Calendario Pirelli: Pirelli-Kalender
*🙜 il fronte del **Cal** è dedicato alle 12 ragazze, una per mese*

cammeo/ cameo: Kamee (Edelstein): Edelnebenrolle, Star in der Nebenrolle, ... Darsteller wertet die Nebenrolle auf *(z. B. im Film)*
*🙜 per vedere Britney in carne e ossa bisognerà invece attendere il 24 marzo prossimo – almeno negli Stati Uniti – quando la cantante parteciperà con un **cammeo** alla sitcom della Cbs/*

cammeo della serata è stata la presenza a Los Angeles dell'ex vice presidente degli Stati Uniti Al Gore, salutato, anche lui, con una standing ovation

Canale 24: la tv del „Sole 24 Ore": privater Fernsehsender

Cangurino d'oro: Goldenes Känguruh *(Preis, der an den Sender mit den häufigsten kurzfristigen Programmänderungen vergeben wird)*
*intanto Scheri si è aggiudicato il „**Cangurino d'oro**", il divertente premio ideato da Guida Tv per punire la rete che fa saltare più programmi rispetto a quelli annunciati*

cappello: Vorspann, Lead
*il cosiddetto „**cappello**" dell'articolo giornalistico è, assieme al titolo, la parte più importante per catturare l'attenzione del lettore*

Carosello: *aus einer Abfolge von Sketchen und Werbespots bestehende Fernsehreihe auf Rai 1 (1957–1976)*
*in alternativa sono in ascesa gli spot a trama, tipo i vecchi **caroselli**: minisceneggiati a puntata che presentano gli stessi personaggi in situazioni diverse*

carrambata: unerwartete Überraschung
Carramba che sorpresa/Carramba che fortuna: *Lotterie und Unterhaltungssendung mit der Moderatorin Raffaella Carrà*
*mercoledì 17 settembre la Rai vara lo spettacolo legato alla Lotteria Italia, che segna il ritorno sul video di Raffaella Carrà. La showgirl ripropone **Carramba che fortuna**, che sarà ricco di spettacolo, ma anche di **carrambate***

carrellata: Schwenk (mit der Kamera): Überblick, Tour d'Horizont
*nei prossimi mesi Cecilia Bartoli presenterà questa **carrellata** di musica esaltante e piccante in due lunghe tournée in Nord America e in Europa*

tg **casalingo:** Hausfrauennachrichtensendung

catenaccio: Untertitel
*anche la Stampa apre con la Cirio, e nel **catenaccio** del titolo centrale sulla politica si legge „Casini e Follini all'attacco"*

catodico: Online-, Fernseh-
*webcam in chiesa: con quattro webcam è stata trasmessa la prima messa **catodica** della storia dalla chiesa di Santa Maria delle Grazie*

diva catodica: Fernsehstar

Cdr: Comitato di redazione: Redaktionskomitee *(gewerkschaftliche Vertretung)*
*il **Cdr** del Tg3: „Ci ucciderete"*

Gran **Cerimoniere:** „Großer Zerimonienmeister": Fernsehmoderator, Showmaster

chi ci parla: der Autor dieser Zeilen
***chi ci parla** lo descrive molto stanco, visibilmente provato*

Chi l'ha visto?: Suchsendung des Fernsehsenders RaiTre (*verglb.* Vermißt, Bitte melde dich, Aus den Augen verloren)
„chi l'ha visto?" è una trasmissione televisiva di Pier Giuseppe Murgia in onda su RaiTre, dedicata alla ricerca di persone scomparse e ai misteri insoluti, in onda il lunedì in prima serata, con la regia di Patrizia Belli
*mettiamola così, un magistrato del Nord che lavora al Nord bisogna farlo cercare da **Chi l'ha visto?***

ciak: Film ab, Klappe
***ciak** per la prima soap opera milanese*
***ciak** di ☞ Regime: i manifesti del cinema del ☞ Ventennio sono in mostra alla Sala Bolaffi*
*Thyssen, il film: „**Ciak** in fabbrica per non dimenticare". Ultimo giorno di riprese nello stabilimento per il registra Mimmo Calopresti: „I sindacalisti fanno politica, riunioni ma l'esistenza delle persone va da un'altra parte*

Cinecittà: Filmproduktionsstätte bei Rom
*e così dallo studio 15 di **Cinecittà**, allegro porto di mare dove, dietro le quinte, prima dell'inizio del programma, la gente va e viene, si incontrano cantanti e visitatori occasionali ...*
*si chiama **Cinecittà** International, è stata costituita nel '90 dal suo azionista di controllo, l'**Ente gestione cinema**, holding del cinema pubblico (**Cinecittà**, Istituto Luce-Italnoleggio) che fa capo al ministero del Tesoro*
Istituto Luce: Anstalt für Lichtspiele
cinegiornale Luce: Wochenschau im Kino
*è stato chiamato a mettere ordine nell'**Istituto Luce** e a distribuire i fondi pubblici destinati al cinema*

Cinemazero: Kulturgesellschaft und Filmarchiv
*citato in giudizio per aver conservato, nell'archivio di **Cinemazero** di Pordenone, oltre 1.400 film d'autore registrati in videocassetta, il presidente dell'associazione culturale Piero Co-*

lussi è stato assolto dal Giudice Unico di Pordenone.

cinepanettone: Weihnachtsklassiker *(Filmkomödie nach ein und demselben Muster, die in der Weihnachtszeit herauskommen)*
✍ *la questione si è riaperta nei giorni scorsi al consiglio di amministrazione Rai, dove si è discusso dei* ***cinepanettoni****, quelle pellicole, non certo di altissimo livello culturale ma campioni d'incasso a Natale e dintorni*
cinecocomero: cineombrellone: cinegelato: Sommerferienfilm, Sommerfilmkomödie
✍ *in estate non solo* ***cinecocomeri****. Cannes apre una stagione calda, il Festival inaugura le visioni estive: film attesi e niente* ***fondi di magazzino***
fondi di magazzino – Ladenhüter

cineturismo: Kinotourismus, Settourismus
📖 *andare a vedere i set dei film*
✍ *tutte queste pellicole hanno in comune, oltre alla pregevole fattura, una strategia di* ***cineturismo****, ovvero la capacità del cinema e dell'audiovisivo di generare turismo*

collezionabili: collane di collezionabili: Sammelbeilagen *(in Zeitungen oder Zeitschriften)*
✍ ***collezionabili****, il vintage è di moda: In edicola film e gadget anni 60 e 70. Arrivano rosari e santini*

comprimario: Nebendarsteller: „Hilfssheriff"
✍ *il ☞ ticket Prodi-Cofferati, con il ☞ Professore che fa il* ***comprimario*** *del ☞ Cinese, ma senza voti, truppe e bandiere*

conduttore/conduttrice: Moderator(in)
✍ *ma non si sopporta, nella tv delle corna, il* ***predicozzo*** *del conduttore*
predicozzo – Strafpredigt

contenitore: Magazinsendung
✍ *è stato varato il pool di volti noti che condurrà il nuovo ciclo de „I fatti vostri", il* ***contenitore*** *del mezzogiorno di Rai due ideato da Michele Guardì*

copertina: Bucheinband, Titelblatt: Schlagzeilen, Hauptmeldung
✍ *la* ***copertina*** *spetta al trasferimento record del centravanti argentino Hernan Crespo dall'Emilia alla capitale*

copertura: Berichterstattung
✍ *ormai è certo che sarà la tv del Quatar a poter circolare nel paese e ad avere l'esclusiva della* ***copertura*** *della guerra dal fronte iracheno*

copione: Drehbuch, Regiebuch: geplanter Verlauf
✍ *il* ***copione*** *della verifica non riesce ad appassionare quasi nessuno*

corsivista del quotidiano …: Glossenschreiber

tv **criptata/in chiaro:** verschlüsselte/unverschlüsselte Sender
✍ *vendere i diritti* ***tv in chiaro e criptati***

cronaca bianca: allgemeine Nachrichten im Lokalteil der Zeitung, ☞ cronaca nera

cronaca rosa: Klatschspalte der Zeitung

la/il **cubista:** Cage-Girl, Go-Go-Girl/Go-Go-Boy
✍ *la folla le guarda quasi con indifferenza, mentre le mani delle* ***cubiste*** *corrono verso l'interno coscia*

giornale-**cugino:** parteinahe Zeitung
✍ *Pd, tifo incrociato nei* ***giornali-cugini****. Nella redazione dell'„Unità" molte simpatie per la Bindi e a „Europa" altrettante per Veltroni*

Dagospia: *Internetpublikation*
📖 ***Dagospia*** *è una pubblicazione web di politica, società e costume a cura di Roberto D'Agostino. Si occupa principalmente di pettegolezzo e informazioni parzialmente confidenziali su fatti e persone del mondo della politica, dell'economia, dello spettacolo e dello sport italiani. Lo stile di comunicazione è chiassoso e scandalistico, a tratti volgare; celebre la famigerata rubrica* ***Cafonal***

David: Premio David di Donatello: italienischer Filmpreis
✍ *all'incontro tra il capo dello Stato e i candidati ai* ***David*** *domina la politica*

differita : Aufzeichnung, *Ggs.* diretta
✍ *accreditano troupes radio-televisive, annunciando dirette e* ***differite*** *…*

digi-tv: digitales Fernsehen
✍ *finora la* ***digi-tv*** *aveva raccolto soprattutto pubblici di nicchia, magari molto importanti, ma pur sempre meno „generalisti" di quelli della tv tradizionale*

diretta: diretta tv: Direktübertragung, Liveübertragung, *Ggs.* differita

*Radio Radicale ha fatto **fuoco e fiamme** per ottenere il rinnovo della convenzione con lo Stato che le ha assegnato 35 miliardi in cambio delle **dirette** da Camera e Senato*
fare fuoco e fiamme – alle Hebel in Bewegung setzen

diritto di cronaca: Freiheit der Berichterstattung
*tutelare la privacy dei cittadini dall'intrusione dei „media", salvaguardando il **diritto di cronaca:** è il difficile equilibrio su cui si basa il codice deontologico dell'attività giornalistica*

dorso: Beilage
*da marzo il „Sole 24 Ore" potenzierà la sua **uscita domenicale** con un terzo **dorso** dedicato alla finanza*
uscita domenicale – Sonntagsausgabe

domanda delle cento pistole: 100-Punkte-Frage/Eine-Million-Euro- Frage: die alles entscheidende Frage
*che cosa faranno i prodiani, voteranno per Guazzaloca o ancora per Cofferati? Questa è la **domanda delle cento pistole***

Donna Letizia: Kummerkastentante *(entsprechend der Rubrik „Fragen Sie Frau Irene")*
Colette Rosselli, ultima moglie di Indro Montanelli, divenne un mito con lo pseudonimo di „Donna Letizia" rispondendo alla Piccola Posta in svariate riviste femminili dal 1955 in poi. Riceveva ogni tipo di lettere da cuori appassionati in cerca di conforto o da anime irrequiete alla ricerca disperata d'un consiglio
*è lo piccolo schermo a dettar moda, non più **Donna Letizia.** E si vede*

edicola: Zeitungskiosk
in edicola: erschienen
edicolante: Zeitungshändler
*l'**edicolante** di fiducia*
*in **edicola** a giorni (kommt in diesen Tagen heraus)/„l'Unità", rinnovata nella grafica e nelle scelte editoriali, riscuote forti consensi in **edicola***

editto bulgaro: bulgarisches Edikt *(mit dem Berlusconi 2002 während einer Auslandsreise aus Sofia anordnete, die Journalisten Enzo Biagi und Michele Santoro sowie den Satiriker Daniele Luttazzi aus der Rai-Redaktion zu entfernen)*
*e pur nel momento del dolore (la morte di Biagi) ricorda che il famigerato „**editto bulgaro**" che portò all'allontanamento di Biagi dalla Rai, c'è stato, e a chi in qualche modo lo ha in questi giorni negato, replica, tacciandolo di „botta di amnesia"*

edizione cartacea: Buchausgabe, gedruckte Fassung, Papierfassung

accordo sul pacchetto **emittenza:** Vereinbarung über die Sendezeiten von Rai, Mediaset und lokalen Sendern
emittenze locali: lokale Sender

Sua **Emittenza:** il **Grande Comunicatore:** Silvio ☞ Berlusconi

familiare: Familienzeitschrift, Klatschzeitschrift
*la bella Eva Herzigova, infatti, in un'intervista a un **familiare** tedesco ripresa anche dai giornali italiani, l'ha bocciata con toni abbastanza villani*

fanzine: Fanzine, Magazin von Fans für Fans
*dalla fine degli anni novanta le **fanzine** stampate hanno cominciato a sparire, nel mentre la diffusione di internet favoriva nuovi mezzi di comunicazione*

preserale: fascia pre-serale: Vorabendprogramm
fascia di mezzogiorno: Nachmittagsprogramm
*la guerra per la conquista del **preserale** Rai*

fattoide: Faktoid, Pseudotatsache
la parola fattoide (factoid) è stata inventata dallo scrittore Norman Mailer che con essa intendeva indicare qualcosa che prima di comparire su un giornale o in tv non esisteva
*da tempo circola un **fattoide** che qualcuno ha interesse ad alimentare*

femminile: Frauenzeitschrift
*ho preso a sfogliare i **„femminili"***

Ferpi: Federazione Relazioni Pubbliche Italiana: Italienischer Verband für Public Relations

Fides: Presseagentur von ☞ Fide (Vatikan)
*si tratta di Luca De Matta, neo direttore di **Fides**, una sorta di „Ansa" del Vaticano poiché è l'agenzia di stampa della potente Congregazione di Propaganda Fide*

Fieg: Federazione Italiana Editori Giornali: Italienischer Verband der Zeitungsverleger
*periodico associato alla **Fieg***
***Fieg**: sintonizzatevi sulla stampa: l'unico mezzo a cui lo „zapping" non fa fare neanche una piega*

film:

attore non protagonista /attrice non protagonista: Nebenrolle
film **campione d'incassi:** Kassenschlager
colonna sonora originale: Original-Musik
corto: cortometraggio: Kurzfilm
✎ *Cinema, trenta sale per i film di Venezia, ma si festeggiano anchi i* ***corti*** *d'autore*
cortometraggio animato: kurzer Trickfilm
documentario lungo/documentario corto: Dokumentarfilm/kurzer Dokumentarfilm
effetti sonori: Sound-Effekte
effetti visivi: Spezial-Effekte
fotografia: Kamera
lungometraggio: (abendfüllender) Spielfilm
montaggio: Schnitt
sceneggiatura originale/sceneggiatura non originale: Original-Drehbuch/adaptiertes Drehbuch
scenografia: Bauten/Bühnenbild
trucco: Maske

firma: bekannter Name/Journalist
✎ *Anna Maria Mori, per moltissimi anni grande* ***firma*** *di questo giornale*

Fnsi: Federazione nazionale della stampa italiana: Nationaler Presseverband *(Interessenverband der Journalisten)*
📖 *sindacato dei giornalisti*
✎ *di questi e altri problemi legati ai minori e alla loro tutela si parlerà oggi a Treviso in un seminario-tavola rotonda promosso dalla* ***Fnsi***

fondo: articolo di fondo: Leitartikel
✎ *detta un* ***fondo*** *contro lo spettro del partito liberal-democratico*

format: Programmformat für Unterhaltungs- und Informationssendungen
✎ *creatore in passato di numerosi* ***format*** *di largo ascolto*

Fortebraccio: Pseudonym des Kolumnisten der Unità, Mario Melloni (1902–1989), bekannt wegen seiner bissigen Kommentare
✎ *visti dai salotti, gli idealizzati metalmeccanici erano la pietra di paragone e la cartina di tornasole di* ***Fortebraccio*** *e dei lettori suoi „fan" di sinistra e di destra, per i massimi sistemi e problemi della società italiana moderna*

foto-choc: Schockfoto
✎ *la spiaggia privatizzata senza diritto è stata scelta come scenario per alcune* ***foto-choc*** *realizzate da Steven Klein*

fotografia /fotografare: Fotografie: Abbild, genaue Beschreibung
✎ *cos'è, una minaccia? Ma no, quella non era affatto una sfida, era la* ***fotografia*** *di uno stato di fatto, di un tira e molla troppo a lungo che ha finito per logorare tutti*
✎ *ansie, desideri, frustrazioni: un libro inchiesta* ***fotografa*** *lo stato di salute del clero italiano*

fotoritocco: Fotoretouche
✎ *eccellente fotografo e sicuro padrone delle tecniche di* ***fotoritocco***

Frt: Federazione radio televisioni: Radio- und Fernsehverband *(der kommerziellen Sender)*
✎ *come presidente della* ***Frt*** *che da oltre dieci anni svolge attività sindacale nell'interesse degli imprenditori radiotelevisivi privati associati, nazionali e locali e che rappresenta in termini di* ***ascolto*** *e di fatturato oltre il 95% del settore Tv e circa il 50% di quello radiofonico*
ascolto – Einschaltquote

fuga di notizie: Indiskretion (der Presse), Informationsleck, undichte Stelle
✎ *puntuali sono arrivati gli attacchi degli avvocati e le* ***fughe di notizie***

Gabibbo: *Puppe der satirischen Fernsehsendung „Striscia la notizia", die in polemisch-ironischer Weise in die Rolle eines Robin Hood oder Saubermanns schlüpft, um Missstände zumeist in der öffentlichen Verwaltung anzuprangern*
✎ *il partito della bellezza, appena nato, è già in pericolo? Sottoposto in breve tempo a ripetuti traumi, inclusi incontri con trans,* ***gabibbi*** *e cantanti dark, La Malfa aspetta paziente che la tempesta passi*

tv **generalista:** nicht spartengebundener Sender *(Ggs.)* **tv tematica: canali tematici:** Spartensender
✎ *tv* ***generalista****, piace agli ignoranti*

ghiotto: notizia ghiotta: interessante, pikante Nachricht, Thema Nr. 1
✎ *il tema più* ***ghiotto*** *a Camaldoli è stato il futuro di Sergio Cofferati*

GF: Grande Fratello: Big Brother *(Fernsehsendung)*

☞ *i cattivi sono sempre gli altri per genitori e amici dei concorrenti del **Grande Fratello***

Grande Fratello: Big Brother (is watching you); Überwachung, Kontrolle
☞ *non è una misura da „**Grande Fratello**"*

porte del Tempio di **Giano:** die Tore des Janustempels *(als Symbol für Frieden zu Wasser und zu Lande, wenn sie geschlossen sind)*
☞ *„Purtroppo le **porte del Tempio di Giano** sembrano ormai ineluttabilmente dischiuse", ha detto il ministro della Difesa Antonio Martino con un implicito riferimento all'eventualità che la crisi irachena precipiti nella guerra*

giornali-coop: Gewerkschaftszeitungen
☞ *i **giornali-cooperativa** che vengono venduti in edicola in abbinamento*

Giulianone: Giuliano Ferrara, direttore del „Foglio": der Herausgeber des „Foglio", Giuliano Ferrara
☞ *„Ratzinger è molto più intelligente di Gianni Vattimo", tuonava **Giulianone** al dibattito con Marco Pannella*

Gr: Gr Rai: giornale radio: Nachrichtensendung im Radio
Gr1 (Radiouno), Gr2 (Radiodue)

grandifratelli: Big-Brother-Teilnehmer
☞ *cosa fare di ex calciatori e di ex **grandifratelli**, di ex politici e di ex veline (ormai un consistente gruppo sociale), di ex soubrette e di ex cantanti?*

Gt Ragazzi: Fernsehinformationsprogramm für Kinder- und Jugendliche
📖 *l'appuntamento quotidiano di RaiUno con il telegiornale dei piccoli*

icona trash: Trashikone
☞ *presentata da Ambra Angiolini che, da **icona crash** della tv anni 90 sbarca al Lido come madrina della Mostra di Venezia*

uomo-**immagine:** Werbeträger
☞ *ma qualcosa si è rotto nel rapporto tra ☞ Cl e il suo principale **uomo-immagine**, Antonio Socci*

indie: etichette indie: etichette indipendenti: unabhängige Labels
☞ *si affidano alle **indie** che anche in Italia, coraggiosamente, si oppongono allo strapotere dell'affarismo fine a se stesso*

giornalismo d'**inchiesta:** Enthüllungsjournalismus

info-povero: schlecht informiert
☞ *non essere gli **scemi del villaggio** globale: posso pertanto tranquillamente affermare di non essere né un analfabeta né un **info-povero***
scemo del villaggio – Dorftrottel

inserzionista: Werbeinserent
☞ *il Moige, potentissima associazione di genitori, ha chiesto agli **inserzionisti** di non dare più pubblicità a Bonolis per* Ciao Darwin *di Canale 5*

Ipsoa: Wirtschaftspressedienst
📖 *filiale italiana di Reuters, la più grande agenzia di informazioni economiche del mondo*

Iqs: indice di qualità e soddisfazione: Qualitäts- und Akzeptanzindex der Rai
☞ ***Iqs**, il sistema Rai dimenticato che ribalta le pagelle dell'audience*

Isola dei Famosi: *(verglb.)* Dschungel-Camp/Ich bin ein Star: Holt mich hier raus! *(TV-Reality Show)*
☞ *Miriana Trevisan sbarca sull'**Isola dei Famosi** e commenta il successo della collega: „Buon per lei"*

Istat: Istituto nazionale di statistica: Nationales Amt für Statistik
📖 *l'ente che si occupa di contare e classificare tutti i dati relativi alle persone, alle cose e alle situazioni che ci sono in Italia. Periodicamente redige un indice dei **prezzi al consumo** che serve per calcolare il tasso di inflazione*
☞ ***retribuzioni orarie** contrattuali in frenata in settembre. L'indice **Istat** non ha registrato nessuna variazione rispetto ad agosto*
prezzi al consumo – Verbraucherpreise
retribuzioni orarie – Stundenlöhne

Alcuni istituti di sondaggio: Einige Meinungsforschungsinstitute

istituto di sondaggio: Meinungsforschungsinstitut
sondaggiologo: Meinungsforscher
Assirm: Associazione tra Istituti di Ricerca del Mercato, Sondaggi d'Opinione, Ricerca sociale: Verband der Meinungsforschungsinstitute
Abacus
Aism: Associazione Italiana per gli Studi di Mercato: Italienische Marktforschungsvereinigung

Espresso-Cirm
Datamedia *(di centrodestra)*
Doxa: Istituto per le ricerche statistiche e l'analisi dell'opinione pubblica
Eurisko: Gesellschafts- und Marktforschungsinstitut
Eurispes
Iard: Institut für Gesellschaftsstudien
Ispo *(di centrosinistra)*
Ipsos: Meinungsforschungsinstitut
Swg *(di centro sinistra)*
📖 *l'istituto di sondaggi al quale da qualche tempo si abbevera il leader delle Botteghe Oscure*
✍ *stando al sondaggio* ***Swg****-Corriere della Sera*
Unicab *(di centrosinistra):* Marktforschungsinstitut

kermesse: Kirmes, Volksfest, *auch:* Show
kermesse mediatica: Medienspektakel
✍ *protesto per l'articolo „La grande* ***kermesse*** *comica di capodanno" di Umberto Eco*

La 7: Lasette: privater Fernsehsender *(Nachfolger von ☞ Tmc)*
Terzo Polo *unter Bezug auf* **Rai** *und* **Mediaset**

Lascia o raddoppia: aufgeben oder (den Einsatz) verdoppeln: *Titel einer beliebten Quizsendung aus den frühen Tagen des italienischen Fernsehens*
✍ *Ulivo e il futuro del professore: Prodi,* ***lascia o raddoppia****? I suoi fedelissimi lo rivogliono al comando. Lui tentenna*

festa di **Liberazione:** Veranstaltung/Festival der Zeitung „Liberazione" (Rifondazione Comunista)

lunga serialità: Dauerserie
✍ *il calderone televisivo, quello della* ***lunga serialità****, le ha dato tanto, ma adesso lo rinnega*

Mai dire Gol: Fernsehserie über Pleiten, Pech und Pannen im Fußball
📖 *Mai dire Gol è un programma televisivo della Gialappa's Band trasmesso su Italia 1 a partire dal 1990 e incentrato sugli errori, le gaffe e gli atteggiamenti buffi di alcuni giocatori e allenatori di calcio. Programmi simili: Mai dire Grande Fratello, Mai dire Tv, Mai dire Mondiali*
✍ *il Real perde il derby con il Getafe al Bernabeu con una rete da* ***Mai dire Gol***

maschile: Herrenmagazin, Männermagazin
✍ *Carlo Montanaro, direttore del* ***maschile*** *„Style" del „Corriere della Sera"*

edizione **massaie:** Hausfrauensendung im Fernsehen

Mediaset: holding televisiva e pubblicitaria della Fininvest: CANALE 5, ITALIA 1, RETE 4: Fernseh- und Werbeholding der Fininvest
Cologno Monzese: Milano 2: sede di Mediaset
✍ *da una parte Berlusconi copia molto i modelli americani:* ***Milano 2*** *sembra la suburbia americana, i canali di Berlusconi raccolgono il peggio delle televisioni americane*
✍ *nella libera repubblica di* ***Cologno Monzese*** *si vive paciosi: basta tenersi alla larga da temi spinosi e critiche*

Medusa: Berlusconi-eigene Filmproduktionsgesellschaft

messa in onda: Übertragung
✍ *sostiene che il servizio tende a presentare tutti i corridori alla stregua di una banda di tossicodipendenti e afferma di aver cercato di impedirne la* ***messa in onda***

mezzobusto/mezzobusta: Nachrichtensprecher/Nachrichtensprecherin
✍ *la specie del* ***mezzobusto*** *ha cambiato aspetto nel mezzofusto*

Mike Buongiorno: Quizmaster aus den Anfangsjahren der Rai und Inbegriff des italienischen Fernsehmoderators
✍ *Amato sembra* ***Mike Buongiorno*** *che ripete sempre „allegria, allegria"*

mondovisione: weltweite Übertragung
✍ *se quando annunciammo il primo trapianto della storia da babbuina a uomo noi chirurghi avessimo parlato in* ***mondovisione*** *con i camici sponsorizzati avremmo avuto milioni di dollari*

montepremio: Jackpot
✍ *il numero dei giocatori è troppo basso e quindi il* ***montepremi*** *non è attraente*

Mostra di Venezia: Mostra d'arte cinematografica di Venezia: Internationale Filmfestspiele von Venedig (Teil der ☞ Biennale)

Nastri d'argento: die Silbernen Bänder *(Filmpreis des Filmfestivals von Taormina)*
✍ *la serata inaugurale del Festival, dedicata alla consegna dei* ***Nastri d'argento****, era partita con qualche nervosismo*

ndr.: nota della redazione: Anmerkung der Redaktion

opinionista: Kommentator, Kolumnist einer Zeitung; *auch:* Meinungsmacher
*una ricerca curata dalla ☞ **SWG** per il settimanale Oggi, di cui l'ex pm Di Pietro è **opinionista***

Ordine: Ordine nazionale dei giornalisti: Nationaler Journalistenverband
*il giorno in cui sarà abolito l'**Ordine** sarà un passo avanti per la correttezza dell'informazione. E lo dico da iscritto*

oscurare: (Seiten) sperren, entfernen
*in serata tutte le canzoni e i video su You Tube sono stati **oscurati***

Osservatorio: Einrichtung für Marktbeobachtung und Meinungsforschung *(auch allgemein für: Meinungsforschungsinstitut)*
*i dati dell'**osservatorio** di Pavia sulla presenza in tv delle forze politiche*
*lo chiedono i cittadini che da mercoledì chiamano il centralino dell'**Osservatorio** di Milano e segnalano ai candidati sindaci i problemi più urgenti da risolvere*

Osservatorio giovani editori: Beauftragter für Jungverleger

palinsesto: Fernsehprogramm, Programmschema
*per questa data, infatti, è previsto il varo dei **palinsesti** per la stagione autunnale*

panino: giornali-panino: tandem: Lokalzeitung als Beilage zu einer überregionalen Zeitung
📖 *si tratta di giornali, generalmente locali, finanziati dai fondi statali, ma poi venduti a un prezzo scontato in abbinamento a testate nazionali che non usufruiscono del contributo*
*accordi con altri giornali per la vendita in **tandem** (i cosiddetti **„panini“**) al prezzo di una sola testata*

paparazzo: sensationslüsterner Pressefotograf
*„**Paparazzi**“, intrighi, corna e scoop: l'ultimo ciak di Parenti e Vanzina*

giornale **patinato:** Hochglanzzeitung, Glamourblatt

pay-tv: tivù a pagamento: Pay-TV *(in Italien: **Sky Italia**)*

penna: il giornalista: Journalist, Schriftsteller
*Natalia Aspesi, **penna** fra le più acute e spiritose del giornalismo italiano*

Nuovo? No, lavato con **Perlana:** Neu? Nein, mit Perwoll gewaschen
*temo che sia piuttosto un pregiudizio tipico del centrosinistra, secondo il quale chiunque viene associato al governo Berlusconi è una sorta di ☞ Calimero. Mentre, se proviene dall' opposizione, è **lavato con Perlana** e riemerge immacolato*

pierre: PR: Publicrelations: PR-Manager
*affettuosa **pierre** che cura l'ufficio stampa del cd e anche quello de La 7*

Porta a Porta: allabendliche von Bruno **Vespa** moderierte Talkshow mit aktuellen Themen und Gästen des öffentlichen Lebens (meist Politikern)
*se si vuole ancora una volta intimidire „**Porta a Porta**“, hanno **sbagliato indirizzo***
sbagliare indirizzo – sich an den Falschen wenden

Premiolino: Journalismuspreis
*nuovo ciclo per il „**Premiolino**“, storico riconoscimento giornalistico. Cambia sponsor, nome („**Premiolino in Terrazza**“), presidente ...*

proposta indecente: unanständiges Angebot: unakzeptabler Vorschlag *(nach dem Film „Indecent proposal“)*
*„Una **proposta indecente**“: Famiglia Cristiana boccia duramente la proposta del ministro dell'Interno, Roberto Maroni, sulla raccolta delle impronte digitali dei bambini rom*

provinare: casten
provino: Casting
***provini** a generici e ad attori: Si **provinano** persone, sia uomini che donne, dai 18 ai 70 anni, magri e grassi, bassi e alti, caratteristi, sosia, gemelli, sia brutti che belli. Si **provinano** trans sia italiani che stranieri*

Publitalia: la concessionaria di pubblicità di Mediaset: Werbeträger von Mediaset

quinte: Kulissen
*dietro le **quinte** spuntano due linee: ridurre i salari oppure i dipendenti*

radio instore: Corporate Radio, Firmenradio
*anche se non intendiamo la **radio instore** come fattore di convincimento, si fanno, ovviamente, le promozioni per i nostri prodotti*

Raffa: Raffaella **Carrà:** Fernsehmoderatorin

Rai: Radio-audizioni italiane: RAI UNO, RAI DUE, RAI TRE: Staatlicher Radio- und Fernsehsender
mamma Rai
☞ *qui parla **nonna Rai**: la crisi delle emittenti pubbliche*
Saxa Rubra: sede della Rai
📖 *località vicino a Roma dove hanno sede gli studi televisivi della Rai*
viale Mazzini: sede del consiglio di amministrazione della Rai a Roma
via Asiago: sede della radio Rai a Roma
corso Sempione: sede Rai di Milano
centro di ascolto radio-televisivo per la Rai: Zentrum zur Feststellung der Einschaltquoten
☞ ***Rai** e Mediaset con 3 reti fino a gennaio '97; non più di due reti per un solo soggetto (sentenza della Corte Costituzionale del '94)*
☞ *adesso che la lady di ferro (Letizia Moratti) non è più a **viale Mazzini** ...*
☞ *a **Saxa Rubra** regime di centrosinistra?*

Rai Educational: Schulfernsehprogramm von Rai 3 u. a. zur Staatsbürgerkunde
☞ *sarà la nuova **Rai Educational** a dare una storia rispondente ai fatti come avvenuti e non alle ideologie*

a **reti unificate:** gemeinsame Übertragung aller Fernsehsender
☞ *il ☞ Grande Comunicatore ha parlato **a reti unificate**: è un'occasione rara per annunciare o commemorare quei fatti che pomposamente vengono elevati al ruolo dell'evento*

RMC: Radio Monte Carlo

Rna: Radio nazionali associate: Vereinigung der nationalen Rundfunksender
📖 *associazione delle emittenti radiofoniche nazionali*
☞ *la **Rna** protesta per la decisione della Camera di dotare la Protezione civile di una emittente nazionale in Fm*

ron ron: schnarchende Langeweile *(Schnarchgeräusch)*
☞ *un romanzo scritto con una lingua italiana che sembra essere sfuggita a tutte le contaminazioni del parlato televisivo, al **ron-ron** della pubblicità/mentre nella narrativa c'è pur sempre un certo **ron ron** sentimentale*

rosa: magazine rosa: Frauenzeitschriften
D: femminile della „Repubblica"
Io donna: femminile del „Corriere della Sera"
☞ *ottanta miliardi sui **magazine rosa**. È la raccolta pubblicitaria stimata per „**D**" e „**Io donna**", i magazine femminili della „Repubblica" e del „Corriere della Sera" per il 98.*

Rti: Reti Televisive Italiane: Fernsehsender *(von Mediaset kontrolliert)*

Ruota della Fortuna: Glücksrad
📖 *la Ruota della Fortuna è un celebre quiz televisivo condotto da Mike Bongiorno per più di 10 anni (1989–2003), nato come versione italiana dello storico programma Wheel of Fortune, che esordì sull'emittente americana NBC nel 1975*
☞ *Mike Buongiorno? „Lui non ha eredi ma io credo di ispirarmi proprio a lui": lo dice Enrico Papi che ha riportato in tv la **Ruota della Fortuna**, il programma legato per oltre 10 anni a Super Mike e che ha spinto il re dei conduttori a dire dello stesso Papi: „Chi è questo giovanotto?"*

Saint-Vincent: premio giornalistico Saint-Vincent: Journalistenpreis Saint-Vincent

sala stampa: Pressezentrum
☞ *la notizia dei due incontri aggiuntivi è stata confermata il 4 aprile dal direttore della **sala stampa** della Santa Sede, Padre Federico Lombardi*

scaletta: Struktur/Aufbau einer Sendung, Gliederung eines Beitrags, Zeitplan, Terminplan, Programm
☞ *abbiamo già stilato la nuova **scaletta** della trasmissione e avremo 15 giorni di tempo per la pausa del Campionato*
scaletta delle priorità: lista delle priorità: Prioritätenliste

piccolo **schermo:** Fernsehen
grande **schermo:** Film
☞ *lascia il **piccolo schermo** e per un po' si dedicherà solo alla sua nuova passione*

Scherzi a parte: mit „Verstehen Sie Spaß" vergleichbare, aber satirischer angelegte Fernsehsendung
📖 *„Scherzi a parte" mantiene invariata la formula vincente delle scorse stagioni: attori, cantanti, giornalisti, sportivi, politici, sono gli inconsapevoli protagonisti di scherzi e tranelli di ogni tipo, di incredibili „candid camera", di situazioni paradossali e impreviste*

☞ *invece l'ex ministro degli Interni Rosa Russo Iervolino era finita nella trappola di „**Scherzi a parte**"; la conduttrice ha fatto finta di collezionare un'incredibile serie di gaffes, ad esempio chiamando in continuazione il primo cittadino di Napoli „Rosa Russo Bassolino"*

Scommettiamo che?: Wetten dass ...?
☞ *hanno raggiunto l'accordo per riproporre **Scommettiamo che?** in edizione riveduta e corretta*

scoop giornalistico: Exklusivmeldung, Knüller
autoscoop: Selbstboulevardisierung
☞ *dopo il lieto fine, gli **scoop** sul suo passato/la ricerca dello **scoop** a tutti i costi*
☞ *il primo fenomeno di **autoscoop** della storia del giornalismo*

scopritalenti: scouting: Talentspäher, Talentscout
☞ *il direttore del Tg4, sulla soglia dei settant'anni, non ha perso il suo smalto di **scopritalenti***
☞ *ora ha fatto **scouting** e vanta tra le sue file personaggi come Sabino Cassese e Andrea Manzella*

seconda serata: Spätabendprogramm
prima serata: Abendprogramm
☞ *chiedono lo spostamento di „Beautiful" in **seconda serata** perché „morboso"*

share: Einschaltquote
☞ *non è piaciuta al pubblico (solo il 13,37 per cento di **share** contro il 30 sfiorato dalla fiction di Rai Uno)/perdere 2,6 **punti di share***

si dice: Gerücht, „was man hört"
☞ *stando ai **si dice** la **Gruber**, inviato speciale, non avrebbe gradito un rientro al „desk", cioè all'organizzazione del lavoro*
Lilli Gruber – Fernsehjournalistin

silenzio stampa: Nachrichtensperre, Nachrichtenstopp, Presseboykott
☞ *il capo della procura milanese ha rotto il **silenzio stampa**/chiedere il **silenzio stampa***

Singrai: Sindacato giornalisti Rai (vicino al Polo): Journalistengewerkschaft der Rai

Sipra: la concessionaria di pubblicità della Rai: Werbeträger der Rai

sit-com: Situationskomödie
☞ *nel '94 ha invece recitato nella **sit-com** di Canale 5 „Casa Vianello"*

soffietto: Huldigungsartikel
☞ *forse ha suscitato l'invidia di altri leader, che non hanno un poeta a narrare le loro gesta. Un **soffietto** su commissione? Macché: Sapevo del compleanno, l'ho scritto di getto*

soubrette: Showgirl

spalla: ständiger Partner, Bühnenpartner, Partner eines Komikers
☞ *Ceccherini, **spalla** storica di Pieraccioni, ha già al suo attivo due film da regista*

spettacolarizzazione: Spektakularisierung, Vermarktung, Boulevardisierung
☞ *lo abbiamo fatto perché non accettiamo la **spettacolarizzazione** delle vicende giudiziarie, soprattutto non ci piace che si usi una piazza per infangare la magistratura*

stampa d'opinione: Gesinnungspresse

stampa free: free press: giornale gratuito: Free Press, Gratiszeitung
📖 *„**Leggo**", free press di Caltagirone, „**City**", free press di Rcs, „**Metro**"*

Stranamore: von Alberto **Castagna** moderierte Fernsehsendung auf *Canale 5*, bei der zerstrittene Paare versöhnt werden sollen
professor Stranamore: Vermittler zwischen verfeindeten Lagern
☞ *proteste dopo la puntata di domenica di **Stranamore***
☞ *un promessa che non rientra nei teoremi strategici dei dottor **Stranamore** del Pentagono*

Stream Sky Italy: ☞ pay-tv

striscia: tägliche Fernsehsendung
☞ *si tratta in entrambi i casi di „**strisce**", cioè programmi che vanno in onda tutti i giorni e costituiscono un forte impegno per i circa 620 dipendenti della produzione milanese*

striscia serale: Nachtprogramm des Fernsehens
📖 *nella programmazione televisiva, fascia oraria notturna, che segue l'ultima edizione del telegiornale*

stunt: stuntman /stuntwoman: controfigura: Double, Stuntman
☞ *lo **stuntman** non è un folle, ma solo una persona che conosce alla perfezione il gioco e il*

rischio calcolato/anche gli ***stunt*** *hanno un'anima*

tabloid: Boulevardzeitung, Boulevardpresse
☞ *la sequenza fotografica, pubblicata dal* ***tabloid*** *londinese* EXPRESS, *arriva dritta da Hong Kong*

Tapiro d'oro: Goldener Tapir, *von der Fernsehsendung „Striscia la notizia" vergebener Preis für besonders peinliche Fehlleistungen*
☞ *Giovanni Trapattoni per la sconfitta contro il Galles ha ricevuto il* ***Tapiro d'oro*** *di „Striscia la notizia". Il Trap ha accettato il „premio" con ironia*

teleimbonitore: Fernsehverkäufer
☞ imbonimento
☞ *l'impresa non è stata tentata dal* ***teleimbonitore*** *di turno, bensì dal Presidente del consiglio Silvio Berlusconi che, rispolverando i trucchi della sua lunga carriera, è ieri apparso a reti unificate nelle case degli italiani per dire chi sta ingannando i pensionati di oggi e quelli di domani*

Telekabul: Rai Tre
📖 *Unter der damaligen Leitung von Angelo Guglielmi und Alessandro Curzi (PCI-Mitglied) entwickelte sich das Programm 1987 politisch nach links, was ihr den Spitznamen Telekabul in Anspielung auf das damalige kommunistische Afghanistan eintrug (Wikipedia)*
☞ *intervista al direttore Annunziata: stalinisti, hanno nostalgia di* ***Telekabul***

telenovela: novela televisiva: Fernsehserie, Soap Opera
☞ *le* ***novelas televisive*** *hanno ritmi lenti: puntate e puntate prima che succede davvero qualcosa*

Telepiù: ☞ pay-tv

telepromozioni: siparietti dei divi: Moderatorenwerbung
siparietto: Zwischenaktvorhang: (bizarr-komisches) Intermezzo
☞ *i* ***siparietti dei divi*** *non contribuiscono più a bruciare il tempo massimo che un'emittente può destinare alla pubblicità ogni ora*
☞ *segue* ***siparietto*** *a tu per tu tra donna Alessandra (Mussolini) e il tutto-d'un-pezzo Pierferdy (Casini)*

testata: Titel, Zeitung; Redaktion *(Fernsehen, Radio)*
☞ ***testata*** *Rai Sport*
☞ *punta all'ex* ***testata*** *leghista sull'orlo del fallimento e promette di rilanciarla*

testimonial: Werbeträger, Imageträger, „Botschafter" für ein Produkt
☞ *Sabrina Ferilli guida come* ***testimonial*** *la Scuola del latte Parmalat. La Ferilli è la* ***testimonial*** *perfetta per la sua energia e naturalezza …*

tg: tiggì /tigì: il telegiornale: Nachrichtensendung
Tg1 (Raiuno), **Tg2** (Raidue), **Tg3** (Raitre), **Tg4** (Retequattro), **Tg5** (Canale 5), **Studio Aperto** (Italia 1), **Tg La7**
☞ *tempo dedicato all'attività dei partiti nei* ***Tg****/i titoli del* ***Tg***
☞ *a nessuno verrebbe mai in mente di abolire i giornali e* ***tiggì***
tg di mezzasera: Spätnachrichten (circa 22.00 Uhr)

Tgs: testata giornalistica sportiva della Rai: Sportredaktion des Fernsehens
☞ *ma l'affolata squadra della* ***Tgs*** *non è stata contestata solo per l'ossessione spot*

Titanus: Filmproduktionsgesellschaft

Tmc: Telemontecarlo: im Jahre 2001 eingestellter Privatfernsehsender
☞ *direttore dei programmi di Telemontecarlo, Balassone si è dato da fare perché la presenza degli uomini dell'Ulivo su* ***Tmc*** *fosse ben valorizzata*

Totò e il Colosseo: etwas Unangebrachtes tun, … steht nicht im rechten Verhältnis zu …
📖 ***Totò cerca casa,*** *film di Mario Monicelli: Beniamino lovacchio (Totò) è affamato e senza un soldo. Vive da sfollato con la famiglia in un'aula scolastica. Con un espediente si fa assegnare la casa del custode del cimitero ma la paura fa novanta e decide di tornare alla scuola. Sono arrivati gli scolari e così a Beniamino e famiglia non resta che arrangiarsi prima nello studio di un pittore e poi al Colosseo, ovunque vadano sempre guai. Finalmente arriva la fortuna, possono prendere possesso di un lussuoso appartamento. Vittime di un imbroglione che ha affittato l'appartamento a più persone contemporaneamente, si ritrovano di nuovo in un mare di guai*
☞ *De Benedetti voleva acquisire la Sme como* ***Totò*** *il* ***Colosseo***

tormentone: heftiger Sturm: Skandal, (in die) Schlagzeilen (geraten)
*sono proprio i diessini i più coinvolti nel **tormentone***

trafiletto: Kurzmeldung, Randmeldung
*dell'intero viaggio in Russia, „abbronzatura" alla Casa Bianca compresa, c'è traccia solo in un **trafiletto**, occupato da Giorgio Stracquadanio, „sicuro che Obama non si è affatto offeso"*

traino: „Zugpferdsendung" vor den Abendnachrichten
*il quiz che per tutto l'inverno precede il Tg5 sembra quindi avere un potere ipnotico sugli spettatori maggiore del **traino** del Tg1, „In bocca al lupo".*

tronista: junger Mann/junge Frau auf dem Kandidatenthron der Fernsehsendung „Uomini e Donne" (*verglb.* Herzblatt), Herzblattkandidat („Picker"); Playboy, Macker
è riferito alle trasmissioni di Maria De Filippi Uomini e Donne dove ci sono i corteggiatori che cercano di essere scelti dai belli di turno, appunto seduti sul trono
*un ragazzo deve avere eleganza e charme. Niente fashion victim né magliette aderenti tipo i **tronisti** della tivù o in stile Billionaire*
*Riccardo Lione, del beach volley, fisico da **tronista**, sorridendo, dice: „Flirt? Qui al villaggio le donne sono concentrate sulle gare"*

Tv: tivù: Fernsehen
scatolotto: (Flimmer)Kiste
*un cartellone di film belli, ma poco visti, snobbati dal pubblico delle sale e anche da quello dello **scatolotto***
*cercare di razionare la **tivù** a non più di un'ora al giorno*
diritti-tv: Fernsehrechte

Tv amiche: im Verhältnis zum ☞ *Polo* handelt es sich um Canale 5, Italia 1 und Retequattro
*anche le **Tv amiche** non sono certo tenere con noi*
Ggs: **Tv ostili**

Tv deficiente: Primitivfernsehen, Dummfernsehen
*Panariello è avvisato: se quella di due anni fa venne bollata come „**Tv deficiente**" (ma fece ascolti record), ora c'è licenza di „uccidere"*

tv spazzatura: minderwertige Fernsehprogramme, Konsumfernsehen, Wegwerffernsehen
*se si ragiona in termini di ☞ share, il precipizio nella **tv spazzatura** è inevitabile, anche per il servizio pubblico*

Ugiv: Unione giornalisti informazione visiva: Verband der Bildjournalisten
si è costituita di recente presso la ☞ Fnsi

uomo immagine: Werbeträger, Imageträger
*il suo futuro è già nelle mani della Fifa che lo utilizzerà come **uomo immagine***

Upa: Utenti Pubblicità Associati: Vereinigte Werbekonsumenten
*è finita l'interminabile luna di miele fra l'**Upa** e le televisioni di Silvio Berlusconi?*

Usigrai: Sindacato giornalisti Rai (vicino all'Ulivo): Journalistengewerkschaft der Rai
***Usigrai** e Singrai, i due sindacati nemici dei giornalisti Rai*

vallette: Assistentin bei Fernsehshows

velina: Showgirl, Nummerngirl, TV- Assistentin
le veline vengono chiamate le due ☞ vallette della trasmissione di Canale 5 „Striscia la notizia"
*una delle più belle e autorevoli **veline** della tv è Lilli Gruber. Quando dice i numeri del lotto sembra che ti confessi il suo numero di telefono*
velona: Showgirl/TV- Assistentin „älteren Semesters"
veletta: Showgirl/TV- Assistentin im besten Alter
*Dino Risi ha inventato per Mara Venier la definizione di **Veletta**: la donna nella pienezza dell'età, giusta misura di seduzione tra **Veline**, seducenti ma acerbe, e **Velone**, attraenti per simpatia*

velina: (amtliches) Mitteilungsblatt
*ci hanno risposto prima col silenzio, poi con le **veline** dei servizi segreti ...*

Velina azzurra: Mitteilungsblatt der oppositionellen Strömung innerhalb der Mitte-Rechts-Koalition

Velina nera: Internetseite von konservativ ausgerichteten An-Politikern

Velina rossa: halbamtliches Mitteilungsblatt der Ds
l'agenzia di stampa Velina Rossa, voce ufficiosa del presidente dei Ds
*scrive la **Velina rossa**, nota di commenti sulla giornata politica ispirata da Botteghe Oscure*

velinaro: Hofjournalist
*☙ l'impressione è che i cortigiani, i funzionari e i **velinari** che si assiepano intorno al Presidente del Consiglio non capiscono nemmeno le parole che questi pronuncia recando un danno notevole al prestigio personale del premier e alla credibilità e serietà del governo italiano*

consegna del **ventaglio:** feierliche Überreichung des Fächers *(seitens der Parlamentspresse an den Staatschef und die Parlamentspräsidenten vor der parlamentarischen Sommerpause)*
Quando nel 1883 la Camera si trasferì da Firenze a Roma, fu naturale la scelta di Palazzo Montecitorio a sede del lavoro dei deputati. Ma la struttura originale del palazzo non comprendeva un'aula capiente, anzi finiva in un cortile. Ecco allora la presidenza della Camera incaricare un tecnico di progettare e realizzare in quel cortile un'aula provvisoria in ferro e legno. Il freddo fu fronteggiato con una disposizione della presidenza: I signori deputati sono autorizzati a sedere in Aula muniti di guanti, cappotto e cappello. Il Presidente della Camera, che nei giorni di afa opprimente sopporta la fatica delle lunghe discussioni aveva, scherzando, detto a qualcuno dei giornalisti della tribuna stampa: „Voi altri avete almeno un ventaglio che io vedo costantemente agitare!" Si pensò quindi di offrire al Presidente un modesto ventaglietto di carta sul quale avevano apposto la firma tutti i corrispondenti e rappresentanti di giornali presenti in tribuna.
***Salone degli specchi**, al Quirinale. La tradizionale **consegna del ventaglio** della stampa parlamentare al capo dello Stato diventa occasione per una riflessione su informazione e potere*
Salone degli specchi – Spiegelsaal (Festsaal im Quirinalpalast)

videoreporter: Videoreporter
giornalista che realizza servizi televisivi con una videocamera, senza l'ausilio di una troupe

Vigilanza: commissione di vigilanza Rai: Kontrollausschuss für die Rai
*non possiamo però dimenticarci, come ho già detto in **Vigilanza**, che nell'ultima campagna elettorale una parte dell'azienda si è fatta partito*

webmostro: Webmonster
*si chiama „Scandaloitaliano" e nasce attorno un'unica idea forte: „Fenomenologia e scandalo di un **webmostro** italiano"*

Zelig: kabarettistische Varieteesendung
Zelig Circus è un varietà televisivo comico italiano prodotto da Mediaset che prende il nome dall'omonimo locale milanese di cabaret
*perché è questa la peculiarità dello **Zelig**: una formula consolidata negli anni, un marchio di fabbrica riconoscibile, che però si trasforma grazie al continuo camaleontismo, alla ricerca di nuovi stili, personaggi, interpreti/è una sorta di **Zelig** del mercato del lavoro*

Alcuni Organi di Stampa: Einige Presseorgane

Ateneapoli
rivista universitaria

Avanti
testata dello Sdi

Le **Peuple valdôtain**
testasta dell'Union Valdôtaine

Controcampo
settimanale sportivo di Mondadori

Corriere della Sera: Corsera
Milano, quotidiano del gruppo **Rcs**
sede storica: **via Solferino**
Editori: Rizzoli – Corriere della Sera
posizione di equidistanza dai poli

e polis
kostenfreie Zeitung, Free-Press-Erzeugnis

Europa
quotidiano della Margherita

Il **Foglio**
FI nahestehend

Il **Giornale**

Il **Mattino**
Napoli

Il **Messaggero**
Roma, „equidistante"
sede: via del Tritone

Il **Piccolo**
quotidiano/Trieste

Il **Popolo**
testata del Ppi

Il **Resto del Carlino**/il Carlino
Bologna

📖 *Il **Resto del Carlino**: Il nome del giornale riprendeva l'espressione familiare „dare il **resto del carlino**", che significava saldare i conti, anche in considerazione del fatto che il giornale, venduto a 2 centesimi, poteva essere dato in resto a chi, con 10 centesimi, acquistava un sigaro toscano, che allora ne costava 8.*

Il **Secolo d'Italia**
quotidiano di An

Il **Sole 24 Ore**
quotidiano della ☞ Confindustria
neutrale

Il **Sole che ride**
testata dei Verdi

La **Discussione**
testata dell'Udc

La **Gazzetta dello Sport**
La **rosea**
quotidiano del gruppo **Rcs** Editori
Editori: Rizzoli – Corriere della Sera

La **Liberazione**
quotidiano di Rifondazione comunista

La **Repubblica**
Roma
il giornale di **piazza Indipendenza**

La **Rinascita della sinistra**
testata dei Comunisti Italiani

La **Stampa**
quotidiano (FIAT)/Torino

Avvenire
quotidiano della ☞ Cei

Borsa & Finanza
Börsen- und Finanzzeitschrift

Civiltà Cattolica
revista dei ☞ gesuiti

Famiglia Cristiana: FC
Edizioni San Paolo (☞ Paolini)
*direttore: don Antonio **Sciortino***

Gambero Rosso
rivista gastronomica

Il Campanile
testata di Udeur

Il Mulino
rivista d'orientamento riformista

La Padania
quotidiano della Lega

L'Espresso
revista settimanale

Mf: Milano Finanza
Mailänder Finanzblatt

Micromega
rivista letteraria: Literaturalmanach

Mondo Operaio
testata storica del Pds, rivista socialista

Oggi
revista settimanale

Osservatore Romano
il giornale della Santa Sede

Panorama
revista settimanale

Rinascita
settimanale fondato da Palmiro ☞ Togliatti, di proprietà dei Ds

L'**Unità**
quotidiano del Ds

Secolo XIX
quotidiano di Genova

Segno 7: Segno nel mondo 7
testata dell'Azione cattolica

Tuttosport
quotidiano

Unione Sarda
quotidiano della Sardegna (Cagliari)

Popoli e Missione rivista della ☞ Cei

Quattroruote
Autozeitschrift

Il **Giorno**

TV Sorrisi e Canzoni
Fernsehzeitschrift (Mondadori)

Zukunft in Südtirol
testata dello Svp

La **Nazione**
Firenze

Il **Giornalino**
Edizioni San Paolo (☞ Paoline)
Kinder- und Jugendzeitschrift mit ähnlicher Ausrichtung wie „Famiglia Cristiana"

quotidiano: Tageszeitung
settimanale: Wochenzeitschrift
bisettimanale: Halbmonatszeitschrift
mensile: Monatszeitschrift

14.6. Lessico della Cultura
Wortliste Kultur

anteprima: la direttrice dei musei di Francia racconta in anteprima l'esposizione più importante dell'autunno oltralpe	die Direktorin der französischen Museen berichtet vorab von der wichtigsten Ausstellung in diesem Herbst in Frankreich
arma: una scrittrice alle prime armi	eine am Anfang ihrer Karriere stehende Schriftstellerin
autoaffettuosità: alte scosse nella scala delle autoaffettuosità dell'*Unità*	starke Erdbebenstösse auf der Skala der Selbstbeweihräucherung der *Unità*
autoesilio: esce dal suo autoesilio	verlässt seine innere Emigration
calamitare: riesce a calamitare uno spettatore	schafft es, einen Zuschauer anzuziehen/zu magnetisieren
canto del cigno: il nuovo saggio potrebbe essere il canto del cigno dell'uomo di governo	das neue Essay könnte der Schwanengesang des Regierungspolitikers sein
cervelli in fuga: quelli come me rappresentano l'altra faccia dei cervelli in fuga	Leute wie ich stellen die andere Seite des Braindrain dar
colpo di teatro: ma i colpi di teatro non erano finiti	aber das war noch nicht das Ende der Paukenschläge
consegna: c'è la consegna del silenzio	es herrscht Redeverbot
delitto e castigo	Schuld und Sühne
deontologico: codici deontologici	Verhaltenskodexe
diatriba: la stessa diatriba è già scoppiata a proposito dei capolavori artistici	derselbe Streit ist schon wegen der Kunstwerke entbrannt
dirittura: certamente, ci voleva dirittura morale	man braucht sicherlich Zivilcourage
facciata: un'operazione di facciata	kosmetische Operation
facile: è vero che alcuni studenti giocano al ribasso e vanno in cerca di promozioni facili	es stimmt, dass einige Studenten spekulieren und bequeme Studienabschlüsse suchen
fai-da-te: non ci resta che sperare nelle nuove generazioni in cui prevale la cultura del fai-da-te	uns bleibt nur, auf spätere Generationen zu hoffen, bei denen die Do-it-yourself-Kultur überwiegt
fatica di Sisifo: tutto rischia di ricominciare: compresa la fatica di Sisifo della elegante signora Ferrero-Waldner	es besteht die Gefahr, dass alles neu beginnt, einschließlich der Sisyphusarbeit der eleganten Frau Ferrero-Waldner
fiera: la fiera delle vanità	Jahrmarkt der Eitelkeiten
filo del rasoio: un ruolo sul filo del rasoio tra personaggio e creatura	eine Filmrolle auf des Messers Schneide zwischen Persönlichkeit und Geschöpf
filone: fa parte di un filone culturale	ist Teil einer kulturellen Bewegung
fotocopia: prevede due corsi fotocopia	sieht zwei deckungsgleiche Kurse vor
fresco d'inchiostro: la lettera di G. è ancora fresca d'inchiostro	die Tinte des Schreibens von G. ist noch nicht trocken
fuorviare: l'opinione pubblica può essere fuorviata	die öffentliche Meinung kann irregeleitet werden

incantesimo: l'incantesimo si è rotto	der Bann ist gebrochen/... ist entzaubert worden
io narrante: l'autobiografico io narrante	der autobiographische Ich-Erzähler
lancette: riportare indietro le lancette del tempo	die Zeit zurückdrehen
lanciato: è lanciatissima come attrice	ist als Schauspielerin äußerst gefragt
lesa maestà: parla di lesa maestà	er spricht von Majestätsbeleidigung
libro-verità: consegna le sue memorie a un libro-verità	vertraut seine Erinnerungen einem Enthüllungsbuch an
licenza narrativa: interpreta il suo ruolo, con licenza narrativa s'intende	interpretiert ihre Rolle, selbstverständlich mit dichterischer/künstlerischer Freiheit
licenza poetica	dichterische Freiheit
ludoteca: abbiamo comprato una villa fatiscente dove costruiremo una ludoteca	wir haben ein baufälliges Landhaus gekauft, wo wir eine Spielothek einrichten werden
macerie: letteratura delle macerie	Trümmerliteratur
maiuscola: sono un cacciatore con la C maiuscola	ich bin mit Leib und Seele Jäger
museruola: senza esitare a imporre leggi-museroala a una stampa troppo critica	ohne Zögern einer zu kritischen Presse Maulkorberlasse auferlegen
offendere: un'opera che rappresenta il futuro senza offendere il passato	ein Werk, das die Zukunft repräsentiert, aber die Vergangenheit nicht leugnet
offerta: l'Offerta musicale	Das Musikalische Opfer
omaggio: l'orchestra renderà omaggio a ...	das Orchester wird ... gedenken
oscurantista: ci hai chiamato oscurantisti, ma il Parlamento europeo ci ha dato ragione	du hast uns fortschrittsfeindlich genannt, aber das Europäische Parlament hat uns Recht gegeben
palcoscenico: come si supera la paura del palcoscenico?	wie überwindet man das Lampenfieber?
palcoscenico: poco incline al palcoscenico	Bühne: ist der Öffentlichkeit wenig zugeneigt
panni: Alfredo Kraus vestirà di nuovo i panni del „Werther“	Alfredo Kraus tritt erneut in der Rolle des „Werther“ auf
pedonalità: nel centro storico si riscopre il valore della pedonalità	im Stadtzentrum entdeckt man den Wert der Fußläufigkeit wieder
pietra filosofale: cercare la pietra filosofale	den Stein der Weisen suchen
Pippi Calzelunghe	Pippi Langstrumpf
posteri: ai posteri l'ardua sentenza, chiunque siano i posteri	darüber möge die Nachwelt richten, wer auch immer die Nachwelt sei
predicato: un poliziotto con ottime capacità di gestione che è stato a lungo in predicato per diventare capo della polizia	ein Polizeibeamter mit ausgezeichneten Führungsqualitäten, der lange Zeit beste Aussichten auf das Amt des Polizeichefs hatte
proseliti: il movimento fa proseliti soprattutto tra i giovani	die Bewegung findet vor allem bei der Jugend Anhänger
protagonismo estivo: sete di protagonismo estivo/basta con le inopportune polemiche estive	Lust auf Sommertheater/Schluss mit dem unangebrachten Sommertheater
refrattario: la cultura italiana è sempre stata refrattaria alla cultura scientifica	die italienische Kultur war schon immer unempfänglich für die wissenschaftliche Kultur

reinventarsi: cambiare look, reinventarsi	sich ein neues Aussehen zulegen
re: vogliono essere più realisti del re in termini di lotta all'inflazione	wollen bei der Inflationsbekämpfung päpstlicher als der Papst sein
ribalta: non ama le luci della ribalta	liebt das Rampenlicht nicht
riflettore: portare i riflettori sulla vasta rivolta non violenta	die Aufmerksamkeit (Schlaglicht werfen) auf die große gewaltfreie Revolte lenken
riqualificare: la megascultura doveva riqualificare la piazza della Stazione Centrale di Milano	die Riesenskulptur sollte den Bahnhofsvorplatz in Mailand aufwerten
ritoccare: hanno dovuto ritoccare lo show	sie mussten die Show retuschieren
romanzo di formazione	Bildungsroman
saracinesca: ma sulla mia esperienza in tv ho calato una saracinesca	hinter meinen Fernseherfahrungen ließ ich den Vorhang fallen
sbando: l'istruzione è allo sbando	das Unterrichtswesen ist in völliger Unordnung
senno del poi: non possiamo dissertare con il senno del poi	wir können nicht in der Einsicht der späten Vernunft diskutieren (hinterher weiß man alles besser)

sfascio: in una scuola elementare di Roma dove non ha vinto lo sfascio	in einer römischen Grundschule, in der noch nicht der Verfall gesiegt hat
sfinge: sulle pensioni il governo fa la sfinge	in der Rentenfrage gibt sich die Regierung sfinxhaft/undurchschaubar
sipario: questo significa calare definitivamente il sipario sul progetto	dies bedeutet, endgültig den Vorhang über das Vorhaben fallen zu lassen
squartatore : Jack lo Squartatore / Jack lo Sventratore / Jack lo Sbudellatore	Jack the Ripper
stilema: gli stilemi rossiniani	die Stilelemente Rossinis
strapazzo: un poeta da strapazzo	ein drittklassiger Dichter
teledipendenti	Fernsehabhängige
tinte fosche: dal Bollettino economico di Bankitalia emerge un quadro a tinte fosche	das Wirtschafts-Bulletin der Nationalbank zeichnet ein düsteres Bild
tragedia contro miseria: durante Tragedia contro Miseria – in verità – hanno corso tutti	beim Spiel Not gegen Elend sind wenigstens alle gerannt

15. Sport
Sport

15.1. Istituzioni centrali
Zentrale Einrichtungen

Cio: Comitato olimpico internazionale: IOC Internationales Olympisches Komitee
i signori degli anelli: die Herren der Ringe, Mitglieder des IOC

Coni: Comitato olimpico nazionale italiano: Nationales Olympisches Komitee *(nimmt auch der deutschen Sporthilfe vergleichbare Aufgaben wahr)*
Foro Italico: sede del Coni
*Grandi apre alla riforme; uno stop alle elezioni al **Foro Italico***
*una borsa di studio del **Coni**/il **Coni** vuole bene ai suoi campioni a **prescindere** dalla fama*
a prescindere da – unabhängig von
Giunta Coni: Exekutivausschuss des Nationalen Olympischen Komitees

Tas: Tribunale arbitrale dello sport: Internationales Sportschiedsgericht

15.2. Federazioni sportive
Sportverbände

Accpi: Associazione Corridori Ciclisti Professionisti Italiani: Verband der Berufsradrennfahrer
Fci: Federciclo: Federazione ciclistica italiana: Italienischer Radsportverband
Federgolf: Federazione italiana golf: Italienischer Golfverband
Fgi: Federazione ginnastica d'Italia: Italienischer Turnverband
Fiba: Federazione italiana basket: **Federbasket:** Italienischer Basketballverband
auch: **Fip:** Federazione italiana pallacanestro: Italienischer Basketballverband
Fidal: Federatletica italiana: Federazione italiana di atletica leggera: l'**atletica:** Italienischer Leichtathletikverband
Fidc: Federcaccia: Federazione italiana della caccia: Italienischer Jagdverband
Figc: Federazione italiana gioco calcio: Italienischer Fußballverband
Figh: Federazione italiana gioco handball: Federazione pallamano: Italienischer Handballverband
Fih: Federazione italiana hockey: Italienischer Hockeyverband
Fim: Federazione italiana motonautica: Italienischer Motorwassersportverband
Fin: Federnuoto: Federazione italiana nuoto: Italienischer Schwimmverband
Fipav: Federazione italiana pallavolo: Italienischer Volleyballverband
Fipm: Federazione italiana pentathlon moderno: Italienischer Verband für Modernen Fünfkampf
Fisha: Federazione italiana sport handicappati: Italienischer Behindertensportverband
Fis: Federazione italiana scherma: Italienischer Fechtverband
Fisd: Federazione italiana sport disabili: Italienischer Behindertensportverband
Fise: Federazione italiana sport equestri. Italienischer Reitsportverband
Fisg: Federazione italiana sport del ghiaccio: Italienischer Eissportverband
Fisi: Federazione italiana sport invernali: Italienischer Wintersportverband
Fit: Federtennis: Federazione italiana tennis: Italienischer Tennisverband
Fitet: Federazione italiana tennis tavolo: Italienischer Tischtennisverband
Fpi: Federazione pugilistica italiana: Italienischer Boxverband
Uisp: Unione italiana sport per tutti: Italienischer Verband für Breitensport

15.3. Glossario dello sport
Sportglossar

acceleratore pigiato: durchgedrücktes Gaspedal, Vollgas
*al futuro, per ora, ci pensa la Roma, quella che va in campo sempre con l'**acceleratore pigiato***

partite **accomodate:** abgesprochene Spiele, Spielabsprachen, „abgekartetes Spiel“

☞ *dobbiamo poi aggiungere le* ***partite accomodate****, i ripetuti scandali, le risse e i morti domenicali*

circolo **Acqua Santa:** Golfclub in Rom
☞ *rubano trofei al golf dell'„****Acqua Santa****", i soci mettono una* ***taglia***
taglia – Kopfgeld
mettere una taglia – Belohnung aussetzen

ammiraglia: Leitfahrzeug bei Radrennen

apripista: pesce pilota: Pilotfisch, Zugmaschine, Helfer bei der Sprintankunft von Straßenradrennen: Wegbereiter
☞ *Omnitel ha aperto a Catania la sua sede „remota" più recente. L'****apripista*** *della flessibilità spaziale ...*

atleta di Cristo: Athlet Christi, gottesgläubiger Sportler
☞ *sta di fatto che Lucio,* ***atleta di Cristo****, uomo dai principi rigorosi con un manager altrettanto attento, con la Roma ha il* ***dente avvelenato***
avere il dente avvelenato contro ... – auf jdn. schlecht zu sprechen sein

arrampicarsi sugli specchi: Klimmzüge machen, das Unmögliche versuchen
☞ *comprendiamo l'imbarazzo dell'Onorevole D'Alema, costretto ad* ***arrampicarsi sugli specchi*** *e a sottolineare una discontinuità tra la missione in Libano e quelle in Afghanistan e in Iraq*

classifica **avulsa:** Tabelle unter Berücksichtigung des Direktvergleichs, Direktvergleich-Tabelle
☞ *dopo aver chiuso il campionato a 42 punti come la Fiorentina, salva grazie alla classifica* ***avulsa***

azzurro: italienische Nationalmannschaft; Mitglied der italienischen Nationalmannschaft
☞ *l'appello di Recalcati: „Non dite no all'****azzurro***

schieramento-**baby:** Youngsterteam, Fohlenmannschaft
☞ *la scelta di puntare su uno* ***schieramento-baby****, imbottito di debuttanti, ha penalizzato i padroni di casa/il* ***Brescia-baby*** *soffre e vince in fotofinish*

biennale: contratto biennale: Zweijahresvertrag
☞ *l'Olimpia ha firmato un* ***biennale*** *con ...*

Balilla: Fiat-Modell aus dem Jahre 1932
📖 *detta „****tariffa minima****", per il basso consumo. Ne furono prodotti 41.000 esemplari. L'auto più popolare dell'epoca*

bassifondi: Niederungen, Keller, Kellerkinder (der Tabelle)
☞ *spareggio dei* ***bassifondi****/squadra all'altezza del campionato che naviga nei* ***bassifondi*** *della classifica*

battere il cinque /dammi il cinque: give me five
☞ ***dammi il cinque****, Cassano alza la mano, e la picchia su quella di Capello, che non ha rancori*

Biscione: Alfa Romeo *(wegen der Riesenschlange im Alfa-Zeichen)*
☞ *l'Alfa 156 Gta è il primo passo dell'incremento di sportività dei modelli del* ***Biscione***

bomba: Alberto **Tomba:** Skifahrer
☞ ***Tomba*** *– la* ***bomba***

carte da gioco: Spielkarten

carte tradizionali

Bastoni	Fiori	Kreuz
Coppe	Cuori	Herz
Denari	Picche	Pik
Spade	Quadri	Karo

Casms: Comitato di analisi per la sicurezza delle manifestazioni sportive: Ausschuss für Fragen der Sicherheit bei Sportveranstaltungen

Cavallino Rampante: la casa del Cavallino: das Springende Pferd *(ursprünglich nach dem Kavallerieoffizier und Luftwaffenpilot Francesco Baracca)*: Ferrari

cento, millecento: Fiat 1100
cinquecento: Fiat 500
☞ *era una classe dirigente che viveva molto spartanamente. Nenni aveva una* ***1100***
☞ *al cinema il primo appuntamento è per gennaio, con „****500!****": omaggio alla mitica utilitaria della Fiat*

C. f.: Consiglio federale: Verbandstag der Sportverbände
☞ *Sì del Coni agli atleti nei Consigli federali: per ora, i* ***C. f.*** *avranno una rappresentanza di atleti senza diritto di voto. Per il prossimo futuro è stata programmata anche la creazione di un comitato nazionale per una rappresentanza degli atleti appartenenti a settori professionistici*

Cip: Supermario: Re Leone: Mario **Cipollini:** Radrennfahrer

Circo Bianco: Skizirkus, Ski-Worldcup

corsa gialla : Tour de France *(gelb, weil der Sieger das Gelbe Trikot trägt)*
maglia gialla: das Gelbe Trikot (Spitzenreiter bei der *Tour*)

Corsaro: der Motorradrennfahrer Max **Biaggi**

crono: corsa a cronometro: Zeitfahren *(Radfahren)*
la **cronosquadre:** Mannschaftszeitfahren
*una **crono** col cuore aiuta il compagno e perde tempo*

Csi: Centro sportivo italiano: Italienisches Sportzentrum *(christlich orientierter Breitensportverband)*
*che nello sport ci sia una situazione di emergenza etica è ben noto a chi, come il **Centro sportivo italiano**, lavora da sessant'anni nella promozione dello sport di base con la pretesa di farne un servizio educativo*

diportista: Wassersportler *(nicht aber Schwimmer)*
*come difendersi dai pirati cafoni. La violazione delle regole può diventare molto pericolosa per i bagnanti e gli altri **diportisti***

discesista: Abfahrer, Abfahrtsskiläufer

doppietta: Doppelsieg; *im Fußball*: Doppelschlag, zwei Tore
***doppietta** Ferrari: dopo otto anni si riapre il Mondiale*
*la seconda **doppietta** consecutiva dopo quella di Brescia*

ds: diesse: direttore sportivo: sportlicher Direktor
*il **ds** gialloblù*

sport d'**eccellenza:** Spitzensport
società sportive d'eccellenza: Spitzensportvereine
*importante anche la zona geografica in cui si nasce, se in questa è radicata la cultura di alcune specialità e si concentrano le **società sportive d'eccellenza**. „Ad esempio le Marche e in particolare Jesi per la scherma, Verona e Roma per il nuoto, Rovigo a Padova per il rugby, alcune regioni come Toscana, Lombardia e Veneto per il ciclismo, gli atleti del pugilato che negli ultimi tempi collezioniamo medaglie arrivano soprattutto dal sud. Solo giocare a pallone è possibile in tutta la penisola tappezzata di campi e scuole*

Elica: BMW *(nach dem BMW-Emblem, der Turbine)*
*che raduni, quelli degli appassionati del marchio dell'**Elica***

è vivo e lotta insieme a noi: lebt und geht nicht unter *(typische Parole bei Demonstrationen)*
*dopo la partita con la Repubblica Ceca ci si potrebbe spingere a dire che il catenaccio **è vivo e lotta insieme a noi***

F1: Formula Uno: Formel Eins
*il primo giorno di maggio di due anni fa moriva Ayrton Senna, uno dei più grandi piloti della storia della **F.1***
*risanare in questo modo significherebbe voler fare una gara di **Formula 1** con una 500*

finalina: finalina di consolazione: kleines Finale, Spiel um den dritten Platz
*delusione per la nazionale italiana: Nella **finalina** gli azzurri sono stati sconfitti dal Brasile*

freccia di Barletta: freccia del Sud: Pfeil von Barletta: Pfeil des Südens: Pietro **Mennea,** *ehemaliger Weltrekordler über 100 m und 200 m (nach seiner Heimatstadt Barletta)*
*perché ora, che ha 45 anni e due lauree, gli negano la cattedra all'Isef. Anzi, due cattedre che sono state messe a concorso per l'anno accademico '95–96 e per le quali l'ex ☞ **„freccia di Barletta"** aveva presentato domanda*

partenza al **fulmicotone:** Schießbaumwolle: explosiver Start, Blitzstart, Bilderbuchstart
*i bianconeri hanno avuto il merito di sorprendere la Fiorentina con una **partenza al fulmicotone***
*è stata probabilmente la **partenza al fulmicotone** sugli scambi dei due titoli interessati dalle prossime nozze, Unicredit e Capitalia, secondo quanto riferiscono alcune sale operative, a far prendere a Borsa Italiana la decisione immediata di sospendere i due titoli*

iridato: Träger des regenbogenfarbenen Trikots: Radweltmeister, *allg.* Weltmeister
*tutto nell'ambito di un accordo di sponsorizzazione con l'ex **iridato***

gesto tecnico: technische Abläufe, technische Ausführung
*correggere vizi e difetti e migliorare il **gesto tecnico**: dall'analisi video all'**accelerometria**,*

dalle pedane di forza al sistema radar di misurazione della velocità
accelerometria – Beschleunigungsmessung

Giochi della Gioventù: Bundesjugendspiele *(vglb.)*
con la collega Gelmini vedrà come riportare in modo serio lo sport a scuola, coinvolgendo il Coni e rilanciando i vecchi ***Giochi della Gioventù***

Giro: Giro d'Italia: Italien-Radrundfahrt
corsa rosa
la maglia rosa che indica il leader del Giro è rosa, colore della carta su cui è stampata la „Gazzetta dello Sport", organizzatrice del Giro
si chiede al piccolo scalatore di riuscire nel miracolo: non solo doppiare il successo della ***corsa rosa****, ma anche cancellare il nome di Gimondi, ultimo italiano a trionfare in Francia*
dove si erano tenute le prime tre tappe del ***Giro*** *1996*
maglia rosa: das Rosa Trikot (Spitzenreiter beim *Giro)*
maglia verde: Sieger der Bergwertung
maglia azzurra: Sieger der Sprintwertung
arrivo intergiro: Zwischenwertung bei Spurts
Giro Donne: Giro d'Italia internazionale femminile: Giro der Frauen

assegno **„Giulio Onesti"**: Staatlicher Fonds für bedürftige Sportler
*il Senato ha approvato la ☞ Bacchelli dello sport: la legge per l'istituzione dell'****assegno „Giulio Onesti"*** *in favore degli sportivi italiani che versino in condizioni di grave disagio economico*

Gos: Gruppo operativo sicurezza: Einsatzgruppe Sicherheit *(koordiniert die Sicherheitskräfte, den Feuerwehr- und den Sanitätseinsatzdienst bei Fußballgroßveranstaltungen)*
i cori dei tifosi saranno controllati dal ***Gos*** *e in caso di slogan offensivi, gli stessi agenti potranno interrompere subito la corrente*

Gp: Gran premio (d'Italia): Großer Preis (von Italien)
Monza caos, ***Gp*** *ad alto rischio*

grappolo di giocatori: Spielertraube
commovente il ***grappolo di giocatori*** *laziali che festeggia accanto all'immagine in curva di Gabriele Sandri*

gregario: Wasserträger

gruppo: Teamgeist, Teamwork
errori, polemiche e poco ***gruppo:*** *finisce la favola del Setterosa*

GS: Gruppo sportivo: Sportclub
GS *Formaggi Pinzolo Fiavé – Ciarrocchi Immobiliare*

Istituto per il credito sportivo: Kreditinstitut für Sportkredite

Italbici: italienische Mannschaft, die italienischen Vertreter *(bei Radveranstaltungen)*
*invece l'****Italbici*** *incassa una sconfitta che brucia*

Italdonne: italienische Damennationalmannschaft *(Fußball, Volleyball, Rugby etc.)*
*Volley, vince l'****Italdonne****. Parte bene l'****Italdonne*** *al Grand Prix*

Italvolley: italienische Volleyballnationalmannschaft (Frauen/Männer)
*l'****Italvolley*** *è già in zona medaglie*

Leonessa: die Löwin: die Tennisspielerin Francesca **Schiavone**
Francesca Schiavone ha battuto Marion Bartoli nel primo turno del torneo Wta di Dubai. Ora per la ***Leonessa*** *c'è l'austriaca Bammer*

lettura della partita/del gioco: das Spiel lesen
Per lettura della partita si intende l'osservazione e la valutazione da parte dell'allenatore della prestazione della squadra, sia della propria che di quella avversaria, mentre la gara è in svolgimento. Invece l'analisi della partita è la valutazione che l'allenatore fa, anche con l'aiuto di video-registratori, dei contenuti generali di gioco
alla fine infatti nel tripudio gialloblù, piccola contestazione sul fronte Tramano dei tifosi che accusano la squadra di poco impegno e se la prendono con l'allenatore Bianchi sembrato incerto nella ***lettura della partita***

maglia nera: Trikot des Schlussfahrers (eines Radrennens): das Schlusslicht
la ***maglia nera*** *spetta al leader di RI, Lamberto Dini: la sua scheda è desolatamente vuota*
l'Italia cresce, ma resta la ***maglia nera*** *d'Europa*

Maranello: Ferrari-Stammhaus, Ferrari-Museum

Re Maranello: Luca Cordero di Montezemolo, Firmenchef von Ferrari
*fra le tante bandiere, una rossa con lo scudetto giallo e il **Cavallino di Maranello***

marcia indietro: Rückwärtsgang
*il Milan corre sempre a **marcia indietro***

materasso /squadre materasso: Punktlieferant, krasser Außenseiter
*i **materassi** si apprestano ad uscire di scena. Lussemburgo, Kazakhistan e San Marino hanno perso sempre*
*è vero, ma sarà sempre così quest'anno, non ci sono **squadre materasso**, dovremmo lottare sempre a denti stretti per acciuffare punti*

medaglia di legno: Blechmedaille, Holzmedaille, 4. Platz
*la testa conta più del corpo (spesso si vede – nel bene e nel male – anche dalle **medaglie di legno** e – sempre nel male – dai risultati attesi e mai confermati)*

mentalità vincente: Siegermentalität
*i training motivazionali dove devi tirare fuori l'aggressività e spaccare delle sedie per plasmare una **mentalità vincente***

motomondiale: Motorradweltmeisterschaft
*il Circus del **motomondiali** a ruote artigliate sta raggiungendo in queste ore Lierop, nel Brabante olandese dove domenica è in programma il 14° e penultimo round della 50esima edizione del Campionato del mondo motocross*

tenere in **naftalina:** einmotten: schonen
*in assenza di Camoranesi **tenuto in naftalina** per preservarne una coscia indolenzita, l'autostima dovrà rafforzarla un terzetto inedito: Di Natale – Gilardino – Del Piero*

nikefobia: paura di vincere: Angst vor dem Sieg
*la **nikefobia**: „Vincevo 6-2 4-1 ed ho perso"*

Palasport: Palazzo dello sport: Sportarena, Sporthalle
*i vigilantes disarmati opereranno in prossimità dello stadio o del **Palasport** per combattere soprattutto la microcriminalità*

palestra: Sporthalle, Fitnesscenter, Fitnessstudio: Schule, Ausbildungsstätte, Kaderschmiede, *auch:* Spielwiese
*l'Iri è stata una straordinaria **palestra** di classe dirigente, ha formato una generazione di dirigenti delle aziende di Stato*
*finora la materia è stata **palestra** di esercizi di autonomia per molti deputati di An e della Lega*
palestrato: vom Fitnesstudio gestählt: gestärkt, mit neuer Kraft
*sono lucide, **palestrate**, forti come lanciatori del peso sovietici*
*l'esordio della sinistra **palestrata***

pallettaro: Gummiwand
***pallettaro**: dicesi di giocatore odioso che vince limitandosi a mantenere la palla in campo*

pancia a terra: Ärmel hochgekrempelt
*lui che aveva detto „per un giorno provo": la cronosquadre, le tappe **pancia a terra**, le grandi salite/dopo il successo della Ferrari nel primo G. P. della stagione, il presidente Montezemolo ha invitato alla prudenza: „Vietato cavalcare facili ottimismi. **Pancia a terra** e pedalare"*

a **parametro zero:** ablösefrei
*in attesa di ufficializzare l'arrivo di Deschamps al posto di Lippi, la Juventus ha ingaggiato **a parametro zero** Zebina*

per giusta causa sportiva: aus sportlichen Gründen
*perplessità sull'atteggiamento della FIFA che ha proposto alla commissione europea di concedere ai giocatori la facoltà di rompere unilateralmente i contratti **per giusta causa sportiva***
licenziamento **per giusta causa:** fristlose Kündigung (aus wichtigem Grund)
*il medico condannato rischia anche la radiazione dall'albo e, se dipendente di una struttura sanitaria, il **licenziamento per giusta causa***

percorso vita: Trimmpfad

il **piatto piange:** der Einsatz ist niedrig oder nicht vorhanden; es hapert/damit hapert es, an dieser Stelle klemmt es
le poste in vari giochi di carte e non (il piatto) sono misere o mancano del tutto; „Il piatto piange", romanzo e film di Piero Chiara (Mondadori, 1988)
*le intenzioni ci sarebbero anche, occorre però trovare le risorse necessarie. E qui **il piatto piange***

☞ *Formigoni, malgrado le apparenze, ha però capito bene che* ***il piatto piange*** *e che le promesse non realizzate sono troppe*

pirata: der Pirat: Marco **Pantani**, Radrennfahrer
☞ *grande vincitore del Giro d'Italia, il* ***Pirata*** *ha un sogno nel cassetto: cantare al festival di Sanremo*
☞ *testa rasata, fazzoletto tipo* ***„Pirata"*** *(Piratenkopftuch à la Pantani)*

pistard: Bahnradfahrer(in)
☞ *o della* ***pistard*** *Vera Carrara, data per favorita nella corsa a punti*

placcaggio: Umklammern *(Begriff ursprünglich beim Rugby, führt zum Tackle)*
☞ *l'incontenibile Nedved colpisce la traversa, con un destro a girare, poi costringe al* ***„placcaggio"*** *Siviglia*

podista: Langstreckenläufer
☞ *esce da noi un libriccino che svela „Perché corriamo?" di Roberto Weber, direttore dell'istituto di ricerca SWG e, ovviamente,* ***podista***

pole: pole position: erster Platz in der Startreihe
☞ *Rossi strappa la* ***pole****, ma Capirossi e Biaggi ci sono: la 500 parla italiano*

pon pon: ragazze pon pon: ballerine pon pon: Cheergirls, Cheerleader

Pontedera: sede della Piaggio: Sitz des Motorradherstellers Piaggio
☞ *tanto che la casa di* ***Pontedera****, con tempismo raro e lodevole, sta provvedendo a richiamare in fabbrica tutti i 2 mila scooter venduti*

pro: prof: professionista: Profi
☞ *... ha iniziato l'attività correndo nella Vis-Parolin, aveva debuttato fra i* ***pro*** *con la Scrigno Bluestorm ...*
☞ *allenare una squadra* ***prof*** *di calcio*

Progetto Ultras: Fanbetreuungsprojekt
🕮 *associazione che si occupa dei tifosi con il patrocinio dell'* ☞ *Uisp, della Regione Emilia-Romagna e dell'Unione Europea*
☞ *tra due settimane sarà pronto un manuale del perfetto tifoso. A stamparlo sarà sempre* ***Progetto Ultras****, che dedicherà molte pagine alla legge sulla violenza*

pugno duro: hartes Durchgreifen
☞ *guerra ai piromani: „Li tratteremo come terroristi".* ***Pugno duro*** *del governo*

raccattapalle: Balljunge/mädchen
☞ *modelle in Campo? Che* ***raccattapalle****! Agassi e le femministe contro le bellone sulla terra rossa. La Spagna in rivolta*

rampichino: Montainbike
☞ *una salita di 20 chilometri e 900 metri di dislivello per portarci con il* ***rampichino*** *ai piedi del Vioz*

responsabile atletico: Fitnesstrainer
☞ *lo spiega Ivan Carminati,* ***responsabile atletico****: „Come l'anno scorso abbiamo lavorato per garantire lunga autonomia alla squadra"*

rigorista: Strafstoßschütze, Elfmeterschütze *(Fußball)*
☞ *il ct: „Fate come vi pare". Maugeri lascia decidere l'ordine delle* ***rigoriste****. E la Valkai sbaglia*

sport **rosa:** Frauensport, Frauen im Sport
☞ *è venuta l'ora della donna al comando: lo* ***sport rosa*** *si fa largo anche con le manager*
☞ *a Barcellona '92 erano 36 le delegazioni senza* ***rappresentanze in rosa***
rappresentanza in rosa – weibliche Beteiligung

salary-cap: Etatobergrenze *(eines Vereins für die Spielergehälter)*
🕮 *il salary cap, termine anglosassone che definisce un monte salari massimo che non può essere superato da una società*
☞ *la Lega Calcio ha deciso di darsi dei limiti introducendo il* ***salary-cap****, il meccanismo che calmiera gli stipendi dei giocatori*

scatto di reni /colpo di reni: (letzte) Kraftanstrengung, Ruck
🕮 *Scatto di reni è usato allo stesso modo di colpo di reni che è forse più corretto. Viene dal gergo ciclistico quando, alla fine di uno sprint, si smette di pedalare e con un ultimo sforzo si dà un colpo in avanti alla bici spingendo con le reni appunto*
☞ *bruciato anche dallo* ***scatto di reni*** *di Erik Zabel/la cui soluzione imporrebbe, per usare il linguaggio sportivo, uno* ***scatto di reni***
☞ *rallentata la Tangenziale di Bologna per una modifica del tracciato e per le divergenze tra Anas, Fiera ed enti locali. Ci vorrebbe uno* ***scatto di reni*** *ma Autostrade non può permetterselo*

scialpinista: Skialpinist
☞ *per i tre* ***scialpinisti*** *morti in Valtellina le indagini sarebbero vicine a una svolta: Valanga*

killer, quattro sospetti, nel mirino un gruppo di escursionisti

sconfittismo: Loosermentalität
ma intanto è impegnato a rimotivare i redattori e a battere quella che chiama „la sindrome da ***sconfittismo****"*

scuderia: Rennstall
la **Scuderia:** Ferrari-Rennstall
ordine di scuderia: Stallorder
un ***ordine di scuderia*** *che però dura lo spazio di qualche ora*

Settebello: Wasserballnationalmannschaft (der Männer)
dietro la finale-rissa spunta l'ostilità nei confronti del ***Settebello*** *e del c. t. Rudic*
Settebello: *auch: Kondommarke; Spielkarte*
anche il mercato dei preservativi si è evoluto. Dai tempi in cui si poteva trovare in commercio il mitico ***Settebello****, si è oggi passati ad una gamma sempre più articolata di prodotti*

Setterosa: Wasserballnationalmannschaft (der Frauen)

sincro: nuoto sincronizzato: Synchronschwimmen

sub: subacqueo: Taucher
Portofino, yacht brucia, ***sub*** *salva due turisti*

tabellone: Hauptfeld *(bei (Tennis)Turnieren)*
al suo posto è rientrata in ***tabellone*** *la statunitense Osterloh*

tasso tecnico: technische Qualität, spielerische Qualität
aumenterà notevolmente il ***tasso tecnico*** *della formazione di Ranieri*

Testarossa: Rossa: Ferrari Testarossa, *allg. für* Ferrari

Topolino: Fiat-Modell aus dem Jahre 1936
il nome non fu deciso dalla Fiat, ma nacque spontaneamente, come espressione della popolarità di questa piccola vettura

tricolore: Meistertitel
ha celebrato il secondo ***tricolore*** *delle sue ragazze, che si sono imposte 4-0 sul Cesena*

Tridente: Maserati *(nach dem Dreizack im Emblem)*
gli ingegneri del ***Tridente****/un* ***Tridente*** *in stile Maranello*

Tris: Tris di galoppo: Galopprennen
la ***Tris*** *vale due millioni/Palio Lb ha vinto la corsa* ***tris*** *di San Siro*

tris: tripletta: Hattrick, drei Siege in Folge, *(im Fußball)* drei Tore in einer Halbzeit
la Ferrari e il tedesco puntano al ***tris*** *dopo Canada e Francia*
ha rinunciato al ***tris*** *per lasciare a Vugrinec il rigore del quarto gol*

un **uomo solo al comando:** „ein Mann allein an der Spitze": der mehrfache Radweltmeister Fausto **Coppi**
C'è ***un uomo solo al comando****, la sua maglia è bianca e celeste, il suo nome è Fausto Coppi*

valanga azzurra: „die blaue Lawine": das italienische Skiteam
con i dovuti paragoni, la ***valanga azzurra****, che nel 1974 dominò la scena mondiale con Gustav Thoeni e Piero Gros, è tornata*

15.4. Glossario del Calcio
Fußballglossar

abatino: junger Priester: (mimosenhafter) Techniker

addomesticare la palla: den Ball beherrschen, den Ball stoppen
che però si arrenderà al 21' al gran gesto tecnico di Totti: lanciato da Taddei, il capitano ***addomestica la palla*** *in area e trova la traiettoria per il pari*

addormentare la partita: das Spiel langsam machen, das Spiel beruhigen, auf Zeit spielen
la partita degli Azzurri in tre mosse: parte bene, segna e ***addormenta la partita***

aeroplanino: der „kleine Flieger": Vincenzo **Montella**, Fußballspieler von AS Roma *(wegen seines ein Flugzeug imitierenden Torjubels)*

agganciare: zu Fall bringen
aggancia *l'avversario che cade a terra*

agganciare: für sich gewinnen, an sich binden
la Lega ***aggancia*** *Penasa, Atz e Benussi*

agganciare: aufschließen, einholen
il Real Madrid vince 3-2 il posticipo serale della Liga con l'Atletico Bilbao e ***aggancia*** *il Barcellona al secondo posto della classifica/*

*Eurolandia **aggancia** gli States/Pil, l'Europa **aggancia** gli Usa*

calcio d'**agosto:** Sommerfußball

Aia: Associazione italiana arbitri: Italienische Schiedrichtervereinigung

Aic: Assocalciatori: Associazione italiana calciatori: sindacato calciatori: Interessenverband der italienischen Fußballer

ammucchiata: Rudelbildung
*spintoni, **ammucchiata:** fuori Guaccino, mentre Mancini interviene davanti alla panchina del Perugia*

curva **Andrea Costa:** Fankurve der Bologna-Anhänger

anticipo: vorgezogenes Spiel
*la Lega ha comunicato **anticipi** e posticipi della prima giornata del campionato di serie A*

assist: Vorlage, Vorarbeit
*un **assist** decisivo a Inzaghi*
*con linguaggio calcistico si può dire che Bossi abbia offerto al capo del governo un perfetto **assist***

Associazione italiana allenatori: Italienische Trainervereinigung

azzurrini: Under 21: **Piccola Italia:** die U 21

Baffo: der frühere Fußballspieler Sandro **Mazzola**

il **Barone:** der frühere Fußballspieler Franco **Causio**

Batigol: Re Leone: Gabriel **Batistuta**, „König Löwe": Fußballspieler von AS Rom

Beneamata: Inter Mailand
*l'Inter è la **Beneamata** (tutti ci vogliono bene), la Juve è la Fidanzata d'Italia (in sostanza, non se la sposa mai nessuno)*

i **bianchi:** englische Fußballnationalmannschaft
*con grande delusione, i **bianchi** non si qualificarono ad USA 1994, mentre a Francia 1998 furono nuovamente sconfitti dalla rivale Argentina*

Black Gol: facinoroso: Hooligan, gewalttätiger Fußballfan
*di analogo, fra i ☞ Black Bloc e i **Black Gol**, c'è la filosofia militaresca, il facile ricorso al vandalismo*

Bobo: il **gigante di Prato:** Cristian **Vieri:** Fußballspieler von Inter Mailand

Bonimba: der frühere Fußballspieler Roberto **Boninsegna**

bordocampista: Reporter am Spielfeldrand
*ancora appelli per la moviola in campo stasera al Processo di Biscardi. Mentre si scopre che i **bordocampisti** la guardano in diretta per conto degli allenatori*

bottino di reti: Torausbeute
*Roma, Milan e Juve non solo hanno vinto, ma lo hanno fatto con disinvoltura e un vistoso **bottino di reti***

bucare la difesa: Abwehr knacken, Abwehr durchbrechen
*e in perfetto stile Zeman anche il gol subito da Vigiani che **buca la difesa** dopo una corsa di 20 metri e si trova solo al tiro davanti a Sicignano*

andare alle **buste:** sich an die Schlichtungsstelle wenden *(es werden bei Transferstreitigkeiten zwei geheime Angebote eingereicht)*
Comproprietà alle buste? Il Pescara ha alcune comproprietà, si dice che andrà alle buste con l'Arezzo per Croce e che nella busta ha messo un cospicuo gruzzolo; qualcuno mi può spiegare il meccanismo delle buste? Le due società scrivono in busta chiusa la loro offerta entro una data, in questo caso mercoledì 20. Venerdì presso gli uffici della Lega calcio alle 16 si apriranno queste buste e chi ha offerto di più acquisirà la seconda metà del cartellino pagando quella somma all'altra società, se invece le 2 società offrono la stessa somma il giocatore rimarrà nella squadra dove egli ha disputato l'ultima stagione
*oggi si risolvevano le **comproprietà alle buste:** per chi non lo sapesse, se le società non trovano un accordo per un giocatore in comproprietà, **si va alle buste**, col rischio di perderlo per un'inezia*

buu: Nachahmen von Urwaldgeräuschen gegenüber farbigen Spielern, Affengeräusche
*quella degli insulti e dei **buu** contro i giocatori di colore è una delle grandi vergogne del nostro sport nazionale*

Caf: la Cassazione del calcio: Schiedsgericht des Italienischen Fußballverbands
*la **Caf** ha accolto in parte il reclamo del Modena, riducendo da sei a quattro i punti di penalizzazione in classifica*

calcio a cinque: calcetto: Kleinfeldfußball

calciobalilla: Tischfußball
*dai 6 ai 12 anni ero **chierichetto** e in ☞ oratorio ho giocato a tutto: **calciobalilla**, ping pong, basket e soprattutto calcio*
chierichetto – Messdiener

calciomercato: Transfermarkt
*il **calciomercato** ufficiale scatta oggi al Forte Crest di San Donato*

campagna-acquisti: Einkäufe der Saison
*con Anelka chiudiamo la nostra **campagna-acquisti***

Can: Commissione arbitri nazionali: Nationaler Ausschuss der Schiedsrichter
*Nizzola ha completato la nomina degli organi tecnici della **Can***

capocannoniere: Torschützenkönig

capolista: Tabellenführer

carte federali: Verbandsregeln des Fußballverbands
*c'è una norma precisa nelle **carte federali**, basterebbe applicarla*

cartellino: Ablösesumme
*il **cartellino** costerà al Napoli 3 miliardi e mezzo, il giocatore potrà firmare un **triennale** da un miliardo e 400 milioni all'anno*
triennale – Dreijahresvertrag

casacca del Diavolo: Trikot von Milan
*disarmanti le cifre del 35enne bomber milanista: 98 gol con la **casacca del Diavolo**, di cui otto nelle ultime quattro partite*

casalinga: sconfitta **casalinga:** Heimniederlage

cascatore: simulatore di volo: ragazzo del tuffo: Schwalbenkönig, Elfmeterschinder
*la prova tv contro i **cascatori** minaccia una specialità vecchia come il calcio: buttarsi in area di rigore*
Chiarugismo: Elfmeterschinderei *(nach Luciano Chiarugi, der in den siebziger Jahren für seine geschickten Schwalben bekannt war)*

cerniera: Reissverschluss: Bindeglied, Verbindung (zwischen Abwehr und Angriff)
*la **cerniera** di centrocampo, l'anello che permette alla Juve di non perdere mai il contatto tra i reparti*

chi non salta è: *(etwa)* steht auf, wenn ihr Borussen seid/wenn ihr keine Schalker seid
*„**Chi non salta giallorosso è**" e Mutu si è messo a saltare. È accaduto in occasione dell'amichevole Fiorentina-Figline*
*„**Chi non salta è** Berlusconi": il cantante Morgan domenica sera si è lasciato scappare un coretto anti Cavaliere che non poteva non creare un vespaio di polemiche*

il/el **Chino:** Alvaro **Recoba:** Fußballspieler von FC Torino
*Rosina mattatore anche nel **Chino**-day: „Insieme sarà bello"*

Cibali: lo stadio Cibali a Catania, adesso stadio **Massimino:** Fußballstadion von Catania
*„Clamoroso al **Cibali**". Chi non ha mai sentito la frase-tormentone, nata, nel corso di una radiocronaca, dopo l'inaspettato vantaggio della squadra di casa sull'Inter, allo stadio **Cibali** di Catania*

ciccare: versemmeln, vergeigen
*ha **ciccato** un rigore importante/al massimo aveva armato invano il colpo al volo di Paloschi (**ciccato**, al 12')*

ciccata: Patzer, Aussetzer
*brutta **ciccata** di Montella, innescato da Ciufré*

Codino: das (Haar)schwänzchen: Roberto „Roby" **Baggio:** Fußballspieler von Brescia
*davanti alla grandezza del **Codino** si sono inchinati anche i tifosi del ☞ Ceo*

collaudare gli schemi: einstudierte Spielzüge/Laufwege umsetzen
*sarà l'occasione per **collaudare gli schemi** provati in allenamento, soprattutto per le nuove arrivate*

svolgere il **compitino:** sich einer Pflichtaufgabe (mehr schlecht als recht) entledigen
*d'altro canto, neanche gli Amatori Calcio Lecce, altra seconda forza del campionato, si limitano al **compitino**, e superano con un perentorio 3-0 il Penaro*
*anche il Bologna svolge il suo **compitino** vincendo a Mantova per 1-0*

cedere in **comproprietà:** ausleihen
*ceduto in **comproprietà** al Grosseto per 500 euro*

controfallo: falscher Einwurf

☞ *quella del fallo laterale è oltre ogni decenza: vorrei vedere quante volte gli arbitri hanno dato **controfallo** dopo solo 9 secondi*

contropiedista: Konterspieler
☞ *Kakà ha bisogno di spazi, è più **contropiedista***

azione/giocata **corale**: Kombination, Kombinationsspiel, Kombinationsfluss
☞ *la partita si chiude con una splendida **giocata corale** che in quattro passaggi di prima vede insaccare sottoporta il definitivo 5/2 da Pezzotti Silvano*

corsie esterne: Außenbahnen, Flügel
☞ *i toscani hanno preso subito possesso del centrocampo, abili a sfruttare le carenze degli ospiti sulle **corsie esterne***

Coverciano: Centro federale di Coverciano: Sporthochschule, an der u. a. Trainerscheine erworben werden
☞ *Tardelli fece domanda per essere ammeso ai corsi di allenatore di **Coverciano***

Co. vi. soc.: Lizenzausschuss des Italienischen Fußballverbands
☞ *la **Co. vi. soc.** esaminerà tutta la documentazione dei club per l'iscrizione ai campionati di serie A e B*

craniata/testata: Kopfstoß
☞ ***testata** all'arbitro donna: Nulla a che vedere, per risonanza mediatica, con la celebre **craniata** Zidane-Materazzi, ma è notizia recente che un calciatore di una squadra di terza categoria sarda è stato squalificato per cinque anni. Il motivo? Per aver colpito con una **testata** l'arbitro Mirella Pau dopo essere stato espulso*

ct della nazionale: **cittì**: commissario tecnico: Teamchef, Nationaltrainer
☞ *Totti alle Olimpiadi? deciderà il nuovo **cittì***

curvaiolo: fanatischer Fußball-Fan *(mit Stammplatz hinter dem Tor)*
☞ *vive questa stagione del vicinissimo scudetto con palpitazioni **curvaiole**/ma ci sono squadre come Lazio, Livorno, Roma e Catania che vengono tenute in pugno dai **curvaioli***

Daspo: divieto di accedere e partecipare alle manifestazioni sportive: Verbot der Teilnahme an Sportveranstaltungen, Stadionverbot
☞ *cinque giocatori Azzurri erano raggiunti da **Daspo**, il divieto di accedere e partecipare alle manifestazioni sportive deciso dalla questura, perché responsabili di una vera e propria rissa dopo la partita contro i Rossi*

designatore: Schiedsrichterobmann
☞ *i **designatori** hanno pensato a varie novità per la prossima stagione*

dg: direttore generale: Manager eines Vereins
☞ *il **d. g.** Tafuni ordina un doppio allenamento, Selvaggi dà le dimissioni e **lascia la panchina***
lascia la panchina – verlässt die Trainerbank

dilettanti: Amateure, im Gegensatz zum bezahlten Fußball: *Serie A, B e C*
Serie A: 1. Bundesliga
Serie B: 2. Bundesliga
Serie C: Regionalligen
Serie C/Serie D: Regionalligen (landesweit)
sport dilettantistico: Amateursport

doping amministrativo: Bilanzdoping
📖 *per doping amministrativo si intende sia la manipolazione di alcune voci di bilancio per abbellire i conti delle malconce casse delle società calcistiche sia i mancati pagamenti dei debiti tributari, come Irpef, Iva, Irap o altro*

dopogara: dopomatch: dopopartita: Nachbetrachtung *(des Fußballspiels)*
avanti gara dopo gara: vor dem Spiel ist nach dem Spiel
☞ *dichiarazioni del **dopogara**/commenti del **dopogara***
☞ *critiche che sono poi proseguite anche davanti ai taccuini dei giornalisti nel **dopomatch***

ds: direttore sportivo: sportlicher Direktor
☞ *il **ds** gialloblù*

dt: direttore tecnico: technischer Direktor

Eccellenza: serie Eccellenza: *(vglb.)* Oberliga *(höchste Spielklasse auf regionaler Ebene)*
☞ *e anche l'Astrea evita la discesa in **Eccellenza***

Campionato **Esordienti:** Knaben- und Schülerligen
pulcini: baby calciatori: Knaben-, Schülermannschaften, „Pampersliga"
☞ *partite di **pulcini***

extracomunitari: stranieri extracomunitari: Fußballausländer (Nicht-EU-Fußballer)
comunitario: EU-Ausländer

sono diventato ***comunitario****, grazie al mio bisnonno, perché me lo chiesero i dirigenti del Verona, non perché mi importasse*

fanalino di coda: Schlusslicht (der Tabelle)
un'originale classifica sulle chance del nostro Paese nella sfida mondiale: Nella corsa verso il futuro l'Italia è ***fanalino di coda***

fantasista: Spielgestalter, Ideengeber
il ***fantasista*** *bianconero è apparso già in forma*

fascia: Außenbahn, Flügel
Jorgensen è assente dal gioco e i viola non riescono a sfruttare le ***fasce***

Federcalcio/Figc: Federazione italiana gioco calcio: Italienischer Fußballverband
sede: **via Allegri**
allenatori federali: Trainer des Italienischen Fußballverbands
Ufficio Indagini della Figc: Untersuchungsausschuss des Italienischen Fußballverbands
Procura federale della Figc: Anklagebehörde des Italienischen Fußballverbands
i tre giocatori erano stati deferiti dalla ***Procura federale*** *della* ***Figc*** *per scorrettezze nei confronti dei propri avversari*
Disciplinare: Kontrollausschuss

fendente: Säbelhieb: kräftiger Torschuss, Kracher, Bombenschuss
scagliare un fendente: einen Hammer auspacken
dopo che il 2-0 era stato siglato da Ronaldinho in apertura di ripresa con un ***fendente*** *da fuori area deviato da Roque Junior*

Fidanzata d'Italia: Juventus Turin

curva **Fiesole:** Fankurve der Fiorentina-Anhänger

fischietto: direttore di gara: arbitro: Pfeifenmann, Schiedsrichter

intervento/entrata **a gamba tesa:** mit gestrecktem Bein: brutales/rücksichtsloses Vorgehen
*„****A gamba tesa****", così i Democratici di sinistra giudicano l'intervento del governo sul calcio: „Una vera sostituzione di poteri: il governo con decreto decide addirittura quante squadre devono giocare in serie B"*

Gea: General Athletics: Vermarktungsgesellschaft von Profifußballern
La ***Gea*** *(gestisce i diritti di immagine dei giocatori e di fatto interviene anche sulle vendite dei campioni), che controlla 200 calciatori e cinque allenatori tra serie A e B, va avanti per la sua strada*

Geometra: der frühere Fußballspieler Fabio **Capello**

Gheddafi: der frühere Fußballspieler Claudio **Gentile**

giacchetta nera: arbitro: „Schwarzkittel", Schiedsrichter

Gila: der Fußballspieler von Fiorentina Alberto **Gilardino**

girone: Spieltag, Spielrunde
i bianconeri in formazione ***rimaneggiata*** *chiudono il* ***girone*** *da dominatori: La legge della Juve è uguale per tutti*
rimaneggiato – umbesetzt

gioco di prima: One Touch Football, Direktpassspiel
c'è un gran ***gioco di prima*** *che mi piace molto e il tentativo di tutti, la volontà e l'entusiasmo dei giocatori, che è una cosa molto bella, sia nei confronti dell'allenatore che nei confronti dei nuovi metodi di gioco*

giudice sportivo: Sportrichter, Sportgericht (im Fußball), *vergleichbar in Deutschland:* DFB-Sportgericht

gobbi: die Buckligen: Juventus Turin *(unter Anspielung an das traditionelle Trikot)*
i ragazzi sono andati dall'ex juventino Maresca e hanno mimato il lavaggio. „Lo ***degobbizziamo****" hanno dichiarato i ragazzi. Maresca è stato al gioco*

gol fantasma: nicht gegebenes Tor, aberkanntes Tor, Geistertor
sembra di essere tornati a quei giorni di rigori dubbi, ***gol fantasma*** *e stranezze a senso unico*

goleador: Torjäger

gollonzo: Glückstreffer, Zufallstor, „Scheißtor"
raccontano che all'andata, dopo un ***gollonzo*** *di De Sousa lanciato da uno scontro tra due difensori del Messina, i giocatori della Lazio cominciarono a prendere pesantemente in giro gli avversari siciliani*

incedibile /incedibilità: unverkäuflich, Unverkäuflichkeit
☞ *Pancaro che Cragnotti ha dichiarato* ***incedibile****/ribadisce l'****incedibilità*** *di ...*

incornata: Stoß mit den Hörnern: Kopfstoß, Kopfball, Flugkopfball
☞ *Antonini, che* ***incornata*** *al Toro: con una rete di testa del centrocampista il Siena batte 1-0 i granata, che ora hanno solo tre punti sulla zona retrocessione*

turno **infrasettimanale:** Wochenspieltag, Spieltag unter der Woche
☞ *nei cinque turni* ***infrasettimanali*** *non sono previsti né anticipi né posticipi*

ingaggio: Spielergehalt
decurtamento dell'ingaggio: Kürzung des Gehalts
☞ *in nessun altro campionato estero, il* ***costo del lavoro****, cioè degli* ***ingaggi*** *dei calciatori, è così alto da superare abbondantemente i ricavi*
costo del lavoro – Löhne und Gehälter

inutilizzabile: nichtspielberechtigt

lanciere: Spieler (oder Anhänger) von Ajax Amsterdam *(wegen des Hellebardenträgers im Vereinswappen)*
☞ *van der Meyde, il ventunesimo* ***lanciere*** *che arriva in Italia*

partita della **lanterna:** Kellerduell
lanterna: das Schlusslicht

Lega Calcio: Ligaausschuss
presidenti delle Leghe (serie A, B, C, dilettanti): die Ligaausschussvorsitzenden

legnata: Stockhieb: kräftiger Schuss, Granate, Hammer
☞ *nella ripresa sale in cattedra lo svedese: pochi secondi e il risultato è sbloccato con un destro ad incrociare dalla distanza, il raddoppio con una* ***legnata*** *terrificante (124 km/h) su punizione*

loggionista: Dauerkartenbesitzer, Dauerbesucher (mit großem fußballerischen Sachverstand)
☞ *era ciò che chiedevano i 17.000* ***loggionisti*** *del Tardini i quali, iperesigenti per tradizione, si aspettavano pure qualcosina in più dei due tiri in porta*

Long John: der frühere Fußballspieler Giorgio **Chinaglia**

macinare azioni: sich fortwährend Gelegenheiten verschaffen, sich ständig bemühen
☞ *ma la Roma si rimbocca le maniche e* ***macina azioni su azioni****, costringendo l'Inter nella sua metà campo*

maglia: Stammplatz
titolare (fisso): Inhaber eines Stammplatzes, Stammspieler
☞ *fra Tacchinardi e Davids, lotta per una* ***maglia***
☞ *anche se la campagna acquisti non ne ha aggiunto uno solo alla rosa di Marcello Lippi che si possa considerare* ***titolare fisso*** *a prescindere*

mercato di riparazione: mercato di gennaio: Wintertransfermarkt
☞ *aveva deciso di tenere Cavasin e di tenerlo alla prova dopo il* ***mercato di gennaio****, quando la squadra cambierà faccia per almeno sette*
☞ *undicesimi*

merengues: Real Madrid
☞ *a quattro anni dall'ultima sconfitta subita dalle „****Merengues****" in terra catalana, il Barcellona si è divertito a insegnare calcio*

mister: Trainer
☞ *squadra che allenata da* ***mister*** *Silvio Baldini ha fatto la storia del calcio della Lunigiana/i genitori più facoltosi pagano le magliette o i palloni. E il* ***mister*** *se lo ricorderà, al momento di fare la formazione*

Monte Mario: la tribuna Monte Mario: Tribüne der Anhänger von Lazio Rom im Olympiastadion
☞ *il tecnico del Perugia risponde agli insulti dei tifosi con un energico „Forza Roma" gridato verso la* ***Monte Mario***

Mou: der Fußballtrainer von Inter José **Mourinho**

moviola: Zeitlupe
moviolista: Nachberichterstatter *(unter Zuhilfenahme von Zeitlupenaufnahmen)*
☞ *seguono la* ***moviola****, avanti e indietro, per scoprire falli e irregolarità*

fare **muro:** mauern: blocken
☞ *ma su questo punto il ministro dell'Economia ha* ***fatto muro****: l'intervento costerebbe circa 6 miliardi*

mutualità: Solidaritätsabgabe *(Lastenausgleich zwischen den Vereinen der Serie A und den anderen Spielklassen)*

norma secondo la quale i club di A dovevano circa 200 miliardi di lire all'anno di sovvenzione a quelli di B
*le condizioni sono cambiate, la **mutualità** era diventata manifestamente onerosa per tutti*

Nazionale: Nationalmannschaft

nulla-osta: Freigabe
*Scala ottiene il **nulla-osta** per il Borussia*

occhiali: risultato occhiali: torloses Unentschieden

Pablito: der frühere Fußballspieler Paolo **Rossi**

palla al centro: Anstoß: Beginn, Neubeginn, vergesst alles und auf gehts!
*Germania 2006: **palla al centro**. Sorteggiati a Lipsia gli 8 gironi e stilato il calendario della kermesse calcistica del 2006*
*quindi per favore: **palla al centro** e fate vincere per una volta chi di colpe non ne ha proprio nessuna*

palleggiare: Ball jonglieren *(Fußball)*, Ball zuspielen *(z. B. Volleyball)*
palleggiarsi le responsabilità: sich gegenseitig die Verantwortung zuschieben, Schwarzer-Peter-Spiel
*ma ieri, quando il gioco di **palleggiarsi le responsabilità** tra i vari ministeri interessati era in pieno svolgimento, non tutto era così chiaro*

vincitore del **pallone d'oro:** Europas Fußballer des Jahres
istituito nel '56 dal giornale francese France Football. Votano giornalisti di 51 paesi europei.
vincitore del **premio Fifa:** Fifa world player: Weltfußballer des Jahres
creato nel '91, la giuria è formata dai ct dei 130 paesi della Fifa

panchina lunga: gut besetzte Ersatzbank, großer Kader
*abbiamo una **panchina lunga** e qualificata. In queste circostanze va sfruttata*

panchinaro: Bankdrücker, (Edel)Reservist
*sotto gli occhi del **panchinaro** Cassano*

Panini: Firma in Modena, die Exklusivrechte für Herstellung und Verkauf von Fußballbildern hat
figurini Panini: Fußballbilder
*gli album della **Panini**, con le figurine dei giocatori di tutte le squadre di calcio, continuano ad appassionare generazioni di collezionisti*

parco giocatori: Spielerkader
*lo direi per qualunque squadra fosse dotata di un simile **parco-giocatori***

parrocchia: Dorfverein, Thekenmannschaft
*non esiste giocatore, dalla **parrocchia** alla serie A, che una volta non abbia tentato di turlupinare l'arbitro*

partitone: Superspiel, Riesenpartie
*De Silvestri, un **partitone**, a 19 anni, su e giù per la fascia*

patrimonio calciatori: Spieleraufgebot, Spielerbestand
*sereno anche Mario Moretti, direttore generale dell'Inter, che ha svalutato più di tutti gli altri club il suo **patrimonio calciatori***

pera: Tor, Pöttchen
*dopo l'intervallo ha beccato 3 **pere**, una annullata (col dubbio) e due validissime*

il **Pibe de Bari:** der Junge aus Bari: Antonio **Cassano**, Fußballspieler von Real Madrid

arbitri **pilotati:** fremdbestimmte Schiedsrichter, parteiische Schiedsrichter
concorsi **pilotati:** gesteuerte Ausschreibungen
*è un complotto: ci vogliono mandare in B, ma non ci riusciranno. Gli **arbitri pilotati** non ci dovrebbero essere*

Pinturicchio: Alessandro **Del Piero**: Fußballspieler von Juventus Turin

plusvalenze false: getürkte Wertschöpfung *(bei Fußballspielern)*
***plusvalenze false**, già dieci nomi nel mirino/nel gergo del calcio italiano, ormai, il vocabolo **plusvalenze** è familiare ai tifosi almeno quanto la parola dribbling*

fase di **non possesso palla:** Spielphasen ohne eigenen Ballbesitz/bei gegnerischem Ballbesitz
*i principi di gioco in **fase di non possesso palla** sono .../non aiuta il traballante Oddo nella **fase di non possesso**, mostra una condizione approssimativa*

posticipo: Sonntagsspiel, noch ausstehendes Spiel des Spieltags
*il primo **posticipo** della stagione 2005/6 si giocherà al Delle Alpi*

precampionato: Saisonvorbereitung
*il **precampionato** non aveva mentito: tutto un altro, rispetto alla scorsa stagione*

squadra **Primavera:** Nachwuchsmannschaft
☞ *Baresi torna al Milan, con l'incarico di allenatore della squadra **Primavera***

procuratore: Spielerberater, Spielervermittler, Manager (eines Spielers)
☞ *per convincere Cragnotti a cedergli Pancaro, difensore assistito da Sergio Berti (stesso **procuratore** di Vieri)*

procuratore federale: Chefankläger *(des italienischen Fußballverbands)*

prolunga: verlängerter Arm (auf dem Spielfeld)
☞ *lui incarna le mie idee, le porta in campo tutti i giorni. È la mia **prolunga***

prova tv: Fernsehbeweis
☞ *la **prova tv** contro i cascatori minaccia una specialità vecchia come il calcio: buttarsi in area di rigore*

pulcini: Knaben-, Schülermannschaften, „Pampersliga"
☞ *partite di **pulcini***
pulcino – Küken

punizione: Freistoß
☞ *gli ingegneri delle Università di Sheffield, Yamagata e del Benelux hanno condotto un'analisi scientifica per conoscere la tecnica fondamentale della **punizione** perfetta. Gli esperimenti sono stati condotti in **galleria del vento***
galleria del vento – Windkanal

puntello: Stütze, Führungsspieler
☞ *Zanetti è il miglior **puntello**, quello che vedi in tanti palloni strappati al Cagliari e riproposti al gioco*

Pupone: Francesco **Totti**, Fußballspieler von AS Roma

quasi-gol: Beinahetor
☞ *nemmeno un minuto in precampionato, tanto lavoro tutto in una volta. Sui gol non ha colpe, salva semmai almeno tre **quasi-gol***

rabbia: Wut: Biss, unbedingter Siegeswille
☞ *Buffon: „Soltanto noi abbiamo questa **rabbia**"*

realtà: etwas Solides, kein Zufall, keine Eintagsfliege
☞ *il Cagliari è una bella **realtà**, noi ci siamo superati nel mezzo di mille difficoltà*

reti bianche: reti inviolate: incontro a reti inviolate: torloses Unentschieden

rifinitore: Vollstrecker
☞ *ma nessuno al mondo è in grado di giocare da centravanti e contemporaneamente da **rifinitore***

rigorino: Elfmeterfehlentscheidung, geschenkter Elfmeter, diskutabler Elfmeter
☞ *il „**rigorino**" di ieri era netto, giusto ... per niente „ino"/nel dubbio o nella difficoltà vi arriva sempre un **rigorino**, un fuorigioco non fischiato o fischiato*

Ringhio: der Fußballspieler Gennaro **Gattuso**

ripartenza: Konter, Comeback, Aufholjagd, Umlenken, Neubeginn, neuer Aufschwung
☞ *nel linguaggio del calcio giocato si chiama „**ripartenza**". Si verifica quando un giocatore rovescia improvvisamente l'andamento del gioco e punta direttamente alla porta avversaria, al goal. Quello che ha fatto il ministro Gelmini nell'ultima settimana delle sue brevi vacanze, alla vigilia dell'inizio del nuovo anno scolastico, assomiglia molto a una **ripartenza***
☞ *oggi vi presentiamo un'azione rivolta al risanamento dei conti, ma anche una di impulso alla **ripartenza** dell'Italia/l'industria tenta la **ripartenza***

ritiro: Trainingslager, Saisonvorbereitung
☞ *alimentazione e preparazione fisica: la giornata tipo del calciatore in **ritiro***

rosa: Aufgebot *(z. B. einer Fußballmannschaft)*
☞ *il resto della **rosa** è un compromesso tra passato e futuro/il giocatore non sarà messo fuori **rosa***

rombo: Raute
☞ *nella ripresa Mancini passa dal **rombo** ad un centrocampo in linea/l'Inter a San Siro scende in campo con il solito **rombo***

Rombo di tuono: der frühere Fußballspieler Gigi **Riva**

successo **rotondo:** glatter Sieg
☞ ***successi rotondi** anche per Reggina (4-1 in rimonta al Como) e Piacenza*

saltare l'uomo: am Gegner vorbeiziehen
non saltare l'uomo: kommt an seinem Gegner nicht vorbei

San Dino: der frühere Fußballspieler Dino **Zoff**

saracinesca: Rollladen: ... ist unüberwindlich

(*meist:* Torhüter), ... macht dicht, ... ist eine „Bank"
☞ *il portiere ex pippero De Wilde para più di una **saracinesca** col lucchetto*

sbucciare: schälen *(Früchte)*: den Ball nicht richtig treffen
☞ *De Vitis **sbuccia** la palla che diventa preda di Cammarata*

scivolone casalingo: Heimpleite, Heimschlappe
☞ *un bel segnale di ripresa, dopo il doppio **scivolone casalingo**, condito da un eccessivo nervosismo, piuttosto evidente al momento delle sostituzioni di Totti e Aquilani*

scudetto: Schildchen: Meistertitel der nationalen Fußballmeisterschaft
☞ *Diciamo addio allo **scudetto**. Solo pensarci ha portato **iella***
iella – Unglück

selva di gambe: Gewirr von Beinen
☞ *da destra tenta il dribbling, supera l'avversario, ma al momento del tiro una **selva di gambe** avversarie evitano il raddoppio*

serie A: la **massima serie**/il **massimo campionato:** *verglb.* 1. Bundesliga
☞ *Il Brescia licenzia Reja: Salta la prima **panchina** in A*
☞ *il tecnico della **scalata** alla **massima serie***
scalata – Aufstieg
panchina – (Trainer)Bank

... di **serie B**...: zweitklassig
☞ *... noi esuli, che siamo più italiani degli italiani dello ☞ stivale, siamo forse cittadini di **serie B**?.*

serie cadetta: serie B: *(vergl.)* 2. Bundesliga
☞ *per la promozione in serie A nel mercato dei calciatori di gennaio sono stati spesi 20 milioni di euro, un record per la **serie cadetta***

sette: Tor, „zwischen den Pfosten", (im) Winkel
☞ *Gaeta ancora avanti e rete della speranza al 42' con Di Pietro di testa, ma in pieno recupero, una provvidenziale parata nel **sette** di Roberti regala al Ciampino tre punti d'oro*

sfasciatutto: Hooligan, gewalttätige Fußballfans
☞ *gli **sfasciatutto** non si limitarono più alla devastazione degli stadi. Portarono la guerriglia nelle stazioni ferroviarie, negli autogrill*

sgroppata: kurzer Antritt, schneller Antritt, Kurzsprint *(Radsport)*
☞ *Di Natale ha trasformata nella rete del 2 – 2 l'ennesima **sgroppata** di Di Michele*

la **Signora:** la **Vecchia Signora: Juve:** die Alte Dame: Juventus Turin
Madama Juventus
☞ *e davanti a un barolo la **Signora** capitolò*

assemblea dei **soci:** Mitgliederversammlung
☞ *l'**assemblea dei soci** del Napoli a approvato all'unanimità il bilancio*

spareggio: Entscheidungsspiele *um den Klassenerhalt bzw. Aufstieg*
☞ *i tre punti incassati ieri consentono agli azzurri di continuare a sperare e rendono più vicina la quota **spareggio***

tiri nello **specchio:** Schüsse aufs Tor, Torschüsse
☞ *e ancor meglio lo jugoslavo Savo Milosevic con ben 4 reti su 6 tentativi nello **specchio** della porta*

Spillo: der frühere Fußballspieler Alessandro **Altobelli**

gioco di **sponda:** Anspielstation in der Spitze, Kurzpassspiel
☞ *fa salire la squadra, si presta al **gioco di sponda***

staffilata: Schlag mit der Knute: Gewaltschuss aufs Tor
☞ *i gol tutti nel primo tempo: in contropiede il primo vantaggio siglato da Di Natale, una **staffilata** nell'angolino basso alla destra di Handanovic*

stecca/ steccare: Patzer, Stockfehler, patzen
☞ *il Gaeta **stecca** il dodicesimo impegno interno e dopo undici vittorie di fila cede al Ciampino 2-1*

steward: incaricato di pubblico servizio: Ordnungsdienst
☞ *sugli spalti ci sarà uno **steward** (**casacchina** arancione o gialla) ogni 250 spettatori per l'attività di prevenzione delle invasioni di campo*
casacchina – Weste

Superpippo: Filippo **Inzaghi**, Fußballspieler von AC Milan

tackle scivolato: Grätschen, „Blutgrätsche"
☞ *Prodi è entrato in **tackle scivolato**, e ha portato via la palla a Cicciobello (Rutelli)*

tacco: Hackentrick, mit der Hacke aufgelegt
☞ *Del Pietro da sinistra si industria senza costrutto, a parte un bel* ***tacco*** *per Gilardino*

azione/lavoro di **tamponamento:** Löcher stopfen, sich den Angriffen entgegenstemmen, Abwehrarbeit
☞ *deve ancora recuperare la condizione e il suo è soprattutto un duro* ***lavoro di tamponamento*** *al centro. Praticamente inesistente nella fase di costruzione*

tecnico: Trainer
☞ *il* ***tecnico*** *interista ha predisposto marcature ferree dietro*

teppismo: Schlägerei, Randale
☞ *quel* ***microteppismo*** *da evento sportivo*

terzo tempo: dritte Halbzeit *(die gegenseitige Verabschiedung der Mannschaften auf dem Platz)*
corridoio: tunnel: Gruß der Mannschaften nach dem Spiel
☞ ***Terzo tempo*** *su tutti i campi. La Lega ha approvato il fair play in campo/Fiorentina e Inter domenica hanno semplicemente eseguito quello che si chiama „****corridoio****" o „****tunnel****", l'omaggio vicendevole*

tesseramento: Verpflichtung
tesserare: (Spieler) verpflichten, Mitgliederausweise ausstellen
☞ *non sono consentiti nuovi* ***tesseramenti*** *di calciatori professionisti cittadini di Paesi non aderenti alla Ue*

Tribuna **Tevere:** Gegentribüne im Olympiastadion von Rom
☞ *„Vado in Monte Mario", si dice. Sottintende: Io conto. Io c'ero. E soprattutto non pagavo"...„Vado in* ***Tevere****", che è la tribuna opposta assolutamente identica e altrettanto coperta, non significa la stessa cosa: non è uno status symbol. Se vai in* ***Tevere*** *vai „solo" a vedere la partita: non hai le amicizie giuste, non sei abbastanza vip.*

tifare contro/tifo contro: die eigene Mannschaft auspfeifen/ausbuhen, die eigene Mannschaft beschimpfen, sich gegen die eigene Mannschaft stellen, *auch:* eine dritte Mannschaft im Spiel gegen den eigenen traditionellen Gegner unterstützen
☞ *calcio e veleni, va di moda* ***tifare contro***

tifoso: Fußballfan
tifoseria: tifo: Fangemeinde, Unterstützung
☞ *super-****tifoso*** *della Samp ucciso a revolverate; era noto ai* ***tifosi*** *come uno degli ultras della Samp/l'omicidio non abbia nulla a che fare con il* ***tifo*** *calcistico/Sabrina Ferilli, icona del* ***tifo*** *giallorosso*
☞ *Montezemolo ha chiesto più „****tifo****" e non „processi" per le imprese*
club dei tifosi: Fanclubs
☞ *24 teppisti appartenenti ad alcuni* ***Club*** *viola*

tocco: Pass
tocco di prima: Direktpass
☞ *sviluppa discretamente la sua regia svelta, basata sul* ***tocco di prima/tocchi*** *delicati e invenzioni sapienti*

transfert: Freigabe, Freigabeerklärung, Transfer
☞ *finora il Varese ha ufficializzato l'ingaggio di quattro giocatori che sono ormai da qualche settimana a disposizione di ☞ mister Roselli e che, tuttavia, non avendo ancora il* ***transfert*** *(per il quale sono necessari 5 giorni lavorativi e il mercato è aperto dal 2 gennaio) saranno indisponibili domenica*

Trap: Giovanni **Trapattoni:** Fußballtrainer und früherer Nationalspieler

trequartista: seconda punta: hängende Spitze
☞ *ci è mancato il* ***trequartista****, non potevo obbligare Del Pietro*

Trofeo Berlusconi: Berlusconi-Cup *(Saisonvorbereitungsspiel zwischen AC Milan und einem starken Mitkonkurrenten, meist Juventus Turin)*
☞ *la Juventus potrebbe affidarsi soltanto alla cabala che, per sette volte, ha consegnato lo scudetto a chi aveva perso il* ***Trofeo Berlusconi***

ultrà: fans: Fans, *manchmal* radikale, gewaltbereite Fans
☞ *l'inchiesta della ☞ Digos sugli* ***ultrà*** *romanisti*

undicesimi: Posten, Spieler (einer Mannschaft)
☞ *qualità messe in luce da questa nazionale rinnovata per nove* ***undicesimi***

uomo gol: Mann für die wichtigen Tore
☞ *Ronaldinho può attendere. Il Milan, l'* ***uomo gol****, quello in grado di fare le fortune di qualsiasi squadra, ce l'ha già in casa*

utile: gli incontri utili/la partita utile: Spiele mit Punktgewinn

☞ *vorrei ricordare che il nostro periodo critico coincise con dieci pareggi, dieci risultati* ***utili***

il **Vecio:** der frühere Fußballnationaltrainer Enzo **Bearzot**

fare **velo:** (antäuschen und für einen Mitspieler) durchlassen
☞ *Junior crossa da una parte all'altra del campo,* ***velo*** *di Gilardino, e Marchionni fa il terzo gol*
☞ *Vucinic* ***fa velo*** *per Esposito che da posizione invitante ☞ sbuccia clamorosamente il pallone col sinistro*

veneziano: ballverliebter Dribbler
📖 *giocatore che non passa mai la palla; dalla frase veneta: „faso tuto mi" (faccio tutto da solo)*

veronica: Pirouette, Drehung
☞ *quando tocca palla ne esce sempre una* ***veronica****, un dribbling, un valzer, il tutto con una leggerezza magica*

Villar Perosa: *Ort nahe Turin, in dem traditionell als Saisonvorbereitung die erste gegen die zweite Mannschaft von Juventus Turin antritt*
☞ *il nipote dell'Avvocato non si mostra meno ottimista ed esigente del popolo bianconero accorso a* ***Villar Perosa*** *per la classica partita in famiglia*

vivaio: (eigener) Nachwuchs, *manchmal auch:* vereinseigenes Sportinternat
☞ *però ci siamo* ***rimboccati le maniche****. E continueremo a investire nel* ***vivaio****, anche se le regole attuali vanno cambiati*
rimboccarsi le maniche – die Ärmel aufkrempeln

Zac: Alberto **Zaccheroni**, l'allenatore del Milan: Trainer von AC Mailand
☞ ***Zac*** *mi ha cacciato via*

zona recupero: Nachspielzeit
☞ *Inzaghi realizza di testa il gol-vittoria per il Milan in* ***zona recupero****: per SuperPippo è il 128° gol in seria A*

15.5. Società di calcio
Fußballvereine

Il Club	*I colori*	*Lo stadio*	*Gli ultras (← di ministra / → di destra)*
Ancona *(f.)*	i dorici i biancorossi	stadio „del Conero"	
Atalanta Bergamo *(f.)*	i nerazzurri	stadio „Azzurri d'Italia" *proprietario: Ivan Ruggeri*	Brigate Nero-Azzurre ← Wild Kaos ← Sconvolti ← Supporters Atalanta Nomadi←
Avellino *(m.)*	gli irpini	stadio Partenio	Green Rock
Bari *(m.)*	i biancorossi/ i pugliesi	San Nicola: lo stadio San Nicola *proprietario: Vincenzo Matarrese*	Ultras → Stampo Italiano → Solo Bari Amo Bari Alcool → Nucleo →
Bologna *(m.)*	i rossoblù	stadio Renato Dall'Ara *proprietario: Giuseppe Gazzoni Frascara*	Mods → UltraS ← Forever Ultras 74

			Vecchia Guardia Fede Rossoblu Noi Rossoblu Web Facinorosi← Capottati ← Naziskin → Supporters →
Brescia *(m.)*	i biancazzurri	stadio Rigamonti	Vecchio Commando Ultras Brescia 1911 Curva Nord Muppet Show ← Paisà ← ggi
Cagliari *(m.)*	i rossoblù	stadio Sant'Elia *proprietario: Massimo Cellino*	Sconvolts Furiosi
Catania *(m.)*		stadio „Angelo Massimino"	Drunks Forza Catania
Cesena *(m.)*	i bianconeri		Wsb Cesena in bolgia
Chievo *(m.)*	i clivensi il Ceo *(nel dialetto veneto)* i gialloblù	stadio „Marc'Antonio Bentegodi"	North Side Amici Chievo Arrabbiati →
Como *(m.)*			
Cremonese *(f.)*		stadio „Giovanni Zini" *proprietario: Domenico Luzzara*	Sanitarium Alcooligans Red Grey Vecchia Guardia Nutty Ultras Cremona Night Mare
Empoli *(m.)*	gli azzurri	stadio „Carlo Castellani"	
Fiorentina 1926 Florentia *(f.)*	il club viola, i viola, gigliato ☞ giglio	stadio „Artemio Franchi" *proprietario: e presidente Vittorio Cecchi Gori*	Cav Alterati Settebello 1965 Fiorentina. it Direttivo XXIII Aprile ← Fedelissimi← Marasma ← Collettivo ← Bomber Group ← Viola Korps → Viesseux ← Onda d'urto ← Marasma Viola ←

			Vecchia Guardia ← Apaches ← 7B ←
Genoa *(f.)*	i rossoblù/ i liguri il Grifone	stadio „Luigi Ferraris“	Grifoni della Nord ← Grifoni inside Ottavo Barbieri Teste Marotte ← Trojan Skinns ←
Hellas Verona *(m.)*	i gialloblù	stadio Bentegodi	Hellas Wall Lo scaligero Brigate → Hellas Fans → LakeZone → Bandsa Loma →
Inter *(f.)*	i nerazzurri	stadio San Siro il „Meazza“ *proprietario: Massimo Moratti* via Durini: sede dell'Inter	Regime → Original Fans → Sballati → Boys San → Nucleo → South Boys → Frazione Ellenika→ Skizzato → Viking → Irriducibili → Brianza Alcoolica → Gruppo Brusco →
Juventus Torino *(f.)*	i bianconeri	stadio Olimpico stadio delle Alpi Trainingsgelände und zukünftiges Stadion: il Comunale *proprietario: Famiglia Agnelli*	Fighters Gruppo Storico Area Viking Nab Vecchia Guardia Fossa dei Campioni Fronte B Opp. FR. Nucleo Drughi Gruppo Marche
Lazio Roma *(f.)*	i biancazzurri i biancocelesti	l'Olimpico: lo stadio Olimpico Formello: Trainingsgelände *proprietario: Sergio Cragnotti*	Irriducibili → Lazio e basta A Roma solo la Lazio Viking → Nucleo → CML '74 → Ultras →
Lecce *(m.)*	i giallorossi		Ultrà Lecce → Kaotici → Cucn Pessimi Elementi → Alito vinoso

Livorno *(m.)*	gli amaranti	stadio „Armando Picchi", nel quartiere Ardenza	Brigate autonome Ale Livorno
Messina *(m.)*	i giallorossi i peloritani	stadio „San Filippo"	Nocs 1983 Gioventù giallorossa Fedelissimi 1973
Milan *(m.)*	i rossoneri	stadio San Siro il „Meazza" Trainingsgelände: Milanello *proprietario: Silvio Berlusconi*	Fossa dei Leoni *(ehem.)* ← Brigate Rn ← Commandos Tigre → Panthers Brigate Commandos Alternativa Rossonera Tifo Milan Vecchia Guardia Drunk Company Armata Rams Metal Militia Prugne Korps
Modena *(m).*	i canarini i gialloblù	stadio „A. Braglia"	Armata gialloblù
Napoli *(m.)*	i partenopei/ gli azzurri	stadio San Paolo *proprietario: Corrado Ferlaino*	CUBC Teste matte → Brigata Carolina → Brigata Sudista Ragazzi della B Fedayn Boys Lions Mastiffs Blue Lions Nucleo Mad Boys Masseria Epm Vecchi Lions
Padova *(m.)*		l'Appiani: lo storico stadio del Padova l'Euganeo: lo nuovo stadio del Padova *proprietario: Cesare Viganò*	All'inglese →
Palermo *(m.)*	i rosa i rosanero	stadio „Renzo Barbera" *proprietario: Francesco Caltagirone Bellavista*	Brigate Rosanero Mondo rosanero Warriors
Parma *(m.)*	i gialloblù/ gli emiliani i crociati	stadio „Ennio Tardini *proprietario: Calisto Tanzi*	Boys Parma Parma Fans Settore crociato Potere crociato

Perugia *(m.)*	i grifoni i biancorossi	stadio „Renato Curi“	Ingrifati ← Armata Rossa ← Grifovunque Saint Just Brigata Ultrà → Doddy Boys Vecchia Guardia Red Lair 3M
Pescara *(m.)*		stadio „Adriatico“	Rangers Pescaresi
Piacenza *(m.)*	i biancorossi	il Galleana: lo stadio Galleana *proprietario: Famiglia Garilli**	Nasty Boys → Sparuta presenza Official Supporters → Ultras Piacenza →
Reggina *(f.)* **(Reggio Calabria)**	i granata/ gli amaranti	stadio „Oreste Granillo“	Cucn
Roma *(f.)*	i giallorossi il romanista la Rometta lupacchiotto: *Roma-Fan*	l'Olimpico: lo stadio Olimpico Trigoria: Trainingsgelände von AS Roma Testaccio: Stadtviertel von AS Roma *proprietario: Famiglia Sensi*	Cucs ← Fedayn Boys → Vecchia Guardia Opposta Frazione → Arditi XXI Aprile Frangia Ostile Ultras Romani Curva Sud ASR Clan
Salernitana *(f.)*	i granata	l'Arechi: lo stadio Arechi	Ultra Salernitana Granata South Force → Ultra Plaitano → Nucleo Mafs → South Pirates → Viking Guerrieri → Indociles Antica Salerno → Nuova Guardia → Uragano → Mummoons → Upset Minds → Nucleo Storico → Intoccabili → Toi Fipao → Lions → Tipi Strani → Mods → Centro Storico →
Sampdoria Genova *(f.)*	i blucerchiati	il Marassi: lo stadio Marassi di	Ultras Tito Riviera blucerchiata

	la Samp i doriani	Genova stadio „Luigi Ferraris" *proprietario: Enrico Mantovani*	Armata blucerchiata Fedelissimi Irish Clan
Siena *(m.)*	i bianconeri	stadio „Artemio Franchi"	
Torino *(m.)*	il Toro/i granata	stadio Olimpico stadio delle Alpi il Filadelfia: das frühere und möglicherweise zukünftige Stadion *proprietario: Gian Marco Calleri*	Ultras ← Granata Korps → Ragazzi Viking V Kolonna Leumann Dandies U. Liguria TNT Fedelissimi Mods Leoni della Maratona Pelle Granata Torcida Granata Drunk ←
Treviso Calcio *(m.)*	i biancocelesti	stadio Monigo *proprietario: famiglia Caberlotto (gruppo Lotto)*	
Triestina *(f.)*	gli alabardati	stadio Nereo Rocco	Uts 1976
Udinese *(f.)*	i bianconeri friulani	il Friuli: lo stadio Friuli *proprietario: Famiglia Pozzo*	Hooligans Teddy Boys → Hangover Klan Friulani al Seguito → Supporters →
Venezia *(m.)*		stadio Sant'Elena	Ultras Unione 1987 ←
Vicenza *(m.)*	i biancorossi	il Menti: lo stadio Menti *proprietario: ENIC*	Vigilantes Giovanissimi di destra Caneva Berica Fabio Group Kapovolti

15.6. Lessico del calcio
Wortliste Fußball

accademia: molta accademia, poca concentrazione	viel brotlose Kunst, wenig Konzentration
ambientarsi: la capacità di ambientarsi rapidissima	ist fähig, sich sehr schnell auf die Situation einzustellen
angolo: il portiere si salva in angolo	der Torwart rettet zur Ecke

annullare: Trapattoni ha annullato Pelè nel corso di un incontro Italia-Brasile	Trapattoni hat im Spiel Italien – Brasilien Pelè abgemeldet
anonimo: aveva aggiunto un'altra gara anonima a questo suo lungo addio romano	fügte seinem langen Abschied von Rom eine weitere blasse Vorstellung hinzu
apertura: ha trovato un gol in apertura	hat ein frühes Tor erzielt

area piccola: spaccata vincente di Batigol in area piccola	erfolgreiches langes Bein von Batistuta im Torraum
aritmetico: la salvezza aritmetica prima dell'ultima giornata	der rechnerische Klassenerhalt vor dem letzten Spieltag
arrembaggio: un difensore in più da opporre all'inutile arrembaggio finale della Fiorentina	ein zusätzlicher Verteidiger gegen das vergebliche letzte Aufbäumen von Florenz
arretrare: per evitare la marcatura, arretra molto	um der Bewachung zu entgehen, lässt er sich weit zurückfallen
autogol: compie un pericoloso autogol	schießt ein gefährliches Selbsttor
bacio: un assist al bacio di settanta metri	eine Zuckervorlage über sechzig Meter
ballare: Toni fa ballare Ferrari	Toni spielt Ferrari schwindelig
ballerina: una difesa che nelle ultime partite era stata un po' troppo ballerina	eine Abwehr, die in den letzten Begegnungen ein wenig zu sorglos war
barriera: ha misurato sulle punizioni i nove passi per la barriera	hat bei Freistößen die neun Schritte für die Mauer abgemessen
boa: fa un po' la boa, mette in piedi un paio di appoggi per van Nistelrooy	versucht, Gegenspieler zu binden und unterstützt hin und wieder van Nistelrooy
bruciare: la sconfitta brucia	die Niederlage schmerzt
calciare: Totti non ha la lucidità necessaria per calciare un rigore decisivo	Totti ist nicht cool genug, um einen entscheidenden Strafstoß zu schlenzen
calcio-champagne	Fußball der Spitzenklasse
calcio piazzato: subisce numerosi gol su calcio piazzato	kassiert viele Tore aus Standardsituationen/ruhender Ball
campo di patate: un campo di patate ha esaltato alcune **castronerie**	der Kartoffelacker ließ einige Schnitzer noch deutlicher ins Gewicht fallen

carezzare: i giocatori che sanno carezzare la palla	Spieler, die den Ball streicheln können
dischetto: sbaglia dal dischetto	verschießt einen Elfmeter
divorare: ha divorato due facili occasioni	hat zwei Gelegenheiten leichtfertig vergeben
doppia ammonizione: perde Brighi per doppia ammonizione	verliert Brighi wegen einer gelbroten Karte
entrataccia: è stato espulso per un'entrataccia su F.	ist wegen seines unfairen Einsteigens gegen F. des Feldes verwiesen worden
errore di precisione: il lunghissimo rosario di errori di precisione	eine ellenlange Latte von Stockfehlern
esonero: Malesini è vicino all'esonero	Malesini steht kurz vor der Vertragsauflösung/dem Rauswurf (als Trainer)
fallo da espulsione	platzverweisreifes Foul
fallo di frustrazione: nel finale del secondo tempo, non trattiene un fallo di frustrazione	zum Ende der zweiten Halbzeit kann er sich ein Frustfoul nicht verkneifen
fascia: non galoppano sulla fascia come al solito	marschieren auf der Außenbahn nicht wie gewohnt
faticatore: una vittoria firmata dai faticatori di classe	ein Sieg im Zeichen der ausgezeichneten unermüdlichen Arbeitstiere
fattore-campo: avevano il vantaggio del fattore-campo e di avversari di calibro medio-basso	hatten Heimvorteil und mittelschwere bis schwache Gegner
fil di palo: una splendida rete di Nakamura che insacca a fil di palo	ein wunderschönes Tor von Nakamura, das knapp neben dem Pfosten reingeht
folata: a parte un paio di folate di X, il Bologna non ha saputo imprimere altre tracce	abgesehen von ein paar Vorstößen durch X. hat Bologna keine weiteren Spuren hinterlassen

francobollare: ha il compito di francobollare Emerson, lo fa con estrema dedizione	hat die Aufgabe, Emerson auf den Füßen zu stehen/hautnah zu decken, und macht dies mit äußerster Hingabe
fuorigioco: si affida al fuorigioco e al contropiede	verlegt sich darauf, auf Abseits und Kontern zu spielen
galoppata: qual'è il segreto della nostra galoppata verso la Serie A?	wo liegt das Geheimnis unseres Durchmarsches in die Serie A?
galvanizzato dal successo dell'Olimpico	ermuntert durch den Erfolg im Olympiastadion
giornata no: ha pure sbagliato un rigore, era destino che questa fosse una giornata no	hat sogar einen Elfmeter verschossen: Es sollte wirklich ein rabenschwarzer Tag sein
gol: sbaglia un gol grande così ma sgobba come un matto	er verpasst zwar eine glasklare Torgelegenheit, aber er schuftet wie ein Wahnsinniger
gol della bandiera: spreca l'occasione per segnare il gol della bandiera	verpasst die Gelegenheit zum Ehrentreffer
gol partita	spielentscheidendes Tor
goleada: nel finale ha rischiato la goleada	hat in der Schlussphase eine Torflut/Packung riskiert
graffiare: Battistuta non è mai riuscito a graffiare	Battistuta kam nie ins Spiel
grandezza: ha momenti di grandezza assoluta	bietet streckenweise eine Galavorstellung
imprendibile: non può che arrendersi al diagonale imprendibile di Inzaghi	hatte bei einem unhaltbaren Diagonalschuss von Inzaghi das Nachsehen
insaccare di testa: insacca di testa una punizione di X	köpft/nickt einen von X. getretenen Freistoß ein

lente d'ingrandimento: un talento già sotto la lente d'ingrandimento di alcune squadre di A	ein Talent, dass bereits von einigen Erstligaklubs unter die Lupe genommen wird
marchio: i nerazzurri hanno imposto il loro marchio sulla gara	Inter hat dem Spiel seinen Stempel aufgedrückt
miracolo: il primo tempo è finito con tre miracoli (**gran parata/paratona**) di X	die erste Halbzeit ging mit drei Glanzparaden von X. zu Ende
mischia: un solo tiro in mischia, per il resto si vede poco	ein einziger Schuss ins Gewühl, sonst sieht man wenig von ihm
momento-sì: continua il momento-sì del Perugia/**periodo no:** per la Roma è un periodo no	der Lauf von Perugia hält an/für Rom ist es eine Pechsträhne
numero: cerca sempre il numero per risollevare il morale suo e della curva	sucht immer die spektakuläre Aktion/den großen Auftritt, um seine Moral und die der Anhänger zu heben
pallido: pallidissima copia delle sfide che furono	schwacher Abglanz früherer Derbys
pallone: lottare pallone su pallone	um jeden Ball kämpfen
pallonetto: scavalcare qu. con un pallonetto	jdn. mit einem Heber überspielen
pareggio: palla per il pareggio sui piedi	den Ball zum Ausgleich auf dem Fuß
passaggino: col suo calcio tutto passaggi e passaggini	mit seinem aus Kurzpassspiel bestehenden Fußball
percussione: pericoloso quando va via in percussione e spara di destro	gefährlich, wenn er direkt geht und mit rechts abzieht
permanenza: il cammino verso la permanenza in serie A	der Weg in Richtung Klassenerhalt

pile scariche: è un anno che sto vivendo a pile scariche	ich bin schon das ganze Jahre ausgebrannt (verbrauchte Batterien)
polipo: ha negato un paio di rigori al Brescia, il bravo esordiente Legrottaglie a polipo su Baggio ...	hat Brescia eine Reihe von Elfmetern im Falle des guten Debutanten Legrottaglie wegen Klammerns gegen Baggio verweigert
polmonare: il merito è anche di questo argentino polmonare	das ist auch das Verdienst dieses argentinischen Dauerläufers
punizione di prima /punizione di seconda: confonde una punizione di seconda per una di prima	direkter/indirekter Freistoß: verwechselt einen indirekten Freistoß mit einem direkten Freistoß
punta: dietre le punte/giocare con due punte	hinter den Spitzen/ mit zwei Spitzen spielen
rasoterra: qualche impaccio con la palla rasoterra	in einiger Verlegenheit bei flachen Bällen
ribaltare: ribaltando una partita giocata assai male nel primo tempo	haben eine in der ersten Halbzeit recht schlecht geführte Begegnung gekippt/gedreht
riga: lo ripaga con una prestazione al di sopra delle righe	zahlt es zurück mit einer über jede Kritik erhabenen/herausragenden Leistung
rigore solare: l'arbitro ha negato un rigore solare su Filippini	der Schiedsrichter hat Filippini einen hundertprozentigen Elfmeter verweigert
rivoluzionato: la formazione, quasi completamente rivoluzionata, svolgerà la seconda parte della preparazione estiva	die nahezu vollständig umgekrempelte Formation absolviert den zweiten Teil der Saisonvorbereitung
sacrosanto: sembrava davvero un'occasione da rete sacrosanta	schien eine hundertprozentige Torchance zu sein

salvezza: rivali nella lotta salvezza	Konkurrenten im Abstiegskampf
sbucare: Kallon, che prima era in **fuorigioco passivo**, sbuca tutto solo davanti a Frey e mette dentro	Kallon, der vorher im passiven Abseits stand, taucht mutterseelenallein vor Frey auf und schießt ein
scavalcare: scavalca la difesa con un **cross**	hebelt die Abwehr mit einem Querpass aus
schiacciata di testa di Inzaghi	Kopfballtorpedo von Inzaghi
scolapasta: stavolta la miglior difesa del campionato è uno scolapasta	dieses Mal ist die beste Abwehr der Liga löchrig wie ein Schweizer Käse (Sieb)
scorrettezza: i tre giocatori erano stati deferiti per scorrettezze nei confronti dei propri avversari	die drei Spieler wurden gesperrt wegen Unsportlichkeit gegen ihre jeweiligen Gegenspieler
sfida corsaiola: accetta la sfida corsaiola	nimmt die läuferische Herausforderung/das Laufduell an
sgambettare: Cosmi sgambetta il Milan	Cosmi stellt Milan ein Bein
sgonfiare: l'episodio ha sgonfiato il Verona	nach dem Zwischenfall war bei Verona die Luft raus
simulazione/tuffo: squalificato (era **diffidato**) per una caduta in area che l'arbitro ha punito per simulazione	hinausgestellt wegen eines Sturzes im Strafraum (er war bereits verwarnt), den der Schiedsrichter als Schwalbe wertete
smarcato in area da una lunga punizione	als er nach einem lang geschlagenen Freistoß ungedeckt im Strafraum stand
sortilegio: nemmeno la partita di ieri sera è riuscita a spezzare il sortilegio	auch mit dem Spiel gestern abend gelang es nicht, den Bann zu brechen
spaccata: non ci arriva in spaccata	kommt selbst mit einem langen Bein nicht heran

spogliatoio: non ci sono state liti di spogliatoio	es gab keinen Streit innerhalb der Mannschaft
stamparsi sul palo: riapre la gara con un tiro che si stampa sul palo interno e finisce in rete	macht das Spiel wieder interessant mit einem Schuss, der gegen den Innenpfosten und von dort ins Tor geht
stoccata: ha dovuto neutralizzare su una stoccata da fuori area	musste einen Distanzschuss neutralisieren
superiorità numerica	zahlenmäßige Überlegenheit
svernare: giocatori mandati a svernare all'estero	im Ausland geparkte Spieler (überwintern)
svirgolare: ma il risultato peggiora: svirgola il pallone dell' 1-1 ungherese	das Ergebnis ist noch schlimmer: sein Stockfehler führt zum 1-1 der Ungarn (trifft den Ball nicht richtig)
tappare buchi: unico titolare, là dietro, tappa buchi e qualcuno ne crea	einziger Stammspieler in der Abwehr, stopft Löcher und öffnet manchmal neue
tempismo: il tiro è deviato col corpo da Buffon uscito con grande tempismo	der Schuss wird von Buffons Körper abgelenkt, der genau zum richtigen Zeitpunkt rausgelaufen war
tempo scaduto: a tempo scaduto, approfittando di un varco nella difesa barese Muzzi ha **raddoppiato**	in der Nachspielzeit erhöhte Muzzi, indem er eine Lücke in der Abwehr von Bari ausnutzte
testa: di testa è difficile batterlo	im Luftkampf ist es schwer, ihn zu besiegen
timbrare: si sveglia nella ripresa e timbra il gol del 4-1	wacht in der zweiten Hälfte auf und vollstreckt zum 4:1
tintinnare: lascia tintinnare il suo talento	lässt sein Talent aufblitzen

tira e molla: ha trasformato il primo tempo in un noioso tira e molla	verwandelte die erste Halbzeit in ein langweiliges Geschiebe
tiro da fermo: le cose migliori nei tiri da fermo	waren am Besten bei Standards
trambusto: un cross teso ha creato parecchio trambusto	ein scharfer Querpass hat für einiges Durcheinander gesorgt
tranquillità: Udinese in zona tranquillità, Bari sempre fermo all'ultimo posto	Udine ist im gesicherten Mittelfeld und Bari weiterhin auf dem letzten Platz
trascinatore: prima di diventare il trascinatore del **centrocampo**	bevor er zur ordnenden Hand/zum Impulsgeber im Mittelfeld geworden ist
tremarella: il portiere Antonioli: addio alla tremarella	Torwart Antonioli: Schluss mit dem Zitterhändchen
ultimo uomo: espulso per fallo da ultimo uomo	vom Platz gestellt wegen Foulspiels als letzter Mann
visibilio: manda in visibilio lo spicchio granata dell'Olimpico	versetzt das Häuflein der Torino-Fans im Olympiastadion in Verzückung
zampata giusta: nella ripresa il copione non variava: Napoli a premere, ma senza trovare la zampata giusta	in der zweiten Hälfte dasselbe Bild: Neapel drängt, ohne allerdings das rechte Mittel zu finden
zona gol: ci manca un po' di **cattiveria** in zona gol	uns fehlt etwas die Kaltschnäuzigkeit in Tornähe
zona retrocessione: ai margini della zona retrocessione	am Rande der Abstiegszone
zuccata: si riscatta parzialmente con un paio di zuccate sotto porta ma non basta per evitare la sostituzione	er rehabilitiert sich zum Teil mit ein paar Kopfbällen in Tornähe, aber das reichte nicht, um sich die Auswechslung zu ersparen

15.7. Le società di basket e di pallavolo
Basketball- und Volleyballvereine

Air Avellino	Famigliulo Corigliano
Angelico Biella	Bre Banca Lannutti Cuneo
Upim Bologna	Andreoli Latina
La Fortezza Bologna	Lube Banca Marche Macerata
Tisettanta Cantù	Sparkling Milano
Pierrel Capo d'Orlando	Cimone Modena
Armani Jeans Milano	Acqua Paradiso Gabeca Montichiari
Premiata Montegranaro	Antonveneta Padova
Eldo Napoli	Rpa Perugia
Scavolini Spar Pesaro	Copra Nordmeccanica Piacenza
Solsonica Rieti	M. Roma Volley
Lottomatica Roma	Prisma Taranto
Legea Scafati	Itas Diatec Trentino
Montepaschi Siena	Sisley Treviso
Siviglia Wear Teramo	
Benetton Treviso	
Snaidero Cucine Udine	
Cimberio Varese	

*ci ha messo danaro di tasca propria per sostenere la squadra di basket, la **Viola**, miracolo, orgoglio e vanto della città*

15.8. Lotterie
Lotterien

Bingo: la **cinquina:** Bingo
fare **bingo:** Erfolg haben, durchschlagen
*la Casa delle Libertà risulta più penetrante nella comunicazione: la destra fa **bingo***
***Bingomania:** apre a Roma la sala più grande d'Italia*

dea bendata: Glücksgöttin
*gratta e vinci: sarà ancora la **dea bendata** ad aiutare il fisco?*

Enalotto/Superenalotto
***Superenalotto** da record: vince sedici miliardi con una schedina da 1600 lire. è Forlì la città della fortuna. La puntata in una tabaccheria*
*c'è chi arriva a preferire un posto in un asilo comunale alla vincita al **Superenalotto***

Gratta e vinci: Rubbellotterie
*il **grattatore** / gli italiani hanno **grattati** quasi 2 miliardi di biglietti/le vendite di biglietti „**Gratta e vinci**" hanno registrato un vero e proprio boom*
Spacca 15
*arriva „**Spacca 15**", il „**Gratta e Vinci**" a prezzi popolari che dovrebbe contrastare il calo*

Lotteria „**Dona & Vinci**": Spenden-Lotterie „Helfen und Gewinnen"
*e poi lotterie „**Dona & Vinci**" in venti città, sms di solidarietà, un bollettino di conto corrente per i versamenti*

Lotteria Italia: Lotteria Nazionale Italia
*la pubblicità del „**Gratta e vinci**", della **Lotteria Italia** e degli altri concorsi affini viene gestita dalla società per azioni **Sfimi**, che dipende dalle Finanze*
giochi pubblici: Lotterien

Lotto
ricevitorie del lotto: Lottoannahmestellen
*weekend d'oro per Mantova. Totocalcio, Totogol e **Lotto** hanno fatto piovere 8 miliardi sulla città. La vincita più consistente si è registrata con il Totogol (nella foto la **ricevitoria** in cui è stata giocata la **schedina**)*
schedina – Tippzettel

Lottomatica: Concessionaria dello Stato per il servizio del gioco del Lotto: Lottobetreibergesellschaft
*l'Antitrust ha deciso l'**apertura di un'istruttoria** a carico di **Lottomatica** per una possibile posizione dominante nel comparto dei giochi e delle scommesse*
apertura di un'istruttoria – Eröffnung eines Ermittlungsverfahrens

Monopoli: Monopolio di Stato: AAMS: Amministrazione Autonoma dei Monopoli di Stato: Autonome Verwaltung der staatlichen Monopole *(unter anderem zuständig für Lotterien, Zigarettenvertrieb etc.)*
piazza Mastei: sede dei Monopoli
*un decreto del direttore generale dell'**Aams** in corso di pubblicazione dovrebbe consentire l'allargamento ad altre 7.000 tabaccherie*

trasformato in: **Eti: Ente Tabacchi Italiani:** Italienische Tabakgesellschaft *(privatisiert, neue Bezeichnung:* ***Bat Italia****)*

Scommesse sportive: Sportwetten
📖 *scommesse su singoli eventi di varie discipline che fanno parte del ☞ **Coni**; cominceranno dall'aprile '98: campionato e coppe di calcio, basket. equitazione, pallavolo, automobilismo*

Sisal: Lotteriebetreibergesellschaft
*piovono richieste di togliere alla **Sisal** – la società che gestisce il Superenalotto – la concessione per il Superenalotto e il Totip dopo la scoperta dei ☞ fondi neri e delle truffe al fisco*
*ho fatto dodici alla **Sisal**... Quote popolari ... 92000 lire*

terno: Volltreffer im Lotto, *(verglb.)* Sechser im Lotto: Glückstreffer
*lavorare può essere indispensabile per sistemare il bilancio, ma riuscirci è a volte un **terno** al lotto*

tombola: Tombola: (Voll)Treffer

Totobingol
*giocare al **Totobingol** per telefono*

Totocalcio
*„**fare 13 al Totocalcio**" è stato per anni il sogno di molti italiani*

Totogol
*è **sfumato** il sogno dei sedici miliardi regalati dal **Totogol***
sfumare – sich auflösen

Totonero: illegale Lotterie

Totosei: nuovo concorso legato al calcio: Fußballtoto
*si chiama provvisoriamente „**Totosei**", si basa sul calcio e dovrebbe decollare dal settembre del '97. Per vincere al **Totosei** bisognerà indovinare il numero di gol segnati da dodici squadre in sei partite*
jackpot: Jackpot
📖 *il premio che si va ad accumulare sulla prossima schedina*

Totip: Fußballtoto

videopoker: Spielhallenautomat
*rovinato dalla sua passione per il **videopoker**. È uno stimato professionista genovese che nel giro di pochi mesi ha accumulato un debito di 200 milioni di lire*
*il fisco rischia di perdere il gettito delle imposte applicate sui **slot machine** e **videopoker***
slot machine – einarmiger Bandit

15.9. Oroscopo
Horoskop

ariete	Widder
toro	Stier
gemelli	Zwillinge
cancro	Krebs
leone	Löwe
vergine	Jungfrau
bilancia	Waage
scorpione	Skorpion
sagittario	Schütze
capricorno	Steinbock
acquario	Wassermann
pesci	Fische

15.10. Parole del mondo dello sport
Anleihen aus der Sprache des Sports

acceleratore: preme sull'acceleratore: *drückt aufs Tempo*

affondo: a Berlusconi indirizza alcuni affondo strappando applausi e risate: *Ausfall (Fechten): Attacke, Angriff*

arroccamento: la ☞ frittata era già fatta con conseguente arroccamento sul campo dei rispettivi schieramenti: *Rochade*

asso: ha un asso nella manica: *Ass im Ärmel*

asso pigliatutto: D'Alema è bravo, ma è divenuto un asso pigliatutto: *Trumpfass*

alzare l'**asticella:** c'è chi attualmente ha interesse ad alzare l'asticella il più possibile, affermando che soltanto con una massiccia partecipazione l'investitura del leader sarà piena: *die Latte höher legen*

andare in **bambola:** le nostre squadre vanno in bambola, alternano prodezze a prestazioni sconcertanti: quasi tutte sono state eliminate: *einbrechen, zusammenfallen*

bici: vince di una bici: *mit einer Radlänge Vorsprung gewinnen*

a tutta **birra:** a tutta birra nel parco di Udine/la più ricca d'Europa va a tutta birra: *mit Volldampf, volle Kanne*

📖 *probabilmente dalla locuzione „a tutta **briglia**" di identico significato, deformata, nel riferimento alla macchina, per analogia con „a tutto vapore, a tutto gas" e con accostamento birra-benzina*

briglia – Zügel

fare **cappotto:** nell'isola il centrodestra ha fatto cappotto alle elezioni del 2001: *einen Kantersieg landen, haushoch gewinnen, abräumen*

carta vincente: l'innovazione tecnologica, in un quadro industriale che cambia così rapidamente, è la carta vincente: *Trumpf, Trumpfass*

scoprire le **carte:** meglio scoprire subito le carte: *die Karten aufdecken*

cartellino giallo: estrae due cartellini gialli per la Rai: *die gelbe Karte zücken*

cartellino rosso: il Presidente della Camera, dopo aver ammonito un deputato a moderare i termini, ha estratto il cartellino rosso: *die rote Karte zücken*

catenaccio: i politici fanno catenaccio: *sich abschotten, sich einigeln*

centrare: il governo Kohl teme di non centrare Maastricht: *ins Ziel treffen, das Ziel erreichen*

centravanti: avrei preferito fare il registra, ma adesso ho capito che devo fare il centravanti: *Mittelstürmer*

risalire la **china:** Walter parla di costi della politica per risalire la china nei sondaggi/Berlusconi ammette che sul problema „risalire la china sarà durissimo: *einen Abhang wieder hinaufsteigen: ein (Form)Tief überwinden, wieder nach oben kommen*

appendere le scarpette al **chiodo:** l'anziano senatore alla fine ha appeso le scarpette al chiodo: *die Fußballstiefel an den (berühmten) Nagel hängen*

fare il **colpaccio:** resta solo ai socialisti da accarezzare l'idea di un colpaccio: *Überraschungsschlag landen, Coup landen*

colpo basso: a Genova la campagna elettorale regala colpi bassi e sospetti che scivolano sulla testa degli elettori: *Tiefschlag*

contropiede: l'inaugurazione della struttura bolzanina ha preso in contropiede i cugini: *auf dem falschen Fuß erwischen, überraschen*

salvarsi in **corner:** una mossa sorprendente per un governo che ha una maggioranza schiacciante. Allora perché salvarsi in corner?: *zur Ecke klären: im letzten Augenblick eine schwierige Situation meistern, auf Nummer Sicher gehen*

correre: il comunista Nesi sogna il ministero del Lavoro, mentre la Salvato corre per gli Affari Sociali: *starten für, antreten für..., kandidieren*

corsa ad ostacoli: qui la corsa ad ostacoli a cui sono sottoposti i documenti e le prove che arrivano dall'estero è stata rinforzata da quell'incredibile articolo 18, che estende la norma anche al passato: *Hindernislauf*

Curva Sud: Siamo brava gente, certo. Non sempre il nostro è razzismo da Curva Sud: *Südkurve, Fanblock in Fußballstadien*

dirittura d'arrivo: tutti gli ostacoli sono superati e siamo in dirittura d'arrivo: *Zielgerade*

dribblare: un supermercato delle materie dove l'alunno può prendere quello che vuole, dribblando inevitabilmente il latino e il greco, magari a favore dell'educazione sessuale o stradale: *umgehen, umdribbeln*

doppiare: se il Pdl aumentasse di un punto e il Pd ne perdesse ancora mezzo, quest'ultimo, per usare il gergo automobilistico, verrebbe doppiato: *überrunden*

legato a **doppio filo:** il bilancio di moltissimi amministrazioni locali ormai è legato a doppio filo alla capacità di incassare le contravvenzioni elevate dalla Polizia Municipale: *doppelt gesichert: "doppelt genäht", in mehrfacher Hinsicht abhängen von ...*

fare **en plein:** gironi abbordabili per Milan, Inter, Roma e Lazio: l'Italia può fare l'en plein/Alemanno punta all'en plein: *Satz auf der vollen Nummer/Plein-Gewinn (im Roulette): das bestmögliche Ergebnis erzielen, die Qualifikation aller Teams erreichen*

fallo di reazione: era un fallo di reazione che era giusto sanzionare: *Revanchefoul*

falsa partenza: a condizione, però, che per evitare false partenze il vertice fosse preparato da incontri bilaterali: *Fehlstart*

finte e parate: molti dei **battibecchi** a cui abbiamo assistito nelle scorse settimane sono finte e parate: *Finten und Paraden*
battibecchi – Gezänk

fischiare: diffido di chi in politica non viene mai fischiato: *auspfeifen: kritisieren*

fischio finale: i conti si fanno dopo il fischio finale: *nach dem Schlusspfiff wird abgerechnet*

fotofinish: risultato finale al fotofinish, 15 a 14 per l'Ulivo: *knapper Zieleinlauf, Kopf-an-Kopf-Rennen*

fuori gioco: il segretario generale della Nato è fuori gioco perché impegnato con la crisi del Kosovo: *im Abseits*

fare a **gara:** i ministri di questo governo fanno a gara nel dire assurdità: *sich übertreffen, sich überbieten, um die Wette ...*

gara di solidarietà: Ercolano si è stretta attorno alla comunità nomade, si è aperta una gara di solidarietà, fatta di coperte e pasti caldi, assistenza e collaborazione: *Wettlauf der Solidarität: Solidaritätsbekundungen, Welle der Hilfsbereitschaft, Spendenflut*

gimkana: il colle del Campidoglio è circondato dalla polizia. Turisti e sposi sono costretti a fare la gimkana tra le transenne. *Geschicklichkeitslauf*
prova **gimkana:** test dell'Alce: Elchtest

giocare d'attesa: il Tour resta l'incognita: corteggiato e blandito dai media d'oltralpe, Pantanti gioca d'attesa: *auf Abwarten spielen*

gioco delle parti: ancora un bluff iracheno ma il raís ha già deciso: gioco delle parti fra il dittatore e il Parlamento: *abgekartetes Spiel*

griglia: anche la griglia di Alleanza nazionale è quasi pronta, ma potrebbe subire variazioni: *Startposition (bei Autorennen): Formation, Mannschaft, Kandidaten*

handicap: parte ad handicap: *Handicap*

incassare: lui, l'ex presidente della Camera, incassa, non reagisce: *einstecken, hinnehmen*

datevi all'**ippica**/darsi all'**ippica:** wenn ihr es nicht schafft, dann wechselt doch den Beruf (kümmert euch um den Pferdesport)
📖 *si tratta di una delle numerose espressioni nate durante il periodo fascista, anche se a differenza di altre frasi nate come slogan politici (ad esempio boia chi molla) ha perso totalmente, nell'uso, qualsiasi connotazione politica*
*l'associazione di idee è quasi spontanea: ai carri bestiame cui rassomigliano molti treni regionali stracarichi e sporchi e ad un caldo invito che molto spesso viene da fare a certi incapaci dirigenti di Trenitalia: **datevi all'ippica**!*

kappaò: finisce kappaò: *geht k. o.*

di **lungo corso:** un parlamentare di lungo corso: *altgedient, langjährig*

marcare a zona: il capo dello Stato marca a zona i leader della maggioranza, e nei limiti del possibile regge i fili del dialogo con il Polo: *den Raum decken, hier: aus der Distanz kontrollieren*
Ggs. **marcare a uomo:** in Manndeckung nehmen: auf jdn. aufpassen
*fare spallucce a Pampers significa **marcare a uomo** 24 ore su 24 una creatura che nei primi mesi di vita si occupa soprattutto di bagnare e sporcare*
marcatura a uomo: *Manndeckung*
marcatura stretta: sfuggendo alla marcatura stretta dei fotografi, è andato a visitare il museo dell'Olocausto: *enge Deckung: ständige Begleitung*

fare **melina:** qualcuno vi ha accusato di fare melina sui contratti in attesa di un governo ...: *Ball halten, auf Zeit spielen*

mostrare i **muscoli:** è probabile che Bertinotti minacci la crisi per mostrare i muscoli e rafforzare la propria posizione: *Muskeln zeigen, mit den Muskeln spielen*

mordere l'erba: in dieci a mordere l'erba: *Gras fressen, aufopferungsvoll kämpfen*

novantesimo minuto: non siamo al 90° minuto: noi vogliamo rispettare la concertazione, sul metodo non c'è dissenso: *die neunzigste Minute: das letzte Wort ist noch nicht gesprochen*
90° minuto: ehemalige bekannte Fußballsendung der RAI

cogliere la **palla al balzo:** risultato: ricorso respinto. Chi colse la palla al balzo e fece degli „strumenti di autotutela“ una bandiera fu il Carroccio: *den Ball aus der Luft nehmen: die*

Gelegenheit beim Schopfe packen, eine Chance sofort nutzen

la **palla** è a ...: ora la palla è alla Telecom e, in seconda battuta, all'Antitrust: *der Ball ist im Feld von ...: ... ist am Zuge*

essere una **palla al piede** di ...: a dispetto dei centrodestra di ieri e di oggi, Venezia non è una palla al piede del Veneto: *jdn. behindern, ein Klotz am Bein sein*

lanciare la **palla:** la legge prescrive che l'incarico passi alla Presidenza del Consiglio, la quale lancia la palla al dipartimento Affari sociali: *den Ball weiterspielen, weitergeben*

andare nel **pallone:** un episodio che fa andare nel pallone la Juventus che subisce la rete del Real, firmata da Zidane, che costringe il popolo bianconero ad un finale al **cardiopalma** che finisce dopo 5' di recupero: *in Verwirrung stürzen, unaufmerksam werden*

finale al cardiopalma – Herzschlagfinale

restare in **panchina:** incapace com'era di restare in panchina: *auf der Reservebank Platz nehmen*

nastri di **partenza:** l'Italia è ai nastri di partenza: *hockt in den Startlöchern*

chiudere la **partita:** il leader di Forza Italia cerca di chiudere la partita All Iberian: *das Spiel beenden, die Angelegenheit zum Abschluss bringen*

controllo della **partita:** avremo la crisi, probabilmente, soltanto se i giocatori perderanno il controllo della partita: *Kontrolle über das Spiel*

partita a poker: sei punti che, al momento, sono stati sottoscritti e rispettati sia da Putin sia da Saakashvili. Ma la partita a poker è appena comminciata, durante la quale nessuno giocherà a carte scoperte: *Pokerspiel*

pastoia: il tutto per chiudere nel dimenticatoio le pastoie dei rapporti interni alla coalizione/ pastoie burocratiche: *Fessel, Fußfessel (z. B. bei Pferden): Hinderniss*

percorso a ostacoli: un colabrodo, un percorso a ostacoli che comporta continui rinvii di cui non si può prevedere la fine: *Hindernislauf*

peso massimo: europeisti convinti, che alla fine non sono stati eletti perché schiacciati nelle liste dalla presenza dei pesi massimi dei partiti: *(politisches) Schwergewicht*

ping-pong: producendo il rischio di un ping-pong senza fine fra i due rami del Parlamento: *Hin und Her, Hin-und-Her-Geschiebe*

pollice verso: „Daumen nach unten", Ablehnung, Niederlage

📖 *... nel Colosseo siamo arrivati al duello finale. I gladiatori che stanno perdendo ricevono dalla plebe il pollice verso, in attesa di un gladiatore migliore*

✍ *il suo **pollice verso** blocca il prestito*

rimonta a tempo scaduto: è possibile una rimonta a tempo scaduto: *Aufholjagd in der Nachspielzeit*

rimpallo: Abpraller

rimpallo di responsabilità: c'è spazio per un dizionario del pessimismo, in queste tre aree, per questi tre paradossi: malaffare, disorganizzazione, menefreghismo, malagestione, rimpallo di responsabilità, povertà di mezzi figlia di malpolitica oppure di crisi generale: *Abwälzen von Verantwortung, jdn den Schwarzen Peter zuschieben*

rincorsa: da allora, è partita la rincorsa al candidato che non c'è e che dovrebbe concludersi sabato prossimo: *Anlauf*

ruota libera: Freilauf *(Rad)*

parlare **a ruota libera:** ungehemmt reden, (frei) drauflosreden

✍ *il premier **a ruota libera** nell'incontro con i senatori della Pdl a Palazzo Madama, sì al federalismo con garanzia per il sud*

salto mortale: l'avvocato della famiglia albanese è costretto ai salti mortali: la causa civile seguirà quella penale, e rischia di trascinarsi per un'eternità: *Salto: Klimmzüge, besondere Anstrengungen*

scacco a ...: scacco alla Banca centrale europea: *Schach ..., jdm. Schach bieten*

scaldarsi: a bordo campo, intanto, si scalda per la successsione Antonio Malaschini: *sich warmlaufen, sich aufwärmen*

sella: e resti in sella fino al congresso d'autunno: *im Sattel bleiben, im Amt bleiben*

slalom: gli italiani e lo Stato – un difficile slalom tra disincanto e impegno sociale: *Slalom*

smarcamento: non ci sarà nessuno smarcamento dei Ds dal governo, nessuno scarto: *sich freistellen, sich freispielen, sich der Bewachung von … entziehen*

vittoria **sofferta:** quella di Prodi è stata una vittoria sofferta, si potrebbe dire un 2-1 ai tempi supplementari: *mühsamer Sieg, Arbeitssieg*

spada: promettono di continuare ad incrociare le spade: *die Klingen kreuzen*

spallata: tentano la spallata, ma la gente è con noi: *Bodycheck, Ellbogencheck: Aushebeln (z. B. der Regierung)*

a **spron battuto:** a cento giorni dalla sua nascita, il Gabinetto Berlusconi ha fatto approvare a spron battuto dalle Camere 12 leggi: *die Sporen geben: im Eiltempo*

spronare: così Dini sprona Prodi …: *anspornen, die Sporen geben*

gettare la **spugna:** ha gettato la spugna perché la scelta dei tagli è incompatibile con il suo incarico: *das Handtuch werfen*

gioco di **squadra:** sono grato a Ciampi e a Visco per il formidabile gioco di squadra che ha funzionato giorno per giorno: *(gute) Teamarbeit*

squadra che vince non si cambia: *never change a winning team*
☞ ***squadra che non vince si cambia**/e dunque la linea „**squadra che perde non si cambia**" sta suscitando reazioni in diverse aree del partito*

staffetta: a 48 ore dalla staffetta Grecia-Italia nella gestione degli affari europei il dubbio è finito in prima pagina e viene discusso in ambienti diplomatici: *Staffelwechsel, Stabübergabe: Übergabe der Geschäfte*

stallo: in caso di stallo potrebbe essere proprio Berlusconi a battersi per una riconferma di Prodi a Bruxelles: *Patt*

suonato: sembra un pugile suonato, ma non ancora ko: *angeschlagener Boxer*

tagliare il nastro: il monumento è talmente brutto che il sindaco si rifiuta di tagliare il nastro: *das Band (bei einer Einweihung) durchschneiden, eine Einweihung vornehmen*

mandare al **tappeto:** sino al trionfo nelle regionali di aprile, quando mandò al tappeto l'ulivista Massimo Cacciari: *zu Boden schicken, besiegen*

tavolino: gli era già capitato di vincere a tavolino: *am grünen Tisch gewinnen*

tempi supplementari: è un tentativo di **ribaltare**, ai „tempi supplementari", l'esito finora semifallimentare dell'operazione …: *Nachspielzeit*
ribaltare – auf den Kopf stellen, umwerfen

temporeggiare: non temporeggiare nel prendere decisioni impellenti: *auf Zeit spielen*

fare il **tifo:** Come finirà, la verifica? Faccio il tifo, perché finisca bene, perché la crisi sia evitata adesso : *dafür sein, Anhänger sein von …*

tirare la fune: finché non fronteggeranno una riposta militare possono tirare la fune quanto vogliono: *Tauziehen*

traguardo: riuscirà a tagliare per primo il traguardo: *das Zielband durchschneiden, das Ziel erreichen*

trampolino di lancio: coltiva buoni rapporti personali con il premier francese Raffarin e con lo spagnolo Aznar. Ottimi trampolini di lancio per il ministro degli Esteri: *Sprungbrett*

tuffo: facciamo un tuffo nella sua vita privata: *Sprung, eintauchen*

mettere il **turbo:** den Turbo einlegen
☞ *il fast food (il cibo veloce) mette il **turbo**: la tendenza è ora il drive-thru*

uno-due: era un uno-due quello contro gli ex dc. Un doppio **gancio** contro gli alleati centristi sferrato al rallentatore: *Rechts-Links-Kombination, Doppeldecker*
gancio – Haken

fare le **vasche:** nelle sere umide d'estate gli adolescenti fanno le vasche nel parco che ospita una statua dell'ex presidente Kadyrov: *Bahnen schwimmen: (die Hauptstraße auf- und ab) promenieren, flanieren*

vittoria: ha già la vittoria in tasca: *den Sieg in der Tasche haben*

girare a **vuoto:** l'Italia stramazza a terra e anche Veltroni gira a vuoto: *Leerlauf: ergebnislos rotieren*

tirare la **volata** a …: in testa è Bolzano, e il

capoluogo altoatesino tira la volata alle altre province del Nordest con l'economia a gonfie vele: *für jdn. den Spurt anziehen*

serie **zeta: serie Z:** unterklassig, ... für arme Leute; nebensächlich, nebenrangig

✎ *messi insieme, Vico delle Mele e le altre strade formano una Amsterdam di* ***serie Z****, la parodia triste di un quartiere a luci rosse*
✎ *è stato considerato un reato di* ***serie zeta***

16. Varie ed eventuali
Verschiedenes

16.1. Colori, un arcobaleno lessicale
Farben, ein sprachlicher Regenbogen

arancione

rivoluzione arancione: orangene Revolution
cartellino arancione: orangene Karte
✍ *si sta studiando insomma un* ***cartellino arancione*** *che sia una via di mezzo fra il cartellino rosso, troppo punitivo in certi casi, e il cartellino giallo, troppo blando*

azzurro

telefono azzurro: Hotline für Kinder, die Opfer von Gewalt im Elternhaus geworden sind
Principe Azzurro: Märchenprinz
☞ ***partito azzurro, gli azzurri/azzurrini***

bianco

auto bianca: Taxi
✍ *due* ***auto bianche*** *fermate per aver fatto pagare duecento euro una corsa di venti minuti*
treni bianchi: Sonderzüge für Lourdes-Pilger
✍ *Trenitalia: Poca attenzione ai* ***treni bianchi*** *dei malati*
non decidere di punto in ***bianco***: nicht Hals über Kopf/Knall auf Fall entscheiden
tensione al calor ***bianco***: bis zur Weißglut schwelende Spannung
lenzuola bianche: weiße Bettlaken: (Verkehrs)Tote
✍ *i pedoni sono la categoria più tartassata, con 134 eventi: 42 morti e 92 feriti. Infine i ciclisti: 42 gli episodi, 16* ***lenzuola bianche*** *e 26 ricoveri*
telefono bianco: Telefondienst für Angehörige von Unfallopfern
🕮 *per aiutare le famiglie dei giovani rimasti feriti gravemente in incidenti avvenuti al* ☞ *sabato sera*
omicidi bianchi: ***morti bianche***: morti sul lavoro: Opfer von Arbeitsunfällen
settimana bianca: Skiwoche
una delega ***in bianco****/cercherà di avere dal suo partito un mandato* ***in bianco*** *per la trattativa:* Blanko-
matrimonio bianco: Ehe ohne Geschlechtsverkehr
oro bianco: das „weiße Gold“: Wasser
notti bianche: schlaflose Nächte
☞ ***fumo bianco/fumata bianca, sciopero bianco, semestre bianco***

blu

tute blu: Metallarbeiter, „Blaumann“
auto blu: Dienstfahrzeuge
area blu: verkehrsberuhigte Zone
aerei blu: Flugzeuge der Flugbereitschaft
oro blu: das blaue Gold: Wasser
✍ *è già scoppiata la grande guerra per l'****oro blu***
bollino blu: Abgassonderuntersuchung, ASU-Plakette
tesserino blu: Organspendeausweis
Telefono Blu: Hotline für Beschwerden von Touristen
errore blu: völliger Irrtum, absoluter Irrtum
☞ ***caschi blu, matita blu***

dorato

il regime aveva costruito loro attorno una ***gabbia dorata***: goldener Käfig

giallo

giallo: Krimi
✍ *una votazione che però finisce per tingersi di* ***giallo****: tra la prima e la seconda votazione, infatti, nella maggioranza manca un voto*
pericolo giallo: die gelbe Gefahr: China
✍ *export, il falso* ***pericolo giallo***
Fiamme Gialle: Finanzpolizei
☞ ***corsa gialla, cartellino giallo***

nero

Cronaca nera: Zeitungsteil mit Sensationsmeldungen, Alltagsmeldungen (meist Verbrechen, Unfälle etc.)
gente arrabbiata ***nera***: bis zur Weißglut gereizte Leute
è uscito con un ***occhio nero***: blaues Auge
continuano i lavori in ***nero***: Schwarzarbeit
☞ ***terrorismo nero, punti neri, fumo nero/fumata nera***

oro

come dimostra il suo personale ***albo d'oro***: Titelsammlung *carceri d'**oro**, traghetti d'**oro**, le lenzuola d'**oro** **alle Ferrovie***

🕮 *Projekte, bei denen als Folge von Unregelmäßigkeiten bei den Ausschreibungen große Gewinne gemacht wurden*

*gallina d'**oro**: gallina dalle uova d'oro:* das Huhn, das goldene Eier legt

*scapoli d'**oro**: Gute Partie*

*i diplomatici sono pagati a **peso d'oro***: die Diplomaten werden fürstlich bezahlt

*ugola d'**oro***: Goldkehle: Sängerin

☞ ***Fiamme Oro, filo d'oro, Zecchino d'oro***

rosa

***scandalo rosa** nel giorno di Clinton:* Erotikskandal, Sexskandal

telefono rosa: Nottelefon für Frauen, Hotline für Opfer von Vergewaltigungen

🕮 *l'associazione Telefono rosa da anni tutela le donne aggredite e molestate (06 37 51 82 61)*

cartolina rosa: Einberufungsbescheid

caschi rosa: „Rosahelme", weibliche Zivildienstleistende; *auch:* weibliche Blauhelmsoldaten

foglio rosa: (provisorischer) Führerschein

spiaggia in rosa: Frauenstrand

👓 ***Spiaggia in rosa**. Rigorosamente vietata agli uomini*

☞ ***magazine rosa, Setterosa***

rosso

*far scattare l'**allarme rosso***: höchste Alarmstufe

disco rosso: rotes Licht, Stopp, Ende (für ...)

sei rosso: im nächsten Schuljahr auszugleichende 5

☞ ***terrorismo rosso, Cappuccetto rosso, cartellino rosso***

verde

*essere al **verde***: blank sein, pleite sein

👓 *le questure **sono al verde** e non riescono a rimpatriare i clandestini*

oro verde: das grüne Gold: Olivenöl

👓 *annata d'oro per l'olio, l'**oro verde** delle campagne italiane*

***numero verde/linea verde** (servizio clienti)*: Kundentelefon, Verbrauchertelefon, Servicenummer

biglietto verde: Dollar

*manutenzione del **verde cittadino***: Pflege der öffentlichen Grünanlagen

***disco verde**: ha dato disco verde per...*: grünes Licht

☞ ***onda verde, benzina verde, fascia verde, pollice verde***

16.2. Bestiario lessicale
Lexikalische Tierwelt

allocco: Waldkauz: Trottel, Tölpel, Depp

👓 *il lentissimo Apolloni, che chiaramente ha fatto la figura dell'**allocco***

allodola: Lerche

specchietto per le allodole: Lockangebot/ scheinbarer Vorteil für Leichtgläubige

👓 *gli agenti o le compagnie non potranno più praticare sconti o tagli di favore alle polizze (che spesso si dimostrano soltanto uno **specchietto per le allodole**)*

animale politico: Vollblutpolitiker, politisches Urgestein

👓 *da consumatissimo **animale politico** inizia attacando Prodi ...*

ape operaia: Arbeitsbiene

👓 *allora Michela Vittoria Brambilla era ancora l'**ape operaia** di Silvio e la brambilleide (☞ MVB) non era ancora all'apice*

aquila nera *(nel gergo dei detenuti)*: ufficiale giudiziario: schwarzer Adler: Gerichtsvollzieher

ariete: Widder

jeep-ariete: gepanzerter Jeep

👓 ***jeep-ariete** e cecchini per scortare Bush. A scortare la colonna di limousine ci penseranno due jeep corazzate con dei paracarro e rinforzate con lamine d'acciaio: questi mezzi faranno da **ariete** in caso d'emergenza e saranno posizionate in testa e in coda alla colonna*

asino: Esel

qui **casca l'asino:** hier liegt der Hase im Pfeffer

asino di Buridano: Buridans Esels *(der verhungert, weil er sich nicht zwischen zwei gleichweit entfernten Heubündeln entscheiden kann)*

👓 *questo povero Berlusconi, come l'**asino di Buridano**, non sa se prendere il fieno dell'America o la paglia dell'Europa; le rischiose espansioni globali o il ritorno ai dazi nazionali; il pacifismo impossibile o l'avventurismo bellico*

avvoltoio: Geier: Aasgeier, Wucherer

👓 *ci siamo buttati a capofitto nel mercato degli affitti, ma è stato come darsi in pasto agli **avvoltoi***

baccalà: Stockfisch: trübe Tasse, Schlafmütze

👓 *è un **baccalà**, una persona scialba con poca iniziativa/Prodi mi sembra rigido come un **baccalà***

bestia rara: Ausnahmeerscheinung, seltene Erscheinung, Rarität
✎ *anziani che non possono permettersi di lasciare la città e finiscono così per sentirsi ancor più* ***bestie rare***

bestione: Riesentier: Truck
✎ *il fuoco attacca i* ***bestioni****: disintegrati quattro camion*

biscia: Natter: scharfzüngige Person

bisonte: Wisent
☞ **bisonte:** Brummi, LKw

bue: Oche: Dummkopf, Rindvieh
parco buoi: Stimmvieh
✎ *le banche d'affari hanno le loro responsabilità, avendo rifilato ai piccoli investitori, al cosiddetto* ***parco buoi****, azioni dal prezzo gonfiato*

bufala: Büffel: jdm. einen Bären aufbinden, Falschmeldung, Zeitungsente
mozzarella di bufala: Büffelmozzarella
🕮 *una bufala indica un tentativo di ingannare un pubblico presentando deliberatamente per reale qualcosa di falso o artefatto*
✎ *a detta del Consorzio per la tutela del formaggio* ***mozzarella di bufala*** *campana, la vera* ***bufala*** *è quella dell'allarmismo ingiustificato: non ci sarebbero rischi per i prodotti in circolazione*

caimano: Kaiman: Silvio Berlusconi
🕮 *Il caimano è un film satirico del 2006 diretto da Nanni Moretti, che vuole raccontare la storia di Silvio Berlusconi*

camaleonte: Chamäleon: unbeständiger Mensch, anpassungsfähiger Mensch
✎ *il contribuente è un* ***camaleonte*** *e adotta la normativa fiscale a lui più conveniente*

canarino: Kanarienvogel: *(nel gergo dei detenuti)* jemand, der singt/auspackt

cane: Hund
menare il can per l'aia: den Hund auf der Tenne spazieren führen: eine Sache in die Länge ziehen, um den heißen Brei herumreden
✎ *hanno negato ciò che non si poteva negare. Hanno tentennato. Hanno* ***menato il can per l'aia****. Sono apparsi ipocriti o anche peggio. E hanno perso nettamente*
cane sciolto: nicht angeleinter Hund: parteiloser Parlamentarier
cane sciolto: Einzeltäter
✎ *D. è un* ***cane sciolto****. Ha agito da solo, poi si è suicidato. Il caso è chiuso*
cane da guardia: Wachhund: Aufpasser, Wächter
✎ *la indipendenza dei giornalisti angloamericani è fuori discussione, sono gli ultimi* ***cani da guardia*** *contro le ☞ nefandezze del potere*

chioccia: Glucke
madre chioccia: Gluckenmutter
✎ *la classica* ***madre chioccia/*** *sarebbe miope continuare a parlare solo di „figli mammoni" e di „****madri chioccia****" e non delle difficoltà di avere un lavoro duraturo e equamente retribuito*

cicala: Zikade: sorglos, verschwenderisch
✎ *a Siracusa il titolo di città* ***cicala*** *(sorgloseste Stadt, hier: mit den geringsten Ersparnissen)*
cicala *(nel gergo dei detenuti)*: Alarmanlage; wer zuviel redet

cicogna: Storch: Klapperstorch
cicogna: bisarca: Kfz-Transporter (für Neufahrzeuge)
✎ *Palermo: una gravidanza che fa discutere. Il boss e la* ***cicogna*** *misteriosa.*
✎ *sono circa tremila i* ***bisarchisti*** *italiani. Solo i più vecchi ricordano che una volta questi camion venivano chiamati „****cicogne****" perché, come adesso, portavano le auto neonate alle concessionarie*

cigno: Schwan
il **cigno di Busseto:** Giuseppe Verdi

cimice: Wanze: Abhörvorrichtung
✎ *la bozza-Frattini legittima le intercettazioni – e nessuno controllerà. Ha già un nome:* ***cimice*** *libera*

civetta: Kauz: sorgloses Mädchen
offerte civetta: prezzi-civetta: Lockangebote
☞ **auto-civetta, liste civetta**

coccodrillo: Krokodil: (vorgefertigter) Nachruf
✎ *al candidato Veltroni a quel punto non può fare a meno di scrivere il* ***coccodrillo***

colomba: Taube: nachgiebiger Mensch/Politiker
☞ **falco:** Falke
✎ *un ex* ***colomba*** *di Forza Italia tornata alle arringhe forensi/perfino Rifondazione ha la sua* ***colomba***
✎ *Berlusconi deve badare ad An, fautrice della linea durissima e ieri un po' irritata dal volo* ***colombesco*** *del Cavaliere*

colpo d'ala: Flügelschlag: Geniestreich, kreativer Moment
*così, quello che poteva essere l'ultimo **colpo d'ala** del veltronismo si sta trasformando nel sintomo più evidente della scarsa combattività del segretario*

coniglio: Kaninchen: Hasenfuß, Feigling

corvo: Krähe: Schreiber von anonymen Briefen
la colpa è del film di Clouzet, che raccontava la storia di un paese terrorizzato delle calunnie diffuse, per via postale, da un anonimo che si firmava „il corvo"
*i giornali sono pieni di **corvi** che scrivono lettere anonime*
corvo *(nel gergo dei detenuti)*: ufficiale giudiziario: Gerichtsvollzieher

elefante: Elefant
elefantiasi: aufgeblähter (Behörden)Apparat
*si è vista nella capitale della Catalogna l'**elefantiasi** paralizzante dell'Europa prossima futura*
elefantino: Giuliano Ferrara, direttore del „Foglio"
cimitiro degli elefanti: Elefantenfriedhof *(Ort für ausgediente Politiker)*
*ma ce ne sono tanti altri di valore nel nostro **cimitero degli elefanti**. Una follia. Ci priviamo delle loro professionalità e intanto li paghiamo a vuoto*

falco: Falke: Hardliner
☞ **colomba:** Taube
chi è intransigente, chiuso al dialogo con gli avversari

formica: Ameise: fleißig
*il tutto, in un paese che è sempre meno „**formica**", con le famiglie che non risparmiano più come un tempo*

galletto: junger Hahn: Gockel, Frauenheld

gambero: Krebs
a **passo di gambero:** im Krebsgang: keine Fortschritte
*libri di lavoro **a passo di gambero***

gatta: Katze
una **gatta da pelare:** eine harte Nuss zu knacken
*... su come ripianare i debiti della Sanità. Una bella **gatta da pelare** per il governo ...*

gattamorta: tote Katze: Leisetreter *(meist verhalten kokettierende Frauen)*, gespielte Unschuld, tiefes Wasser
la gattamorta è una persona che finge di essere una santa, di essere dolce, mansueta, timida, e semplice. Ma in realtà è una persona che è ficcanaso, intrigante, disonesta, sleale
*il film „Ave Maria per una **gattamorta**" racconta di una banda di adolescenti di quartiere che apre un proprio sito su Internet e per renderlo più appetibile ai visitatori vi scarica materiale pornografico autoprodotto*

gatto e volpe: Kater und Fuchs *(aus Pinocchio)*: Betrüger
*verifica, si chiude. E non si capisce ancora se Follini e Casini sono **il gatto e la volpe***

gattomammone: Pavian: Kinderschreck
*a lungo andare nasce nella gente un senso di stanchezza, un desiderio di ordine, per il quale c'è sempre pronto, come salvatore della patria, il **Gatto mammone***

gazzella: Gazelle: (schneller) Streifenwagen
la vettura più veloce in dotazione ai carabinieri
*lo spiazzo davanti al negozio era stato chiuso da una serie di fioriere poste lì per rendere più difficile l'ingresso delle **gazzelle** dei carabinieri*

gorilla: Gorilla: Bodyguard

grillo *(nel gergo dei detenuti)*: Grille, Heuschrecke: Ausbrecherkönig

gufo: gufo nero: Uhu: Unglücksbringer, „Seuchenvogel"
*se la Lazio non potrà farcela, meglio che vinca la Roma. Non **guferò** contro la mia città*
gufare – Unglück wünschen, Unglück bringen
*Tremonti aveva richiamato l'immagine dei „**gufi**" a proposito delle critiche ricevute sui conti pubblici*

iena: Hyäne: Vamp, (aufreizende) Showassistentin
*Simona Ventura sorride al suo primogenito Niccolò, che tiene teneramente in braccio, come una qualsiasi mammina, e non come una „**iena**"*

ircocervo: absurdes Fabeltier *(capro+cervo)*, Schimäre, Hirngespinst
per troppi mesi siamo rimasti sospesi nell'incertezza del „partito leggero": non abbiamo capito se doveva essere un partito di iscritti, di

sezioni, di gazebo. Il risultato è un ***ircocervo****, che oggi nessuno sa ben definire*

leone: Löwe
il **Leone:** das Versicherungsunternehmen Generali
Leone d'oro: Goldener Löwe *(Preis der Internationalen Filmfestspiele von Venedig)*
meglio vivere un giorno da leone che cento anni da pecora: lieber ein Tag wie ein Löwe leben, als hundert Tage wie ein Schaf *(faschistischer Spruch)*
📖 *la frase nasce e si diffonde sulle trincee nei giorni della Resistenza sul Piave*

leopardo: Leopard
a **macchia di leopardo:** wie ein Leopardenfell: wie ein Flickenteppich, uneinheitliches Bild
✍ *ci troveremo di fronte ad un'Italia a* ***macchia di leopardo****: ad alcuni sarà dato di anticipare la prima elementare, ad altri no*

lepre: Hase: vorausfahrendes Motorrad einer Eskorte
✍ *venti volanti scortano l'auto in cui viene fatto salire, più quattro* ***lepri****, le motociclette che anticipano il percorso, controllando che tutto sia tranquillo*

lince: Luchs
☞ **linceo:** Mitglied der Lincei-Akademie

lisca di pesce /spina di pesce: Fischgräte
parcheggio a spina (di pesce) /a lisca di pesce: diagonale Parkplätze

locusta: Heuschrecke
✍ *certi manager sono come* ***locuste****, sanno che una bella voce può rendere milioni. Così vogliono sfruttarla il più possibile*

lucciola: Glühwürmchen: Prostituierte

lumaca: Schnecke: *(nel gergo dei detenuti)* Uhr
passo di lumaca: Schneckentempo
Tir-lumaca: LKW-Bummelstreik
processi lumaca: Verfahren im Schneckentempo

lupo *(nel gergo dei detenuti)*: Wolf: Killer
lupo mannaro: Werwolf
✍ *la maggior parte delle signore è concorde: ridateci il* ***lupo mannaro****, che era tanto sexy*

mantide: Heuschrecke: Männermörderin, Vamp

mastino: Wachhund: aggressiver Verteidiger, Terrier
✍ *l'Inter di Moratti e Herrera che in difesa aveva* ***mastini*** *come Burgnich, Picchi e Guarneri*

mosca bianca: weiße Fliege: weißer Rabe, große Ausnahme
✍ *la Venneri è una* ***mosca bianca*** *in un settore come quello delle banche, dove le dirigenti sono addirittura meno che nell'industria*

orso: Bär: missmutiger Mensch
☞ **orso:** die Baisse, „bear" (toro: die Hausse, „bull")
orso russo: der russische Bär: Russland
✍ *con l'****orso russo*** *non si fanno giri di valzer. Serve chiarezza. O si rischia di tornare alla guerra fredda*

pantera: Panther: Einsatzfahrzeug der Polizei
📖 *automobile veloce degli agenti della Polizia di Stato*
✍ *scortato da una* ***pantera*** *della polizia*
pantera di Goro: la **Rossa signora:** la cantante Milva
☞ **pantere grigie:** graue Panther, Rentner

papera: junge Gans: Schnitzer, dummer Fehler
✍ *due* ***papere*** *in quattro partite: cosa gli sta succedendo?*

pastore tedesco: Schäferhund
✍ ***pastore tedesco*** *eletto Papa*

pesce: Fisch
pesce d'aprile: Aprilscherz

pesci piccoli: kleine Fische: Mitläufer, Randfiguren
✍ *Malloth era uno dei tanti* ***pesci piccoli*** *dell'apparato repressivo nazista*

piccionaia: Taubenschlag: oberste Sitzreihe, Halunkenloge, *(verglb.)* Katzentisch
gettare un sasso in **piccionaia:** für Aufruhr sorgen, für Verwirrung sorgen
✍ *ci hanno messo in* ***piccionaia****, lassù in quelle file dove c'è una seggiola dura e scomoda e un tavolino stretto stretto e non si vede neppure l'emiciclo. Ma lo capite che non vedo il dito del mio capogruppo/in questo contesto è caduto come il classico sasso in* ***piccionaia*** *l'intervento di Enrico Letta*

pinguino: Pinguin: Verkehrspolizist

piovra: Krake
☞ **piovra:** Blutsauger, Ausbeuter, Mafioso, Hydra

pollo: Huhn
pollo da spennare: zu rupfendes Huhn
l'ordine era insistere, cercando di individuare il punto debole del ***pollo da spennare***

pulce: Floh
fare le **pulci:** das Haar in der Suppe suchen, kein gutes Haar an jdm. lassen
le associazioni ambientaliste e animaliste ***fanno le pulci*** *ai candidati al Parlamento Europeo*

pulcino: Küken: (Fußball)Spieler der Knaben- oder Schülermannschaften

rospo: Kröte: Unannehmlichkeit
*i „****rospi****" della burocrazia e le speranze dell'Autonomia*
ingoiare il ***rospo*** *(die Kröte schlucken)*

sciacallo: Schakal: Plünderer
chi ruba tra le macerie di un terremoto
il riscio di una seconda ***sciacallesca*** *speculazione/sfruttano un sentimento ancora esile di protezione dell'ambiente e lo rovesciano in* ***sciacallaggio***

sorcio: Maus
far vedere i **sorci verdi:** es jdn. zeigen, jdn. verwirren, jdn. Angst einflößen
i Sorci Verdi erano l'emblema della 205 Squadriglia della Regia Aeronautica appartenente al 41° Gruppo BT (Bombardamento Terrestre) del 12° Stormo inquadrato nella III° Squadra Aerea. Precisamente, tutti gli aerei di questa squadriglia portavano disegnati sulla fusoliera, giusto davanti al portellone, tre topi (sorci) verdi, ritti sugli arti posteriori. Visto gli innumerevoli successi che la squadriglia raccolse, è nato il modo di dire: far vedere i sorci verdi nel senso di umiliare un avversario in una competizione.
Schwoch che appena rientrato da un infortunio ha ***fatto vedere i sorci verdi*** *a tutta la difesa del Napoli facendoli impazzire in più di una occasione.*

tacchino: Truthahn: *(nel gergo dei detenuti)* Polizist

talpa: Maulwurf
☞ **talpa:** Eindringling, Spion

tarlo: gemeiner Holzwurm (Anobium punctatum): fixe Idee, Wahnidee, Zwangsvorstellung, in jdm. bohren
in questi ultimi anni si è sempre più cercato questo sfruttamento delle nuove energie tanto da essere diventato un ***tarlo*** *nella mente di molte persone*

tigre: Tiger
la **tigre di Cremona:** la cantante Mina
cavalcare la **tigre:** den Tiger reiten: versuchen, von einer brenzligen Situation zu profitieren
chiamasi Rutelli o Veltroni. Di fantasia ce n'è poca. Si ***cavalca la tigre*** *della sicurezza, problema molto sentito a Roma, ma comunque non l'unico*

topo: Maus
topo d'appartamento: Wohnungseinbrecher
topo d'albergo: Hoteldieb
i tre agenti erano a caccia di un ***topo d'appartamento***

toro: Stier
☞ **toro:** die Hausse, „bull" (orso: die Baisse, „bear")

uccello di bosco *(nel gergo dei detenuti)*: latitante: Waldvogel: Flüchtiger, gesuchter Verbrecher

vacca: Kuh
nel ventre della **vacca:** wie die Made im Speck
è chiaro che oggi, economicamente e dignitosamente, rispetto al passato, stiamo ***nel ventre della vacca****, alienazione generale a parte. E sebbene i problemi dell'uomo moderno siano più di natura psicoesistenziale che politica, è sempre attraverso la politica che la massa pensa di uscirne*

vampiro: Vampir: Blutsauger
e il ministro perde le staffe: „E' colpa di Visco il ***vampiro****"*

vedova nera: Schwarze Witwe (Spinnenart): männerfressende Bestie
Martina Hingis, Little Miss Perfection sviluppatasi nel tempo in una sorta di ***vedova nera*** *attraverso ripetuti flirt con sportivi opacizzati all'istante dal suo fascino solo in apparenza gelidino*

verme: Wurm: Opportunist

vespaio: Wespennest
suscitare un vespaio: große Aufregung verursachen, in ein Wespennest stechen
ha bloccato una donna islamica in visita al museo del Settecento veneziano, poiché indossava il velo nero, e ha ***suscitato un gran vespaio***

vitellone: Jungochse: Nichtsnutz, Müßiggänger
🕮 *„I vitelloni" (Die Müßiggänger) è un film del 1953 diretto dal regista Federico Fellini. Il termine „vitelloni" è un'espressione che veniva utilizzata a Pescara, città natale di Ennio Flaiano – autore del soggetto del film – nell'immediato dopoguerra per indicare quei giovani nullafacenti che trascorrevano le loro giornate al bar o, comunque, senza lavorare. A quel tempo, tra i giovani era facile salutarsi dicendo „Uhe vitello' cum'a sti'?" („ehi vitellone, come stai?"), sia perché la disoccupazione giovanile era dilagante, sia perché il termine era entrato nel gergo comune*
👓 *ci sono i **vitelloni** professionisti che cercano prede sul **bagnasciuga** e paradossalmente si bloccano di fronte al segnale troppo forte del seno nudo*
bagnasciuga – Strand

volpe: (schlauer) Fuchs
👓 *è la solita vecchia **volpe**. Si muove con prudenza . . .*

16.3. Prestiti stranieri
Anleihen aus anderen Sprachen

Achtung
👓 ***Achtung**, leghisti a tavola. Ormai è una vera psicosi. Una sindrome da Lega ignota a gran parte dell'autorevole clientela*

à la page: auf dem Laufenden, aktuell, „in"
👓 *già che siamo in tema, sembriamo molto **à la page** quando entriamo in un ristorante giapponese e chiediamo sushi*

aficionados: (Sport)Begeisterte, Fans
👓 *ora sono bastati tre giorni di campagna abbonamenti per veder fiorire 12mila **aficionados** appunto*

appeal: Reiz, Anziehungskraft
👓 *il mancato **appeal** dei saldi d'estate, tradizionale appuntamento con lo shopping a caccia di occasioni*

argent de poche: paghetta: Taschengeld
👓 *offresi vitto, alloggio e **argent de poche** a studentessa seria e referenziata per accudire bimbo di 7 anni*

atout: Trumpf
👓 *vanno aiutate le piccole imprese: Per il lavoro l'Italia ha un **atout***

audience: Zuhörerschaft, Quote
👓 *più cresce l'**audience** femminile e più noi dobbiamo calare il tono*

austerity: Sparmaßnahmen, Sparprogramm, Sparhaushalt
👓 *Firenze Expo vara l'**austerity**, Brischini si decurta lo stipendio*

avances: Avancen, Annäherungsversuche
👓 *ma gli advisor dei Sensi, visto e considerato il movimentato curriculum del finanziere, ne hanno subito respinto le **avances***

bag in box: cartone di vino: Bag-in-Box-Wein, Kartonwein
👓 ☞ *l'impronta ecologica si dimezza se alla bottiglia si sostituisce il **bag in box***

babysitteraggio: Babysitting
👓 *hanno 25–30 anni e ottimi titoli di studio. Ma fanno solo lavoretti in nero, comparsate, **babysitteraggio***

bagarre: Streitigkeit
👓 *diventa l'occasione per l'ultima inutile **bagarre** da piazzare nelle cronache politiche*

ballon d'essai: Versuchsballon
👓 *prevede misure urgenti per la riorganizzazione della ☞ Dgcs. **Ballon d'essai** del sottosegretario Mantica per valutare le reazioni o idee in libertà di qualche diplomatico?*

barricadero: jemand, der auf die Barrikaden geht, Extremist, Protestler
👓 *per tutti parla il giovane Enrico Letta, non certo un **barricadero***

battage: Medienkampagne, Werbeschlacht
👓 *stavolta ci sarebbe un **battage** mediatico su tutta la stampa planetaria*

beau geste: freundliche Geste
👓 *fare il **beau geste** di restituire ai cristiani ortodossi l'icona della Madonna di Kazan custodita nei Palazzi Apostolici*

big: eine Größe, ein Großer
👓 *la **pagella** di un **big** dell'industria*
pagella – Schulzeugnis, Schulnote

black-out: Stromabschaltung, Stromausfall
👓 *hai tolto lo stand-by dal televisore? Ah già, il rischio **black-out***

blitz: Razzia
👓 *nel **blitz**, i carabinieri hanno trovato al proprio posto pochissimi impiegati*

bon ton: guter Ton, Benimmregeln, Knigge
*Briatore e il suo gommone non sono soli: ecco il **bon ton** del mare, come difendersi dai pirati cafoni*

bossing: Bossing
variante del mobbing è il bossing, la persecuzione sul lavoro che diventa politica aziendale, esercitata per motivi di riorganizzazione, riduzione del personale o per eliminare lavoratori scomodi. In tal caso sono i quadri o i dirigenti ad agire
*„Brutta terrona mi fai schifo". Così una piccola imprenditrice comasca apostrofava quotidianamente una sua dipendente che, alla fine, sarebbe caduta in uno stato depressivo fino al punto da licenziarsi e che ora chiede di essere risarcita per **bossing***

boutade: battuta di spirito: geistreiche Bemerkung
*trasformare una **boutade** in una cosa seria definisce solo le persone che ne approfittano per montare uno scandalo di poche ore*

boys: junge Anhänger, Nachwuchs *(einer Bewegung)*
Berlusconi-**Boys**/Rutelli-**Boys** ☞ catto-**boys** ☞ papaboys

box: Carport, Garage
*acquistare un **box**/l'investimento in un **box***
box: scheda: Kasten *(mit Erläuterungen)*
*alcuni utili **box** spiegano per esempio che cosa è meglio sapere prima di ordinare un pasto al ristorante*

brand: Markenzeichen
*ribadisce che questa storia del **brand**, del „marchio Unità", non esiste*

brasseur d'affaires: Manager, ... regelt die Geschäfte ...
*l'imprenditore Bellanti, indicato come il **brasseur d'affaires** dei clan palmesi e condannato a sette anni per associazione mafiosa ed estorsione*

break musicale: musikalische Unterbrechung, musikalischer Break
*un **break musicale** che ogni tanto ci vuole*

bricolage: Bastelarbeit: Unmenge, Vielzahl, *auch* Sammelsurium, Flickenteppich
*noi come Croce Rossa Italiana svolgiamo un **bricolage** di attività umanitarie, ma serve una presenza continua, lo sforzo della società civile*

briefare/briefato: briefen/gebrieft
*i paesi candidati non erano neppure presenti (sono stati **briefati** sul vertice solo ieri mattina dai greci)*

buen ritiro: Rückzugsort, Ruheinsel
*Capoliveri, paesino arroccato sulla cima di una collina elbana, **buen ritiro** di Giorgio Faletti*

buyer: Käufer
*il nostro valore aggiunto è, invece, quello di essere un marchio che offrirà numerosi servizi aggiunti al **buyer** e che già oggi rimanda a più produttori locali*

by-passare: umgehen
*un'aula che ribolliva della frustrazione di onorevoli continuamente **by-passati** dal Consiglio dei 15 governi nazionali*

cachet: (Tages)Gage
*avranno difficoltà a spuntare **cachet** da capogiro*

cahier de doléances: Beschwerdebuch
*hanno presentato i loro **cahiers de doléances***

casseur: Randalierer, gewalttätiger Krawallmacher, Hooligan
*un decreto legge del governo inasprisce le pene contro i **casseur** della passione calcistica*

caudillo: Caudillo, Diktator, autoritäre Person
*mettendosi a fare le rivelazioni sul suo ex allenatore, il **caudillo** Lippi*

caveau: Keller, Verließ, *auch* Tresor
*ma anche i beni mobili, i conti correnti rimangono nei **caveau** delle banche, a tutto vantaggio delle banche stesse*

check up: Check-up
*per sottoporre motore e **telaio** a un **check up** sui materiali impiegati*
telaio – Chassis

choc: Schock
*chi mai potrà risarcirci di quegli **choc**, degli incubi, della claustrofobia che m'ha perseguitato per tutta la vita*
*sono rimasti **choccati** (choccare)/sotto **choc***
confessione-choc: schockierendes Bekenntnis
***Confessione-choc** del ministro Fischer: „Sì, io picchiavo i poliziotti"*

claims nutrizionali e salutistici: health claims: indicazioni nutrizionali e sulla salute: nähr-

wert- und gesundheitsbezogene Angaben über Lebensmittel
☞ *verranno affrontati i problemi interpretativi del regolamento comunitario, le modalità di creazione di un'etichetta, i **claims nutrizionali** nel „baby food", la tutela del consumatore verso i **claims** ingannevoli, gli obblighi e le responsabilità dei produttori, le etichette degli alimenti funzionali, il mercato dei prodotti alimentari*

clic: Foto, Fotoaufnahme
☞ *al Festival di Arles le foto che annunciano una svolta: Cina, i primi **clic** in cerca di libertà*

momento-**clou:** Hauptereignis, Kernmoment
☞ *sarà il **momento-clou** della campagna di Fausto Bertinotti per le primarie del centrosinistra*

coacher: Coach
☞ *non per insegnare a chi lo so fare, ma per trasformare i docenti in **coacher** nel gioco dei test a risposta multipla e migliorare così le prestazioni dei nostri ragazzi*

cocktail: Mischung, (breites) Spektrum
☞ *può diventare un **cocktail** pericoloso ma solo se si innesta su storie personali difficili*
☞ *il senatore della Lega Nord lanciò un'idea che suscitò un **cocktail** di reazioni*

control room: Kontroll- und Überwachungsraum
☞ *dopo una lunga analisi della situazione postindustriale della città e del flusso immigratorio dal Nord Africa ed Est Europa, ho pensato e realizzato la **Control room** per la prevenzione dei rischi*

cordone sanitario: cordon sanitaire: Sperrzone, Sperrgürtel
☞ *... non per le uscite di Bossi, che ogni tanto si libera del **cordone sanitario** berlusconiano*

core business: Kerngeschäft
☞ *per i mafiosi sarebbe una tragedia, un attacco al loro **core business***

corrida: Stierkampf
calcio corrida: Fußball brutal

corvée: Lehnsarbeit: Knochenarbeit, Schufterei
☞ *lei non c'è ancora tornata: è di **corvée** tra Roma e Milano per presenziare a una serie di proiezioni a inviti*

côté: Umfeld
☞ *il suo ambiente comprendeva tutto il **côté** di Giulio Einaudi*

crac/crack: Pleite, das Aus, Zusammenbruch
☞ *dopo il **crac** in Coppa Italia, abbiamo l'obbligo di qualificarci*
wirtsch. Finanzpleite, Börsenpleite
☞ *lo avrebbero aiutato anche nell'architettare il **crack** di venti miliardi*
☞ *il rischio è di un **crack** della politica*

customer satisfaction: soddisfazione del cliente: Kundenzufriedenheit
☞ *l'indagine di **customer satisfaction** prenderà in esame l'accessibilità, il tempo di attesa, il livello del servizio*

customizzazione: kundengerechte Anpassung/Einrichtung
☞ *tali risultati si ottengono tramite la **customizzazione** del prezzo, ovvero individuando per ciascun cliente il prezzo massimo che sarebbe disposto a pagare in base al valore che egli stesso attribuisce al prodotto*

d'antan: von früher, aus vergangenen Zeiten
☞ *non invoco solidarietà o spirito di squadra. Capisco che sono termini **d'antan**, che oggi in politica non vanno più di moda. Ma pretendo trasparenza e coerenza, questo sì*

database: Datenbank, Datensatz
☞ *il **database** conterrà i nomi delle persone coinvolte, eventuali testimoni, periti, medici e risarcimenti ottenuti*

day hospital: Tagesklinik
day surgery: Chirurgische Tagesklinik
☞ *altri 13 ragazzi del territorio sono inoltre inseriti con trattamento diurno (**day hospital** e ambulatoriale)*

defaillance: Panne, Ausfall, Versagen
☞ *non c'è stata, lo dico alla toscana, nessuna **defaillance** in questo periodo nella politica estera italiana*

dehor: Straßenterrasse
☞ *decoro in centro, è caos. **Dehors** fuorilegge/eppure, il depliant allegato ai permessi **dehor** di bar e ristoranti è restrittivo: solo sedie originali Kartell*

délabré: rovinato, mal andato: heruntergekommen
☞ *la sala trucco piuttosto **délabré** de „La7"*

dépannage: Pannendienst, Abschleppdienst

☞ *la task force dell'Aci assicura sia il **dépannage** per far proseguire il viaggio, sia il soccorso stradale presso la più vicina officina meccanica*

dépliant: (Hochglanz)Prospekt
☞ *la vacanza è un sogno per Adamo ed Eva nel paradiso terrestre dei **dépliant***

dérapage: Ausrutscher, Ausraster
☞ *in questo caso, tuttavia, è difficile ricondurre la sortita a un **dérapage** emotivo, a uno scatto d'umore: i paesi candidati non erano neppure presenti*

desaparecidos: verschwundene Personen, Verschollene, Untergetauchte
📖 *scomparsi durante il periodo della dittatura militare in Argentina*
☞ *del resto Brigola si trova in buona compagnia fra i **desaparecidos***
desaparecidos della scuola: Schulabbrecher
☞ dispersione scolastica
☞ *i „**desaparecidos**" della scuola costano al nostro Paese un miliardo e mezzo l'anno. Sono gli studenti delle scuole superiori statali che nel 2006/2007 figuravano tra gli iscritti e che quest'anno non si sa quale strada abbiano preso*

déshabillé: *eigtl.* Negligee: halbbekleidet
☞ *nessun sindaco ha firmato un'ordinanza che impedisce alle commesse di servire i clienti in **déshabillé***

desperados: (politische) Abenteurer, Verzweiflungstäter
☞ *su ogni spiaggia del nostro troppo piccolo pianeta c'è da attendere presto o tardi i fuggiaschi, i reietti, i **desperados***

digital divide: digitale Kluft, digitale Spaltung *(ungleicher Zugang der verschiedenen Bevölkerungsgruppen zu Informations- und Kommunikationstechnologien)*
☞ *la tv a due velocità; cult ma non per tutti. È il **digital divide**: un vero e proprio divario culturale separa chi vede i vecchi canali e chi paga*

dink: double income no kids: doppio reddito e niente bambini: kinderlose Paare
☞ ***dink** nella città più **dink** d'Italia, cioè Bologna. **Dink** da manuale, con due ottimi stipendi, orari di lavoro molto flessibili, ferie lunghe ...*

dj: mischiadischi: Disk-jockey
☞ *Radio **dee-jay***
☞ *i **Dj** a lezione di ☞ sballo: Il messaggio di un **dj** può valere più di tante campagne d'informazione*
vj: Video-jockey

doléance: Klage, Beschwerde
☞ *le **doléances** che vengono dagli operatori non danno un chiara diagnosi della situazione*

due diligence: angemessene Sorgfalt; Prüfung *(eines Unternehmens bei Übernahme)*; Überprüfung *(der Regierungsgeschäfte der Vorgängerregierung)*
☞ *fare la famosa **due diligence**, che poi è appunto la verifica che si fa quando uno compra una azienda e vuole capire con che tipo di bilanci ha a che fare*

embrassons nous: Versöhnungsgeste, „Seid umschlungen", „Friede, Freude ..."
☞ *ma il definitivo, simbolico **embrassons nous** c'è stato quando un vassoio di fragranti assaggini è stato trasferito nel confinante salone della giunta*

enfant prodige: Wunderkind
☞ *in realtà non sta affatto su una ☞ torre d'avorio l'ex ministro, **enfant prodige** del governo D'Alema*

entourage: Umgebung, Umfeld
☞ *alla Difesa, nell'**entourage** di Sergio Mattarella, si potevano cogliere ieri questi commenti*

escalation: Eskalation, Eskalieren
☞ *evitare una **escalation** del conflitto a bassa intensità*

escamotage: Taschenspielertrick
☞ *Laura Balbo, ministro per le Pari Opportunità, sta cercando con un **escamotage** di aggirare l'opposizione dei popolari e del Vaticano ad ogni riconoscimento legale delle ☞ famiglie di fatto*
escamotage contabile: Buchungstrick

escort: Escort Girl, Begleitservice
☞ *traffico internazionale di **escort** scoperto dalla polizia municipale di Torino*

ex: Verflossene(r)/Ehemalige(r)
☞ *la sua love story con la **ex** di Sabani*

exit-poll: Wahlprognose
☞ *se le domandate: quando si è sentita fiera di essere italiana?, lei non ha dubbi: agli **exit poll** delle elezioni politiche*

exploit: hervorragende Leistung, Spitzenvorstellung
*i laburisti hanno ottenuto il 50 per cento dei voti con un **exploit** senza precedenti nell'isola: l'incremento di oltre 4 punti rispetto alle politiche del '92*

falange: Stoßtruppe
*la costruzione di un'alternativa credibile alle **falangi** della Casa delle Libertà*

Family Day: Tag der Familie
*Italia in piazza per riflettere sul ruolo e sul modello della famiglia. Roma è stata teatro di due manifestazioni distinte: una a piazza San Giovanni, il „**Family Day**", a sostegno della famiglia tradizionale; l'altra a piazza Navona a favore anche delle famiglie „di fatto".*

Far West: der Wilde Westen
*l'opinione pubblica ha letto lo scontro tra politici e magistrati quasi fossimo nel **Far West***

farmers markets: Bauernmärkte
*sarà possibile ottenere la lista dei **farmers markets** e dei distributori di latte alla spina più vicini a casa propria*

faxare: faxen
***faxa** il suo messaggio su carta intestata del movimento ...*

feeling: gutes Verhältnis, ... die Chemie zwischen ... stimmte
*„La Lega è una costola della sinistra", diceva D'Alema ai tempi del **feeling** con Umberto Bossi*

fil rouge: roter Faden
*c'è un **fil rouge** che collega le due recenti nomine alla guida dei quotidiani napoletani*

flirtare: flirten
*Dalla Chiesa **flirtava** coi politici. Era un **rampante** che **flirtava** con i politici per far carriera*
rampante – Emporkömmling

flop: Flop, Reinfall
***Flop**: le prove generali sono fallite/**flop** nel budget Usa*
floppare: scheitern, daneben gehen
*ma era riuscito a mettere un bel **gruzzolo** da parte e quando tutto era **floppato**, lui si era preso una bella villetta*
gruzzolo – Sümmchen

forcing: Druck ausüben, energisches Drängen, Hebel ansetzen
*il **forcing** sugli alleati per chiudere sulle nomine*

forfait: Aufgabe, Absage
dare **forfait**: absagen, einen Korb geben
*una delle due star della serata ha dato **forfait** all'ultimo momento/... mentre lo spagnolo Aznar sembra abbia **dato forfait***

Fräulein
*ma i più svelti hanno già capito che le aspirazioni resteranno deluse. La **Fräulein** azzurra dell'Emilia Romagna, Isabella Bertolini, per esempio, a Rimini ha acclamato Bondi*

mettere in **freezer: congelare:** einfrieren
*il Lussemburgo ha annunciato di voler mettere in **freezer** i capitali bancari detenuti dalle organizzazioni messe al bando*
*tant'è che abbiamo **congelato** i restauri e stornato quei fondi sulle spese fisse*

gadget: gadgettistica: Zubehör, Fan-Artikel, Souvenirartikel
*ritratti assenti dalle strade, **gadgettistica** ridotta all'essenziale*
*giro d'affari di Jurassic Park: **incassi al botteghino**; vendita di **gadget***
incassi al botteghino – Kasseneinnahmen
*in più, la Fiat ha preparato una **pioggia** di **gadget**: il contenitore multi-uso da montare sul tetto, lo **scalda-biberon** per i bambini ecc.*
pioggia – Vielzahl
scalda-biberon – Flaschenwärmer

gaffe: Fauxpas
gaffeur: wer in jedes Fettnäpfchen tritt
*Fini è un politico abile, forse il meno **gaffeur** dell'attuale governo*
*si azzarda a dire che non è escluso che in futuro chieda, proprio a Dolce e Gabbana, di ridisegnare le divise degli **spazzini**. Una **gaffe**? No, tutt'altro*
spazzino – Straßenfeger, Müllmann

gap: Gefälle, Kluft
*bisogna colmare il **gap** infrastrutturale per far ripartire il Sud*

giftshop: Museumsshop, Fanshop

golpe: Staatsstreich, Putsch

☞ *Licio Gelli e la sua Loggia sono stati associati a tutti i misteri d'Italia, dal progetto di **golpe** del generale De Lorenzo fino a …*
golpista: Putschist
☞ *Berlusconi accusa i giudici di essere **golpisti** ma è lui il **golpista***

gossip: Tratsch, Gerede
la **rubrica di gossip:** die Klatschspalte *(einer Zeitung)*
fotogossip: Fotoklatsch
☞ *il nutrito ☞ trust di cervelli della domenica pomeriggio si è buttato sul filone sfruttatissimo del **gossip***
☞ *almeno nel regno del **fotogossip** proprio lui, Umberto Pizzi da Zagarolo, oggi è il numero uno*

griffes: Markenzeichen der berühmten Modeschöpfer
☞ *prodotti finiti di alta qualità, sui quali verranno apposte le **griffes** di Versace o Valleverde*
griffato: ausgestattet mit Designerprodukten
☞ *l'uomo **griffatissimo***

Große Koalition
☞ *sta prendendo corpo una sorta di „**Große Koalition**" tra le parti sociali*

habitué: Stammgast, Stammkunde
☞ *la notizia sta passando da tempo di bocca in bocca tra gli **habitué** degli ☞ Etr*

Heimat
☞ *ma esiste ancora l'**Heimat** nell'era della mondializzazione?*

Hinterland: retroterra, entroterra: das Hinterland
☞ *l'**hinterland** milanese/**hinterland** urbani*

homeless: persone senza fissa dimora: Obdachlose
☞ *annunciando un'opposizione durissima della sinistra contro un'inaccettabile schedatura degli **homeless***

hub: grande scalo internazionale: **aerostazione:** internationaler Flughafen
☞ *quei documenti prevedevano chiaramente la coabitazione di due „**hub**": uno, Malpensa, e l'altro, Fiumicino*
☞ *lungo la penisola dei **mini-hub***

iceberg: Eisberg
☞ *i malati di mente in Italia sono in aumento esponenziale. I 600 mila **censiti** sono solo la punta di un enorme **iceberg***
i censiti – die amtlichen Fälle, die festgestellten Fälle

immobilizer: Wegfahrsperre
☞ *di serie ABS + EBD, doppio airbag, climatizzatore, **alzacristalli elettrici**, **immobilizer**, **fendinebbia**, chiusura centralizzata con telecomando*
alzacristalli elettrici – elektrische Fensterheber
fendinebbia – Nebelleuchten

imprinting: Prägung
☞ *Castelli mostra di stare in bilico tra due **imprinting** contrapposti: la formazione giovanile al liceo classico di Lecco e l'erudizione adulta alla scuola di ☞ Pontida*

jolly: Joker
numero jolly: Zusatzzahl (im Lotto)
☞ *ha chiesto a Rossi di fare il **jolly***

kamikaze: Selbstmordattentäter, selbstmörderisch
☞ *non ha creata la corsa ai beni rifugio, come se l'oro nulla potesse di fronte alle minacce dei **kamikaze** e del ☞ carbonchio*
☞ *manifestando il suo dissenso dalla linea **kamikaze** del leader di ☞ viale dell'Astronomia*

leader: führende Persönlichkeit, führend
☞ *dalla fine degli anni '90 i clan camorristici sono divenuti i **leader** continentali nello smaltimento dei rifiuti*

liaison: Liaison, Liebesverhältnis, enge Verbindung
☞ *non vorrei guastare la **liaison** tra ministri veri e ministri finti*

lifting: Liften, Restaurationsarbeiten
☞ *la Città Eterna si scopre più bella, grazie al **lifting** di ponti, piazze, musei, strade*

location: Ort, Austragungsort, Veranstaltungsort, Location
☞ *a Castelfalfi si può riconoscere la **location** della casa di Geppetto, l'osteria del Gambero rosso, il campo dei miracoli*

logato: mit Logos versehen
☞ *le tute di piloti di formula 1 dove ogni millimetro quadrato di tessuto è **logato***

look: Aussehen
☞ *lo sfidante di Ombretta Colli si è sottoposto a un ridisegno del **look***

Los von Rom: via da Roma *(im Sinne der Forderung nach Selbstbestimmung und Freiheit Tirols und dem Ende einer Scheinautonomie)*
*nel 1957 Magnago coniò lo slogan Los von Trient (via da Trento), per sostituire il più antico **Los von Rom** (via da Roma) e per sancire il passaggio della SVP dalla posizione di secessione/riunificazione a quella della richiesta di una forte autonomia*

maître à penser: Vordenker
*gli ex comunisti, chi si commuove ancora davanti a falce e martello, i **maîtres à penser** che credono di possedere verità rivelate*

operazione **maquillage:** kosmetische Operation, Schönheitsoperation
*non sarà l'ennesima operazione **maquillage** rispetto a programmi destinati a restare come sempre sulla carta?*

market abuse: abuso di mercato: Marktmissbrauch
*il percorso per avere un quadro di riferimento stabile della normativa sul **market abuse** è ancora lungo ed in divenire*

ménage: Ehe, eheliches Zusammenleben
*se un **ménage** va in crisi e la convivenza è davvero impossibile, ci si lasci*

mitteleuropeo: mitteleuropäisch
*il presidente del Friuli-Venezia Giulia ha illustrato i programmi della sua regione e ne ha sottolineato il carattere **mitteleuropeo***

mix: Mischung
*il **mix** tra competizione e coordinamento è la ricetta per il successo*

mobbizzare: mobben
*denuncia un appalto sospetto e i suoi capi si vendicano: **mobbizzandola** per più di un anno*

mood: Stimmung(en)
*un fotografo non solo bravo, soprattutto paziente nel fiutare e scovare il **mood** di un posto come è Mimmo Jodice*

moral suasion: moralische Überredung, sanfter Druck
*io da parte mia sono stato sempre disponibile, almeno secondi i poteri del Presidente del Consiglio, che sono pochi, quasi nulli, a parte la **moral suasion***

movida: bewegtes Nachtleben, flippiges Szeneleben
*l'estate è caratterizata non solo da una **movida** che dura giorno e notte, ma anche da ogni sorta di attività sportive*

murales: Graffitimalerei, Wandmalerei
*il sito di Graffiti art dove si può scegliere tra i muri di via Padova a Milano e il risultato della gara di **murales** nel paese di Guardia, vicino a Folgaria*

must: Muss, unbedingte Notwendigkeit
*altro **must** il **pallone pon pon** e il **monopattino***
pallone pon pon – Hüpfball
monopattino- Kickboard, Scooter

new entry: Neueintrag: Neuheit, Neuigkeit, das Neue
*insomma, c'è poco da discutere: la **new entry** di quest'estate campana ha il passaporto russo*

newco: NewCo, New Company; neu gegründete Gesellschaft, *auch:* Übergangsgesellschaft
*si moltiplicano i rumors sulla privatizzazione di Alitalia, che verrebbe fatta attraverso una **newco**, alla quale il gruppo bancario Intesa-SanPaolo apporterebbe tra i 300 e i 500 milioni di euro, ovvero fino al 50% necessario per l'operazione*

sindrome **Nimby:** Nimby-Syndrom (not in my backyard), „nicht in meinem Garten"
*al ministero dell'Ambiente assicurano che i tempi della **sindrome Nimby** (non nel mio cortile) sono passati, e parlano di decine di enti locali già interessati*

no comment: kein Kommentar
*la linea del no **comment** ha protetto discrete prese di contatto con molti protagonisti della partita*

nom de plume: Künstlername
*dietro a questo **nom de plume** si nasconde il presidente dell'Enel Chicco Testa*

notes: Notizblock
*lui, invece, **azzimato** e tranquillo, con un **notes**. A parlarti con la vocina da confessionale di sempre*
azzimato – herausgeputzt

ola: Welle, La-Ola-Welle
*processi farsa, celebrati per concludere l'**ola** repressiva inaugurata da Fidel Castro il 18*

marzo, con l'arresto di 78 dissidenti, considerati „mercenari"

optional: freiwillige Entscheidung, Kannbestimmung
abbiamo le stesse norme degli altri paesi europei, solo che da noi la cintura è un ***optional***

osé: gewagt, pikant
il risultato: un calendario ***osé****, ma non troppo, con una tiratura di 800 mila copie*

fare **outing:** sich outen, sich zu erkennen geben
non esiste un censimento dei ☞ Fratelli, anche perchè a ***fare outing*** *sono in pochissimi*

overdose: Überdosis
*in questi due anni abbiamo approvato un'****overdose*** *di nuove norme*
*cari stilisti, attenti all'****overdose*** *di sfilate*

costi del **packaging:** Verpackungskosten
abbattere i costi del ***packaging*** *magari mettendo in commercio anche confezioni più grosse formato famiglia*

pedigree: Ahnentafel, Stammbaum, Herkunft, Zugehörigkeit
ha intenzione di chiedere il ***pedigree*** *politico ai suoi giornalisti*

performance: Leistung
solo che il focoso sindaco non è nuovo a ***performance*** *tanto discutibili e clamorose*

pied-à-terre: Absteigequartier, Landhäuschen, *auch* Unterschlupf
ciò che è certo è che ai contribuenti quel ***pied-à-terre*** *di 300 metri quadri è costato una buona parte dei tre milioni e mezzo di euro pagati per quella sistemazione di palazzo Chigi*

pivot: Dreh- und Angelpunkt
nella sua qualità di segretario di Stato lo considerano il vero ***pivot*** *della Chiesa, l'ecclesiastico che conta incomparabilmente di più*

pokerista: Pokerspieler
la stategia di Antonin giudice e ***pokerista***

pourparler: inoffizielles Gespräch, Vorgespräch, klärendes Gespräch
è per questo motivo che il Professore, per ora nei ***pourparler****, ripete che „bisogna evitare di correre verso elezioni anticipate, perché questo Paese non lo merita"*

power broker: Makler der Macht, Drahtzieher
(„Power Broker" heißen in den USA die großen Figuren im politischen Establishment)
e De Benedetti è sempre sulla breccia: da presidente della Cir o come ***power broker*** *nella politica, attraverso il movimento „Libertà & Giustizia", e nella finanza attraverso la sue relazioni personali di alto livello. Ed è al* ***broker del potere*** *che il „Corriere" ha chiesto un'opinione sull'attuale fase del capitalismo*

fare **pressing** su qc.: auf jemanden Druck ausüben
D'Alema e Marini fanno ***pressing*** *su Bertinotti/i cento rimasti fuori, tra aspiranti vice e sottosegretari, incalzavano già col* ***pressing*** *telefonico*

privacy: Datenschutz, Privatsphäre
diritto alla privacy: Schutz des Privatlebens
violazione della privacy: Verletzung der Privatsphäre
da poco più di un anno la legge 675 proibisce le usuali invasioni nella vita dei cittadini e un apposito ufficio la fa rispettare: Riservati, difesi, garantiti – l'Italia nell'era della ***privacy***
per **motivi di privacy:** aus datenrechtlichen Gründen
tutti i nomi sono stati cambiati per motivi di ***privacy***

querelle: Streit, Streitigkeiten
la questione diventa sempre più occasione di una ***querelle*** *che ha ampi risvolti di politica interna*

question-time: Fragestunde im Parlament
il ministro delle Finanze al ***question-time*** *della Camera annuncia che il governo pensa che „sarebbe utile fare di più ed intende farlo" per ridurre la pressione tributaria*

raggi x: Röntgenstrahlen
decine di comparse interrogate dai finanzieri sui set dei film, spesso direttamente negli studi di Cinecittà. E migliaia di contratti passati ai ***raggi x*** *(unter der Lupe)*

raid: Einsatz, Operation
raid punitivo: Strafexpedition
raid punitivo *la rapina in convento? Farneticanti bigliettini anticlericali ritrovati su una scala del santuario*

range: Marge, Spanne

*gli incrementi messi a budget dalla società per l'autunno hanno un **range** tra il 5 e il 10% della retribuzione annua lorda*

Realpolitik
*la destra di Bush non è una destra pragmatica, non ha nulla della tradizione di **realpolitik** alla Kissinger*

relax: rilassamento: Erholung, Ausspannung, Ruhe
*i tre delitti di questi giorni hanno colto il procuratore della Repubblica nel pieno del **relax** pasquale*

remake: Wiederholung, Nachahmung
*il bollettino estivo della montagna anche quest'anno ha lasciato il segno: un **remake** di quanto accaduto nel '97, con la differenza che questa volta è stato il finale di stagione a registrare la fase più tragica*

remixare: remixen, einen Remix machen
*programma per **remixare** le canzoni*

rendition: consegna: Auslieferung, Überstellung
*Amnesty richiama l'Italia e gli altri Paesi europei a fare luce sul caso delle **rendition** illegali, che non sono ancora state condannate pubblicamente*

rentrée: Comeback
*già, la „sindrome" del piacere a tutti. L'atteggiamento del „pendolo" nasce da questo bisogno e va inquadrato nella settimana della grande **rentrée** del Cavaliere sulla scena internazionale*

replay: Wiederholung
*davanti ai fotografi che premono per un **replay** del saluto è Diliberto a rispondere sorridente: „Ma noi non facciamo gli autori".*

reset: azzeramento e rilancio: Neubeginn
*questa missione italiana segna un **reset**, un **azzeramento e rilancio** nei rapporti tra i due paesi*

restyling: Neugestaltung, neue Aufmachung
*Casa Bignardi nel primo numero del **restyling** del mensile „Donna"*

road map: Fahrplan, Agenda
*ha convocato una conferenza stampa per tracciare la **road map** della nuova stagione politica*

rumors: Gerüchte, Gerüchteküche
*il merito del gruppo giallorosso è di farsi trovare concentrato e preparato anche nel finale di stagione, senza distrarsi per i **rumors**, una costante da qualche settimana, sulla questione societaria*

rush: Ansturm, Endspurt
***rush** finale per le nomine; in settimana vertici decisivi su Eni ed Enel*

quick list: Prioritätenliste, Förderliste
*un nuovo nemico è apparso nel cielo plumbeo di questo autunno siciliano finalmente piovoso: è la „**quick list**" (lista ristretta), varata ieri a Bruxelles, che esclude il Ponte sullo Stretto dai finanziamenti comunitari per i progetti infrastrutturali prioritari*

sans papier: stranieri senza permesso di soggiorno: Ausländer ohne gültige Aufenthaltstitel
*in Italia, l'angoscia e il tormento dei „**sans papiers**" non dovrebbe superare i trenta giorni*

scanner: Scanner
la funzione dello scanner: scansire, scandere, scansionare, scannare, scannerizzare

serial-killer: mostro: Massenmörder, Serienmörder

short list: engere Wahl
*nella **short list** dei candidati, oltre all'Enel, figurano anche la ceca Cez, la belga Electrabel, le tedesche E. On e Rwe e la francese Edf*

singletudine: Singledasein
*la crescente **singletudine** delle donne si spiega con il fatto che gli uomini ai quali ambiscono – superiori per status e istruzione – sono ormai in numero decrescente*

slot: il diritto al decollo: Starterlaubnis

soft: abgemildert, abgeschwächt, „weich gespült"
*la devolution sbarca oggi sul tavolo del Consiglio dei ministri e sarà varata in una versione „**soft**"/la consegna di Umberto Bossi è quella di tenere i toni **soft***

soft skills: competenze trasversali: Soft Skills, Schlüsselqualifikationen, soziale Kompetenz
*le **soft skills, competenze relazionali trasversali**, sono ormai riconosciute come uno degli asset aziendali determinanti per accrescere produttività e competitività*

sold out: ausverkauft, vergriffen

☞ *mentre le edicole che hanno registrato il* ***sold out*** *verranno rapidamente rifornite*

splendido isolamento: splendid isolation, Elfenbeinturm
☞ *intanto la Lega si prepara a ritornare nel suo* ***„splendido isolamento"***

split-screen: geteilter Bildschirm
☞ *lo* ***split-screen*** *permetterebbe alle emittenti di dividere lo schermo in due*

squatter: Hausbesetzer *(von Sozialzentren)*
📖 *squatter significa letteralmente persona che si accovaccia, che si accuccia. In Australia venivano definiti così gli occupanti di terre. In seguito il termine fu usato per definire gli occupanti di case abbandonate in Europa*
☞ *la distinzione dice solo che i centri sociali sono spazi occupati innanzitutto per diventare luogo di raduno e di iniziative aperte, mentre la prima ragion d'essere delle occupazioni degli* ***squatter*** *è l'abitarci*

staff: Personal, Mitarbeiter
☞ *probabilmente l'ex pm non aveva lo* ***staff*** *adatto, non è riuscito a imporre i suoi uomini*
staffarsi: den Mitarbeiterstab aussuchen/zusammenstellen
☞ *il ministro non può rispondere. Sa com'è, si sta ancora* ***staffando***

stock: (Lager)Bestände, Vorräte
☞ *è dovuto in parte alla necessità di allestire le nuove linee per la produzione della Lancia Y e in parte all'urgenza di smaltire gli* ***stock***

streaker: spogliarellista: Flitzer
☞ *lo* ***streaker*** *portato via degli agenti durante il match della Kournikova*
spogliarello: Strip
☞ *i parroci contro lo* ***spogliarello*** *della Ferilli per la Roma*

suk: Basar, Basarhandel
☞ *Montezemolo: „La situazione politica italiana assomiglia ad un* ***suk****; mi sembra che siamo veramente più vicini a un* ***suk*** *che a qualcos'altro"*

sul chi vive/sul chi va la: auf dem Quivive: aufpassen, auf der Hut sein
☞ *ma Berlusconi raccontano sempre più* ***sul chi vive***

supporter: Förderer
☞ *uno dei principali* ***supporter*** *dei Focolarini è stato l'arcivescovo di Cracovia, Karol Wojtyla*

suspense: Spannung
☞ *debutto con* ***suspense*** *per l'alta moda parigina*

Tagesmutter: mamma di giorno
☞ *arriva dal Nord Europa il* ***„Tagesmutter"****: un mini-asilo familiare per un massimo di cinque bambini a prezzi bassi/l'alternativa siamo noi, le* ***mamme di giorno***

tailleur: Kostüm: *auch für:* Frau
☞ *e tra i 190 dirigenti superiori, quattro appena indossano un* ***tailleur***

tampering: Tampering, Produktmanipulation *(meist Lebensmittel, Fahrzeuge)*
☞ *CSQA ha definito una specifica per la valutazione del rischio* ***tampering*** *nel settore alimentare per aiutare le aziende ad affrontare le situazioni di crisi dovute a contaminazioni dolose lungo la filiera*

tapis roulant: Laufband
☞ *non si stanca di ripeterlo Massimo M., il tecnico della ditta di manutenzione che è intervenuto alla stazione Tiburtina per riparare il* ***tapis roulant*** *che poco dopo ha inghiottito e ucciso una turista scozzese*

target: Zielgruppe
☞ *tutta la comunicazione la centrai non sul giornale in sé, che già aveva un* ***target*** *molto limitato, ma sulla sua importanza storico/culturale*

tax credit: Steuergutschrift
☞ *in questa direzione va l'approvazione della* ***tax credit*** *a favore del cinema italiano come avviene in tutta Europa*

tilt: Zusammenbruch
andare in **tilt:** zusammenbrechen, ins Schleudern geraten
☞ *la metropolitana in* ***tilt****/mentre il servizio di sicurezza del capo del governo andava regolarmente in* ***tilt***
📖 *deriva dalla scritta „tilt" che appare sui flipper quando vengono leggermente inclinati*

tombeur des femmes: Frauenheld, Don Giovanni
☞ *a noi succede perché siamo* ***tombeur des femmes****, mai di un amico, però, di un magistrato questo invece è decente (Silvio Berlusconi)*

topless: seni al vento: Oben Ohne

☞ *tra turiste in **topless** e animatori **sbigottiti**, i clandestini sono stati bloccati subito dalla Polizia*
sbigottito – verblüfft

tour de force: Gewaltleistung, Kraftanstrengung, anstrengendes Programm
☞ *Calderoli è reduce da un **tour de force**, fiaccolata a Mantova, comizio a Udine, convegno a Imperia*

tourbillon: Wirbelwind: Turbulenz, turbulente Situation
☞ *sul piano regolamentare e politico, siamo nel bel mezzo di un **tourbillon** dagli esiti incerti*

trait d'union: Bindestrich: Bindeglied
☞ *Scaroni rappresenta il **trait d'union** tra il Gruppo Caltagirone e la famiglia Benetton*

tranchant: scharf, nachdrücklich, einschneidend
☞ *ora, detto da Letta, il **prendere o lasciare** assume la caratteristica di una novità assoluta, tutto ti aspetteresti da lui tranne una frase **tranchant**, un ultimatum*
prendere o lasciare – take it or leave it

travet: kleine Nummer, Mitläufer
☞ *le confessioni dell'ex **travet** di ☞ Lotta Continua*
☞ *In Italia i dipendenti pubblici sono oltre 3 milioni. Anziani e senza laurea: ecco l'esercito dei **travet***

turn over: zwischenbetrieblicher Arbeitsplatzwechsel, Fluktuation
☞ ***blocco del turn over**, cioè delle assunzioni nelle pubbliche amministrazioni: quindi, niente assunzioni nel 2002*
blocco del turn over: Einstellungsstop

über alles
☞ *Hellas **über alles**. La Grecia alla tedesca di Otto Rehagel va in finale*

übersexual: übersexual
☞ *per le donne l'uomo nuovo è **übersexual**, bello e curato, soprattutto affidabile: il sorgere di un fenotipo maschile dal prefisso tedesco*

vegamburger: Bratling
☞ *vengono serviti al banco ravioli e gnocchi ripieni con condimenti vari come burro chiarificato e salvia, **vegamburger** e cotolette vegetariane, torte alle carote ...*

vintage: Vintage (Mode), Retrolook
☞ *non si capisce perché se l'abito **vintage** proviene dai propri armadi, divenga a furor di stampa démodé*

vip: very important person: Vip
vippismo: Prominentengetue
vippone: Prommi
vippino: Starlet
☞ *corteggiato ritrattista dei **vip**/ il **vippismo** sfrenato/la tessera d'ingresso che serve a evitare le file e a incoronare i pochi fortunati possessori del titolo di **vippino** o **vippone***
saletta vip (dello scalo): Vip-Lounge

Weltanschauung
☞ *non male, come **Weltanschauung**. E come comprensione dello spirito tedesco*

wheeling: impennata: Wheeling, Fahren auf einem Rad
☞ *a ricordarmi tali dati, durante il primo giro di pista, è arrivato un inatteso e poco rassicurante **wheeling** del tutto involontario, prodotto da una semplice rotazione dell'acceleratore in seconda marcia appena in vista dei settemila giri*

zapping: wahlloses Wechseln von einem zum anderen Fernsehkanal
☞ *cominciamo con l'abolire lo **zapping** limitandoci a guardare la tv solo per scelta*

Zeitgeist
☞ *a destra, due foto con lo **Zeitgeist**, lo spirito del tempo, e miti e personaggi che entreranno nella Storia*

zoom: Zoom, Lupe
zoomata: Zoomaufnahme, Nahaufnahme
zoomare: zoomen
☞ *come primo passo puntano lo **zoom** sulle 5 banche pubbliche più grandi*
☞ *in „La stagione dei delitti" le **zoomate** servono solo a far ballare gli occhi*
☞ *... gestito da Nanni Moretti. I fotografi **zoomano** su lui che mangia panini*

16.4. Siamo tutti latinisti
Wie der Lateiner sagt

ab ovo: dall'inizio: von Beginn an
📖 *es gibt zwei Auslegungen: 1. die Barden des Altertums haben sich, wenn sie gebeten wurden zu singen, ausbedungen, dies* AB OVO USQUE AD MALA *(dall'uova fino alle mele) zu tun, also –*

wenn überhaupt – während des gesamten Gelages; 2. Wird ein Barde gebeten, die Geschichte Trojas zu erzählen, sollte er wegen der Länge der Sage nicht unbedingt immer ab ovo, *d. h. mit dem Ei der Leda, beginnen*
✍ *partiamo **ab ovo***

a divinis: dagli uffici divini: (Suspension) a divinis
📖 *la sospensione a divinis (officiis) è una pena inflitta dal codice di diritto canonico a sacerdoti che si siano resi indegni del loro ufficio, per mancanze gravi*
✍ *sa di rischiare la sospensione **a divinis** dopo il duro monito dell'abate di Montevergine che gli vieta di partecipare alla manifestazione*

cittadinanza **ad honorem**/cittadinanza **„honoris causa":** Ehrenbürgerwürde
✍ *il sindaco di Capri, Costantino Federico, certo non si batterà per dargli la cittadinanza **ad honorem***

ad impossibilia nemo tenetur: zu Unmöglichem wird niemand gezwungen
✍ *ma poi, presto si chiederà tutto: „**Ad impossibilia nemo tenetur**". E non vale nemmeno il pressing cui si è dedicato in questi giorni Massimo D'Alema*

a latere: a fianco: an der Seite, zur Seite gestellt: Beiwerk, Nebensache
giudice a latere: beisitzender Richter
cardinale a latere: Legatus a latere, päpstlicher Gesandter
✍ *la pubblicità non è **a latere**. senza advertisement per due anni nemmeno la Coca-Cola venderebbe più*

ad usum delphini: bearbeitet, um bestimmte politische Interessen zu bedienen; in politischer Hinsicht gereinigt
☞ delfino
📖 *oggi definiamo ad usum delphini testi, dichiarazioni, discorsi politici rimaneggiati mediante tagli e aggiunte, in modo che servano a una determinata parte politica*
✍ *si è cambiato lo statuto **ad usum delphini**, in funzione della persona da eleggere e non di una visione delle esigenze di una sicura direzione politica ed operativo del partito*

alter ego: un altro io, un secondo me stesso: Mann des Vertrauens, „Schatten"
📖 *Nel linguaggio politico-giornalistico alter ego contiene una sfumatura d'ironia, indicando persona votata ad altra con vincolo di dedizione pronta, cieca, assoluta. (→ braccio destro)*
✍ *ha trasformato il potente segretario generale della Farnesina nel suo consigliere e **alter ego***

annus horribilis: Schreckensjahr
✍ *in quel gelido autunno del 1998, l'**annus horribilis** che vede la prematura fine della prima stagione a Palazzo Chigi*

ante litteram: Vorläufer, Vorwegnahme
✍ *non credo che la sinistra italiana sia al riparo dal rischio Fabius, che da blairiano **ante litteram** si è trasformato in un difensore di un'Europa egoistica*

a priori: da ciò che è prima: von vornherein
✍ *hanno nei confronti delle sette un atteggiamento di sospetto **a priori***
Ggs. **a posteriori:** da ciò che è dopo: nachträglich, aus der Erfahrung gewonnen

arbiter elegantiae: arbitro di eleganza: Sachverständiger in Sachen des guten Geschmacks
📖 *Gaio Petronio Arbitro dettava alla corte di Nerone le leggi del buon gusto*
✍ *insegnare ai beceroni il galateo è qualcosa che richiederebbe non solo l'arbitrato di un **arbiter elegantiarum**, ma pure l'istituzione di un ministero nuovo, quello della finzione pubblica*

Auf: ad usum fabricae: a ufo: zollfrei: kostenlos
✍ *e su ogni blocco di marmo si poteva leggere la sigla **Auf**, **ad usum fabricae**, che rendeva il passaggio delle merci esente da dazi. Da qui l'espressione „a uf", in seguito „**a ufo**", cioè gratuito*

aut aut: *entweder, oder*
📖 *nei telegrammi si scrive* AUT in sostituzione di O e EST *in sostituzione di* È, *per evitare errori di trasmissione*
✍ *stavolta, non essendoci guerre in vista, Ripa di Meana ha aspettato la vigilia dell'Assemblea nazionale dei verdi per* **lanciare il suo aut-aut**. *O si ripristina la legalità o lui non parteciperà a quel congresso*
porre l'aut-aut/lanciare un aut-aut – jdn. vor eine Alternative stellen
et et: sowohl als auch
✍ *l'**aut-aut** non aiuta. Aiuta piuttosto l'**et-et***

bonus-malus: classe bonus-malus: Schadensfreiheitsklasse
📖 *il bonus-malus è un tipo di polizza contro la responsabilità civile, nella quale il premio da*

pagare diminuisce per l'automobilista che non abbia provocato incidenti

busillis: Knackpunkt, Schwierigkeit
📖 *„busillis" nasce in effetti dall'incomprensione dell'espressione „in die**bus illis**", ascoltata in chiesa spesso nella lettura dei Vangeli*
☞ *ma ecco, proprio qui è il **busillis**, è proprio questo che io non posso accettare*

captatio benevolentiae: Werben um die Gunst des Zuhörers, „geneigter Leser"
☞ *l'applauso scoppia inoltre fragoroso quando confessa, forse in una sorta di **captatio benevolentiae**, di essere „info-povero"*

caput mundi: capo del mondo: Nabel der Welt, Mittelpunkt der Welt: Rom
☞ *coatti di Roma, cafoni d'Italia, la città eterna è **caput mundi** ma il Giubileo non c'entra nulla*
☞ *... dice con tanto sarcasmo che Roma è **caput** dell'immondizia*

carpe diem: afferra l'attimo (il giorno): nutze/genieße den Augenblick
☞ *Da questa tesi seguono alcune conseguenze. La prima riguarda la teoria e la prassi della politica. L'azione politica consiste nel „farsi notare" attraverso eventi, spot, trovate, lampi mediatici. E' „la politique evénémentielle". Non esistono né progetti né scenari né strategie. La politica è piegata sul „**carpe diem**", sull'immediato presente, sul „primum vivere"*

castigat ridendo mores: corregge i costumi sorridendo: lächelnd ändere man die Welt
☞ *Accoglie i visitatori all'ingresso e poi compare un po' ovunque: nei video, nei cartelli, nei computer e nel simpatico cartone animato introduttivo tutto giocato sui toni del **castigat ridendo mores**. Ed è sempre pronto a suggerire una riflessione*

casus belli: caso di guerra: Kriegsfall, kriegsauslösendes Ereignis; Streitpunkt, Ausgangspunkt für einen Konflikt
☞ *perché non gli sembra opportuno farne un **casus belli***

caveat: man möge sich hüten: nationale Vorbehalte *(z. B. in Afghanistan)*
☞ *Spogli avrebbe chiesto al governo italiano la revisione dei cosiddetti „**caveat**", le limitazioni che i singoli Paesi impongono all'impiego dei propri contingenti*

Cicero pro domo sua: im eigenen Interesse (für das eigene Haus)
☞ *quei costruttori che furono proprietari di suoli che poi edificarono, **Cicero pro domo sua**, e non lasciarono traccia di sé*

contra jus: contro le regole del diritto: rechtswidrig

culpa in vigilando: Verletzung der Aufsichtspflicht
☞ *se non è una gaffe deve trattarsi allora di un caso classico di **culpa in vigilando**. Mancato controllo, cioè*

cupio dissolvi: desidero morire: Sterbenswunsch: Selbstzerstörung
☞ *l'altra parte è che noi, per una sorta di **cupio dissolvi**, enfatizziamo al massimo ciò che non va e nascondiamo sotto il tappeto le cose buone*

cursus honorum: Werdegang
☞ *giovane dirigente ma con un **cursus honorum** già ricco, Melandri può essere la sintesi perfetta di una corrente variegata e inedita*

damnatio memoriae: Verdammung des Andenkens an jdn., Streichung aus dem Gedächtnis
☞ *le radici cristiane sono state negate con una gigantesca rimozione storica, una **damnatio memoriae** che tende a cancellare fatti fondamentali del passato*

de cuius: de cuius hereditate agitur: della cui eredità si tratta: persona che lascia un'eredità, il testatore: Erblasser

de profundis: dal profondo ho gridato a te, o Signore, Signore ascolta la mia voce: Nachruf, Abschied, Abkehr *(„aus der Tiefe rufe ich, Herr, zu Dir", 130. Psalm)*
☞ *è un secco **de profundis** per lo statalismo, e tuttavia non sembra l'elogio di un ☞ liberismo brado*

de relato: relata refero: risferisco cose riferite: vom Hörensagen
☞ *un pentito può anche parlare **de relato**, cioè dire cose ascoltate da altri, purchè le abbia apprese in un contesto autonomo e slegato dal primo pentito (giusto processo)*

de visu: con i propri occhi: aus eigenem Augenschein/mit eigenen Augen (gesehen)
☞ *sono stati individuati referenti finanziari di Al Ittiah al-Islam, a cui periodicamente sarebbero consegnate, **de visu**, le quote spettanti*

divide et impera: teile und herrsche
☞ *ci ha usato l'uno contro l'altro nella logica del più classico „**divide et impera**"*

dixit: also sprach ...
☞ *privilegiato **dixit***

dominus: persona titolare di un diritto/**avente diritto:** Anspruchsberechtigter

donec aliter provideatur: finché non si sarà provveduto in altro modo: solange nicht anders verfügt wird
☞ *Ruini confermato presidente della Cei **donec aliter provideatur***

do ut des: io do affinchè tu dia: Geben und Nehmen
☞ *l'idea di questo **do ut des** era stata di Giovanni Senzani, che aveva un interesse speciale per i moderni mass-media*

dulcis in fundo: il dolce in fondo: das Beste zum Schluss, last but not least, und nicht zuletzt
☞ *i nuovi indirizzi di politica economica. **Dulcis in fundo** Cgil-Cisl-Uil*

dura lex sed lex: la legge è dura, ma è la legge: Primat des Rechts
☞ ***dura lex**: ma la realtà dei fatti non interessa alla legge*

Ecce Homo: Sehet, welch ein Mensch *(Darstellung Christi mit Dornenkrone; steht auch für einen leidgeprüften Menschen)*
☞ *Il Crocifisso di Donatello: **Ecce Homo***
☞ *I rapitori abbandonarono l'ostaggio, lungo una solitaria strada di campagna. Dopo sei mesi di prigionia, era deperito, sfinito, sembrava un **ecce homo***

erga omnes: nei confronti di tutti: allen gegenüber gleichermaßen
☞ *Scalfaro sembra indicare però la via del caso per caso anziché misure **erga omnes***

errata corrige: correggi le cose errate: Richtigstellung

est modus in rebus, sunt certi denique fines: es ist ein rechtes Mass in allen Dingen, es gibt bestimmte Grenzen
☞ *ha raccontato che il padre si informa sui progressi della piccola Andrea-Felicia via sms. **Est modus in rebus***

ex abrupto: unversehens
☞ *tanto più che la citazione di Goethe (vaff ...), apparsa **ex abrupto** sulle labbra di un cancelliere inviperito, non è stata esattamente di quelle alte*

ex aequo: zu gleichen Teilen
☞ *tre anni dopo il giorno del concorso finale, la giuria diede il primo premio a tutte e due (le sorelle Labèque), **ex aequo** e all'unanimità/potevano dare la medaglia **ex aequo***

ex ante: come prima: im vorhinein

ex cathedra: kraft päpstlichen Lehramts; kraft (seines) Amtes, von maßgeblicher Seite
☞ *il dogma dell'infallibilità **ex cathedra** del gigante americano, in tema di capitalismo, vacilla non da oggi*

excusatio non petita accusatio manifesta: una scusa non richiesta è un'accusa manifesta: wer sich entschuldigt, klagt sich an
☞ *„Chi si astiene fa il gioco della sinistra". Il sottotitolo era. invece, una preventiva **excusatio non petita**: „Tutti gli elettori devono dare il giusto peso a questo voto"*

ex novo: di nuovo: von Neuem
☞ *è una grande questione che andrebbe affrontata **ex novo***

ex nunc: da ora: von jetzt ab, mit Wirkung für die Zukunft
☞ *l'esaurimento degli effetti può anche riverberarsi verso il passato, a differenza dalla loro cessazione, che è sempre e comunque **ex nunc***

experientia magistra vitae: l'esperienza è maestra di vita: Erfahrung ist das halbe Leben

extrema ratio: im äußersten Fall, als letzter Ausweg
☞ *polizia, sparare in aria è l'**extrema ratio***

ex tunc: da allora/retroattivo: rückwirkend

ex voto (suscepto): per voto fatto: aufgrund eines Gelübdes: Votivbild
☞ *quanti segni di croce sui campi di calcio prima delle partite. E quanti pellegrinaggi di intere squadre, con maglie deposte come **ex voto** in caso di salvezza o di vittoria*

favor rei: günstigeres Recht
☞ *in base al principio del „**favor rei**" i giornalisti già condannati potrebbero evitare la reclusione*

focus: Fokus, Brennpunkt

*è quanto emerge da un'ampia indagine, realizzata da Demos per la Repubblica, che ha come **focus** le relazioni tra società, religione e politica*

forma mentis: conformazione della mente, modo di vedere e interpretare le cose: Einstellung, Geisteshaltung
*avevo dubbi sia sull'oggi sia sul futuro. Ma, a contatto con il mondo militare, acquisti una **forma mentis**. Adesso mi trovo bene*

genius loci: genio del luogo: Schutzgeist eines Ortes: lokale Größe
per la religione romana, ogni uomo che nasceva aveva il suo genius e l'interessato lo festeggiava nel giorno del compleanno, offrendogli vino e fiori. Da protettore dell'individuo, il genius divenne nume tutelare dei luoghi. Vie, piazze, bagni, teatri, città ebbero tutti il loro genius loci, solitamente raffigurato sotto forma di serpente
*Ercole Ramazzani, **genius loci** di Arcevia, viene celebrato dal suo paese di origine con una importante mostra*

habere non haberi: Haben, nicht gehabt werden *(faschistischer Spruch)*
è una locuzione in lingua latina coniata dallo scrittore italiano Gabriele D'Annunzio; il suo significato è „possedere, non essere posseduto"
***habere, non haberi**: realizzare appieno la propria vita, disporne secondo il proprio piacere, renderla inimitabile*

historia magistra vitae: die Geschichte ist die Lehrmeisterin des Lebens
*con la storia dei terremoti si realizza l'antico detto della **historia magistra vitae***

homo homini lupus: l'uomo è lupo all'uomo: der Mensch ist des Mitmenschen Wolf
*In parole più povere: „Non si può governare l'**homo homini lupus** – a meno di introdurre un lupo grandissimo come il Leviathan di Hobbes –; bisogna trasformarlo in homo homini deus".*

imprimatur: nihil obstat quominus imprimatur: nulla osta a che si stampi: Imprimatur, Druckerlaubnis: Genehmigung
*a Giovanni Paolo II spetta l'**imprimatur** definitivo. Poi verranno comunicate le date per le due cerimonie solenni*

incipit: incomincia: es beginnt, der Beginn
gli addetti ai lavori letterari intendono con incipit la frase iniziale d'un testo. Nei codici antichi era la formula con cui incominciava un'opera, o una sua parte, con l'aggiunta di indicazioni relative all'autore
*eccolo qua, l'**incipit** della missione in terra veneta del capo dello Stato*

in extremis: all'ultimo momento: im letzten Augenblick
*fa il deputato a Roma ed è stato catapultato **in extremis** nel Molise*

in fieri: che va prendendo forma: im Werden, in der Entwicklung
*quanto all'aborto in caso di violenza sessuale, il Segretario di Stato ha insistito: „Anche se sono persone **in fieri**, sono persone, sono soggetti umani, con tutta la loro dignità di esseri umani*

in floribus: in Blüte, im Wohlstand
*ma è evidente perché la Chiesa aveva una banca come lo Ior, di rilievo mondiale, che oggi non si può dire sia **in floribus** con le sue finanze*

in itinere: durante il percorso: auf dem Weg, im laufenden Verfahren
legge in itinere: Gesetz im Gesetzgebungsverfahren
infortunio in itinere: Unfall auf dem Weg von und zur Arbeit, Wegeunfall
*si incontrano per discutere di **leggi in itinere**, lanciare nuove iniziative e formulare proposte*

in medio stat virtus: la virtù sta nel mezzo: der goldene Mittelweg, die Wahrheit liegt in der Mitte
*Si possono **gettare alle ortiche** ottanta anni di istruzione pubblica liquidandoli come esperienza fallimentare o addirittura di limitazione allo sviluppo personale? Sicuramente no! Si può sostenere con piena responsabilità che la scuola italiana gode di perfetta salute, e il suo impianto strutturale si conferma utile e vantaggioso per la formazione delle prossime generazioni? Ovviamente no! **In medio stat virtus**. Il solito motto – obbietterebbero in molti.*
gettare alle ortiche – auf den Müll werfen, vergessen

in pectore: nel petto, nel segreto del cuore: designiert
*annota il candidato **in pectore***

interna corporis: interne/innere Angelegenheit

*la questione dei seggi vacanti alla Camera è un'**interna corporis**, cioè materia di competenza di Montecitorio*

intra moenia: innerhalb der Stadtmauern
*Un tuffo fra tradizioni e letteratura napoletana accanto alle antiche mura: **Intra Moenia** è un caffè letterario*
Ggs. **extra moenia:** fuori delle mura: außerhalb der Stadtmauern

ipso facto: per il fatto stesso: durch die Tat selbst, an und für sich
*un'idea realizzata male non è **ipso facto** sbagliata*

ius aedificandi: diritto di costruire: Baugenehmigung

ius murmurandi: diritto di mormorare: Recht zu murren/zu meckern
L'ius murmurandi è la consolatoria valvola di sfogo per chi non ha altri mezzi, più efficaci, per opporsi a un regime oppressivo, sotto il fascismo, luogo deputato per la „fronda delle barzellette" erano i caffè
*per il resto, con la nascita del regime di Silvio II è semmai tempo di fronda e di **ius murmurandi**: non ci resta che mormorare*

ius primae noctis: Recht auf die erste Nacht, Jus primae noctis, erster Zugriff
*da parte di uno Stato, che, per **ius primae noctis**, vorrebbe toglierci il frutto del nostro lavoro e persino le nostre famiglie*

scomunica **latae sententiae:** Exkommunikation als Tatstrafe
*l'aborto chirurgico è un delitto e peccato in senso morale e giuridico e quindi comporta la **scomunica latae sententiae**, ovvero automatica*

laudatore temporis acti: lodatore del tempo passato: Nostalgiker
*non è un **laudator temporis acti**, Novak, no, pensa che il cammino verso l'Europa sia irreversibile, giusto e necessario*

longa manus: la lunga mano: verlängerter Arm
*con l'avallo del partito comunista di cui l'Accademia è la **longa manus** negli affari culturali*

lectio magistralis: Lectio Magistralis, Gastvortrag, Festrede
*il monito del Presidente della Repubblica arriva durante una **lectio magistralis** pronunciata all'Università Ebraica di Gerusalemme*

lustro: Fünfjahreszeitraum *(lat. „lustrum": fünfjährige Amtszeit der römischen Zensoren)*: langer Zeitraum, Ewigkeit
*42 anni, una significativa carriera politica alle spalle (è sindaco da tre **lustri**)/non è la solita cafonata alla quale ci ha abituato e ci siamo ormai rassegnato da **lustri***

magister elegantiarum: Meister der Eleganz, Richter in Modefragen
*il sindaco di Novara vuole multare gli automobilisti che trattano con persone che „per l'abbigliamento manifestano l'intenzione di esercitare la prostituzione". Chi sarà il **magister elegantiarum?***

Magna Graecia: Magna Graecia, *oft*: Süditalien
le città fondate dai coloni greci sulle coste dell'Italia meridionale (Cuma, Metaponto, Zancle, Selinunte, Nasso, Siracusa, Catania, Crotone, Sibari, Taranto)
*tra non molto erigeremo statue equestri di Bossi, salvatore del Nord, un po' dovunque, anche nella cosiddetta **Magna Graecia***

manu militari: mit militärischer Gewalt, gewaltsam
*è un'operazione **manu militari** da parte del Comune ed è un atto contro l'autonomia delle scuole*

mare magnum: grande mare: Durcheinander, Tohuwabohu
*ma il fascicolo finì nel **mare magnum** dei 33mila dossier sull'estremismo islamico che giacciono negli archivi d'Europa*

mea culpa: ich bin schuldig *(Ausruf im Confiteor, dem Sündenbekenntnis der katholischen Kirche)*; Schuldbekenntnis
*non accetta nessuna critica? Persino il Papa fa i **mea culpa***

minus habens: minderbemittelt
*ora sono qui come una **minus habens** e non so come risolvere il problema sicuramente banale di come scrivere più in piccolo nel mio blog*

more solito: secondo il solito costume: nach alter Übung, wie gehabt, die übliche Leier
La mancata reazione da parte dell'opposizione non deve stupire, dato che la presenza di segretari asserviti al politico di turno faceva

comodo a tutti i partiti politici, i quali, superata la fase di tangentopoli, si stavano riorganizzando per occupare, ***more solito****, tutti gli spazi possibili.*

more uxorio: come sposati: nichteheliche Lebensgemeinschaft
📖 *le coppie che vivono insieme senza essere sposate*
☞ *in caso di morte gli succedono nel contratto il coniuge, il convivente* ***more uxorio****, gli eredi . . .*

mors tua vita mea: la tua morte è la mia vita: dein Tod ist mein Leben, deine Niederlage ist mein Sieg
☞ *Berlusconi ha abbandonato Tremonti con la furia della sopravvivenza,* ***mors tua vita mea***

motu proprio: di propria iniziativa: aus eigener Initiative: *(kirchlich)* auf päpstliches Geheiß
☞ *già è molto che il re cattolicissimo Silvio Berlusconi non si sia lasciato andare ad anatemi* ***motu proprio*** *contro le tonache rosse*

nemo propheta in patria: nessuno è profeta in patria: der Prophet gilt nichts in seinem Land
☞ *ora Pino Aprile parte per una serie di conferenze.* ***Nemo propheta in patria****?*

non expedit: con conviene: es ist nicht angebracht: päpstliches Verbot
☞ *a meno che, cent'anni dopo, non si voglia ripristinare per i cattolici il* ***non expedit***

non possumus: non possiamo: wir können nicht: päpstliches Verbot
☞ *il Parlamento aspetta di sapere quale forma assumerà il* ***„non possumus"*** *di Ruini sulle unioni di fatto*

obtorto collo: con il collo storto: malvolentieri: widerwillig *(eigentlich: mit umgedrehtem Halse, bei der Gurgel gefasst; so brachte man in Rom Widerstrebende vor Gericht)*
☞ *insomma,* ***obtorto collo****, anche lei potrebbe decidere di sostenere l'esecutivo . . .*
☞ *almeno i negozianti costretti,* ***obtorto collo****, a pagare il pizzo alla malavita lo fanno in difesa dei loro interessi*

odi et amo: ich hasse und ich liebe *(nach Catull)*
☞ *lista nera per camicie verdi. „La Padania" pubblica l'„****odi et amo****" dei programmi televisivi. Bocciati „Tv7", „Ballarò", „Maurizio Costanzo Show", „Quelli che il calcio", „Telecamere", etc.*

omnia munda mundis: tutto è puro per i puri: dem Reinen ist alles rein
☞ *ma è sconcerto di fronte a questa teoria dell'****omnia munda mundis****, dove in una comunità di santi anche il male viene lavato e riciclato nel nome della santità diffusa nel corpo mistico*

ope legis: secondo quello che dispone la legge: nach den Bestimmungen des Gesetzes
☞ *questa idea delle bestie che, prive di responsabilità morale perché prive di libero arbitrio, salgono* ***ope legis*** *in paradiso, proprio non mi va giù*

otium: ozio: Muße, Müßiggang
☞ *nel dibattito estivo, forse complice anche l'****otium****, questa domanda ha riempito il tempo di diversi commentatori della pubblicistica di sinistra e movimentista*

panem et circenses: pane e giochi del circo: Brot und Spiele
☞ *è in atto una nuova strategia della camorra che ricorda il* ***panem et circenses*** *dei romani*

par condicio: le stesse condizioni: gleiche Voraussetzungen *(z. B. gleiche Anzahl von Fernsehsendern für Rai und Mediaset)*
☞ *prima era per la* ***par condicio****, mentre adesso che è al potere dimostra la massima arroganza*

pax: Frieden: Streitbeilegung, Einigung
☞ *a Nizza è stata sancita anche la* ***„Pax elettrica"*** *tra Enel ed Edf, quindi tra Italia e Francia, dopo le tensioni generate dalla scalata fallita della società/****pax energetica***
☞ ***pax politica*** *tra le diverse anime azzurre/ sulla scuola si basa il futuro di un Paese, non è possibile che sia un ambito su cui si gioca la* ***„pax politica"*** *fra due istituzioni*

pecunia non olet: Geld stinkt nicht
📖 *i rimpianti orinatoi erano dei solenni monumenti, detti* ***„vespasiani"****, dal nome dell'imperatore Vespasiano che aveva imposto ai romani una tassa sull'orina. Al figlio Tito che lo rimproverava di aver tassato una cosa così immonda mise sotto il naso i denari riscossi dal primo pagamento, domandandogli se avevano cattivo odore. E siccome il figlio rispose di no, il padre soggiunse: „Eppure provengono dall'orina"*
☞ *quando ci sono di mezzo i soldi, si dice,* ***pecunia non olet***
vespasiano – öffentliches Urinal

per facta concludentia: stillschweigende Wil-

lenserklärung durch schlüssiges/konkludentes Handeln
*la Cassazione ha anche confermato la sentenza d'appello nel punto in cui attribuisce all'imputato, „**per facta concludentia**", il possesso della droga trovata poco distante dal luogo dell'offerta*

periculum in mora: pericolo che deriva da un ritardo: Gefahr im Verzug
indica il pericolo che i tempi lunghi di un processo producono un danno

per tabulas: come risulta dagli atti: nach Aktenlage

promoveatur ut amoveatur: sia promosso affinché sia rimosso: fortloben, wegloben
*l'Unione europea stanzia 30 miliardi di euro per la ricerca. Tutte le parti interessate, anche in qualità di utenti della ricerca, sono invitate a partecipare, anche in Italia. Invertendo i termini del detto latino, e parafrasandolo, **moveatur ut promoveatur** (anlocken, um zu fördern)*

in **prorogatio:** geschäftsführend
*non sfugge a nessuno che la roulette russa del voto anticipato, magari gestito da un Prodi **in prorogatio**, sarebbe un rischio mortale per il Pd*

pro tempore: temporaneamente: zeitweilig
*il presidente **pro tempore** della Consob, anch'egli scomparso*

punctum dolens: punto dolente: schmerzender Punkt, heikler Punkt
*anche „Striscia la notizia" ogni tanto sfotte il capo del governo sul **punctum dolens** della statura, mostrandolo mentre astuto si issa sui gradini migliori*

Q. E. D.: quod erat demonstrandum: CVD: come volevasi dimostrare: was hiermit bewiesen ist

quam celerrime: quanto prima: so schnell wie möglich
*„non ho ancora l'elenco in tasca", ma conta di fare presto, **quam celerrime**, anche se non stamattina*

quid pluris: un qualcosa di più: Dreingabe, das gewisse (zusätzliche) Etwas
*dopo una separazione sofferta (solo da me) a seguito di una mia sostituzione da parte del mio ex marito molto amato, con un modello più recente e con il **quid pluris** di essere d'importazione, mi ero ormai assestata su un tranquillo trantran*

quis custodiet custodes?: Wer überwacht die Wächter?
Platone dice che i custodi dello Stato devono guardarsi dal vizio dell'ubriachezza, perché sarebbe ridicolo se il custode avesse bisogno di un custode
*se cade il principio della delimitazione dei poteri, ciò significa la sconfitta del criteri „**quis custodiet custodes?**"*

quod Deus avertat: was Gott verhüten möge/ Gott bewahre
*forse dovremmo ricorrere addirittura a Pannella o, **quod Deus avertat**, a Sgarbi*

ratio legis: lo spirito della legge: der Geist des Gesetzes

redde rationem: rendi il conto, dammi la spiegazione: Abrechnung, von jdm. Rechenschaft verlangen
*e le voci su un imminente **redde rationem** con Ruggiero? Anche tra suoi ministri c'è chi si aspetta un rimpasto, o comunque dimissioni ravvicinate del ministro degli Esteri*

repetita iuvant: le cose ripetute giovano: es ist nützlich zu rekapitulieren/zu wiederholen
***Repetita iuvant** dicevano i latini. E la saggezza degli antichi adagi può venire in soccorso quando le cose sembrano non essere del tutto comprensibili.*

reprimenda: lavata di capo: ernsthafte Ermahnung, Kopfwäsche
sottintesa: culpa, cioè colpa da reprimere
*la **reprimenda**, che parte dal dismesso Scajola, e investe altri chiacchieroni e pasticcioni di governo, l'ho letta su „Il Corriere della Sera" e reca la firma di Ernesto Galli*

repulisti: *del verbo* repellere: respingere: Säuberungsaktion, reinen Tisch machen
„quare me reppulisti? Perché mi respingesti? Perché me ne vado triste, oppresso dal nemico?" domanda nel salmo 42 il popolo d'Israele che si vede perseguitato dai pagani, pur essendo il prediletto da Dio
*l'operazione „**repulisti**" viene spiegata in una lunga mattinata di cerimonie, flash e telecamere*

sic et simpliciter: così e semplicemente: so ist es schlicht und ergreifend

☞ *e la Cina si avvia ad essere una superpotenza. Giovanni Paolo II, non ha scalfito neppure il comunismo capitalista cinese.* ***Sic et simpliciter***

sine die: senza scadenza: auf unbestimmte Zeit
☞ *una proroga* ***sine die***
📖 *talvolta sine die sottintende alle calende greche*
ad kalendas graecas: alle calende greche: auf den Sankt Nimmerleinstag verschieben
📖 *Augusto diceva ironicamente „pagheranno alle calende greche". Siccome nel calendario greco le calende non esistono, ad kalendas graecas equivale a „mai".*

si parva licet componere magnis: wenn man Kleines mit Großem vergleichen darf
📖 *se è lecito paragonare le cose piccole con le grandi, dice Virgilio, confrontando il lavoro delle api con quello dei ciclopi*
☞ *tra le più recenti si distingue la fondazione fondata a suo tempo da Giuliano Amato e ora ereditata da Massimo D'Alema, ma anche Sergio D'Antoni (****si parva licet****) ne sta preparando una*

si vis pacem para bellum: se vuoi la pace prepara la guerra: wenn du den Frieden haben willst, musst du zum Kriege rüsten
☞ *Però si sa che a un Cruise tirato da una portaerei risponde la cannonata di un Taliban e la cannonata di un mujahiddin e nove su dieci di quelli che ci lasciano la pelle sono donne e bambini. Senta, è da quando siamo piccoli che ce la menano col* ***si vis pacem para bellum*** *dei latini. Non è vero, è vero l'esatto contrario. Se vuoi la pace prepara la pace. Con la guerra si prepara solo la prossima guerra.*

spa: Badekurort, Thermalbad
salus per aquam: Gesundheit durch Wasser

sub iudice: sotto il parere del giudice: unter richerlichem Vorbehalt, im laufenden Verfahren
☞ *l'elenco che il Comitato per le incompatibilità ha illustrato ieri alla giunta delle elezioni contiene 22 casi ancora* ***sub iudice***

super partes: al di sopra delle parti: über den Parteien stehend, unparteiisch
☞ *a Ripa di Meana non piace quell'ostentazione „****super partes****" che Rutelli fa spesso e volentieri*

turris eburnea: torre d'avorio: Elfenbeinturm
📖 *collum tuum sicut turris eburnea, il tuo collo è come una torre d'avorio, dice alla bella Sulamita il Cantico dei cantici, attribuito a Salomone*
☞ *detengono il potere e in una* ***turris eburnea*** *discutono tra loro mentre fuori una moltitudine protesta*

una tantum: per una volta/una volta soltanto: einmalig/*z. B.* Einmalzahlung
☞ *per una somma* ***una tantum*** *pari o superiore a 50 milioni di lire*
☞ *le entrate* ***una tantum*** *sono di dimensione più contenuta rispetto a quella di cui si è parlato*

vacatio legis: vuoto legislativo: Frist zwischen der Bekanntgabe und dem Inkrafttreten eines Gesetzes, Zeitraum zwischen Aufhebung einer alten Rechtsnorm und Inkrafttreten einer Neuen

vademecum: vieni con me: Vademekum: Leitfaden
☞ *ma gli istituti nel mettere in pratica il* ***vademecum*** *ministeriale hanno incontrato difficoltà di ogni genere*

vae victis: guai ai vinti: wehe den Besiegten
☞ *I diritti sono tali appunto perché sono diritti: se chiunque presumesse che il suo diritto possa prevalere sul diritto di un altro, che fine fa il diritto? Torneremmo al diritto del più forte: „****Vae victis!****".*

vis polemica: polemische Veranlagung
vis comica: forza comica: komisches Talent, komische Ader
☞ *quel tempo lo studioso ferrarese Vittorio Sgarbi non era più solo un prof universitario dal ciuffo di capelli incostante. La sua* ***vis polemica*** *si era già manifestata.*

vox clamantis in deserto: voce di chi grida nel deserto: Rufer in der Wüste
☞ *Sartori si è trasformato nella* ***vox clamantis in deserto*** *contro la democrazia ingabbiata dal monopolio berlusconiano dell'informazione*

vox populi: Stimme des Volkes, allgemeine Meinung
☞ *chi ha imbustato i soldi del riscatto sarebbe Pazienza, che, secondo* ***vox populi****, avrebbe taglieggiato le Br tenendo per sé 50 milioni*

vs.: versus: gegen
☞ *veltroniani* ***vs.*** *dalemiani*

vulnus: Wunde: Schaden, Verletzung

*ha inflitto un **vulnus** severo e durevole all'immagine e all'accettabilità dell'economia di mercato*

16.5. Turpiloquio d'autore Beschimpfungen aus prominentem Munde

abbronzato: Barack Obama? Giovane, bello e abbronzato (Silvio Berluscon su Barack Obama): *braungebrannt, gut gebräunt*

affanculo: si mandano affanculo da soli (Antonio Soda): *am Arsch lecken*

balle: è una questione di credibilità, come può occuparsi di Pubblica sicurezza uno che dice balle: *Märchen, Unsinn*

bauscia *(dial.)*: negli ultimi giorni, lo dico con simpatia, Berlusconi fa un po' troppo il bauscia (Roberto Maroni): *Angeber*
bauscia in milanese significa sbruffone ed è un termine che tradizionalmente si usa per definire i tifosi interisti

bevuto il cervello: ma dai, vieni qui non fare il coglione, che ti sei bevuto il cervello anche tu? (Fernando Rossi, senatore): *das Hirn verkauft, das Hirn ausgeschaltet*

borborigmi: un uomo ambiguo per natura, che mi rispondeva con borborigmi, più che con le parole (Mancuso): *Rülpser*

buco del culo: l'avete organizzata con il buco del culo questa manifestazione (Vittorio Sgarbi): *Arschloch*

buffone: Buffone, fatti processare, o finirai come Ceausescu (Piero Ricca, figlio di un magistrato, contro Silvio Berlusconi): *Clown, Hanswurst*

non fare un **cacchio:** *nichts tun, einen Dreck tun*
forma modificata del termine volgare cazzo come alternativa meno scurrile e allo stesso tempo meno forte della medesima, probabilmente dovuto al dialetto romanesco
*Un capo che si rivolge con stizza al dipendente usando l'espressione „non fai un **cacchio**" può essere condannato per ingiuria. Lo rileva la Cassazione, confermando la condanna inflitta dalla Corte d'Appello di Roma. Un superiore si era rivolto ad un lavoratore dicendogli „mò m'hai rotto li c..., io voglio sapè te che c... ci stai a fà qua dentro, che nun fai un **cacchio** ed altro"*

cadavere: è meglio stare lontano dai morti, i cadaveri portano a fondo. È meglio Maroni di Marini (Umberto Bossi): *Leiche*

cagare: va a cagare: ma vi pare che io dovevo essere condannato a un anno di galera solo per aver detto „Va a cagare" a una signora? (Vittorio Sgarbi): *geh zum Teufel*

calabraghe (Marco Pannella): *Kriecher*

calcio nel sedere: le do due schiaffoni e ci aggiungo anche un calcio nel sedere (Marina Ripa di Meana): *Tritt in den Hintern*

canaglia: canaglie allo stato puro (Umberto Bossi): *Schurke, Kanaille*

cascami: sono i cascami del vecchio regime (Umberto Bossi): *Abfall, Müll, Ausschuss*

casino: con tutti i casini che io c'ho con il tribunale di Brescia (Pacini Battaglia): *Ärger*

cazzata: ... liquida la cosa con poche parole: „È una cazzata" (Gianfranco Fini): *dummer Quatsch, grober Unsinn, Mist*

cazzate: pistola, stupido, non dire cazzate, razzista (deputati del Polo): *Unsinn*

cazzo: Gheddafi in Libia ci ha tutti i cazzi degli americani intorno/che cazzo di discorso sarebbe/non me ne frega un cazzo (Pacini Battaglia): *männliches Geschlechtsorgan*
ho capito, come al solito non siete capaci di fare un cazzo (Vittorio Sgarbi): *einen Sch ... dreck zustandebringen*

checca: checca, checca squallida, troia (Nino Strano su Nuccio Cusumano, deputati): *Tunte*

cialtrone: sono dei bugiardi, dei cialtroni (Massimo D'Alema): *Strolche*

ciulare: ma dai, non fare così, abbiamo ciulato solo una volta (Michelle Hunziker): *vögeln*

coglione: ho detto a loro di non rompermi i coglioni/è proprio un coglione e rimane coglione totale (Pacini Battaglia): *Hode: auf den Nerv gehen*

(non) avere i **coglioni:** almeno lui aveva i coglioni, era un politico puro/a un sacco di poveri politicanti mancano i coglioni, non hanno cuore (Umberto Bossi): *(keine) Eier haben*

corrente d'aria: non può far correnti, al massimo correnti d'aria (Francesco Cossiga): *Luftbewegung: Furz*

culattone: Culattoni. Tutto quelli che hanno fatto gli obiettori di coscienza sono dei gran culattoni (Vittorio Sgarbi): *Schwuler, Schwuchtel*

culo: non posso mandare a fare in cula O./perché almeno ci leviamo di culo la spesa di R. (Pacini Battaglia): *Hinterteil*
con il tricolore ci si può pulire il culo (Umberto Bossi): *Arsch*

prendere per il **culo:** sono 15 anni che ci prendono per il culo con l'alternanza finta (Beppe Grillo): *verarschen*

didietro: se continua a ragionare così lo prenderà sempre nel didietro (Marcello Panella): *Hinterteil*

dito medio: il dito medio ce l'ho ancora (Umberto Bossi): *Mittelfinger, Stinkefinger*

faccia di culo (Bossi): *Arschgesicht*

faccia tosta: con una faccia tosta incredibile, Alemanno quasi scarica sui due poveri turisti olandesi la responsabilità dell'aggressione subita (Pina Picierno, Pd): *Unverschämtheit, Chuzpe, Frechheit, „traut sich was“*

fanfarone: fanfarone razzista, venditore di fumo, cantante di **balera** (Gianfranco Fini über Umberto Bossi): *Schaumschläger, Aufschneider*
balera (lomb.) – (wenig feines) Tanzlokal

farabutto: io dico: Berlusconi è un farabutto, e Rodotà dice cose senza senso (Massimo D'Alema): *Gauner, Schurke*

fesso: Andreatta, un fesso qualunque (Biondi): *Tölpel*

feci: siete le feci del governo italiano, sei un analfabeta (leghisti anonimi): *Kot*

fica/ figa: in qualsiasi Paese del mondo, se un aspirante Presidente del Consiglio avesse chiamato per vender la figa in leasing per far cadere il governo, sarebbe stato un colpo di Stato (Beppe Grillo): *Scheide*

fottere: ha una sola ottica, quella di vedere di fottere la famiglia Berlusconi (Pacini Battaglia): *vögeln: betrügen*

fottere: cosa fotte a noi di quando tengono il congresso quei quattro gatti (Umberto Bossi): *vögeln: angehen, kümmern*

frocio: l'ho detto a Bossi quanto è grande la differenza tra sudisti e nordisti: Quando i suoi antenati celtici erano ancora barbari aggrappati ai rami, i miei antenati erano già froci (Luciano De Crescenzo): *Schwuler*

furfante: non sto con i furfanti e con i razzisti (Umberto Bossi): *Gauner*

gallina: gallina spennata (Cecchi Gori über Rosy Bindi): *gerupftes Huhn*

incazzarsi: quando vedo il tricolore mi incazzo. Il tricolore lo uso soltanto per pulirmi ...(Umberto Bossi): ... *geht mir auf den Sack, einen Hals bekommen*

inculare: cazzo, la magistratura mi vuole inculare dalla mattina alla sera (Massimo De Carolis): *bescheißen, verarschen*

irresponsabile: una banda di irresponsabili (Massimo D'Alema): *unzurechnungsfähig*

leccaculo: il leccaculo di Di Pietro (Sgarbi): *Arschkriecher*

leccapiedi: giornalisti imbroglioni e leccapiedi (Umberto Bossi): *Speichellecker*

magliaro: sarà interessante conoscerlo, ma è certo fin d'ora che quando si ricorre a simili espedienti da magliari si è politicamente alla disperazione (comunicato An): *Tuchwarenhausierer: Betrüger*

magnaccia: l'allora aspirante capo del governo mi sembra facesse un lavoro più da magnaccia, per piazzare questa o quella velina, che da statista (Antonio Di Pietro): *Zuhälter*

manicomio: contro Bossi l'unico ricorso possibile è quello all'autorità manicomiale (Francesco Storace): *Irrenhaus*

marchette: se un giorno ti domandano come mai hai pareggiato il conto in banca, non puoi dire „sono andata a far marchette“ perché qui, in Italia, si vive in uno Stato di polizia (Pacini Battaglia): *auf den Strich gehen*

marciume politico (Umberto Bossi): *politischer Schimmel*

marmaglia: An: quattro cani rognosi; La sinistra: marmaglia; Il governo: porci di Roma (Umberto Bossi): *Gesindel, Pack*

mascalzone: non mi parlate di Giulietti, è un mascalzone, un bugiardo, sento ripugnanza per lui (Fabrizio Del Noce)/sgangherata accozzaglia di mascalzoni (Antonio Martino): *Lump*

menare: molti sono convinti che a uno come D'Alema bisogna menarlo. Menarlo e basta (Cesare Previti): *ohrfeigen*

merda: questa marea di merda di giudici e di servizi segreti/te lo dico io, è tutto una merdata, è tutto un merdume (Pacini Battaglia): *Scheiße* il sindaco è un pezzo di merda schifoso (Massimo De Carolis): *Scheiße*

mitomane: (Luca Bagliani): *Lügenbaron, Märchenonkel*

togliere le **mutande:** se arriva Fini gli toglierò le mutande (Francesco Cossiga): *Hosen runterziehen*

palle: vediamo se saprà tirare fuori le palle (Roberto Calderoli)/ci vuole uno con le palle e Maroni lo è (Umberto Bossi): *Eier*

rompersi le **palle:** ci siamo rotti le palle e allora faccio come Braveheart, mi tolgo la giacca e tiro fuori lo spadone (Umberto Bossi): *den Papp aufhaben*

pallone gonfiato: è il peggior pallone gonfiato della storia della politica (Maurizio Gasparri): *aufgeblasener Kerl, Wichtigtuer, Schaumschläger*

paraculo: il suo segreto? è un grande paraculo che sa sempre come farsi perdonare. Così, ottiene ogni volta quello che vuole (Francesco Storace): *pfiffiger Opportunist*

pataccaro: traditore, Giuda, pataccaro della politica, ladro con scasso di voti (Silvio Berlusconi): *Falschmünzer*

pattume: io voglio difendere sindacalmente chi ha una biografia pulita da un punto di vista etico e professionale, e non il pattume (Lilli Gruber): *Müll*

pazzo: un povero pazzo (Cesare Previti): *Irrer*

pernacchia: perchè mai i nostri militanti dovrebbero impegnarsi quando sanno che arriva un fiume di miliardi pubblici? Hanno ragione se ci fanno una bella pernacchia (Arturi Parisi): *Furz(geräusch)*

petulante: scrocconi, petulanti, bigotti, rompipalle (Giuliano Ferrara): *unverschämt*

pirla: noi padani siamo un po' pirla, parliamo parliamo, ma alla fine paghiamo. Non abbiamo mai tirato il fucile, ma c'è sempre una prima volta (Umberto Bossi): *Depp, Hanswurst*

porcello /porcella: quella è una porcella doc (Deborah Chiappini): *Schwein*

protervo: ignorante, protervo, imbecille (Marco Pannella): *unverschämt*

rompicoglione: mi devi dire cosa devo raccontare a quei rompicoglioni della Polonia (Pacini Battaglia): *Nervtöter, Nervensäge*

scagnozzo: con uno scagnozzo di d'Alema io non ci voglio parlare (Pacini Battaglia): *Stümper*

scaldasedie: da anni ingaggia crociate contro gli immigrati e gli scaldasedie di Roma (Giancarlo Gentilini): *Sesselfurzer*

scalzacane: i quattro scalzacani che stanno al governo (Massimo D'Alema): *Stümper, Niete, Lusche*

schifezza: candidare Vito è una schifezza politica (Antonio Bassolino): *Schweinerei, Sauerei*

schifo: il Parlamento – ormai fa schifo (Mirko Tremaglia): *ekelerregend*

sciacquati la bocca (Max Biaggi): *Halts Maul*

scocciatore (Gianni Agnelli): *Nervensäge*

sconcezza: Berlusconi vuole una riforma presidenzialista e succedere a Ciampi? „Una sconcezza" (Massimo D'Alema): *Schweinerei, Sauerei*

scoreggia: Miglio è una scoreggia sparata nello spazio (Umberto Bossi): *Furz*

scroccone: scrocconi, petulanti, bigotti, rompipalle (Giuliano Ferrara): *Schmarotzer*

sega: in due anni non farà una sega/non hanno firmato un'amata sega (Pacini Battaglia): *nichts zustande bringen*

sfasciacarrozze: Di Pietro è uno sfasciacarrozze (Elio Lannutti): *Schrotthändler*

spaccare il culo a: mi ha detto che bisogna spaccare il culo ai giudici (Massimo De Carolis): *Arsch aufreißen*

squadrista: grassoccio, flaccido, calunniatore; unto, sporco, amico di un prete più sporco di lui, squadrista, nazista (Vittorio Sgarbi): *Mit-*

glied der faschistischen Sturmabteilungen, alter Faschist
torna a parlare di giustizia e di persecuzione, di comunisti e di ***squadrismo*** *giustizialista*

stomachevole: la sua intervista a Veltroni è stata stomachevole: *ekelerregend, zum Würgen*

stronzo: stronzo, cretino, fascista di merda, smettila di bere (Vittorio Sgarbi): *Idiot*

gioco delle **tre carte:** governo degli imbrogli e delle tre carte (deputato Ds): *Hütchenspiel, Falschspiel*

troia: „Sei un venduto!" Mastella replica: „Vaffanculo, troia" (Clemente Mastella): *Schlampe, Hure*

uccello: a me non interessa la vita sessuale di Berlusconi, non sono una moralista, ma non può diventare ministro delle Pari Opportunità una che gli ha succhiato l'uccello (Sabina Guzzanti): *Penis*

vaffa: vaffanculo: già che non sia finita a vaffan ... è un buon risultato. Significa che sono interessati al nostro progetto (Marco Pannella): *Leck mich am Arsch*

venditore di tappeti falsi: è l'unica risposta possibile al ministro Siniscalco che si è comportato con noi come un venditore di tappeti falsi (Leonardo Domenici, sindaco di Firenze): *Teppichhändler: Betrüger*

vomitare: le parole di Silvio Berlusconi in difesa di Putin sono nauseanti e fanno vomitare e sono paragonabili alle giustificazioni che nel '39 si facevano del comportamento di Hitler (Paolo Guzzanti, deputato Pdl): *kotzen*

**(der Autor wird in Klammern genannt)*

16.6. Anti-, Auto-, Extra-, Filo-, Infra-, Iper-, Mala-, Maxi-, Mega-, Micro-, Mono-, Neo-, Pala-, Para-, Pluri-, Poli-, Semi-, Simil-, Sovra-, Stra-, Super-, Tele-, Toto-, Ultra-

Anti-

antimacchia: Fleckenlöser, Fleckentferner
*evitiamo l'inutile prelavaggio, meglio l'****antimacchia*** *direttamente sul capo*

legge **anti-ribaltone:** Gesetz, dass einen Wechsel der Mehrheitsverhältnisse innerhalb einer Legislaturperiode verhindern soll

documento **anti-terrorismo:** Dokument zur Bekämpfung des Terrorismus

Auto-

autocommiserazione: Selbstmitleid
*la nostra innata tendenza all'****autocommiserazione***

autoesilio: selbstgewähltes Exil
*dopo mesi di trattative con Islamabad e Washington dall'****autoesilio*** *di Dubai, Benazir Bhutto si prepara a tornare*

autoflagellazione: Selbstgeißelung
*ma sarebbe sciocco indulgere all'****autoflagellazione***

autoinvito: Selbsteinladung
autoinvito *di Veltroni alla festa di Sinistra democratica, il movimento di Fabio Mussi*

autoreferenzialità: Ichbezogenheit, Selbstbezogenheit
*penso che il partito del socialismo europeo sbaglierebbe a coltivare l'****autoreferenzialità****, e penso che noi dobbiamo essere il soggetto attivo di un nuovo campo, capaci però di evitare ogni isolamento*

Extra-

Paesi **extra Ue:** Nicht-EU-Länder

Filo-

filocrocifisso: pro-Kruzifix, spricht sich in der Kruzifix-Debatte für das Kreuz aus
lascia trasparire un certo disagio per la valanga di dichiarazioni ***filocrocifisso***

Infra-

infrasettimanale: innerhalb der Woche
turno infrasettimanale: Wochenspieltag
turno infrasettimanale*: le emozioni accelerano*

Iper-

iperprotettivo: die Behütung/den Schutz übertreibend, übertrieben verhätschelnd
se la madre è ***iperprotettiva*** *il figlio viene affidato a papà*

ipertrafficato: überlastet, stark befahren

☞ *si tratta della ☞ BreBeMi, la direttissima da Milano a Brescia che passerà un po' più a sud rispetto all'**ipertrafficata** A4*

Mal-/Mala-

malaburocrazia: Auswüchse der Bürokratie
☞ *il re delle cornice non investe più al Sud: la **malaburocrazia***

malacooperazione: Missstände in der entwicklungspolitischen Zusammenarbeit
☞ *dopo molti anni in cui l'Italia aveva praticamente delegato a organismi internazionali la politica di aiuto al Terzo mondo, anche a seguito degli scandali della **malacooperazione**, negli ultimi tempi si era registrato un rinnovato slancio degli impegni italiani*

malagiustizia: Missstände in der Justiz, fehlgeleitete Justiz
☞ *una spallata al governo, a colpi di moti di piazza e di **malagiustizia***

malaparola: ungehobelte Ausdrucksweise
☞ *il Foglio chiede le dimissioni di Scajola, ministro della **malaparola***

malapolitica: politische Missstände
☞ *le cronache della **malapoltica** napoletana*

malasanità: Gesundheitsnotstand
malasanità: ärztliche Schlamperei, ärztlicher Kunstfehler, Behandlungsfehler
☞ *tre mesi con la garza nell'addome. Non ha ancora assorbito il trauma, ma sta meglio la vittima del caso di **malasanità***
sanità **maldestra:** ungeschickte Gesundheitspolitik

malcostume: Sittenverfall

malgoverno: Missregierung
☞ *detto che ereditiamo quarantanni di **malgoverno** ...*

Maxi-

maxibollette: gepfefferte (Telefon)Rechnungen

maxiemendamento: umfangreiches Änderungsgesetz
☞ *oggi il **maxiemendamento** per il voto di fiducia sulla legge Finanziaria 2007*

maxiincontro: Gipfeltreffen; Elefantenrunde

maxingorgo: Massenstau

maxioperazione: Großeinsatz
☞ ***maxioperazione** antimafia in Sicilia; in manette anche politici e manager*

maxipignoramento: Massenpfändung
☞ *maxipignoramento **sui beni di Rossignolo***

maxi processo contro la mafia: Großprozess gegen die Mafia

maxi-progetti: Großprojekte

maxi-risarcimento: Riesenentschädigung

maxi-rissa: Massenschlägerei
☞ *dopo l'ultima di una serie di **maxi-risse** sotto la statua di Giordano Bruno, l'assessore al Commercio aveva emesso una ordinanza, con la quale si vietava la vendita di bevande alcoliche in bottiglia*

Mega-

megafoto: großformatige Fotografie

megariunione: Großversammlung, „Elefantenrunde"
☞ *le scelte per il Mezzogiorno saranno discusse in una **megariunione** convocata a Palazzo Madama*

megaparcheggio: Großparkplatz

megaopera: großes Bauvorhaben, Megaprojekt
☞ *il General Contractor, vincitore dell'appalto per la progettazione e la realizzazione della **megaopera**, aspetta i finanziamenti necessari*

mega schermo: Großleinwand, Großbildschirm
☞ *due **mega schermi** grondanti di colori, con le immagini che si rincorrono e si sovrappongono e una pioggia di suoni che si mischiano*

mega-truffa: Riesenschwindel
☞ *una **mega-truffa** all'Enel con i contatori truccati*

megavillaggio turistico: Megaferienanlage, riesige Ferienanlage
☞ *un **megavillaggio turistico** in grado di garantire 14 mila posti letto e quattromila posti di lavoro*

Micro-

microcriminalità: Kleinkriminalität

microepisodi: erste Fälle von ...
☞ *racconta di **microepisodi** di insofferenza verso chi è riconoscibile come ebreo*

microimprenditore: Kleinunternehmer

micro-famiglia: Kleinstfamilie
☞ *mentre sono sempre di più le **micro-famiglie** e i single che con pacchi di pasta da 5 kg non farebbero che alimentare la quantità di rifiuti*

Mono-

monomarca: monobrand: negozio monobrand: Monobrand-Store, Monomarken-Shop
☞ *vestirsi **monomarca** è da provinciali*

monocromatico: monochrom, einfarbig, Ton in Ton
☞ *la società italiana, infatti, oggi come ieri, non è uniforme e **monocromatica**. È, invece, attraversata da chiaroscuri*

Neo-

neo Guardasigilli: der neue Justizminister

neoacquisto: Neueinkauf
☞ *i 7 miliardi netti a stagione pagati dalla Lazio al **neoacquisto** argentino Veron*

neoiridato: frischgebackener Weltmeister
☞ *l'etiope Dibaba, **neoiridata** dei 5000 e dei 10000, proverà a ritoccare il primato del mondo dei 5000*

neolaureato: Hochschulabsolvent, Jungakademiker
☞ ***neolaureato** in Economia del Lavoro all'Università di Torino*

neo-mamma: neo-madre: werdende Mutter, junge Mutter
☞ *camici bianchi in agitazione: più rispetto per le **neo mamme**, rivolta in sala parto*

neopatentato: Führerscheinneuling, Fahranfänger
☞ *confermata la normativa che toglie, nei primi tre anni, ai **neopatentati** il doppio dei punti in caso di violazione del codice della strada*

neopromossa: Aufsteiger, Neuling
☞ *quest'anno la soglia di attenzione sarà molto più alta anche con le **neopromosse***

Pala-

Palacongressi: Kongresszentrum

☞ **Palafenice**

☞ **Palasport**

Para-

parafamiliare: familiengleich
☞ *chi intende convivere, dando vita a coppie etero o omosessuali è libero di farlo, ma questo scelta non determina alcuna realtà di tipo **parafamiliare***

☞ **paramedici, parafarmaci**

☞ **parastato**

Pluri-

pluriennale: mehrjährig
☞ *programma **pluriennale***

plurisinistrato: mehrfach in Unfällen verwickelt
☞ *a spingere gli uffici antifrode a indagare sono indizi come un incidente avvenuto subito dopo la stipula, la presenza di nomi ricorrenti o targhe **plurisinistrate***

☞ **pluriergastolano**

☞ **pluripregiudicato**

Poli-

poligiornalista: Allround-Journalist
☞ *Bruno Vespa ha mille facce: il **poligiornalista** esordisce con la rubrica „Pane e vino"*

policonsumo: politoxikomaner Gebrauch, gleichzeitiger Konsum *(von Drogen, Alkohol u. ä.)*
☞ *utilizzano le droghe per mantenere alta la soglia di attenzione alla guida. Una follia, come l'abuso o il **policonsumo** di farmaci, alcol e droghe*

Semi-

esito **semi-fallimentare:** Beinahepleite
☞ *è un tentativo di ribaltare, ai „tempi supplementari", l'**esito** finora **semi-fallimentare** dell'operazione*

semi-paralisi: Quasistillstand, Quasilähmung
☞ *in Quebec abbiamo assistito a una **semi-paralisi** istituzionale*

Simil-

simildemocristiano: scheinchristdemokratisch
☞ *il Cavaliere ha imposto il proprio modello. Che è quello di un'Italia **simildemocristiana***

similpelle: Lederimitation, Kunstleder
☞ *scarpe scadenti in **similpelle***

simil stadio: wie im Fußballstadion
☞ *munito di bandiera della pace, si precipita sotto i banchi del governo. Invasione di campo, **simil stadio***

16.6. Anti-, ...

simil-Thesis: Thesis-„Verschnitt“ *(Imitation des Lancia Thesis)*
*ci sono alcune cose evidenti, come la mascherina **simil-Thesis***

Sovra-

sovraesposto: überpräsent; zu sehr im Rampenlicht/in der Öffentlichkeit
*ha taciuto l'intera estate dopo un inverno **sovraesposto***

Stra-

strabastare: im Übermaß vorhanden sein
*gli eroi **strabastano***

stracafonal: superprollig
*la sua griffe è ormai una garanzia per la mondanità **stracafonal** quotidianamente celebrata dal sito Dagospia*

stracittadina: Derby
*fair play e fascino da **stracittadina**, riflettori puntati sul derby di Roma. I giallorossi cercano i tre punti per la sfida a distanza con l'Inter. I biancocelesti una vittoria per dare un senso alla loro stagione*

straconvinto: mehr als überzeugt
*da umile laureando in filosofia, sono **straconvinto** di poter prendere lezioni di politica e di vita da una casalinga oltre che da Kant*

strafatto (di cocaina): zugedröhnt, zugekokst
*la cosa confermerebbe la testimonianza di chi, a Lloret de Mar l'ha sempre visto **strafatto di cocaina:** uno o due grammi al giorno*

strafiga: supergeil, superscharf
*adesso, e spero di non essere frainteso, il cazzo entra dappertutto. Piace molto al comico Paolo Rossi, ad esempio, perché „cazzeggia“. C'è poi un modo di dire molto diffuso: „Che cazzo vuoi?“, che fa supporre un campionario assai più vasto ma inesistente. Ancora: „Non me ne importa un cazzo“, che ritengo una dichiarazione eccessiva. „Scassacazzo“ è chi importuna, lo scocciatore, mentre lo sfortunato è „sfigato“ e la bellona „**strafiga**“ (Enzo Biagi)*

stragrande: überwältigend
la stragrande maggioranza

stralibero: absolut frei
*ci sono l'Appello, la Cassazione, tutte strade libere in un paese **stralibero***

Stramilano agonistica: mezza maratona di Milano: Halbmarathon von Mailand
*ma la gara di questo sabato è stata una delle più tirate mai viste nei 27 anni di vita della **Stramilano agonistica***

strapaese: (übertriebener) Lokalpatriotismus, Heimatliebe
*e con essa continuano le baruffe da **strapaese** e le eterne liti di campanile*

strapotere: Übermacht
*techniche pubblicitarie e **strapotere** mediatico*

stravizi: Ausschweifungen, über die Stränge schlagen
*al netto dei problemi di depressione e di **stravizi** notturni/oggi assistiamo solo a vizi e **stravizi** di giocatori; serve una preparazione atletica, non gli **stravizi***

Super-

superabusato: überstrapaziert
*fino a ieri si parlava di „global“ e „no global“, ma i termini **superabusati**, con le loro illusioni e le loro delusioni, sono già alle spalle*

superaccessoriato: superausgestattet
*servendosi di una cucina **superaccessoriata***

superalcolici: bevande ad alta gradazione alcolica: hochprozentige alkoholische Getränke
*non bevo mai **superalcolici***

superassenteista: mit den meisten Fehlzeiten
*Prof fannullone: il Tar della Lombardia ha accolto il ricorso di cinque studenti vittime del **superassenteista** professor M.*

superbravo: Überflieger
*due su tre diplomati con la lode: i quattromila **superbravi** della scuola italiana*

superburocrate: Spitzenbeamter
*sostituire i quaranta **superburocrati** che guidano l'amministrazione statale*

superconsigliere: Spitzenberater
*afferma il **superconsigliere** di Schröder che avrà un ruolo chiave nell'intesa tra le due potenze*

superconteso: höchst umstritten
*nella moda è **superconteso***

Supergoverno: Große Koalition

superispettori tributari del ☞ Secit: oberste Steuerbeamte

superlatitante: einer der meistgesuchten Verbrecher

supermale: Erzbösewicht, Wurzel allen Übels
☞ *Craxi è stato dipinto come l'immagine del **supermale**, in realtà nessuno ricorda quanto avevano rubato Dc e Pci*

supermedagliato: mit großer Medaillenausbeute, bei den Medaillen kräftig abräumen
☞ *macché sport cinese trionfante: tante medaglie che non contano nulla, o che rappresentano cosucce sportive spicciole (anche nella ginnastica, iperspecializzata e **supermedagliata**)*

superministro: Superminister
☞ ***superministro** dell'Economia Tremonti*

super-nonno: der Spitzenopa
☞ *il **super-nonno** salverà la famiglia*

super-tifoso: eingefleischter Fußballfan
☞ ***super-tifoso** della Samp ucciso a revolverate*

Tele-

tele-gogna: öffentliche Schmach
☞ *la prova tv varrà anche contro i ☞ simulatori di volo: **tele-gogna** e squalifica*

teleguidato: ferngesteuert
☞ *Amendola ha attacato Nicolais accusandolo di essere **teleguidato** da Roma, da Walter*

teleutente: Fernsehnutzer, Fernsehkonsument
☞ *per me non è concepibile, mandare in onda, ogni giorno, per un'ora e mezza, preparazioni di pasti come se noi **teleutenti** fossimo degli insaziabili affamati*

televoto: Televoting, Teleabstimmung
☞ *alcune poi guardano regolarmente le finali, a settembre, e participano pure al **televoto***

Toto-

totocandidati: Kandidatenkarussell

toto-Colle: Personalkarussell um das Amt des Staatspräsidenten
☞ *nel **toto-Colle** spunta D'Alema*

toto-ministro: Personalkarussell nach dem Rücktritt eines Ministers oder der gesamten Regierung; das Rätselraten um einen Nachfolger eines zurückgetretenen Ministers
☞ *e già che ci siamo, è partito anche il **totoministri** cossuttiani; Nerio Nesi è il candidato numero uno*

totonomi: Personalkarussell
☞ *Commissione su Tangentopoli, è già **totonomi**: Maccanico in pole position*

totopanchina: Trainerkarussell
☞ *dopo la sconfitta con il Galles apre il **totopanchina***

tototema: totomaturità: Ratespiel um die Abiturthemen
☞ *il blog **tototema**.blogspot.com suggerisce di prepararsi su bullismo, Pirandello, Pavese e morti bianche. Un'idea, quest'ultima, condivisa da molti studenti*

Ultra-

ultraletterale: wortwörtlich
☞ *ha optato per un'interpretazione **ultraletterale** della legge entrata in vigore a partire da quest'anno scolastico*

16.7. Abbassa-, Accalappia-, Acchiappa-, Ammazza-, Imbratta-, Mangia-, Salva-, Taglia-

***abbassare:** senken*

abbassa-colesterolo: cholesterinsenkend
☞ *alimento **abbassa-colesterolo**/farmaci **abbassa-colesterolo***

***accalappiare:** fangen, einfangen*

accalappiacani: Hundefänger

accalappia-elettori: collettore di voti: Stimmenfänger

***acchiappare:** fangen, erwischen, ergreifen*

acchiappa-audience: Quotenjäger

acchiappacervelli: Braindrain
☞ *nasce la task force „**acchiappacervelli**". L'obiettivo è di riportare in Italia gli scienzati impegnati all'estero*

acchiappafantasmi: Ghostbusters

acchiappavoti: Stimmenfänger
☞ *il clima politico era preelettorale: tale dunque da scatenare le tentazioni demagogiche e le sortite **acchiappavoti***

***ammazzare:** auslöschen, zerstören*

16.7. Abbassa-, ...

ammazza-devolution: Verhinderung der Dezentralisierung
*hanno presentato gli emendamenti **ammazza-devolution***

ammazzacode: Vermeiden von Warteschlangen
*internet **ammazzacode** – come saltare le file agli sportelli con l'aiuto del Web*

ammazzarivali: Konkurrentenkiller
*un altro scontro diretto per i pugliesi **ammazzarivali***

ammazzasentenze: Urteilverhinderer *(Richter, die dafür bekannt sind, häufiger Mafiaverurteilungen zu verhindern)*
*Corrado Carnevale, più noto come il giudice **ammazzasentenze***

imbrattare: *beschmutzen, beschmieren*

imbratta-monumenti: Denkmalbeschmierer
*guerra ai writers **imbratta-monumenti**/gli **imbratta-monumenti** di professione/non esattamente il profilo di un vandalo **imbratta-monumenti***

mangiare: essen, fressen

mangia-arbitri: „Schiedsrichterfresser", Schiedsrichterkritiker
*„Sono scioccato dagli attacchi agli arbitri". Squalifiche agli allenatori **mangia-arbitri***

mangiapreti: Pfaffenfresser, Antikleriker
*a sostegno del suo giudizio, Berlusconi argomenta ricordando che Rutelli „era amico di Craxi, era un **mangiapreti**, uno che non era cattolico e non andava in chiesa"*

mangiasmog: smogauflösend
*a Trento parte la sperimentazione contro le polveri sottili: Asfalto **mangiasmog** in via Perini*

macchina **mangiasoldi:** Geldschlucker

salvare: *retten*

ruota **salva-bimbi:** sportello per bambini/baby-sportelli: Baby-Klappe
*bimbi abbandonati, torniamo alla **ruota**. Piano contro gli infanticidi: culle davanti agli istituti come nel passato*

legge **salva bilanci:** Gesetz zur Haushaltskonsolidierung, Gesetz zur Haushaltssanierung
*via libera alla legge **salva bilanci** per le società di calcio in crisi*

biglietto/numeretto **salva-code:** Wartemarke
*e a poco valgono i **bigliettini salva-code:** molti ne ritirano uno, vanno a fare altre commissioni e poi spesso tornano quando il loro turno è già passato*

salvadanaio: Spardose, Sparschwein, Sparstrumpf
*versare un bel po' di soldi nel prosciugato **salvadanaio** comunale*

sportelli **salva-diritti** on line: rechtliche Unterstützung, Rechtsschutz

salva patria: zur Rettung des Vaterlands
*An ha presentato un emendamento **„salva patria"** con il quale si stabilisce che le leggi regionali non possono essere in contrasto con l'interesse nazionale*

emendamento **salva-premier/ salva-processi/ blocca-processi:** *Gesetzeszusatz, wonach Prozesse für „leichtere" Straftaten, die vor dem 30. Juni 2002 begangen wurden, für ein Jahr suspendiert werden; dies könnte auch auf Prozesse gegen Berlusconi zutreffen*
*via libera dell'aula del Senato all'emendamento **salva-premier**, inserito nel decreto legge sicurezza, che sospende per un anno i processi per i reati commessi entro il 30 giugno 2002. Il voto è giunto con Pd e Idv fuori dall'Aula: 160 i voti a favore e 11 i contrari*

salvaschermo: Bildschirmschoner

farmaci **salva-vita:** unentbehrliche Arzneimittel
*in gioco i brevetti sui **prodotti salva-vita**, l'elenco separa i malati ricchi dai poveri*

☞ **salvagente**, ☞ **salvaspesa**

tagliare: *schneiden, abschneiden*

taglia-cattedre: Stellenkürzungen im Schulwesen
*pronto il **taglia-cattedre**, Tremonti e Gelmini all'attacco dei professori per riformare la scuola*

biglietto **taglia-code:** Wartemarke

decreto **taglia-decibel:** Verordnung zur Bekämpfung des Lärms
*proprio sulla costiera romagnola fa sentire i suoi primi effetti il **decreto taglia-decibel** per le discoteche*

Tagliaprezzi: *Informationszeitschrift mit Sparvorschlägen* *gratis il **Tagliaprezzi**, la guida al risparmio di Altroconsumo*

legge **taglia-spesa:** Kostensenkungsgesetz
*sono le novità recentemente introdotte dalla legge „**taglia-spesa**"*

videoregistratore **taglia-spot:** Recorder mit Werbeblocker
*la rivolta del telespettatore: Usa, il 7% delle famiglie possiede un **videoregistratore taglia-spot***

16.8. Il superlativo
Der Superlativ

aggiornatissimo: auf dem letzten Stand
*il nuovo strumento editoriale, completo, **aggiornatissimo** e di grande rigore culturale …*

amicissimo: engstens befreundet
*Gianni De Michelis, **amicissimo** di Amato e suo estimatore*

armatissimo: bis an die Zähne bewaffnet
*si è cominciato a parlare di una forza di pace internazionale da schierare a Kabul vuota di talebani ma piena di gente **armatissima***

ascoltatissimo: … findet immer Gehör bei …, hat ständig Zugang zu …, gern gehört
*il nuovo colpo dell'ex ministro della Difesa per anni **ascoltatissimo** braccio destro di Romano Prodi, agita il Pd*

attesissimo: sehnlichst erwartet
*Rafa Nadal **attesissimo** al Foro Italico di Roma*

cattolicissimo: erzkatholisch

cliccatissimo: häufig angewählt
www. autobox. it *è il **cliccatissimo** sito che fa per te*

comunistissimo: erzkommunistisch, Erzkommunist
*nuovi fischi quando ha spiegato che le tasse le devon pagar tutti. E solo applausi invece per un **comunistissimo** come il professor Piero Barcellona*

leggi **fascistissime:** Ermächtigungsgesetze *(1925/1926)*
le cosiddette leggi „fascistissime" rafforzarono i poteri del capo del governo al quale non era più richiesto di rispondere del proprio operato davanti al parlamento, ridotto a semplice luogo di rappresentanza

fischiatissimo: aufs Übelste ausgepfiffen
*Mancini **fischiatissimo** dai suoi ex tifosi*

governissimo: Große Koalition
*qualcuno agita lo spettro dei **governissimi***

italianissimo: hundertprozentiger Italiener
*io filo-jugoslavo? Mi vien da ridere. Io sono **italianissimo***

nessunissimo: keinerlei, nicht das Geringste
*non ho mai preso **nessunissimo** impegno*

partitissima: absolutes Spitzenspiel
*la **partitissima:** una gara ricca di colpi di scena, nerazzurri più vivi nella ripresa, palo di Vieri in extremis*

poltronissima: Superposten
*assicurando all'Udeur una **poltronissima** al vertice della squadra ulivista*

16.9. La lettera K

*Proveniente dalle agitate atmosfere politiche degli anni '60 e '70 è quell' abitudine tutta italiana della lettera K, usata come modulo di aspra polemica per manipolare il nome dell'avversario, **tedeschizzandolo**, rendendolo crudele o fascistoide.*
*Theo Waigel, l'ameri**k**ano*
*l'uomo della fermezza nel sequestro Moro, l'uomo il cui nome sui muri della città, negli anni di piombo, veniva scritto con la **kappa (Kossiga)***
*il Pd è l'ultimo tentativo di trasformazione del Pci, dopo il Pds e i Ds. Stessi uomini, stesse nomen**k**lature, stesse sedi*
*comincia oggi una settimana fitta di appuntamenti: il risi**k**o di* ☞ *Piazzetta Cuccia/gli ultimi tasselli del risi**k**o sono leghisti*
***S**kegge* (RUBRICA DI „IO DONNA")
*il di**k**tat di Sacchi: „Da oggi si fa a modo mio"*
*le case o**kk**upate*

16.10. Il prefisso S

Prefisso produttivo, ma non troppo innovativo. Fa assumere significato contrario ai verbi cui è premesso ed a sostantivi e aggettivi. Ha valore

16.10. Il prefisso S

privativo peggiorativo negli aggettivi derivati da sostantivi e in alcuni verbi tratti da sostantivi. Indica separazione o allontanamento in verbi.

sbancare: die Bank sprengen, ruinieren, alles gewinnen, alles absahnen; *auch*: die Bank verlieren
*Mimum **sbancato**: Mauro Mazza e Giulio Giustiniani battono Clemente Mimun, scippando la diretta della relazione annuale della Banca d'Italia*
*il leghista dissidente Sergio Cecotti dovrebbe **sbancare** alle Comunali della sua città*

sbarbato: bartlos: Naivling, Milchbubi, Jungspund, grün hinter den Ohren
*ovviamente non sono più uno **sbarbato**, ma darei ancora filo da torcere ai più giovani*

dea sbendata: die nicht ganz blinde Glücksgöttin, die parteiische Glücksgöttin
ecco la vera svolta del 2001: la dea della giustizia non è più bendata. Ci vede benissimo

sbolognare: etw. loswerden/jdn. etw. andrehen
voce formatasi sul toponimo „Bologna", città dove venivano smerciati oggetti d'oro falso
*lui voleva assolutamente **sbolognarmi** un AMC 3200 che aveva in negozio/gli indebitati in yen sono infatti obbligati a **sbolognare** i loro crediti a lungo termine (se c'è chi li compra) per comprare gli yen con cui estinguere i loro debiti giapponesi*

sboom: Trendumkehr, Ende des Booms
*sembra arrivato il momento dello **sboom** o almeno quello di un'attenta riflessione critica/lo **sboom** borsistico*

scapricciato: ungehemmt, ungebremst, freien Lauf lassen
*evitare d'ora in avanti le peggiori iperboli o le **scapricciate** polemiche del genere „mica siamo in Angola", come scrive sempre Famiglia Cristiana*

scollato/scollamento: aus dem Leim geraten: orientierungslos, gespalten, fragmentiert
*Lega all'attacco, maggioranza **scollata**/intanto lo **scollamento** riguarda tutto l'Occidente*

scongelare: auftauen: neu beleben, wieder aufleben lassen
*la riforma, comunque, va fatta **scongelando** i lavori della Bicamerale*

sconvocazione/sconvocare: Absage einer Zusammenkunft/Einberufung; ein(e) Treffen/Einberufung absagen
*il Presidente della Camera: **sconvoco** solo se me lo chiedono maggioranza e opposizione*

scopiazzatura: schwache Kopie, Abklatsch, blasse Nachahmung, Raubkopie
*forse il Trentino non ha bisogno di tanti carrozzoni ma di idee vere. Lasciamo stare le **scopiazzature**/la Smart ForFour: una perfetta **scoppiazzatura** tedesca di un prodotto che più italiano non si può, la Punto*

sfavorito: Außenseiter
*parte da **sfavorita** ma le incerte condizioni fisiche dell'americana le concedono qualche possibilità*

sfuso
prodotti **sfusi**: loose Ware, unverpackte Produkte

sgasare: Gas entziehen: Vollgas geben, Motor aufheulen lassen
*bimbi che tirano il pallone contro la saracinesca, meccanici che **sgasano** motori rombanti, portiere che tagliano l'erba alle sei del mattino*

sgrammatura: Anpassung der Stückelung oder Verpackungsgröße an den Preis
*in gergo si definisce „**sgrammatura**" la riduzione del peso o del volume di un bene di largo consumo al fine di mantenere costante il prezzo*

smutandato: unten ohne, ... zieht blank
per estensione: „allegra ragazza dalla mutandina facile e senza pudore"; talvolta sinonimo di „spogliarello" e di „quickie"/„sveltina"
*Britney Spears di nuovo **smutandata***

spatentato: ohne Führerschein, führerscheinlos
*non hanno organizzato controlli mirati sui ciclomotoristi. Niente caccia al ragazzino **spatentato***

spiluccare: naschen, Kleinigkeiten essen, „vernichten"
*l'abitudine di **spiluccare** continuamente snack e merendine davanti al monitor*

spolmonarsi: sich die Lunge aus dem Hals schreien/rennen
*Perrotta per 45 minuti **si spolmona** da esterno, contro il motorino Maxwell, e non è il suo*

ruolo. Poi torna centrale e tutta la Roma ne trae beneficio

sprovincializzare: jdm./etw. das Provinzielle nehmen, entprovinzialisieren
*partendo dall'idea di „**sprovincializzare**" l'università e „allargare gli orizzonti"*
*ma il vero obiettivo della rivoluzione di Lo Bello è tentare di **sprovincializzare** il sistema delle imprese e con esso la Sicilia*

svacanze: verkorkster Urlaub, misslungene Ferien
*si lascia andare al racconto delle sue personalissime, stramaledette, faticosissime **svacanze** come sempre a caccia di gossip*

svecchiamento: Verjüngung
*certo sarà necessario uno **svecchiamento***

svincolare: Bebauungsverbot aufheben

svippone: Promijäger
*lo **svippone** lo si vede circolare con improbabili occhiali scuri che **fanno molto figo**, camicia sbottonata e moglie a seguito*
fare figo – scharf/geil aussehen

16.11. ri-

batti e **ri**batti: Wortwechsel, Wortgefecht, Wortduell
*match serrato, civile, più teso nel finale, tra i candidati sindaco della capitale: Ottantacinque minuti di **batti e ribatti** negli studi di Ballarò, con Floris moderatore*

controllato e **ri**controllato: wieder und wieder kontrolliert
*abbiamo **controllato e ricontrollato** tutte le strade del percorso papale che dalla vigilia della visita sono chiuse al traffico*

corsi e **ri**corsi storici: die Geschichte wiederholt sich
*se è applicabile la teoria dei **corsi e ricorsi storici** al calcio, ne consegue che contro gli Stati Uniti si gioca sempre male*

cuce e **ri**cuce: immer wieder antreiben, Gelegenheiten schaffen/Spiel aufbauen und zusammenhalten
*a centrocampo Tommasi è infaticabile, **cuce e ricuce** il gioco dell'Italia, che controlla senza alcun problema la situazione*
*a centrocampo, almeno per quello che si vede a Palanzano, c'è la sicurezza di Almeyda che si dà un gran daffare, **cuce e ricuce**, e non molla mai*

fritto e **ri**fritto: immer wieder aufgewärmt, bis zum Erbrechen
*il bla bla vanitoso e vuoto, le banalità spacciate per trovate brillanti, il **fritto e rifritto** messo in tavola come un piatto fresco di giornata*

gira e **ri**gira: wie man es dreht und wendet
***gira e rigira** si arriva sempre a lui, si arriva sempre al fantasma ...*

guardare e **ri**guardare: wieder und wieder ansehen
*rimase fermo a **guardare e riguardare** lo strumento, la stampa, la vittima nuda sospesa in aria dai legacci*

succhiato e **ri**succhiato: ausgelutscht
*caramelle lessicali già **succhiate e risucchiate** negli ultimi cento anni*

trito e **ri**trito: abgedroschen, wieder und wieder durchgekaut
*usano espressioni **trite e ritrite**, luoghi comuni ...*

16.12. Non, no o meno

no

mondiale **no**: verkorkste Weltmeisterschaft
*slalom, azzurri ko. È un **mondiale no***
stagione-**no**: verkorkste Saison
*sbagliare, perdere può succedere: capita persino ai fuoriclasse di incappare in giornate storte, in **stagioni-no***
☞ fronte del **No**/coro di **No**
☞ Signor**no**
☞ **No cav day**
☞ **no-ismo**

No Tav: Gegner der Hochgeschwindigkeitsprojekte
*si è svolto senza problemi e si è concluso con una festa collettiva il corteo a Torino dei „**No Tav**"*

un giorno sì e uno no: jeden zweiten Tag
*la cosa si ripete **un giorno sì e uno no**/Prodi ci fa incazzare **un giorno sì e uno no***

non

non-io: Nicht-Ich
*l'altro come limite. Come estraneo. **Non-io.** Qualcuno di cui avere paura, da tollerare a da cui smarcarsi*

non-lettore: Nichtleser
☞ *il **non-lettore**? Mettiamolo in gabbia con un libro*
☞ **non-luoghi**
non-notizia: Nicht-Nachricht
☞ *la **non-notizia** che fa scalpore*
non-personaggio: unwichtige Person, Nicht-Person
☞ *un **non-personaggio** diventato personaggio. Morto lo scorso agosto; trovato in casa dopo alcuni giorni*
non-utilizzo: Nichtverwendung
☞ *ha chiesto alla direzione se fosse in grado di garantire il **non-utilizzo** degli stagisti come forza lavoro*
non-voto: Stimmverweigerung, Wahlenthaltung
☞ *tra Di Pietro e il **non-voto** al Pd non resta che la via delle riforme*

e non
i brasiliani, del calcio **e non**, sono fra i più mammisti in circolazione: *seien es nun Fußballspieler oder nicht*
autori esordienti **e non**: Si presentano al giudizio dei lettori tre scrittori al loro esordio o quasi mentre il quarto può vantare vari racconti e romanzi già pubblicati da tempo: *Debütanten oder erfahrene Schriftsteller*
le violenze, le torture psicologiche **e non**, che sono quotidianamente vissute dai detenuti, costituiscono senza dubbio il frutto del degrado e del disinteresse che ruota attorno al pianeta carcere: *psychologische oder sonstige Folter*
in piazza Dante migliaia di margherite saranno sfornate e distribuite, gratuitamente, a turisti **e non**: *Touristen und sonstige Passanten*
si tratta di provvedimenti per contrastare la microcriminalità, lo sfruttamento dei minori, il degrado urbano, tutte misure previste in molte capitali europee **e non**: *in vielen europäischen Hauptstädten und anderswo*
mi assumo le responsabilità mie **e non**: *für mich und andere*

niet
☞ *il **niet** tremontiano, fino ad ora, è stato irrevocabile*

o meno
la cultura, il carisma, la saggezza e la personalità che lo contraddistinguono, sono tutte qualità che prescindono dall'avere **o meno** giocato ad alti livelli calcistici: *ob man nun gespielt hat oder nicht*
decisione politica se giustiziare **o meno** Ocalan: *ob man ihm den Prozess macht oder nicht*
determinati prodotti, di monopolio **o meno**: *seien sie nun durch ein Monopol geschützt oder nicht*
ancora sulla sussistenza **o meno** della colpa grave dei medici ostetrici per i casi assistenza difettosa al parto: *lag nun Schuld vor oder nicht*

16.13. Sempre uniti ...
Für immer vereint ...

ammesso e non concesso: bis zum Beweis des Gegenteils akzeptiert
☞ *come se davvero la dichiarazione contenuta in un'intervista, **ammesso e non concesso** che corrisponda alla realtà, fosse come tale sufficiente ad inficiare il lavoro di anni*

armi e bagagli: mit allem, was man hat; mit Sack und Pack, mit Kind und Kegel
☞ *intanto Mario Baccini eletto nelle liste dell'Udc, dopo avere sostenuto Alemanno a Roma, ieri ha votato per Fini alla presidenza della Camera. Ed è passato **armi e bagagli** al gruppo misto, pronto al salto successivo*

ascesa e caduta: Aufstieg und Fall
☞ *Cesare Previti, **ascesa e caduta** di un potente con l'aria da falco*

smontare **baracca e burattini**: die Zelte abbrechen, alles stehen und liegen lassen, mit Kind und Kegel fortgehen
baracca dei burattini: Puppentheater
☞ *chi glielo spiega ai disoccupati organizzati che la loro associazione da settembre non dovrebbe valere più, che possono cominciare a **smontare baracca e burattini** dopo 30 anni di esistenza e almeno 50 mila assunzioni ottenute con la lotta?*

basta e avanza: reicht vollkommen aus, ist mehr als ausreichend
☞ *Berlusconi: „Tutto bene in Cdl, riduzione delle imposte al primo posto del programma" Senza Bossi? „La mia saggezza **basta e avanza** per tutti"*

botta e risposta: Rede und Gegenrede: Wortwechsel, Schlagabtausch *prosegue il **botta e risposta** sulle pensioni tra Berlusconi e Veltroni: la proposta del Pd „è a vanvera", afferma il Cavaliere*

salvare **capra e cavoli:** gegensätzliche Interessen unter einen Hut bringen: den Kuchen essen und ihn behalten
*le nazioni e le organizzazioni internazionali partecipano a un vertice dopo l'altro per trovare soluzioni condivisibili che consentano di salvare il globo e garantire al contempo lo sviluppo economico, più o meno come **salvare capra e cavoli***

in **carne ed ossa:** leibhaftig, wie er/sie leibt und lebt
*la stretta comporterà inoltre la chiusura definitiva di 27 biglietterie tradizionali – quelle col ferroviere in **carne ed ossa** – vittime di Internet*

tutta casa e chiesa: häuslich und brav, hausbacken, Heimchen am Herd *(bei Frauen)*
*addio alla „☞ meglio gioventù" **tutta casa e chiesa.** Otto scout su dieci dicono sì all'alcol, uno su due sì alle canne, il 90% ammette i rapporti prematrimoniali*

chiesto e ottenuto: erfolgreich verlangt
*la Melandri ha **chiesto e ottenuto** che nel week end tutti gli atleti italiani indossino un nastro rosso in segno di solidarietà*

condanna e salvezza: Wohl und Wehe
*il più grande impianto siderurgico d'Europa, **condanna e salvezza** dei tarantini*

copia e incolla: Kopieren und Einfügen (copy & paste, C&P)
*il „**copia & incolla**" è una droga leggera; e, come tutti gli stupefacenti, provoca dipendenza*

di cotte e di crude: unglaubliche Dinge, alles Mögliche (anstellen, sagen)
*nella seduta del 14 gennaio l'aula consiliare è apparsa più un palcoscenico che un assise civica, dove se ne sono dette **di cotte e di crude***
*lungo i 16 mila chilometri di ferrovie italiane ne succedono davvero **di cotte e di crude***

culo e camicia: ein Herz und eine Seele
*la metà delle ragioni per cui ce l'ho con Israele è che sono **culo e camicia** con gli Stati Uniti*

mettere a **ferro e fuoco:** in Schutt und Asche legen, völlig verwüsten
*forse il parlamentare di Rc non era a Genova in quei tragici giorni quando la città venne **messa a ferro e fuoco** dai black bloc e dai no global*

per **filo e per segno:** haarklein
*dove si spiega **per filo e per segno** come si possono fabbricare ordigni micidiali ricorrendo a materiali di facilissima reperibilità*

vendere/prendere **fischi per fiaschi:** ein X für ein U vormachen/etw. falsch verstehen; Äpfel mit Birnen vergleichen
*Cittadella è diventata la prima città in Italia a dire chiaramente chi non potrà mai abitarvi. Ma il sindaco: „prese **fischi per fiaschi**"*

in **fretta e furia:** in größter Eile, in wilder Hast
*realizzato senza un progetto tecnico, una perizia di variante, un collaudo serio, aperto in **fretta e furia**/la norma è stata introdotta al Senato in **fretta e furia***

frizzi e lazzi: Gags und Schoten, witzige Bemerkungen am Fließband
*solo dopo un'ora di **frizzi e lazzi**, Benigni presumibilmente commenterà e poi leggerà i versi dell'amore tragico tra Paolo e Francesca, tra i più celebri della Commedia*

lacci e lacciuoli: Verbindungen und Verbandelungen
*Guido Carli ricorre all'icastico slogan dei „**lacci e lacciuoli**" per denunciare quei vincoli di carattere politico e corporativo che ancora oggi frenano lo sviluppo dell'economia e del sistema in Italia*
*adesso è lei a usare il bagaglio culturale dei liberali: è una vita che denunciano i **lacci e lacciuoli***

Libro e moschetto/Fascista perfetto: Buch und Karabiner, der perfekte Faschist *(faschistischer Spruch)*
*Libro e Internet è certamente meglio di **Libro e Moschetto/libro** e tesoretto, partito perfetto*

prendere lucciole per lanterne: etw. verwechseln (Glühwürmchen mit Laternen); Äpfel mit Birnen vergleichen
*il governo Berlusconi sul nucleare continua a **prendere lucciole per lanterne** ed il rischio è che a pagare per i suoi errori di valutazione siano i cittadini com'è già avvenuto per l'Alitalia*

marciare non marcire: marschieren, nicht ver-

sauern: wer rastet, der rostet *(faschistischer Spruch)*
*Azione Giovani e Azione Studentesca organizzano un aperitivo dal titolo: „**Marciare non Marcire**", tributo-omaggio all'esperienza futurista italiana di inizio secolo*

moglie e marmocchi: Frau und Kinder, das traute Heim, Kind und Kegel
*abitano nella casa di papà, niente **moglie e marmocchi**, l'utilitaria presa di seconda mano. I genitori sono impiegati di buon livello*

mordi e fuggi: ex und hopp
turismo mordi e fuggi: Kurzurlaub, Tagesausflug
sesso mordi e fuggi: Quicky, One-Night-Stand
*una ricerca rivela che la maggior parte degli italiani ama il **sesso mordi e fuggi** e non vuole saperne di grandi e struggenti passioni*
*si stanno studiando turisti di rimbalzo, che villeggiano vicino ma visitano Venezia, **pendolari-giornalieri**, e infine, **tour mordi e fuggi** di stranieri*
pendolari-giornalieri – Tagespendler

morto e sepolto: endgültig begraben, endgültig vom Tisch
*il diritto all'informazione è **morto e sepolto** in Italia. Siamo già il paese occidentale con la peggiore condizione di libertà informativa/l'Ici è **morta** ma forse non è **sepolta***

necessità e urgenza: Notwendigkeit und Dringlichkeit (*verglb.* Gesetzgebungsnotstand), *allg.* dringender Handlungsbedarf
la Costituzione ha dotato il Governo italiano del potere di esercitare la funzione legislativa, limitandolo ai casi di „necessità e urgenza": con i decreti legge, il Governo impegna la propria responsabilità politica, anche se poi la decisione definitiva spetta sempre alle Camere, alle quali va data immediata comunicazione dell'emanazione del decreto legge
*nei casi in cui le strutture pubbliche o convenzionate non siano in grado di erogare le richieste prestazioni sanitarie tempestivamente e vi sia **necessità ed urgenza**, il paziente, previa autorizzazione dell'Asl, può rivolgersi alla struttura privata, chiedendo, poi, al Ssn il rimborso di quanto pagato*

nome e cognome: Vorname und Familienname
avere un **nome e cognome**: ist namentlich bekannt
indicare con **nomi e cognomi**: beim Namen nennen, Ross und Reiter nennen
*ha dedicato un intero capitolo a svelare i retroscena delle raccomandazioni in giornali e tv, indicando con **nomi e cognomi** i raccomandati*

onore e onere: Ehre und Last, Lust und Last
*la maggioranza ha **l'onore e l'onere** di avanzare una proposta*

fare il **pelo e il contropelo:** kritisieren, etw./jdn. auseinandernehmen, gegen etw./jdn. zu Felde ziehen
*lo scopo è chiaro: ridurre la previdenza pubblica e i corrispondenti oneri contributivi per sviluppare forzosamente la previdenza complementare basata sui fondi pensione. Un aureo libretto – Avremo mai la pensione? – **fa il pelo e il contropelo** ai fondi pensione. L'ha scritto Angelo Marano, economista docente all'università della Tuscia*

poco o niente: fast nichts, nahezu nichts
*Mexes concede **poco o niente** a Stellone, non si fa metter paura da Ventola e dà sostanza al muro difensivo della Roma*

pregi e difetti: Vorzüge und Mängel, Pros und Cons
*un concetto che un film come „Via col vento" spiega bene. In quella pellicola, infatti, si riconoscono il Nord e il Sud, con **pregi e difetti***

prendere o lasciare: „take it or leave it", friss oder stirb
*un testo immodificabile, un **prendere o lasciare** che non abbiamo voluto firmare*

quisquilie e pinzillacchere: Dummheiten, unsinniges Zeug
*questi onesti lavoratori di Soresina, provincia di Cremona, producono energia elettrica per il fabbisogno annuale di circa quaranta famiglie. Non pensano, non perdono tempo in chiacchiere, **quisquilie e pinzillacchere**: fanno!*

ricchi e famosi: die Reichen und die Schönen
*ma a Rimini non ci saranno „**ricchi e famosi**" e quel motto invita „a guardare cosa si nasconde dietro la dipendenza da celebrità che affligge il nostro tempo"*

rose e fiori: eitel Sonnenschein
*Lei boccia legittimamente il governo, ma parla come se nel Pd fossero tutte **rose e fiori**. In realtà, dalla sconfitta del 13 aprile, non le pare che siate usciti confusi, sfibrati, divisi?*

in **scienza e coscienza:** nach bestem Wissen und Gewissen
*l'arcivescovo di Milano Dionigi Tettamanzi ha aggiunto: „È un campo in cui il vescovo non interviene, a decidere deve essere il medico, **in scienza e coscienza** nel rapporto tipico che lo lega al paziente e alla famiglia"*

senza arte né parte: ohne Talent und ohne Geld, nichts können und nichts haben; leistungsschwach
*è necessaria più cultura della sicurezza, ma devono andare al bando le imprese **senza arte né parte***
*così un ricattatore **senza arte né parte** campa con la minaccia di far esplodere uno scandalo. Una volta ricattavano i notai con l'amante, oggi la categoria più esposta è il prete gay*

spendere e spandere: das Geld mit beiden Händen ausgeben
*per togliersi l'angoscia di arrivare alla quarta settimana. Quel senso di frustrazione che non ti fa dormire la notte. E magari vedi intorno a te persone che **spendono e spandono***

in **tocco e toga:** mit Doktorhut und Talar: Doktorwürde, Ehrendoktorwürde
*„Ricevere la laurea qui alla Sapienza – ha spiegato al suo ingresso **in tocco e toga** accademica – mi riempie poi di un orgoglio particolare, visto che per tre anni ho insegnato qui arte teatrale"/avranno **tocco e toga** Luigi Vedovato (Iulm), Andrea Branzi (La Sapienza)...*

uso e abuso: Konsum und Missbrauch
*e nella maggior parte dei casi non si tratta più di eroinomani, ma di poli-tossicodipendenti, persone che nella loro vita hanno fatto **uso e abuso** di sostanze diverse*

usa e getta: Ex-und-hopp, Einweg-, Einmal-, Wegwerf-
posateria **usa e getta:** Wegwerfbesteck
bottiglia **a rendere:** Mehrwegflasche
sesso **usa e getta:** One-Night-Stand
*è un modello di immigrazione **usa e getta***
*romantici alla riscossa: dicono no al **sesso usa e getta**. Sono stanchi del dating seriale e dei flirt fatti di Sms*

ad **uso e consumo:** zugunsten von ; wie es ... zu Passe kommt; Interpretationshilfe
*piccolo vocabolario **ad uso e consumo** dei lettori di Camilleri/**usi & consumi** (als Titel einer Zeitungsrubrik)*
*la democrazia **ad uso e consumo** dell'occidente/i dati dimostrano che non ci possono più essere vantaggi **ad uso e consumo** della Lega/il deputato serbo Oliver Ivanovic li definisce „gruppuscolo di idioti **ad uso e consumo** dei media stranieri"*

vivo e vegeto: gesund und kräftig, wohl auf, unverwüstlich
*anche un portavoce dell'Alleanza del Nord, Mohammad Habeel, ha detto che i due sono entrambi **vivi e vegeti** e che si nasconderebbero tuttora in Afghanistan*

vizi e virtù: Tugenden und Mängel, gute und schlechte Seiten
*diventa evidente come **vizi e virtù** non abbiano per principio dislocazione geografica naturale*

tira e molla: Hin und Her, Tauziehen
*lo stesso **tira e molla** sul numero dei commissari/e Silvio Berlusconi inizia a spazientarsi: Il **tira e molla** sui simboli da presentare alle elezioni lo indispettisce*

tutto e di più/ tutto questo e altro ancora: dies alles und noch mehr, mehr als genug
*la verità è che sappiamo **tutto e di più** sull'attività dei predicatori d'odio islamici nostrani ma preferiamo seppellire la testa sottoterra*
*oggi il mercato del lavoro, il fisco, gli incendi e le borse. Domani chissà. **Tutto questo e altro ancora**. La politica estera, la giustizia, l'immigrazione*

zitto e mosca: mucksmäuschenstill, ganz ruhig, völlig unauffällig
*le pagelle: Gobbi (giocatore della Fiorentina) 5: Impalpabile, davvero un filo di fumo in uno stadio così. Si capisce perchè poi la carriera di alcuni rimanga provinciale. **Zitto e mosca***

Indice alfabetico
Alphabetischer Index

B

C

D

E

H

I

M

Ministro (s. p.) per le Politiche Comunitarie 57

N

O

Q

S

T

U

V

W

X

Y

Z

www.ingramcontent.com/pod-product-compliance
Lightning Source LLC
LaVergne TN
LVHW102104300926
849161LV00001B/17